# Maurice Pinay

# 2000 ans de complots contre l'Église

MAURICE PINAY

2000 ANS DE COMPLOTS
CONTRE L'ÉGLISE
*1962*

Publié par
OMNIA VERITAS LTD

www.omnia-veritas.com

**AVERTISSEMENT** .................................................................................................. **11**

**PRÉFACES** ............................................................................................................ **13**

    INTRODUCTION ET URGENT AVIS AU LECTEUR DE L'ÉDITION ITALIENNE DE « COMPLOTTO CONTRO LA CHIESA » (1962) ............................................................................... 13
    PRÉFACE À L'ÉDITION AUTRICHIENNE ......................................................................... 19
    PRÉFACE À L'ÉDITION VÉNÉZUÉLIENNE : UN LIVRE QUI FAIT SENSATION : « COMPLOT CONTRE L'ÉGLISE » ....................................................................................................... 23

**PREMIÈRE PARTIE - LE MOTEUR SECRET DU COMMUNISME** ....................**27**

**CHAPITRE I** ...........................................................................................................**29**

    LE COMMUNISME DESTRUCTEUR ET ASSASSIN .............................................................. 29

**CHAPITRE II** ..........................................................................................................**35**

    LES CRÉATEURS DU SYSTÈME COMMUNISTE .................................................................. 35
        *L'Allemagne en 1918* ............................................................................................... 37
        *La Hongrie en 1919* ................................................................................................. 39

**DEUXIÈME PARTIE - LE POUVOIR OCCULTE À TRAVERS LA MAÇONNERIE** ........**43**

**CHAPITRE I** ...........................................................................................................**45**

    LA MAÇONNERIE, ENNEMIE DE L'ÉGLISE ....................................................................... 45

**CHAPITRE II** ..........................................................................................................**47**

    LES JUIFS, FONDATEURS DE LA MAÇONNERIE ................................................................ 47
        *Origine juive* ............................................................................................................. 48
        *La société des nations, œuvre juive* ....................................................................... 50

**CHAPITRE III** .........................................................................................................**53**

    LES JUIFS, DIRIGEANTS DE LA MAÇONNERIE .................................................................. 53
        *La considération maçonnique pour les juifs.* ........................................................ 54
        *La prépondérance juive dans les loges :* ............................................................... 55

**CHAPITRE IV** .........................................................................................................**59**

    CRIMES DE LA MAÇONNERIE ......................................................................................... 59
        *Assassinats de profanes* .......................................................................................... 60

**CHAPITRE V** ..........................................................................................................**65**

    LA MAÇONNERIE, PROPAGATRICE DES RÉVOLUTIONS ..................................................... 65
        *L'action juive et maçonnique contre le christianisme* ......................................... 73

**CHAPITRE VI** .........................................................................................................**77**

    LA TÊTE DU COMMUNISME ........................................................................................... 77
        *Membres du premier gouvernement communiste de Moscou (1918)* ........ 77

|    | *Hongrie* ..................................................................................................... 84 |
|----|----|
|    | *Tchécoslovaquie* ....................................................................................... 86 |
|    | *Pologne* ..................................................................................................... 86 |
|    | *Roumanie* ................................................................................................. 87 |
|    | *Yougoslavie* ............................................................................................... 90 |

## CHAPITRE VII ............................................................................................... 93

    Les financiers du Communisme ...............................................................93

## CHAPITRE VIII ............................................................................................. 101

    Témoignages juifs ...................................................................................101

## TROISIÈME PARTIE - LA SYNAGOGUE DE SATAN ............................................. 105

## CHAPITRE I ................................................................................................. 107

    L'Impérialisme juif et la religion impérialiste ........................................107

## CHAPITRE II ................................................................................................ 117

    Quelques détails supplémentaires sur les croyances religieuses des juifs ...........117

## CHAPITRE III ............................................................................................... 127

    Malédictions de Dieu contre les juifs .....................................................127

## CHAPITRE IV ............................................................................................... 137

    Massacres de juifs ordonnés par Dieu en châtiment ............................137

## CHAPITRE V ................................................................................................ 143

    Antisémitisme et Christianisme ..............................................................143

## CHAPITRE VI ............................................................................................... 151

    Le Christ Notre-Seigneur, symbole même de l'antisémitisme, selon les Juifs .......151

## CHAPITRE VII .............................................................................................. 159

    Le Peuple déicide ....................................................................................159

## CHAPITRE VIII ............................................................................................. 169

    Les Apôtres condamnent les juifs pour le meurtre du Christ ................169

## CHAPITRE IX ............................................................................................... 173

    Combativité morale, et non pas défaitisme .........................................173
    *(NDT : la falsification de la Charité et de la morale)* ..........................173

## CHAPITRE X ................................................................................................ 183

    Les juifs tuent les chrétiens et persécutent les Apôtres ........................183

**CHAPITRE XI** .................................................................................................... **193**

    LES PERSÉCUTIONS ROMAINES : PROVOQUÉES PAR LES JUIFS ........................ 193

**QUATRIÈME PARTIE - LA CINQUIÈME COLONNE JUIVE DANS LE CLERGÉ** ........ **197**

**CHAPITRE I** ....................................................................................................... **199**

    LA PIEUVRE ÉTRANGLE LE CHRISTIANISME ................................................ 199

**CHAPITRE II** ..................................................................................................... **203**

    ORIGINES DE LA CINQUIÈME COLONNE JUIVE .............................................. 203
        *INTRODUCTION. Antécédents du crypto-Judaïsme*................................ 203

**CHAPITRE III** .................................................................................................... **211**

    LA CINQUIÈME COLONNE EN ACTION ........................................................ 211

**CHAPITRE IV** ................................................................................................... **221**

    LE JUDAÏSME, PÈRE DES GNOSTIQUES ..................................................... 221

**CHAPITRE V** ..................................................................................................... **231**

    LE JUIF ARIUS ET SON HÉRÉSIE ............................................................... 231

**CHAPITRE VI** .................................................................................................... **241**

    LES JUIFS, ALLIÉS DE JULIEN L'APOSTAT .................................................. 241

**CHAPITRE VII** ................................................................................................... **245**

    SAINT JEAN CHRYSOSTOME ET SAINT AMBROISE CONDAMNENT LES JUIFS .... 245
        *Vraie sainteté et fausse sainteté* ............................................................. 251

**CHAPITRE VIII** .................................................................................................. **255**

    SAINT CYRILLE D'ALEXANDRIE VAINC NESTORIUS ET EXPULSE LES JUIFS ........... 255
        *Saint augustin et saint Jérôme et d'autres pères de l'église condamnent les juifs* ............................................................................................................. 261

**CHAPITRE IX** .................................................................................................... **263**

    INVASION DES BARBARES, TRIOMPHE JUDÉO-ARIEN................................... 263

**CHAPITRE X** ..................................................................................................... **269**

    LA VICTOIRE CATHOLIQUE ........................................................................ 269

**CHAPITRE XI** .................................................................................................... **275**

    LE CONCILE DE TOLÈDE FAIT ÉLIMINER LES JUIFS DES EMPLOIS PUBLICS .......... 275

**CHAPITRE XII** ................................................................................................... **279**

Le IVè Concile de Tolède déclare sacrilèges et excommuniés les évêques et les clercs qui appuient les Juifs .................................................................. 279

## CHAPITRE XIII ............................................................................................. 289

Condamnation des rois et des prêtres catholiques négligents dans la lutte contre le crypto-judaïsme ........................................................................ 289

## CHAPITRE XIV .............................................................................................. 299

L'Église combat le crypto-judaïsme. Excommunication des évêques négligents .. 299
*Envoi en exil des évêques et des prêtres qui donneraient pouvoir aux Juifs ........................................................................................................ 308*
*Interdiction aux prêtres de donner protection aux juifs Excommunication des évêques négligents ........................................................................ 310*

## CHAPITRE XV ............................................................................................... 313

Le XVIème Concile de Tolède estime nécessaire la destruction des Juifs infiltrés . 313

## CHAPITRE XVI .............................................................................................. 317

Le XVIIème Concile Tolédan punit par l'esclavage les conspirations des juifs ...... 317

## CHAPITRE XVII ............................................................................................. 325

Réconciliation judéo-chrétienne, prélude de ruine .......................................... 325

## CHAPITRE XVIII ............................................................................................ 335

Les Juifs trahissent leurs plus fidèles amis .................................................... 335

## CHAPITRE XIX .............................................................................................. 349

Les Conciles de l'Église luttent contre le Judaïsme ........................................ 349
*Le II$^{ème}$ concile œcuménique de Nicée et les crypto-juifs ........................ 350*
*Le judaïsme allemand et les erreurs nazies .............................................. 358*

## CHAPITRE XX ............................................................................................... 359

Une tentative de judaïsation du Saint Empire Romain Germanique (l'Empire de Charlemagne) ........................................................................................... 359

## CHAPITRE XXI .............................................................................................. 371

Le Concile de Meaux combat les juifs publics et ceux qui le sont en secret ........ 371

## CHAPITRE XXII ............................................................................................. 379

Terreur juive en Castille au XIVème siècle ..................................................... 379

## CHAPITRE XXIII ............................................................................................ 391

Les juifs trahissent leur plus généreux protecteur ........................................... 391
*Avis aux organisations anti-communistes ! ............................................... 395*

**Chapitre XXIV** ..........................................................................................................**397**
  L'infiltration juive dans le clergé ............................................................... 397

**Chapitre XXV** ...........................................................................................................**413**
  Un cardinal crypto-juif usurpe la Papauté ................................................. 413

**Chapitre XXVI** ..........................................................................................................**423**
  Saint Bernard et Saint Norbert libèrent l'Église des griffes du Judaïsme ........... 423

**Chapitre XXVII** ........................................................................................................**433**
  Une révolution judéo-républicaine au XIIème siècle ........................................ 433

**Chapitre XXVIII** .......................................................................................................**441**
  La quintessence des révolutions judaïques : les attaques séculaires contre la Tradition de l'Église ................................................................................ 441

**Chapitre XXIX** .........................................................................................................**453**
  Le Crypto-Judaïsme et les hérésies médiévales. Les Albigeois. .............. 453

**Chapitre XXX** ..........................................................................................................**465**
  Le Juif, l'ennemi le plus dangereux de l'Église. Les Vaudois ...................... 465

**Chapitre XXXI** ..........................................................................................................**471**
  Le grand Pape Grégoire VII (Hildebrand) détruit une théocratie judaïque dans le Nord de l'Italie ................................................................................ 471

**Chapitre XXXII** .......................................................................................................**475**
  Cinquième colonne juive dans l'Église Orthodoxe Russe ......................... 475

**Chapitre XXXIII** ......................................................................................................**483**
  Les Juifs, propagandistes du culte de Satan .............................................. 483

**Chapitre XXXIV** ......................................................................................................**487**
  L'Église et les États chrétiens organisent leur défense contre la grande révolution judaïque médiévale ................................................................ 487

**Chapitre XXXV** ........................................................................................................**495**
  Un Archevêque et sept Évêques condamnés pour le fait d'adorer Lucifer .......... 495

**Chapitre XXXVI** ......................................................................................................**501**
  Le Concile de Latran excommunie et destitue évêques et clercs qui aident les hérétiques ............................................................................................ 501

**Chapitre XXXVII** ....................................................................................................**507**

Le Grand Pape Innocent III et le célèbre IVème Concile de Latran imposent comme bon et obligatoire ce que les Juifs nomment le racisme et l'antisémitisme ..........507

## CHAPITRE XXXVIII ............................................................................ 515
Religieux, religieuses et Prélats crypto-juifs .................................................515
    *Attentat contre l'indépendance et la liberté des peuples*.......................*530*

## CHAPITRE XXXIX ............................................................................. 535
Infiltrations judéo-maçonniques dans la Société des Jésuites .............................535

## CHAPITRE XL ................................................................................... 547
La subversion de l'Histoire et des Rites ....................................................547

## CHAPITRE XLI .................................................................................. 553
Les erreurs nazies et impérialistes ...........................................................553

## CHAPITRE XLII ................................................................................. 563
Papes, Pères de l'Église et Saints combattent les Juifs et les condamnent...........563
    *La véritable doctrine de l'Église sur les juifs* ...........................................*563*

## CHAPITRE XLIII ................................................................................ 583
Fraternités judéo-chrétiennes : loges maçonniques d'un nouveau genre ?........583

## CHAPITRE XLIV ............................................................................... 589
L'amical rapprochement judéo-chrétien ..................................................589
    *Appendice*.....................................................................................*594*

## CHAPITRE XLV ................................................................................ 597
Sionisme et Communisme ....................................................................597

## CHAPITRE XLVI ............................................................................... 609
Autres conséquences du schisme judaïque stalinien...................................609

## CHAPITRE XLVII .............................................................................. 611
La tenaille soviéto-israélite et l'étranglement des Arabes ................................611

## ANNEXE ......................................................................................... 625

## BIBLIOGRAPHIE DES OUVRAGES CITÉS ........................................................ 644

## POSTFACE ....................................................................................... 653
L'Après 1945 : les suites politiques et religieuses de Yalta ! ...........................653

# AVERTISSEMENT

Voici enfin, après trente ans d'attente, une version française du célèbre ouvrage de Maurice Pinay « Complot contre l'Église » paru à Rome en 1962 et distribué alors aux Pères conciliaires dans l'espoir des auteurs que cette somme d'informations prémunirait les Pères contre les tentatives de reniement annoncées de la Tradition et des enseignements de vingt siècles. Il n'en fut hélas rien.

Après la première version italienne quelque peu abrégée de onze chapitres, ce livre fut traduit et publié en allemand, puis en espagnol et enfin connut une nouvelle édition définitive et augmentée en espagnol en 1968, et c'est cette dernière version qui vient enfin d'être traduite en français. L'ouvrage devait à l'origine paraître en deux tomes, le second consacré à la subversion antichrétienne contemporaine. Mais le second tome ne parut pas.

Lors de la parution de la première édition en italien en 1962, cet ouvrage fut qualifié de « pamphlet » dans une recension calomnieuse signée d'un rédacteur de l'hebdomadaire du Vatican « Corriere della Domenica », ce qui témoignait de l'esprit déjà alors en vigueur au Vatican et du personnel nouveau en place. Le lecteur jugera si ce monument d'érudition historique érudite est un « pamphlet ».

Ce livre sans aucun doute suscité par plusieurs membres de la Curie fidèles fut l'œuvre collective de clercs érudits, sous la direction d'un savant Père Jésuite, aidé d'équipes de chercheurs travaillant tant auprès des facultés Romaines que de plusieurs universités d'Amérique du Sud, notamment celle de Guadalajara au Mexique.

À la présente édition française, traduite de la réédition espagnole de 1968 des Editions Mundo Libre de Mexico, les éditeurs ont cru bon de donner le titre de : « 2000 ans de complots contre l'Église »

Souhaitons que le lecteur français, en prenant connaissance de ce document, fasse son profit de sa précieuse documentation historique qui fait ouvrir les yeux sur nombre de points méconnus de l'histoire européenne autant que de l'histoire de l'Église.

Tout ce que redoutaient les auteurs s'est hélas produit, et les Catholiques trente ans plus tard, devant les désastres épouvantables accumulés par cette forfaiture des ennemis infiltrés, supplient Dieu qu'Il veuille sauver et ressusciter la Sainte Église. Il est plus que temps d'obéir enfin à la demande de Notre-Dame : Prière et Pénitence.

## IMPRIMATUR

*Ayant lu le livre imprimé à Rome en 1962 « Complot contre l'Église », qui a été distribué à tous les Pères Conciliaires, et ne trouvant dans ce livre rien de contraire à la Foi et aux bonnes mœurs, je ne vois aucun inconvénient à concéder l'IMPRIMATUR CANONIQUE qui m'a été demandée pour la première édition espagnole, en cours de publication au Mexique.*

Le 13 avril 1968 +Juan Navarete,
Archevêque d'Hermosillo

# PRÉFACES

## INTRODUCTION ET URGENT AVIS AU LECTEUR DE L'ÉDITION ITALIENNE DE « COMPLOTTO CONTRO LA CHIESA » (1962)

La plus perverse conspiration jamais réalisée contre la Sainte Église est en passe d'être réalisée. Ses ennemis trament de détruire ses traditions les plus sacrées, en opérant des réformes aussi audacieuses et malignes que celles de Calvin, de Zwingle et d'autres grands hérésiarques, cela au moyen d'un faux zèle de « moderniser l'Église et de la placer à la hauteur de l'époque », mais en réalité avec le propos caché d'ouvrir la porte au Communisme, d'accélérer la chute du monde libre et de préparer la destruction à venir du Christianisme.

Tout ce projet qui apparaît incroyable, certains veulent le voir réalisé au cours du Concile Vatican II, et nous sommes en possession d'évidences montrant comment tout a été tramé dans des réunions secrètes[1] avec de hauts fondés de pouvoirs du Communisme, de la Maçonnerie mondiale, et de la puissance occulte qui tient les deux sous son contrôle.

Projetant de lancer un sondage préalable, ces gens-là ont prévu de commencer par des réformes qui provoqueront le moins de résistance du côté des défenseurs de la Sainte Église, et de poursuivre peu à peu sa transformation, en allant aussi loin que leur permettra la résistance opposée par ceux-ci.

Ils affirment en outre les choses même les plus incroyables pour ceux qui ignorent que ces forces anti-chrétiennes comptent à l'intérieur de la hiérarchie de l'Église sur une véritable cinquième colonne d'agents inconditionnellement au service de la Maçonnerie, du Communisme et du pouvoir occulte qui gouverne les deux, car ils indiquent que les Cardinaux, les Archevêques et les Évêques de leur bord formeront une sorte d'aile progressiste dans le Concile et s'efforceront d'accomplir ces réformes

---

[1] Les juifs eux-mêmes ont confirmé le réalité de ces entretiens secrets, notamment entre le rabbin Schuster des B'nai Brith et le cardinal Bea, voir l'article paru dans le grand magazine américain *Look,* numéro du 26 janvier 1986.

perverses en surprenant la bonne foi et le désir de progrès de beaucoup de pieux Pères. Ils assurent que ce bloc progressiste qui se sera formé au début du Synode pourrait compter sur l'appui du Vatican, que ces forces anti-chrétiennes disent avoir sous influence.

Cela nous semble incroyable, et être, bien davantage le fruit d'une vantardise ostentatoire de la part des ennemis de l'Église que la réalité. Nous le mentionnons cependant, afin que l'on voie jusqu'où les ennemis de la Sainte Église et du Monde libre veulent aller.

Outre des réformes dangereuses dans la doctrine de l'Église et dans sa politique traditionnelle, qui contredisent évidemment tout ce qui a été approuvé par les Papes et les Conciles œcuméniques précédents, ils essaient de faire annuler la Bulle d'excommunication lancée par Sa Sainteté le Pape Pie XII contre les communistes et ceux qui collaborent avec eux, pour tenter d'instaurer une sorte de coexistence pacifique avec le Communisme. De sorte que, d'un côté ils décrédibilisent la Sainte Église vis à vis de tous les chrétiens qui luttent contre le Communisme matérialiste et athée, et que de l'autre, ils brisent le moral de tous ces combattants, facilitent leur défaite et provoquent la débandade dans leurs rangs, assurant ainsi la victoire mondiale du totalitarisme rouge.

Ils s'efforcent que les Protestants et les Orthodoxes qui luttent héroïquement (contre le Communisme) ne soient en aucun cas invités comme observateurs, mais qu'au contraire seuls le soient ces Églises ou Conseils (œcuméniques) d'Églises qui sont sous le contrôle de la Maçonnerie et du Communisme ou du pouvoir occulte qui dirige les deux. Ainsi les franc-maçons ou les communistes habillés en soutane qui usurpent les postes dirigeants de ces Églises pourront subrepticement collaborer, déguisés mais efficaces, avec leurs complices infiltrés dans le clergé catholique.

Pour sa part, le Kremlin a déjà arrêté de refuser un passeport aux Prélats fermement anti-communistes, et de permettre seulement la sortie de ses États satellites à ses agents sûrs, ou à ceux qui, sans être pourtant des agents communistes, se sont pliés à ses volontés par peur des représailles rouges. Ainsi l'Église du Silence sera-t-elle privée lors du Concile Vatican II de ceux qui mieux que personne pourraient la défendre et informer le Saint Synode de ce qui se passe dans le monde communiste.

Tout cela semblera sans doute incroyable au lecteur, mais ce qui pourrait survenir lors du prochain Concile lui ouvrira surement les yeux et le convaincra que nous disons la vérité, parce que c'est précisément là que l'ennemi pense jouer sa carte maîtresse, en comptant comme il l'assure lui-même sur ses complices dans les plus hautes sphères de la hiérarchie catholique.

Un autre des plans sinistres qu'ils forgent est d'obtenir de la Sainte Église qu'elle se contredise elle-même, perdant de ce fait son autorité sur les fidèles, car après, ils proclameront eux-mêmes qu'une institution qui se contredit ne peut être divine, et avec cet argument ils pensent que les églises seront désertées et que les fidèles perdant toute confiance dans le clergé l'abandonneront.

Ils projettent ainsi de faire en sorte que l'Église déclare dorénavant comme étant bien ce qu'elle-même avait affirmé auparavant être mal. Parmi les manœuvres préparées dans cet objectif, se signale par son importance le changement d'attitude de la Sainte Église envers les juifs réprouvés, comme Saint Augustin appela aussi bien ceux qui crucifièrent N.S. Jésus-Christ que leurs descendants, ennemis capitaux du Christianisme.

La doctrine unanime des plus célèbres Pères de l'Église, cet « unanimis consensus Patrum » que l'Église considère comme source de Foi, a condamné les juifs infidèles et a considéré comme bon et nécessaire de lutter contre eux. Saint Ambroise Archevêque de Milan, Saint Jérôme, Saint Augustin Évêque d'Hippone, Saint Jean Chrysostome, Saint Athanase, Saint Grégoire de Naziance, Saint Basile, Saint Cyrille d'Alexandrie, Saint Isidore de Séville, Saint Bernard, et aussi Tertullien et Origène, ces deux derniers à l'époque de leur indiscutable orthodoxie, participèrent tous à cette lutte en nous laissant leur exemple, comme nous le montrerons avec des preuves irréfutables. En outre, pendant dix-neuf siècles, l'Église combattit énergiquement les juifs, comme nous le montrerons aussi par des documents très dignes de foi, comme les Bulles des Papes, les Actes de Conciles œcuméniques et provinciaux comme le célèbre IVème Concile de Latran et beaucoup d'autres, et par les doctrines de Saint Thomas d'Aquin, de Duns Scot et des plus importants Docteurs de l'Église. Nous démontrerons la même chose à partir de sources juives d'irréfutable authenticité, comme les Encyclopédies officielles du Judaïsme, les œuvres d'illustres rabbins et celles des plus célèbres historiens juifs.

Puisque les conspirateurs juifs, franc-maçons et communistes, profitant de la méconnaissance par la majorité du clergé de la véritable histoire de l'Église, prétendent, comme ils le disent, exécuter un coup de mains par surprise lors du prochain Concile pour faire en sorte que le Saint Concile œcuménique qui est en train de se réunir condamne l'antisémitisme et quiconque combat les juifs, qui, comme nous le démontrerons dans ce livre, sont les dirigeants de la Maçonnerie et du Communisme international ; puisque les mêmes conspirateurs prétendent que les juifs réprouvés, considérés comme mauvais par l'Église pendant dix-neuf siècles, soient désormais déclarés bons et être les préférés de Dieu, contredisant en cela « l'unanimis consensus Patrum » qui a établi précisément le contraire, comme l'ont affirmé diverses Bulles des Pontifes et les Canons de Conciles œcuméniques et provinciaux; puisque les juifs et leurs complices dans le clergé catholique considèrent comme « antisémitisme » toute résistance combattive contre les méfaits des juifs et leurs conspirations contre Notre-Seigneur Jésus-Christ et la Chrétienté, et qu'ils ont déclaré comme nous le montrerons aussi dans ce livre que les sources de l'antisémitisme ont été ce même Jésus-Christ, les Évangiles et l'Église Catholique, qui pendant pratiquement deux mille ans ont lutté continuellement contre les juifs qui ont répudié le Messie : ce qu'ils cherchent donc par la condamnation de l'antisémitisme, qu'ils appellent quelquefois « le racisme antisémite », c'est que Sa Sainteté le Pape et le Concile qui se réunit actuellement par cette condamnation établissent un précédent catastrophique, celui d'une Église qui se contredit elle-même et qui, sans s'en rendre compte, condamne ainsi Notre-Seigneur Jésus-Christ, les Saints Évangiles, les Pères de l'Église et la majorité des Papes, parmi lesquels Saint Grégoire VII (Hildebrand), Innocent II, Innocent III, Saint Pie V et Léon XIII, qui comme nous le démontrerons dans cet ouvrage combattirent avec acharnement les juifs de la Synagogue de Satan.

En même temps, par ces condamnations ils obtiendraient de mettre au banc des accusés un grand nombre des Conciles de la Sainte Église, y compris les Conciles œcuméniques de Nicée et les II$^{ème}$, III$^{ème}$ et IV$^{ème}$ Conciles de Latran, dont nous étudierons les Canons dans ce livre, qui ont tant combattu les juifs.

En un mot, les sinistres conspirateurs trament que la Sainte Église en condamnant l'antisémitisme, se condamne elle-même, avec les résultats désastreux qu'il est facile de comprendre.

Ce virage dans la doctrine traditionnelle de l'Église, ils avaient déjà essayé de l'amorcer, bien que de façon cachée, lors du précédent Concile du Vatican, lorsque par surprise et à la suite de pressions insistantes, ils avaient obtenu qu'un grand nombre de Pères signent un « postulat en faveur des juifs », qui, pour tromper le zèle apostolique des Pères, débutait par un appel à la conversion des israélites, proposition impeccable du point de vue théologique, puis qui se poursuivait en instillant le poison par des affirmations dont le sens était en contradiction ouverte avec la doctrine établie par la Sainte Église, comme nous le montrerons au cours de ce livre. Mais à cette occasion, alors que la Synagogue de Satan croyait déjà s'être assurée de l'approbation du postulat en question par le Concile, l'assistance de Dieu à sa Sainte Église empêcha que le Corps mystique de Jésus se contredise lui-même et que les conspirations de ses ennemis bimillénaires portent fruit. La guerre franco-prussienne éclata juste à ce moment. Napoléon III dut retirer aussitôt ses armées des États Pontificaux qu'elles défendaient, et les armées de Victor Emmanuel II se préparèrent à marcher irrésistiblement sur Rome. De ce fait, le Saint Concile Vatican I dut s'interrompre très vite, et les Prélats durent rentrer dans leur diocèse avant même que le postulat en question sur les juifs ait pu être mis en discussion.

Ce n'était surement pas la première fois que la Divine Providence empêchait par des moyens extraordinaires un désastre de ce genre. L'Histoire nous montre que la Providence est intervenue dans une infinité de cas, en se servant pour instrument dans la majorité d'entre eux des Papes, de pieux Prélats comme saint Athanase, saint Cyrille d'Alexandrie, saint Léandre, le Cardinal Aimeric, et aussi d'humbles moines comme saint Bernard ou saint Jean de Capistran. Dans d'autres, comme le cas susdit, la Providence se servit de rois ambitieux, comme Victor Emmanuel II, et Frédéric II de Prusse.

Lorsque nous avons su, au milieu de l'année dernière, que l'ennemi revenait à la charge par une conspiration qui avait pour objet d'ouvrir la porte au Communisme, de préparer l'effondrement du monde libre et de livrer la Sainte Église aux griffes de la Synagogue de Satan, nous nous sommes mis immédiatement et en toute hâte à recueillir les éléments de cet ouvrage et à l'écrire. Aussi, bien plutôt qu'un livre soutenant une quelconque thèse, cet ouvrage est-il un recueil ordonné d'Actes de Conciles, de Bulles Papales, et de documents et sources de tous genres, dont nous avons éliminé tous ceux qui étaient d'authenticité douteuse pour ne garder que ceux d'une valeur probante incontestable.

Cet ouvrage ne dénonce pas seulement la conspiration que le Communisme et la Synagogue de Satan ont tramée contre le Concile Vatican II, mais il présente une étude attentive des nombreuses conspirations antérieures qui leur ont servi de précédents pendant plus de dix-neuf siècles, car ce qui surviendra lors du saint Synode en cours s'est déjà produit maintes fois au cours des siècles passés. Il est donc indispensable de bien connaître les précédents et aussi la nature de la cinquième colonne ennemie dans le sein du clergé pour pouvoir comprendre dans toute son ampleur ce qui va se passer, d'où l'étude spécifique à laquelle est consacrée la IV$_{ème}$ partie de cet ouvrage, établie sur la base d'une documentation indiscutable.

Comme en outre ce que l'ennemi attend du saint Siège et du Concile Vatican II est qu'ils détruisent certaines traditions de l'Église dans le but de faciliter le triomphe du Communisme et de la Maçonnerie, nous présentons dans les deux premières parties de l'ouvrage une étude minutieuse, puisée aux sources les plus sérieuses, de ce que l'on pourrait appeler la quintessence de la Maçonnerie et du Communisme athée, en étudiant aussi la nature du pouvoir occulte qui les dirige l'un et l'autre. Ainsi, bien que la IV$_{ème}$ partie du livre soit la plus importante, les trois premières s'efforcent de faire vraiment comprendre dans toute son ampleur la conspiration qui menace la Sainte Église.

Cette conspiration ne se réduit pas aux activités du prochain Synode universel, mais elle embrasse tout le futur de l'Église. L'ennemi a calculé que si, pour une raison quelconque, il se produisait dans le Saint Synode de fortes réactions contre les réformes qu'il a projetées qui soient capables de ruiner ses projets concernant le Concile Vatican II, il continuerait de revenir à la charge en profitant d'une opportunité quelconque, et en utilisant les puissantes influences qu'il dit avoir au Saint Siège.

Nous sommes sûrs cependant que, malgré les pièges de l'ennemi, l'assistance de Dieu à sa Sainte Église fera échouer cette fois encore, comme les précédentes, ses perfides machinations, car il est écrit : « Les forces de l'enfer ne prévaudront pas contre elle ».

Malheureusement presque quatorze mois se sont passés à la rédaction de cet ouvrage très documenté, et il ne reste plus que deux mois seulement d'ici au début du Saint Concile Vatican II. Que Dieu nous aide donc à vaincre tous les obstacles pour pouvoir achever l'impression de l'ouvrage, soit au début du Synode, soit avant que l'ennemi ait pu causer les premiers dommages, car même si nous savons que Dieu Notre-Seigneur ne permettra pas une catastrophe comme celle que nos ennemis projettent, nous devons aussi nous rappeler que, comme l'a dit un illustre saint, même si nous savons que tout dépend de Dieu, nous devons agir comme si tout dépendait de nous, et comme l'avait dit saint Bernard lors d'une crise aussi grave que l'actuelle, tout faire « en priant Dieu et en frappant du marteau ».

Les Vème et la VIème parties de ce livre feront l'objet d'un second tome, dont la publication aura lieu ultérieurement, dans l'attente des répliques et calomnies habituelles que l'ennemi lancera, et afin de leur donner une réponse écrasante.

L'AUTEUR

## Préface à l'édition autrichienne

Vienne, le 20 janvier 1963

Nous nous sommes décidés à imprimer cette édition autrichienne du livre « Complot contre l'Église » à la suite des innombrables demandes que nous avons reçues de la part de membres illustres du respectable clergé autrichien et allemand.

Les Pères du Concile Vatican II, à qui ce livre fut dédié, ont eu l'opportunité de vérifier dans l'intervalle, pendant le Saint Synode, que nos cris d'alarme concernant l'existence d'un véritable complot contre les traditions sacrées de l'Église et contre ses défenses contre le Communisme athée ont hélas été pleinement confirmés par les faits survenus au cours de la première Session du Saint Concile. Ceci montre que ce que nous affirmions correspondait à la tragique vérité.

Les évènements à venir au cours des prochains mois confirmeront encore à nos lecteurs que notre dénonciation du danger était fondée sur une incroyable et triste vérité. Les ennemis de l'Église, au moyen de leurs complices dans le haut clergé, ont renouvelé dans la première session du Synode universel, l'objectif déjà réalisé par les Vaudois, les Hussites et autres hérétiques médiévaux, puis ensuite par Calvin, Zwingle et autres hérésiarques, consistant à récuser ou enlever à la Tradition de l'Église son caractère de source de la Révélation. Aujourd'hui, ils ont seulement invoqué comme prétexte l'idéal sublime de l'unité chrétienne que chacun désire, tandis que les hérétiques d'antan alléguaient pour soutenir la même thèse d'autres arguments aussi différents que sophistiques.

Tenter de faire que l'Église refuse à la Tradition son caractère de source doctrinale, en réservant cet attribut seulement à la Sainte Bible, signifie ni plus ni moins qu'essayer que l'Église se contredise elle-même. Ainsi, par cette contradiction, en définissant désormais comme noir ce que pendant vingt siècles on a affirmé être blanc, on obtiendra le désastreux résultat que l'Église perde son autorité devant ses fidèles, parce qu'une institution qui se contredit elle-même dans ce qui est essentiel ne peut être divine.

Faire une pareille démarche serait mettre la Sainte Église dans une situation tellement fausse qu'elle ne pourrait se justifier par le doux rêve d'une prétendue unité chrétienne, dont la réalisation reste pour le moment très problématique.

De plus, à supposer que celle-ci s'accomplisse sur des bases aussi absurdes, ceci signifierait que la Sainte Église, reconnaissant qu'elle était dans l'erreur, se convertirait en masse au Protestantisme, dont le postulat essentiel a toujours été de reconnaître uniquement la Bible comme seule source de la Vérité Révélée, refusant ce même caractère à la Tradition de l'Église Catholique.

Il est incroyable que les ennemis du Catholicisme et leurs complices dans le haut clergé aient eu l'audace d'aller jusque-là. Mais ceci démontre également que ce que nous avions prévu en écrivant cet ouvrage avant le Concile a été confirmé par les faits, et que l'ennemi avait effectivement des complices infiltrés à des postes très élevés dans le haut clergé. Mais comme nous le savons de bonne source, aussitôt que ce livre a paru et a été distribué aux Pères, les ennemis ont renoncé, même si seulement temporairement à lancer leurs propositions les plus audacieuses qu'ils tenaient préparées pour un effet de surprise, hors de l'agenda, pour les derniers jours du Concile.

Parmi ces propositions, il y avait celle d'obtenir la dérogation à la Bulle d'excommunication de S. S. Pie XII contre les communistes et leurs complices, l'établissement de la cohabitation pacifique entre l'Église et le Communisme, et celle de la condamnation de l'antisémitisme.

Sans doute ce recul tactique, rendu nécessaire par la dénonciation que nous avions faite dans ce livre, ne sera que temporaire, dans l'attente qu'une propagande bien conçue, élaborée en accord avec le Kremlin vainque la résistance des défenseurs de la Sainte Église en faveur d'une cohabitation pacifique avec le Communisme athée, qui affaiblirait les défenses de l'Église et du monde libre.

Cette opération devrait se réaliser avec l'aide du dictateur rouge, qui délivrerait de leurs prisons des Prélats incarcérés depuis de longues années, enverrait des félicitations à Sa Sainteté le Pape et effectuerait divers autres actes d'amitié apparente envers l'Église, pour appuyer les arguments des complices du Kremlin dans le haut clergé en faveur de la dérogation à la Bulle d'excommunication, et si possible de l'établissement d'un pacte entre le Saint Siège et le Communisme. À Moscou, l'on projette, de concert avec certains complices dans les hautes sphères du Vatican, que soient même établies des relations diplomatiques entre la Sainte Église et l'État Soviétique matérialiste et athée, sous le prétexte que l'État du Vatican obtiendrait ainsi l'adoucissement de la persécution religieuse en Russie.

En réalité, le Kremlin et ses agents dans la hiérarchie ecclésiastique essaient ainsi de démoraliser les Catholiques et le clergé héroïque qui, en Europe et dans le reste du monde, combattent le Communisme, en donnant l'impression que le Communisme n'est finalement pas si mauvais puisque le Saint Siège accepte d'établir des relations diplomatiques avec l'Union Soviétique et les autres États Communistes.

Il s'agit ainsi de briser l'esprit combatif des anti-communistes d'Amérique du Nord, car par cette nouvelle démarche, ils se verraient eux-mêmes très affaiblis dans leur lutte contre les forces obscures qui essaient de noyer les États-Unis même dans le chaos communiste. En un mot, comme nous l'avons dit dans notre préface à l'Edition italienne, on prétend ainsi casser les défenses du monde libre et faciliter le triomphe final du Marxisme athée.

Cependant, l'audace du Communisme, de la Maçonnerie et des juifs en est arrivée à un point tel qu'ils parlent déjà de pouvoir contrôler la prochaine élection du Pape et prétendent placer sur le trône de Saint Pierre l'un de leurs complices membre du respectable Corps Cardinalice. À cet effet, à l'aide des influences qu'ils disent avoir au Vatican, ils projettent d'exercer leur pression sur Sa Sainteté le Pape dont la santé est très affaiblie, en le poussant à nommer en masse de nouveaux Cardinaux, bien que ce faisant l'on dépasse le nombre limité fixé, afin d'atteindre le nombre nécessaire pour assurer l'élection d'un Pontife qui change la Sainte Église en un satellite au service du Communisme, de la Maçonnerie et de la Synagogue de Satan.

Ce que les forces de l'Antéchrist n'ont pas pris en compte, c'est l'assistance que Dieu Notre-Seigneur donnera à sa Sainte Église, en empêchant qu'une pareille manœuvre prévale. Il suffira de rappeler que ce n'est pas la première fois dans l'Histoire qu'ils l'essaient, et comme nous le montrons dans cet ouvrage avec des documents d'authenticité indiscutable, les pouvoirs du dragon infernal sont déjà arrivés dans le passé à porter à la Papauté un Cardinal manipulé par les forces de Satan, jusqu'à donner un moment le sentiment qu'ils étaient désormais les maîtres de la Sainte Église.

Mais Notre-Seigneur Jésus-Christ, qui jamais ne l'abandonne, inspira alors l'action et arma le bras d'hommes pieux et combatifs, comme saint Bernard, saint Norbert, le Cardinal Aymeric, le Pères des Conciles d'Étampes, de Reims, de Pise et du II$^{ème}$ Concile œcuménique de Latran, qui refusèrent de reconnaître le caractère de Pape au Cardinal Pierleoni, ce loup déguisé en agneau qui parvint à usurper le trône de Pierre pendant de nombreuses années, l'excommuniant et le reléguant dans son rôle d'antipape, qui lui correspondait précisément.

Les plans du Kremlin, de la Maçonnerie et de la Synagogue de Satan, pour autant qu'ils soient avancés, seront à l'évidence frustrés par la main de Dieu, car comme toujours surgiront de nouveaux saints Athanases, de nouveaux saints Jean Chrysostomes, des saints Bernards, des saints Jean Capistrans. Ceux-ci, aidés par l'inspiration et la force données par Notre-Seigneur Jésus-Christ, feront échouer d'une façon ou d'une autre la sinistre conspiration, que les forces obscures de l'Anti-Christ trament une fois de plus contre la Sainte Église et le monde libre pour faciliter le triomphe universel de l'impérialisme totalitaire de Moscou.

Dans la première édition italienne, nous avions du enlever onze chapitres de la IV$^{ème}$ partie du livre, devant l'urgence où nous étions de distribuer l'ouvrage aux Pères du Concile Vatican II avant que la Bête n'ait eu le temps de donner ses premiers coups de griffes, mais ayant cette fois plus de temps pour l'impression de la présente Edition, nous avons inclus les onze chapitres en question, d'importance capitale pour bien comprendre la conspiration diabolique qui menace de nos jours la Sainte Église.

L'AUTEUR

# Préface à l'édition vénézuélienne :
# Un livre qui fait sensation :
# « Complot contre l'Église »

Les faits confirment que le qualificatif de sensationnel donné au livre « Complot contre l'Église » n'a rien d'exagéré.

À la suite de la première Edition italienne, distribuée à l'automne de 1962 aux Pères du Concile Vatican II, la presse des différentes nations du monde commença de publier des recensions de cet ouvrage, dont la lecture est d'une importance capitale, non seulement pour les Catholiques, mais pour tous les hommes libres.

Sans crainte d'exagération, on peut assurer qu'aucun autre livre au cours de ce siècle n'a été l'objet d'autant de commentaires dans la presse mondiale. Violemment défavorables furent ceux des périodiques de la presse communiste et de tous ceux contrôlés par les franc-maçons ou les juifs, et extrêmement favorables, ceux de quelques revues catholiques indépendantes de ces forces obscures, et qui en outre eurent la possibilité et le mérite d'exprimer librement leur point de vue. Chose vraiment inusitée en matière de publicité littéraire, un an après la diffusion de la première Edition italienne au Saint Concile, la presse des différentes nations du monde libre continue de parler de ce livre extraordinaire.

Afin que nos lecteurs puissent se rendre compte de l'importance de cette œuvre, nous transcrivons ici quelques paragraphes intéressants de ce que le correspondant à Rome de la revue catholique « Agora » disait à ses lecteurs le 1er mars 1963, page 7 :

Rome, février 1963.

« Nous nous référons à une publication parue à Rome il y a quelque temps. Nous avons obtenu un exemplaire de ce livre, qui en deux mois était devenu une rareté bibliographique... Le livre fut imprimé par une imprimerie romaine, mais lorsque les autorités actuelles démocrate-chrétiennes d'Italie, favorables au marxisme, se furent aperçues de cette publication, les exemplaires du gros volume de 617 pages étaient déjà distribués (aux Pères du Concile œcuménique), chose qui alarma le Gouvernement, le monde diplomatique et les partis de gauche.

« Pendant plusieurs jours, l'imprimerie eut la visite de très hautes autorités de la Police, qui ne purent obtenir de celle-ci que la déclaration qu'elle n'avait été chargée que d'imprimer l'ouvrage, et que le prix de ce travail était déjà entièrement réglé. La presse de gauche lui lançait des attaques furieuses.

« L'exceptionnelle importance de ce livre réside principalement dans le fait que, soit qu'il s'agisse d'un ou de plusieurs auteurs, toute personne, même de culture élémentaire, peut deviner que cet ouvrage a été l'œuvre de clercs.

« Naturellement, sous ce rapport circulent les versions les plus diverses: certains affirment que les auteurs furent des Prélats italiens en collaboration avec des catholiques anglais ; d'autres parlent d'une équipe de prêtres, comprenant quelques Évêques d'un pays d'Amérique du Sud mal identifié... »

« Cet ouvrage, de par le grand sérieux de sa documentation minutieuse, scrupuleuse et érudite, n'est pas un produit de plus de l'antisémitisme, qui serait basé sur les « Protocoles des Sages de Sion » (lesquels ne sont pas du tout utilisés dans ce livre).

« Dans les pages, dans les arguments et dans le style même de l'ouvrage, on sent finalement, chose unique en son genre, la présence de clercs catholiques militant contre l'éternelle hérésie qui essaya toujours de subvertir les fondements religieux, éthiques et historiques du Christianisme, en se servant successivement de Simon le Magicien, d'Arius, de Nestorius, des Albigeois, et maintenant des gauchistes du Concile œcuménique ».

Tels sont les extraits de l'intéressant commentaire du périodique portugais « Agora » sur le livre « Complot contre l'Église ».

Sans doute la version la plus accréditée, soit à Rome, soit par la presse mondiale, est que ce livre sensationnel a été élaboré ni plus ni moins que par certains membres distingués de la Curie Romaine, qui, comme on le sait, est le Gouvernement suprême de l'Église et aide S. S. le Pape dans ses principales fonctions. On a répété que le livre « Complot contre l'Église » est un des plus importants efforts de la Curie Romaine pour faire échouer les réformes que l'aile gauche du clergé catholique essaie de réaliser. Il s'agit de réformes qui, si elles s'accomplissaient, renverseraient complètement les fondements sur lesquels repose la Sainte Église.

Certains périodiques ont à ce propos été encore plus explicites qui affirment que c'est ce que l'on désigne comme le « Syndicat des Cardinaux » qui a réalisé cet ouvrage. Il faut expliquer ici que les franc-maçons, les communistes et leurs complices se sont mis à désigner sous ce nom de « Syndicat des Cardinaux » l'héroïque groupe de Cardinaux de la Curie Romaine qui luttent dans le Concile Vatican II, pour empêcher qu'une bande de clercs, qui étrangement sont au service de la Maçonnerie et du Communisme, n'imposent au Synode universel toute une série de thèses subversives et quelques-unes même hérétiques, destinées à causer la ruine de l'Église. Une ruine qui n'arrivera pas à complète consommation, parce qu'il est écrit que « Les forces de l'enfer ne triompheront pas contre elle », même s'il est prophétisé dans l'Apocalypse de saint Jean que ces forces infernales obtiendront des triomphes éclatants, après quoi elles seront vaincues et annihilées.

Pour ne pas trop allonger cette Préface, nous transcrirons ici seulement ce que dit à ce sujet une importante revue de tendance maçonnique et communiste d'Amérique latine. Il s'agit de l'hebdomadaire « Tiempo » publié à Mexico par M. Martin Luis Guzman, distingué hiérarque de la Maçonnerie, qui dans son numéro 1119, volume XLII, page 60 du 14 octobre 1963 déclarait, en se référant aux Évêques dénommés progressistes :

« La rébellion des Évêques fut considérée par Ottaviani et les autres Cardinaux du « Syndicat » comme un début d'hérésie. Dans l'Osservatore Romano, on est allé jusqu'à parler de la possibilité que le Concile dépose le Pape, s'il le considérait comme hérétique. Le Syndicat publiait alors en octobre 1962, un pamphlet intitulé « Complotto contro la Chiesa » (Complot contre l'Église) sous le pseudonyme de Maurice Pinay. »

Tel était le commentaire de ce périodique.

La valeur définitivement probante de ce livre provient de sa superbe et importante compilation de documents d'Histoire et de sources d'indiscutable importance et authenticité. Ces documents démontrent sans aucun doute l'existence d'une grande conspiration tramée contre la Sainte Église Catholique et contre le monde libre par leurs ennemis traditionnels, à savoir ceux qui prétendent changer le Catholicisme en un instrument aveugle au service du Communisme, de la Maçonnerie et du Judaïsme, pour ainsi affaiblir l'humanité libre, facilitant sa chute et, par là, la victoire définitive du Communisme athée.

Les instruments les plus utiles d'une telle conspiration sont les clercs catholiques qui, trahissant l'Église, essaient de neutraliser ses défenseurs les plus loyaux, en aidant en même temps autant qu'ils le peuvent les communistes, les franc-maçons et les juifs dans leurs activités subversives.

Par la présente édition nous voulons donner l'alarme, non seulement aux catholiques, mais aussi à tous les anti-communistes du Vénézuela et de l'Amérique latine, afin qu'ils se rendent compte des graves dangers qui menacent aujourd'hui, à la fois l'Église Catholique, la Chrétienté et le monde libre en général. Et cela, afin qu'ils donnent tout leur appui au groupe méritant de Cardinaux, d'Archevêque, d'Évêques et de prêtres qui luttent dans le Concile, comme dans leurs nations respectives, contre les ennemis extérieurs et intérieurs de la Sainte Église et du monde libre, ces ennemis qui essaient de détruire les traditions les plus sacrées du Catholicisme, et avec une persévérance satanique de nous plonger, nous et nos enfants, dans l'épouvantable esclavage communiste.

Caracas, le 15 décembre 1963,
L'EDITEUR

# Première partie -
# Le moteur secret du communisme

# CHAPITRE I

## LE COMMUNISME DESTRUCTEUR ET ASSASSIN

De tous les systèmes révolutionnaires conçus au cours de l'Histoire dans le but de détruire les valeurs de notre civilisation, systèmes qui ont été employés tout au cours des âges de la façon la plus efficace et toujours au moment le plus propice, le plus parfait, le plus efficace et le plus impitoyable est sans aucun doute le Communisme, qui représente la démarche la plus avancée de la Révolution mondiale. D'après ses doctrines, il ne s'agit pas seulement de détruire une institution politique, sociale, économique ou morale particulière, mais d'anéantir la Sainte Église, et même plus, de faire totalement disparaître les expressions culturelles chrétiennes qui font partie de notre civilisation.

Si avec une étrange unanimité les tendances révolutionnaires juives ont toutes attaqué le Christianisme dans ses différents aspects, le Communisme lutte pour les éradiquer totalement de la face de la terre, sans en laisser la plus petite trace.

En montrant aux yeux du monde les plus épouvantables tableaux d'horreurs et de ruines jamais imaginés, l'expression destructrice de cette tendance satanique ne peut avoir d'autre fondement que l'essence même de la négation et du refus le plus violent et haineux de tout ce qui existe. Autrement, la méchanceté inouïe de ses tactiques criminelles et l'esprit de destruction, d'anéantissement, et la volonté de ses dirigeants de blesser, contredire et s'opposer à toute représentation de critères axiologiques, non seulement catholiques, mais religieux en général ne saurait se concevoir.

Le but du Communisme, comme on en a l'évidence en Russie et dans les autres pays où il s'est implanté, n'est rien d'autre que l'annihilation du peuple dans les domaines économique, politique, social, humain et transcendant, pour permettre à une minorité d'imposer sa domination par la force.

D'un point de vue international, son but ne peut être plus clair : il s'agit d'obtenir par la force qu'une infime minorité obtienne la domination mondiale, en anéantissant tous les autres êtres humains au moyen du matérialisme, de la terreur, et si nécessaire par la mort, même si pour cela il faut assassiner des ensembles importants de populations.

Le dynamisme homicide qui a caractérisé les dirigeants soviétiques est suffisamment connu dans le monde entier, et rares sont ceux qui n'ont pas éprouvé des frissons d'horreur en apprenant les sanglantes déprédations accomplies par les marxistes en Russie. Qu'il suffise de rappeler quelques données qui remplissent de stupeur et d'indignation les esprits civilisés.

« À ses débuts, la terreur rouge s'est vouée surtout à exterminer l'Intelligentsia russe,[2] et, comme preuve de cette affirmation, S. P Melgounov, faisant référence aux Commissions Extraordinaires qui surgirent en Russie aux premiers temps de la révolution soviétique, constate ceci : « Les Commissions Extraordinaires ne sont pas des organes de Justice, mais d'extermination impitoyable, selon l'expression même du Comité Central Communiste, qui déclarait :

« La Commission Extraordinaire n'est pas une Commission d'enquête, ni de jugement, ni un tribunal, mais elle même détermine ses attributions. Elle est un organisme de combat, qui opère sur tout le front intérieur de la guerre civile. Elle ne juge pas l'ennemi, mais elle l'extermine; elle ne pardonne pas à celui qui est de l'autre côté de la barricade, mais elle l'anéantit. Il n'est pas difficile de se représenter comment doit s'accomplir dans la réalité cette extermination sans pitié, quand, au lieu du « code mort des lois », règne la seule expérience révolutionnaire et sa conscience. La conscience est subjective, et l'expérience fait forcément place à la volonté, qui prend des formes irritantes selon la qualité des juges ».[3]

Le dirigeant communiste Latsis écrivait : « Nous ne faisons pas la guerre contre les personnes en particulier : nous exterminons la bourgeoisie en tant que classe. Ne cherchez pas pendant votre enquête des documents ou des preuves de ce qu'a fait l'accusé contre l'autorité soviétique. La première question que vous devez lui poser est : à quelle classe appartient-il ? de quelle origine est-il ? quelle est son éducation, son instruction, sa profession ? »[4]

Pendant la sanglante dictature de Lénine, la Commission d'enquête de Rohrberg, qui entra dans Kiev après la prise de la ville par les volontaires en août 1919, signalait ce qui suit :

« Tout le sol bétonné du grand garage (il s'agit du lieu d'exécution de la Tcheka provinciale de Kiev) était couvert de sang ; celui-ci ne coulait pas, mais formait une couche coagulée de plusieurs pouces d'épaisseur ; c'était un horrible mélange de sang, de sexes, de morceaux de crânes, de mèches de cheveux et d'autres restes humains. Tous les murs, troués de milliers

---

[2] Léon de Poncins : « *Les Forces secrètes de la Révolution : Franc-Maçonnerie, Judaïsme* « Edition espagnole, Fax Editeur, Madrid, p. 161
[3] S.P. Melgounov : « La Terreur rouge en Russie de 1918 à 1923 », Payot, Paris,1927.
[4] « Latsis » dans le journal « *Terreur rouge* » du 1er novembre 1918.

d'impacts de balles, étaient tachés de sang, avec des morceaux de sexes et de cuir chevelu collés dessus.

« Un caniveau de 25 cm de largeur et de 25 cm de profondeur, long d'une dizaine de mètres, allait du centre du garage à un local voisin, où s'ouvrait une canalisation souterraine d'égout. Ce caniveau était complètement rempli de sang ».

« Habituellement, sitôt après le massacre, ils transportaient les corps hors de la ville dans des camions, des voitures et des fourgons, et les enterraient dans des fosses communes.

« Dans un coin de jardin, nous avons trouvé une fosse plus ancienne, qui contenait environ huit cents cadavres, et nous avons découvert là sur ces corps des signes de cruautés et de mutilations les plus invraisemblables et diverses. Là, gisaient des cadavres éventrés ; d'autres étaient amputés de divers membres ; quelques-uns étaient écartelés ; et d'autres avaient les yeux enlevés et la tête, le visage, le cou et le tronc couverts de coupures profondes. Plus loin, on a trouvé un cadavre avec une cale enfoncée dans la poitrine, et d'autres sans leur langue. Dans un coin de la fosse nous avons découvert beaucoup de bras et des jambes détachés de leurs troncs ».[5]

L'énorme quantité de cadavres qu'a accumulés et que continue d'accumuler dans des conditions épouvantable le Socialisme communiste de Marx restera peut-être à jamais inconnue mais dépasse tout ce que l'on peut imaginer.

Dans le journal d'Edimbourg « The Scotsman » du 7 novembre 1923, le professeur Sarolea donnait les chiffres suivants :

« Vingt-huit Évêques, mille deux cent dix-neuf prêtres, six mille professeurs et maîtres, neuf mille médecins, cinquante-quatre mille fonctionnaires ; deux cent soixante mille soldats, soixante-dix mille policiers ; douze mille neuf cent cinquante propriétaires ; trois cent cinquante-cinq mille deux cent cinquante intellectuels ou membres des professions libérales, cent quatre-vingt-seize mille deux cent quatre-vingt-dix ouvriers, et huit cent quinze mille paysans ».

La Commission d'enquête de Denikine sur les intrigues bolcheviques durant la période 1918-1919, dans un essai sur la terreur rouge dénombre pour ces deux années seulement un million sept cent mille victimes.[6]

Kommine dans le Roul du 3 août 1923 faisait le commentaire suivant :

« Pendant l'hiver 1920, l'URSS comprenait cinquante-deux gouvernements, avec cinquante-deux Commissions Extraordinaires (Tchékas), Cinquante-deux Sections Spéciales et cinquante-deux Tribunaux révolutionnaires. En outre, il y avait d'innombrables Eret-

---

[5] S.P. Melgounov, Op. cit. p. 161.
[6] Léon de Poncins, Op. cit. p. 165.

Tchékas : des Réseaux de transport, des tribunaux des Chemins de fer, des tribunaux des troupes de Sécurité de l'Intérieur, des tribunaux mobiles pour les exécutions de masse envoyés sur les lieux concernés. À cette liste de chambres de tortures, il faut ajouter les Sections Spéciales, c'est à dire les seize tribunaux de l'Armée et de divisions. Au total, on doit compter presque mille chambres de torture, et si l'on considère qu'au cours de cette période il existait aussi des Commissions cantonales, on devrait en compter plus encore. Après, les nombreux gouvernements de l'URSS s'accrurent encore : la Sibérie, la Crimée, l'Extrême-Orient furent conquis. Le nombre des Tchékas (Commissions) augmenta en proportion géométrique.

« Suivant les données soviétiques (en 1920, alors que la terreur n'avait pas diminué mais que les informations n'étaient pas censurées), il fut possible d'établir le nombre moyen d'exécutés par jour pour chaque tribunal. Le nombre des exécutions allait de une à cinquante par jour dans les grandes villes, et jusqu'à cent par jour dans les régions récemment conquises par l'Armée Rouge. Les crises de terreur étaient périodiques, puis s'arrêtaient, de sorte que, suivant une évaluation prudente, on peut fixer le nombre moyen de victimes à cinq par jour (par tribunal)... ce qui multiplié par le nombre de mille tribunaux donne cinq mille tués par jour. Et pendant une année, de presque un million huit cent mille victimes ».

Nous rappelons ici ces massacres inouïs, non pas seulement parce qu'ils sont les plus grands dans leur ensemble et les plus impitoyables, mais parce qu'à quarante-cinq ans de distance, nous pouvons les avoir effacés du panorama du communisme actuel. Et ceci même de la part de personnes contemporaines des faits, mais qui vivant encore aujourd'hui ont elles-mêmes oublié ces tragédies par cette facilité qu'ont les humains d'oublier, non seulement les faits désagréables qui les affectent directement, mais même aussi les faits dont ils furent victimes.

Malheureusement, avec le temps nous avons assisté à une expansion vraiment démoniaque du Communisme dans ses activités meurtrières, que nous ne détaillerons pas ici et dont nous ne présenterons pas les monstrueuses statistiques, connues de tout le monde. D'autant que certains de ces massacres féroces sont si récents qu'il nous semble encore entendre les cris de terreur des torturés, les lamentations des accusés, les râles des moribonds et l'accusation muette et définitive des cadavres.

Il suffit de rappeler les récents massacres de Hongrie, de Katyn en Pologne, d'Allemagne de l'Est, de Cuba, les précédentes purges massives de Staline, et l'anéantissement de millions de Chinois par le gouvernement communiste de Mao Tsé Tung.[7]

---

[7] NDT. Ajoutons encore à cette liste les nouveaux massacres du « Grand bond en avant » de Mao, celui du tiers de la population du Cambodge par Pol Pot et ses Khmers rouges, la terreur communiste en Indochine, en Ethiopie sous le tyran communiste Menghitsu, au

Une statistique sérieuse des victimes du Communisme a été fournie en 1957 par l'ouvrage italien « Rivelazione d'Interesse Mondiale » (Révélations d'intérêt mondial) paru aux éditions Verminjon de Rome, qui reproduisait des informations parues dans le numéro du 30 novembre 1947 du « Russkaia Mysl », périodique russe publié en France.

S'ajoutent aussi les tentatives communistes qui ne réussirent pas à s'établir de façon définitive, comme celle de Béla Kuhn, qui occupa temporairement le Hongrie au milieu de 1919, celle d'Espagne en 1936 au cours de laquelle les communistes ont occupé Madrid et une partie des provinces d'Espagne, assassinant plus de sept mille prêtres, religieux et religieuses et douze Évêques,[8] et celle heureusement ratée en Allemagne, en 1918, dirigée par Hugo Haase, qui eut son pire accomplissement dans la République rouge de Bavière en 1919, qui toute furent des orgies de sang et de bestialité sans frein.

Il faut aussi se rappeler que cette tourmente apocalyptique qui forme désormais un grand fleuve de cadavres, de sang et de larmes, se développe dans le monde à une seule fin : détruire non seulement la Religion Catholique et toute civilisation chrétienne, mais aussi l'Islam, le Bouddhisme et toutes les religions, sauf une dont nous parlerons après.

Devant cette perspective, le monde se demande le cœur oppressé : qui peut donc haïr à ce point les notions chrétiennes pour entreprendre de les détruire avec une telle fureur et une telle méchanceté ?

Qui a donc pu être capable de construire cette machine sanglante d'anéantissement ?

Qui peut donc, avec une telle insensibilité, ordonner et diriger ces procès criminels gigantesques ?

Et la réalité nous répond de manière indubitable que les responsables en sont les juifs, comme nous le montrerons plus loin.

---

Zimbawe, au Nicaragua, en Angola, au Congo, à Cuba, à Haïti, au Nicaragua et dans les autres pays d'Amérique latine ravagés par les bandes armées trotskystes, etc.
[8] Traian Romanescu : « *La Gran Conspiracion judia* » (La Grande Conspiration juive), 3ème éd., Mexico D.F. 1961, p. 272.

# CHAPITRE II

## LES CRÉATEURS DU SYSTÈME COMMUNISTE

Il ne fait aucun doute que les inventeurs du Communisme sont les juifs, parce que ce sont eux qui ont forgé la doctrine, sur laquelle se base le monstrueux système qui domine dorénavant de son pouvoir absolu la majeure partie de l'Europe et de l'Asie. Un système qui révolte les nations de l'Amérique, et qui envahit progressivement tous les peuples du monde comme un cancer fatal, comme une tumeur rongeant les entrailles des nations libres, sans qu'on semble pouvoir y trouver de remède efficace.

Mais les juifs sont également les inventeurs et les dirigeants de la praxis communiste, de ses tactiques efficaces de combat, de sa politique inhumaine de gouvernement, insensible et précise, et de son agressive stratégie internationale.

Que les théoriciens du Communisme aient tous été des juifs est une chose absolument prouvée. Et cela, malgré le système constamment employé, aussi bien par les théoriciens que par les révolutionnaires actifs, de prendre un surnom, un nom et un prénom cachant leur origine juive aux yeux du peuple au milieu duquel ils ont vécu.

1. Le fondateur du système fut, comme on le sait, Karl Heinrich Marx, juif allemand dont le vrai nom était Kissel Mordekkaï, né à Trêves en Prusse Rhénane, et fils d'un avocat juif.

   À sa doctrine communiste il donna le nom de Socialisme scientifique, nom totalement injustifié, les faits ayant montré que beaucoup de ses affirmations fondamentales n'avaient aucune base scientifique. Avant son célèbre ouvrage « Le Capital », qui est la conception fondamentale du Communisme théorique et dont il s'est consacré à propager les idées par une activité sans limite jusqu'à sa mort en 1887, il avait écrit et publié à Londres en 1848 le « Manifeste du Parti Communiste » avec le juif Engels,[9] et encore

---

[9] Ce « *Manifeste du Parti communiste* », réexposition modernisée et hégélianisée par Marx de la pensée du rabbin communiste Moïse Hess, fut financé par deux commanditaires juifs : un certain Clinton Roosevelt américain, et un certain Jean Laffite, juif français né aux Antilles, petit fils par sa mère d'un alchimiste juif espagnol mort dans les geôles de l'Inquisition,

auparavant, entre 1843 et 1847, il avait formulé en Angleterre, étrangement protégé par le gouvernement de l'époque, la première conception moderne du nationalisme juif, par des articles comme celui paru en 1844 dans le revue « Deutsche-Französische Jarhrbücher » (Les Annales franco-allemandes) article titré « Zur Judenfrage » (A propos de la Question juive) de tendance nationaliste.

2. Frederich Engels, créateur avec Marx de la Première Internationale et son collaborateur intime, était né à Bormen en Allemagne, fils d'un juif de cette ville négociant en coton. Il mourut en 1894.

3. Karl Kautski. De son vrai nom Kaus. Il est l'auteur du livre « Les Origines du Christianisme », dans lequel il combat principalement les fondements du Christianisme. Il fut le principal interprète de Marx, publiant en 1887 « Les Enseignements Economiques de Karl Marx pour la compréhension de tous », « Le Massacre de Chisinaw » ; en 1903 « La Question juive » et « La Lutte de Classe », livre qui fut pour Mao-Tsé-Tung en Chine l'ouvrage fondamental pour l'instruction communiste ; enfin en 1921, l'ouvrage « L'Avant-garde du Socialisme ». Il fut aussi l'auteur du « Programme Socialiste d'Ehrfurt », en Allemagne. Ce juif était né à Prague en 1854, et il mourut en Hollande à La Haye en 1938. Par suite de l'un de ces désaccords de famille fréquents parmi les dirigeants juifs, il s'opposa durement à Lénine.

4. Ferdinand Lasalle, juif né à Breslau en 1825. Après s'être mêlé à la révolution démocratique de 1848, il publia en 1863 son ouvrage « Réponses Ouvertes », où il traçait un plan révolutionnaire pour les ouvriers allemands. À partir de ce moment, il travailla sans cesse à une intense campagne socialiste, visant à provoquer la révolte des ouvriers. À cet effet il publia un autre ouvrage sous le titre « Kapital und Arbeit » (Le Capital et le Travail). Son socialisme, bien que sous certains aspects différent de celui de Marx, coïncidait avec lui dans ses résultats finaux, consistant à supprimer la propriété privée et à transférer celle-ci aux mains de l'État, contrôlé naturellement par le Judaïsme.

5. Édouard Bernstein, juif né à Berlin en 1850. Ses œuvres principales sont : « Suppositions sur le Socialisme », « En Avant le

---

Laffite qui fut avec deux de ses frères négrier, flibustier dans le golfe du Mexique et receleur chef d'une base de flibustiers, avant de s'installer comme négociant à Saint Louis (Mi) et discret représentant aux USA de la Ligue des Justes (Illuminés de Bavière), participant au 1er Congrès constitutif de la Ligue des Communistes à Londres en juin 1847 et qui s'efforça d'y attirer Abraham Lincoln. (Cf Jacques Bordiot : *Le Pouvoir occulte fourrier du Communisme*, edit. de Chiré, 1976, pp. 127 et seq. et Georges Blond *Histoire de la flibuste* « ed. du Livre de poche) NDT.

Socialisme », « Documents sur le Socialisme », « Histoire et Théorie du Socialisme », « Social-démocratie d'aujourd'hui en théorie et en pratique », « Les Devoirs de la Social-démocratie » et « Révolution allemande ». Toutes décrivent la doctrine communiste et reposent sur les conceptions de Marx. En 1918, il fut nommé Ministre de l'Industrie de l'État socialiste allemand, lequel heureusement ne parvint pas à survivre plus de quelques mois.

6. Jacob Lastrow, Max Hirsch, Edgar Loeeing Wirschauer, Babel, Schatz, David Ricardo et beaucoup d'autres écrivains théoriciens du Communisme furent juifs. Et dans toutes les nations, ce sont presque exclusivement des écrivains juifs qui prêchent le Communisme aux masses, bien que très souvent dans leurs écrits ils se montrent très prudents, les maquillant toujours d'humanité et de fraternité, dont nous avons déjà vu la signification dans la pratique.[10]

Tous les juifs susnommés, tout en étant souvent d'importants théoriciens, ne se sont pas contentés de poser les fondements doctrinaux du Socialisme marxiste ou Communisme, mais chacun d'eux a également été un révolutionnaire actif, qui, dans la nation où il était, s'est consacré à préparer, diriger ou aider la subversion. Comme chefs et membres éminents d'associations révolutionnaires, ils ont toujours pris eux-mêmes une part active dans le développement du Marxisme.

Mais, laissant de côté ces juifs connus principalement comme les théoriciens, nous trouvons en outre que quasiment tous les dirigeants de la pratique active et du développement des tactiques communistes sont aussi de la même race et accomplissent leur tâche avec la plus grande efficacité.

En bref, dans les nations où la conjuration judéo-communiste avorta alors qu'elle était sur le point d'éclater, comme dans celles où le Marxisme fut expulsé après avoir pris le pouvoir, les données aujourd'hui connues dans toute leur vérité démontrent la pleine et entière responsabilité des juifs.

Comme exemples incontestables, on peut signaler deux mouvements de ce type : le cas de l'Allemagne en 1918 et celui de la Hongrie en 1919.

## L'ALLEMAGNE EN 1918

L'Allemagne en 1918 fut le théâtre d'une révolution communiste dirigée par les juifs. La République des Conseils de Munich était juive, comme le montrent ses chefs : Liebnecht, Rosa Luxembourg, Kurt Eisner et bien d'autres.

---

[10] Données reprises de Traian Romanescu, Op. cit. pp. 19 à 23.

À la chute de l'Empire Allemand, les juifs s'emparèrent de la nation et le gouvernement allemand resta dominé par les juifs Haase, Ministre d'État, et Lendeberg, entourés de Kautski, Kohn et Herzfeld. Le ministre de l'Industrie, juif également, avait comme adjoint le juif Bernstein. Prenso, le ministre de l'Intérieur, juif aussi, prit comme collaborateur son frère de race le Dr Freund, qui l'aida dans sa tâche.

Kurt Eisner, le Président de la République Bavaroise des Conseils, était le chef de la révolution bolchevique de Munich ».Onze petits hommes ont fait la révolution » déclara Kurt Eisner dans l'euphorie de son triomphe à son collègue le ministre Bauer.

Il est donc juste de conserver le souvenir impérissable de ces petits hommes, qui étaient les juifs suivants : Max Lowenberg, le Dr Kurt Rosenfeld, Gaspar Wollhein, Max Rotschild, Carlos Arnold, Kranold, Rosenhek, Birnbaum, Reis et Keisser. Ces dix là, avec Kurt Eisner von Israelovi tch étaient à la tête du Tribunal révolutionnaire. Ces mêmes onze étaient franc-maçons, membres de la loge secrète N°11 qui avait son siège à Munich, Briennerstrasse n° 51.[11]

Le premier Cabinet révolutionnaire d'Allemagne en 1918 était composé de juifs, à savoir:

1. Preuss, Ministre de Gouvernement ;
2. Freund, Ministre de Gouvernement ;
3. Landeberg à l'Industrie ;
4. Karl Kautski, Industrie ;
5. Schiffer, Industrie;
6. Eduard Bernstein, Secrétaire au Trésor ;
7. Fritz Max Cohen, Chef du Service officiel de Renseignements (ce juif était auparavant journaliste et correspondant du quotidien juif Frankfurter Zeitung).

Le deuxième gouvernement « socialiste » allemand de 1918 comprenait les juifs suivants :

1. Hirsch, Ministre de Gouvernement ;
2. Rosenfeld, Ministre de la Justice ;
3. Futran, à l'Enseignement ;
4. Arndt, à l'Enseignement ;
5. Simon, Secrétaire à l'Industrie ;
6. Kastenberg, Directeur des Affaires Culturelles, des Lettres et des Arts ;
7. Statghen, Ministre du Développement ;
8. Meyer-Gerhart, Drecteur des Affaires Coloniales ;
9. Wurm, Secrétaire d'État à l'Alimentation ;

---

[11] Mgr Jouin : « *Le Péril Judéo-maçonnique* », 5 vol. 1919-1927, t.I, p. 161.

10. En outre, Merz, Weil Katzenstein, Stern, Leewenberg, Frankel, Schlesinger, Israelowitz, Selingsohn, Laubenheim, etc., occupaient de hautes charges dans les ministères.

Parmi les autres juifs qui contrôlaient de secteurs vitaux de l'État Allemand anéanti par l'intervention américaine dans la guerre, on trouvait en 1918 et postérieurement :

1. Kohen, Président du Comité des Soldats et Ouvriers Allemands (calqué sur le Comité Soviétique des Soldats et des Ouvriers de Moscou, de la même année) ;
2. Ernst, Président de la Police de Berlin ;
3. Sinzheimer, Président de la Police de Francfort ;
4. Lewy, Président de la Police de Hesse ;
5. Kurt Eisner, Président de l'État de Bavière ;
6. Jaffe, Ministre de l'Industrie de Bavière ;
7. Brentano, Ministre de l'Industrie, du Commerce et des Transports ;
8. Teilheimmer, Ministre de l'État du Wurtemberg ;
9. Heiman, autre Ministre de l'État du Wurtemberg ;
10. Fulda, du Gouvernement de Hesse ;
11. Theodor Wolf, Rédacteur en chef du journal « Berliner Tagenblatt » ;
12. Gwinner, Directeur de la Deutsche Bank.

Le peuple des États-Unis fut trompé par son président le franc-maçon Wilson, car jamais il n'aurait imaginé que son intervention dans la première guerre mondiale dut avoir pour résultat de livrer l'Allemagne à la domination juive.

## LA HONGRIE EN 1919

Le 20 mars 1919, le juif Béla Kuhn, (Cohn) s'empara de la Hongrie et proclama la République Soviétique Hongroise, plongeant la Hongrie dans un horrible bain de sang.

« Avec lui, vingt-six commissaires composaient le nouveau gouvernement, et parmi ceux-ci, dix-huit étaient juifs : une proportion jamais vue, si l'on tient compte qu'en Hongrie il y avait un million et demi de juifs pour vingt-deux millions d'habitants. Les dix-huit commissaires juifs tenaient dans leurs mains la direction effective du pouvoir, et les huit autres commissaires d'origine chrétienne ne pouvaient rien faire ».[12]

« Plus de 90 % des membres du gouvernement et des hommes de confiance de Bela Kuhn étaient aussi des juifs.

Voici la liste des membres du gouvernement de Bela Kuhn :

---

[12] Jérôme et Jean Tharaud : « *Causerie sur Israël* »,Marcel Lesage, 1926, p. 27.

1. Bela Kuhn, Secrétaire Général du gouvernement, juif ;
2. Sandor Garbai, Président (officiel) du gouvernement, hongrois utilisé comme écran par les juifs ;
3. Peter Agoston, second du Secrétaire Général, ,juif ;
4. Dr. E. Landler, Commissaire du Peuple pour les Affaires Intérieures, juif ;
5. Bela Vago, second de Landler, juif (Weiss de son vrai nom) ;
6. E. Hamburger, Commissaire à l'Agriculture, juif ;
7. Vantus, adjoint de Hamburger, juif ;
8. Csizmadia, adjoint de Hamburger, hongrois ;
9. Nyisztor, adjoint de Hamburger, hongrois;
10. Varga, Commissaire aux Finances, juif (Weichselbaum de son vrai nom) ;
11. 11.Szkely, adjoint de Varga, juif (Schlesinger de son vrai nom);
12. Kundi, Commissaire à l'Education, juif (Kunstater de son vrai nom);
13. Lukacs, adjoint de Kundi, juif (en réalité du nom de Löwinger, et fils du directeur général d'une banque de Budapest) ;
14. D. Bokanyi, Commissaire au Travail, hongrois ;
15. Fidler, adjoint de Bokanyi, juif ;
16. Josef Pogany, Commissaire à la Guerre, juif (en réalité du nom de Schwartz) ;
17. Szanto, adjoint de Bokanyi, juif (en realité du nom de Schreiber) ;
18. Tibor Szamuelly, adjoint de Pogany, juif du nom de Samuel ;
19. Mathias Rakosi, Commissaire au Commerce, juif (de son vrai nom Mathew Roth Rosenkranz), qui sera le dictateur communiste après la seconde guerre mondiale ;
20. Ronai, Commissaire à la « Justice », juif (du nom de Rosentegl) ;
21. Ladai, adjoint de Ronai, juif ;
22. Erdelyi, Commissaire à l'Approvisionnement (Eisenstein de son vrai nom) ;
23. Vilmos Boehm, Commissaire à la Socialisation, juif ;
24. Hevesi, adjoint de Boehm, juif (en réalité du nom de Honig) ;
25. Dovsak, deuxième adjoint de Boehm, juif ;
26. Oszkar Laszai, Commissaire aux Nationalités, juif (de son vrai nom Jabukovits) ;
27. Otto Korvin, Commissaire à l'Investigation Publique, juif (de son vrai nom Klein) ;
28. Kerekes, Procureur général de l'État, juif (de son vrai nom Kraus) ;
29. Biro, Chef de la Police Politique, juif (de son vrai nom Blau) ;
30. Seider, adjoint de Biro, juif ;
31. Oszcar Faber, Commissaire à la Liquidation des Biens de l'Église, juif ;

32. G. Czerny, Commandant de la bande terroriste nommée « Les Gars de Lénine », hongrois ;
33. Ilès, Commissaire Supérieur de la Police, juif ;
34. Czabados, Commissaire Supérieur de la Police, juif (de son vrai nom Singer) ;
35. Kalmar, Commissaire Supérieur de la Police, juif allemand ;
36. Szabo, Commissaire Supérieur de la Police, juif ruthénien (s'appelant en réalité Schwartz) ;
37. Vince, Commissaire Populaire de la Ville de Budapest, juif (s'appelant en réalité Weinstein) ;
38. M. Krauss, Commissaire Populaire de Budapest, juif ;
39. A. Dienes, Commissaire Populaire de Budapest, juif ;
40. Lengyel, Président de la Banque Austro-Hongroise, juif (s'appelant en réalité Leivkovits) ;
41. Laszlo, Président du Tribunal Révolutionnaire Communiste, juif (du vrai nom de Löwy).[13]

Certains membres de ce gouvernement qui demeura quelques temps à la tête de la Hongrie se distinguèrent par leurs crimes et leurs déprédations innombrables, en plus de Béla Kuhnn lui-même, qui parcourait le pays dans une voiture de luxe accompagné de sa très efficace secrétaire juive R. S. Salkind, alias Semliachkay, avec une fourche installée sur le véhicule comme signe distinctif. Ce fut notamment le cas du juif Szamuelly, le chef de la Tchéka hongroise, qui se déplaçait à travers la Hongrie en train particulier, en semant la terreur et la mort, comme le décrit un témoin de l'époque.

« Ce train de la mort traversait en rugissant l'obscurité des nuits hongroises : là où il faisait arrêt, l'on retrouvait des hommes pendus aux arbres et du sang s'écoulant sur le sol. Au long des rues, on voyait des cadavres nus et mutilés. Szamuelly dictait ses sentences dans le train, et celui qui s'était trouvé forcé d'y monter ne pouvait jamais raconter ce qu'il y avait vu...

« Szamuelly vivait constamment dans ce train. Une trentaine de terroristes choisis y veillaient à sa sécurité. Des serviteurs sélectionnés les accompagnent ; le train est composé de deux voitures-salon, deux voitures de première classe occupées par les terroristes et deux voitures de troisième classe pour les victimes. C'est dans ces dernières que sont perpétrées les exécutions. Le sol de ces voitures est maculé de sang ; les cadavres sont jetés par les fenêtres, pendant que Szamuelly confortablement installé à son bureau dans sa voiture-salon tapissée de

---

[13] Traian Rumanescu, Op. cit., pp. 203 à 205.

damas rose décoré de lunes biseautées, décide de la vie et de la mort d'un geste de la main ».[14]

Le périodique italien « La Divina Parola » (la Divine Parole) du 25 avril 1920 écrivit qu'en Hongrie, « pendant la réaction anti-bolchevique contre le juif Béla Kuhn, on découvrit dans des souterrains des cadavres de religieux entassés n'importe comment. Des diplomates étrangers appelés par le peuple à constater le fait de leurs yeux ont témoigné avoir vu de nombreux cadavres de religieux et de religieuses, dont les croix pectorales qu'ils portaient normalement sur la poitrine leur avaient été enfoncées dans le cœur ».

---

[14] C. de Tornay : "*Le Livre Proscrit*", p. 204.

# Deuxième partie -
# Le pouvoir occulte
# à travers la maçonnerie

# Chapitre I

## La Maçonnerie, ennemie de l'Église

Le thème de cette seconde partie ayant déjà été traité avec une telle maestria et profondeur par des personnalités éminentes et extrêmement documentées comme Sa Sainteté le Pape Léon XIII, l'éminentissime Cardinal José Maria Caro R., l'Archevêque de Port Louis, et divers autres auteurs ecclésiastiques et séculiers érudits, nous nous bornerons à transcrire littéralement ces opinions aussi autorisées, pour ne pas affaiblir si peu que ce soit leur grande autorité.

Sa Sainteté Léon XIII, dans son Encyclique « *Humanum genus* » déclare textuellement :

« Les Pontifes Romains, nos prédécesseurs, veillant empressés pour le salut du peuple chrétien, surent bien vite qui était et ce que cherchait cet ennemi capital, à peine se montrait-il dans les ténèbres de son occulte conjuration, et comment... ils avertirent préventivement les princes et les peuples pour qu'ils ne se laissent pas attraper par les mauvais artifices et les pièges préparés pour les tromper. Le premier avis de danger fut lancé en l'année 1738 par le Pape Clément XII (Constit. *In Eminenti* du 24 avril 1738), constitution que confirma et renouvela le Pape Benoit XIV (Constit. *Providas*, du 18 mai 1751) ; Pie VII (Constit. *Ecclesiam a Jesu Christo* du 13 septembre 1821) suivit les traces des deux Papes, et Léon XII, en incluant dans sa Constitution Apostolique *Quo Graviora* ce que ses prédécesseurs avaient décrété en cette matière, le ratifia et le confirma à titre définitif. Pie VIII (Encycl. *Traditi* du 21 mai 1829), Grégoire XVI (Encycl. *Mirari* du 15 aout 1835) et Pie IX (Encycl. *Qui Pluribus* du 9 novembre 1861 et Alloc. *Multiplices Inter* du 25 septembre 1865, etc), de manière assurément répétée, parlèrent dans le même sens.

« Aujourd'hui, à l'exemple de nos Prédécesseurs, nous nous sommes résolus à nous déclarer ouvertement contre la même société maçonnique, contre le système de sa doctrine, ses projets, sa manière de juger et d'agir, afin de mettre de plus en plus en lumière sa force maléfique et d'empêcher ainsi la contagion d'une si funeste peste.

« Le bon arbre ne peut donner de mauvais fruits, ni le mauvais arbre donner de bons fruits » (Matt. Chap VII, 18), et les fruits de la secte maçonnique sont, non seulement dommageables, mais extrêmement agressifs. Car des indices les plus certains, que nous avons antérieurement mentionnés, ressort leur principal et ultime projet : à savoir de détruire jusqu'aux fondements tout l'ordre religieux et civil établi par le Christianisme, tout en en édifiant un nouveau, dont les fondements et les lois soient tirés du sein du naturalisme.

« Sans même cela, les turbulentes erreurs que nous avons énumérées doivent suffire par elles-mêmes à infuser aux États la peur et l'épouvante. Car une fois abandonnés la crainte de Dieu et le respect dû aux lois divines, l'autorité des princes est bientôt méprisée, la manie des révolutions acceptée et légitimée, les passions populaires déchaînées avec la plus grande licence et sans plus d'autre frein que le châtiment, et doit s'ensuivre par une force universelle le changement et le bouleversement. Et précisément même, le changement et le bouleversement est ce que machinent et proclament très résolument, de concert, nombre de sociétés de communistes et de socialistes, aux desseins desquels la secte des maçons ne pourra se prétendre étrangère, tout comme ses plans les favorisent grandement et comme leur convient ses principaux dogmes.

« Quoi qu'il en soit, devant un mal si grave et déjà si répandu, il Nous revient, vénérables Frères, de nous consacrer de toute notre âme à en chercher les remèdes. Et parce que nous savons que la meilleure et la plus ferme espérance de remède se trouve dans la vertu de la divine Religion, d'autant plus haïe des maçons qu'elle est plus redoutée, nous jugeons que l'essentiel est de nous servir contre le commun ennemi de cette vertu si salutaire. Ainsi, tout ce que décrétèrent les Pontifes Romains nos prédécesseurs pour empêcher les tentatives et les efforts de la secte maçonnique, tout ce qu'ils sanctionnèrent pour écarter les hommes de semblables sociétés ou les en faire sortir, toutes ces choses et chacune d'elles, nous les donnons pour ratifiées et les confirmons de notre autorité apostolique. »[15]

Comme on le constate, aussi bien le Pape Léon XII que plusieurs souverains Pontifes antérieurs condamnent très clairement la Maçonnerie, lui attribuant de même son projet de détruire le Christianisme, alliée avec les socialistes et les communistes.

Et qui sont ceux qui dirigent la Maçonnerie ? Comme nous allons le démontrer dans les chapitres suivants, ce sont les mêmes que ceux qui dirigent le Socialisme, c'est à dire les juifs.

---

[15] Pape Léon XIII, Lettre encyclique *Humanum Genus,* 20 avril 1884.

# CHAPITRE II

## LES JUIFS, FONDATEURS DE LA MAÇONNERIE

« Démasquer la Maçonnerie déclara Léon XIII, c'est la vaincre ».

Si nous la dépouillons de ses voiles, tout esprit droit, tout cœur honnête se séparera d'elle avec horreur, et par ce seul fait, elle tombera anéantie et exécrée par ceux-là mêmes qui lui obéissent.

L'illustre et savant Jésuite Mgr Léon Meurin S. J., Archevêque Évêque de Port Louis, dans son remarquable ouvrage « Le Symbolisme de la Maçonnerie », démontre avec une documentation écrasante que les juifs sont les fondateurs, les organisateurs et les dirigeants de la Maçonnerie, qu'ils utilisent pour parvenir à la domination mondiale et pour détruire la Sainte Église Catholique et les autres religions existantes.

Parmi la très sérieuse documentation bibliographique qu'il présente à ce propos, figurent quelques citations que nous mentionnerons ci-après :

« Le Premier Conseil Suprême, comme nous l'avons dit, fut constitué le 31 mai 1801 à Charleston, 33 degrés de latitude nord, sous la présidence de Jules Isaac Long, fait inspecteur général par le juif Moïse Cohen, qui avait reçu son grade à Spitzer de Hyes, de Francken et du juif Morin »[16]

« Les juifs étaient donc les fondateurs du Premier Grand Conseil qui devait devenir le Siège de la Maçonnerie internationale. Et ils le situèrent en Amérique, dans une ville choisie précisément sur le 33eme degré de latitude nord. Le chef suprême s'est établi depuis 1801 à Charleston. Ce chef était en 1889 Albert Pike,[17] dont nous avons déjà mentionnné la « Lettre encyclique » datée du 14 juillet 1889, anniversaire et centenaire célèbre, Pike qui prit le titre de chacun des trente-trois grades et y ajouta encore les suivants : »Très Puissant Souverain Commandeur, Grand maître du Suprême Conseil de Charleston, Premier Conseil Suprême du Globe, Grand Maître Conservateur du Palladium Sacré, Souverain Pontife de la Maçonnerie universelle ». C'est avec ces titres pompeux qu'il publia sa

---

[16] Pablo Rosen : « *Satan y Compania* », p. 219.
[17] NDT : Albert Pike, maçon 33° et Grand Commandeur du Rite Ecossais antique accepté, très célèbre sataniste du XIXème siècle, créateur avec Mazzini du rite Palladien du satanisme. Voir l'ouvrage récent d'Epiphanius « *Maçonnerie et Sectes secrètes, le côté caché de l'Histoire* « publié en Italie par Edit. Ichtys, via Trilussa 45, 00041 Albano Laziale. Version française par Le Courrier de Rome, diffusée par DPF, BP1, 86-Chiré en Montreuil.

Lettre Encyclique en la troisième année de son « pontificat », assisté de « dix » Illustrissimes, Très Illuminés et Très Sublimes Frères, Souverains Grands Inspecteurs Généraux, Mages Élus qui composent le Sérénissime Grand Collège des Maçons Emérites, Conseiller de la Phalalange de Sélection et du Bataillon Sacré de l'Ordre ».[18]

« L'Encyclique énumère les vingt-trois Conseils Suprêmes « engendrés » jusqu'à présent, soit directement par celui de Charleston, soit indirectement, et qui sont répartis de par le monde entier. Elle énumère ensuite les cent Grands Orients et Grandes Loges DE TOUS LES RITES en communication avec le Suprême Conseil de Charleston en tant que Souveraine Puissance Maçonnique: par exemple le Grand Orient de France, le Conseil Général du Rite Misraim, le Grand Conseil des Maçons Oddfellows, etc.

Ce qui précède fait conclure que la Maçonnerie est une, sur tout le globe, sous d'innombrables formes, mais sous la direction suprême du Souverain Pontife de Charleston. »[19]

# ORIGINE JUIVE

Les rites et les symboles de la Maçonnerie et des autres sociétés secrètes rappellent constamment la Cabbale et le Judaïsme, à savoir : la reconstruction du Temple de Salomon, l'étoile de David, les noms des différents grades comme par exemple celui de chevalier Kaddosh (kaddosh en hébreux signifie saint), de Prince de Jérusalem, de Prince du Liban, de chevalier du Serpent d'Airain, etc. Et la prière des maçons anglais adoptée lors d'une réunion qui eut lieu en 1663 ne rappelle-t-elle pas de manière évidente le Judaïsme ?[20]

« Enfin la Maçonnerie écossaise se sert de l'ère juive (pour ses datations): par exemple, un livre du maçon américain Pike écrit en 1881 est daté de « l'année du monde 5641 ».[21]

Actuellement cette chronologie n'est plus conservée que dans les hauts grades, et les maçons se contentent d'ajouter quatre mille ans à l'ère chrétienne et non pas trois mille sept cent soixante comme les juifs ».[22]

Le savant rabbin Benamozegh écrit ce qui suit : « Ceux qui voudraient entreprendre la tâche d'examiner attentivement les questions des rapports

---

[18] Adolphe Ricoux : « *L'Existence de Loges de femmes* » Paris, pp. 78 à 95.
[19] Mgr Léon Meurin S.J. Archevêque de Port Louis : « *Symbolisme de la Maçonnerie* », édition espagnole Madrid,1957, pp. 201-202
[20] *Revue Internationale des Sociétés Secrètes*, (Paris) N°2, 1913, p. 58.
[21] A. Pike : « La Morale et le Dogme dans le Rite écossais », Anno Mundi 5641.
[22] Maurice Fara : « *La Massonneria en Descubierto* », Edit. La Hoja de Roble, Buenos Ayres, p. 23.

entre le Judaïsme et la Franc-Maçonnerie philosophique, la théosophie et les mystères en général perdraient... un peu de leur superbe dédain pour la Cabbale. Ils cesseraient de sourire avec condescendance à l'idée que la théologie cabbalistique puisse avoir un rôle à remplir dans l'évolution religieuse de l'avenir »[23]

Qui sont les véritables dirigeants de la Maçonnerie ? C'est l'un des mystères de la secte, l'un de ses secrets les plus soigneusement gardés ; mais l'on peut s'assurer que le travail maçonnique dans le monde entier se déroule en accord avec un même et unique plan, que ses moyens sont toujours et en toutes parties identiques et que les fins poursuivies sont constamment les mêmes. Ceci nous conduit à penser qu'il existe un centre unique qui dirige tous les mouvements de la secte.

Nous aborderons plus loin cette question, mais rappelons-nous que la « lettre de Cologne », datée du 24 juin 1535 parlait d'un directeur de la Maçonnerie : le Grand Maître Patriarche, qui, bien que connu seulement de très peu de frères, existe réellement ; et Gougenot des Mousseaux indique que cette élite de l'Ordre, ces chefs effectifs que bien peu d'initiés connaissent opèrent sous la secrète et profitable dépendance de cabbalistes israélites, et que les véritables chefs de la Maçonnerie sont les amis, les auxiliaires, les vassaux du juif, qu'ils respectent comme étant leur souverain seigneur ».[24]

La même opinion est partagée par Eckert, Drumont, Deschamp, Mgr Jouin, Lambelin et d'autres bons connaisseurs des questions maçonniques et juives.

Laissons de côté les enseignements dogmatiques de la Maçonnerie et du Judaïsme pour examiner les alliances entre le Judaïsme et la Maçonnerie du point de vue purement pratique et factuel.

En toute logique, on ne peut qu'accepter la conclusion de Léon de Poncins dans *Les Forces secrètes de la Révolution* :

« L'universalité de de la Franc-Maçonnerie, sa durée, l'invariabilité de ses fins, qui s'expliquent parfaitement s'il s'agit d'une création juive destinée à servir les intérêts juifs, seraient absolument incompréhensibles si son origine était chrétienne. La finalité même de la Franc-Maçonnerie : la destruction de la civilisation chrétienne nous découvre le juif, parce que seul le juif peut en être le bénéficiaire, et qu'uniquement le juif est animé d'une haine suffisamment violente contre le Christianisme pour créer une semblable organisation. »

« La Franc-Maçonnerie, poursuit L. de Poncins, est une société secrète. Celle-ci est dirigée par une minorité internationale. Elle a juré une haine implacable au Christianisme. Ces trois caractéristiques sont précisément les

---

[23] Rabbin Benamozegh : "*Israël et l'Humanité*", p. 71 de l'édition espagnole.
[24] Gougenot des Mousseaux : « *Le Juif, le Judaïsme et la Judaïsation des peuples chrétiens* », pp. 338 et 339 de l'édition espagnole.

mêmes que celles qui définissent le Judaïsme, et elles constituent la démonstration que les juifs sont l'élément directeur des loges ».[25]

La Revue Internationale des Sociétés Secrètes publiait en 1926 cette information : « En 1867 se constitua la Ligue Internationale permanente de La Paz, et son secrétaire le juif Passy ébaucha l'idée d'un tribunal pour trancher sans appel de tous les conflits entre les nations ».[26]

## LA SOCIÉTÉ DES NATIONS, ŒUVRE JUIVE

Le périodique « Les Archives Israélites » envisageait un tribunal analogue en 1864 : « N'est-il pas naturel et même nécessaire y écrivait un certain Lévy Bing que nous voyions rapidement s'établir un autre tribunal, un tribunal suprême, auxquels se soumettent les grands conflits publics, les querelles de nation à nation, qui juge en ultime instance et dont le dernier mot fasse foi ? Cette parole sera celle de Dieu, prononcée par ses fils aînés (les hébreux) et devant laquelle s'inclinera avec respect l'universalité des hommes, nos frères, nos amis, nos disciples ».[27]

Tels sont les songes d'Israël.

Et comme toujours, ils coïncident avec ceux de la Maçonnerie : « Quand la République sera-t-elle établie dans toute la vieille Europe ? » écrivait l'Almanach des Franc-Maçons qui répondait aussitôt : « ce sera lorsqu'Israël règnera en autocrate sur cette vieille Europe ».[28][29]

Lors du Congrès Universel de la Jeunesse Juive qui eut lieu le 4 août 1926, on entendit le maçon H. Justin-Godard proclamer que les juifs sont : »les plus fermes soutiens de la Société des Nations, qui leur doit son existence ».[30] Le juif Cassin fut encore plus précis : « La renaissance du Sionisme est l'œuvre de la Société des Nations. C'est pour cela que les organisations juives se font les défenseurs de la Société des Nations, et pour cela aussi que les représentants du peuple élu pullulent à Genève ».[31]

L'éminentissime Cardinal José M. Caro, Archevêque de Santiago et Primat du Chili, dans son ouvrage très documenté intitulé « Le Mystère de

---

[25] Léon de Poncins : « *Les Forces secrètes de la Révolution* » pp. 139-141.
[26] R.I.S.S. n°8, 1926, p. 269.
[27] « Archives Israélites », 1864, p. 335.
[28] « *Almanach des Franc-Maçons* », Leipzig, 1884 (NDT. À noter que Leipzig était une ville à très forte population juive dont les deux tiers des propriétés immobilières était aux mains des juifs... jusqu'à l'ère des Nazis !)
[29] Il est alors étrange que le Pape Benoit XV se soit félicité publiquement de la création de la S.D.N... Mais la Secrétairerie d'État du Cardinal Gasparri était au service de la Maçonnerie et le Pape a probablement été trompé (NDT).
[30] « *Les Cahiers de l'Ordre* », numéros 3 et 4, 1926, pp 22 et 23.
[31] Maurice Fara, opus cit. p.111, auteur à la diligence duquel nous devons les informations précédentes sur la Société des Nations.

la Maçonnerie », démontre aussi que ce sont les juifs qui dirigent cette secte dans le but de dominer le monde et de détruire la Sainte Église.

Au sujet de son origine, il affirme : « Le Rituel Maçonnique révèle de toute évidence son origine juive : les symboles en commençant par la même Bible ; l'écusson, dans lequel il s'agit du déploiement héraldique des chérubins décrits dans la seconde vision d'Ezéchiel : un bœuf, un homme, un lion et un aigle ; les deux colonnes du temple maçonnique, rappel du temple de Salomon ; la reconstruction du Temple qu'est l'œuvre maçonnique elle-même, etc. Les légendes et catéchismes tirés en grande partie de la Bible, celle-ci rapportée presque toujours au savoir maçonnique, spécialement la légende d'Hiram qui joue un rôle si important dans le Rituel maçonnique ; les paroles et termes usuels comme les noms des colonnes Booz et Jaïn, les mots de passe et de reconnaissance, comme par exemple Tubalcaïn, Schiboleth, Giblim ou Moabon, Nekum ou Nekam, Abibalc, etc. L'importance donnée aux nombres, chose très particulière à la Cabbale, est aussi un autre témoignage de l'influence cabbaliste sur la Maçonnerie.

« Enfin il y a les faits, le règne de la terreur, l'explosion de haine satanique contre l'Église, contre Notre-Seigneur Jésus-Christ, les horribles blasphèmes que vomirent les révolutionnaires maçons en France : tous ces faits ne sont que l'expression et la réalisation des aspirations des sectes cabbalistes secrètes, qui durant de nombreux siècles conspirèrent secrètement contre le Christianisme. Ce que les bolchevistes, pour la plupart juifs, font actuellement en Russie contre le Christianisme, n'est qu'une réédition de ce que firent les maçons lors de la Révolution française. Les exécutants sont différents; la doctrine qui les fait agir et les autorise est identique, et la direction suprême est la même ».[32]

---

[32] Jose Maria Cardinal Caro R. Archevêque de Santiago, Primat du Chili : « *El Misterio de la Massoneria* », Edit. Difusion, p. 258. 16 bis) Mgr Léon Meurin, S.J., « *Philosophie de la Maçonnerie* « édition espagnole, Madrid, 1957, pp. 30, 211 et 212.

# CHAPITRE III

## LES JUIFS, DIRIGEANTS DE LA MAÇONNERIE

L'illustre et savant Jésuite Mgr Léon Meurin, Archevêque Évêque de Port Louis, dans son ouvrage très documenté « Philosophie de la Maçonnerie » affirme ceci :

« Les onze premiers grades de la Maçonnerie (du rite écossais), comme nous le verrons plus loin, étaient destinés à transformer le profane en homme véritable selon l'idée maçonnique ; la seconde série, qui va du douzième au vingt-deuxième degré, doit consacrer l'homme « Pontife Juif », et la troisième série, du grade 23 au grade 33, doit consacrer le Pontife comme « Roi Juif » ou « Empereur cabbalistique »...

« La première chose qui surprend le nouvel adepte dans une loge est le caractère juif de tout ce qu'il y rencontre. Depuis le premier grade et constamment après, il n'entend parler que du « Grand Œuvre » de reconstruire le temple de Salomon, de l'assassinat de l'architecte Hiram Abiff, des deux colonnes Booz et Jakin (III Rois, VII, 21) d'une multitude de contre-marques et de paroles sacrées hébraïques, ainsi que de l'ère juive pour laquelle on ajoute 4000 ans à la nôtre afin de ne pas honorer la naissance du divin Sauveur ».

« Après avoir établi fermement la Maçonnerie dans les divers pays chrétiens, les juifs assurèrent la prééminence des Grands Orients en nombre et en influence. Par ailleurs, ils établirent un grand nombre de loges formées exclusivement de juifs. Déjà avant la Révolution de 1789, les Frères von Ecker et Eckhoffen avaient fondé à Hambourg la « Loge de Melchisedech » réservée aux seuls juifs. Les hébreux Von Hurschfeld et Cotter créèrent, eux, à Berlin à la fin du XVIIIème siècle la « Loge de la Tolérance » dans le but de rapprocher au moyen de la Maçonnerie les chrétiens des juifs ». 16 bis)

Les juifs usaient donc déjà à cette époque du système de rapprocher les juifs et les chrétiens, dans l'idée de contrôler idéologiquement et politiquement ces derniers ou de les désorienter ; mais à cette époque, ils devaient pour cela recourir aux « sociétés secrètes », car les lois et les coutumes des États chrétiens d'Europe étaient pleines de mesures tendant à protéger les chrétiens contre les tromperies des juifs. L'Archevêque cité poursuit en disant que : « Le périodique maçonnique secret de Leipzig, dans son numéro correspondant au mois d'octobre de 1864, disait que « le centre des loges juives fonctionnait à Paris, sous la direction de Crémieux (NDT Isaac, dit Adolphe) et du Grand Rabbin ».

Les doctrines, symboles et grades maçonnique proviennent du Judaïsme

L'illustre Archevêque Évêque de Port Louis parlant de l'origine juive des doctrines maçonniques dit ceci : « Les dogmes de la Maçonnerie sont ceux de la Cabbale juive et en particulier ceux de son livre « Zohar » (lumière) ».

« Cela n'apparaît dans aucun document maçonnique, car c'est l'un des grands secrets que les juifs gardent pour eux-mêmes. Cependant nous avons pu le découvrir sur les traces du onzième grade...

« C'est là que nous avons découvert les dogmes fondamentaux de la Cabbale juive incorporés à la Maçonnerie. »[33] Dans son autre ouvrage « Symbolisme de la Maçonnerie » le même Évêque précise :

« Dans les chapitres précédents, il restait toujours un certain nombre de symboles maçonniques plus ou moins inapplicables. En cela, tout ce qui joue un rôle dans la Maçonnerie s'applique au peuple juif avec une facilité étonnante. En réalité tout ce qu'il ya dans la maçonnerie est profondément, exclusivement et passionnément juif, du début à la fin.

« Quel intérêt les autres nations ont-elles de reconstruire le Temple de Salomon ? Le feraient-elles pour elle-mêmes ou pour les juifs ? Est-ce que ce sont ces nations ou bien les juifs qui en tireraient un bénéfice ? Quel avantages pour elles de se dévorer les unes les autres, dans l'objectif que triomphent dans le monde entier les « Princes de Jérusalem » (seizième grade), les « Chefs du Tabernacle » (vingt-troisième grade), ou les « Princes du Tabernacle » (vingt-quatrième grade) ? Les nations se sont-elles mises d'accord pour servir d'escabeau pour les pieds des juifs ? (Psaume CIX) Pourquoi ensuite s'empressent-elles de placer la couronne (Kether) sur sa tête et le Malkuth (royaume) sous leurs pieds ? « Il est si évident que la Maçonnerie n'est qu'un outil aux mains des juifs, et que ce sont eux qui la gèrent, que l'on serait tenté de croire que les maçons non-juifs ont perdu la faculté de raisonner le jour même ou pour la première fois ils leur ont bandé les yeux ».[34]

# LA CONSIDÉRATION MAÇONNIQUE POUR LES JUIFS.

---

[33] Mgr Léon Meurin S.J., Archevêque Évêque de Port Louis, Op. cit., Madrid, 1957, pp. 41-42.
[34] Mgr Léon Meurin S.J., Archevêque Évêque de Port Louis « *Symbolisme de la Maçonnerie* « ed. cit. p. 34.

L'Éminentissime Cardinal Caro dans son ouvrage « Le Mystère de la Maçonnerie » déclare :

« Dans la Maçonnerie, on a toujours constaté une grande et très spéciale considération pour les juifs : lorsqu'on parle de superstition, jamais l'on ne mentionne la religion juive. Quand éclata la Révolution française, on demanda avec insistance la citoyenneté française pour les juifs ; celle-ci refusée une première fois, elle fut demandée une nouvelle fois et fut consentie. Le lecteur se souviendra que dans le même temps, l'on persécutait à mort les catholiques. (Quand la Commune de Paris dut défendre la Caisse de la Banque de France contre la menace de sac, rien en revanche ne menaça les banques juives) (in *La Franc-Maçonnerie secte juive*, p. 60). » La Franc-Maçonnerie a toujours considéré avec horreur l'antisémitisme, à un tel point qu'un frère antisémite qui croyait de bonne foi en la tolérance des opinions politiques de la Maçonnerie se présenta en France comme candidat à un siège de député et fut élu une première fois, mais quand il se représenta pour être réélu, des ordres exprès furent donnés aux loges pour le combattre, ordres qui ne se voient quasiment jamais dans les loges (contre un frère NDT) et qui durent être obéis. »

## LA PRÉPONDÉRANCE JUIVE DANS LES LOGES :

« En 1862, un maçon de Berlin, se rendant compte de la prépondérance juive dans les loges, écrivit dans une feuille de Munich : « Il y a en Allemagne une société secrète de forme maçonnique qui est soumise à des chefs inconnus. Les membres de cette association sont en majeure partie israélites... ». À Londres, où se trouve comme on sait le foyer de la révolution sous le Grand Maître Palmerston, il y a deux loges juives qui ne virent jamais un chrétien franchir leur seuil : c'est là où se rejoignent tous les fils des éléments révolutionnaires qui aboutissent dans les loges chrétiennes.

« À Rome, autre loge entièrement composée de juifs, où là encore se rejoignent tous les fils des trames ourdies dans les loges chrétiennes : c'est le Suprême Tribunal de la Révolution.

« C'est de là que sont dirigées par des chefs secrets les autres loges, de sorte que la majeure partie des révolutionnaires chrétiens ne sont que des marionnettes mises en mouvement par des juifs, au moyen du mystère. »

« À Leipzig, à l'occasion de la foire qui faisait accourir en cette ville nombre de grands négociants juifs et chrétiens de l'Europe entière, la Loge Juive secrète se tient ouverte en permanence, mais jamais un maçon chrétien n'y a été reçu ».Et voici ce qui fait ouvrir les yeux à plus d'un d'entre nous... Il n'y a que les émissaires qui ont accès aux loges juives de Hambourg et de Francfort. »

Gougenot des Mousseaux rapporte le fait suivant, qui confirme ce qui précède :

« Depuis la recrudescence révolutionnaire de 1848, je me trouvais en relations avec un juif, qui par vanité trahissait le secret des sociétés secrètes auxquelles il était associé, et qui m'avertit huit ou dix jours à l'avance de toutes les révolutions qui allaient éclater en un point quelconque de l'Europe. Je lui dois l'inébranlable conviction que tous ces grands mouvements des « peuples opprimés », etc., sont combinés par moins d'une douzaine d'individus, qui donnent leurs ordres aux sociétés secrètes de toute l'Europe. Le sol est entièrement miné sous nos pieds, et les juifs fournissent un grand contingent des mineurs en question ».

« En 1870, De Camille écrivait dans Le Monde que lors d'une réception en Italie, il avait rencontré l'une de ses anciennes connaissances, un maçon, et lui ayant demandé comment allait l'Ordre, celui-ci lui répondit : « J'ai quitté définitivement ma loge de l'Ordre, parce que j'ai acquis la profonde conviction que nous n'étions que les instruments des juifs qui nous poussaient à la totale destruction du Christianisme ». (*La F-M., secte juive*, pp.43-46).

« Comme confirmation de ce qui précède, je veux rapporter une information trouvée dans la Revue des Sociétés Secrètes de 1924, pp. 118-119, où on lit :

« 1° L'Internationale Dorée (ploutocratie et haute finance internationale) à la tête de laquelle figurent :

a) en Amérique : P. Morgan, Rockefeller, Vanderbilt et Wanderlippe (plusieurs de ces noms nous paraissent être tout ce qu'il y a de plus du peuple élu..;

b) en Europe, la Maison Rothschild et d'autres, d'ordre secondaire.

« 2° L'Internationale Rouge ou Union Internationale de la Démocratie Sociale Ouvrière. Celle-ci comprend :

a) la II<sub>ème</sub> Internationale (celle de Belgique du juif Vandevelde) ;
b) l'Internationale II 1/2 (celle de Vienne, du juif Adler), et
c) la III<sub>ème</sub> Internationale ou Internationale communiste (celle de Moscou des juifs Apfelbaum et Radek).

« À cette hydre à trois tête, qui pour plus de commodité opèrent séparément, s'agrège le Profinterm (Office International des Associations Professionnelles) qui a son siège à Amsterdam et dicte les mots d'ordres judaïques aux syndicats non encore affiliés au bolchevisme.

« 3° L'Internationale Noire, ou Union du Judaïsme de Combat.

« Le rôle principal y est dévolu à L'Organisation Sioniste Universelle (de Londres), à l'Alliance Israélite Universelle qui fut fondée à Paris par le juif Crémieux, à l'Ordre juif des B'nai Moische (les fils de Moïse) et aux sociétés juives « Henoloustz », « Hithakhdoute », « Tarbout », « Keren-

Haessode » et cent autres plus ou moins masquées, disséminées dans tous les pays de l'ancien et du nouveau monde.

« 4° L'Internationale Bleue, ou Maçonnerie Internationale, qui regroupe, au moyen de la Loge Réunie de Grande-Bretagne, de la Grande Loge de France, et des Grands Orients de France, de Belgique, d'Italie, de Turquie et des autres pays, tous les maçons de l'univers. (Le centre de ce groupement est comme le savent les lecteurs la Grande Loge « Alpina » en Suisse)

« L'Ordre judéo-maçonnique des « B'nai Brith », qui, à l'encontre des statuts des loges maçonniques, n'accepte que des juifs et qui compte dans le monde plus de quatre cent vingt-six loges purement juives, sert de lien entre toutes les internationales énumérées précédemment.

« Les dirigeants du « B'nai Brith » sont des juifs : Morgenthau, ancien ambassadeur des États Unis à Constantinople ; Brandeis, juge suprême aux États-Unis ; Mack, sioniste ; Warburg (banquier) ; Elkus ; Kraus (Alfred) son premier président ; Schiff maintenant décédé, qui a subventionné le mouvement d'émancipation des juifs en Russie ; Marchall (Louis) sioniste.[35]

« Nous savons en toute certitude, a dit N. Webster, que les cinq pouvoirs auxquels nous avons fait référence ; la Maçonnerie du Grand Orient, la Théosophie, le Pan-Germanisme, la Finance Internationale et la Révolution Sociale ont une existence bien réelle et exercent une influence tout à fait définie sur les affaires du monde. Il ne s'agit pas en cela d'hypothèses, mais de faits basés sur une évidence documentée ».[36]

« Les juifs ont été les associés les plus remarquables de la Franc-Maçonnerie depuis la Révolution ». (Jewish Encyclopedia).

---

[35] NDT : Le président en 95 aurait été David M. Blumberg, et actuellement ce serait un certain Kent Schiner.
[36] Jose Maria Cardinal Caro R., Archevêque de Santiago, Primat du Chili, opus cit., pp. 263 à 266.

# Chapitre IV

## Crimes de la Maçonnerie

À propos des monstrueux crimes de cette œuvre maîtresse du Judaïsme moderne qu'est la Maçonnerie, dit textuellement l'Excellentissime Cardinal Caro : « La lecture du Rituel Maçonnique fait bien voir qu'au moins en divers grades, elle prépare ses adeptes à la vengeance, à la révolution et par le fait même, au crime ».

« Dans tous les rites dit Benoit les maçons sont soumis à une éducation qui leur enseigne, en théorie comme en pratique, la violence. On leur dit que l'Ordre maçonnique a pour finalité de venger la mort d'Hiram sur ses trois compagnons traîtres, ou celle de Jacques de Molay sur ses assassins, le Pape, le Roi et Noffodai. Dans un certain grade, celui qui va être initié doit essayer son courage sur le cou et des têtes garnies de boyaux remplis de sang ; dans un autre grade, celui qui va être reçu doit couper des têtes placées sur un serpent, ou encore égorger un agneau en pensant tuer un homme (30ème grade du Rite Ecossais Ancien Accepté). Ici, il doit engager de sanglants combats contre des ennemis qui l'empêchent de revenir dans son pays ; là, il y a des têtes humaines exposées sur des poteaux, il y un cadavre dans un cercueil, et tout autour, les frères en deuil concertent la vengeance ».

« Ces cérémonies diverses... ont pour objectif d'enseigner aux adeptes que c'est par la violence que la Maçonnerie devra détruire ses ennemis : les prêtres et les rois ».

Mais interrompons pour un instant ces citations que nous transcrivons du Cardinal Caro pour nous demander : pourquoi la Maçonnerie considère-t-elle les prêtres et les rois comme ses ennemis, et pourquoi a-t-elle lutté pour les détruire ?

Le lecteur trouvera la réponse à cette question dans la quatrième partie de cet ouvrage, dans laquelle nous démontrons avec une très ample documentation que ce furent précisément les prêtres et les rois qui pendant quasiment dix-huit siècles firent échouer l'une après l'autre les entreprises juives tendant à dominer le monde.

Poursuivons avec ce qu'affirme le Cardinal Caro dans son livre si intéressant :

« Tout le monde connaît l'assassinat de Rossi le ministre de Pie IX, par ses anciens frères de la Charbonnerie ».

« Tout le monde sait qu'Orsini fut chargé par les loges en 1858 d'attenter à la vie de Napoléon III ; mais le projet d'assassinat échoua ».

« Au siècle dernier, le chevalier Lescure qui voulut renoncer à la Loge Ermenonville fut empoisonné : « Je meurs victime de cette horde infâme d'Illuminés, dit-il ».

« Le 22 octobre 1916, fut assassiné le comte Sturgkh, chancelier d'Autriche. Fritz Adler, le tueur, était maçon ou fils de maçon, membre d'une loge de hauts dignitaires maçonniques en Suisse. Dans sa déclaration, il défendit le droit de se faire justice par soi-même ».

« En France, à l'occasion de l'Affaire Dreyfus furent assassinés : le capitaine d'Attel qui déposa contre lui, le député Chaulin Servinière qui avait reçu de d'Attel les détails de la confession de Dreyfus ; le préfet Laurenceau qui dénonça les sommes importantes envoyées de l'étranger aux amis de Dreyfus, selon lui pour suborner ; Rocher, l'employé du président, qui soutenait avoir entendu Dreyfus confesser en partie son crime. Disparurent aussi rapidement le capitaine Valerio l'un des témoins contre Dreyfus, et le président Félix Faure qui s'était déclaré opposé à la révision du procès. Tous les défenseurs de Dreyfus étaient maçons, tout spécialement les juifs.

« En Suède, le frère maçon Gustave III fut tué par le frère Ankerström, émissaire de la Grande Loge que présidait Condorcet, suivant la décision prise par les maçons réunis en 1786 à Francfort sur le Main.[37]

« En Russie, fut assassiné Paul Ier, maçon lui-même, qui connaissant le danger de la secte des frères l'interdit strictement. Le même sort et pour le même motif advint à son fils Alexandre Ier, assassiné à Taganrog en 1825 (cf. *Les grands crimes de la Maçonnerie*).

## ASSASSINATS DE PROFANES

En France, on lui attribue la mort de Louis XVI. Le Cardinal Mathieu, Archevêque de Besançon et Mgr Bessan, Evêque de Nîmes ont rapporté dans des lettres connues de tout le monde les révélations qui leur ont été faites sur la résolution prise en 1787 par le convent de Wilhemsbad d'assassiner Louis XVI et le Roi de Suède. Ces révélations leur avaient été faites par deux anciens membres de ce convent.[38]

---

[37] Selon Serge Hutin, historien de la Maçonnerie, celle-ci assassina aussi Fersen, le respectueux et fidèle ami de la reine Marie-Antoinette (cf son livre « *Governi occulti e societa segrete* », ed. Méditerrannée 1973).
[38] NDT : Louis XVI et ses frères auraient été eux-mêmes franc-maçons... selon Norman Cohn in « *Licenzia per un genocidio* » (Einaudi, Milan 1969,p. 7) ; ceci était le cas de nombreux

L'assassinat du duc de Berry[39]..., celui en Suisse du grand patriote et ardent catholique Lew de Lucerne, ont été résolus et exécutés par les sectataires...

« En Autriche, le célèbre attentat de Sarajevo qui déclencha la Grande Guerre fut décrété, annoncé par avance et exécuté à son heure par la Maçonnerie. Un Suisse, haut dignitaire maçonnique, s'exprima en 1912 sur ce fait de la manière suivante : « l'héritier est un personnage de beaucoup de talent, dommage qu'il soit condamné ; il mourra sur le chemin du trône ».

Madame de Tebes annonça sa mort pendant les deux ans qui la précédèrent. Les principaux coupables étaient tous maçons ».Tout cela, dit Wichtl, ce ne sont pas des suppositions, mais des faits judiciairement prouvés, qui sont tus intentionnellement « ...

« En Allemagne, furent assassinés le Maréchal Echhorn et son adjoint le capitaine von Dressler le 30 juillet 1918. Le jour d'avant, le quotidien maçonnique de Paris Le Matin écrivait qu'une société secrète patriotique

---

princes régnants tout comme d'une grande partie sinon de la majorité de l'aristocratie française et européenne : trahison de leur mission et véritable suicide collectif. En 1788, le Grand-Orient de France comptait 266 loges, toutes sous le contrôle de membres de la secte des Illuminés, dont faisaient partie ceux qui seront les principaux chefs de la Révolution : outre le duc d'Orléans, La Fayette, Necker, Duport, Mirabeau, Barnave, Cazotte, Condorcet, Robespierre, le duc de la Rochefoucault, Lavoisier, Payne,etc. Mais aussi Babeuf, Cagliostro... Weishaupt lui-même s'était caché en France après la découverte de son complot. L'historien Jean Lombard cite la plupart de ces noms in « *La caja occulta de la historia moderna* « (ed. Fuerza Nueva, Madrid 1979), d'après la liste remise par le comte Vieregg le ministre bavarois au comte Lahrbach, l'ambassadeur impérial à Munich. Cf aussi Alan Stang in « *American Opinion* »de février 1972). Selon Serge Hutin(op. cit. supra), la Révolution dont la France fut le théâtre était conçue comme partie d'un plan international au niveau européen dont Weishaupt avait été fait l'administrateur délégué par ses commanditaires le syndicat bancaire juif dirigé par Amschel Mayer Bauer, l'ancêtre Rothschild, qui aurait élaboré et pris la décision de ce plan en 1773 lors d'une réunion tenue à Francfort avec quelques-uns de ses confrères, l'année même de la dissolution de la Compagnie de Jésus (selon l'hebdomadaire *La Vieille France*, du 31 /3/ 1921 et William Guy Carr in « *Pawns in the game* » edit. Omni Christian Book USA, en français « *Pions sur l'échiquier* »). La réalité du complot international comme vraie cause de la Révolution, énoncée par Augustin Barruel dans son « *Mémoire pour servir à l'Histoire du Jacobinisme* »et par le Pr. écossais Robison dès 1788 dans « *Proofs of a Conspiracy* », et au XXème siècle par N. Webster (« *French Revolution* ») longtemps niée par les maçons, est désormais ouvertement revendiquée par eux : cf Serge Hutin (op.cit supra) et avant lui par Gaston Martin, 31è, dans « *La Maçonnerie Française et la préparation de la Révolution* « (1926) et son « *Manuel d'Histoire de la Maçonnerie française* » (1934). George Washington, maçon lui-même, *a affirmé l'existence de la conjuration illuministe internationale et de ses accointances maçonniques dans une lettre au pasteur G.W. Snyder en 1798 (in « The Writngs of George Washington from the original manuscript souces » pub. USG Washington Bicentennial Commission, 1941).*

[39] NDT : À noter que le duc de Berry, autre victime de la secte au XIXème siècle, fut lui aussi maçon. 19 bis) NDT : Eckert, « *La Franc-Maçonnerie dans sa véritable signification* » t. II, p. 291.

avait mis à prix la tête d'Echhorn. On peut même supposer que ce genre de société avait fourni l'information au Matin.

En Italie, Humbert Ier fut tué par l'anarchiste Pressi, maçon d'une loge de Paterson, New Jersey aux États-Unis, encore que celui-ci n'était jamais allé en Amérique !. Etait ainsi mise en pratique l'explication que donnent dans certains grades les carbonari de l'inscription de la Croix : I.N.R.I. à savoir « *Justum Necare Reges Italiae* « , c'est à dire : il est juste d'assassiner les rois d'Italie.

« Le 26 mars 1855 tomba assassiné à Parme le duc Carlos III : l'assassin Antonio Carra avait été choisi et stimulé par Lemmi le jour d'avant, dans une réunion secrète présidée par Lemmi, qui fut plus tard Souverain Grand Maître de la Maçonnerie italienne et mondiale à ce qu'il paraît. Un certain Lippo avait confectionné un mannequin pour enseigner à donner les coups de poignard les plus terribles, et l'exécuteur fut tiré au sort.

« Le 22 mai mourut Ferdinand II de Naples : on l'empoisonna avec un melon, ce qui lui causa une mort atrocement douloureuse. L'auteur de ce régicide fut un franc-maçon affilié à l'une des ramifications les plus criminelles de la secte, celle des « Sublimes Maîtres Parfaits ». Il était disciple de Mazzini et l'une des personnes les plus respectables de la Cour. Marguiotta n'osa pas rapporter son nom (Marg. A. L. 21-34) On peut lire chez cet auteur les innombrables crimes commis par la Maçonnerie en Italie.

Au Portugal furent assassinés le roi Carlos et son fils Luis. Les maçons préparèrent la chute de la monarchie. Le vénérable frère maçon Magalhaes de Lima vint à Paris en décembre 1907, et le frère Moïse, membre du Conseil de la Grande Loge, le reçut solennellement. Magalhaes donna des conférences, dans lesquelles il annonçait « le renversement de la monarchie au Portugal et la prochaine instauration de la République ».

Le célèbre adversaire de la Maçonnerie, l'abbé Tourmentin écrivit alors que les maçons étaient manifestement en train de préparer un coup contre la Maison royale portugaise, exprimant la crainte qu'ils renversent ou assassinent sous peu le Roi Carlos. Dix semaines plus tard, ses craintes se réalisaient, et l'abbé Tourmentin accusa publiquement et ouvertement les maçons de cet assassinat. Ceux-ci préférèrent garder le silence.

« En Amérique, on peut lire dans Eckert 19 bis) quelques détails sur la persécution dont fut victime Morgan aux États-Unis et sur son assassinat pour avoir voulu publier un livre dans lequel il révélait les secrets de la Maçonnerie, et sur la destruction de l'imprimerie et la persécution de l'imprimeur, ainsi que sur d'autres crimes odieux qui suivirent cet assassinat, et l'indignation publique qu'il y eut lorsque l'on sut toute la protection que les autorités, maçonnes pour la plupart, offrirent aux assassins et la faveur avec laquelle les loges les considérèrent (Eckert, t. II, pp.291 et seq.).

« Est également bien connu l'assassinat du président de l'Equateur Garcia Moreno...

« Il faut lire la description de Taine, libre-penseur, pour avoir une idée de ce qui se passa en France lorsque les maçons furent devenus les maîtres en 1789 et durant les trois années suivantes : il compte plus de 150.000 fugitifs et émigrés ; dans la seule province de l'Anjou : 10.000 personnes tuées sans jugement ; 50.000 morts dans une seule province de l'Ouest. En 1792 le général Hoche écrivait au ministre de l'Intérieur : « Il n'y a plus qu'un homme sur vingt par rapport à la population de 1789 ». Il y eut jusqu'à 400.000 détenus à la fois dans les prisons. Plus d'un million deux cent mille particuliers ont souffert dans leur personne; plusieurs millions, et en général tous ceux qui possédaient quelque chose, ont souffert dans leurs biens (Taine, cité par Benoit, F-M., II, p 268, note) ».[40]

Pour plus de précisions on devra lire l'ouvrage de l'Éminentissime Cardinal Caro : « Le Mystère de la Maçonnerie ».

---

[40] Jose Cardinal Caro R., Archevêque de Santiago, Primat du Chili, opus cit., pp. 190 à 201 ; et Henri Taine « *L'Ancien Régime et la Révolution* ».

# Chapitre V

## La Maçonnerie, propagatrice des révolutions

L'Archevêque Évêque de Port Louis, Mgr Léon Meurin, dans son ouvrage « Philosophie de la Maçonnerie », écrit ceci :

« En 1844, Disraeli mettait dans la bouche du juif Sidonia les paroles suivantes (dans Coningsby, Chap VI, XV) : « Depuis que la société anglaise a commencé de s'agiter et que ses institutions se voient menacées par de puissantes associations, vous voyez les juifs, autrefois si loyaux, dorénavant dans les rangs des révolutionnaires...

« Cette mystérieuse diplomatie russe qui alarme tellement les diplomaties occidentales est organisée et en majeure partie réalisée par des juifs... ; la formidable révolution qui se prépare en Allemagne, dont les effets seront même plus grands que ceux de la Réforme, est menée totalement sous les auspices des juifs. Dans le comte Cancrun, le ministre des finances russe, je reconnais un juif lithuanien ; dans le ministre espagnol Mr Mendizabal, je reconnais un juif aragonais ; dans le Président du Conseil français le Maréchal Soult, je reconnais le fils d'un juif français ; dans le ministre prussien le Comte d'Arnim, je vois un juif... On voit donc, cher Coningsby, que le monde est gouverné par des personnages très différents de ce que croient ceux dont l'œil ne voit pas ce qui se passe dans les coulisses... »

« Durant la révolution de 1848 dirigée par le Grand Orient de France, son Grand Maître, le juif Crémieux, devint ministre de la Justice. Cet homme fonda en 1860 l'Alliance Israélite Universelle, et proclama, avec une inconcevable effronterie dans les « Archives Israélites » de 1861 (p. 651) « qu'à la place des Papes et des Césars va surgir un nouveau règne, une nouvelle Jérusalem » ! Et nos bons maçons, les yeux bandés, aident les juifs dans le « Grand Œuvre » de construire ce nouveau Temple de Salomon, ce nouveau royaume césaro-papiste des cabbalistes ! »

« En 1862 un maçon berlinois fit éditer un opuscule de huit pages se plaignant de la prépondérance des juifs dans les loges. Sous l'intitulé du « Signe des temps », il signalait le caractère dangereux des élections berlinoises du 28 avril et du 6 mai de la même année ».Un élément disait-il, a fait surface et a exercé une dangereuse influence dissolvante à tous égards : le juif. Les juifs mènent le jeu avec leurs écrits, leurs discours et leurs actes ; ils sont les chefs et les principaux agents de toutes les entreprises révolutionnaires jusqu'à la construction des barricades. On l'a bien vu clairement à Berlin en 1848. Comment est-il possible qu'à Berlin aient été élus deux cent dix-sept grands électeurs juifs, et que dans deux districts, seuls aient été élus des juifs, à l'exclusion de tout autre candidat ? »

« Cet état de choses allait se développer depuis lors. Les juifs formèrent la majorité du Conseil Municipal, de sorte que Berlin pouvait être appelée en toute justice la capitale des juifs.

« Dans la presse, les juifs parlent du « peuple » et de la « nation » comme s'il n'y eût que des juifs et que les chrétiens n'existassent pas. L'explication d'un tel fait, les maçons agitateurs peuvent la donner, eux qui, selon le Frère Lamartine, furent à l'origine des révolutions de 1789, de 1830, de 1848, etc., déclaration confirmée par le Frère Garnier-Pagès, Ministre de la République, qui déclara publiquement en 1848 que la révolution française de 1848 constituait le triomphe des principes de la Ligue Maçonnique, et que quarante mille maçons avaient promis leur aide pour conclure l'œuvre glorieuse de l'établissement de la République, destinée à s'étendre à toute l'Europe et finalement à toute la face de la terre.

« Le comble du tout est le pouvoir politique et révolutionnaire des juifs, selon les termes de J. Weill, le chef des maçons juifs, qui déclara dans un mémoire secret : « Nous exercerons une puissante influence sur les mouvements de notre temps et sur le progrès de la civilisation, en vue de la républicanisation des peuples ».

« Un autre chef maçon, le juif Louis Boerne disait aussi dans un document secret : « Nous avons secoué d'une main puissante les piliers sur lesquels repose le vieil édifice jusqu'à les faire gémir ».

« Mendizabal, juif également, l'âme de la révolution espagnole de 1820, mena à bien la prise de Porto et de Lisbonne, et en 1838 réalisa au moyen de son influence maçonnique la révolution en Espagne, parvenant au poste de Premier Ministre ».

Et l'Excellentissime Archevêque poursuit en disant :

« Le juif Mendizabal avait promis comme Ministre de restaurer les finances précaires de l'Espagne, mais en un court laps de temps, le résultat de ses manipulations fut une augmentation terrible de la dette publique et une grande diminution de la rente, pendant que lui et ses amis amassaient d'immenses fortunes. La vente de plus de neuf cents institutions religieuses chrétiennes et de charité, que les Cortès avaient déclarées propriétés nationales à l'instigation des juifs, leur offrit une magnifique occasion d'accroître fabuleusement leur fortune personnelle. De la même manière furent traités les biens ecclésiastiques ».

« La moquerie impudente des sentiments religieux et nationaux en arriva au point que la maîtresse de Mendizabal osa se montrer en public parée d'un magnifique collier qui, jusqu'il y a peu, avait orné une statue de la Sainte Vierge Marie, dans l'une des églises de Madrid ».

« Le maçon berlinois, dont nous faisions mention au début, poursuivait en disant : « Le danger pour le trône et l'autel menacés par le pouvoir des juifs est arrivé à son point maximum ».

« Il est donc temps de lancer un cri d'alarme, ce que viennent de faire les chefs de la Maçonnerie allemande en déclarant : « Les juifs ont compris que « l'Art royal » (l'art maçonnique) était un moyen essentiel pour établir solidement leur propre règne ésotérique... Le danger menace non seulement la Maçonnerie, notre ordre, mais les États en général... Les juifs trouvent dans les loges de multiples occasions de pratiquer leur système archi-connu de corruption, semant la confusion en de nombreux domaines...

« Si l'on garde à l'esprit le rôle que jouèrent les juifs dans la Révolution française et dans l'usurpation corse, si l'on prend en compte l'obstinée croyance des juifs en un futur Règne israélite sur tout l'univers et leur influence sur le grand nombre des Ministres d'États, on aura compris combien leur activité dans les affaires maçonniques peut être dangereuse. « Le peuple juif forme une caste hostile et opposée à toute la race humaine, et le Dieu d'Israël n'a élu qu'un seul peuple, à qui tous les autres doivent servir « d'escabeau ».

« Considérez que parmi les dix-sept millions d'habitants de la Prusse, il n'y a pas plus de six cents mille juifs ; considérez avec quelle ardeur convulsive travaille cette nation à la vivacité orientale et irrépressible pour arriver par tous les moyens à subvertir l'État ; pour occuper, y compris par l'argent, tous les établissements d'enseignement supérieur, et monopoliser en leur faveur les postes du Gouvernement ».

Et l'illustre Archevêque poursuit en ces termes :

« Carlyle, l'une des plus hautes autorités maçonniques, déclara (p. 86) : « La Maçonnerie de la Grande Loge est actuellement entièrement juive ».

« La Gazette de la Croix, principal organe des conservateurs prussiens, publia du 29 juin au 3 juillet 1875 une série d'articles, dans lesquels on démontrait que les principaux ministres des gouvernements allemands et prussiens, sans en excepter le prince de Bismarck, étaient tombés aux mains des rois juifs de la Bourse, et que les banquiers juifs étaient en pratique ceux qui gouvernaient réellement la Prusse et l'Allemagne.

« Ceci fit dire au juif Gutzkow : « Les vrais fondateurs du nouvel Empire Allemand sont les juifs ; les juifs mènent le jeu, dans toutes les sciences, dans la presse, au théâtre et dans la politique ».

« M. Stamm écrivit en 1860 un livre sur ce thème, démontrant que le royaume de la liberté universelle sur terre serait fondé par les juifs.

« La même année, Sammter publia dans le Volksblatt une longue lettre pour démontrer que les juifs prendraient très rapidement la place de la noblesse chrétienne, car l'aristocratie caduque doit perdre sa place à cette époque de lumière et de liberté universelle dont nous sommes si proches ».Ne comprenez-vous pas écrit-il le vrai sens de la promesse faite par le Seigneur Dieu Sabaoth à notre père Abraham ? Promesse qu'il se doit certainement d'accomplir, celle qu'un jour, toutes les nations de la terre seront soumises à Israël.

« Croyez-vous que Dieu se référait à une monarchie universelle, avec Israël comme roi ? Que non pas ! Dieu dispersa les juifs sur toute la surface du globe afin qu'ils constituent une espèce de ferment parmi toutes les races, et qu'à la fin, comme des élus qu'ils sont, ils étendent leur domination sur elles ».

« Il est improbable que la terrible oppression que subissent les nations chrétiennes d'Europe, qui se voient appauvries par l'usure et la rapacité des juifs et se plaignent de voir leurs richesses nationales accumulées aux mains des grands banquiers, se calme par de sporadiques soulèvements antisémites ».

« Les monarchies, dont les fondations n'ont pas encore été pulvérisées par le marteau maçonnique et dont les dynasties ne sont pas encore réduites au statut de maçons miséreux, va nu-pieds et aux yeux bandés, se coaliseront contre la monstrueuse secte, et tailleront en pièces les rangs des anarchistes «

Carlyle lui-même, maçon furieux, déclare, atterré devant le sort de l'humanité aux mains des juifs : « Quand les législateurs se mettront à s'occuper des sociétés secrètes, ils feront bien de ne pas faire d'exception en faveur de la Maçonnerie ».

« Le privilège du secret est légalement accordé aux maçons en Angleterre, en France, en Allemagne, et croyons-nous dans tous les pays. Le fait que toutes les révolutions sortent du fond de la Maçonnerie serait inexplicable si nous ne savions pas qu'à l'exception momentanée de la Belgique, les Ministères de tous les pays sont aux mains des maçons, dirigés par derrière par les juifs ».[41]

L'un des témoignages les plus intéressants est sans doute celui du maçon Haugwitz, inspecteur des loges de Prusse et de Pologne.

« En 1777 écrit-il dans ses mémoires on me chargea de la direction des loges de Prusse, de Pologne et de Russie. C'est là que j'acquis la ferme conviction que tout ce qui est survenu en France depuis 1789, en un mot

---

[41] Mgr Léon Meurin S.J. Archevêque Évêque de Port Louis : « *Philosophie de la Maçonnerie* », ed. espagnole, Madrid, 1957, p. 212-218.

la Révolution y compris l'assassinat du Roi avec toutes ses horreurs, non seulement avait été décrété à cette époque, mais que tout fut entièrement préparé au moyen de réunions, d'instructions, de serments et de signes de reconnaissance, qui ne laissent place à aucun doute à l'égard de l'intelligence qui pensa et dirigea l'ensemble ».[42]

En ce qui concerne l'assassinat de Louis XVI, nous avons également le témoignage du Père jésuite Abel : « En 1784 déclara-t-il eut lieu à Francfort une réunion extraordinaire de la Grande Loge Éclectique... L'un des membres mit en discussion la condamnation à mort de Louis XVI, le roi de France, et de Gustave III le roi de Suède. Cet homme s'appelait Abel, c'était mon grand-père ».[43]

Barruel, dans son ouvrage « Mémoires pour servir à l'histoire du Jacobinisme » dit :

« Après cette réunion l'un de ses membres, le marquis de Virieu, déclarait ce qui suit : « Ce que je peux vous dire, c'est qu'il se trame une conspiration si bien ourdie et si profonde qu'il sera bien difficile que la religion et les gouvernements n'y succombent pas ».[44]

Maurice Fara dans son livre « La Maçonnerie à découvert » déclare que : »L'existence de cette conspiration et son projet d'assassiner le roi de France et le roi de Suède apparaissent également confirmés par la majorité des auteurs qui se sont livrés à des études sérieuses sur la question maçonnique,[45] et les évènements tragiques les confirment également. Le 21 janvier 1793 le roi Louis XVI meurt guillotiné après un simulacre de jugement dans lequel la majorité des juges sont des maçons. Un an après, le roi Gustave III est assassiné par Auskrastrem, disciple de Condorcet.

« La même année disparaît mystérieusement l'Empereur Léopold.... »

« Lors d'un discours prononcé en 1882 à la loge « La Libre Pensée » d'Aurillac, le maçon Paul Roques déclarait : « Après avoir travaillé à la révolution politique, la Franc-Maçonnerie doit travailler à la révolution sociale.. ».

Et dans le mémorial du Grand Orient de France,[46] on affirme :

« Que la France, pour vivre, ne sacrifie pas la raison même de son existence : l'idéal philosophique, politique et social de ses ancêtres de 1789 ; qu'elle n'éteigne pas la torche du génie révolutionnaire avec laquelle elle a illuminé le monde. » Et ajoute le même orateur :

---

[42] Von Haugwitz « *Mémoires* ».
[43] P. Abel : *« Die Neue Freie Press »*, Vienne, 1898.
[44] A. Barruel : *Mémoire pour servir à l'histoire du Jacobinisme*, cité par Maurice Fara, opus cit. p. 62.
[45] Le P. Deschamp, le Cardinal Mathieu, Mgr Besson et d'autres.
[46] Mémorial de l'Assemblée du Grand Orient G.. O.. de France, année 1913, p 337, cité par Maurce Fara, op. cit., pp 63-64.

« La pire humiliation pour la France consisterait à renier l'œuvre de la Révolution... Qu'elle périsse au moins sans avoir abdiqué son idéal ».

D'autres documents maçonniques d'une valeur indiscutable nous informent que : « Jamais l'on ne pourra oublier que ce fut la Révolution Française qui réalisa les principes maçonniques élaborés dans nos temples », déclarait un orateur au Congrès Maçonnique de Bruxelles,[47] et dans une loge d'Angers lors d'une réunion en 1922, l'un des frères s'exclama : « La Franc-Maçonnerie qui a joué le rôle le plus important en 1789, doit se disposer à fournir ses cadres de combat à une révolution toujours possible ».[48]

« Passons à l'étude de la participation des juifs aux révolutions en général. Déjà en 1648, le grand chef révolutionnaire Cromwell était soutenu par les juifs. Une délégation venue du fond de l'Asie et présidée par le rabbin Jacob Ben Azabel se présenta devant le dictateur anglais : les résultats des conversations ne se firent pas attendre, et Cromwell usa de tout son pouvoir pour déroger aux lois de restrictions qui étaient alors imposées aux juifs en Angleterre.[49] L'un des plus intimes amis et collaborateurs de Cromwell fut le rabbin d'Amsterdam Manassé Ben Israël ».[50]

Le célèbre spécialiste de la Maçonnerie Maurice Fara nous rapporte que :

« Ernest Renan, qui ne peut être suspect d'anti-sémitisme, écrivit ce qui suit : « Dans le mouvement révolutionnaire français, l'élément juif joue un rôle capital » et il est difficile de ne pas être d'accord avec lui. Il est vrai qu'aux alentours de 1789, les juifs agissaient avec beaucoup de prudence et se masquaient dans les organisations maçonniques et les sociétés philosophiques, mais ceci n'empêcha pas quelques-uns des fils d'Israël de prendre une part active aux évènements révolutionnaires et de profiter de ceux-ci du point de vue matériel. Le premier tir contre les gardes suisses des Tuileries le 10 août 1792 fut déclenché par le juif Lang.[51] Mais comme cette ardeur belliqueuse présentait bien des dangers, les juifs préférèrent se livrer à d'autres activités moins dangereuses et surtout plus lucratives ».

« Le vieil hébreux Benoltas, un millionnaire de cette place (de Cadix) se fit nommer par l'œuvre, trésorier général de l'Ordre et compte sur un fond disponible de treize cents mille pesos forts » (Rapport du Grand Orient espagnol du 1er avril 1824, § 44).[52]

---

[47] Mémorial du Congrès Maçonnique international de Bruxelles, 1910.
[48] Bulletin Officiel du Grand Orient de France, octobre 1922, p. 281.
[49] Léon Halévy « Résumé de l'Histoire des juifs ».
[50] R. Lambelin « Les Victoires d'd'Israël » p. 44.
[51] Pierre Gaxotte : « La Révolution française ».
[52] Léon Kahn : « *Les Juifs de Paris pendant la Révolution* »(1898) cité par Maurice Fara, op.cit. pp.82-83.

P. Gaxotte, dans son livre sur *La Révolution française*, affirme que « l'approvisionnement des armées de la République était aux mains des israélites Biederman, Max Beer, Moselmann et autres, et ceci suscita des réclamations de la part du commandant Bernanville de l'Armée de Moselle, parce qu'on lui envoyait pour les troupes des chaussures d'adolescents dont les semelles étaient en carton, des chaussettes d'enfants et des toiles de tentes complètement pourries ».[53]

Capefigue, dans son livre « *Les Grandes Opérations financières* » écrit que : « Dès que furent abolies les lois qui restreignaient les droits des juifs, grâce à l'intervention de l'abbé Grégoire, de Mirabeau, de Robespierre et d'autres (ce que tous les gouvernements révolutionnaires font dès le premier jour de leur existence), et « dès que prévalurent les idées de 1789, se déversa sur la France une véritable nuée d'étrangers, spécialement des juifs des bords du Rhin ».[54]

C'est alors qu'apparurent sur la scène politique les Klotz, les Benjamin Veitel Ephraim, les Etta Palm etc ».Le Messie est venu pour nous le 28 février 1790 avec les Droits de l'Homme » écrit le juif Cahen,[55] et en effet la concession aux juifs de tous le droits de citoyenneté fut l'une des grandes victoires d'Israël.

« La révolution de 1830, dit le juif Bédarride, n'a fait que consacrer ces heureux résultats ».

Et cet historien juif poursuit : « Lorsqu'en 1848 la souveraineté du peuple parvint à ses limites extrêmes, apparurent des noms juifs dans les plus hautes régions du pouvoir.[56] Ces élus, ces représentants du peuple montraient des noms aussi français que Fould, Cerfbeer, Crémieux,etc. »[57]

Mais il n'y eut pas qu'en France où la juiverie joua un rôle prépondérant dans les mouvements révolutionnaires.

---

[53] Maurice Fara, opus cit., p. 83 note du traducteur.
[54] Capefigue : « Les grandes opérations financières ».
[55] *Archives Israélites*, VIII, 1847, p. 801.
[56] Bédarride : « Les juifs en France, en Italie et en Espagne », pp. 428-430.
[57] Si les juifs eurent en France trois ministères clefs après 1848, en 1870 lors du gouvernement du 4 septembre de Défense nationale ils en auront six, avec Crémeux, Gambetta, Jules Simon, Picard, Magnin et « s'il faut en croire Bismarck qui passe généralement pour bien informé, il faudrait peut-être joindre (à cette liste) Jules Favre » selon E. Drumont, in « *La France Juive* », t. I, p. 384. Ces six étaient en outre entourés de maçons de gauche. Gambetta n'était même pas français. Quant à Isaac Crémieux dit Adolphe, c'est lui qui,en tant que ministre de la « justice », promulgua illégalement un décret jamais ratifié par l'Assemblée mais resté en vigueur, donnant aux juifs d'Afrique du Nord le privilège de la citoyenneté française au grand scandale de la population musulmane de Tunisie et d'Algérie qui avait souffert de ces juifs et qui s'était sincèrement attachée à la France et qui avait versé son sang dans l'Armée française lors de la guerre de Crimée, ce scandale semant alors le germe de ce qui donnera cent ans plus tard « l'indépendance » de ces deux pays. Jules Favre fut l'aïeul... de Jacques Maritain !

Le savant écrivain français Roger Lambelin affirme : « Le mouvement révolutionnaire qui remua l'Europe centrale en 1848 fut préparé et soutenu par le juifs », de nombreux faits et documents le démontrent.

Le même Lambelin a indiqué que parmi les acteurs de la Révolution de 1789 et les membres de la Commune révolutionnaire, les juifs étaient également représentés par Ravel, Isaac Calmer, Jacob Pereyra et d'autres, et cet auteur signale la présence de dix-huit juifs parmi les principaux membres de la Commune Révolutionnaire.[58]

L'écrivain français Édouard Drumont rapporte que lors de l'incendie de Paris de 1871, les communards incendiaires laissèrent intacts les cent cinquante immeubles qui appartenaient à la famille Rothschild.

Poursuivant l'étude de ces mouvements en Europe, nous retrouvons encore des juifs : le poète Heine, Karl Marx, Lasalle et beaucoup d'autres.

« Pour détruire l'ancienne société qui le repoussait, écrit Drumont ; le juif a su se mettre à la tête de l'action démocratique. Les Karl Marx, les Lasalle, les principaux nihilistes et tous les chefs de la révolution cosmopolite sont juifs. C'est ainsi que les juifs impriment à ce mouvement la direction qui leur convient ».[59]

Et l'écrivain français Roger Lambelin précise :

« N'oublions pas que, les fondateurs de l'Internationale en 1864 furent les juifs Marx, Neuemaier, Fribourg, James Cohen, Lasalle, Aaron, Adler, Frankel, avec l'unique non-juif ( ?) Gompers.

« Pour diriger le mouvement révolutionnaire, fut fondé en France le quotidien bien connu L'Humanité. À cet effet une souscription fut ouverte qui réunit la somme de 780.000 francs. Nous citerons les noms des douze donateurs, qui « par hasard » étaient tous juifs : Lévy Bruhl, Lévy Bram, A. Dreyfus, L. Dreyfus, Herr, Léon Picard, Blum, Rouff, Kasevitz, Salomon Reinach et Sachs. »[60]

Après ce qui précède, on ne s'étonnera pas que le Synode juif de Leipzig du 29 juin 1869 ait approuvé la motion suivante : « Le Synode reconnaît que l'élaboration et la réalisation des principes modernes (lire révolutionnaires) sont les plus fermes garants du Judaïsme et de ses membres pour le présent et pour l'avenir. Ce sont les conditions les plus puissamment vitales pour l'existence expansive et le plus grand développement du Judaïsme ».[61]

Sous bien des aspects, comme l'écrivit Leroy-Beaulieu, auteur qui n'est en rien entaché d'antisémitisme : « la révolution n'a été qu'une application de l'idéal qu'Israël avait apporté au monde ».[62] Et l'on doit lui donner

---

[58] Roger Lambelin : « *Les Victoires d'Israël* », pp. 10 à 62.
[59] Édouard Drumont « *La France juive* », Paris 1888. 38 bis)
[60] Maurice Fara, op. cit., p. 85.
[61] Gougenot des Mousseaux, op.cit., p. 115.
[62] Leroy-Beaulieu : « *Israël parmi les nations* », p. 66.

raison, parce que l'on ne peut aucunement nier l'intervention juive dans l'entreprise révolutionnaire.

Organisation de la Société des Nations

L'analyste précédemment cité, Maurice Fara, affirme :

« Nous avons vu la Société des Nations fondée et soutenue par les mêmes forces occultes que nous rencontrons toujours lorsqu'il s'agit de détruire ; aujourd'hui la Maçonnerie, ses auxiliaires, les partis de gauche, et derrière eux la juiverie; ils essaient de détruire le sentiment national et le principe de souveraineté des États par la création d'un super-gouvernement international, et en même temps de démoraliser les peuples par une propagande anti-militariste et pacifiste. Le sentiment national une fois perdu, ces peuples seront complètement désarmés devant cette force occulte et sagace que nous pourrions appeler l'impérialisme judéo-maçonnique ».

« La Société des Nations fut créée le 10 janvier 1920, et ses statuts, préalablement élaborés dans les assemblées maçonniques, furent peu modifiés ».[63]

Et dans une note du traducteur argentin (de l'édition espagnole) de cet ouvrage de Maurice Fara, à la page 115, on lit ceci :

« Le frère Eugène Berteaux de la Grande Loge de France a récemment proposé que l'on déroge à l'article 17 de la constitution de ladite Grande Loge, qui prescrit à tous ses adeptes de « se soumettre à la législation du pays où ils ont la faculté de se réunir librement et de se disposer à tous les sacrifices que leur Patrie exige d'eux », parce que « conformément aux principes de morale universelle, tout franc-maçon est par définition un homme essentiellement libre qui ne dépend que de sa conscience », et notre conscience maçonnique ne peut exiger impérativement de ses adeptes que ceux-ci soient prêts à tous les sacrifices que la patrie exige d'eux ». La dérogation qu'il propose se tournera « au bénéfice de la sauvegarde de la conscience individuelle, étant entendu qu'au cas où se reproduiraient des conflits tragiques, ces consciences individuelles obéiront ou pas, sous leur propre responsabilité, aux appels de leurs sentiments, de leur raison et de leur foi en la Vérité Suprême ».

# L'ACTION JUIVE ET MAÇONNIQUE
## CONTRE LE CHRISTIANISME

L'Éminentissime Cardinal Caro assure à ce sujet :

---

[63] Maurice Fara, op. cit., p. 115.

« Il est indubitable que l'action de la Maçonnerie contre l'Église Catholique n'est rien d'autre que la poursuite de la guerre contre le Christianisme pratiquée par le Judaïsme depuis 1.900 ans, mais adaptée au moyen du secret, de la tromperie, et de l'hypocrisie aux circonstances du monde où il doit la faire... »

« N'oublions pas que le Judaïsme rabbinique est l'ennemi déclaré et implacable du Christianisme, dit N. Webster. Sa haine du Christianisme et de la personne du Christ n'appartient pas à l'histoire lointaine ni ne peut être regardée comme le résultat de la persécution : elle fait partie intégrante de la tradition rabbinique, dont l'origine est antérieure à toute persécution des juifs par les chrétiens et qui a continué dans notre pays alors que cette persécution a cessé depuis longtemps. ».

Pour sa part, The Bristish Gardian (du 13 mars 1925) publia cette affirmation :

« L'Église chrétienne est attaquée aujourd'hui comme elle ne l'a jamais été depuis des siècles, et cette attaque est quasi-exclusivement l'œuvre des juifs ». (R.I.S.S., 1925, p.430)

« En outre, sont chose publique les liens de la Maçonnerie ou du Judaïsme, persécuteurs de l'Église Catholique et selon le cas de tout le Christianisme, avec le Bolchevisme et le Communisme, au Mexique, en Russie, en Hongrie, avec la menace de faire de même partout, tout comme l'est le lien du Judaïsme avec la Maçonnerie ».[64][65]

---

[64] Jose Maria Cardinal Caro, R., Primat du Chili, op. cit., pp. 267-268.

[65] Événement majeur où les juifs eurent un rôle clef dont les manuels se gardent de parler, la Révolution de 1789 qui visa les monarchies chrétiennes soutiens de la Papauté à travers le trône de France, puis les révolutions maçonniques combinées et simultanées de 1848. Ils furent à plusieurs titres les instigateurs de 1789 (J. Jehouda dans « *L'Antisémtisme miroir du monde* » l'a revendiqué, ainsi que d'autres auteurs juifs célèbres cités au chap. V de la Ière partie) : outre leur paternité du Rosicrucisme et de la Franc-Maçonnerie :

1° en tant qu'imprimeurs et diffuseurs de littérature subversive en Hollande, déversée sur la France depuis 1670 (cf Paul Hazard « *La Crise de la pensée européenne* ») ;

2° en tant qu'agents vecteurs de magie, de satanisme, de cabbalisme et d'Illuminisme destructeurs de la Religion et de tout ordre social: avec le haut magicien alchimiste Samuel Jacob Falk ou Falk Sheck appelé le Baal Schem de Londres qui circula beaucoup entre la France, l'Allemagne et l'Angleterre, chef d'école de cabbalistes, supérieur inconnu et médium sataniste inspirateur des hauts dirigeants des Rose-croix ; Falk... intime du banquier londonnien Aaron Goldsmid et de son fils, avait donné au Duc d'Orléans Philippe-Egalité une bague talisman attestée par le baron de Gleichen et par la duchesse de Gontaut, que Philipe-Egalité avant de monter à l'échafaud donna à une juive, Juliette Goudcheaux, qui l'aurait donnée à son fils... lequel serait devenu Louis-Philippe... Véridique ou pas ? (d'après Nesta Webster in « *Secret Societies and subversive movements* « p.187 à 193, citant la correspondance de Savalette de Langes, l'initié Benjamin Fabre dans « *Eques a capite galeato* », les « *Mémoires du chevalier de Rentsov* », la duchesse de Gontaut,et aussi les *Transactions of the Jewish Historical Society*, vol. VIII, 128, et la *Jewish Encyclopaedia*). Avec Falk, il y eut nombre d'autres magiciens cabbalistres, créateurs ou chefs de sectes et agents juifs connus,

dont Cagliostro (lié à Falk et à Weishaupt), le « Comte de Saint Germain », Martinez de Pasqualis, Eckarthausen, Gazotte, Morin et Francken, Franz Thomas von Schonfeld (alias Moïse Dobrouchka, alias Junius Brutus Frey puis Junius Eschine Portock, nom sous lequel il fut guillotiné avec Danton !) agent aussi de Weishaupt comme Cagliostro, qui avait été disciple des cabbalistes Altotas et Samuel Jacob Falk ;
3° en tant qu'agents déstabilisateurs du trône par les pamphlets, et surtout par l'Affaire du collier de la Reine (organisé par Cagliostro agent de Weishaupt, et en liaison avec la juiverie anglaise) ;
4° en tant qu'instigateurs du meurtre des rois de France et de Suède ;
5° en tant que meneurs de l'émeute, assaillant le Palais des Tuileries comme Lang, membres juifs des sections de la Commune Révolutionnaire, jacobins enragés comme Klootz et Marat et probablement aussi l'anglais Oswald ; propagandistes de la spoliation des biens du clergé comme Zalkind Hourwitz ; pilleurs des Tuileries, du mobilier et des bijoux de la Couronne comme Louis Lyre, et sa bande, aidés des receleurs et joailliers juifs qui les négocièrent pour financer les intrigues du gouvernement jacobin (mentionnés par Édouard Drumont, par les historiens Capefigue, Morin (historien maçon), Pierre Gaxotte, et Léon Kahn dans « *Les Juifs de Paris pendant la Révolution* » ; cf aussi Jacob Katz dans « *Juifs et Franc-Maçons en Europe* « ed. du Cerf, Paris 1995) ;
6° comme dirigeant le génocide des vendéen avec Rosenthal, le chef de la brigade du même nom ;
7° enfin <u>en tant que décideurs financiers et commanditaires suprêmes de la subversion européenne des trônes et de l'autel</u> depuis 1773, avec Amschel Mayer Bauer, l'ancêtre Rotschild, et ses coréligionnires Wessely, Daniel Itzig et Friedlander ainsi que divers autres leaders juifs de Francfort et sans doute aussi de Londres (cf. *La Vieille France* du 31/3/1921, et Werner Sombart dans *« The Jews and modern Capitalism* « p. 187 rappelant la décision du Congrès des Illuminés à Wihelmsbad en 1782 de transporter le siège de leur secte précisément à Francfort). La campagne d'opinion pour donner aux juifs la pleine citoyenneté, œuvre de Mirabeau et en Allemagne de l'écrivain Dohm, avait eu pour origine le salon berlinois de la juive Henriette Herz où ces écrivains avaient fréquenté le rabbin Moïse Mendelsohn et l'écrivain juif Lessing, membre de l'Ordre de la Stricte Observance. Weishaupt, le chef de la subversion était juif d'après Bernard Lazare bien informé (in « *L'antisémitisme* »). Son initiateur au noyautage par les sociétés secrètes aurait été un certain Kölmer (patronyme voisin du nom juif Calmer) juif arménien ou syrien ayant vécu de nombreuses années en Egypte, revenu en Europe en 1771 via Malte où il fut impliqué dans une révolution locale, et fixé au Jutland. Kölmer, fut-il le mystérieux haut cabbaliste Altotas, dont parla admirativement le juif Cagliostro et dont l'Inquisition s'occupa sans parvenir à le localiser, écrit l'historienne anglaise ? Kolmer, Altotas, Falk Weishaupt, Cagliostro, Moïse Dobrouchka, Martinez de Pasqually et les autres mentionnés plus haut : jolie brochette de subversifs... outre les inconnus. On notera que le bureau du cabinet de travail de Louis XIV, volé en 1792, a été mis en vente publique chez Christie en 1999 par les Rothschild de Vienne, et racheté 75 millions de F (au bénéfice desdits Rothschild !) par les Amis de Versailles.

# Chapitre VI

## La Tête du Communisme

Il ne fait donc pas le moindre doute que la théorie marxiste (communiste) est une œuvre juive, tout comme l'est aussi toute l'action entreprise pour la mise en pratique de cette doctrine ainsi que les millions d'assassinats commis à cet effet.

Les dirigeants et les organisateurs de tout le mouvement communiste antérieur à l'établissement définitif du Bolchevisme en Russie furent juifs dans leur quasi-totalité, comme aussi la grande majorité des dirigeants effectifs des révolutions qu'ils provoquèrent.

Mais en Russie, dans le premier pays où triompha définitivement le Bolchevisme et qui a été et demeure actuellement le centre moteur de sa propagation mondiale, la paternité juive du système, de l'organisation et de la praxis soviétique ne fait non plus aucun doute. Selon des données certaines, pleinement démontrées et acceptées par tous les écrivains qui ont traité de cette question avec impartialité, l'action communiste des juifs dans le pays des tsars est si patente qu'il serait bien vain d'essayer de leur dénier l'exclusivité de cet abominable triomphe.

Qu'il suffise de rappeler les noms de ceux qui formèrent les gouvernements et les principaux organismes directeurs de l'Union Soviétique pour savoir à quoi s'en tenir, avant même la claire et éclatante démonstration des faits.

## Membres du Premier Gouvernement Communiste de Moscou (1918)

1. Illich Ulin (Vladimir Illich Ulianov ou Nicolas Lénine) Président du Soviet Suprême, juif par sa mère. Celle-ci était née Blank, et était une juive d'origine allemande;
2. Lew Davidovitch Bronstein (Léon Trotsky) Commissaire à l'Armée Rouge et à la Marine, juif ;

3. Iosiph David Vissarianovich Djugashvili-Kochba (Joseph Vissarianovitch Staline) Commissaire aux Nationalités, descendant de juifs géorgiens ;
4. Chicherine, Commissaire aux Affaires Etrangères, russe ;
5. Apfelbaum (Gregoire Zinoviev), Commissaire à l'Intérieur, juif ;
6. Kohen (Volodarsky), Commissaire à la Presse et à la Propagande, juif ;
7. Samuel Kaufman, Commissaire aux Domaines de l'État, juif ;
8. Steiberg, Commissaire à la Justice, juif ;
9. Schmidt, Commissaire aux Travaux Publics, juif ;
10. Ethel Knigkis en (Liliane) Commissaire au Ravitaillement, juive ;
11. Pfenistein, Commissaire à l'Accueil des Réfugiés, juif ;
12. Schlichter (Vastaoleinine), Commissaire aux Logements (Réquisitions de maisons particulières pour les rouges), juif ;
13. Lurie (Larine), Président du Soviet Economique Supérieur, juif ;
14. Kukor(Kugorski), Commissaire à l'Economie, juif ;
15. Urisky (Radomilsky), Commissaire aux « Elections », juif ;
16. Lunacharsky, Commissaire à l'Enseignement Public, juif ;
17. Protzian, Commissaire à l'Agriculture, arménien.

En appendice du présent volume, nous faisons figurer une liste intéressante et très explicite des hauts fonctionnaires juifs de tous les corps gouvernementaux de l'Union Soviétique, du Parti Communiste, de l'Armée Rouge, de la Police secrète (tchéka), des Syndicats, etc.

Sur un total de cinq cent deux (502) postes de premier plan dans l'organisation et la direction de la révolution communiste de Russie et de la direction de l'État Soviétique durant ses premières années, pas moins de quatre cent cinquante-neuf (459) de ces postes étaient occupés par des juifs et seulement quarante-trois (43) par des chrétiens de diverses origines.

Alors, lesquels ont réellement accompli cette horrible révolution ? Les chrétiens ?[66]

Une autre statistique, publiée semble-t-il par le périodique contre-révolutionnaire russe Le Russe Nationaliste après le triomphe des juifs communistes en Russie, indique que sur un total de cinq cent cinquante-quatre (554) dirigeants communistes de premier plan occupant diverses fonctions, on trouvait :

447 Juifs, 43 Lithuaniens, 30 Russes, 13 Arméniens, 12 Allemands, 3 Finlandais, 2 Polonais, 2 Géorgiens, 1 Tchèque, 1 Hongrois.

Pendant la deuxième guerre mondiale et après celle-ci jusqu'à nos jours, la bande juive qui gouvernait l'Union des Républiques Socialistes Soviétiques continua d'être très nombreuse, et le premier de la liste est Staline lui-même, dont on a cru longtemps qu'il était géorgien de pure

---

[66] Traian Rumanescu, Op. cit. pp 143 à 161.

origine et dont on vient de découvir qu'il est de race juive, car Djougashvili est un nom qui signifie « fils de Djou », et Djou est une petite ile de Perse vers laquelle émigrèrent de nombreux juifs marranes portuguais exilés, qui passèrent ensuite en Géorgie.

Il est actuellement tout à fait prouvé que Staline était de sang juif, bien qu'il n'ait jamais ni confirmé ni démenti les rumeurs qui commençaient à courir à ce sujet.[67]

Voici une liste des hauts fonctionnaires soviétiques du gouvernement de Staline :

1. Jdanov (Yadanov), juif s'appelant en réalité Liphshitz, ex-commandant de la Défense de Léningrad pendant la guerre, membre du Politburo jusqu'en 1948 et l'un des auteurs de la résolution qui exclut Tito du Kominform en 1948, décédé peu après ;
2. Lavrenty Beria, juif, chef de la Police du M.V.D. et chef de l'Industrie Lourde soviétique, membre du Comité directeur de l'Industrie Atomique soviétique, éxécuté sur l'ordre de Malenkov pour le même motif que Staline liquida Yagoda ;
3. Lazare Kaganovitch, juif, chef de l'Industrie Lourde soviétique, membre du Politburo de 1944 à 1952, puis membre du Présidium et ensuite Président du Présidium du Soviet Suprême de l»URSS ;
4. Malenkov (Georgi Maximilianovich Malenk), membre du Politburo et de l'Orgburo jusqu'en 1952, ensuite membre du Présidium Suprême et Président du Conseil des ministres jusqu'à la mort de Staline ; ministre du gouvernement de Boulganine à partir de 1955. Il est juif d'Ornenbourg et non pas cosaque comme il l'affirme. Le nom de son père Maximilien Malek est typiquement juif russe. Il y a en outre un détail très important qui dévoile la véritable origine de Malenkov et aussi de Kroutschev. L'épouse actuelle de Malenkov est la juive Pearlmutter, connue comme « la camarade Schemschne » qui fut ministre de la Pêche dans le gouvernement soviétique en 1938. Il n'existe pas de biographie officielle de Malenkov, et ceci est certainement dû à ce qu'il ne tient pas que l'on découvre son origine juive ;
5. Nicolas Salomon Kroutschev, l'actuel (NDT en 1968) chef du Parti Communiste soviétique, membre du Politburo depuis 1939 soit la même année que Malenkov fut élu membre de l'Orgburo. Il est le frère de l'épouse de Malenkov, c'est à dire de la juive Pearlmutter et donc juif lui-même, et s'appelle Pearlmutter de son vrai nom ;
6. Le Maréchal Nicolaï Boulganine, actuel Premier ministre soviétique, ancien fonctionnaire de banque, fut l'un des dix juifs

---

[67] Bernard Hutton, in revue française « *Constellation* » n° 167 de mars 1962, p. 202.

membres du Commissariat pour la Liquidation des Banques privées en 1919 ;

7. Anastase Iosiphovich Mikoyan, membre du Politburo depuis 1935, membre du Présidium Suprême depuis 1952, ministre du Commerce et vice-président du gouvernement de Malenkov. C'est un juif d'Arménie et non pas un Arménien authentique comme on le croit ;
8. Kruglov, chef du M.V.D. (police secrète) depuis Beria. C'est par ordre de Kruglov que furent remis en liberté les médecins juifs arrêtés en 1953 par Riumine, le Sous-chef de la Police pendant le mandat de Beria. Il est également juif. À la mort de Staline, survinrent ces querelles de famille entre juifs qui éclatent parfois sous l'effet des ambitions de pouvoir, et le juif Beria fut assassiné par ses frères israélites du Gouvernement de Moscou, comme bien des années auparavant les juifs Staline, Vychinski, Kaganovitch et leurs amis avaient fait tuer les juifs Trotski, Zinoviev, Kamenef, Radek, Boukkharine et des milliers de leurs partisans israélites, dans la guerre intestine, véritable guerre civile, survenue au sein du Judaïsme, que les deux factions juives soutinrent l'une contre l'autre pour s'assurer le contrôle de la malheureuse Russie et du Communisme international ;
9. Alexandre Kossyguine, juif également, fut membre du Politburo jusqu'en 1952, puis suppléant au Présidum du Soviet Suprême et Ministre de l'Industrie Légère et de l'Alimentation du gouvernement Malenkov. (À l'heure où fut imprimée l'édition mexicaine de ce livre, en 1968, il était devenu Premier Ministre du Gouvernement soviétique, après avoir participé à l'éviction du juif Nikita Salomon Kroutschev dans un nouvel épisode de la lutte entre juifs communistes pour le pouvoir) ;
10. Nicolas Schvernik, membre du Politburo jusqu'en 1952, ensuite membre du Présidium Suprême et membre du Présidium du Comité Central, juif ;
11. Andrés Andrievich Andriev, qui était connu comme le « polit-burocrate » des 3 A, membre du Politburo entre 1931 et 1952, juif de Galicie en Pologne. Il adopta un pseudonyme russe ;
12. P.K. Ponomarenko, juif, mermbre de l'Orgburo en 1952, depuis, membre du Présidium Suprême et Ministre de la Culture dans le gouvernement de Malenkov ;
13. P.F. Yudine (Iuden) membre suppléant du Présidium Suprême et titulaire du Ministère des Matériaux de Construction dans le gouvernement de Malenkov de 1953, juif ;
14. Mikhail Pervukine, juif, membre du Présidium du Comité Central du Parti Communiste depuis 1953 ;

15. N. Schataline, potent at du Sous-secrétariat du Comité Central du Parti Communiste, juif ;
16. K.P. Gorschenine, juif, Ministre de la Justice, dans le gouvernement de Malenkov ;
17. D. Ustinov (Zambinovich), juif, Ambasadeur soviétique à Athènes jusqu'à la deuxième guerre mondiale ; devint ministre de la Défense dans le gouvernement de Malenkov.
18. V. Merkulov, Ministre du Contrôle de l'État à l'époque de Malenkov ;
19. A. Zasyadko, Ministre de l'Industrie Charbonnière sous Malenkov, juif ;
20. Cherburg, Chef de la Propagande soviétique, juif ;
21. Milstein, l'un des dirigeants juifs de l'Espionnage soviétique.
22. Ferentz Kiss, Chef du Service d'Espionnage soviétique en Europe, juif ;
23. Potschrebitscher (Poscrebichev), israélite, ex-secrétaire particulier de Staline, actuellement (en 1968) chef des Archives secrètes du Kremlin ;
24. Ilyia Ehrembourg, député de Moscou au Soviet Suprême, écrivain soviétique, également juif ;
25. Mark Spivak, député de Staline (Ukraine) au Soviet Suprême de Moscou, également israélite ;
26. Rosalia Goldenberg, juive, députée du Birobidjan au Soviet Suprême de Moscou ;
27. Anna E Kaluger, juive, députée de Bessarabie au Soviet Suprême. Son frère qui s'appelle actuellement non pas Kaluger mais Calugaru, en roumain, est un potentat communiste dans l'Administration en Roumanie.

Ajoutons que Kalinine, le Président en titre durant le gouvernement de Staline et décédé depuis quelques années, était également juif.[68]

Il est donc bien clair que l'antisémitisme de Staline fut une grande imposture, et que l'assassinat des juifs trostkystes, sinovievistes et boukkharinistes qui fut entreprise pour s'assurer le pouvoir se déroula entre juifs. En dernière analyse, la lutte entre le juif Trotsky et le juif Staline fut une bataille entre deux clans juifs pour la prise de contrôle du gouvernement communiste que ceux-ci avaient créé, une simple querelle de famille.

En est la preuve la liste suivante des Commissaires aux Affaires Étrangères au moment où Staline se débarrassa de tant de juifs qui étaient dangereux pour son pouvoir personnel :

---

[68] Traian Rumanescu, Op. cit., pp 174-175.

1. Maxime Davidovitch Litvinoff, Ministre Soviétique des Affaires Etrangères jusqu'à 1939, époque à laquelle il fut remplacé par Molotov, mais il occupa ensuite de hautes fonctions dans ce même ministère jusqu'à sa mort en février 1952. Il était né en Pologne, fils de l'agent de banque juif Meer Genokh Moisevitch Vallakh. Pour masquer son vrai nom, Maxime Moisevitch Vallakh (Litvinoff) utilisa au cours de sa carrière divers pseudonymes, entre autres Finkelstein, Dudwig Nietz, Maxime Harryson, David Mordecay, Félix, et finalement, une fois devenu un haut cadre du régime communiste en Russie, il adopta celui de Litvinoff ou Litvinov. Quand ce juif fut remplacé par Molotov en 1939, la juiverie du monde occidental et toute la presse judéo-maçonnique commencèrent à hurler qu'il avait été écarté par Staline « parce qu'il était juif », mais ils se gardèrent bien de dire ensuite que Litvinoff resta au Ministère jusqu'à sa mort. Pourquoi le dire, si cela n'intéressait pas la conspiration ? Dans les Mémoires de Litvinoff, publiés après sa mort, il est écrit qu'à son avis, rien ne changerait en Russie soviétique après la mort de Staline. Et en effet Staline mourut un an après Litvinoff, et rien ne changea dans la politique intérieure et extérieure soviétique.

Ce que l'on nomme en Occident les changements de la politique soviétique ne sont que de simples artifices de propagande adaptés aux besoins du plan de domination mondiale des juifs. Rien n'a changé après la mort de Staline. Il y eut un peu d'agitation due au manque d'un chef suprême de la stature de Staline ou de Lénine, mais c'est tout. Grâce à quoi, les conspirateurs judéo-maçons d'Occident cherchent à dépeindre le cours ténébreux du soviéto-communisme de couleurs brillantes, parlant de « pacifisme », de « coexistence », « d'humanisation », etc. pour le présenter au monde comme quelque chose d'inoffensif. Lorsque Livinoff affirma que rien ne changerait avec la mort de Staline, il savait bien que c'est en effet ce qui se passerait, parce que Staline n'était que l'un des opérateurs de la bande judaïque qui dirige l'URSS, et qu'après lui, les autres demeureraient en place pour poursuivre le plan de domination mondiale auquel collaboraient les Boulganine, Baruch, Reading, Maurice Thorez, Mendes-France, David Ben Gourion et bien d'autres.

Poursuivant la liste des juifs du Ministère des Affaires Étrangères d'URSS, nous avons :

2. Andrès Ianuarevitch Vichinsky, mort maintenant, mais qui fut le Ministre des Affaires Etrangères de l'URSS avant la mort de Staline, puis ensuite Délégué permanent de l'Union Soviétique à l'ONU, où il ne perdait pas une occasion de lancer des insultes contre les pays non-communistes, comme il le faisait lorsqu'il était « Juge populaire ». Son nom juif était Abraham Ianuarevine. Ce juif

fut procureur dans les procès qui condamnèrent à mort les juifs ses frères de race qui constituaient la vieille garde révolutionnaire de Lénine, et qui furent assassinés par Staline et sa bande également juive, dans leur lutte pour le pouvoir en Russie.

3. Jacob Malik, le représentant Soviétique devant l'ONU et haut personnage dans la hiérarchie diplomatique soviétique, juif.
4. Valerian Zorine, pendant un temps Ambassadeur à Londres, et aussi grande figure de la diplomatie soviétique, qui changea de poste selon les nécessités.
5. Gromyko, également diplomate juif.
6. Alexandre Uanoushkine, ex-Ambassadeur soviétique à Washington, puis Ambassadeur à Pékin en 1955, considéré alors comme le véritable dictateur de la Chine rouge jusqu'à ce que Mao-Tsé-Tung, fidèle au stalinisme, se rebelle contre Kroutschev lorsque ce dernier trahit le stalinisme.
7. Zambinovitch (Ustinov) juif, Ambassadeur à Athènes jusqu'en 1940.
8. Almirante Radionovitch, Ambassadeur à Athènes entre 1945 et 1946 c'est à dire pendant la préparation du coup d'État communiste en Grèce, juif.
9. Constantin Omansky, envoyé à Washington pendant la deuxième guerre mondiale et ensuite haut dirigeant au Ministère des Affaires Étrangères de Moscou.
10. Manouilsky, ex-représentant en Ukraine et à l'ONU, actuellement Président de l'Ukraine (en 1962), juif aussi.
11. Ivan Maïsky, israélite, Ambassadeur à Londres durant la deuxième guerre mondiale, ensuite haut fonctionnaire au Ministère des Affaires Étrangères à Moscou.
12. Mme Kolontaï, Ambassadrice à Stockholm jusqu'à son décès en mars 1952. Auparavant cette juive vécut à Mexico où sa famille israélite s'était alliée à l'aristocratie russe qu'elle trahit, tout comme l'ont fait tous ces juifs qui s'infiltrèrent dans la noblesse par des mariages mixtes ou à l'aide de titres nobiliaires obtenus pour services rendus à des rois, qui sans s'en rendre compte minèrent ainsi la puissance de la noblesse de sang, en facilitant, tantôt sa mise en tutelle par le Judaïsme comme il advint en Angleterre, tantôt le renversement de la monarchie elle-même comme dans d'autres pays.
13. D. Solod, Ambassadeur au Caire en 1955. Celui-ci, aidé d'un groupe de juifs du corps diplomatique en poste au Caire, dirige la conspiration israélite dans le monde arabe sous protection diplomatique soviétique, à l'insu du Gouvernement Égyptien. Ce gouvernement ne devrait portant pas oublier que David Ben

Gourion le Premier Ministre d'Israël, tout comme Golda Meierson, le Ministre d'Israel à Moscou, sont l'un et l'autre des juifs russes comme Solod.[69]

On ne doit pas oublier non plus que ce fut le juif Yagoda, à l'époque chef de la Police secrète de Staline, qui fut celui qui dirigea avec son équipe de bourreaux israélites le massacre des juifs ennemis de Staline en URSS.

Actuellement (NDT en 1968) selon des données prouvées, entre 80 et 90 % des postes clefs dans tous les ministères de Moscou et des autres Républiques Soviétiques sont occupés par des juifs.[70]

Le Duc de la Victoria, conclut après une minutieuse enquête :

« Je ne crois pas que l'on puisse avoir un doute quelconque sur l'origine de tous ceux qui dirigèrent et qui occupèrent les premiers postes à Moscou depuis les premiers moments de la révolution ; ce qui est lamentable pour les Russes, c'est que malgré le temps écoulé, leur situation a extrêmement empiré, parce que le nombre de juifs en Russie a augmenté de manière alarmante et que tous les principaux postes dirigeants sont entre leurs mains... ».[71]

À l'égal de la Russie, les pays d'Europe où le Communisme s'est imposé sont totalement tombés sous la domination de la minorité juive, qui partout dirige le gouvernement communiste d'une main de fer, criminelle et impitoyable pour assurer la mise en esclavage des citoyens autochtones par un groupe insignifiant de juifs. Il suffit de passer en revue les principaux dirigeants des dictatures communistes, qui toujours sont juifs, et c'est un argument encore plus convainquant que tout.

# HONGRIE

1. Le chef communiste le plus important du pays depuis l'occupation par les troupes soviétiques est mathias Rakosi, un juif dont le nom véritable est mathiew Roth Rosenkranz, né en 1892 à Szabadka ;
2. Ferenk Muennich, juif, et Premier Ministre de Hongrie en 1959, après Janos Kadar ;
3. Ernö Gerö, juif, ministre de l'Intérieur jusqu'en 1954 ;
4. Szebeni, israélite, prédécesseur de Gerö comme ministre de l'Intérieur ;

---

[69] Traian Rumanescu, Op. cit., pp 177-178.
[70] NDT ...et la situation du pouvoir maffieux juif en Russie comme au plan mondial s'est encore renforcée depuis !
[71] Duque de la Victoria : « *Israel manda* » (Israel commande) Editions Latino Americana S.A., Mexico DF, p. 287.

5. Général Laszlo Kiros, juif, ministre de l'Intérieur depuis juillet 1954, en même temps chef de l'A.V.O. la police secrète, l'équivalent du M.V.D. soviétique ;
6. Général Peter Gabor, le chef de la police politique de Hongrie jusqu'en 1953, qui s'appelle en réalité Benjamin Ausspitz, ancien tailleur à Sàtauraljaujhély en Hongrie ;
7. Varga, Secrétaire d'État à l'Économie Planifiée, juif dont le vrai nom eSaint Weichselbaum, ex-ministre du gouvernement de Bela Kuhn. Egalement Président du Conseil supérieur Économique ;
8. Beregi, Ministre des Affaires Étrangères, juif ;
9. Julius Egry, Ministre de l'Agriculture de la République Populaire de Hongrie, juif ;
10. Zoltàn Vas, Président du Conseil supérieur Économique, juif, s'appelant en réalité Weinberger ;
11. Josef Revai, Le dictateur de la Presse hongroise et le directeur du journal rouge Szabad Nep (« Le Peuple Libre » !), juif, s'appelant en réalité Moises Kahana ;
12. Revai (autre que le précédent), Ministre de l'Éducation nationale, juif, du nom de Rabinovits ;
13. Jozsef Gerö, Ministre des Communications, juif, s'appelant Singer ;
14. Mihàly Farkas, Ministre de la Défense nationale, juif du nom de Freedmann ;
15. Veres, Ministre d'État, israélite ;
16. Vajda, Ministre d'État, juif ;
17. Szanto, Commissaire à l'Épuration, envoyé de Moscou en 1951 ; juif s'appelant Schreiber, et ex-membre du Gouvernement de Bela Kuhn ;
18. Gyula Déssi, Ministre de la « Justice » jusqu'en 1953, aujourd'hui chef de la Police secrète, juif ;
19. Emil Weil, Ambassadeur de Hongrie à Washingon : c'est le médecin juif qui tortura le Cardinal Mindzenty. Entre autres potentats juifs de marque, il faut encore mentionner :
1. Imre Szirmay, le directeur de la Société Magyare de Radiodiffusion ;
2. Gyula Garay, « Juge populaire » du Tribunal communiste de Budapest ;
3. Colonel Caspo, le Sous-Chef de la Police secrète ;
4. Pr Lazslo Benedek, juif, le dictateur en matière d'Enseignement.

L'unique communiste important d'origine chrétienne fut le maçon Laszlo Rajik, ex-Ministre des Affaires Étrangères, jugé et condamné sous l'inculpation de « trahison » par ses « frères » juifs, chose arrivée à tous les maçons d'origine chrétienne ou non-juive trompés par le pouvoir occulte judaïque qui dans les coulisses contrôle la Fraternité maçonnique, pouvoir qui dans certains pays les a poussés à travailler au triomphe de la révolution socialiste, pour ensuite les tuer dans les célèbres purges, une fois instaurée la « dictature de Prolétariat ».

## TCHÉCOSLOVAQUIE

1. Clément Gottwald, l'un des fondateurs du Parti Communiste en Tchécoslovaquie, et Président de ce pays entre 1948 et 1953, juif, décédé peu après Staline ;
2. Wladimir Clementis, ex-Ministre communiste des Affaires Étrangères de Tchécoslovaquie, « jugé et condamné » en 1952, juif. Fut victime de ces purges internes survenues entre juifs communistes ;
3. Vlaclav David, l'actuel Ministre des Affaires Étrangères de Tchécoslovaquie (en 1955), juif ;
4. Rudolf Slanski, ex-Secrétaire Général du P.C. de Tchécoslovaquie, « condamné » en 1952, juif du nom de Rudolf Salzman ;
5. Firio Hendrich, l'actuel Secrétaire Général du Parti Communiste, juif ;
6. Andrès Simon, « condamné » en 1952, juif qui s'appelait Otto Katz ;
7. Gustav Bares, Secrétaire Général adjoint du P.C., juif ;
8. Iosef Frank, ex-Secrétaire Général adjoint du P.C., « condamné » en 1952, juif ;
9. Karel Schab, ex-Ministre de la Sécurité, « condamné » en 1952, juif.

## POLOGNE

1. Boleislaw Beirut, Président de Pologne jusqu'en 1954, juif ;
2. Iacob Berman, juif, Secrétaire Général du P.C. polonais ;
3. Iulius Kasuky (Katz), Ministre des Affaires Étrangères connu pour ses discours violents à l'ONU ;
4. Karl Swicrezewsky, ex-Vice-Ministre de la Défense Nationale, mourut assassiné par les paysans ukrainiens anti-communistes dans le Sud de la Pologne (la masse n'est pas toujours amorphe !) ;
5. Josif Cyrankiewicz, juif, Premier Ministre de Pologne après 1954, successeur de Beirut ;
6. Hillary Mink, Vice-Premier Ministre depuis 1954 ;
7. Zenon Nowek, Premier Ministre en second depuis 1954, juif ;
8. Zenon Kliszko, Ministre de la Justice, juif ;
9. Tadeo Kochcanowiecz, Ministre du Travail, israélite.

L'unique communiste polonais important d'origine chrétienne Wlasdislas Gomulka, qui fut écarté de la direction politique depuis 1949, lorsqu'il perdit la charge de Premier Ministre ; tôt ou tard il risque de lui arriver ce qui s'est passé pour Rajik en Hongrie, mais dernièrement il fut réinstallé à la direction du Parti et de l'État.

# ROUMANIE

1. Ana Pauker, juive, ex-Ministre des Affaires Étrangères de la « République populaire de Roumanie » et agent N° 1 du Kremlin en Roumanie jusqu'au mois de juin 1952, où elle fut écartée, mais restant en liberté à Bucarest jusqu'à ce jour. Cette hyène juive, qui s'appelle en réalité Anna Rabinsohn, est la fille d'un rabbin juif polonais émigré en Roumanie ; elle est née en Moldavie en 1892 ;
2. Ilka Wasermann, juive, ex-Secrétaire particulière d'Anna Pauker, actuellement la vraie dirigeante du Ministère des Affaires Etrangères ;
3. Iosif Kisinevski, l'actuel N° 1 du Kremlin en Roumanie, membre du Comité Central du Parti Communiste et Vice-Président du Conseil des Ministres. C'est un juif de Bessarabie ; son vrai nom est Ioska Broitman. Il est le vrai Chef du P.C. en Roumanie, bien qu'officiellement le Secrétariat Général de ce parti soit aux mains du serrurier roumain Gheorghe Gheorghiu Dez, qui n'est en fait qu'une marionnette. Kisinevski a pris son pseudonyme actuel du nom de la ville de Kisinau en Bessarabie, où avant l'arrivée de l'Armée rouge il tenait une boutique de tailleur.
4. Theohari Giorgescu, Ministre des Affaires Étrangères du Gouvernement communiste de Bucarest entre 1945 et 1952 ; actuellement relégué à un poste secondaire, bien qu'« officiellement » il fut expulsé du Parti Communiste. Il se trouve dans la même situation qu'Anna Pauker. Son véritable nom est baruch Tescovich ; il est juif originaire de Galatz, un port roumain du Danube ;
5. Avram Bunaciu, juif également, est l'actuel (en 1955) Secrétaire Général du Présidium de la Grande Assemblée Nationale de la République Populaire Roumaine, c'est à dire le véritable chef de cette Assemblée, car Petru Groza, le Président « officiel » n'est qu'un vieux mannequin marié avec une juive, dont le rôle est purement décoratif. Avram Bunaciu, s'appelle en réalité Abraham Gutman (Gutman traduit en roumain donnant le nom correspondant de Bunaciu, le pseudonyme adopté par ce juif) ;

6. Lothar Radaceanu, autre Ministre du gouvernement communiste de Bucarest, « déposé » en 1952 et réapparu à la tribune d'honneur en 1955. C'est un juif de Transsylvannie. Il s'appelle Würtzell. Comme le mot Würtzell signifie « racine », ce juif a tout simplement traduit son nom hébreux en roumain et se fait appeler désormais Radaceanu ;
7. Miron Constantinescu : membre du Comité Central du P. C. et Ministre des Mines et du Pétrole ; changea de temps à autre de poste ministériel. C'est un juif de Galatzi, en Roumanie, s'appelant en réalité Mehr Kehn, et utilise comme de coutume chez eux un pseudonyme roumain ;
8. Général Lieutenant Moises Haupt, Commandant de la Région Militaire de Bucarest, juif ;
9. Colonel Général Zamir, Chef de la « Sureté Générale » communiste en Roumanie, et le responsable des milliers d'assassinats exécutés par la Police secrète du régime. C'est un juif originaire du port de Braila sur le Danube. Il s'appelle Laurian Reisner ;
10. Heim Gutman, le Chef du Service Secret Civil de la République Populaire Roumaine, juif également ;
11. Major général William Suder, Chef du Service d'Informations et de Contre-espionnage de l'Armée communiste roumaine. Il est juif, et de son vrai nom s'appelle Wilman Süder. C'est un ex-officiel de l'Armée soviétique ;
12. Colonel Roman, ex-Directeur du Service E.C.P. (Éducation, Culture et Propagande) de l'Armée Roumaine jusqu'en 1949. Actuellement Ministre du gouvernement communiste. Son nom juif eSaint Walther ;
13. Alejandro Moghiorosh, Ministre de la Nationalité dans le gouvernement rouge, juif hongrois ;
14. Alejandro Badau, Chef de la « Sureté » communiste de Bucarest. Juif originaire de la ville de Targoviste, dont le nom authentique est braunstein. Avant 1940, sa famille tenait une grande entreprise commerciale à Targoviste ;
15. Major Lewine, Chef de la Censure de Presse, juif et ex-officiel de l'Armée Rouge ;
16. Colonel Holban, Chef de la « Sureté » communiste de Bucarest, juif du nom Moscovitch, ex-chef syndical ;
17. Gheorge Silviu, Secrétaire Général administratif du Ministère de l'Intérieur, juif du nom de Gersh Golinger ;
18. Erwin Viogulescu, Chef de la Division des Passeports au Ministère des Affaires Étrangères, juif s'appelant Erwin Weinberg ;

19. Gheorghe Apostol, Chef de la Confédération Générale du Travail de Roumanie. Il est juif et s'appelle Gerschwin ;
20. Stupineanu, Chef du Service d'Espionnage Économique ; juif s'appelant Stappnau ;
21. Emerick Stoffel, Ministre de la République Populaire Roumaine en Suisse ; juif de Hongrie, spécialiste des questions bancaires ;
22. Harry Fairanu, ex-Conseiller (Chef) de la Légation Roumaine à Washington jusqu'en 1954 ; actuellement potentat au Ministère des Affaires Etrangères à Bucarest. Il est juif et s'appelle Hersch Freiner. Avant 1940, sa famille avait un négoce de céréales à Galatzi ;
23. Ida Szillagy, la vraie Chef de la Légation Roumaine à Londres ; juive, amie d'Anna Pauker ;
24. Lazarescu, le Chargé d'Affaires du gouvernement Roumain à Paris. Il est juif et s'appelle en réalité Burach Lazarovich. Il est fils d'un commerçant juif de Bucarest ;
25. Simon Oieru, Sous-Secrétaire d'État roumain. Il est juif et se nomme Schaffer ;
26. Aurel Baranga, Inspecteur général des Arts : juif et du nom d'Ariel Leibovich ;
27. Liuba Kisinevski, la Présidente de L'U.F.A. R. (l'Union des Femmes Antifascistes « Roumaines »): c'est une juive originaire de Cernautzi en Bucovine, qui s'appelle en réalité Liuba Broitman et est l'épouse de Iosif Kisinevski du Comité Central du Parti ;
28. Lew Zieder, Directeur du Ministère des Affaires Étrangères, juif ;
29. Dr Zeider, Jurisconsulte du Ministère des Affaires Étrangères, juif ;
30. Marcel Breslau, Directeur Général des Arts, juif du nom de Mark Breslau ;
31. Silviu Brucan, le Rédacteur en chef du quotidien Scanteia, l'organe officiel du Parti. Il est juif, et son nom est brücker. Il dirige toute la campagne de mensonges qui trompe le peuple roumain sur la vaie situation créée par le Communisme. En même temps, ce même juif Brüker dirige la fausse campagne « antisémite » de la presse communiste de Roumanie ;
32. Samoila, directeur administratif du journal Scanteia. Il est juif également, du nom de Samuel Rubinstein ;
33. Horia Liman, le second rédacteur du journal communiste Scanteia ; juif du nom de Lehman ;
34. Ingénieur Schnapp, directeur administratif du journal communiste « Romania Libre », le deuxième quotidien communiste en tirage, juif également ;

35. Jean Mihai, Chef de l'Industrie Cinématographique Roumaine (propagande communiste par la pellicule), juif du nom de Iacob Micahel ;
36. Alejandro Graur, Directeur Général de la Société Roumaine de Radiodiffusion, totalement asservie au Parti Communiste. Professeur juif originaire de Bucarest, s'appelant en réalité Alter Brauer ;
37. Mihail Roller, l'actuel Président de l'Académie Roumaine était un obscur professeur juif, totalement inconnu avant l'arrivée des Soviétiques en Roumanie. Il est aujourd'hui « Président » de l'Académie, et même, et il a écrit une « nouvelle Histoire » du peuple roumain, falsifiant les faits historiques ;
38. Pr. Weigel, l'un des tyrans de l'Université de Bucarest, qui dirige l'épuration permanente des étudiants roumains ouvertement hostiles au régime communiste juif ;
39. Pr. Levine Bercovich, autre tyran de l'Université de Bucarest, qui avec ses agents contrôle l'activité des professeurs roumains et leurs relations sociales. C'est un juif venu de Russie ;
40. Silviu Iosifescu; le « critique littéraire officiel » qui a « censuré » et changé la forme et le fond des poésies des meilleurs poètes, comme Eminescu Alecsandri, Vlahutza, Carlova, etc., tous morts depuis des dizaines d'années à jusqu'il y a plus d'un demi-siècle, parce que ces poésies « ne concordaient pas avec les idées marxistes-léninistes ». Cet assassin littéraire est juif et s'appelle en réalité Simonson Iosifovich ;
41. Ioan Vinter, le second « critique littéraire » marxiste du régime, auteur d'un livre intitulé « Le Problème de l'hérédité littéraire », est également juif, du nom de Iacob Winter.

Ajoutons encore que les trois ex-Secrétaires de la Confédération Générale du Travail jusqu'à 1950, Alejandro Sencovich, Micha Levine et Sam Asriel (Serbzan) étaient tous les trois juifs.[72]

# YOUGOSLAVIE

---

[72] NDT : Quelle différence, la France des années 80-90 d'avec ces ces pays sous dictature judéo-communiste ? La réponse est évidente : aucune !
NDT: Dans la biographie interview parue chez Balland de Markus Wolf, le chef des services d'espionnage de la DDR, celui-ci déclare son ascendance juive ! Ayant fui l'Allemagne avant 1939 avec sa famille, le jeune Wolf trouva refuge en France chez Georges Sadoul, le critique de cinéma communiste (et juif) puis quitta la France pour Moscou. Parmi les personnalités juives du régime bolchevique est-allemand, on doit également citer Gregor Gyisi.

1. Le Maréchal Tito, dont le vrai nom juif est celui de Iosif Walther Weiss, originaire de Pologne ;
2. Moses Pijado, Secrétaire Général du Parti Communiste, et en réalité l'éminence grise du régime, juif séphardite ;
3. Kardelj, membre du Comité Central du P.C. yougoslave et Ministre des Affaires Étrangères, juif d'origine hongroise s'appelant en réalité Kardayl ;
4. Rankovic, membre du Comité Central du P.C. yougoslave et Ministre de l'Intérieur, juif d'origine autrichienne, qui s'appelait à l'origine Rankau ;
5. Alexandre Bebler, membre du Comité Central du P. C. et délégué permanent de la Yougoslavie à l'ONU, juif autrichien ;
6. Ioza Vilfan (Juseph Wilfan) Conseiller Économique de Tito, le vrai dictateur économique de la Yougoslavie, juif de Sarajevo.

Comme il n'y avait pas autant de juifs en Yougoslavie que dans d'autres pays, on y trouve dans le Gouvernement communiste un plus grand nombre de nationaux, mais qui sont cependant toujours à des postes secondaires, car les principaux dirigeants signalés ci-dessus sont ceux qui dirigent en fait le Gouvernement Yougoslave.[73]

Nombre d'auteurs catholiques ont réalisé différentes études statistiques, démontrant également que le Communisme est juif. Dans le livre « La guerre occulte » de Malynsky et L. de Poncins, récemment publiée en Italie (Milan 1961), il a été inclus un appendice de Mgr Jouin contenant des données statistiques très révélatrices à cet égard. Également importante est l'étude parue à Rome sur la question, sous le titre « La Rivoluzione Mundiale e gli Ebrei » (La révolution mondiale et les hébreux) publié par la revue des Jésuites à Rome, la Civilta Cattolica, dans son Numéro 17 361 de l'année 1922.

---

[73] Traian Rumanescu, Op. cit., pp. 185 à 214.

# Chapitre VII

## Les financiers du Communisme

La juiverie internationale est liée au Socialisme communiste de Marx actuellement réalisé par eux dans l'Union des Républiques Socialistes Soviétiques et dans tous les pays satellites de celle-ci, parce que le Communisme est le but immédiat de leurs intentions de domination mondiale et d'imperium total sur l'ensemble des peuples de la terre. Ils ont toujours manifesté tous deux ce caractère, et depuis le début ont tendu ensemble à cet objectif.

Le Communisme comme objectif final est conçu par tous les juifs avec une unanimité absolue comme leur objectif propre, même si beaucoup de non-juifs mal informés ou délibérément trompés pensent que le grand nombre de multi-millionnaires juifs qui existent dans le monde et qui même dominent les finances mondiales doivent être opposés à cette tendance, visant à leur prendre leurs fortunes.

À première vue, rien n'est plus logique de considérer comme un ennemi naturel et déterminé du Communisme un puissant financier, un riche commerçant ou un important industriel ; mais si les industriels, les commerçants et les financiers sont juifs, il ne fait pas le moindre doute qu'ils seront néanmoins communistes, puisque le Socialisme communiste de Marx a été créé et réalisé par eux, non pas pour perdre les biens qu'ils possèdent, mais pour s'emparer de tous les autres qui ne leur appartiennent pas, et pour mettre la main sur toute la richesse mondiale que, d'après eux, ceux qui ne sont pas de race juive détiennent indûment.

L'écrivain juif bien connu Werner Sombart a écrit :

« Le principal caractère de la religion juive consiste en ce que c'est une religion qui n'a rien à voir avec l'au-delà, une religion, peut-on dire, uniquement et essentiellement terrestre.

« L'homme ne peut faire l'expérience du bien ou du mal qu'en ce monde ; si Dieu veut le châtier ou le récompenser, Il ne peut le faire que durant la vie de l'homme. C'est pourquoi, c'est ici-bas que doit prospérer le juste et que doit souffrir l'impie ».[74]

---

[74] Werner Sombart : « *Les juifs et la vie économique* », p. 291 et 297.

« Il est inutile d'insister sur les différences qui se déduisent de cette opposition entre les deux manières de voir touchant aux attitudes respectives du juif pieux et du chrétien pieux au sujet de l'acquisition des richesses. Alors que le chrétien pieux qui s'était rendu coupable d'usure était tourmenté sur son lit de mort par les affres du repentir, et était prêt à renoncer à ce qu'il possédait consumé par l'idée du bien mal acquis, le juif pieux arrivé au terme de sa vie regardait avec complaisance ses coffres pleins à craquer, où il avait entassé les sequins prélevés au cours de sa longue vie sur les pauvres chrétiens et aussi sur les pauvres musulmans ; un spectacle dans lequel son pieux cœur pouvait se réjouir, parce que chaque fruit d'intérêt enfermé là était comme un sacrifice offert à son Dieu ».[75]

En même temps, l'argent juif est l'instrument le plus puissant qui lui a permis de financer largement les mouvements révolutionnaires, instrument sans l'appui duquel ils n'auraient jamais pu triompher, et il est le moyen avec lequel corrompre de toutes les manières possibles la civilisation chrétienne, soit en rendant l'individu matérialiste en lui faisant préférer la richesse aux valeurs transcendantes, soit encore par les moyens directs dont ils savent si efficacement user, comme la subornation, le péculat, la concussion, et d'une manière générale l'achat des consciences.

L'idée juive d'accaparer toutes les richesses du monde au moyen du Communisme apparaît en toute clarté chez beaucoup d'écrivains juifs célèbres, comme Edmond Fleg, H. Barbusse, André Spire, et bien d'autres, mais principalement dans la lettre bien connue adressée par le célèbre néo-messianiste Baruch Levy à Karl Marx, lettre découverte en 1888 et publiée pour la première fois cette même année, dont voici le texte :

« Le peuple juif pris collectivement sera lui-même son Messie. Son règne sur l'univers s'obtiendra par l'unification des autres races humaines, par la suppression des frontières et des monarchies qui sont les remparts du particularisme, et par l'établissement d'une République universelle qui reconnaîtra partout aux juifs les droits de citoyenneté. Dans cette nouvelle organisation de l'humanité, les fils d'Israël disséminés actuellement sur toute la surface du globe, tous de même race et de même formation traditionnelle, sans former cependant une nation distincte, parviendront à être l'élément dirigeant sous tous rapports, surtout s'ils parviennent à imposer aux masses ouvrières la direction stable de quelques-uns d'entre eux. En formant la République universelle, les gouvernements des nations passeront tous sans effort aux mains des israélites à la faveur de la victoire du prolétariat ; la propriété individuelle pourra alors être supprimée par les gouvernants de race juive qui administreront sous tous rapports la fortune publique. Ainsi se réalisera la promesse du Talmud, suivant laquelle,

---

[75] Werner Sombart, Op. cit. p. 286.

lorsque les temps messianiques seront arrivés, les Juifs tiendront sous clefs les biens de tous les peuples du monde ».[76]

Suivant cette tactique d'accaparement économique, il est parfaitement naturel de voir les plus riches financiers et les banquiers les plus importants du monde financer les révolutions communistes, et, compte tenu de ce que nous avons cité, il n'est pas difficile d'expliquer la situation à première vue paradoxale et absurde de voir les juifs les plus fortunés du monde toujours unis aux dirigeants israélites des mouvements communistes.

Si les explications des juifs les plus célèbres suffisent à montrer très clairement cette étroite relation, les faits sont encore plus illustratifs et sont si notoires qu'ils nous permettent de lever toute ombre d'incertitude.

Après la défaite française de 1870 et la chute de l'Empire de Napoléon III, les marxistes dirigés de Londres par Karl Marx se rendirent maîtres de Paris le 18 mars 1871 pendant plus de deux mois, avec l'appui de la Garde Nationale qui s'était constituée en un organisme armé, sous la totale dépendance de l'Internationale marxiste.

Lorsque la Commune ne put tenir devant l'attaque des troupes du Gouvernement qui siégeait à Versailles et que les communistes virent leur défaite certaine, ils se livrèrent au pillage, à l'assassinat et à l'incendie, afin de détruire la capitale, en accord avec la consigne donnée antérieurement par Clauserets en 1869 : « Ce sera nous ou rien ! Je vous l'affirme, Paris sera à nous ou bien n'existera plus »

À cette occasion apparut manifeste la complicité des banquiers juifs français avec les communistes, lorsque l'on constate, comme le signale Salluste dans son livre « Les Origines secrètes du Communisme », que Rothschild, d'une part faisait pression à Versailles auprès de Thiers pour que soit évitée toute action décisive de l'armée contre les communistes marxistes, parlant de possibilités d'entente et d'accommodements avec le Comité Central des Fédérés (marxistes), et que d'autre part, il jouissait d'une totale impunité aussi bien de sa personne que de ses biens à Paris, ville alors soumise à un épouvantable et sanglant chaos.

À cet égard, dit Salluste dans l'ouvrage cité page 137 :

« Mr de Rothschild, c'est certain, avait de bonnes raisons de croire la conciliation possible ; son hôtel de la rue Saint Florentin était protégé jour et nuit par un piquet de Fédérés (marxistes) chargés d'éviter toute déprédation, piquet qui fut renouvelé tous les jours pendant deux mois, jusqu'au moment où la grande barricade qui s'élevait à deux pas de là fut enlevée par la troupe des Versaillais.

---

[76] Salluste : « *Les Origines secrète du Bolchevisme : Henri Heine et Karl Marx* » Ed. Jules Tallandier, Paris, p.33.

« Alors que les otages étaient fusillés, que les plus beaux palais de Paris étaient incendiés et que des milliers de Français mouraient du fait de la guerre civile, il est curieux de constater que la protection accordée au grand banquier juif par les communistes ne cessa pas un instant ».

Autre exemple, celui-là survenu au XX$^{ème}$ siècle :

« En 1916, le lieutenant général de l'Armée Impériale Russe A. Netchvolodof, transmit une information secrète de l'un des agents de l'État-Major, datée du 15 février, qui avait été reçue à l'État-Major du généralissime russe en ces termes :

« Le parti révolutionnaire russe en Amérique du Nord a résolu de passer aux actes. En conséquence, s'attendre à des révoltes d'un moment à l'autre ».

« La première réunion secrète qui évoqua le déclenchement des actes de violence eut lieu le lundi 14 février au soir dans l'Est-End de New-York. Devaient se réunir là soixante-deux délégués, dont cinquante étaient des vétérans de la révolution de 1905, et les autres de nouveaux membres. La majeure partie des assistants étaient juifs, et parmi eux la plupart étaient des gens instruits, comme des docteurs, des publicistes, etc. Y figuraient aussi quelques révolutionnaires de profession...

« Le début de cette première réunion fut entièrement consacré à l'examen des moyens et des possibilités de faire en Russie une grande révolution. Le moment était des plus favorables.

« L'on y dit que le parti venait de recevoir de Russie des informations secrètes suivant lesquelles la situation était tout à fait propice, ce pourquoi l'on avait déjà conclu tous les accords préliminaires pour un soulèvement immédiat. Le seul obstacle sérieux était la question d'argent ; mais à peine eut-on fait cette observation que certains membres la contestèrent immédiatement, disant qu'il ne devait faire aucun doute qu'au moment même où l'argent serait nécessaire, des personnes qui sympathisaient avec le mouvement de libération du peuple russe donneraient des sommes considérables. Et à ce sujet l'on prononça plusieurs fois le nom du richissime banquier juif Jacob Schiff.[77]

Aux débuts de 1919, les Services Secrets des États-Unis d'Amérique remirent au haut délégué de la République française dans ce pays un mémorandum qui signalait catégoriquement la participation des principaux banquiers dans la préparation de la révolution communiste russe :

7-618-6 N° 912-S. R. 2 II Transmis par l'État-Major de la II$^{ème}$ Armée. Expédié en février 1916, on sut donc pour la première fois qu'il se fomentait une révolution en Russie. On découvrit qu'étaient complices de

---

[77] Esteban J. Malanni « *Communismo y Judaismo* » Editions La Mazorca, Buenos-Ayres, 1944, p. 54.

cette œuvre de destruction les personnes et les firmes bancaires ci-après mentionnées :
1. Jacob Schhiff, juif;
2. Kuhn Lœb & Cy, firme juive dont les directeurs étaient :
Jacob Schiff, juif ; Félix Warburg, juif ; Otto Kahn, juif ; Mortimer Schiff, juif ; Jeronimo H. Hanauer, juif ;
3. Guggenheim, juif ;
4. Max Breitung, juif ;

Aux débuts de 1917, le puissant banquier juif Jacob Schiff commença de protéger Trotsky, juif et franc-maçon, dont le nom véritable était Bronstein : la mission qui lui était confiée était de diriger en Russie la révolution sociale. Le journal Forward de New-York, quotidien juif et bolcheviste, le soutint également. Les grandes banques l'aidaient aussi financièrement : la Maison juive Max Warburg de Stockholm, le Syndicat bancaire Wesphalo-Rhénan, le juif Olef Ashberg de la Nye Banken de Stockholm, et Jivotovsky, un juif dont la fille avait épousé Trotsky, et c'est ainsi que s'établirent les relations entre les multi-millionnaires juifs et les juifs prolétariens.[78]

Dans le bulletin de S. de Baamonde, on en apprend davantage sur la banque Kuhn & Co.

Jacob Schiff était un israélite d'origine allemande. Son père, qui vécut à Francfort, fut dans cette ville un modeste courtier de la Maison Rotschild. Le fils émigra aux États-Unis et y fit rapidement une brillante carrière qui en fit en peu de temps le chef de la grande firme Kuhn, Lœb et Cy, la principale banque israélite des États-Unis.

Dans le monde bancaire juif, Jacob Schiff se signala non seulement par sa science des affaires et par la hardiesse de ses conceptions, mais il apporta aussi des projets et des idées très arrêtées bien que nouvelles sur l'action politique dirigeante que devait exercer sa banque sur les destins du monde : The Spiritual Direction of Human Affairs.

Une autre des constantes préoccupations de ce ploutocrate était d'intervenir à tout prix dans les affaires politiques de la Russie pour provoquer dans ce pays un changement de régime. La conquête politique de la Russie, qui jusqu'alors avait échappé à l'influence de la Maçonnerie grâce à un régime national, devait être le meilleur moyen d'assurer le pouvoir d'Israël dans l'univers entier.[79]

Au printemps 1917, Jacob Schiff, commença à commanditer Trotsky (juif) pour qu'il fît la révolution sociale en Russie.

Le journal judéo-bolchevique de New-York Forward se cotisa également pour le même objet.

---

[78] Duque de la Victoria, opus cit. ed cit. p. 313.
[79] Duque de la Victoria, opus cit.,p. 318.

Depuis Stockholm, le banquier juif, Max Warburg pourvoyait également Trosky et Cie, et en faisaient de même le Syndicat Westphalo-Rhénan, l'important associé juif de la Nye Bank de Stockholm Olef Ashberg, et Jivotovsky, un juif dont la fille s'était mariée avec Trotsky.[80]

En même temps, un juif, Paul Warburg s'avérait avoir des relations si étroites avec les personnalités bolcheviques qu'il ne fut pas réélu au Federal Reserve Board.[81]

Le Times de Londres du 9 février 1918, et le New-York Times, dans deux articles de Samuel Gompers publiés respectivement dans les numéros du 1er mai 1922 et du 31 décembre 1923, signalaient ce qui suit :

« Si nous prenons en compte le fait que la firme bancaire juive Kuhn Lœb & Co était en relations avec le syndicat Westphalo-Rhénan, banque juive d'Allemagne, avec Lazard Frères, banque juive de Paris, et aussi avec la maison bancaire Gunzburg, firme juive de Petrograd, Tokyo et Paris, et si l'on note en outre que les affaires citées maintenaient des relations étroites avec la maison juive Speyer & Co de Londres, New-York et Francfort/Main, de même qu'avec la Nye Bank, maison juive bolchevique de Stockholm, nous aurons la preuve que le mouvement bolcheviste est en soi un mouvement général juif, et que les banques juives indiquées étaient intéressées à l'organisation de ce mouvement ».[82]

Le Général Netchvodolov indique aussi dans son ouvrage l'important financement juif de la révolution communiste de Russie :

« Durant les années qui précédèrent la révolution, douze milions de dollars avaient été remis par Jacob Schiff aux révolutionnaires russes. D'autre part, selon M Bakmetieff l'Ambassadeur du Gouvernement impérial russe aux États-Unis décédé à Paris il y a quelque temps, les bolcheviques victorieux avaient remis, entre 1918 et 1922, 600 millions de roubles or à la firme Kuhn, Lœb & Co ».

Après des preuves aussi concluantes, je ne crois pas que personne puisse encore arriver à la conclusion optimiste qu'il y a de mauvais juifs (les communistes) et de bons juifs (les capitalistes), et qu'alors que les uns tendraient à s'emparer des biens des particuliers et à faire disparaître la propriété privée, les autres seraient prêts à défendre l'une et l'autre pour ne pas perdre leurs énormes fortunes. Malheureusement pour notre civilisation, le complot juif présente un caractère d'absolue unité, et le Judaïsme constitue une force monolithique tendant à accaparer, au moyen du Socialisme communiste de Marx, toutes les richesses du monde sans exception.

Le fait que, comme dans toutes les institutions humaines, il survienne parfois dans le Judaïsme des rivalités et des luttes internes ne change rien à

---

[80] Esteban J. Malanni, opus cit., p. 58.
[81] Idem ci-dessus, p. 60.
[82] Idem ci-dessus, p. 62.

cette situation, car ces querelles de famille surviennent en général pour des raisons d'ambitions de commandement, bien qu'elles se masquent sous des raisons religieuses ou de stratégie à suivre, mais les parties en lutte s'accordent cependant toujours sur l'intention de dominer le monde dans les domaines politique, économique et religieux, et sur le fait que le meilleur moyen d'arriver à cette domination totale est par la dictature socialiste ou communiste qui permettra aux juifs de s'emparer des biens de tous les peuples de la terre.

Aujourd'hui dans notre monde civilisé, on considère le racisme comme le plus grand péché que puissent commettre les humains, une faute qui laisse un stigmate éternel et scandaleux de sauvagerie et de brutalité... toutes les fois que ce n'est pas le peuple juif qui le pratique.

Grâce à la propagande accaparée quasi totalement dans le monde par les israélites (par le cinéma, la radio, la télévision, la presse, les maisons d'éditions, etc.), l'antisémitisme est la manifestation la plus abominable de toutes, parce que les juifs en ont fait une véritable arme de destruction à même de leur servir à neutraliser l'action des innombrables personnes et organisations qui, ayant clairement compris quelle est la véritable tête du Communisme malgré les masques et stratagèmes utilisés par cette race pour cacher ses véritables activités, ont entrepris de pousser un cri d'alarme, horrifiées devant un si épouvantable danger, sans cesse plus proche.

Mais cette œuvre de mensonge a été si efficace que la majorité des anti-communistes qui cherchent à abattre le monstre du Marxisme lancent leurs attaques courageuses et déterminées contre les tentacules du poulpe, ignorant l'existence de la terrible tête, laquelle régénère les membres détruits, dirige les mouvements et harmonise les activités de toutes les parties de son système.

L'unique possibilité de détruire le Socialisme communiste de Marx est de s'en prendre à sa tête, qui est actuellement le Judaïsme, comme le montrent les faits les plus indiscutables et les témoignages les plus irrécusables des juifs eux-mêmes.

Pendant que les pays chrétiens sont naturellement antiracistes, parce qu'ils en fondent l'idée sur la notion du prochain, les juifs ont toujours été et sont toujours actuellement les racistes les plus avérés, eux qui basent leur racisme sur les idées du Talmud, partant du principe que le non-juif n'est pas même un être humain.

Mais cet antiracisme chrétien est exploité habilement par les juifs, et sous son ombre, ils couvrent leurs infernales machinations contre l'Église Catholique et contre tout ordre chrétien, en structurant le système communiste, où il n'y a ni Dieu, ni Église, ni aucun principe transcendant que ce soit. Et quand ils sont attaqués, ils se répandent en lamentations bruyantes, se présentant comme les victimes du racisme inhumain, dans le but de paralyser toute défense s'opposant à leurs propres attaques destructrices.

Cependant, la véritable défense contre le Communisme,[83] qui forcément doit s'orienter contre les juifs (c'est à dire contre la tête du monstre), ne peut en aucune façon être considérée comme une manifestation peccamineuse d'un sentiment d'aversion contre une race déterminée, car le critère de discrimination raciale est totalement étranger à notre culture et à nos principes chrétiens ; mais on ne peut écarter un problème d'une telle gravité et transcendance par le seul fait de craindre la qualification d'antisémite, qui indubitablement tombera sur quiconque aura compris la situation mondiale actuelle.

Il ne s'agit pas d'ailleurs de lutter contre une race pour des considérations d'ordre racial.

Si le problème nous est posé actuellement en ces termes, la faute en revient exclusivement aux juifs, qui ne nous laissent pas d'autre choix, avec leur racisme à outrance, leur absolu mépris pour tous ceux qui ne sont pas de leur race et leur avidité de domination mondiale. Pour les catholiques en particulier, et pour le monde civilisé en général qui croit toujours aux principes axiologiques et aux valeurs transcendantes, la question ne peut être plus simple, s'agissant d'un problème de légitime défense, parfaitement licite dans l'ordre moral et juridique, devant le dilemme que nous pose le Judaïsme et qui est : la domination juive communiste, ou l'extermination !

---

[83] NDT : Plus encore que notre vie, il s'agit de défendre le Catholicisme, nos libertés et celles de nos descendants ! Trente ans après la première édition de ce livre, la propagande juive nous fait croire aujourd'hui le Communisme désormais disparu : mais l'épouvantable et imminente menace du totalitarisme mondial juif se manifeste de jour en jour, totalitarisme qui, quel que soit le nom qu'il prendra demain : Socialiste, Communiste, humaniste, écologiste, Onuesque, du Nouvel Ordre Mondial etc., interdira sous peine de prison d'abord l'éducation catholique, puis l'exercice de la vraie Religion Catholique, éliminera impitoyablement les Catholiques, et mènera la totalité des non-juifs à un terrible esclavage dont se profilent déjà les conditions économiques avant même les conditions politiques, avec exclusion des non-maçons des postes de responsabilités dans la fonction publique, dans les entreprises... et peut-être du monde du travail en général !

# CHAPITRE VIII

## Témoignages juifs

Malgré leur hermétisme accoutumé et aussi malgré leurs tactiques de tromperie et d'hypocrisie qui leur ont permis de rester en général dans l'ombre pour ne pas révéler leur plan de conquête communiste mondiale, les mêmes juifs ont cependant eu quelques moments de faiblesse, emportés qu'ils étaient par l'optimisme ou par une joie excessive devant la contemplation de leurs succès, faiblesses qui ont provoqué en quelques occasions certaines déclarations indiscrètes, extrêmement révélatrices.

Kadmi Cohen, le prestigieux écrivain juif signalait ainsi :

« En ce qui concerne les juifs, leur rôle dans le Socialisme mondial est si important qu'il ne peut être passé sous silence. Ne suffit-il pas de rappeler les noms des grands révolutionnaires juifs des XIX$^{ème}$ et XX$^{ème}$ siècles, les Karl Marx, Lasalle, Kurt Eisner, Béla Kun, Trotzky et Léon Blum pour qu'apparaissent ainsi les noms des théoriciens du socialisme moderne ? »[84]

« Quelle brillante confirmation nous fournissent les tendances des juifs dans le Communisme, outre leur collaboration matérielle en organisations de partis, et dans l'aversion profonde qu'un grand juif et un grand poëte, Henri Heine, ressentait pour le droit romain ! Et dans les causes subjectives, les causes passionnelles de la rébellion de rabbi Aqipa et de Bar Kochba, de l'an 70 et de l'an 132 après Jésus-Christ contre la Paix Romaine et le Droit Romain, comprises et ressenties subjectivement et passionnément par un juif du XIX$^{eme}$ siècle, qui apparemment n'avait conservé aucun lien avec sa race.

« Et les révolutionnaires juifs et les communistes juifs qui attaquent le principe de la propriété privée, dont le monument le plus solide est le Code de Droit Civil de Justinien, d'Ulpien etc., ne font rien d'autre que ce que firent leurs ancêtres qui résistèrent à Vespasien et à Titus. En réalité ce sont les Morts qui parlent ».[85]

L'écrivain blasphémateur Alfred Nossig nous déclare :

---

[84] Kadmi Cohen : « *Nomades, Essai sur l'âme juive* », 1929, p. 80.
[85] idem ci-dessus, p. 86.

« Le Socialisme et le Mosaïsme ne s'opposent en aucune manière. Bien au contraire, entre les idées fondamentales des deux doctrines, il y a une identité surprenante. Le nationalisme juif ne doit pas plus s'écarter du Socialisme comme d'un péril qui menacerait son idéal, que le Socialisme juif du Mosaïsme, car les deux idéaux parallèles doivent se réaliser par la même voie. »[86]

« De l'examen des faits, il résulte de manière irréfutable que personne d'autre n'a autant coopéré de manière décisive à la création du socialisme que les juifs modernes; leurs propres pères étaient déjà les fondateurs du Mosaïsme. La semence du Mosaïsme œuvre à travers les siècles en tant que doctrine et que loi, d'une manière consciente pour les uns, inconsciente pour les autres. Le mouvement socialiste moderne est en majeure partie l'œuvre de juifs ; les juifs furent ceux qui imprimèrent en lui la marque de leur cerveau ; ce furent également des juifs qui prirent une part prépondérante dans la direction des premières républiques socialistes... »

« Le socialisme mondial actuel forme le premier stade d'accomplissement du Mosaïsme, le principe de la réalisation de l'état futur du monde annoncé par les prophètes. »[87]

Dans son livre, Integrales Judentum, il ratifie cette idée du socialisme comme doctrine juive quand il écrit ceci :

« Si les peuples désirent véritablement progresser, ils doivent se débarrasser de la crainte médiévale des juifs et des préjugés réactionnaires qu'ils ont contre eux ; ils doivent reconnaître le fait qu'ils sont en réalité les précurseurs les plus sincères du progrès de l'humanité. Aujourd'hui, le salut du Judaïsme exige que nous reconnaissions ouvertement à la face du monde le programme du socialisme. Et le salut de l'humanité dans les siècles à venir dépend de la victoire de ce programme. »[88]

La raison de cette attitude révolutionnaire juive est clairement expliquée par l'écrivain juif bien connu E. Eberlin, dans la citation suivante :

« Plus la révolution est radicale, plus il en résulte de liberté et d'égalité pour les juifs. Tout courant de progrès ne cesse de consolider la position des juifs. De la même manière, tout pas en arrière et toute réaction les affecte en premier lieu. Il suffit d'une simple orientation à droite pour exposer les juifs au boycott... Sous cet aspect, le juif est le manomètre de la chaudière sociale.

« Comme entité, la nation juive ne peut se placer aux côtés de la réaction, parce que la réaction, c'est à dire le retour au passé, signifie pour les juifs la continuation de conditions anormales d'existence ».[89]

---

[86] in « *Westphalisher Merkur* », journal de Munster, n° 405, du 6 octobre 1926.
[87] Alfred Nossig : « *Integrales Judentum* », pp. 74 et 79.
[88] Afred Nossig, Op. cit. p. 21.
[89] E. Eberlin : « *Les Juifs d'aujourd'hui* », p. 201.

L'éditorialiste juif bien connu Jacob de Haas, dans The Macchabean, écrivit clairement que : »La Révolution russe que nous vivons actuellement est une révolution du Judaïsme. Elle signifie un changement dans l'hisoire du peuple juif, parce que les juifs sont les révolutionnaires les plus actifs de Russie ».

Dans le périodique juif français intitulé « Le Peuple Juif » daté de février 1919, on lit ceci :

« La révolution russe que nous sommes en train de vivre sera exclusivement l'œuvre de nos mains ».

De Ricardo Jorge, dans sa préface d'un livre du célèbre écrivain juif Samuel Schwarz, on trouve le texte suivant:

« Si des cimes de la science pure nous descendons dans l'arène ou s'entrechoquent les passions et les intérêts des hommes, surgit devant nous l'oracle de la nouvelle religion socio-politique le juif Karl Marx, le doctrinaire en chef de la guerre sans merci du prolétariat, qui rencontre dans la tête et le bras de Lénine les réalisateurs de ses credos, les créateurs de l'État soviétique qui menace de subvertir dans leurs fondements les institutions traditionnelles de la société ».[90]

De même, un autre juif, Hans Cohen, dans « Die Politische Idee » affirme que : « Le socialisme de Marx est le but de nos aspirations ».

Dans le numéro 12 du périodique « Le Communiste », publié à Karkoff et daté du 12 avril 1919, le juif M. Cohen écrivait aussi :

« On peut affirmer sans exagération que la grande révolution sociale de Russie a été accomplie par les juifs... Il y a certes dans les rangs de l'Armée rouge des soldats qui ne sont pas juifs, en ce qui concerne les simples soldats, mais dans les Comités et dans l'organisation des Soviets, comme parmi les Commissaires, les juifs mènent avec courage les masses prolétaires russes à la victoire.

« À la tête des révolutionnaires russes marchaient les élèves de l'école rabbinique de Lidia ».

« Le Judaïsme triompha de l'épée et du feu avec notre frère Marx, qui est celui qui fut chargé d'accomplir ce qu'ont ordonné nos prophètes, en élaborant le plan adéquat au moyen des revendications du prolétariat ».

Toutes ces phrases figurent dans le numéro du 3 aout 1928 du périodique juif Haijut, de Varsovie.

« Le Monde Juif » du 10 janvier 1929 exprimait cette opinion blasphématoire : « Le fait même du bolchevisme, et que tant de juifs sont bolcheviques et que l'idéal du bolchevisme est sur beaucoup de points en accord avec le plus sublime idéal du Judaïsme, dont une partie forma la

---

[90] Ricardo Jorge : Préface au livre « *Os Cristianos Novos en Portugal no Seculo XX* », de Samuel Schwarz, Lisbonne 1925, p. X.

base des meilleurs enseignements du fondateur du Christianisme, tout cela a une grande signification qu'examinera avec attention tout juif sensé ».

Pour ne pas nous étendre démesurément, nous citerons pour finir la réflexion que fait orgueilleusement l'israélite Paul Sokolowski, dans son ouvrage intitulé « Die Versandung Europas », dans lequel il vante le rôle prépondérant joué par les juifs dans la révolution russe, donnant des détails sur les messages codés qu'ils utilisaient pour communiquer entre eux y compris au moyen de la presse, sans éveiller l'attention des autorités, et comment ils faisaient distribuer par les enfants juifs la propagande communiste qu'ils imprimaient, à destination de ceux qu'ils entrainaient soigneusement pour ces fonctions dans leurs colonies.[91]

Cette haine infernale judéo-communiste, principalement manifestée envers la civilisation chrétienne, n'est pas simplement gratuite, elle a des causes très profondes dont on se rend clairement compte dans le paragraphe suivant du Sepher Ha Zohar, livre sacré du Judaïsme moderne et qui exprime le sentiment de tous les juifs :

« Jehu (Jésus) le Nazaréen, qui a séparé le monde de la foi du Saint, béni soit-il, sera jugé éternellement dans le sperme bouillant ; son corps est reconstitué tous les vendredis soirs, et à l'aube du sabbat, il est arrosé de sperme bouillant. L'enfer se consumera, mais son châtiment et ses tourments ne cesseront jamais : Jehu et Mahomet sont ces ossements impurs de charogne dont l'Écriture dit : « vous les jetterez aux chiens ». Ils sont la saleté de chien qui tache, et pour avoir séduit les hommes, ils ont été jetés en enfer d'où ils ne sortiront jamais ».

---

[91] Alfonso de Castro : « *El Problema Judio* » Editorial Actualidad, Mexico D.F., 1939, pp. 152-153.

# Troisième Partie -
# La Synagogue de Satan

# Chapitre I

## L'Impérialisme juif et la religion impérialiste

Le peuple hébreux fut élu par Dieu pour être le dépositaire de la vraie religion, dont la conservation lui fut confiée au sein des peuples idolâtres jusqu'à la venue du Messie promis, par lequel s'accompliraient les prophéties de l'Ancien Testament. Mais les juifs commencèrent bien avant la venue du Christ à biaiser les prophéties en leur donnant une interprétation fausse, raciste et impérialiste.

La Promesse d'un règne du vrai Dieu sur terre, règne spirituel de la religion authentique, les juifs l'interprétèrent comme le règne matériel de leur race, comme la promesse de Dieu aux israélites d'une domination mondiale et de la mise en esclavage par eux de tous les peuples de la terre.

Comme exemples de ces fausses interprétations on peut citer les suivants :

Dans la Genèse, au chapitre XXII, versets 17 et 18, l'Ange du Seigneur dit à Abraham :

« Je te bénirai et je bénirai ta descendance comme les étoiles du ciel et comme le sable du rivage de la mer : ta postérité possédera les portes de tes ennemis. Et en ta semence seront bénies toutes les nations de la terre. »

Les juifs impérialistes ont donné à ces versets une interprétation matérielle, leur faisant considérer que Dieu leur offre en tant que descendants du sang d'Abraham de se rendre maîtres des portes de leurs ennemis, et que c'est exclusivement en eux, en ceux de race juive, que pourront être bénies toutes les nations de la terre. En revanche, la Sainte Église interprète spirituellement cette prophétie, s'agissant de la victoire que, par la vertu de Jésus-Christ et par le don d'une justice persévérante, tous les fils spirituels d'Abraham (c'est à dire les chrétiens) doivent obtenir sur tous les ennemis visibles et invisibles de leur salut. C'est ainsi que l'accomplissement de la lettre de cette prophétie se vérifia depuis la fondation de l'Église, lorsque tous les peuples du monde se soumirent à Jésus-Christ et reçurent de lui la bénédiction et le Salut ».[92]

Dans le Deutéronome, au chapitre II, verset 25, le Seigneur dit : « Dès aujourd'hui, je vais répandre la frayeur et la crainte de ton nom sur tous les peuples qui sont sous les cieux, en sorte qu'au bruit de ta renommée ils soient effrayés, et, comme des femmes dans les douleurs de l'accouchement, qu'ils tremblent et soient envahis d'angoisse ».

À ce passage également, la Sainte Église donne une interprétation restreinte, tout à fait différente de la pensée impérialiste juive, pensée qui s'est traduite au cours de l'histoire en faits palpables démontrant l'application pratique de cette interprétation fausse. Partout où triomphèrent au Moyen-Âge les mouvements hérétiques dirigés par les juifs, de tels triomphes fussent-ils locaux et éphémères, ils étaient toujours accompagnés de crimes, de terreur et d'épouvante. La même chose s'est produite avec leurs révolutions maçonniques, comme celle de 1789 en France ou celle de 1931-1936 en Espagne. Sans parler des révolutions judéo-communistes en Union Soviétique (NDT et ailleurs depuis, en Chine, Indochine, à Cuba, au Nicaragua, etc.) où les hébreux ont réussi à instaurer leur dictature totalitaire et ont semé la frayeur et la mort de manière si cruelle que les pauvres russes asservis, actuellement en entendant prononcer le seul mot de juif, tremblent de peur.

Un autre exemple de ce type nous est fourni par la fausse interprétation que font les israélites du verset 16 du chapitre VII du même Deutéronome, qui dit :

« Tu dévoreras tous les peuples que le Seigneur ton Dieu va te livrer. Ton œil sera sans pitié pour eux, et tu ne serviras point leurs dieux... » Alors que la Sainte Église donne à ce passage une interprétation également restreinte, les juifs l'entendent de manière monstrueuse, dans l'idée que Dieu leur a donné le droit de dévorer tous les peuples de la terre et de s'emparer de leurs richesses. Et nous avons vu en effet, au chapitre 4 de la première partie de ce livre, ce que le rabbin Baruch Levy écrivait à son disciple le jeune Karl Marx, le fondateur de ce qui fut ensuite le Socialisme bien improprement appelé scientifique, lui donnant de prétendus fondements théologiques au droit des juifs de s'approprier les richesses de tous les peuples au moyen de mouvements prolétariens communistes contrôlés par le Judaïsme.

Le verset 24 du même chapitre VII dit aussi : « Il livrera leurs rois entre tes mains et tu feras disparaître leurs noms de dessous les cieux ; personne ne pourra te résister jusqu'à ce que tu les aies détruits ». Cette prophétie, que la Sainte Église réfère aux rois pécheurs qui gouvernaient le pays de Chanaan, les juifs l'entendent en lui donnant un caractère universel, en

---

[92] Annotations autorisées de la *Bible de Scio*, Madrid, 1852, t. I, p. 95.

considérant toutes leurs révolutions et leurs conspirations contre les rois à l'époque moderne comme des œuvres saintes réalisées en accomplissement des prophètes de la Sainte Bible, et en outre comme un utile moyen de parvenir à la domination du monde, ce qu'ils croient également ordonné par Dieu dans les Saintes Écritures.

Cette constante lecture de travers par les juifs du véritable sens des prophéties de la Bible, on la trouve de nouveau à la lecture du verset 27 du chapitre VII de la prophétie de Daniel :

« Et le règne, la domination et la grandeur des royaumes qui sont sous tous les cieux seront donnés au peuple des saints du Très Haut, dont le règne est un règne éternel, et tous les rois le serviront et lui obéiront. »

Alors que la Sainte Église interprète cette prophétie en relation avec le règne éternel de Jésus-Christ, les juifs considèrent que ce règne éternel sur le monde sera celui de leur race sur les autres peuples, et qu'ils arriveront à former un seul troupeau, avec un seul pasteur issu naturellement d'Israël.

Les prophéties d'Isaïe au chapitre LX, versets 10, 11 et 12 indiquent :

« 10.-Les fils des étrangers rebâtiront tes murailles, et leurs rois seront tes serviteurs...

11.-Tes portes seront toujours ouvertes ; de jour comme de nuit elles ne seront pas fermées afin de laisser entrer chez toi les trésors des nations et que te soient conduits leurs rois pour te servir...

12.-Parce que, qui ne te servira pas périra, et ces nations-là seront détruites et désolées. »

Cette prophétie, qui se rapporte au règne du Christ et de Son Église,[93] prend pour les juifs un sens entièrement différent, qui s'est traduit dans des faits clairement reconnaissables partout où s'est imposée la dictature judéo-maçonnique, comme ce fut le cas avec la Terreur en France lors la Révolution de 1789, ou avec la dictature judéo-communiste dans les divers pays qui ont eu le malheur de tomber sous les griffes du monstre. Chez tous ces peuples, tous ceux qui n'ont pas servi les juifs ou qui ont osé se rebeller contre l'asservissement ont été supprimés. Il n'y a pas plus dominateur que le juif, qui s'empara de la puissance de toutes ces nations.

On pourrait poursuivre en citant tous les versets de l'Ancien Testament qui ont été faussement interprétés par l'impérialisme judaïque. Il suffit de se rappeler que nombre de prophètes ont été assassinés par les juifs, simplement parce que ceux-ci réfutaient et censuraient leurs perversités.

Mais le plus grave de ces interprétations fausses des prophéties de la Bible fut ce qui concerna la venue du Messie Rédempteur du genre humain, qui établirait le règne du vrai Dieu dans le monde. Ce fut là où les juifs s'écartèrent de la manière la plus dramatique de la vérité révélée, en

---

[93] *Bible* de Scio, Madrid, 1852, t.IV, p. 115.

donnant aux promesses sublimes qui se rapportaient au Messie un caractère raciste et impérialiste.

Déjà du temps de Notre-Seigneur Jésus-Christ, cette interprétation fausse s'était tellement généralisée parmi les israélites que la plupart d'entre eux pensaient au Messie promis comme d'un roi ou d'un chef de guerre, qui avec l'aide de Dieu ferait la conquête de toutes les nations de la terre au moyen de guerres sanglantes lors desquelles Israël serait toujours vainqueur et parviendrait à dominer matériellement le monde entier. Aussi, lorsque Jésus devant de telles prétentions s'opposa à toute action sanglante et manifesta que Son règne n'était pas de ce monde, les impérialistes juifs virent sombrer tous leurs espoirs et leurs ambitions et se mirent à redouter que la doctrine du Christ ne finisse par convaincre tous les hébreux, le leur faisant reconnaître comme le Messie promis.

Lorsque Jésus se mit à prêcher l'égalité de tous les hommes devant Dieu, les juifs pensèrent avec juste raison que le Christ avec Ses doctrines renversait toutes leurs croyances (erronées) sur Israël en tant que peuple élu de Dieu pour dominer matériellement le monde, et détruisait en même temps l'idée d'un peuple supérieur aux autres par la volonté Divine, destiné par ordre de Dieu à asservir les autres peuples et à s'emparer de leurs richesses.

C'est pourquoi les dirigeants du Judaïsme à cette époque, les prêtres, les scribes, etc... comprirent que Jésus menaçait le brillant avenir accordé au peuple d'Israël comme futur maître de l'univers, vu que si tous les peuples étaient égaux devant Dieu comme le prêchait Jésus-Christ, il n'y avait plus place sur terre pour l'un d'eux comme élu, comme une sorte de future caste privilégiée dominant sur l'humanité. Défendant la thèse impérialiste juive, Caïphe le Grand Prêtre d'Israël exposait alors qu'il convenait qu'un homme meure, Jésus-Christ, pour sauver tout un peuple.

Après le crime le plus noir et le plus absolu jamais commis dans l'histoire de l'humanité que fut l'assassinat de Dieu le Fils par les juifs, ceux-ci persévérèrent obstinément dans leurs ambitions impérialistes en essayant de compiler et de justifier dans un nouveau livre Saint Leurs fausses interprétations de la Sainte Bible. C'est ainsi qu'apparut le Talmud, sorte de « Néo-Testament » des juifs, condamné par la Sainte Église, et dans lequel, selon eux, figure par inspiration divine la plus parfaite interprétation de l'Ancien Testament.

Ensuite apparut la compilation de la Cabbale juive, qui veut dire tradition, dans laquelle fut consignée, aussi « par inspiration divine » selon les juifs, l'interprétation ésotérique, c'est à dire occulte et « véritable » des Saintes Écritures.

Nous allons citer quelques passages de ces « Livres Saints » du Judaïsme moderne, même si la brièveté de cet ouvrage nous empêche de nous étendre davantage sur le sujet.

« Vous Israélites soyez appelés hommes, car les nations du monde ne méritent pas le nom d'hommes, mais celui de bêtes ».[94]

« La progéniture d'un étranger est comme une progéniture d'animal ».[95]

Dans ces passages, les faux interprètes des Saintes Écritures franchissent un pas de haute transcendance, qui est de priver de leur caractère humain les chrétiens et les gentils, c'est à dire tous les peuples de la terre, pour les placer dans la catégorie des bêtes.

Pour mieux se rendre compte de l'importance de cet acte infâme, il faut avoir à l'esprit que, selon la Révélation divine de l'Ancien Testament, tous les animaux et les bestiaux furent créés par Dieu pour servir l'homme, lequel peut manger leur chair, utiliser leur peau comme vêtement, les tuer, les écorcher, et faire d'eux tout ce qui lui convient. En échange, l'homme eut l'obligation de garder les Commandements à l'égard de ses semblables, les autres hommes.

Pour les juifs, selon leur fausse interprétation des Saintes Écritures, les chrétiens comme les gentils ne sont que de simples animaux et non des êtres humains, d'où il s'en suit automatiquement que les hébreux s'exemptent de toute obligation de garder les Commandements à leur égard, et pensent en même temps avoir le droit de les tuer, de les dépouiller et de les déposséder de tout ce qui leur appartient, comme s'il s'agissait d'un animal quelconque. Jamais il n'a existé ni n'existera sur la terre un impérialisme aussi implacable et totalitaire que celui des juifs.

Cette conception absolue de l'animalité des autres peuples explique clairement la conduite implacable, cruelle et méprisante de tout droit humain, observée par les hiérarques juifs du Communisme international.

Leur mépris pour les autres peuples en vient au point de leur faire affirmer « Qu'est-ce qu'une prostituée ? Toute femme qui ne soit pas israélite ».[96]

Comme l'ont répété et dénoncé de nombreux auteurs de diverses nationalités, ceci explique pourquoi les juifs ont toujours et partout été les moins scrupuleux des trafiquants de la traite des blanches et les plus assidus défenseurs des doctrines dissolvantes de l'amour libre et de la promiscuité, pendant qu'ils gardent leurs propres familles dans la plus absolue discipline et moralité. C'est que, prenant les chrétiens et les gentils pour des animaux, il n'y a alors plus rien d'étrange à faire vivre ceux-ci dans la prostitution et dans la promiscuité.

Quant aux instincts assassins des juifs manifestés à travers les siècles, ceux-ci sont confortés par ce qu'ils croient l'inspiration divine du Talmud et de la Cabbale, mais qui selon la Sainte Église n'est qu'une œuvre satanique.

---

[94] *Talmud*, traité Baba Metzia, fol. 114, col 2.
[95] *Jebamoth*, fol. 94, col 2.
[96] *Eben Ha Eser*, 6 et 8.

« Le meilleur parmi les gentils, tue-le ».[97]

Si Dieu leur ordonne une telle chose, comme ils sont un peuple cruel et sanguinaire comme le montre la Passion et la mort du Christ, les tortures et les massacres de la Russie communiste, etc., qu'y a-t-il d'étrange à ce qu'ils puissent faire assassiner tous ceux qui d'une manière ou d'une autre s'opposent à leurs perverses machinations ?

Cette haine diabolique, ce sadisme dont les juifs ont toujours donné la démonstration à l'égard des autres peuples, ont aussi leur origine dans l'interprétation fausse de la Révélation Divine que sont la Cabbale et le Talmud. L'exemple suivant le montre :

« Que signifie Har Sinaï, c'est à dire le Mont Sinaï ? Il signifie le mont à partir duquel a irradié le Sina, c'est à dire la haine contre les peuples du monde ».[98]

Il faut se rappeler que ce fut au Mont Sinaï que Dieu révéla à Moïse les dix Commandements, mais de manière aussi biaisée qu'absurde, les juifs modernes considèrent que ce fut là que fut révélée la Religion de la Haine, qu'ils observent jusqu'à nos jours, haine satanique contre les autres peuples qui s'est manifestée, portée à son point extrême, par les supplices et les tueries perpétrés par le Communisme international.

La Cabbale, réservée aux hauts initiés du Judaïsme et non pour la plèbe, porte la séparation entre juifs et gentils (dont font partie les chrétiens) à la plus extrême absurdité. Pendant que d'un côté on rabaisse les gentils à la catégorie de simples animaux, on élève d'autre part les juifs à la catégorie des dieux en les identifiant à la Divinité elle-même. C'est jusqu'à ce point que les juifs ont faussé la signification du Pentateuque et de l'Ancien Testament en général !

Le passage blasphématoire qui suit est des plus exemplaires à cet égard :

« Dieu se montre sur la terre sous l'aspect du juif. Juif, Judas, Jevah ou Jehovà sont le même et unique être. L'hébreu est le Dieu vivant, le Dieu incarné, c'est l'homme céleste, l'Adam Kadmon. Les autres hommes sont terrestres, de race inférieure, ils n'existent que pour servir l'hébreux, ce sont de petites bêtes ».[99]

---

[97] *Aboda Sara*, 26b Tosephot. NDT : Il s'agit ici du mot d'ordre du Judaïsme d'éliminer les dirigeants chrétiens pour instaurer l'imperium des juifs. On trouve dans le livre de Mgr Pranaïtis « *Les secrets de la doctrine rabbinique* « réédité en italien nombre de ces citations avec la graphie hébraïque originale et la traduction latine qui ne laissent aucun doute sur la violence de l'enseignement de la haine par les rabbins. Cet enseignement de la Cabbale « a contribué à la formation du Judaïsme moderne » dit l'article Kabbale rédigé par H. Loewe dans l'*Encyclopédie de Religions et d'Ethiques* de Hastings, cité par N. Webster in « *Secret Societies and subversive Movements* ».
[98] *Shabbath*, Fol. 89, col. 2, Talmud de Babylone.
[99] Cabbale sur le Pentateuque, folio 987, col. 3.

Il est naturel qu'une telle manière de penser ait amené les juifs à la conclusion logique que tout ce qui existe sur la terre leur appartient, y compris les bêtes (parmi lesquelles ils nous incluent avec les autres hommes), et ce qui appartient aux bêtes en question.

Les falsificateurs des Saintes Écritures s'efforcèrent, dans le Talmud comme dans la Cabbale, de fortifier l'impérialisme judaïque en lui donnant le caractère d'un mandat divin.

Les passages suivants le montrent :

« Le Très Haut parla ainsi aux Israélites : vous m'avez reconnu comme l'unique dominateur du monde, c'est pourquoi j'ai dû faire de vous les uniques dominateurs du monde ».[100]

« Où que s'établissent les hébreux, il convient qu'ils parviennent à être les maîtres, et tant qu'ils ne possèdent pas l'absolue domination, ils doivent se considérer comme exilés et prisonniers. Même s'ils parviennent à dominer les nations, tant qu'ils ne sont pas arrivés à les dominer toutes, ils ne doivent cesser de s'exclamer : « Quel tourment ! Quelle indignité ! »[101]

Cette fausse révélation divine contenue dans le Talmud est l'une des bases théologiques de la politique du Judaïsme moderne, qui, en la réalisant au pied de la lettre, croit accomplir la volonté de Dieu. Lorsque les peuples chrétiens et gentils ont ouvert généreusement leurs frontières aux émigrants juifs, les traitant comme ceux des autres nations, jamais ils n'ont pu imaginer qu'ils donnaient abri à d'éternels conspirateurs, toujours prêts à œuvrer infatigablement dans l'ombre en vue de dominer le peuple ingénu qui leur avait ouvert ses portes.

Mais le Talmud indique clairement que les juifs ne doivent prendre aucun répit avant que leur domination ne soit absolue. Les juifs ont compris que la démocratie et le capitalisme qui leur ont permis de dominer les peuples ne leur ont pas apporté cette domination absolue « ordonnée par Dieu » dont parle le Talmud ; c'est pourquoi les juifs Karl Marx et Frédéric Engels inventèrent un système totalitaire leur assurant de pouvoir priver les chrétiens et les gentils de tous leurs biens, de toutes leurs libertés et plus généralement de tous droits humains, pour les ramener au statut des bêtes.

La dictature du Socialisme communiste de Marx permet aux juifs d'obtenir cette domination absolue ; et par elle, depuis qu'ils l'ont instaurée en Russie, ils ont travaillé sans relâche à détruire le régime capitaliste qu'eux-mêmes avaient créé, mais qui fut incapable de leur faire atteindre l'objectif désiré. Comme le dit le Talmud, il ne suffit pas aux juifs de dominer certaines nations, parce qu'il leur faut les dominer toutes, et en

---

[100] *Chaniga*, fol. 3a-3b Talmud de Babylone.
[101] *Talmud de Babylone*, traité Sanhédrin, fol. 104, col. 1.

attendant qu'ils y parviennent, « ils doivent s'exclamer : Quel tourment ! Quelle indignité ! »

Ceci explique pourquoi l'impérialisme communiste juif est insatiable. Et cela montre à l'évidence combien il est absurde de croire à une sincère coexistence pacifique ou en la possibilité que le Communisme mette un point final à son ambition de conquérir toutes les nations de la terre. Les juifs croient que Dieu leur a ordonné d'imposer leur domination totale à toutes les nations et que cette domination totale ils ne l'obtiendront qu'au moyen de la dictature totalitaire socialiste du Communisme. Comme cette domination doit s'étendre à toutes les nations du monde intégralement, ils ne prendront aucun répit avant d'avoir imposé l'esclavage communiste à tous les peuples de la terre.[102]

Il est indispensable que les chrétiens et les gentils finissent par comprendre une si terrible tragédie. L'existence d'un totalitarisme impérialiste et cruel, impulsé par un groupe de mystiques fanatiques et fous, qui accomplissent tous leurs crimes et leurs perversités en croyant fermement remplir ainsi fidèlement les mandats de Dieu, est une omniprésente réalité.

Leur méchanceté en est arrivée au point qu'ils croient moralement licite de faire triompher l'athéisme et le matérialisme communiste dans le monde entier de manière transitoire, le temps qu'eux, qui sont religieux et croyants, parviennent à détruire le Christianisme haï et les autres religions fausses, dans le but d'instaurer ensuite sur les ruines de toutes la religion actuelle d'Israël, qui reconnaît le droit des juifs à dominer le monde et leur caractère de caste privilégiée de droit divin dans l'humanité des temps futurs.

Par ailleurs, le Talmud prétend donner aux juifs « la véritable interprétation » des promesses bibliques au sujet du Messie : « Le Messie donnera aux hébreux la domination du monde et sous celle-ci seront soumis tous les peuples ».[103]

On pourrait poursuivre en citant des passages des différents traités du Talmud et de la Cabbale juive tout aussi éloquents que les précédents, qui nous permettent de nous rendre compte du sens et de l'absolutisme de l'actuelle religion des juifs et du danger que celle-ci signifie pour le Catholicisme, pour la Chrétienté et pour le reste de l'humanité.

---

[102] NDT Cette base théologique et logique à l'impérialisme juif est à retenir à l'heure où les mêmes font croire et ont réussi à faire croire que « le communisme est mort », manœuvre pourtant annoncée par le théoricien juif communiste Manouilski dans les années trente !

[103] *Talmud de Babylone* : traité *Schabb*, folio 120 col. 1; et traité *Sanhédrin*, fol. 88, col 2 et fol. 89 col. 1.

NDT : Faudrait-il donc que les Catholiques « attendent (espèrent !) avec les juifs la venue du Messie » ce messie-là, comme les y a invités ce Jean Paul II fils d'une juive, qui à Rome même semble parler comme le pape du Judaïsme tout en occupant la chaire de Pierre !

Plus on approfondit cette question, plus clairement apparaît l'abîme qui sépare la primitive et vraie religion révélée par Dieu aux juifs à travers Abraham, Moïse et les Prophètes, et la fausse religion qu'aussi bien les hébreux qui crucifièrent Notre-Seigneur que leurs descendants actuels élaborèrent à partir de la fausse interprétation de la Sainte Bible, surtout à partir de l'apparition des Talmuds de Jérusalem et de Babylone et l'élaboration ultérieure des livres cabbalistiques, Sepher-ha Zohar, et Sepher-Yetsirah, livres sacrés qui sont la base de la religion des juifs modernes.

S'il y a un abîme entre la religion d'Abraham et de Moïse et celle du Judaïsme moderne, cet abîme se fait insondable entre le Christianisme et ledit Judaïsme moderne, et l'on peut dire que ce dernier est l'antithèse et la négation même de la religion chrétienne, contre laquelle le Judaïsme distille la haine et les efforts destructeurs dans ses livres sacrés et ses rites secrets.

La lutte entreprise pendant des siècles par la Sainte Église contre la religion juive et ses rites n'eut pas pour origine, comme on l'a faussement dit, l'intolérance religieuse du Catholicisme, mais l'immense méchanceté de la religion juive qui représentait une menace mortelle pour la Chrétienté. Ce fut ce qui obligea l'Église, si tolérante au début, à adopter une attitude de ferme défense de la Vérité, de la Chrétienté et de tout le genre humain.

Est en outre erronée et sophistique l'opinion de certains clercs, qui se disent chrétiens mais qui font le jeu des juifs de manière des plus suspecte en avançant l'idée qu'il est illicite de combattre le Judaïsme parce que les juifs fidèles, les juifs croyants, « ont une religion voisine et sœur de la religion chrétienne ».

En premier lieu, la base de cette thèse est fausse, comme nous l'avons démontré dans ce chapitre et comme pourrait le prouver tout un chacun en approfondissant l'étude des secrets de la religion juive post-biblique, condamnée dans la doctrine des Pères de l'Église, dans les Conciles œcuméniques et provinciaux et dans les travaux d'illustres clercs catholiques du Moyen Age et des siècles antérieurs au présent.

En second lieu, ce que les juifs prétendent réellement avec le projet d'imposer aux catholiques cette thèse qu'il serait illicite de combattre la criminelle secte judaïque, c'est de créer une nouvelle situation qui leur permette, sans s'exposer à des contre-attaques directes, de continuer à faire progresser leurs mouvements révolutionnaires maçonniques et communistes jusqu'à ce qu'ils parviennent à la destruction du Christianisme et à l'asservissement de l'humanité.

Les juifs et leurs complices à l'intérieur du Christianisme visent à assurer commodément le triomphe définitif de l'impérialisme judaïque, car si les chrétiens s'abstiennent d'attaquer et de vaincre la tête de toute la conspiration, se bornant à attaquer seulement ses rameaux maçonnique, anarchiste, communiste ou autre, la tête, c'est à dire le Judaïsme, restant libre et à l'abri de toute attaque conservera toute sa vigueur, pendant que ses tentacules maçonniques, communistes et tous leurs dérivés s'emploieront à attaquer sans pitié, comme ils n'ont cessé de le faire, les institutions religieuses, politiques et sociales de la Chrétienté et du monde entier.

# CHAPITRE II

## QUELQUES DÉTAILS SUPPLÉMENTAIRES SUR LES CROYANCES RELIGIEUSES DES JUIFS

Comme nous l'avons vu, la fausse interprétation des Saintes Écritures fit que les juifs s'éloignèrent de plus en plus de la religion primitive des hébreux révélée par Dieu à travers Abraham, Moïse et les prophètes, pour en arriver avec le Talmud à une foi sectaire, antichrétienne et impérialiste, qui n'a plus rien de commun avec la Vérité Révélée. Nous venons d'utiliser pour le démontrer, entre autres preuves, des passages de ces livres appelés par antiphrase « sacrés » qui servent de fondement à la religion du Judaïsme moderne.

Dans ce chapitre, on lira quelques détails supplémentaires sur les croyances des prétendus juifs fidèles, ceci afin de démontrer très clairement qu'il n'y a aucune affinité ou parenté entre ces croyances et la religion des chrétiens.

La première chose à prendre en compte en abordant la question de la religion juive moderne, c'est qu'il s'agit d'une religion secrète, à la différence des autres religions dont les dogmes, les doctrines et les rites ont un caractère public et par conséquent peuvent être connus de quiconque leur est étranger. Les juifs après la Crucifixion du Seigneur se mirent au cours des siècles à cacher aux chrétiens et aux gentils toutes leurs doctrines et leurs rites, et ce secret leur était nécessaire parce que ces doctrines et rites constituaient une menace pour les autres hommes. Ils craignaient avec raison qu'en apprenant leur doctrine, les gens réagissent violemment contre les juifs.

Dans un texte talmudique on peut lire en effet ceci : « Communiquer quelque chose de notre Loi à un gentil équivaut à la mort de tous les hébreux, car si les Goyim (les gentils) savaient ce que nous enseignons à leur sujet, ils nous extermineraient tout simplement ».[104]

Le mensonge a été l'arme principale de ce que le Christ Notre-Seigneur appela et qui est appelée depuis lors « la Synagogue de Satan ». C'est par

---

[104] *En Dav*, folio 37, *Talmud de Babylone*.

des mensonges et des tromperies qu'ils obtiennent les révolutions communistes. Il suffit de dire qu'ils se servent du mensonge jusque dans les questions relatives à leur propre religion.

Ils trompent chrétiens et gentils en leur faisant croire que la religion juive actuelle est comme toutes les autres, qu'elle se borne à rendre un culte à Dieu, à fixer des normes de moralité et à défendre les valeurs spirituelles, mais ils ont grand soin de masquer que leur religion est en réalité une secte secrète qui conspire pour détruire le Christianisme, qui continue de haïr à mort le Christ et Son Église et qui s'efforce d'abord de dominer et ensuite d'asservir les autres peuples de la terre.

Rien de surprenant donc que dans leur propre livre saint, le Talmud, ils affirment que si les gentils (parmi lesquels figurent les chrétiens) « savaient ce que nous enseignons à leur propos, ils nous extermineraient tout simplement ».

L'histoire démontre l'exactitude de cette prévision talmudique, lorsque la Sainte Église, ayant découvert ce que les maîtres juifs ou les rabbins enseignaient en secret à leurs fidèles, ordonna en plusieurs occasions de confisquer et de détruire les livres du Talmud devant les dangers de ses enseignements pour les juifs, faisant d'eux une secte de conspirateurs, de voleurs et même d'assassins, un péril d'autant plus grand pour ceux qui, étant religieusement les plus fervents, acceptaient sans restriction et avec fanatisme lesdits enseignements du Talmud et de la Cabbale.

Il ne servit à rien aux juifs, par une autre fraude, de faire des textes apocryphes du Talmud qu'ils portaient à la connaissance des autorités civiles et ecclésiastiques, sans les passages dont la lecture par les chrétiens était considérée dangereuse, car aussi bien la Sainte Église que les gouvernements civils découvraient fréquemment les textes authentiques, à l'indignation générale, qui se manifestait par des réactions violentes contre la secte religieuse du Judaïsme, dont les authentiques « livres sacrés » contiennent les délinéaments de la conspiration qu'ils ont menée et développée contre l'humanité entière.

L'écrivain juif Cecil Roth dans son ouvrage « Histoire du Peuple Hébraïque » parle longuement de la condamnation du Talmud par le Pape Grégoire IX et des autres condamnations qui suivirent jusqu'à celle du Pape Léon X au XVIème siècle, dont l'origine fut une dénonciation au cardinal Carafa de cet ouvrage comme pernicieux et blasphématoire. Cette dénonciation fut le fait du juif Vittorio Eliano qui était le neveu du savant juif Elia Levita, et qui eut pour conséquence que l'ouvrage fut brûlé en public au Campo dei Fiori à Rome à l'automne de 1553.[105]

Dans les procès de l'Inquisition intentés contre les juifs clandestins, appelés par la Sainte Église « hérétiques judaïsants », on trouve une autre

---

[105] Cecil Roth : « *Storia del Popolo Ebraico* », Milan 1962, pp. 327 et 408.

source très abondante sur les croyances religieuses occultes et véritables des juifs. Ceux qui voudraient approfondir cette étude doivent consulter les archives de l'Inquisition de la capitale du monde catholique et celles des cités italiennes les plus infiltrées de judaïsants, celles de Carcassone et de Narbonne en France ainsi que d'autres localités, celles de Simancas en Espagne et celles de la Torre de Tombo au Portugal, celles de Mexico et d'autres pays catholiques.

Pour notre part, nous nous limiterons à citer les « Procès de Luis de Carvajal el Mozo » (le jeune), d'où l'on pourra juger de la mentalité des juifs et apprendre certaines de leurs croyances religieuses très révélatrices. Il s'agit d'un document édité par le Gouvernement du Mexique en 1935, une publication officielle des « Archives générales de la Nation ». Y figurent les minutes du procès, en manuscrits originaux, avec les signatures du juif mis en cause, des Inquisiteurs, des témoins, etc. L'authenticité de ces précieux manuscrits ne fait aucun doute, et les juifs contemporains n'ont jamais pu les nier, et bien au contraire, ils les considèrent comme de précieux documents historiques et les citent dans quelques ouvrages israélites.

Le contenu de ces documents est quelque chose d'horrible, avec de monstrueux blasphèmes contre Notre-Seigneur Jésus-Christ et la Très Sainte Vierge Marie, une haine satanique envers le Christianisme, une haine qui n'a rien à voir avec la loi authentique donnée par Dieu à Moïse au Sinaï, mais qui est l'essence de la religion occulte du Judaïsme moderne, religion de haine, de haine féroce contre le Christianisme, une haine qui inspire les massacres de chrétiens et les persécutions contre la Sainte Église et qui s'est déchaînée, explosive, irréfrénable et criminelle, partout où ont triomphé les révolutions judéo-maçonniques ou judéo-communistes.

Du second procès de Luis de Carvajal, intenté à la fin du XVIème siècle en l'année 1595, nous allons transcrire avec une véritable répugnance ce qui suit, parce qu'il est urgent de réparer auprès du Christ Notre-Seigneur et de la Très Sainte Vierge Marie pour les blasphèmes que lancent les juifs, et pour démontrer de manière palpable le mensonge de la thèse étrange soutenue actuellement par certains clercs, qui affirment qu'on ne doit pas combattre le Judaïsme, du fait de son affinité avec la religion chrétienne, affirmation qui touche à la démence, et qui ne peut tenir que devant ceux qui, ignorant tout du problème, tombent victimes des fables judaïques.

Sur l'intense religiosité de Luis de Carvajal, les passages suivants du procès apportent toutes les évidences : Du témoignage de Manuel de Lucena, autre juif, ami de Luis de Carvajal, nous transcrivons ceci :

« ...Et ce qui arriva est qu'il y aura un an et demi que celui-ci, allant voir à Santiago Luis de Carvajal et lui rendant visite au Collège des Indes dans son logement, alors qu'il était occupé à tirer de la Bible des enseignements moraux, celui-ci (Lucena) lui dit : vous écrivez de bien belles choses ; et ledit Luis de Carvajal lui répondit que oui, c'était ainsi, qu'il était effrayant que cela n'ouvrît pas les yeux à toutes les créatures, et que soit brisé celui qui brisait la parole du Seigneur, ajoutant qu'en ce qui concerne les chrétiens, qu'ils soient brisés parce qu'ils rompent la loi de Moïse, qu'il appelait la Loi du Seigneur ».

Manuel de Lucena poursuit en disant qu'émettant quelques doutes « devant ledit Luis de Carvajal, comme à un homme qui garde la Loi de Moïse et est très instruit de la Bible, il les expliquait et lui répondait, et ledit Luis de Carvajal lui dit, voyant qu'il gardait la loi de Moïse et qu'il était dans cette loi pour y avoir été initié et être versé dans les autorités de l'Ancien Testament, que désormais il le tiendrait pour frère et que bien qu'indigne il le recommanderait à Dieu dans ses prières ».[106] Jusque-là, Luis de Carvajal apparaît comme un juif pieux et fervent dans sa religion, bien qu'il montre déjà sa haine du Christianisme lorsqu'il déclare : « Que les chrétiens soient brisés, parce qu'ils rompent la Loi de Moïse ».

Le même juif Manuel de Lucena affirme qu'en une certaine occasion il demanda à Luis de Carvajal comment comprendre un chapitre de Zacharie, dont il ne se souvient pas du début mais dans lequel on dit « Glaive, éveille-toi contre mon pasteur et contre l'homme, proche ami, etc.. » Et ledit Luis de Carvajal lui répondit avec autorité que la teneur de ce passage est ce que le Seigneur dirait à Jésus-Christ au jour du jugement, pour s'être fait Dieu, le condamnant lui et son royaume aux enfers ».[107]

Ceci montre bien que les interprétations biaisées de l'Ancien Testament amènent un juif pieux dans sa religion à distiller la haine contre le Christ Notre-Seigneur, à affirmer que Celui-ci et son Royaume seront condamnés à l'enfer, blasphème donc lancé contre le Fils de Dieu par un juif intensément religieux et considéré actuellement par les juifs comme un saint et un martyr.

Le même Lucena poursuit son témoignage en disant qu'un certain jour il se rendit dans la maison de Luis de Carvajal et trouva « chez ledit Luis de Carvajal, dona Francisca, sa mère dona Isabel, dona Léonor et dona Mariana ses sœurs, agenouillées vers l'Orient, récitant des paumes et des prières de la Loi de Moise, et qu'à voix basse et en pleurant ledit Luis de Carvajal disait lesdits psaumes et prières, et lesdites dona Francisca, dona Isabel, dona Leonor et dona Mariana répondaient de la même manière, à voix basse et en pleurant ; tout ceci était accompli en respect et selon l'observance de la Loi de Moïse et du grand jour du Seigneur ».[108] La religiosité et la piété de ce juif fervent ne font donc aucun doute.

---

[106] *Procesos de Luis de Carvajal el Mozo* (Procès de Luis de Carvajal le Jeune), Publication officielle de « l'Archive Générale de la Nation », édition du Gouvernement Mexicain, 1935., p. 127-128.
[107] Procès de Luis de Carvajal El Mozo (le Jeune). Edit. cit., p. 128.
[108] Procès de Luis de Carvajal le Jeune. Edit. cit., p. 130-131.

Les religieux Inquisiteurs, pour s'aider à éclaircir la vérité, utilisaient, en plus des témoignages de quelques juifs, un moyen qui consistait à introduire dans la cellule de l'inculpé un prêtre catholique bon connaisseur des croyances et des rites secrets du Judaïsme, qui apparaîtrait devant le prisonnier comme étant un autre juif emprisonné dans la même cellule. Par ce stratagème, Carvajal croyant avoir affaire à un frère coreligionnaire exprimerait les véritables sentiments cachés au fond de son cœur. Le clerc choisi pour cela fut Luis Diaz, dont nous extrayons du témoignage ce qui suit.

Lors de l'audience du 9 février 1595 à Mexico, qui se tint devant l'Inquisiteur don Alfonso de Peralta, le prêtre en question après avoir prêté serment fit les déclarations suivantes :

« Qu'il est vrai qu'il a demandé audience pour dire et déclarer les choses qui se sont passées avec Luis de Carvajal, son compagnon de prison en raison de la Loi de Moïse; et, en accord avec celle-ci, ledit Luis de Carvajal lui avait dit de ne pas se recommander à Notre Dame la Vierge Marie » (il poursuit alors en rapportant une série de blasphèmes contre l'honneur de Notre Très Sainte Mère, si obscènes, si dégoutants et si grossiers qu'on ne peut les publier ici, mais ils figurent dans les minutes du procès dans toute leur horreur et leur crudité) et « ...que pour cette raison, Notre Rédempteur Jésus-Christ et Sa Très Sainte Mère et tous les Apôtres et les Saints que les chrétiens appellent martyrs étaient dans les flammes de l'enfer, et pour que celui-ci le croie et n'en ait pas de doute, ledit Luis de Carvajal lui dit qu'Adonaï, le vrai Dieu des Armées et des Hauts Faits, avait prophétisé au prophète Daniel qu'il y avait quatre royaumes et que ledit prophète vit dans le dernier une figure épouvantable et qu'il lui sortait du front dix cornes, dont une était très petite et possédait des yeux et une bouche, et il donnait à entendre que Jésus-Christ Notre Rédempteur était cette bête féroce, l'appelant bête abominable ; et que cette vision que vit ledit prophète pronostiquait la perdition qu'il y aurait dans le monde à la venue de Jésus-Christ, et que comme le Christ avait été un si grand pécheur, les Souverains Pontifes et tous les Prélats qui suivaient sa doctrine en étaient aussi... »[109] (Après ces concepts blasphématoires, suivent dans l'original des minutes du procès d'autres blasphèmes impubliables par leur abominable abjection, par lesquels l'inculpé tente de souiller l'honneur de Notre Divin Sauveur).

La déposition du clerc catholique Luis Diaz continue en ces termes :

« Item, je confirme que cherchant à savoir dudit Luis de Carvajal quels complices il avait qui gardaient la Loi de Moïse, et feignant devant lui la vouloir garder aussi pour pouvoir en témoigner devant les Seigneurs Inquisiteurs, ledit Luis de Carvajal lui dit que, puisqu'il était déterminé à

---

[109] Procès de Luis de Carvajal le Jeune. Edit. cit., pp. 140-141.

confesser et à mourir en la Loi de Moïse, celui-ci pourrait recourir à Manuel de Lucena et à Manuel Gomez Navarro et à Pedro Henriquez, qui étaient de grands juifs et gardaient à la perfection la Loi de Moïse ».[110]

Vient alors la description d'une scène immonde racontée par le Père Luis Diaz, dans laquelle on voit ce dont peuvent être capables ces juifs très fervents et très attachés à leur foi religieuse. Elle concerne Luis de Carvajal en personne, dont la religiosité est désormais connue, de Manuel Gomez Navarro dont il dit qu'il est un grand juif et qu'il garde à la perfection la Loi de Moïse et de Diego Henriquez qu'il déclara être le meilleur juif qu'il y avait dans la Nouvelle Espagne.

Dans son témoignage, le RP Diaz dit qu' « il se souvient que ledit Luis de Carvajal lui déclara que Diego Henriquez, pénitencié par ce Saint Office, était malgré son jeune âge le meilleur juif qu'il y avait dans la Nouvelle Espagne, éminent de cœur et de valeur, et que, étant en cette ville dans la demeure dudit Diego Henriquez, restèrent dormir chez ledit Diego Henriquez dans un même lit Luis de Carvajal et Manuel Gomez Navarro, et que toute la nuit ils firent joyeuse et bruyante fête en mangeant des noix et des raisins secs, et ledit Luis de Carvajal leur fit un discours à la louange de la loi de Moïse, et ledit Diego Henriquez après le discours se leva pour le service de ce qui allait suivre, et ayant pris le Christ qu'il avait à la tête de son lit et l'ayant attaché aux pieds de celui-ci ».[111] (les sacrilèges commis par ces trois dévots juifs avec le crucifix ont été supprimés pour ne pas salir les pages de ce livre de ces immondices, mais figurent en détails dans les déclarations du procès cité).

La terrible scène montre que la haine satanique des juifs envers le Christ Notre-Seigneur demeurait quasiment inchangée mille six cents ans après sa Crucifixion, ce qui prouve combien est fausse la thèse soutenue par beaucoup d'israélites que les ennemis implacables du Christ et de Son Église sont les juifs mécréants et non les juifs fidèles à leur religion, laquelle est disent-ils proche parente du Christianisme.

Il est donc clair, tout au contraire, que ce sont les juifs les plus fidèles à leur monstrueuse religion qui sont les ennemis les plus enflammés du Christ et du Christianisme, car c'est dans cette secte religieuse qu'ils boivent la haine implacable contre Jésus et contre tout le Christianisme. Au contraire, les rares hébreux qui, surmontant la crainte de terribles menaces allant jusqu'à celle de l'assassinat de ceux qu'ils nomment apostats et celle des représailles contre leur famille, parviennent à se libérer de la secte démoniaque et acquièrent les qualificatifs de juifs de sang mais d'incrédules en leur religion, ceux-là finissent par perdre leur haine envers le Christianisme et l'humanité entière en cessant d'absorber constamment

---

[110] Procès de Luis de Carvajal le Jeune. Edit.cit., p. 141.
[111] Procès de Luis de Carvajal le Jeune. Edit. cit., pp. 158-159 20)

cette ambiance de haine contre l'Église et cette volonté de haïr l'humanité et de la rendre esclave qui infeste les synagogues de Satan. Malheureusement, très peu nombreux sont ceux qui le font, car presque personne parmi eux n'ose défier la colère des dirigeants juifs, qui se manifeste au minimum par des représailles et l'interdit en matière économique, mais souvent aussi par des excommunications terribles et des menaces de mort, toujours pendantes sur la tête des incrédules qui osent se délier de la Synagogue.

En continuant avec les minutes du second procès du juif Luis de Carvajal, nous trouvons les déclarations du prêtre Diaz, qui ayant demandé au premier avec quels juifs de confiance il pouvait se mettre en rapports, il lui fut répondu par Carvajal : »avec ledit Antonio Diaz Marquez, parce qu'il était un grand serviteur de Dieu et qu'il gardait la Loi de Moïse, et que s'il ne s'était pas marié avec une chienne chrétienne, fille de paysans, il serait allé vivre dans une juiverie... » et que ledit Antonio Diaz Marquez, lorsqu'il allait à l'église et qu'il s'agenouillait et faisait comme s'il priait, disait aux images de saints « que vous soient semblables ceux qui vous adorent » et que lorsque le prêtre venait dire la messe à l'autel, ledit Antonio Diaz Marquez disait de l'Hostie : « je crois en un seul Dieu, en un seul Dieu j'adore, et pas en ce chien qui n'est qu'un morceau de colle de pâte... » « ...et ensuite il se dirigea vers l'endroit où ledit Luis de Carvajal avait un Christ et des images et il vint au Christ et lui donna une amulette, se la mettant sur les yeux par deux fois en lui disant : « quel secret nous dira ce chien de barbu » et alors il lui cracha au visage ; ensuite ledit Luis de Carvajal se leva en disant (au Christ) « Tu ne me gagneras pas », et crachant sur l'image de Notre-Seigneur Jésus-Christ, il dit « Vous ne devez appeler ce chien que Juan Garrido.... » et que, lorsque ladite Constanza Rodriguez va à l'église, lorsque le prêtre élève l'hostie, il dit « Va à tous les diables toi qui t'élève, sois confondu par le mystère du ciel, et que tombe ici un rayon qui confonde tous ces hérétiques, disant cela des chrétiens ».[112]

Ce qui vient ensuite est quelque chose d'horrible, mais utile à citer pour que les catholiques se rendent compte du danger que représente la prétendue religion juive. Dans le témoignage de Pedro de Fonseca, à qui les Inquisiteurs avaient donné l'ordre à la demande du Père Diaz qu'il écoute à la porte de la cellule de la prison la conversation qui se déroulait entre le prêtre et Luis de Carvajal, ce témoin affirma qu'à l'heure fixée pour cette surveillance par le P. Diaz, il put entendre, entre autres choses, ce qui suit :

« ...que le Messie n'était pas encore venu, et que Jésus-Christ était un faux prophète, et qu'il était l'Antéchrist dont parlent les chrétiens, et que

---

[112] Procès de Luis de Carvajal le Jeune. Edit. cit., pp. 143 à 145 et 150.

quand viendra l'Antéchrist ce sera le Messie promis par la Loi, et que les chrétiens se trompent et sont en enfer, et que celui qui a parmi eux la plus grande dignité aura en enfer la peine la plus sévère, et que le pape et le Roi et tous les Grands Inquisiteurs et Ministres du Saint Office, les persécuteurs de ceux qui gardent la Loi de Moïse qui est la vérité auront le même sort, et que les Apôtres sont aussi en enfer et qu'il n'y a pas de saints dans le ciel ».[113]

(Suivent encore de nouveaux et épouvantables blasphèmes contre l'honneur de Notre-Seigneur Jésus-Christ et contre celui de la Sainte Vierge Marie que nous ne faisons pas figurer ici, et que seul un possédé pourrait imaginer).

Tels sont les juifs que l'Inquisition avec l'autorité de la Sainte Église livrait à la Justice et au bras séculier, pour être condamnés au bûcher ou à la mort par le garrot. Seule l'ignorance de ce qu'est la secte religieuse du Judaïsme peut faire que des gens de bonne foi accusent l'Église d'intolérance pour ces condamnations. En fait, il faut être d'une profonde ignorance ou bien avoir beaucoup de mauvaise foi pour affirmer aux chrétiens qu'un accord soit possible entre la Sainte Église et la Synagogue de Satan, car si un pacte ou une entente est inconcevable entre le Catholicisme et le Communisme ou entre le Catholicisme et la Maçonnerie, est encore plus impossible un pacte entre la Sainte Église et le Judaïsme satanique, tête du Communisme et de la Maçonnerie et tous deux imprégnés par les juifs de cette haine diabolique contre le Christ, la Très Sainte Vierge et le Christianisme.

Luis de Carvajal, un juif exemplaire, un maître dans la Loi de Moïse falsifiée, identifiait le Messie que les juifs espèrent avec l'Antéchrist des chrétiens, et il est très significatif par ailleurs que divers Conciles de la Sainte Église Catholique aient affirmé avec une grande autorité que « les juifs sont les vrais ministres de l'Antéchrist ».

Or, depuis l'an 653, le IVème Concile de Tolède, qui réunit tous les Métropolitains et les Évêques d'Espagne (qui incluaient alors ceux de l'actuel Portugal) et des Gaules Wisigothes, assurait dans son Canon LVIII que: faisaient partie du corps de l'Antéchrist tous les Évêques, prêtres et séculiers qui prêtaient appui aux juifs, en violation de la foi chrétienne, les déclarant sacrilèges et excommuniés.[114] Et dans son Canon LXVI le même Concile appelle les juifs « ministres de l'Antéchrist ».[115]

Il est donc tout à fait remarquable que des personnes aussi autorisées des deux parties en conflit, la Sainte Église d'une part, et la Synagogue de

---

[113] Procès de Luis de Carvajal le Jeune. Edit.cit., p. 162.
[114] Juan Tejada y Ramiro : « *Collection des Canons de tous les Conciles de l'Église d'Espagne et d'Amérique* », Madrid, 1859, t. II, p. 305.
[115] Juan Tejada y Ramiro, Op. cit., t. II, p; 308.

Satan de l'autre, aient établi sur la question de l'Antéchrist des positions similaires, bien que jugées sous un angle opposé.

D'autre part, l'étude approfondie de la religion secrète des juifs de l'ère chrétienne, dont les secrets ont été découverts malgré toutes les précautions prises par eux pour l'éviter, conduit à la conclusion certaine que ladite religion, loin d'avoir une parenté ou une affinité quelconque avec le Christianisme, est l'antithèse absolue et la négation suprême de la foi au Christ, antithèse ou négation avec laquelle il n'y a pas la moindre possibilité d'entente.

# CHAPITRE III

## MALÉDICTIONS DE DIEU CONTRE LES JUIFS

La Judéo-Maçonnerie, le Communisme et les diverses forces que ceux-ci contrôlent ont lancé d'innombrables attaques contre la politique séculière de la Sainte Église Catholique. L'un des points le plus attaqué a été celui relatif au Saint Office et à la Sainte Inquisition et à ses autos da fé, dont quelques clercs catholiques, par ignorance ou sous l'influence de la propagande maçonnico-libérale, ont fini par avoir une vue déformée, jusqu'à considérer que la Sainte Église fut dans l'erreur avec sa politique inquisitoriale, allant même jusqu'à éviter d'aborder cette question lors de controverses, avec un sentiment de culpabilité plus ou moins conscient.

Cette attitude honteuse contraste précisément avec celle de certains historiens juifs, qui, connaissant la vérité, acceptent certains aspects positifs du système inquisitorial, comme Cecil Roth qui dans son ouvrage « Histoire du Peuple Hébraïque » déclare textuellement : « ...Il faut bien reconnaître que d'un certain point de vue l'Inquisition était juste. Il était rare qu'elle procédât sans base sérieuse ; et quand une inculpation était lancée, l'objectif était d'obtenir une confession complète, qui associée à l'expression du repentir sauverait les victimes des tourments éternels. Les châtiments imposés étaient considérés davantage comme une expiation que comme un châtiment. ».[116]

Sur ce point si controversé, que les ennemis de l'Église ont pris pour le tendon d'Achille de l'Église, il ne faut pas perdre de vue la réalité au milieu de tous les mensonges, des distorsions et des fraudes historiques, qui recouvrent désormais la vérité comme un voile tissé tout spécialement dans ce but par les juifs et leurs complices.

La politique inquisitoriale de l'Église, loin d'avoir été quelque chose de condamnable, quelque chose dont l'Église doive avoir honte et se repentir, fut non seulement justifiée théologiquement, mais fut extrêmement avantageuse pour l'humanité, car grâce à la Sainte Inquisition approuvée par les Papes, les Conciles, les théologiens et les Saints de l'Église, l'humanité fut protégée et libérée de la catastrophe qui la menaçait alors et

---

[116] Cecil Roth : « *Histoire du Peuple Hébraïque* » Edition italienne, Milan, 1962, p. 477.

qui se serait donc produite il y a déjà plusieurs siècles. L'Inquisition réussit à stopper pendant six siècles l'épouvantable révolution mondiale juive, qui est aujourd'hui sur le point de tout détruire et d'asservir tous les hommes.

Nous ne sommes pas pour imposer aujourd'hui la religion par la force, ni pour persécuter qui que ce soit pour ses idées, parce que la Vérité doit s'imposer uniquement au moyen de la libre discussion sans besoin de moyens coercitifs ; mais nous savons que la Sainte Église, tolérante et bienveillante dans les premiers temps, eut à faire face à une situation extraordinaire : à la menace de mort que le Judaïsme fit peser sur la Chrétienté tout entière au XII<sup>ème</sup> siècle, une menace aussi grave que celle aujourd'hui du Communisme judaïque pour l'humanité libre.

Pour sauver la Chrétienté de ce péril, l'Église dut recourir à des moyens extraordinaires, que justifie à l'évidence le seul fait d'avoir ainsi permis d'ajourner de plusieurs siècles le désastre qui plane aujourd'hui sur l'humanité.

Dans leur lutte millénaire contre l'Église du Christ, les juifs employèrent leur arme favorite d'attaque, la cinquième colonne, née de la conversion feinte au Christianisme de milliers et de milliers de juifs dans le monde entier.

L'historien juif Cecil Roth déjà mentionné l'affirme lui-même textuellement dans son livre « Histoire du Peuple Hébraïque », (page 229 de l'édition parue à Milan en 1926) que « ...naturellement dans la majeure partie des cas, les conversions étaient feintes... ».

Ils recevaient le baptême, mais ils continuaient en secret d'être aussi juifs qu'avant, tout en adoptant des noms chrétiens, en allant à la messe et en recevant même sacrilègement les sacrements. Ils fréquentaient des Synagogues secrètes qui se réunissaient dans des maisons particulières ainsi qu'en d'autres lieux surprenants comme on le verra. Ces familles en apparence chrétiennes, qui observaient le culte, les rites et les prières chrétiennes parfois même avec ostentation, non seulement pratiquaient en secret le Judaïsme, mais le transmettaient à leurs enfants, qui, à partir d'un certain âge, étaient initiés secrètement au Judaïsme par une imposante cérémonie occulte apparentée aux initiations maçonniques. Ce système du Judaïsme souterrain a existé depuis les premiers siècles du Christianisme jusqu'à nos jours sans interruption.

On constata rapidement que la Chrétienté entière était menacée de mort, si l'on ne prenait pas d'urgence les mesures nécessaires pour contrecarrer les organisations secrètes du Judaïsme et les associations occultes que les juifs clandestins formaient au milieu des chrétiens véritables, et l'on arriva à la conclusion que la Sainte Église ne pourrait se défendre et défendre l'humanité de la destruction qu'à la condition de former une organisation répressive, elle-même secrète. Il n'y avait pas d'autre remède que celui-là : opposer aux organisations anti-chrétiennes occultes une structure de répression également secrète. C'est ainsi que naquit la très efficace organisation secrète du Saint Office de l'Inquisition.

On a beaucoup critiqué la procédure secrète employée par l'Inquisition ainsi que le secret absolu qui entourait toutes ses activités, mais la Sainte Église n'avait pas d'autre choix, et il est facile de comprendre qu'il eût été vain de combattre une organisation secrète par de simples activités publiques. Les gouvernements civils ont également besoin pour combattre les activités secrètes d'espionnage et de sabotage d'avoir des services secrets équivalents, faute de quoi ils succomberaient. Les organisations secrètes étant le seul moyen vraiment efficace contre le Judaïsme embusqué, personne ne s'étonnera que ce soit elles que les juifs aient combattues avec le plus de rage et par tous les moyens possibles. Ainsi quand Saint Dominique de Guzman et d'autres saints personnages de cette époque luttèrent pour la création de l'Inquisition, les juifs occultes infiltrés dans le clergé organisèrent d'innombrables intrigues pour l'empêcher, essayant même de soulever les Évêques contre cette mesure et attaquant systématiquement le principe du secret. Il n'y a rien que ne craigne davantage la cinquième colonne juive que le fait que la Sainte Église et les Catholiques utilisent pour les combattre les mêmes armes secrètes qu'elle.

C'est pour cela que même de nos jours, lorsque pour combattre la Maçonnerie ou les organisations secrètes du Communisme, tel ou tel groupe de catholiques essaie de leur opposer des organisations également discrètes, les juifs organisent immédiatement des intrigues souterraines pour que l'Évêque du diocèse ou leurs supérieurs condamnent et suppriment l'organisation discrète en question, car les juifs et leurs agents à l'intérieur du clergé catholique savent bien que contre une organisation occulte, toutes celles de caractère public échoueraient, et que pour la neutraliser il faut justement des organisations secrètes elles aussi, qui, comme la Sainte Inquisition, fonctionnent en accord avec la doctrine catholique.

Un autre aspect très attaqué de l'Inquisition est ce qui concerne l'envoi au bûcher de juifs et d'hérétiques ou leur exécution par le garrot. Il est difficile de déterminer le chiffre exact de ceux qui furent exécutés comme hérétiques de diverses sectes ou en tant qu'hérétiques judaïsants, comme l'Église appelait ceux qui, chrétiens en apparence, pratiquaient le Judaïsme en secret. Beaucoup dénombrent par milliers et même par dizaines de milliers les seuls juifs clandestins exécutés par l'Inquisition sur le bûcher ou au moyen du garrot, mais, quel qu'en soit le nombre, les ennemis de l'Église ont lancé contre elle des attaques injustifiées pour ces exécutions.

On a voulu défendre l'Église sur la base du fait que celle-ci n'exécutait pas directement les condamnés mais les livrait au bras séculier pour que celui-ci dictât les sentences de mort et les exécutât, et cette méthode de défense a été facilement réfutée par les ennemis du Catholicisme qui rétorquèrent que, même si l'Église ne condamnait ni ne tuait directement, elle avait donné son approbation aux procédures inquisitoriales et aux lois qui punissaient de la peine de mort les hérétiques juifs relaps, et qu'en plus, durant six siècles, elle avait approuvé ces exécutions.

Un autre argument débile de certains défenseurs de l'Église a consisté à prétendre que les Inquisitions Espagnole et Portugaise étaient des institutions d'État et non dirigées par l'Église, mais ce raisonnement ne tient pas, car il n'est pas applicable à l'Inquisition Pontificale qui fonctionna durant trois siècles dans toute l'Europe chrétienne et qui était dirigée rien moins que par Sa Sainteté le Pape, qui nommait personnellement le Grand Inquisiteur. Les autres Inquisiteurs franciscains et dominicains exerçaient leurs fonctions comme délégués du Pape, avec l'autorité papale. Et il est certain que l'Inquisition Pontificale conduisit au bûcher des milliers de juifs et d'hérétiques qui, bien que condamnés par le bras séculier, étaient cependant mis à mort avec l'approbation de la Sainte Église qui avait également sanctionné de son accord les procès qui les avaient jugés, les lois qui les condamnaient et le fait même des exécutions. Si l'Église n'avait pas été d'accord avec les condamnations à mort de juifs et d'hérétiques, elle les auraient évitées en ordonnant le contraire.

À propos des Inquisitions espagnole et portugaise qui étaient des institutions d'État dont le Grand Inquisiteur était nommé par le Roi et non pas par le Pape, la Sainte Église autorisait l'Ordre de Saint Dominique à constituer les tribunaux de l'Inquisition, à poursuivre et découvrir les juifs et les hérétiques, à les incarcérer et à mener tout le procès, jusqu'à la remise au bras séculier. Dans ces cas là également, l'Église avait donné son approbation aux lois qui autorisaient le bras séculier à envoyer les condamnés au bûcher ou à les faire mourir par le garrot.

Pour se défendre efficacement et solidement, il faut avoir le courage de dire la vérité, toute la vérité. Cette vérité, la Sainte Église ne pourra jamais la craindre, car ses actes ont toujours été guidés par l'équité et la justice. C'est pourquoi, avec la vérité qui emporte toujours l'adhésion, on trouvera développée dans la quatrième partie de ce livre, intitulée « La Cinquième colonne juive dans le clergé », une défense globale de la Sainte Église à propos de sa politique inquisitoriale. Disons déjà en bref ce que nous nous efforcerons de démontrer, que les juifs ne sont pas un peuple d'intouchables pour avoir été pendant tout un temps le peuple élu de Dieu, mais que tout au contraire Dieu leur prédit que s'ils n'accomplissaient pas tous ses Commandements, ils seraient très sévèrement punis. Par cette considération, la politique inquisitoriale de la Sainte Église possède une ample base théologique.

Les juifs se vantent beaucoup de demeurer toujours actuellement le peuple élu de Dieu, et se basent pour fonder cette croyance sur certains passages de la Sainte Bible auxquels ils donnent une interprétation fausse et impérialiste, tout en ayant bien soin cependant d'éviter d'en considérer d'autres où Dieu conditionna clairement ce privilège à l'accomplissement fidèle des commandements et autres ordres du Seigneur, les menaçant, s'ils ne le faisaient pas, de les priver de cette distinction de peuple élu pour en faire un peuple maudit, sur lequel tomberaient divers anathèmes expressément indiqués par Dieu à Moïse en personne. Mais les juifs essaient d'occulter ce fait, comme essaient de le faire aussi certains clercs chrétiens, dont la conduite, qui parait inexplicable, bénéficie bien davantage au Judaïsme et à ses projets de subversion, qu'à la Sainte Église du Christ.

Au Deutéronome, chapitre XXVIII versets 1 et 2, Moïse, transmettant aux hébreux la Volonté Divine définit clairement cette situation :

« 1. Si tu écoutes la voix du Seigneur ton Dieu pour accomplir et garder ses commandements que je t'ordonne aujourd'hui, alors le Seigneur t'élèvera au-dessus de tous les peuples de la terre.

2. Et voici toutes les bénédictions qui viendront sur toi et te seront données en partage, si tu écoutes ses commandements. »

Mais il faut se souvenir qu'après que Moise ait mentionné toutes les bénédictions que Dieu octroierait aux Israélites s'ils accomplissaient tous les commandements et s'ils écoutaient la voix du Seigneur, il énumère aussi les terribles malédictions que Dieu ferait tomber sur eux s'ils faisaient le contraire. Pour les connaître, il suffit de se reporter au même Deutéronome, chapitre XXVIII et au Lévitique, chapitre XXVI. Nous nous bornerons ici à en reproduire quelques-unes parmi les plus importantes :

Deut.XXVIII :
15. Mais si tu ne veux pas écouter la voix du Seigneur ton Dieu pour garder et accomplir tous les commandements et cérémonies que je te prescris aujourd'hui, viendront sur toi toutes ces malédictions, et elles t'atteindront.
16. Tu seras maudit dans la ville, et tu seras maudit dans les champs.
17. Maudit sera ta grange et maudites tes œuvres.
18. Maudit sera le fruit de ton ventre et maudit le fruit de ta terre, les troupeaux de tes vaches et ceux de tes brebis.
19. Tu seras maudit quand tu rentres et maudit quand tu sors.
20. Le Seigneur enverra contre toi la famine, l'angoisse d'avoir à manger et la malédiction sur tout ce que tu entreprendras de faire, jusqu'à ce que tu sois réduit et que tu ailles promptement à ta perte pour la perversité de tes pensées pour lesquelles tu m'auras abandonné.
21. Le Seigneur te frappera de la plus grande pauvreté, de fièvre et de froid, de chaleur brûlante et lourde, d'air malsain et de nielle, jusqu'à ce que tu périsses.

24. Au lieu de te donner la pluie, le Seigneur changera ta terre en poussière, et il fera descendre du ciel de la cendre sur toi jusqu'à ce que tu sois anéanti.
25. Le Seigneur te fera tomber devant tes ennemis (terrible menace de destruction). Tu sortiras contre eux par un chemin, et tu fuiras par sept, et tu seras dispersé par tous les royaumes de la terre...
43. L'étranger qui vit dans ton pays à côté de toi te dominera et s'élèvera sans cesse, pendant que toi-même tu descendras et tomberas au plus bas.[117]
45. Et toutes ces malédictions fondront sur toi, te poursuivront et s'accompliront jusqu'à ce que tu périsses pour n'avoir pas écouté la voix du Seigneur ton Dieu, parce que tu n'as pas gardé ses commandements et les cérémonies qu'il t'ordonna.
48. Tu serviras ton ennemi que le Seigneur enverra contre toi, dans la faim, dans la soif et dans le dénuement et dans une pénurie totale; et celui-ci mettra sur tes épaules un joug de fer, jusqu'à ce que tu sois passé au crible. (une terrible prophétie, d'abord d'esclavage et ensuite de destruction des juifs aux mains d'ennemis que le même Dieu fera fondre sur eux comme châtiment et en malédiction NDT ...mais un avertissement qui ne s'adresse pas seulement aux juifs... mais tout autant aux nations chrétiennes qui ont désormais abandonné Dieu, châtiment sans doute proche, dont Vatican II et son apostasie est à la fois élément et cause supplémentaire de terribles châtiments à venir.)
54. L'homme le plus délicat d'entre vous et le plus raffiné regardera d'un œil méfiant, aussi bien son frère que la femme qui dort sur son sein.
55. parce qu'il ne voudra pas partager avec eux la chair de ses enfants qu'il mangera ; parce qu'il ne restera plus rien lors du siège, dans la pénurie où vous auront réduits vos ennemis à l'intérieur de toutes vos enceintes.

---

[117] Les Pères de l'Église interprètent cette prophétie comme se rapportant à la vocation des gentils à la foi, qui pour cela furent glorieusement préférés aux juifs. Cf Saint Cyprien « *Contra Judas* » Livre 1, chap 21, Note de l'édition espagnole de la Bible citée t. 1 p. 47.
Les nations ex-chrétiennes d'Europe, tombées dans l'esclavage des juifs qui ont fait envahir ces pays par des millions de musulmans et d'étrangers du monde entier au détriment des autochtones qui sont désormais soumis à la nouvelle législation européenne de discrimination positive en faveur des minorités (lire des étrangers), peuvent et doivent s'interroger sur les raisons pour lesquelles Dieu les châtie de la manière ainsi annoncée dans le Deutéronome ! À l'évidence, ces nations ex-chrétiennes par leur apostasie, leur oubli et leur mépris de la parole de Dieu et de ses commandements ont mérité le châtiment en question, qui va donc s'aggraver comme l'oracle de Moïse nous en a prévenus, jusqu'à ce que ces peuples prennent enfin conscience de leurs fautes et demandent personnellement et collectivement pardon à Dieu.

62. Et de la multitude que vous étiez auparavant, aussi nombreuse que les étoiles du ciel, vous ne resterez plus que quelques-uns, parce que vous n'avez pas écouté l'oracle du Seigneur votre Dieu ».[118]

Dans le chapitre XXVI du Lévitique est également mentionnée la même alternative posée par Dieu au peuple juif, lui promettant que, s'il accomplit les commandements il sera son peuple élu et béni, mais le maudissant s'il ne les accomplit pas, prophétisant en outre les châtiments dont Il punira leur mauvaise conduite. Parmi les malédictions lancées directement par Dieu contre les israélites dans ce dernier cas, nous reprendrons seulement ce que nous considérons le plus fondamental, laissant au lecteur qui voudrait connaître l'intégralité du passage de se reporter à la Sainte Bible dont nous nous sommes servis comme source:

LEV. XXVI :

14. Mais si vous ne m'écoutiez pas et si vous n'accomplissiez pas tous mes commandements.
15. Si vous méprisiez mes lois et ne teniez pas compte de mes jugements, de sorte que vous ne pratiquiez pas les lois que j'ai fixées et que vous violiez mon alliance (Dieu Notre-Seigneur fait ici allusion au fait que ce sont eux, les juifs, avec leurs péchés, qui annulent ou rompent le pacte ou l'alliance que Dieu conclut avec ledit peuple)
16. Moi aussi à mon tour, voici ce que je ferai : Je vous frapperai promptement par la disette et par une fièvre qui frappera vos yeux et consumera vos âmes. C'est vainement que vous ferez vos semis, car ils seront dévorés par vos ennemis.
17. Je tournerai ma face contre vous et vous tomberez devant vos ennemis (autre prédiction de défaite et de destruction), et vous deviendrez sujets de ceux qui vous haïssent. Vous fuirez sans que personne ne vous poursuive (Il est impressionnant de voir comment le délire de persécution collectif dont souffre actuellement le peuple juif coïncide exactement avec cette prophétie).
18. Si malgré cela vous ne m'écoutiez pas encore, je multiplierai par sept vos châtiments à cause de vos péchés.
38. Vous périrez parmi les nations, et la terre de vos ennemis vous engloutira.
39. Et si même quelques-uns survivent, ils pourriront dans leurs iniquités dans le pays de leurs ennemis et seront affligés pour les péchés de leurs pères et pour les leurs ».

La Parole de Dieu parle d'elle-même. Dieu donna à Israël un énorme privilège, mais Il n'arrêta pas cependant qu'ils puissent s'en servir comme

---

[118] Bible, *Deutéronome*, Chap XXVIII, versets cités.

d'un privilège exorbitant qui leur permette de commettre impunément toutes sortes de péchés et de crimes, violant les commandements et les ordres divins. C'est pour cela que Dieu, qui est la Justice même, assujettit l'existence de ce privilège et de sa bénédiction à des conditions très rigoureuses, qui garantiraient le bon usage de ce privilège et de cette bénédiction de la part des juifs, leur imposant comme condition de garder, non pas seulement certains des commandements, mais précisément tous les commandements, comme le disent expressément différents versets du Deutéronome et du Lévitique.

Dieu leur ordonna aussi d'écouter les ordres divins, d'observer ses jugements et d'observer toutes les choses établies par Dieu (Lévitique, chap XXVI, versets 14 et 15) sous peine d'invalider le pacte d'alliance octroyé par Dieu audit peuple.

Or qu'ont fait les juifs pendant trois mille ans ? Au lieu d'observer les Commandements et les autres conditions établies par Dieu, ils assassinèrent la plupart des prophètes, ils renièrent le Fils de Dieu, le calomnièrent et le tuèrent, manquant au premier commandement qui est d'aimer Dieu par-dessus tout, au cinquième qui défend de tuer son prochain, et au huitième qui interdit de porter de faux témoignages et de mentir, et ils ont assassiné en plus de nombreux disciples du Christ, tachant leurs mains dans de sanglantes révolutions où ils massacrèrent des millions d'êtres humains et dépossédèrent les chrétiens et les gentils de leurs richesses, les volant d'abord par l'usure et ensuite par le Communisme, et blasphémant horriblement contre le nom de Dieu dans les pays communistes sans que tienne la justification qu'ils donnent dans leurs réunions secrètes à savoir qu'ils ne le feront que de manière transitoire pendant quelques siècles, le temps que la machine destructrice du Socialisme communiste détruise toutes les religions fausses, pour édifier ensuite sur les ruines de celles-ci la religion du Dieu d'Israël et de son peuple élu, qui sera la future aristocratie de l'humanité. Car il faut noter que les blasphèmes contre Dieu et les négations du Communisme matérialiste ne sont pas dirigées contre telle ou telle religion tenue pour fausse, mais contre Dieu en général et toutes les valeurs spirituelles.

Ni le délire de grandeur de la Synagogue de Satan, ni son impérialisme démoniaque ne pourront jamais justifier les monstrueux blasphèmes lancés contre Dieu dans les États soumis à la dictature socialiste du Communisme, même si l'on prétend que c'est une situation seulement transitoire de quelques siècles.

En bref, au lieu d'accomplir les Commandements et tout ce que Dieu posa comme conditions pour qu'ils soient son peuple élu, ils ont tout violé systématiquement de la manière la plus absolue, et surtout en perpétrant le déicide, le crime horrible de l'assassinat de Dieu le Fils, épouvantable point culminant de tant de crimes et de tant de violations des Commandements poursuivies jusqu'à nos jours. C'est ainsi qu'ils se sont mérités toutes les malédictions et les châtiments dont Dieu les avait Lui-même menacés si au lieu d'accomplir tous les commandements ils y désobéissaient.

Ces malédictions et ces châtiments, prophétisés par Dieu lui-même Notre-Seigneur, se sont accomplis à la lettre, jusqu'à la plus terrible, l'anéantissement et la destruction en masse. Si l'on relit les versets de la Bible que nous avons insérés plus haut qui parlent de cette destruction, et qu'on les rapporte aux massacres de juifs dans l'Europe occupée par les Nazis, on constatera qu'une fois de plus dans l'Histoire, les malédictions et châtiments annoncés il y a des milliers d'années par Dieu Notre-Seigneur se sont vérifiés et accomplis.

Évidemment, Dieu a utilisé pour cela même les peuples païens comme les Chaldéens et les Romains, et dernièrement les Nazis comme instruments de la Divine Providence pour châtier les fautes et les péchés du peuple juif et faire s'accomplir les malédictions prédites par le même Dieu.

Et la Sainte Inquisition, en punissant de la peine de mort les juifs infiltrés dans l'Église et dans le clergé ne fut aussi que l'instrument de la Divine Providence pour leur appliquer les châtiments annoncés par Dieu à Moïse en personne. Si les hébreux ou leurs instruments à l'intérieur du Christianisme se sentent heurtés en lisant ces lignes, ils doivent néanmoins reconnaître que nous ne devons ni ne pouvons changer les ordres Divins.

Nous allons voir dans le prochain chapitre que les prophètes bibliques, en transmettant les ordres de Dieu, furent encore plus clairs que Moïse, en ce qui concerne les châtiments qui frapperaient les juifs à cause de leurs péchés et de leurs crimes.

# CHAPITRE IV

## MASSACRES DE JUIFS ORDONNÉS PAR DIEU EN CHÂTIMENT

Dans la Sainte Bible, les prophètes de l'Ancien Testament parlent constamment des terribles châtiments prescrits par Dieu contre les juifs.

Dans la prophétie d'Isaïe, Dieu par la bouche de ce dernier prédit diverses sanctions contre les juifs qu'il serait trop long de rapporter ici, mais que nous résumerons en citant seulement deux versets du chapitre LXV de ladite prophétie, renvoyant aux Saintes Écritures ceux qui voudraient approfondir ce thème.

Isaïe : LXV

11. Mais vous qui abandonnez le Seigneur, qui oubliez ma sainte montagne, qui dressez une table à la fortune et répandez des libations sur elle.
12. Pour compte de vos fautes, vous passerez sous le glaive et vous serez tous massacrés ; parce que j'ai appelé et que vous n'avez pas répondu, j'ai parlé et vous n'avez pas écouté, et vous avez fait ce qui est mal à mes yeux et vous avez choisi ce que je ne voulais pas ».[119]

Le prophète Ézéchiel raconte que le Seigneur, indigné par l'idolâtrie des juifs (comment ne serait-Il pas indigné aujourd'hui de ce genre nouveau d'idolâtrie de l'État socialiste et des autres fétiches que les juifs ont instaurés dans les enfers communistes ?... NDT l'idolâtrie du corps, de la santé, de l'argent, de la réussite sociale et du bien-être, dans les pays occidentaux à l'ère moderne... ?), Dieu lui avait révélé :

Ézéchiel Chap. VIII. 18. « J'agirai alors dans ma colère : mon œil n'épargnera pas, et je n'aurai pas de pitié ; et crieraient-ils à mes oreilles à haute voix que je ne les écouterai pas ».

---

[119] Ste Bible, *Isaïe,* chap. LXV, versets 11 et 12.

Chap. IX.1. Et Il cria à mes oreilles d'une voix forte en disant : « Ils se sont approchés les assaillants de la ville, et chacun d'eux tient à la main un instrument de mort.

5. Et je l'entendis leur dire : Passez par la ville après lui et frappez, que votre œil n'épargne pas et n'ait pas de pitié. 6. Vieillards, jeunes hommes, jeunes filles, enfants, femmes, tuez-les tous, et qu'il n'en reste aucun, mais ceux sur lesquels vous verrez le signe du Thau ne les tuez pas, et commencez par mon sanctuaire. Ils commencèrent alors par les anciens qui étaient devant la maison.
7. Et Il leur dit : Profanez la maison et remplissez les cours de morts, puis sortez. Et ils sortirent et tuèrent ceux qui étaient dans la ville.
8. Et la mort frappait, et moi je restais seul et je me prosternais la face contre terre et je criais en disant : Ah Seigneur Dieu, veux-tu exterminer le reste d'Israël en répandant ta colère sur Jérusalem ?
9. Et Il me dit : L'iniquité de la maison d'Israël et de Juda est grande à l'excès et son pays est rempli de sang. Et j'ai cette ville en aversion, parce qu'ils ont dit : le Seigneur a abandonné la terre et le Seigneur ne voit pas.
10. Alors moi non plus, mon œil ne pardonnera pas et je n'aurai pas de pitié : je ferai retomber leur conduite sur leurs têtes ».[120]

La parole de Dieu Notre-Seigneur parle d'elle-même. On ne peut sans blasphémer la contredire ni la critiquer. La Justice Divine est ainsi, telle que nous la révèlent les Écritures, et non pas comme la falsifient aussi bien les juifs déclarés que les clercs qui se disent chrétiens mais qui agissent comme s'ils étaient des juifs en faisant le jeu de la Synagogue de Satan.

La prophétie d'Osée parle également des crimes d'Israël et de Juda et des châtiments que Dieu leur infligera. Ainsi : Osée, Chapitre IV. 1.... car il n'y a ni vérité, ni miséricorde, ni connaissance de Dieu dans le pays.

2. mais la malédiction, la tromperie, l'homicide et l'adultère l'ont inondé, et un homicide y côtoie un autre homicide. Chapitre V. 2 Et les victimes, faites-les tomber dans l'abîme....

L'arrogance d'Israël éclatera sur son visage, et Israël et Éphraïm tomberont dans leur iniquité et Juda tombera avec eux ».[121]

Au moment où il parle des iniquités d'Israël, Dieu Notre-Seigneur dans la prophétie d'Amos exprima sa résolution de ne pas laisser ces iniquités se poursuivre davantage : Amos Chap. VIII. 2. Et Il me dit : Que vois-tu Amos ? Je répondis : une corbeille de fruits. Et le Seigneur me dit : La fin est venue pour mon peuple d'Israël, Je ne le laisserai pas continuer davantage ».

---

[120] Ste Bible, *Ezéchiel*, chap. VIII dernier verset et Chap. IX versets cités.
[121] Bible, Prophétie d'*Osée*, chap. IV versets 1 et 2, et chap. V, versets 2 et 5.

Chap. IX. 1. Je vis le Seigneur qui était sur l'autel et il dit : frappe les chapiteaux et que le plafond s'effondre : parce que l'avarice est dans leur tête à tous, je les tuerai par l'épée jusqu'au dernier : personne n'échappera. Ils fuiront, et aucun de ceux qui fuient ne sera sauf ».[122]

Dans la prophétie de Daniel, celui-ci mentionne ce que lui révéla l'Archange Saint Gabriel au sujet de la mort du Christ, lui manifestant que le peuple qui le répudiera ne serait plus le peuple élu de Dieu, mais qu'il apporterait la désolation à Israël jusqu'à la consommation des siècles et la fin du monde.

Daniel, Chap. IX.
- 25. Sache donc et retiens attentivement : Depuis la sortie de la parole de rétablir et de rebâtir Jérusalem jusqu'au Prince Christ, il y aura sept semaines et soixante-deux semaines : et alors sera de nouveau édifiée la place et les murailles dans la détresse des temps.
- 26. Et après soixante-deux semaines, le Christ mourra, et ce ne sera plus son peuple qui le reniera. Un peuple mené par un chef viendra détruire la ville et le sanctuaire, et son objectif sera la ruine, et après la fin de la guerre viendra la désolation décrétée.
- 27. Il conclura une alliance avec beaucoup (c'est à dire avec tous ceux qui embrasseront le Christianisme, qui viendra remplacer l'ancien peuple élu) en une semaine, et au milieu de cette semaine cesseront l'oblation et le sacrifice, et ce sera dans le Temple l'abomination et la désolation, et la désolation durera jusqu'à la consommation et la fin.[123] C'est à dire jusqu'à la fin du monde.

Il est incroyable que certains clercs qui se disent bons chrétiens, mais qui se préoccupent davantage de défendre le Judaïsme que la Sainte Église, aient l'audace de soutenir que le peuple déicide continue d'être toujours le peuple élu de Dieu malgré tous ses crimes et en dépit des passages de la Sainte Écriture que nous venons de lire, qui démontrent que, loin d'être actuellement le peuple élu comme ils le furent avant Jésus-Christ, il est au contraire un peuple maudit de Dieu, car frappé des malédictions que le Seigneur lui lança pour le cas où il n'accomplirait pas tous ses commandements, malédictions qui frappèrent avec plus de raison encore les juifs pour avoir commis le crime le plus atroce et le plus punissable de tous les temps : renier, martyriser et crucifier Dieu le Fils en personne.

Il est très difficile de comprendre toute la vérité sur cette question, la vérité toute nue, surtout dans un monde influencé depuis des générations

---

[122] Bible. Prophétie d'*Amos*, chap. VIII verset 2 et Chap. IX verset 1.
[123] Bible. Prophétie de *Daniel*, chap. IX, versets 25, 26 et 27.

par une accumulation de mensonges et de fables judaïques, pour employer les propres termes de Saint Paul,[124] fables qui ont réussi à déformer la vérité du problème juif jusque dans les mentalités des catholiques eux-mêmes. Il est donc urgent que quelqu'un ose parler clair, même si cela est désagréable à tous ceux qui dans le Christianisme vont se sentir frappés dans leur propre chair. Rappelons-nous que le même Christ Notre-Seigneur nous a clairement dit que seule la Vérité nous rendra libres.[125]

Par ailleurs, la Parole de Dieu que nous avons citée plus haut nous montre que Dieu, tout comme Il fut énergique et implacable dans sa lutte contre Satan, est tout aussi implacable dans sa lutte contre les forces de Satan sur la terre. Ceci enlève tout fondement aux intentions de l'ennemi de menotter les Chrétiens par une morale défaitiste et lâche, reposant sur l'idée d'une prétendue charité chrétienne qu'ils modèlent à leur gré et dont ils prescrivent l'usage face aux forces de Satan en question, morale que contredit visiblement l'attitude combative et énergique de Dieu Notre-Seigneur sur ces questions.

Les passages cités de l'Ancien Testament, qui contiennent ce que Dieu révéla au monde pour la conduite de Moïse et des prophètes, font aussi s'écrouler le mythe que le peuple juif est intouchable, que personne ne peut combattre ses crimes parce qu'il serait une sorte de peuple sacré, puisque comme on vient de le voir Dieu prescrivit les châtiments qu'il ferait tomber sur lui s'il violait ses commandements au lieu de tous les observer. La Sainte Église, en donnant son approbation à la politique répressive du Saint Office de l'Inquisition, agit en harmonie avec ce que Dieu avait prévu dans l'Ancien Testament, défendant ainsi l'humanité entière en arrêtant pendant plusieurs siècles les progrès de la conspiration sanglante qui s'apprêtait à plonger le monde dans le chaos et dans l'esclavage le plus monstrueux de tous les temps.

Nous sommes ennemis de répandre le sang, et notre souhait le plus fervent est que les guerres disparaissent de la face de la terre. Mais les juifs doivent comprendre que ces terribles massacres dont ils ont souffert à travers les millénaires, en plus d'avoir été annoncés par l'Ancien Testament comme un châtiment divin, ont été essentiellement la conséquence d'une conduite criminelle menée par les Israélites eux-mêmes dans les territoires des peuples qui généreusement les laissèrent venir comme immigrants et leur offrirent une cordiale hospitalité

Mais si les hébreux dans chacun des pays qui les reçoivent à bras ouverts payent ce bon accueil en y déclenchant par traîtrise une guerre de conquête, en y fomentant des complots, en y faisant éclater des révolutions, en massacrant par milliers les citoyens de la nation d'accueil, il

---

[124] Saint Paul, *Epître à Tite*, chap I, versets 13 et 14, le déclare expressément : « Et n'écoutez pas les fables judaïques ni les commandements des hommes qui s'écartent de la vérité ».
[125] *Évangile de Saint Jean*, chap. VIII, verset 32.

est naturel qu'ils subissent les conséquences de leurs actes criminels. Et si nous déplorons de verser le sang, même s'agissant des criminels bien que cela ait alors sa justification, c'est avec bien plus de raison que nous déplorons les effusions de sang chrétien et gentil que les juifs ont fait verser à torrents par leurs révolutions maçonniques et communistes et par la terreur rouge, là où ils parviennent à l'imposer.

Si les juifs ne veulent pas qu'à l'avenir les peuples réagissent violemment contre eux, il faut qu'ils démontrent leur bonne volonté par des faits, et non par des promesses qu'il n'ont jamais tenues, et qu'ils cessent enfin d'agresser ces peuples avec leurs organisations révolutionnaires et terroristes en tous genres. Il faudrait qu'ils dissolvent la Maçonnerie, les Partis Communistes et les autres organisations qu'ils utilisent comme moyens de domination, qu'ils libèrent les peuples esclaves des dictatures communistes en leur permettant des élections libres. En un mot, il faudrait qu'ils cessent leurs agressions dans le monde entier contre les diverses nations, en comprenant enfin que celui qui prend l'initiative d'une conquête est exposé à la contre-attaque que lance l'agressé dans sa légitime défense.

# CHAPITRE V

## ANTISÉMITISME ET CHRISTIANISME

Dans toutes leurs entreprises impérialistes et révolutionnaires, les juifs ont employé pour tromper les peuples une tactique caractéristique, utilisant des concepts abstraits et vagues, des expressions au sens élastique qui peuvent se comprendre de manière équivoque et s'appliquer de différentes façons. Sont apparus par exemple les concepts d'égalité, de liberté, de fraternité universelle, et surtout celui d'antisémitisme, ce dernier terme d'une élasticité énorme, une abstraction à laquelle ils donnent des sens différents et des applications diverses, mais tendant à enchaîner les peuples chrétiens et gentils dans le but de les empêcher de se défendre contre l'impérialisme judaïque et contre l'action destructrice de ses forces anti-chrétiennes.

La manœuvre trompeuse peut s'analyser comme suit :

Premier stade. Obtenir la condamnation de l'antisémitisme par d'habiles campagnes et des pressions en tous genres, insistantes, coordonnées et énergiques, exercées par des forces sociales contrôlées par le Judaïsme ou exécutées par ses agents secrets infiltrés dans les institutions chrétiennes, Églises et/ou États.

Pour accomplir ce premier stade et obtenir des dirigeants religieux et politiques des pays chrétiens qu'ils se plient l'un après l'autre à condamner l'antisémitisme, ils donnent à celui-ci un sens initial le représentant :

1) comme une discrimination raciale du même type que celle exercée par les blancs de certains pays contre les noirs, ou par les noirs contre les blancs. Ils présentent aussi l'antisémitisme comme un racisme qui exercerait une discrimination contre les autres races comme inférieures, ce qui est contraire aux enseignements du martyr du Golgotha qui établit et affirma l'égalité des hommes devant Dieu ;
2) simplement comme une haine du peuple juif, contredisant la maxime sublime du Christ : « Aimez-vous les uns les autres »;
3) comme l'attaque et la condamnation du peuple qui donna au monde Jésus et Marie. Cet argument là, les juifs l'ont appelé « l'argument irrésistible » !

En donnant au départ à l'antisémitisme ces trois sens ou quelques autres analogues, les juifs ou leurs agents infiltrés dans les pays chrétiens ont réussi à surprendre la charité, la bonté et la bonne foi de nombreux gouvernants chrétiens et mêmes de membres de la hiérarchie religieuse, aussi bien de la Sainte Église Catholique que des Églises protestantes et dissidentes,[126] pour que, cédant à ces pressions si bien organisées autant qu'obscures et persistantes, ils formulent des censures ou des condamnations abstraites et générales contre l'antisémitisme, sans entrer en détail sur ce que l'on condamne réellement et sur ce que signifie cet antisémitisme censuré, en laissant donc imprécis et dans le vague ce qui fut réellement l'objet de la condamnation, avec le danger de laisser les juifs et leurs agents dans la Chrétienté comme seuls interprètes de si graves décisions.

Lorsque les chefs religieux soumis à d'inavouables pressions ont au moins le soin de définir ce qu'ils entendent par cet antisémitisme qu'ils condamnent, le danger est moindre, car dans la condamnation sont alors précisés les termes que l'on condamne, par exemple la discrimination raciale ou la haine des peuples. Ainsi, même si les juifs ont ensuite l'audace de prétendre donner une interprétation extensive de l'antisémitisme pour étendre astucieusement et par tous les moyens le rayon d'action de la condamnation, il est plus facile de découvrir et de démontrer le sophisme dans toute son ampleur.

Deuxième stade. Après que les juifs ou leurs agents ont obtenu ces condamnations de l'antisémitisme, ils donnent à ce terme un sens très différent ce de celui qu'ils lui assignèrent pour en obtenir la condamnation. Seront dès lors antisémites :

    a) Ceux qui défendent leur pays contre les agressions de l'impérialisme judaïque, faisant usage du droit naturel de tous les peuples de défendre leur indépendance et leur liberté ;

    b) Ceux qui critiquent et combattent l'action dissolvante des forces judaïques qui détruisent la famille chrétienne et dévoient la jeunesse par la diffusion de fausses doctrines ou de toutes sortes de vices ;

    c) Ceux qui, sous quelque forme que ce soit, combattent la haine et la discrimination raciale que les juifs se croient en droit d'exercer contre les chrétiens, bien qu'ils s'efforcent hypocritement de les cacher, et ceux qui, sous quelque forme que ce soit, dénoncent les méfaits, les délits et les crimes commis par les juifs contre les chrétiens, les musulmans et les autres gentils et qui se font les avocats d'un juste et mérité châtiment ;

---

[126] Nous nous abstenons d'employer des termes plus durs pour désigner les Églises protestantes et schismatiques, dans le désir que nous avons de parvenir à l'unité des chrétiens sur les bases de l'authentique orthodoxie. *L'Auteur.*

d) Ceux qui démasquent le Judaïsme en tant qu'organe dirigeant du Communisme, de la Franc-Maçonnerie et des autres mouvements subversifs, et qui demandent que soient adoptées les mesures nécessaires pour empêcher leur action dissolvante au sein de la société ;
e) Ceux qui, d'une manière quelconque, s'opposent à l'action juive tendant à détruire la Sainte Église et la Civilisation chrétienne en général.

Leur jeu malhonnête saute aux yeux. Ils obtiennent d'abord des censures contre un antisémitisme qu'ils identifient, soit comme une discrimination raciale, soit comme une manifestation de haine des peuples exercée contre les juifs, toutes deux contraires à la doctrine chrétienne, pour ensuite donner au vocable de nouvelles significations et tenter ainsi de lier des pieds et des mains ceux qui défendent la Sainte Église, leur nation, leur famille ou leurs droits naturels contre les agressions de l'impérialisme juif, et les empêcher de se défendre à ce si juste titre.

Pour ce faire, les forces israélites publiques et secrètes montent un tonitruant appareil de propagande et de lamentations, dénonçant bruyamment les antisémites, à savoir ceux qui font précisément usage de leurs droits de légitime défense. Ils s'époumonent à affirmer que l'Église a condamné l'antisémitisme, et ils condamnent en son nom ces dirigeants (de mouvements) parce que, selon ce qu'ils en assurent, aucun croyant ne doit apporter son appui à cette œuvre « antisémite » de défense des peuples, des familles et de la Sainte Église contre l'action révolutionnaire de l'impérialisme juif. C'est une manœuvre grossière, mais qui réussit à désorienter et à semer la débandade, débilitant l'action des respectables leaders de ces mouvements qui ont pris la défense de leur nation et de la civilisation chrétienne. C'est la méthode la plus sure qu'ils ont conçue pour assurer le triomphe des révolutions judéo-maçonniques ou judéo-communistes.

Ces tactiques ont en effet assuré le triomphe du Judaïsme ces derniers temps, et provoqué la catastrophe résultante qui menace le monde chrétien. C'est pourquoi cette question doit être étudiée à fond et méditée par tous, nous qui avons le devoir de défendre la Sainte Église et notre patrie contre l'impérialisme antichrétien que représente le Judaïsme moderne.

Un exemple, de ces incroyables manœuvres est donné par le cas suivant : le très respectable écrivain catholique don Vincente Risco décrit comment certaines organisations, fondées pour obtenir la conversion des juifs, ont en fait surtout défendu efficacement la race juive plutôt qu'ils ne l'ont convertie.

Les frères Lemann, par exemple, utilisèrent le zèle évangélique de la Sainte Église davantage pour défendre le peuple juif que pour en obtenir efficacement la conversion. Ainsi, lorsque l'écrivain catholique Édouard Drumont dénonça dans « La France Juive » au siècle dernier la conspiration juive pour détruire le Christianisme et dominer le peuple français, le P. Lemann contesta ce livre en défendant sa race, collaborant avec elle à la défaite des catholiques en France et au triomphe judéo-maçonnique.

La même chose est arrivée avec l'œuvre Notre Dame de Sion fondée par des juifs convertis, qui se consacra davantage à défendre les israélites affiliés à la Synagogue de Satan qu'à les convertir sérieusement.

Au XX$_{\text{ème}}$ siècle s'est fondée une autre association destinée à accueillir les juifs dans l'Église par leur conversion. Un idéal aussi évangélique attira de nombreuses sympathies de clercs et de laïcs. L'éminent historien Vincente Risco écrit à ce sujet : « En faisaient partie de nombreux catholiques influents et riches, des Évêques et jusqu'à des Cardinaux. Ils faisaient de la propagande et publiaient un bulletin favorable aux juifs, intitulé Pax super Israël. Cette association commença bientôt à défendre des doctrines extravagantes, quelque peu en marge de l'esprit authentique de l'Église Catholique et s'écartant lentement de la tradition, des enseignements des Saints Pères et de la Liturgie, dit une revue catholique. »Ils disaient qu'il ne fallait pas parler de la conversion des juifs mais seulement de leur entrée dans l'Église, comme s'il ne fallait pas pour cela que les juifs renoncent à leurs erreurs. Ils récusaient le qualificatif de peuple « déicide » appliqué aux juifs, celui de « ville déicide » appliqués à Jérusalem, comme si les juifs n'avaient pas contribué à la mort du Christ, comme si la Liturgie ne les appelait pas « perfides ». Ils reprochaient aux Saints Pères de « n'avoir pas compris le peuple judaïque », comme si celui-ci ne fût pas coupable de persister volontairement dans le Judaïsme ». Enfin, ils insistaient sur la nationalité juive de Jésus-Christ, et ils faisaient observer aux chrétiens que dans la Sainte Communion nous nous unissons avec les juifs et nous contractons avec eux une parenté de sang ».

Cette dernière théorie était évidemment trop aventurée : l'Église ne pouvait la tolérer, et la Sacrée Congrégation du Saint-Office se vit obligée d'intervenir ».

Comme parmi ces si téméraires « Amis d'Israël » il y avait de nombreux fidèles de bonne foi, des Évêques et même des Cardinaux, la Congrégation, dans son décret pris en l'année 1928 ne prononça pas une condamnation formelle mais seulement implicite, en supprimant l'association et le bulletin « Pax super Israël », origine de l'intervention.[127]

La revue de la Compagnie de Jésus « Civilta Cattolica » éditée à Rome consacra son numéro 1870 de l'année 1928 à combattre cette infiltration

---

[127] Vincente Risco : « *Historia de los Judios* » (Histoire des Juifs) 3eme édition, 1960, pp. 430-431.

juive dans un article intitulé : « Le péril judaïque et Les Amis d'Israël ». L'assistance divine fut patente une fois de plus, qui fit échouer cette nouvelle conjuration parvenue à s'infiltrer jusque dans les plus hautes sphères de l'Église.

Or cet exemple est d'une grande actualité, parce que, d'après ce que nous avons appris, les juifs trament actuellement quelque chose de beaucoup plus grave encore pour le Concile Vatican II, où, profitant du saint zèle pour l'unité chrétienne et la conversion des juifs, ils essaient d'obtenir que soient approuvées des résolutions au sujet des israélites, qui, non seulement sont en contradiction de la doctrine soutenue par la Sainte Église durant des siècles, mais résolutions qui, de manière pratiquement imperceptible pour la grande majorité des Pères Conciliaires, constituent une condamnation tacite de la politique suivie par les Papes et les Conciles antérieurs pendant mille neuf cents ans.

Au sujet de la question évoquée de l'association philosémite dont faisaient partie des Évêques, des Cardinaux et des fidèles, et de son bulletin « Pax super Israël », sa condamnation implicite par le Saint-Office par le décret de suppression de 1928 ne fut pas une chose facile. Il y eut une lutte acharnée dans les plus hautes sphères de l'Église, selon ce qu'ont rapporté des sources dignes de foi, et lorsque ses membres se virent devant l'inéluctable de la dissolution de la société et de l'interdiction subséquente, ils firent une contre-attaque désespérée, tirant profit de manière inédite de la charité chrétienne et de la bonne foi des plus hauts responsables de l'Église pour obtenir la condamnation simultanée de l'antisémitisme, considéré comme une manifestation de haine de races contraire aux enseignements de Notre-Seigneur basés sur le sublime axiome « Aimez-vous les uns les autres ».

C'est ainsi, qu'après de multiples pressions et influences, ils obtinrent que le Saint-Office, qui ordonnait la dissolution de l'association en question, publiât le 25 mars de la même année un décret établissant que la Sainte Église « Tout comme elle réprouve toutes les haines et les animosités entre les peuples, condamne de même la haine contre le peuple qui fut en d'autres temps l'élu de Dieu, cette haine que l'on désigne aujourd'hui habituellement du terme d'antisémitisme ».

Comme de coutume, le Judaïsme, qui obtint ainsi au moyen du groupe condamné « Pax super Israël » une condamnation de l'antisémitisme en l'identifiant à la haine d'un peuple déterminé, haine incompatible avec les prédications d'amour du Christ Notre-Seigneur, s'est efforcé ensuite de faire tomber cette condamnation sur les catholiques qui défendent la Sainte Église, leur patrie et leurs enfants contre la conspiration juive, en donnant au terme antisémitisme une autre signification, toute différente de celle qui servit à la condamnation.

Grâce à cette technique suivie par les juifs, lorsqu'un catholique des États-Unis demande que l'on châtie les traîtres juifs qui ont fourni les secrets atomiques à la Russie et donné ainsi au Communisme le pouvoir de vassaliser le monde, on lui dit de se taire, parce que c'est de l'antisémitisme condamné par l'Église !. Si quelqu'un dénonce les juifs comme étant les dirigeants du Communisme et de la Maçonnerie et expose en clair leurs intentions de détruire la Sainte Église, on le condamnera aussi comme antisémite.

Le résultat de ces sophismes et de ces intrigues est de faire considérer les juifs comme intouchables, pour qu'ils puissent commettre toutes sortes de crimes contre les chrétiens, les musulmans et les autres gentils, ourdir les conspirations les plus funestes contre l'Église et les États chrétiens et accomplir les révolutions maçonniques et communistes les plus destructrices, cela, sans que personne ne puisse les toucher, les châtier ni même seulement intervenir pour empêcher leurs activités, sauf à être accusé d'antisémitisme et de tomber sous la condamnation du Saint-Office.

Si les dirigeants de cette très méritante Institution du Saint-Office qui supprima l'association « Pax super Israël » s'étaient alors rendus compte de l'usage vicieux qu'allaient faire le Judaïsme et ses agents du décret condamnant la haine entre les peuples et donc la haine à l'égard du peuple juif, ils eussent sans aucun doute été horrifiés.

Pour apercevoir encore plus clairement quel énorme bateau a été monté par le Judaïsme à ce sujet, il suffit de prendre un exemple éloquent qui fera bien comprendre le vice de ces véritables tours de jonglerie réalisés par les juifs et leurs complices avec le terme antisémitisme.

Posons la simple question : que semblerait aux juifs si, sur la base du fait que l'Église condamna la haine entre les peuples, l'on était arrivé pendant la dernière guerre à la conclusion que ladite condamnation inclut la haine contre le peuple allemand, haine appelée par analogie anti-germanisme, pour ensuite déclarer illicite toute lutte contre les Nazis, ceux-ci étant allemands et le fait de les combattre étant alors une manifestation d'anti-germanisme précédemment condamnée ? Est-ce que les juifs auraient accepté un tel raisonnement, permettant, en jouant sur les termes, de déclarer intouchable l'Allemagne Nazie ?

Devant un tel syllogisme, les juifs, à la manière de leur ancêtre Caïphe, auraient déchiré leurs vêtements en protestant contre ce criminel ( ?) jeu de mots, ce qui n'empêche pas les mêmes hébreux d'utiliser avec un tranquille cynisme ces mêmes équivoques pour empêcher les chrétiens de se défendre.

Les juifs essaient actuellement de piéger la Sainte Église, comme auparavant ils posèrent des pièges au Christ Notre-Seigneur. Rappelons-nous combien de fois leurs dirigeants, les prêtres, les scribes et les pharisiens cherchaient à Le surprendre et Lui posaient des pièges pour essayer qu'Il se contredise, et pour Lui faire ainsi perdre son influence sur le peuple, ou pour essayer de Le placer dans une situation fausse qui leur permettrait de justifier son assassinat.

Quelque chose de similaire a lieu aujourd'hui avec la Sainte Église, qui, ayant condamné le Judaïsme et les juifs à maintes reprises durant mille huit cents ans et ayant lutté contre eux avec ténacité et énergie durant mille cinq cents ans, doit plus que jamais éviter les pièges et les embûches que lui tendent les hébreux pour la faire se contredire elle-même, employant pour cela leurs agents dans le clergé pour la pousser à la faute au moyen de tromperies subtiles, pour lui faire condamner la doctrine et la politique des Pères de l'Église, de leurs Saintetés les Papes et des Conciles œcuméniques et provinciaux, qui durant tant de siècles, de manière répétée, condamnèrent les juifs comme ministres du démon, et condamnèrent aussi ceux qui dans le clergé les aidaient au préjudice de la Foi chrétienne.

Quant à la condamnation du racisme, c'est aussi un piège du même style. Les juifs et leurs agents donnent d'abord au terme une signification restreinte équivalant à la prétention d'une race déterminée à considérer les autres comme inférieures, ou à un racisme antisémite qui inclurait sacrilègement dans ses diatribes le Christ Notre-Seigneur et la Sainte Vierge, pour obtenir à l'aide d'arguments aussi impressionnants la condamnation du racisme en général, et pour qu'ensuite les juifs et leurs collaborateurs à l'intérieur du clergé puissent accuser comme étant racistes tous ceux qui défendent l'Église et leur patrie contre l'agression, l'infiltration et la domination judaïques.

Il faut tenir compte en outre que le fait de condamner le racisme sous une forme exploitable par les israélites est extrêmement dangereux pour l'Église Catholique, vu qu'il existe des Bulles de leurs Saintetés les Papes Paul II et Paul IV prohibant et reconfirmant la prohibition de l'accession pour les catholiques d'ascendance juive aux dignités de l'Église ; et il existe aussi des Bulles, que nous étudierons plus loin, qui définissent cette doctrine, de sorte qu'une condamnation du concept abstrait de racisme, condamnation à laquelle les juifs donnent en fonction des circonstances la signification et l'interprétation qui leur convient le mieux, se prêtera à ce que des gens malintentionnés puissent affirmer que l'Église se contredit elle-même, et ce qui est encore plus grave, qu'elle condamne tacitement certains de ses plus illustres Papes dont les décisions furent confirmées dans les Statuts appelés « de Pureté de sang ».

# CHAPITRE VI

## LE CHRIST NOTRE-SEIGNEUR, SYMBOLE MÊME DE L'ANTISÉMITISME, SELON LES JUIFS

Pour que les clercs catholiques bien intentionnés se rendent compte de tout ce que cette question de l'antisémitisme a de dangereux, il faut qu'ils sachent qu'à diverses époques les hébreux ont considéré comme antisémites, aussi bien Notre-Seigneur Jésus-Christ que les Évangiles, et divers Papes, Conciles et Saints de l'Église. Et il est naturel qu'ils aient eu cette attitude, puisqu'ils considèrent comme antisémites tous ceux qui critiquent ou qui combattent leurs méchancetés, leurs crimes ou leurs conspirations contre l'humanité, et qu'aussi bien Notre-Seigneur que les Apôtres et les autres autorités catholiques mentionnées critiquèrent et combattirent en diverses occasions les exactions des juifs.

Le Nouveau Testament de la Sainte Bible, les Canons des Conciles, les Bulles et Brefs des Papes et les témoignages dignes de foi des saints canonisés par l'Église, tout comme les aveux des juifs eux-mêmes, le démontrent de manière irrécusable, comme on le verra.

Pour que les Catholiques n'en aient pas le moindre doute sur les témoignages que l'on citera, nous allons transcrire à titre d'exemple ce qu'écrit le distingué écrivain sioniste, Joseph Dunner, dans son livre intitulé « La République d'Israël », dans lequel il affirme ceci : « Pour toute la secte qui croit au Christ, celui-ci est le symbole de tout ce qu'il y a de pur, de saint et de signe d'amour. Pour les juifs, à partir du IV$^{ème}$ siècle, il est le symbole de l'antisémitisme, de la calomnie, de la violence, de la mort violente. »[128]

De considérer le Christ Notre-Seigneur comme le symbole de l'antisémitisme ou pour mieux dire de l'anti-judaïsme, les juifs ont toute raison de le faire, puisqu'ils appellent antisémite toute personne qui

---

[128] Joseph Dunner : « *The Repulic of Israel* », Octobre éditeurs, 1950, p.10. (NDT On trouvera dans l'ouvrage de Léon de Poncins « *Les Juifs et le Vatican* » de nombreux autres témoignages du même type d'autres auteurs juifs modernes et contemporains !)

censure ou combat leurs méchancetés, et que Notre-Seigneur fut le premier à le faire.

Jésus-Christ Notre-Seigneur aux prises avec quelques juifs engagea avec eux le dialogue suivant que nous rapporte l'Évangile de Saint Jean :

Chapitre VIII,

39. Ils lui répondirent et lui dirent : Notre père c'est Abraham. Jésus leur dit : Si vous êtes les enfants d'Abraham, faites les œuvres d'Abraham.
40. Or maintenant vous cherchez à Me faire mourir, Moi un homme qui vous ai dit la vérité que J'ai apprise de Dieu. Abraham n'aurait pas fait cela.
41. Mais vous faites les œuvres de votre père. Et ils lui répondirent. Nous ne sommes pas nés de la prostitution; nous n'avons qu'un seul Père qui est dieu.
42. Jésus leur répliqua : Si Dieu était votre Père, certainement vous M'aimeriez. Parce que c'est de Dieu que Je suis sorti et que Je suis venu, et Je ne suis pas venu de Moi-même, mais c'est lui qui M'a envoyé. Pourquoi n'entendez-vous pas Mon langage ? C'est parce que vous ne pouvez pas entendre Ma parole.
44. Vous êtes les fils du diable, et vous cherchez à accomplir les désirs de votre père. Il fut homicide depuis le commencement et la vérité ne demeura point en lui, et comme il n'y a pas de vérité en lui, il ne profère que le mensonge lorsqu'il parle : il parle de son propre fond parce qu'il est menteur et père du mensonge.
47. Celui qui est de Dieu entend les paroles de Dieu. C'est pourquoi vous ne les entendez pas, parce que vous n'êtes pas de Dieu.
48. Les juifs répondirent : N'avions-nous pas raison de dire que tu es un Samaritain et que tu as un démon ?
49. Jésus répondit : Je n'ai pas de démon, mais J'honore Mon Père et vous M'avez outragé.
52. Les juifs lui dirent : Maintenant nous savons que tu as un démon. Abraham est mort et les prophètes aussi, et toi tu dis « Celui qui gardera Ma parole ne goûtera pas la mort à jamais ».

Et ce passage se termine par ces versets :

« Et les juifs lui dirent : Tu n'as pas encore cinquante ans et tu as vu Abraham ?

58. Jésus leur répondit : En vérité, en vérité, Je vous le dis, avant qu'Abraham fut, Je suis.

59. Ils prirent alors des pierres pour le lapider, mais Jésus se cacha et sortit du Temple.[129]

Dans ce passage de l'Évangile de saint Jean, on voit que le Christ Notre-Seigneur leur reproche en termes sereins leurs intentions homicides, appelant précisément les juifs : fils du diable. Et ce passage montre que les hébreux dès cette époque avaient les mêmes idées que maintenant.

En effet, les juifs ne peuvent pas soutenir une discussion de manière sereine et honnête, sans faire appel aux insultes, à la calomnie ou aux actes violents, en fonction de ce qui leur convient. Et si avec notre Divin Sauveur ils employèrent le mensonge et l'insulte en s'efforçant de le déshonorer, comme Il en témoigne Lui-même au verset 49, ou en prétendant terminer la discussion à coups de pierres, que pouvons-nous donc espérer des mêmes, nous autres, pauvres humains ?

Au chapitre XXIII de l'Évangile selon saint Matthieu, en parlant des dirigeants juifs qui le combattirent tellement,[130] Notre-Seigneur Jésus-Christ les appelle hypocrites (versets 13,14, 15 etc.), remplis d'iniquités (verset 28), insensés et aveugles (verset 17), propres au dehors mais remplis de rapacité et d'immondices au dedans (verset 25), sépulcres blanchis qui de l'extérieur ont belle apparence, mais qui à l'intérieur sont remplis d'ossements de morts et d'impuretés de toutes sortes (verset 27), descendants des assassins des prophètes (verset 31), et le chapitre en question des Saints Évangiles se termine par cette accusation finale de Notre-Seigneur Jésus-Christ contre les juifs qui renièrent leur Messie et le combattirent, accusation que nous faisons figurer en totalité de par son importance :

Verset 33. Serpents, engeance de vipères, comment éviterez-vous la condamnation de la Géhenne ?

34. C'est pourquoi je vous envoie des prophètes, des docteurs et des scribes, mais vous tuerez et crucifierez les uns, et ferez flageller les autres dans vos synagogues, et vous les poursuivrez de ville en ville.

35. Pour que retombe sur vous tout le sang innocent qui a été versé sur la terre, depuis le sang du juste Abel jusqu'à celui de Zacharie le fils de Barachias que vous avez tué entre le temple et l'autel.

36. En vérité je vous le dis : toutes ces choses retomberont sur cette génération.

37. Jérusalem, Jérusalem qui tues les prophètes et qui lapides ceux qui te sont envoyés, que de fois n'ais-Je pas voulu rassembler tes

---

[129] Évangile selon Saint Jean chap VIII, versets cités.
[130] Notre Divin Rédempteur invective ici les scribes, les pharisiens et les rabbins, tous ceux qui formaient la classe intellectuelle dirigeante du peuple juif.

enfants comme la poule rassemble ses poussins sous ses ailes, et tu ne l'as pas voulu ! »[131]

Le Christ Notre-Seigneur, mieux que personne, dénonce ici les instincts assassins et cruels des juifs, ce qui explique que dans la révélation qu'Il fit à son disciple bien aimé et que celui-ci consigna dans l'Apocalypse, Il appela les juifs qui renièrent leur Messie la « Synagogue de Satan »,[132] une dénomination qui nous est ainsi assurée comme divine, et qui dans les siècles postérieurs fut utilisée très fréquemment par la Sainte Église Catholique pour désigner le Judaïsme criminel et conspirateur, qui, depuis qu'il a assassiné le Fils de Dieu, n'a pas cessé de commettre toutes sortes de crimes contre Dieu et contre l'humanité.

Nous utiliserons pour notre part dans le présent ouvrage ce terme de Synagogue de Satan pour désigner le Judaïsme moderne, car il est difficile de trouver un qualificatif plus approprié que celui conçu par le Christ Notre-Seigneur.

Parmi ceux qui ont dirigé le combat contre le Judaïsme au cours de l'ère chrétienne, il sera également bien difficile de trouver quelqu'un qui ait employé contre lui des mots aussi durs que ceux qu'employa N. S. Jésus-Christ Lui-même. Il ne faut donc pas s'étonner que l'écrivain juif Joseph Dunner assure, dans son livre cité, que les juifs considèrent le Christ comme : « le symbole même de l'antisémitisme », d'autant que les chrétiens et les gentils ont été accusés d'antisémitisme pour des attaques beaucoup plus bénignes.

C'est bien pourquoi il est si dangereux que les clercs catholiques bien intentionnés se laissent convaincre par ceux qui ne le sont pas à lancer des condamnations générales et vagues de l'antisémitisme, qui les exposent à condamner le Christ-Jésus Notre Rédempteur en personne, les Apôtres, les Saints et les Papes, tous qualifiés d'antisémites par la Synagogue de Satan.

Une autre raison du danger de le faire est que les juifs seraient dès-lors à même d'utiliser ces condamnations (de l'antisémitisme) comme un nouveau blanc-seing, leur facilitant l'exécution de toutes sortes de crimes, de délits et de conspirations contre l'humanité et leur en garantissant l'impunité, car on ne pourra même plus alors se défendre efficacement contre eux.

Il faut noter que dans tout pays ou institution où le Judaïsme arrive à obtenir une influence suffisante, que ce soit par ses activités publiques ou secrètement par sa cinquième colonne, la première chose qu'il fait est d'obtenir une condamnation de l'antisémitisme, qui empêche ou paralyse toute tentative de défense. Lorsqu'ils ont réussi par leurs intrigues à

---

[131] *Évangile selon Saint Matthieu*, chap. XXIII, versets 33 à 37.
[132] Saint Jean : *Apocalypse*, chap II, verset 9 et chap III verset 9.

imposer une telle situation si anormale, tout complot, toute trahison, tout crime ou délit politique ne pourra être châtié qu'à la condition d'être commis par un chrétien ou un non-juif, mais non pas si un ou plusieurs juifs sont impliqués, car si quelqu'un tentait alors d'imposer de sanctionner le ou les responsables, il entendrait la clameur des campagnes de presse, de radio et de pétitions, artificiellement organisées par le pouvoir occulte judaïque, protestant alors avec fureur contre cette nouvelle poussée d'antisémitisme, cette peste odieuse qui vient de resurgir !

Il est de toute évidence injuste, incroyable et absurde que les juifs aient le droit d'exiger un privilège spécial qui leur permette de commettre impunément des crimes, de trahir les peuples qui leur donnent l'hospitalité, d'organiser des conspirations et des révoltes dans le but d'assurer leur suprématie sur les autres. Toute personne ou organisation responsable de ce type de délits, sans distinction de race ou de religion, doit recevoir le châtiment mérité. Cette vérité ne peut être plus évidente ni plus simple, et même si les juifs la refusent, elle demeure pleinement en vigueur à leur égard.

Il est également très fréquent que les juifs, en plus d'appuyer les condamnations de l'antisémitisme de la manière que nous venons de voir, utilisent une autre astuce aux mêmes fins. Cet artifice repose sur le sophisme ourdi par les mêmes juifs, et secondé par les clercs catholiques et protestants qui consciemment ou non font leur jeu, consistant à affirmer de manière solennellement dogmatique « qu'il est illicite de lutter contre les juifs... parce qu'ils sont le peuple du sang de Jésus ».

Un sophisme aussi grossier est très facile à réfuter, en citant le passage des Saints Évangiles où le Christ Notre-Seigneur, après avoir appelé une fois de plus « race de vipères » les juifs qui le combattaient,[133] le récusa nettement pour le futur, au profit d'une parenté de caractère spirituel. En effet dans ce passage on lit ce qui suit :

Matthieu, XII,
- 47. Quelqu'un lui dit : voici ta mère et tes frères qui sont dehors et qui te cherchent.
- 48. Et Lui, répondant à cet interlocuteur, lui dit : Qui est ma mère et qui sont Mes frères ? (c'est à dire Ma famille).[134]
- 49. Et étendant la main vers Ses disciples, il dit : Voici Ma mère et voici Mes frères.
- 50. Car quiconque fait la volonté de Mon Père qui est dans les cieux, celui-là est mon frère et ma sœur et Ma mère ».[135]

C'est pourquoi, bien que Jésus eut une parenté de sang par Sa Mère avec l'antique peuple hébreux des temps bibliques, il est évident que pour

---

[133] *Évangile selon Saint Matthieu*, chap XII, verset 34.
[134] Il est courant dans le langage biblique d'appeler frères des parents proches.
[135] *Évangile selon Saint Matthieu*, chap. XII, versets cités.

l'avenir il n'accordait de valeur qu'à la parenté spirituelle, et il faisait abstraction des liens de sang qu'il avait avec Sa parentèle, et avec plus de raison encore d'avec le peuple juif qui Le rejeta comme Messie en Le reniant, qui Le martyrisa et L'assassina au moyen d'un supplice cruel et lent, en accomplissant là le crime le plus atroce de tous les temps pour devenir le peuple déicide.

Mais aussi, le Christ en désignant les juifs qui Le répudièrent comme des fils du diable et engeance de vipères, affirmait également être Lui Fils de Dieu, faisant bien voir qu'aucune parenté ne Le reliait à eux, car il ne peut rien avoir de commun entre le Fils de Dieu et les fils du diable, pas plus qu'il ne peut exister aucun lien entre le bien et le mal. Est donc complètement fausse, hérétique même, la thèse que la Synagogue de Satan c'est à dire le Judaïsme moderne a avancé sur le sang du Christ, et qu'à cause de cela on ne pourrait les combattre. Si cette thèse infâme était véridique, ni Jésus-Christ Lui-même, ni Ses Apôtres, ni beaucoup de Saints, de Conciles et de Papes ne les auraient combattus. Il est absurde d'identifier le peuple hébreux primitif d'Abraham, d'Isaac, de Jacob, de Moïse (avec la très Sainte Vierge et les Apôtres)) qui reçut le privilège divin d'être le peuple élu du Seigneur, avec les juifs postérieurs qui, en violant la condition imposée par Dieu pour être le peuple élu, méritèrent en outre par leurs crimes, leurs apostasies et leurs méchancetés le titre de Synagogue de Satan.

Le privilège de peuple élu de Dieu a été hérité par la Sainte Église du Christ, qui est la vraie descendante spirituelle du peuple hébreux primitif des temps bibliques, et les prophéties de l'Ancien Testament au sujet du véritable peuple de Dieu valent pour l'Église du Christ, qui actuellement selon la doctrine de l'Église est précisément le vrai peuple de Dieu. C'est pourquoi, considérer aujourd'hui comme peuple de Dieu celui d'Israël, c'est nier la raison d'être du Christianisme.

Il n'y a que les clercs qui sont les successeurs de Judas Iscariote à pouvoir affirmer une telle aberration.

C'est dans la même erreur que celle qu'encourent les clercs chrétiens qui font le jeu de la Synagogue de Satan que tombèrent, bien qu'avec des objectifs opposés, certains secteurs extrémistes du Nazisme, qui, dans leur ardeur à combattre le Judaïsme international, inventèrent une doctrine raciste, identifiant de manière aussi absurde que blasphématoire le peuple élu de Dieu, celui d'Abraham, Isaac, Moïse, la Très Sainte Vierge Marie et les Apôtres, avec la Synagogue de Satan c'est à dire le Judaïsme moderne, et rejetèrent les uns et les autres comme membres d'une race indésirable, soutenant ainsi une thèse inacceptable pour les chrétiens.

Les Allemands anti-communistes qui si héroïquement luttent contre l'impérialisme soviétique doivent réfléchir sereinement sur cette question, pour que ceux qui combattent le Judaïsme satanique ne commettent pas de nouveau l'erreur des extrémistes nazis, qui les mènerait à cette confusion absurde et antichrétienne de type raciste, qui, en plus d'être injuste, équivoque et blasphématoire, provoquerait l'indignation des chrétiens, en ces temps où il est si nécessaire que s'unissent tous les honnêtes gens du monde, tous ceux qui croient en Dieu et dans la cause du bien, pour combattre ensemble la bête judéo-communiste qui avance inexorable et sanguinaire, menaçant toute l'humanité sans distinction de race ou de religion.

Pour donner enfin une preuve supplémentaire et péremptoire du danger qu'il y a à formuler des condamnations générale de l'antisémitisme, nous allons, pour clore ce chapitre, citer un document irréfutable, de l'une des œuvres officielles parmi les plus importantes du Judaïsme contemporain : l'Encyclopédie Judaïque Castillane, publiée en 1948 par l'Editorial Enciclopedia Judaica de Mexico, D.F., à laquelle collaborèrent notemment Ben-Zion Uziel, le grand rabbin de Terre Sainte ; Maxime Yagupsky du Département Latino-Americain de l'American Jewish Committee de New-York ; le Pr. Dr. Hugo Bergmann, professeur et ex-recteur de l'Université Hébraïque de Jérusalem ; Isidore Meyer, le bibliothécaire de l'American Jewish Historical Society de New-York ; le grand rabbin d'Egypte Haim Nahoum Effendi ; le directeur des Archives Centrales Sionistes de Jérusalem, le Dr Georg Herlitz, ainsi qu'un très grand nombre d'autres dirigeants distingués et hommes de lettres du Judaïsme mondial.

L'important est que cette encyclopédie juive, au terme Antisémitisme, donne une définition de ce que les Israélites considèrent comme tel, et dit notamment ceci :

« B. Au Moyen-Âge. Avec l'établissement de l'Église chrétienne comme religion d'État et son expansion en Europe, commença la persécution des juifs par les chrétiens. Les motifs furent au départ purement religieux.

« L'autorité spirituelle de l'Église ne demeura en réalité que très imparfaitement établie. À mesure que l'hérésie levait la tête, la persécution se faisait plus intense et s'abattait communément aussi sur le juif, éternelle et commode tête de turc. Face aux efforts de propagande de l'Église, le juif était le négateur constant. Une grande partie de l'antisémitisme chrétien était dû à la transformation du rituel religieux que l'Église avait adopté du Judaïsme en un symbolisme anti-juif. On rapporta la fête juive de la Pâque à la crucifixion ». « Et les sermons commencèrent d'appeler les juifs « perfides, sanguinaires, etc. ». et à exciter contre eux les sentiments du peuple. On leur attribuait des pouvoirs magiques et maléfiques, dûs à leur alliance avec Satan. Le monde catholique arriva à croire que les juifs savaient que la doctrine chrétienne était la véritable, mais qu'ils se refusaient à accepter cette vérité et qu'ils falsifiaient les textes bibliques pour en empêcher l'interprétation christologique. L'alliance avec Satan n'était pas une allégorie pour la mentalité médiévale, ni une invention d'un clergé fanatique. L'Évangile lui-même (Jean 8, 44) disait que les juifs sont les enfants du diable. Les ministres de l'Église rappelaient constamment le satanisme des juifs et les appelaient les disciples et les alliés du diable... » « Les constantes accusations ecclésiastiques du déicide, de leur soif de sang chrétien, de leurs flagellations magiques de crucifix, de leur irrationalité et de leurs mauvais instincts produisirent une atmosphère trop horrible pour ne pas avoir exercé les effets les plus profonds sur les foules... » « Bien que l'Église, au moyen de Bulles papales et d'Encycliques, essaya de contenir la haine populaire qu'elle avait elle-même créée, les sentiments antijuifs de l'époque se traduisirent par des excès de la populace, par des massacres de juifs, des expulsions, des conversions forcées... »

Et les encyclopédistes juifs auteurs de l'article, après avoir cité les lois anti-juives de certains monarques chrétiens, qu'ils disent pour certaines avoir été inspirées par divers Pères de l'Église comme Ambroise et Chrysostome, concluent en affirmant :

« Néanmoins, la législation la plus hostile provenait de l'Église même, de ses Conciles, des décisions papales et du Droit canonique, dont la sévérité augmenta constamment du IV$^{ème}$ siècle au XVI$^{ème}$ siècle ».[136]

Parmi les dernières manifestations de la littérature juive soutenant la thèse que l'Église a été injuste envers les juifs depuis que « les Romains condamnèrent le Christ », figurent les ouvrages de Jules Isaac : « Jésus et Israël » et le dernier « L'enseignement du mépris », qui ont fait l'objet d'une recension louangeuse de l'écrivain et politicien Carlo Bo.[137]

Les constantes pressions de ceux qui à l'intérieur de la Sainte Église servent les intérêts du Judaïsme, visant à obtenir des condamnations ambiguës de l'antisémitisme, ne peuvent avoir d'autre objet sinistre que celui de parvenir à ce que l'Église finisse par se condamner elle-même, puisque les juifs, qui se sentent plus que jamais autorisés à définir l'antisémitisme, considèrent la Sainte Église comme on a pu le voir ici comme la principale responsable d'un féroce antisémitisme chrétien.[138]

---

[136] « *Encyclopédie Judaïque Castillane* », Mexico D.F. 1948, terme Antisemitismo, t.I, pp. 334 à 337.
[137] Carlo Bo, article intitulé « E ancora difficile dire Ebreo », dans la revue *l'Europeo*.
NDT : On pourra lire de larges extraits des thèses de Jules Isaac dans les ouvrages « *Les Juifs et le Vatican* » et « *Le Judaïsme et le Vatican* « de Léon de Poncins.
[138] NDT : On sait que ces pressions furent agréées finalement par Jean XXIII puis par 1600 Évêques, ce qui donnera naissance à la monstrueuse constitution *Nostra AEtate* entérinée par Montini (dit Paul VI) !

# Chapitre VII

## Le Peuple Déicide

Nous nous souvenons qu'une association dénommée les « Amis d'Israël », dont faisaient partie jusqu'à des Cardinaux et des Évêques, fut condamnée par Sa Sainteté le Pape Pie XI et le Saint Office en l'année 1928, et que parmi les nouveautés scandaleuses que cette association diffusa, on trouvait l'affirmation que le peuple juif ne fut pas déicide, affirmation contredisant celle soutenue par la Sainte Église pendant pratiquement vingt siècles. Implicitement condamnée par l'Église, cette association fut dissoute par le décret mentionné. Personne n'imaginait que ses thèses aventurées et pour certains même hérétiques resurgiraient, jusqu'à ce qu'à la surprise générale trente ans après, il s'avéra que les juifs les avaient fait ressusciter, secondés par un groupe nombreux de clercs[139] qui, défiant la condamnation implicite du Saint Office, assuraient qu'il était complètement faux que Notre-Seigneur ait été mis à mort par les juifs, et que les vrais responsables de cet assassinat étaient les Romains, et donc qu'il était injustifié de qualifier de déicide le peuple juif !.

L'audace des nouveaux Amis d'Israël passe les limites du concevable, car ils ont l'insolence de contredire, non seulement les Apôtres du Seigneur, mais le Christ Lui-même, comme on va le démontrer ci-après, avec des textes du Nouveau Testament qui révèlent :

1. Que le Christ accusa les juifs et non les Romains de chercher à Le tuer ;
2. Que ce furent les juifs et non les Romains qui eurent le projet de tuer Jésus et qui cherchèrent à Le supprimer en diverses occasions, avant sa passion et sa mort ;
3. Que ce furent les juifs et non les Romains qui furent les instigateurs et les vrais responsables du crime ;
4. Que les Apôtres accusèrent les juifs et non les Romains de la mort de Jésus. Premier point : Le Christ accusa les juifs et non les Romains de chercher à Le tuer. Preuves :

---

[139] NDT : parmi lesquels le RP Jean Daniélou, S.J., qui devait devenir le « cardinal » de Paul VI !

Dans l'Évangile de Saint Jean, chapitre VIII, l'Apôtre raconte que Jésus dans une discussion avec quelques juifs leur dit : 37. Je sais que vous êtes la postérité d'Abraham, cependant vous cherchez à me tuer parce que Ma parole n'entre pas en vous.

Et ensuite, selon ce qu'indique l'Apôtre au verset 40 du même chapitre, Notre-Seigneur répète aux mêmes juifs : « 40. Mais aujourd'hui vous cherchez à Me tuer, alors que Je suis un homme qui vous ai dit la vérité ; Abraham ne fit pas cela ».[140]

Et dans un autre chapitre du même saint Évangile (le VIIème), le disciple bien aimé signale que Jésus, étant monté un jour au Temple pour prêcher, disait aux juifs :

19. Moïse ne vous a-t-il pas donné la Loi ? Et nul d'entre vous n'observe la Loi !
20. Pourquoi cherchez-vous à me faire mourir ?[141]

Il n'apparaît en aucun passage des Saints Évangiles que le Christ Notre-Seigneur ait jamais dit que les Romains cherchaient à Le faire mourir, mais tout au contraire Il accusa les juifs de chercher à Le tuer. Les clercs qui soutiennent la thèse novatrice croient-ils donc que Notre-Seigneur S'est trompé, et que c'est eux qui viennent de découvrir en ce siècle ce que Notre-Seigneur Jésus-Christ ne put soupçonner, à savoir que c'étaient les Romains et non les juifs qui cherchaient à Le tuer ?

Deuxième point. Ce furent les juifs et non les Romains qui projetèrent et essayèrent à plusieurs reprises de tuer Jésus, avant Sa passion et Sa mort.

Preuves :

L'Évangile selon Saint Matthieu, au chapitre XXI, nous relate que le Christ Notre-Seigneur

23. Était allé au Temple, et qu'alors les Princes des prêtres et les Anciens du peuple vinrent vers Lui en disant : En vertu de quelle autorité fais-tu ces choses ? Et qui t'a donné ce pouvoir ?

L'Évangéliste continue en narrant la discussion soutenue par Jésus avec ces hauts dirigeants du peuple juif, et ce passage se termine par ces deux versets :

45. Et lorsque les princes des prêtres et les pharisiens entendirent ses paraboles, ils comprirent que c'était d'eux qu'Il parlait.
46. Et cherchant à s'emparer de Lui, ils craignirent le peuple parce qu'il L'admirait comme un prophète.[142]

Ce passage montre bien que les intentions agressives ne partaient pas de juifs irresponsables mais des principaux dirigeants du peuple juif, qui étaient alors les princes des prêtres et les Anciens du peuple, dont

---

[140] *Évangile selon Saint Jean*, chap. VIII, versets 37 et 40.
[141] *Évangile selon Saint Jean*, chap. VIII, versets 19 et 20.
[142] *Évangile selon Saint Matthieu*, chap. XXI, versets 23, 45 et 46.

l'influence ainsi que celle des pharisiens était décisive sur le gouvernement de cette nation.

Dans l'Évangile selon Saint Marc, au chapitre III, on lit ceci :
1. Jésus entra de nouveau dans la Synagogue, et il y avait là un homme qui avait une main desséchée.
2. Ils L'épiaient pour savoir s'Il le guérirait un jour de sabbat, afin de L'accuser....
5. Alors, jetant sur eux tout autour un regard indigné, tout attristé de la dureté de leur cœur, Il dit à l'homme : Étends ta main. Il l'étendit, et sa main fut guérie.
6. Mais les pharisiens à la sortie se concertèrent alors avec les hérodiens contre Lui, sur les moyens de Le faire périr ».[143]

On voit donc que les secteurs dirigeants du peuple juif avaient tramé la mort du Christ bien avant qu'Il ait été livré à Pilate, sans qu'en revanche il existe aucun passage des Évangiles qui indique une quelconque intention ou projet des Romains tendant à le faire.

Saint Jean apporte aussi que Jésus ayant guéri un paralytique un jour de sabbat, les juifs le persécutaient, disant au chapitre V, verset 18. Et pour cela les juifs cherchaient encore plus à le faire mourir, non seulement parce qu'Il violait le sabbat, mais aussi parce qu'Il disait que Dieu était Son Père, se faisant l'égal de Dieu.[144]

Dans l'Évangile de Saint Luc, l'Apôtre nous raconte comment le Christ étant à Nazareth, il alla pour le sabbat à la synagogue et commença à prêcher, suscitant par ses discours une grande réprobation chez beaucoup de ceux qui étaient présents. Et, dit l'Évangéliste aux versets 28 et 29 du chapitre IV :

Tous dans la Synagogue furent remplis de colère en entendant ces paroles.

Et s'étant levés, ils Le poussèrent hors de la ville et Le conduisirent jusqu'au sommet de la montagne sur laquelle était édifiée la ville, afin de Le précipiter en bas.[145]

Si donc ses propres concitoyens essayèrent ainsi de le tuer, on peut dire que l'intention de l'assassiner était générale, et pas seulement partagée par le petit groupe des dirigeants juifs de Jérusalem.

Saint Jean signale de nouveau au chapitre VII verset 1 : Et après cela Jésus parcourait la Galilée, parce qu'il ne voulait pas aller en Judée du fait que les juifs L'y attendaient pour Le tuer ».

On ne peut être plus clair que dans ce passage. Dans toutes la Judée, les juifs attendaient Jésus pour Le tuer, mais Son heure n'étant pas encore arrivée, Il préférait ne pas aller dans cette région.

---

[143] *Évangile selon Saint Marc*, chap. III, versets 1,2, 5et 6.
[144] *Évangile selon Saint Jean*, chap. V, verset 18.
[145] *Évangile selon Saint Luc*, chap. IV, versets 28 et 29.

Si donc les projets et les conjurations antérieures des juifs pour le faire mourir furent nombreux, ce furent encore les juifs et non pas les Romains qui préparèrent la conspiration finale qui aboutit à Sa mort.

Troisième point. Ce furent les juifs et non pas les Romains qui furent les instigateurs et les véritables responsables du crime.

Preuves :

Dans l'Évangile de Saint Luc, chapitre XXII, l'Apôtre nous dit :
1. Or la fête des Azymes que l'on appelle la Pâque approchait.
2. Et les Princes des prêtres et les scribes cherchaient le moyen de faire mourir Jésus.[146]

En outre, dans l'Évangile selon Saint Jean, au chapitre XI on lit ceci :
47. Les Princes des prêtres et les pharisiens réunirent alors un conseil et dirent : Que faisons-nous, car cet homme fait beaucoup de miracles ?
49. Mais l'un d'eux appelé Caïphe qui était le Grand Prêtre cette année là leur dit : Vous n'y entendez rien.
50. Et vous ne réfléchissez pas qu'il vaut mieux qu'un homme meure pour le peuple plutôt que la nation ne périsse.
53. Et ainsi depuis ce jour ils réfléchirent aux moyens de Le faire mourir.
54. Aussi Jésus ne se montrait-il plus en public au milieu des juifs...[147]

Saint Luc dit que ce furent les juifs et non les Romains qui subornèrent Judas pour qu'il livre le Christ : Chapitre XXII.
3. Satan entra en Judas surnommé Iscariote, qui faisait partie des douze.
4. Et celui-ci s'en alla négocier avec les Princes des prêtres et les Magistrats sur le moyen de le leur livrer.
5. Ils se réjouirent et convinrent de le rétribuer.
6. Et il conclut un accord avec eux. Il cherchait donc une occasion de leur livrer à l'insu de la foule. »[148]

Ce furent donc bien les juifs et non les Romains qui tramèrent le complot final pour assassiner le Christ Notre-Seigneur et qui prirent en outre les moyens de le capturer, en achetant la complicité de Judas Iscariote.

Saint Jean nous rapporte dans son Évangile les circonstances dans lesquelles eut lieu l'arrestation de Jésus : Chapitre XVIII :
1. Après que Jésus eut ainsi parlé, Il sortit avec ses disciples au-delà du torrent du Cédron où se trouvait un jardin, et Il y entra avec ses disciples.

---

[146] *Évangile selon Saint Luc*, chap. XXII, versets 1 et 2.
[147] *Évangile selon Saint Jean*, chap. XI, versets 47, 49, 50, 53 et 54.
[148] *Évangile selon Saint Luc*, chap. XX, versets 3, 4, 5 et 6.

2. Et Judas qui Le livrait connaissait aussi ce lieu, parce que Jésus y était souvent allé avec ses disciples....
12. Alors, la cohorte avec le tribun et les gardes des juifs s'emparèrent de Jésus et Le ligotèrent.
13. Et ils Le conduisirent d'abord chez Anne, parce qu'il était le beau-père de Caïphe, lequel était Grand Prêtre cette année-là.
14. Et Caïphe était celui qui avait donné le conseil aux juifs : qu'il fallait mieux qu'un seul homme meure pour le peuple.
24. Anne Le renvoya toujours ligoté au Grand Prêtre Caïphe.
28. Ils menèrent alors Jésus de chez Caïphe au prétoire ; c'était le matin ; mais eux n'entrèrent pas dans le prétoire pour ne pas se souiller et pouvoir manger la Pâque....
39. C'est une de vos coutumes que je délivre quelqu'un pour la Pâque. Voulez-vous donc que je vous délivre le Roi des Juifs ?
40. Ils se mirent tous à crier en disant : Non, pas celui-ci mais Barrabas. Barrabas était un brigand.[149]

Et au chapitre XIX, le même Évangile continue en rapportant que Pilate, après avoir fait flageller Jésus dans l'idée que de le présenter ensuite dans cet état serait à même d'émouvoir la compassion de cette bande de fauves et d'amollir leur cœur (selon ce que dit la note 3 de la Bible de Scio, tome V, page 255), Pilate alors ressortit encore et leur dit : je vous Le fais amener dehors afin que vous sachiez que je ne trouve en Lui aucun grief.

5. Jésus vint donc dehors portant une couronne d'épines et un manteau de pourpre, et Pilate leur dit : Voilà l'homme.
6. Dès qu'ils Le virent, les Grands prêtres et leurs adjoints hurlèrent en disant : Crucifie-le, crucifie-le ! Pilate leur dit : Prenez-Le vous-mêmes et crucifiez-Le, parce que, moi, je n'ai pas trouvé en lui sujet de condamnation. Les juifs répondirent : Nous avons une loi, et selon la loi Il doit mourir parce qu'Il s'est fait Fils de Dieu.
15. Et ils criaient ; Fais-Le disparaître, Fais-Le disparaître, Crucifie-Le. Pilate leur dit : Crucifierais-je votre Roi ? Les Grands Prêtres répondirent : Nous n'avons d'autre Roi que César.
16. Alors il Le leur livra pour être crucifié. Ils s'emparèrent donc de Jésus et Le tirèrent dehors.
17. Et portant sa croix sur le dos, Il sortit vers le lieu nommé Calvaire et en hébreu Golgotha.
18. Et là ils Le crucifièrent, et avec Lui deux autres, un de chaque côté et Jésus au milieu.[150]

Il était arrivé à Pilate la même chose qu'à ceux qui ne font pas partie de cette race de vipères pour utiliser les propres termes qu'employa le Christ

---

[149] *Évangile selon Saint Jean*, chap. XVIII, versets 1, 2, 12, 13, 14, 24, 39 et 40.
[150] *Évangile selon Saint Jean*, chap. XIX, versets 4, 5, 6, 7, 15, 16, 17 et 18.

de ne pouvoir imaginer jusqu'à quel point en viendrait leur cruauté, car elle est exceptionnelle dans l'histoire de l'humanité. C'est qu'ayant renié leur Dieu et Seigneur, ils tombèrent au plus profond de l'abîme.

S'ils firent subir à Jésus ce qu'ils lui firent, on ne doit pas s'étonner de l'horrible crime rituel que les Juifs pratiquèrent pendant des siècles, des actes monstrueux dont il existe d'irrécusables témoignages de différents cas, y compris à propos de saints de l'Église Catholique. Ce crime rituel, d'après ce que l'on sait, consistait à capturer un innocent enfant chrétien et à lui faire subir un Vendredi Saint toutes les tortures de la Passion, en le faisant mourir de la cruelle mort qu'ils infligèrent au Christ Notre-Seigneur. Ils reproduisaient de sang-froid sur le malheureux enfant la Passion et la Mort de Jésus. La vénération que l'on a en Italie pour le Bienheureux petit Simon de Trente et pour le bienheureux Laurent de Marostique tire son origine de ce que l'un et l'autre furent martyrisés ainsi par les juifs.

Tout cela nous paraîtrait incroyable s'il n'existait des preuves irréfutables de tels faits, non seulement au cours du Moyen-Âge, mais aussi à l'époque moderne. Seule une race de vipères, comme la qualifia le Fils de Dieu, race froide et sans pitié, assassine de Jésus-Christ, a pu en arriver à ces extrémités de sadisme auxquels on assiste même de nos jours dans les pays communistes, où ils torturent avec un luxe inouï de cruauté et tuent les chrétiens et les gentils par millions.

Aussi longtemps que la Bête resta enchaînée, selon les termes de l'Apocalypse de Saint Jean, soit durant mille ans, du V$_{ème}$ au XV$_{ème}$ siècle, elle se borna à crucifier des enfants sans défense, à cracher sur les Crucifix et les images de la Très Sainte Vierge, à profaner des objets sacrés, à essayer de souiller la sainte mémoire de Jésus et de Marie par d'horribles calomnies et blasphèmes ; mais depuis que la Bête se libéra au début du XVI$_{ème}$ siècle, elle parvint à renverser l'ordre du monde au XIX$_{ème}$ et au XX$_{ème}$ siècle. Dès lors, elle ne se borna plus à souiller sacrilègement ni à cracher sur les Crucifix et les images de la Très Sainte Vierge, ni à calomnier horriblement la mémoire du Rédempteur et de Sa Très Sainte Mère. Il ne lui fut désormais plus nécessaire de concentrer toute sa haine et toute sa cruauté faute d'autre objet disponible sur des enfants innocents ; le monstre apocalyptique libéré de ses chaînes, libéré alors des lois ecclésiastiques et civiles qui avaient maintenu les juifs enfermés dans les ghettos à l'écart des chrétiens, désormais sans plus d'interdiction d'occuper les postes dirigeants dans la société chrétienne, la Bête s'élança pour s'emparer de tout, pour mettre à bas les institutions chrétiennes les unes après les autres, déchaînant sa haine diabolique sur tout le Christianisme, qui dans les pays communistes est systématiquement détruit.

Tout ce qui précède est confirmé par l'écrivain juif Salvatore Jona, qui écrit :

« Les juifs sortis du ghetto se lancèrent à la conquête de toutes les positions matérielles et spirituelles, qui leur avaient été refusées dans les siècles passés... »[151]

Seule, en effet, la main qui martyrisa Jésus-Christ peut être capable d'organiser les Tckekas et les polices secrètes qui commettent les crimes épouvantables et innombrables que l'on sait, sans aucun équivalent dans toute l'Histoire.

Saint Marc, au chapitre XIV dans son Évangile, nous dit :

1. Deux jours après était la Pâque et les Azymes ; et les princes des prêtres et les scribes cherchaient toujours comment Le prendre par surprise et Le faire mourir.
10. Et Judas Iscariote, l'un des douze, vint aux princes des prêtres pour s'entendre avec eux.
11. Ceux-ci, quand ils l'entendirent, se réjouirent et lui promirent de l'argent. Et il cherchait l'occasion opportune pour s'emparer de Lui.

On doit remarquer ici que Judas n'eut pas le moins du monde l'intention de livrer Jésus aux Romains, mais aux juifs parce que c'était eux, et non pas les Romains, qui étaient intéressés à tuer le Christ. Tout comme par ailleurs ce furent les juifs et non pas les Romains qui payèrent Judas pour sa trahison.

Et Saint Marc poursuit, par un passage démontrant que ce furent les dirigeants religieux et civils du peuple juif et non les Romains qui ordonnèrent l'arrestation de Jésus.

43. Comme Il parlait encore, survint Judas Iscariote, l'un des douze, avec une grande troupe de gens armés d'épées et de bâtons envoyés par les Princes des prêtres, les Scribes et les Anciens.
44. Et le traître leur avait donné ce signal, leur disant : Celui que j'embrasserai, c'est lui. Prenez-Le et emmenez-Le sous bonne garde.
46. Alors ils mirent la main sur Lui et L'arrêtèrent.
53. Ils emmenèrent Jésus chez le Grand Prêtre, où se réunirent tous les prêtres, les scribes et les Anciens. (C'est à dire les dirigeants du peuple juif, la plus large représentation d'Israël)
55. Et les Princes des prêtres et tout le Conseil cherchaient un témoignage contre Jésus pour Le faire mourir mais n'en trouvaient pas.
56. Car beaucoup faisaient de faux témoignages contre Lui.
59. Mais leurs témoignages n'étaient pas concordants.

---

[151] Salvatore Jona : « *Gli Ebrei in Italia durante il Fascismo Milan* » 1962, p. 7.

60. Alors le grand Prêtre se levant au milieu de l'Assemblée interrogea Jésus en ces termes : Ne réponds-Tu rien à ce que ceux-ci témoignent contre Toi ?
61. Mais Il gardait le silence et ne répondit rien. Le Grand Prêtre reprit l'interrogatoire et lui dit : Es-Tu le Christ le Fils du Dieu Béni ?
62. Jésus dit alors : Je Le suis, et vous verrez le Fils de l'homme assis à la droite de la puissance de Dieu et venir avec les nuées du Ciel.
63. Le Grand Prêtre alors déchirant ses vêtements s'écria : Qu'avons-nous encore besoin de témoins.
64. Vous avez entendu le blasphème : que vous en semble ? Et tous prononcèrent qu'Il avait mérité la mort.
65. Puis quelques-uns se mirent à cracher sur Lui, à Lui voiler le visage puis à Le frapper en disant : Prophétise, qui T'a frappé ? Et les gardes Le giflaient.[152]

Pendant près de deux mille ans, tout le monde est demeuré horrifié par la cruauté et la dureté de cœur dont les juifs ont fait preuve en martyrisant leur propre Dieu, une cruauté et un sadisme qui se sont manifestés depuis où qu'ils soient, et spécialement dans les pays où ils ont réussi à imposer leur dictature totalitaire, socialiste ou communiste.

Les Saints Évangiles nous montrent clairement ce qu'ont été leurs trois armes favorites, trois armes qui sont restées celles du Judaïsme international dans son combat contre le Christianisme : la tromperie, la calomnie et le meurtre, ces trois armes utilisées implacablement, même contre leur Dieu et Seigneur. Depuis lors, ils les utilisent contre l'humanité entière, ce qui leur a valu le nom qu'ils portent à si juste titre de « pères du mensonge et de la calomnie ». C'est avec ces armes ignobles qu'ils abattent facilement les plus fermes défenseurs de notre foi, qui tombent irrémédiablement devant les attaques traîtresses des agents du Judaïsme introduits subrepticement dans l'Église.

Les gouvernants et dirigeants d'Israël, le Grand Prêtre Caïphe, les princes des prêtres, les scribes, les hérodiens et jusqu'aux influents pharisiens furent responsables du déicide, alors qu'au début la masse du peuple suivait le Christ, ce pourquoi ceux qui voulaient Sa mort craignaient le peuple, mais peu à peu, les prêtres et les dirigeants réussirent à empoisonner l'atmosphère et à monter le peuple contre Jésus, et parvinrent pour finir à ce que les masses s'opposent à leur Messie, comme le montre le passage suivant de l'Évangile selon Saint Matthieu :

Chapitre XXVII.

---

[152] *Évangile selon Saint Marc*, chapitre XIV, versets 1, 10, 11, 43, 44, 46, 53, 55, 56, 59, 60, et 61 à 65.

1. Le matin venu, tous les princes des prêtres et les Anciens tinrent conseil contre Jésus pour Le faire mourir.
2. Ils L'emmenèrent ligoté et Le livrèrent au Procurateur Ponce Pilate.
15. En ce jour solennel, le Procurateur avait la coutume d'accorder au peuple la libération d'un prisonnier, celui qu'ils voulaient.
16. Il y avait alors un prisonnier célèbre qui s'appelait Barabbas.
17. Les voyant tous attroupés, Pilate leur dit : Qui voulez-vous que je vous libère : Barabbas ou Jésus qu'on appelle le Christ ?
20. Mais les princes des prêtres et les Anciens persuadèrent le peuple de demander Barabbas et de réclamer la mort de Jésus.
21. Le Procurateur reprit la parole et dit : Lequel des deux voulez-vous que je vous libère ? Ils répondirent : Barabbas.
22. Pilate leur demanda: Que ferais-je alors de Jésus qu'on appelle le Christ ?
23. Ils répondirent tous : Qu'il soit crucifié ! Le Procurateur leur dit : Quel mal a-t-Il donc fait ? Mais eux se mirent à crier plus fort : Qu'Il soit crucifié.
24. Alors Pilate, voyant ses efforts inutiles mais que le tumulte ne faisait qu'augmenter, prit de l'eau et se lava les mains devant la foule en disant : Moi, je suis innocent du sang de ce juste : faites-en votre affaire.
25. Tout le peuple répondit : Que Son sang retombe sur nous et sur nos enfants !
26. Alors il fit sortir de prison Barabbas, et après avoir flagellé Jésus il Le leur livra pour qu'ils Le crucifient.[153]

Ce passage à lui seul constitue une preuve de l'entière culpabilité des juifs dans le meurtre du Christ Notre-Seigneur. Il démontre aussi la responsabilité qu'eut le peuple lui-même dans ce crime, car en dépit du fait que ses dirigeants religieux et civils et ses représentants légaux le préméditèrent, le préparèrent et l'accomplirent, au dernier moment la masse du peuple aurait pu le sauver en réclamant Jésus à la place de Barabbas, au lieu de quoi il demanda l'élargissement de ce dernier et qu'on crucifiât Jésus, et même que retombât sur eux et leurs descendants le sang du Fils de Dieu.

---

[153] *Évangile selon Saint Matthieu*, chap. XXVIII, versets cités.

# Chapitre VIII

## Les Apôtres condamnent les juifs pour le meurtre du Christ

Quatrième point. Les Apôtres accusèrent les juifs et non pas les Romains de la mort du Christ. Preuves.

Dans le livre de la Sainte Bible intitulé Les Actes des Apôtres, au chapitre II, Saint Pierre adressant la parole aux juifs de différents pays qui étaient rassemblés à Jérusalem et dont chacun d'eux (depuis la venue du Saint Esprit) entendait le discours de l'Apôtre dans sa propre langue, leur dit :

> 14. Hommes de Judée et vous tous qui habitez Jérusalem, sachez ceci et prêtez attention à mes paroles.
>
> 22. Israélites écoutez ces paroles : Jésus de Nazareth, cet homme que Dieu a accrédité auprès de vous par Ses vertus, par les miracles et par les signes que Dieu fit par Son entremise parmi vous, comme vous le savez bien.
>
> 23. Lui qui fut livré par la volonté préétablie et la prescience de Dieu, et que vous avez tué en Le crucifiant, par la main des impies ».[154]

Saint Pierre fait donc ici clairement peser sur tout le peuple juif la responsabilité de l'assassinat et n'en accuse pas les Romains. Les clercs qui aujourd'hui soutiennent le contraire avec une audace incroyable pensent-ils donc que Saint Pierre mentait lorsqu'il disait aux juifs venus de l'étranger : Hommes d'Israël vous L'avez tué en Le crucifiant ?

Au chapitre III du même livre, se trouve le passage relatif au paralytique de naissance :

> 11. Comme il ne lâchait pas Pierre et Jean, tout le peuple frappé de stupeur accourut vers eux, sous le portique que l'on appelait portique de Salomon.
>
> 12. Voyant cela, Pierre adressa la parole à cette foule : Israélites, pourquoi vous émerveillez-vous de cela et pourquoi fixer vos

---

[154] Ste Bible, *Actes des Apôtres*, chap. II, versets 4 à 14, 22 et 23.

regards sur nous, comme si c'était par notre vertu et notre puissance que nous avions pu faire marcher cet homme ?
13. Le Dieu d'Abraham, le Dieu d'Isaac, le Dieu de Jacob et le Dieu de nos pères a glorifié Son Fils Jésus que vous aviez livré et renié devant Pilate en Le jugeant, alors qu'il était d'avis de Le faire libérer.
14. Mais vous avez renié le Saint et le Juste, et vous avez demandé que l'on vous délivre un assassin.
15. Et vous avez tué l'auteur de la vie, que Dieu a ressuscité d'entre les morts, ce dont nous sommes les témoins.[155]

Dans ce passage du Nouveau Testament, devant le peuple réuni, Saint Pierre reproche encore aux juifs d'avoir assassiné le Christ.

Et dans les Actes des Apôtres toujours, on trouve au chapitre V un passage dans lequel, non seulement Saint Pierre, mais tous les Apôtres accusent catégoriquement le Conseil des Anciens d'Israël convoqué par les prêtres d'avoir fait mourir le Christ :

29. Pierre et les Apôtres répondirent : il vaut mieux obéir à Dieu qu'aux hommes.
30. Le Dieu de nos Pères a ressuscité Jésus que vous avez tué en Le suspendant à un madrier.[156]

Nous avons donc ici un témoignage collectif des Apôtres accusant les juifs et non les Romains d'avoir tué le Christ.

Mais au cas où tout cela ne suffirait pas, il faut encore citer les témoignages de Saint Paul et de Saint Etienne, le premier martyr du Christianisme.

Saint Paul, dans sa Première Épitre aux Thessaloniciens chapitre II, dit à propos des juifs : 15. Eux qui ont mis à mort le Seigneur Jésus et les prophètes et qui nous ont persécutés, eux qui n'ont pas souci de plaire à Dieu et qui sont les ennemis de tous les hommes.[157]

Il est très frappant que Saint Paul dans ce verset qualifie les juifs d'être les « ennemis de tous les hommes », une réalité qui ne peut malheureusement être mise en doute par quiconque a étudié à fond l'idéologie et les activités clandestines du peuple juif. Mais il est bien probable que si Saint Paul avait vécu à notre époque, il aurait été condamné pour antisémitisme, pour avoir déclaré une vérité qui, selon les juifs et leurs complices dans le clergé, ne doit plus jamais être énoncée.

De son côté, le protomartyr Saint Etienne, s'adressant aux juifs de la Synagogue des Affranchis : des Cyrénéens, des Alexandrins et d'autres qui étaient de la Cilicie et de l'Asie, c'est à dire à des juifs de différentes parties du monde, leur dit en présence du Grand Prêtre, le chef spirituel d'Israël :

---

[155] Ste Bible, *Actes des Apôtre*, chap. III, versets 11, 12, 13, 14 et 15.
[156] Ste Bible, *Actes des Apôtres*, chap. V, versets 21, 29 et 30.
[157] Ste Bible, *Épitres de Saint Paul*, Ière aux Thessaloniciens, chap. II, verset 15.

51. Hommes au cou raide et incirconcis de cœur et d'oreilles, vous ne cessez de résister à l'Esprit-Saint ; tels étaient vos Pères, tels aussi vous êtes.
52. Lequel des prophètes vos pères n'ont-ils pas persécuté ? Ils tuèrent ceux qui annoncèrent la venue du Juste, que vous-mêmes avez livrés et dont vous avez été les meurtriers.[158]

Le témoignage de Saint Etienne coïncide donc avec celui des Apôtres et celui de Saint Paul en ce qu'il considère les juifs comme globalement responsables de l'homicide, globalement en tant que peuple, c'est à dire aussi bien ceux qui résidaient à Jérusalem et dans les autres localités de Judée que ceux qui vivaient dans d'autres parties du monde. Tout ceci figure en toutes lettres dans la Sainte Écriture, où l'on ne trouve pas un seul verset accusant les Romains de l'assassinat.

En résumé, aussi bien les accusations préalables de Notre-Seigneur que les témoignages des Apôtres, des Saints Évangiles, de Saint Paul et de Saint Etienne constituent une preuve irréfutable que la Sainte Église, loin de s'être trompée pendant dix-neuf siècles en considérant le peuple juif comme déicide, a été dans le vrai, et qu'accuser les Romains de la responsabilité du crime manque de tout fondement. On ne peut donc qu'être stupéfaits devant l'attitude de certains clercs de vouloir falsifier la vérité historique d'une manière aussi incroyable, dans une entreprise audacieuse et folle qui revient à tenter de réaliser une nouvelle Réforme de la Sainte Église en lui faisant renier son passé et se contredire elle-même.

Bien que le Christ Notre-Seigneur condamna les juifs qui le renièrent, que les Apôtres durent combattre leurs méchancetés, que Saint Paul et Saint Etienne luttèrent constamment contre eux, que les Papes et les Conciles œcuméniques et provinciaux durant des siècles leur lancèrent les plus terribles condamnations et combattirent la Synagogue de Satan, les nouveaux réformateurs prétendent néanmoins que l'Église, contredisant sa doctrine traditionnelle, s'allie avec la Synagogue de Satan et conclue un accord avec elle. Tel est l'un des points que ce groupe de clercs désire imposer au Concile Vatican II, un groupe où, tout comme dans l'association condamnée par la Saint-Office en 1928, figurent jusqu'à des Cardinaux, et qui, d'après ce que nous en avons appris, essaie de faire changer de route la Sainte Église en luttant en faveur de la conclusion d'accords empêchant les chrétiens de se défendre des agressions de l'impérialisme juif. Dans ces circonstances, comme il serait impossible de parvenir à ce qu'un Concile œcuménique annule ce qui a été fixé par d'autres Conciles à ce sujet sans établir au préalable la croyance que ce furent les Romains et non les juifs qui furent responsables du crime, ils font donc une active propagande pour atteindre ces objectifs. Et ils ont

---

[158] Ste Bible, *Actes des Apôtres*, chap. VI verset 9, et chap. VII versets 1,2, 51, et 52

aussi le plan que, s'ils ne réussissent pas à inculper les Romains de la mort du Christ, ils en feront alors retomber la faute sur toute l'humanité, en utilisant le sophisme de confondre la cause efficiente avec la cause finale et en affirmant que, puisque le Christ est mort dans le but de nous racheter tous, c'est nous qui fûmes les assassins et non les Israélites. Ce grossier sophisme équivalant à celui qui consisterait à dire que, puisque de nombreux juifs ont été tués par les Arabes en défendant leur État d'Israël, ce fut ce dernier qui les tua et non pas les patriotes arabes qui leur donnèrent la mort dans ces combats !

C'est donc vraiment un comble que non seulement les juifs obligent l'Église à décharger le Judaïsme de sa responsabilité dans la mort du Seigneur, mais qu'en plus ils prétendent nous faire croire, à nous les fidèles chrétiens, que c'est nous qui fûmes Ses meurtriers.

Les plans juifs pour convertir l'Église en un docile instrument à leur service atteignent les limites de la folie.

Nous avons su en outre que les juifs chantent déjà victoire, assurant qu'ils ont réussi à faire agir avec un plein succès leurs influences pour obtenir aussi à bref délai que soit effectuée une véritable réforme dans la Liturgie Catholique de tous les Rites allusifs aux supposées perfidies et méchancetés du peuple juif.[159] En un mot, parmi les réformes de l'Église que projettent les juifs par l'entremise de leurs amis, figurent la suppression dans la Liturgie et dans les Rites Catholiques de tout ce qui a pour objet de prévenir les Chrétiens et la Sainte Église sur le péril juif et les pièges de la Synagogue de Satan, afin que, grâce à l'ignorance dans laquelle seront les clercs et les fidèles de la gravité de ces périls, ils soient plus facilement vaincus et dominés par le Judaïsme.

Mais quelles que soient les ruses employées pour essayer de tromper Sa Sainteté ou pour s'assurer la main-mise sur le Concile œcuménique, elles échoueront devant l'assistance divine à la Sainte Église. Nous nous confions avec tranquillité en la suprême promesse faite à Pierre par Dieu Notre-Seigneur que les forces de l'enfer ne prévaudront pas contre elle.

---

[159] NDT : Cette réforme on le sait eut effectivement lieu par décision du « pontife » Roncalli, suite à l'audience qu'il accorda au B'nai Brith Jules Isaac, cet auteur d'ouvrages dont toute la thèse était que les Apôtres avaient menti et que les circonstances de la condamnation à mort de Jésus sous la pression du peuple juif étaient des inventions malveillantes ! Cf « *Le Judaïsme et le Vatican* » de Léon de Poncins (édition en samizdat !)

# CHAPITRE IX

## COMBATIVITÉ MORALE, ET NON PAS DÉFAITISME

### (NDT : LA FALSIFICATION DE LA CHARITÉ ET DE LA MORALE)

L'une des ruses les plus perverses et remarquablement efficace que les juifs ont utilisée dans leur combat pour l'affaiblissement du Christianisme dans le but de parvenir à le détruire a été d'exploiter l'idée d'une prétendue morale et charité chrétienne, créées à leur fantaisie, qu'ils emploient comme une arme destructrice de précision contre le Christianisme. `

Il paraît incroyable que des choses aussi nobles que la morale et la charité chrétienne puissent être converties par leur influence maléfique en de dangereuses embûches. Mais les juifs sont parvenus à accomplir cette habile et létale mutation, avec de tels résultats destructeurs pour la Sainte Église qu'il est devenu nécessaire de pousser un cri d'alarme, en exposant clairement le danger, pour éviter que les chrétiens ne tombent dans le piège fatal.

Pour une meilleure compréhension de ce point, il est nécessaire de recourir à des comparaisons, qui, bien qu'un peu vulgaires, sont cependant très illustratives : supposons par exemple que dans un combat de boxe, l'on oblige aux moments décisifs du combat l'un des boxeurs à devoir poursuivre le match avec une main attachée, en ne lui laissant que l'autre pour frapper l'adversaire, alors que celui-ci continuerait de disposer de ses deux mains. Quel pourrait être le résultat d'un tel combat ? Il n'y aurait rien d'étonnant que le perdant soit le malheureux à qui l'on aurait attaché une main. Or c'est précisément ce qu'en maintes occasions le perfide Judaïsme a réussi à faire avec les malheureux chrétiens, en déformant la charité et la morale chrétiennes et en utilisant alors cet artifice pour les lier des pieds et des mains et assurer ainsi leur défaite dans les combats entrepris par le Judaïsme pour les dominer et les réduire à l'état d'esclaves.

Ainsi, chaque fois que les chrétiens réagissent pour se défendre de la Synagogue de Satan, pour défendre la Sainte Église et leur patrie, ou pour préserver les droits naturels qu'ils ont en tant que personnes ou comme pères de famille, etc., et chaque fois qu'ils sont sur le point d'obtenir la victoire, de mettre en fuite et de châtier enfin les juifs ou leurs satellites, ceux-ci recourent à la planche de salut : à la charité chrétienne, en essayant d'émouvoir les chrétiens par ce recours, pour obtenir qu'ils suspendent le combat ou qu'ils s'abstiennent de couronner la victoire qu'ils étaient sur le point d'obtenir.

Ils recourent aussi à cette ruse pour empêcher qu'on leur inflige le châtiment qui convient, en tant que criminels responsables de l'agression ainsi repoussée. Et cela, afin qu'à l'abri de cette trêve ou de ce pardon obtenu grâce à l'abus de la charité chrétienne, ils puissent refaire les forces et les troupes du Judaïsme, récupérer la puissance nécessaire, et recommencer ensuite une attaque qui détruise et écrase sans pitié et dans l'assaut victorieux de laquelle il n'y aura à espérer aucune sorte de morale ni de charité juive.

Pour parvenir à leurs fins de menotter les chrétiens et de les empêcher de se défendre efficacement de l'impérialisme judaïque, les israélites jouent sur les mots, et ils se servent de concepts sophistiques. Ils disent par exemple : si Dieu pardonne à tout pécheur qui se repent avant sa mort, pourquoi vous, chrétiens, n'imitez-vous pas votre Dieu et Seigneur ? Ils partent donc d'une prémisse vraie, la doctrine chrétienne sur le pardon des péchés, pour essayer de l'appliquer d'une manière sophistique en en tirant des conséquences fausses et en oubliant en outre que Dieu châtie les pécheurs impénitents du terrible enfer éternel et ceux qui se repentent par le purgatoire, des châtiments divins plus durs que ceux que les hommes peuvent appliquer. Mais ce que veulent les juifs c'est donner une interprétation fausse au pardon chrétien.

De cette manière ils déduisent par exemple, sur la base desdites prémisses, que les chrétiens sont dans l'obligation de laisser sans châtiment tels juifs criminels assassins de Roi, de Président de la République ou de tout chrétien quelconque. Ils tirent comme conséquence que les catholiques sont tenus de laisser en liberté les espions qui livrent des secrets vitaux à une puissance ennemie, cela pour qu'ils puissent poursuivre leurs traîtresses activités et faciliter la défaite de la patrie. Ils arrivent même à la conclusion que les chrétiens sont dans l'obligation de ne pas punir et même de remettre en liberté les conspirateurs, ceux qui ourdissent une révolution sanglante et ceux qui la réalisent, pour que, ainsi rendus libres et jouissant de l'immunité, ils puissent continuer à conspirer pour parvenir à instaurer la dictature judéo-communiste dans le pays, avec tout son appareil de répression et de tyrannie.

C'est par des jeux sophistiques comme ceux-là que les juifs et leurs agents infiltrés dans le clergé chrétien surprennent la bonne foi de beaucoup, qui tombent facilement dans le piège, donnant ainsi aux conspirateurs juifs et à leurs satellites la possibilité de faire triompher leurs projets sataniques.

Cependant, il est clair que le fait que l'Église Catholique accepte de pardonner les péchés n'implique pas du tout qu'elle accepte que les criminels et les délinquants doivent échapper à la justice humaine ni qu'ils échapperont à la justice divine.

Bien souvent, les juifs et leurs satellites ont le cynisme et l'insolence d'utiliser cette ruse de la morale et de la charité chrétiennes pour empêcher que les chrétiens ne se défendent et ne défendent leurs nations et leurs institutions religieuses des conspirations et des agressions provenant de la Synagogue de Satan, et ils emploient toujours à cette fin des clercs catholiques ou protestants, qui, tout en se prétendant bons chrétiens, font constamment le jeu de la Maçonnerie, du Communisme ou de toute autre entreprise juive, et qui, tout en parlant comme des chrétiens dévots, agissent au bénéfice de la révolution judaïque et au préjudice de l'Église.

L'écrivain italien philosémite Ernesto Rossi, cite comme un appel à l'attention des chrétiens, dans un chapitre dédié à la défense des juifs, les paroles de l'Évangéliste Saint Matthieu :

« Alors Pierre s'approchant lui dit : Seigneur, combien de fois pardonnerais-je à mon frère s'il a péché contre moi ? Jusqu'à sept fois ? Jésus lui répondit : Je ne te dis pas jusqu'à sept fois, mais jusqu'à soixante-dix fois sept fois.[160]

Et l'écrivain Julien Green, cité par Carlo Bo dans l'article de ce dernier auquel nous avons fait référence, dit ceci : On ne peut frapper un juif sans toucher en même temps à celui qui est l'homme par excellence et la fleur d'Israël : c'est à dire Jésus ». « Chrétien sèche les larmes de ton frère juif et le visage du Christ resplendira ».

Les clercs philosémites en sont arrivés au point de rappeler aux chrétiens le Sermon sur la Montagne et d'autres enseignements de Notre-Seigneur Jésus-Christ sur le pardon des ennemis, sur l'amour des ennemis, etc., afin d'émouvoir et même d'impressionner spirituellement les fidèles au moyen de semblables sophismes, pour les débiliter et même pour les paralyser dans la lutte contre les forces du mal. L'action de ces clercs a été fréquemment en grande partie responsable des victoires maçonniques et communistes. Nous pouvons même assurer sans aucune hésitation que ces perverses machinations ont été en grande partie ce qui a permis à la

---

[160] Ernesto Rossi : « *Il Manganello e l'Aspersio* » Florence, p. 356.

Synagogue de Satan de changer en sa faveur, au moins jusqu'ici, le cours de l'Histoire, de manière désastreuse pour les forces du bien en faveur des forces du mal.

La Sainte Église, pendant mille ans jusqu'à la fin du XVème siècle, put vaincre la Synagogue de Satan dans toutes les batailles qu'elle dut livrer contre elle, année après année. Le Christianisme fut alors sur le point d'obtenir une victoire définitive qui eût sauvé la Chrétienté du schisme protestant, des sanglantes guerres de religion, des révolutions maçonniques qui ensanglantèrent le monde entier et enfin des révolutions socialistes du Communisme, toujours plus sanglantes et plus menaçantes.

Le Saint-Office de l'Inquisition, tant calomnié par la propagande juive et qui fut créé afin de combattre et de vaincre le Judaïsme et les mouvements subversifs que celui-ci créait sous la forme d'hérésies pour diviser et déchirer la Chrétienté, aurait pu obtenir une victoire définitive de la Sainte Église avec les moyens dont il disposait, si les perfides juifs n'avaient réussi à l'en empêcher précisément au moyen des ruses que nous venons d'analyser, au moment décisif de ces combats, en brandissant l'argument sophistique de la Charité chrétienne (que les juifs ne pratiquent jamais pour leur part) pour émouvoir les dirigeants chrétiens ecclésiastiques et civils et en obtenir la protection contre les zélés Inquisiteurs et même le pardon général de leurs crimes, ce dont, au lieu d'en être reconnaissants, ils profitaient pour refaire en secret leurs forces et reprendre la lutte quelques années plus tard avec de nouvelles hérésies, et cela à répétition.

Pour finir, au début du XVIème siècle, la juiverie internationale parvint à ébranler l'unité du Christianisme et à ouvrir la brèche par où elle lança l'assaut contre la citadelle chrétienne, avec les conséquences catastrophiques que nous apercevons tous maintenant. Très astucieusement, ils mirent alors à profit la bonté des chrétiens en utilisant les mesures de pardon et de trêve, dont ils avaient bénéficié à l'aide de tromperies en tout genre, pour changer le cours de l'Histoire dans un sens favorable aux forces de Satan et à sa Synagogue. La Sainte Église peut mesurer l'amplitude de la catastrophe en considérant les millions et les millions d'âmes qui se perdirent pour le Catholicisme, avec la scission protestante, les révolutions maçonnico-libérales et surtout avec les révolutions communistes de notre siècle.

On doit noter cette coïncidence : ce sont les périodes de l'Histoire au cours desquelles les dirigeants chrétiens civils et ecclésiastiques ont davantage toléré et protégé les juifs qui furent aussi celles où la Synagogue de Satan a fait le plus de progrès dans sa lutte contre la Sainte Église et contre les peuples chrétiens, en obtenant des victoires écrasantes.

Tout au contraire, les autres phases de l'Histoire où les Papes, les Conciles œcuméniques et les monarques chrétiens menèrent une politique énergique et efficace contre le Judaïsme furent des périodes de victoires pour la Sainte Église et pour les peuples chrétiens dans leur lutte contre les hébreux et les hérésies que ceux-ci organisaient et répandaient, des victoires parfois obtenues par la force des armes, mais qui permirent de sauver des millions d'âmes chrétiennes.

Notre intention n'est pas de critiquer ni de censurer les responsables chrétiens religieux ou civils qui de bonne foi commirent des erreurs politiques en donnant à l'ennemi une protection qui à la longue facilita ses victoires ultérieures contre la Chrétienté, car ce qui se passa en réalité fut que ces dirigeants furent les victimes des habiles mensonges de la Synagogue : ils furent trompés par le leurre de ces redoutables « fables judaïques » dont parlait Saint Paul. Rappelons-nous que le démon est le père du mensonge et qu'il est maître dans l'art de tromper les hommes, un art dont ses fils spirituels, les juifs modernes, ont hérité, eux dont le Christ Notre-Seigneur a dit qu'ils sont « le fils du diable ». Ce n'est pas le moment de critiquer qui que ce soit, ni de se répandre en lamentations inutiles sur ce que les autres auraient pu faire et ne firent pas : ce qui est urgent, c'est d'agir nous-mêmes rapidement et avec énergie avant qu'il ne soit trop tard. Mais il faut d'urgence que, nous catholiques et les autres chrétiens, nous cessions de dormir pour nous éveiller à la réalité présente.

En Russie, à la suite de l'instauration de la dictature socialiste, des milliers d'Archevêque s, d'Évêques, d'autres dignitaires ecclésiastiques et de prêtres furent envoyés dans des prisons immondes, où ils passèrent des années jusqu'à leur mort ; de nombreux autres furent cruellement torturés et assassinés; des millions de chrétiens de toutes les classes sociales furent soumis à d'indicibles souffrances, furent jetés dans d'obscures prisons d'une saleté indescriptible et y passèrent des années et des années; d'autres par millions furent assassinés dans des conditions épouvantables de la main de juifs implacables, qui eux ne pardonnent pas, mais qui mettent en esclavage et qui tuent.

Ce terrible danger menace aujourd'hui identiquement le monde entier. Si le Communisme parvenait à triompher sur la totalité de la planète, comme il va y réussir si nous ne nous unissons pas pour l'en empêcher car Dieu n'aide que ceux qui s'aident, alors les Cardinaux, les Archevêque s, les Évêques, les Chanoines, les prêtres et les religieux seront incarcérés dans d'obscures prisons et d'horribles camps de concentrations pendant des années, torturés, et finalement assassinés. Que nous servent d'exemples la Russie, la Chine communiste et tous les autres pays où a triomphé l'avalanche destructrice du Communisme judaïque.

Karl Marx, Engels et Lénine, dont les communistes suivent les doctrines, l'ont dit clairement dans leurs œuvres : le clergé des différentes religions et surtout le clergé chrétien doit être exterminé, et la classe bourgeoise doit être détruite, totalement anéantie, étant entendu par classe bourgeoise les propriétaires d'immeubles urbains et d'exploitations rurales, d'usines, de services publics, d'ateliers et de commerces. Tous doivent être assassinés sans distinction d'idéologie, qu'ils soient de droite, du centre ou de gauche, car il s'agit de détruire non pas tel ou tel secteur de la bourgeoisie, mais la totalité de cette classe. C'est ce qui a été décrété par les fondateurs et les chefs du Communisme.

Les seuls qui doivent échapper au massacre seront naturellement les juifs, même s'ils appartiennent à l'une quelconque des classes condamnées, mais en revanche ne seront pas même sauvés les maçons bourgeois d'origine chrétienne, car eux aussi seront assassinés. C'est ce qui démontre une fois encore l'ingratitude du Judaïsme envers ceux qui l'aident, qu'il utilise tant qu'il a besoin d'eux pour les éliminer ensuite.

Et que les classes ouvrière et paysanne ne croient pas se sauver du désastre, après avoir été utilisées par le Judaïsme comme marchepieds pour instaurer ses dictatures socialistes, car les expériences russe et chinoise ont bien montré que ces classes sociales, après avoir été réduites à l'état d'esclaves, ont été ensuite décimées par l'assassinat de millions de leurs membres pour avoir commis le grave délit de protester contre la tromperie ourdie à leurs dépens, le paradis qu'on leur avait promis s'étant avéré un enfer. Telle est la terrible réalité. Inutile de chercher à la masquer, à en diminuer l'importance ou à la nier.

Les membres de cette « cinquième colonne » ennemie, infiltrée dans les rangs du Christianisme, et dont nous montrerons l'existence dans la quatrième partie de cet ouvrage, sont des preuves évidentes et irréfutables. Ces faux catholiques, mais vrais agents de l'ennemi infiltrés, essaient de faire croire que le danger n'existe pas, ou du moins ils tentent d'en réduire l'importance et l'imminence afin de nous endormir et de nous empêcher de nous défendre efficacement. Si l'on ajoute à cela l'habile et malintentionnée exploitation sophistique de la Charité et de la morale chrétienne, on aura une idée des puissants moyens dont se sert l'ennemi pour nous désarmer et nous empêcher de lutter contre le Communisme et la Synagogue de Satan.

N'oublions pas que la Charité chrétienne oblige à protéger les bons de la corruption des méchants, et non pas à protéger les méchants en leur laissant les mains libres pour qu'ils pervertissent les bons, les volent et les assujettissent, en même temps qu'on lie des pieds et des mains les forces du bien avec une fausse morale, pour permettre aux forces du mal de les vaincre. Il est évident, et cela en nous soumettant absolument et inconditionnellement aux déclarations de leurs Saintetés les Papes et des Conciles œcuméniques, que toute interprétation que l'on voudrait faire de la morale et de la charité chrétienne qui ait pour résultat de faciliter la victoire des forces du mal sur celles du bien serait une interprétation fausse, car Notre-Seigneur établit la morale et la charité pour assurer la victoire du bien sur le mal, et non l'inverse.

Le Judaïsme, au moyen de sa cinquième colonne dans le clergé chrétien, utilise ces clercs et ces membres de la hiérarchie qui lui servent d'instruments pour paralyser et empêcher notre défense contre les forces de Satan et leurs complices, en nous remplissant de scrupules contre la licéité des moyens les plus nécessaires à un moment donné pour assurer le triomphe du bien sur le mal, faussant ainsi la morale chrétienne dont l'objet fondamental est précisément d'obtenir ledit triomphe du bien sur le mal, victoire que l'on n'obtiendra jamais avec une morale défaitiste et fausse, mais avec une morale combative qui remplisse son objet fondamental.

Les paroles du Seigneur, que nous avons fait figurer au chapitre 3 de cette partie de l'ouvrage, nous montrent combien Dieu fut énergique et non pas faible, fort et non pas défaitiste dans sa lutte contre Satan et contre les juifs qui suivirent la voie de Satan. Il ne faut pas alléguer comme échappatoire, comme le font les agents de la cinquième colonne, que Dieu Notre-Seigneur prêcha l'amour des ennemis et le pardon des mêmes, mettant ainsi en contradiction apparente et sophistique ce qu'a dit Dieu le Fils dans le Nouveau Testament et ce qu'établit Dieu le Père dans l'Ancien, car les théologiens savent très bien que ces contradictions n'existent pas, et que l'amour et le pardon des ennemis, la doctrine sublime de Notre-Seigneur, se réfère aux ennemis d'ordre privé et personnel que nous pouvons constamment trouver dans le cadre de nos relations sociales, et non pas l'Ennemi, le Mauvais, Satan ni les forces du mal que Satan dirige. Jamais le Christ ne prêcha ni l'amour ni le pardon pour Satan et ses œuvres, mais bien au contraire. Lorsqu'il entreprit d'attaquer les forces du mal, Jésus fut tout aussi déterminé et énergique que Son Père éternel. Il est vain d'essayer de trouver une contradiction entre l'une et l'autre des Personnes Divines. Pour ce qui concerne les juifs qui renièrent leur Messie, ils furent dénommés par le Christ Lui-même la « Synagogue de Satan ». Jésus les traita de la manière la plus énergique et la plus implacable dans divers passages de l'Évangile, et surtout lorsque, selon l'Apôtre Saint Matthieu, il leur déclara ces paroles :

11. Je vous le dis : nombreux sont ceux qui viendront de l'Orient et de l'Occident prendre place à table avec Abraham, Isaac et Jacob dans le Royaume des cieux.
12. Mais les fils du royaume (c'est à dire les hébreux) seront rejetés dans les ténèbres extérieures : là, on pleurera et l'on grincera des dents.[161]

---

[161] *Évangile selon Saint Matthieu*, chapitre VIII, versets 11 et 12.

Ce passage des Saints Évangiles montre que le Christ annonça que les gentils venus de l'extérieur, par leur foi au Messie hériteraient du privilège que le peuple d'Israël ne sut pas conserver, alors que celui-ci, le Judaïsme qui renia le Christ, sera précipité en enfer où règneront les pleurs et les grincements de dents.

Contre les forces du mal, Jésus fut aussi strict que Dieu le Père, car il ya plein accord et harmonie entre les attitudes des deux Personnes du même Dieu. C'est pourquoi notre combat contre les forces de Satan doit être énergique et efficace, comme cela est requis pour les vaincre. Les juifs et les clercs qui font leur jeu essaient de nous remplir de scrupules avec une fausse morale chrétienne qu'ils nous ont eux-mêmes inoculée, pour que notre attitude faiblarde et défaitiste permette le triomphe des forces de l'enfer, même si ce n'est que dans l'ordre temporel, et assure la perte de millions d'âmes innocentes, comme il arrive dans les pays que, par nos faiblesses et par le manque d'une résistance énergique, le Communisme athée a réussi à conquérir.

L'Osservatore Romano, citant une publication importante, écrit : « L'hebdomadaire Time dans son numéro du 6 mars 1956 mentionne qu'en Chine, en cinq années de domination communiste, vingt millions de personnes ont été assassinées et vingt-trois millions d'autres ont été déportées dans des camps de travail forcé ».[162]

Pour conclure, nous alléguerons l'autorité des Pères de l'Église et le sens qu'ils donnent à la Charité chrétienne. Nous allons utiliser comme source l'Histoire de l'Église Catholique dont les auteurs sont trois Pères Jésuites : les R.P.Lorca, Garcia-Villoslada et Montalban, à tous égards insoupçonnables d'anti-judaïsme, raison pour laquelle nous avons choisi cet ouvrage dans le cas présent, d'autant qu'ils se bornent à suivre le cours unanime des historiens de la Sainte Église. Voici textuellement ce que dit ce livre :

5. Les grandes figures de la charité chrétienne en Orient. Au milieu de cette ambiance si chrétienne, il n'est pas surprenant que ressortent certaines figures pour leur particulière charité pour les pauvres et les nécessiteux, qui contribuèrent puissamment alors à insuffler ce même esprit. Devant l'impossibilité de les énumérer tous, nous choisirons quelques-unes de celles qui se distinguèrent le plus au cours des trois siècles du V$^{ème}$ au VII$^{ème}$.

Les auteurs, après avoir cité Saint Basile, se mettent à décrire la personnalité du célèbre Père de l'Église que fut Saint Jean Chrysostome, et disent : « Non moins illustre est saint Jean Chrysostome comme grand promoteur de la charité chrétienne ».

---

[162] L'Osservatore Romano, 19 avril 1956, p. 3.

Et les auteurs poursuivent en relatant toute une série de faits qui établissent Saint Jean Chrysostome comme un exemple de charité chrétienne, puis ils font ensuite référence à deux autres célèbres Pères de l'Église : Saint Ambroise, évêque de Milan, et Saint Jérôme.

Du premier ils affirment entre autres :

6. Grandes figures de la charité en Occident : Saint Ambroise a toujours été le modèle de l'Évêque catholique. C'est pourquoi l'on se sera pas surpris qu'il fut aussi un exemple accompli de charité chrétienne ».

À propos de Saint Jérôme, les doctes pères signalent aussi que :

« Saint Jérôme, qui connaissait si bien la plus haute société de Rome avec ses ombres et ses côtés lumineux, nous a transmis les exemples les plus étonnants de charité chrétienne ».[163]

À ce sujet, les Jésuites mentionnés citent les œuvres de Liese et de Saint Grégoire de Naziance, lui-même célèbre Père de l'Église, irréprochables comme sources et comme autorités ecclésiastiques.

Maintenant nous allons voir ce que dit de son côté le très classique historien israélite Graetz dont les œuvres sont considérées dans les milieux juifs comme dignes de tout crédit sur les mêmes Saint Jean Chrysostome, Saint Ambroise et Saint Jérôme, considérés par l'Église comme des exemples de charité chrétienne dignes d'être imités. Dans son célèbre ouvrage l'Histoire des Juifs, que les hébreux cultivés considèrent comme un honneur de posséder, Graetz dit textuellement à propos de la terrible lutte qui se déroulait à cette époque entre l'Église et le Judaïsme :

« Les principaux fanatiques contre les juifs furent à cette époque Jean Chrysostome d'Antioche et Ambroise de Milan, qui les attaquèrent avec férocité ».

Graetz détaille ensuite les activités de Saint Jean Chrysostome contre les hébreux, dont nous parlerons dans la quatrième partie de ce livre.

À propos de Saint Ambroise, il déclare : « Ambroise de Milan était un fonctionnaire violent, ignorant de toute théologie, que sa violence, célèbre dans l'Église, avait élevé au rang d'évêque, et cependant il était toujours plus virulent contre les juifs ».[164] Nous ferons aussi référence, dans la quatrième partie de ce livre, à la lutte antijuive de Saint Ambroise, le célèbre Père de l'Église. Et dans la table des matières du tome II de cette œuvre, pp. 638 et 641, Graetz synthétise l'objet de la matière traitée de la façon la plus éloquente :

« Ambroise, son fanatisme contre les juifs » et « Chrysostome, son fanatisme contre les juifs ».

---

[163] B. Llorca S.J., R. Garcia Villoslada, S.J. et J.J. Montalbàn, S. J. « *Historia de la Iglesia Catolica* » Madrid,1960, t. I, pp. 877 et 878.

[164] Graetz : « *History of the Jews* « Jewish Publication Society of America, Philadelphie 5717, 1946, t.II, pp 613 et 614.

Au sujet de l'autre Père de l'Église symbole de la Charité chrétienne Saint Jérôme, le même historien Graetz, si autorisé dans les milieux juifs, signale que pour marquer son orthodoxie ce Saint disait textuellement :

« Et s'il est de règle de mépriser leurs individus et leur nation, j'abhorre les juifs d'une haine impossible à exprimer ». Cette profession de foi commente le célèbre historien juif n'était pas l'opinion particulière d'un écrivain isolé, mais un oracle pour toute la Chrétienté, qui s'empressa d'accepter les écrits des Pères de l'Église, lesquels furent révérés comme saints. Plus tard cette profession de foi arma les rois, la populace, les croisés et les pasteurs (d'âmes) contre les juifs, leurs firent inventer des instruments pour les torturer et leur firent construire des bûchers funèbres pour les brûler ».[165]

Comme on le voit, ces modèles de Charité chrétienne que furent Saint Jean Chrysostome, Saint Ambroise et Saint Jérôme nous ont laissé une claire définition de ce qu'est celle-ci, nous montrant qu'elle n'exclut pas une action énergique et même implacable contre la Synagogue de Satan dont ceux-ci firent une partie importante de leur sainte vie, et nous enseignant aussi que la Charité chrétienne ne s'exerce pas au profit des forces du mal que les mêmes identifièrent principalement avec le Judaïsme. Est d'autre part certain ce que dit l'israélite Graetz, lorsqu'il affirme que ce fut la doctrine unanime des Pères de l'Église.

Ceux qui s'intéressent à cette question et qui voudraient l'approfondir peuvent le faire en se reportant directement aux œuvres des Pères. Là, ils pourront s'assurer que tous condamnèrent énergiquement les juifs et luttèrent de façon résolue et sans tergiverser contre ces « ennemis de l'humanité » comme les appela expressément Saint Paul. Or nous savons comme Catholiques que l'opinion unanime des Pères de l'Église est en matière doctrinale généralement une norme de conduite pour tous les fidèles, et dans tous les cas sans aucune exception un exemple digne d'être imité.

Seul le complexe de Judas Iscariote peut expliquer le fait que tant de clercs qui se disent catholiques, mais qui servent plus la Synagogue de Satan que l'Église, prétendent aujourd'hui nous donner de fausses règles de morale et de charité chrétienne pour nous attacher les mains et nous empêcher de lutter avec toute l'énergie et l'efficacité désirable contre le Judaïsme et ses satellites : la Maçonnerie et le Communisme.

---

[165] Graetz, op. cit. ed.cit t. II, pp. 625-626.

# CHAPITRE X

## LES JUIFS TUENT LES CHRÉTIENS ET PERSÉCUTENT LES APÔTRES

Le Judaïsme fit une guerre à mort à l'Église, depuis la naissance de celle-ci, et cela sans aucun motif, sans provocation et sans que l'Église durant ses trois premiers siècles réponde à la violence par la violence. Les juifs abusèrent cruellement de la mansuétude des premiers chrétiens, qui se bornèrent à combattre leurs mortels adversaires par leur argumentation bien fondée, devant souffrir en échange les calomnies assassines des juifs, leurs emprisonnements, les assassinats, et toutes sortes de persécutions.

Ils commencèrent par tuer injustement et cruellement le Christ Notre-Seigneur. Ils continuèrent par le meurtre de Saint Etienne, que la Sainte Bible dans les Actes des Apôtres nous décrit dans toute son horreur, depuis l'élaboration du crime dans les Synagogues en passant par la subornation employée pour que quelques-uns le calomnient en lui lançant des accusations venimeuses, jusqu'à l'emploi de faux témoins pour apporter la preuve de celles-ci, pour finir par le meurtre du Saint par les juifs, perpétré férocement à coups de pierres, sans que Saint Etienne ait commis d'autre délit que de prêcher la vraie religion.[166] Il fut le Protomartyr du Christianisme, et ce furent les israélites qui eurent l'honneur d'être les premiers à verser le sang chrétien depuis le martyre de Jésus.

La même Bible dans les Actes des Apôtres rapporte comment le roi juif Hérode

1. ... envoya ses escouades pour maltraiter certains membres de l'Église.
2. Et il fit périr par le glaive Jacques, frère de Jean.
3. Et voyant que cela plaisait aux juifs, il fit aussi arrêter Pierre ».[167]

Mais les juifs, non contents de déclencher l'assassinat des Saints dirigeants du Christianisme naissant, se lancèrent dans de cruelles

---

[166] Bible, *Actes des Apôtres*, chapitre VI, versets 7 à 15, et chapitre VII versets 54 à 59.
[167] Bible, *Actes des Apôtres*, chapitre XII, versets 1 à 3.

persécutions qui dégénérèrent en terribles massacres, comme nous le rapporte la Bible dans les Actes des Apôtres, et qui donnèrent au ciel les premiers martyrs de l'Église. C'est à ces persécutions que participa Saul, le futur Saint Paul, avant de se convertir,[168] et auxquelles il se livra avec un zèle que le même décrit dans son Épître aux Galates de la manière suivante :

> 13. Car vous avez entendu parler de quelle manière, du temps où j'étais encore dans le Judaïsme, avec quelle violence et par quels excès je persécutais alors l'Église de Dieu et je la ravageais ».[169]

Les juifs ne plaisent pas à Dieu, affirme Saint Paul.

Les juifs persécutèrent avec un particulier acharnement, comme de naturel, les Apôtres et les premiers dirigeants de l'Église, comme en témoigne Saint Paul dans sa Première Épître aux Thessaloniciens, où il affirme aussi que les juifs ne plaisent pas à Dieu. Voici ses propres paroles :

> 14. Car vous êtes devenus, frères, les imitateurs des Églises de Dieu qui sont en Judée dans le Christ Jésus; c'est pourquoi vous avez souffert de la part de vos compatriotes les mêmes choses qu'elles ont souffert de la part des juifs, lesquels ont mis à mort le Seigneur Jésus et les prophètes, qui nous ont aussi persécutés, et qui ne sont pas agréables à Dieu ».[170]

Il est donc faux de dire que les juifs plaisent à Dieu, comme l'affirment les clercs qui font leur jeu, afin de paralyser la défense des peuples catholiques contre l'impérialisme judaïque et son action révolutionnaire.

Serait-il possible que ces ecclésiastiques philosémites aient raison, comme ils le prétendent, et que Saint Paul ait alors menti, en affirmant que les juifs ne plaisent pas à Dieu ? Il est pourtant clair que les forces du mal, les fils du diable comme le Christ appela les membres de la Synagogue de Satan, ne peuvent plaire à Dieu !

Les juifs mirent fréquemment les Apôtres en prison. Dans les Actes, on affirme que les prêtres juifs, les sadducéens et le magistrat du Temple s'emparèrent de Saint Pierre et de Saint Jean et les incarcérèrent.[171]

Et au chapitre V, il est rapporté ce qui suit :

> 17. Alors le prince des prêtres et tous ceux de son parti (c'est à dire la secte des sadducéens) s'enflammèrent de zèle.
>
> 18. Et ils firent arrêter les Apôtres et les firent mettre dans la prison publique ».[172]

---

[168] Bible, *Actes des Apôtres*, chapitre VIII, versets 1 à 3, chapitre XXVI, versets 10 et 11, et chapitre XXII verstes 4 et 5.
[169] Bible, *Épîtres de Saint Paul,* Épître aux Galates, chap. I, verset 13.
[170] Bible *Épîtres de Saint Paul,* Ière Épître aux Thessaloniciens, Chap. II, versets 14 et 15.
[171] Bible *Actes des Apôtres,* Chap. III et Chap. IV, versets 1,2 et 3.
[172] Bible *Actes des Apôtres,* Chap. V, versets 17 et 18.

Parmi les persécutions déclenchées par les juifs contre les premiers dirigeants de l'Église, se distinguent par leur acharnement celles qu'ils menèrent contre Saint Paul. Dans les Actes des Apôtres, on indique ainsi :

22. Quant à Saul, il sentait de plus en plus croître ses forces, et il confondait les juifs de Damas, leur affirmant que Jésus était le Christ.
23. Et au bout d'un temps assez long, les juifs délibérèrent de le tuer ».[173]

Plus tard à Antioche, alors que Saint Paul et Barnabé étaient en discussion avec des juifs sur les questions religieuses, ces derniers, suivant leur fanatisme et leur intolérance coutumière, en vinrent à employer les arguments violents. Les Actes des Apôtres nous le rapportent :

50. Mais les juifs excitèrent plusieurs femmes dévotes parmi les notabilités ainsi que les principaux édiles de la ville, et suscitèrent une persécution contre Paul et Barnabé qu'ils chassèrent de leur territoire »,[174] et parmi la population d'Iconium, à la suite d'une autre discussion théologique de Paul et Barnabé avec les juifs, il se fit que « les gens de la cité se divisèrent, et que les uns étaient pour les juifs et les autres pour les Apôtres.
5. Mais comme les gentils et les juifs avec leurs chefs s'étaient soulevés et avaient l'intention de les insulter et de les lapider, l'apprenant, ceux-ci allèrent se réfugier à Lystre et à Derbé, villes de Lyaconie.
18. Mais là encore, survinrent des juifs d'Antioche et d'Iconium qui gagnèrent la foule et lapidèrent Paul, et, le croyant mort, le tirèrent en dehors de la cité ».[175]

On voit donc qu'à cette époque, la séparation était des plus claire : d'un côté il y avait les Apôtres et leurs partisans c'est à dire les chrétiens, et de l'autre les juifs.

Le Nouveau Testament de la Sainte Bible se sert dans les livres évoqués du terme de juifs pour désigner les membres de l'ancien peuple élu qui assassinèrent Dieu le Fils et qui combattaient Son Église, car ceux qui s'étaient convertis à la Foi du Sauveur n'étaient alors plus des hébreux mais des chrétiens. L'Évangile de Saint Jean, le disciple bien aimé, nomme aussi expressément sous le nom de juifs les membres de l'ancien peuple élu qui se refusèrent à reconnaître le Christ, le mirent à mort et combattirent les Apôtres. C'est aussi pourquoi cet Évangile a été considéré par les israélites comme le plus antisémite des Évangiles, et que le Judaïsme a l'intention de le faire éliminer de la Sainte messe, se vantant déjà d'avoir sur le Vatican une influence suffisante pour cela. D'après ce que nous avons appris, ils projettent cette élimination en faisant écourter la Messe,

---

[173] Bible *Actes des Apôtres*, Chap. IX, versets 22 et 23.
[174] Bible *Actes des Apôtres*, Chap. IX, versets 44 à 50.
[175] Bible *Actes des Apôtres*, Chap. XIV, versets 1 à 6 et 18.

pour qu'elle se termine avec la bénédiction en supprimant donc ainsi l'Évangile de Saint Jean, le plus antisémite des Évangiles avec lequel se termine actuellement la Messe.

Il nous paraît incroyable que les juifs disposent d'infiltrations si importantes au Vatican qu'ils puissent y réussir. Mais face à toute éventualité, il nous est apparu nécessaire de dénoncer cette tentative, pour que les autorités ecclésiastiques empêchent cette agression sur la Sainte messe de la part du Judaïsme et de ses agents secrets infiltrés dans le haut clergé. Les juifs qui de nos jours continuent de persécuter l'Église, menaçant de dominer et d'asservir toute l'humanité, sont les descendants de ces mêmes juifs alors désignés par le Nouveau Testament comme les pires ennemis du Christ et de son Église, qui n'ont plus rien de commun au point de vue spirituel avec l'ancien peuple élu des temps bibliques. Le peuple élu fut aimé de Dieu, mais les juifs qui renièrent leur Messie, qui l'assassinèrent et le combattirent, et qui combattent toujours le Christianisme, toujours ancrés de nos jours dans leurs organisations criminelles comme le disait jadis Saint Paul, ceux-là ne plaisent pas à Dieu.

Au chapitre VII du livre déjà cité du Nouveau Testament il est rapporté que Saint Paul et Silas

1. Arrivèrent à Thessalonique où il y avait une Synagogue des juifs.
5. Mais les juifs piqués de zèle et ayant pris avec eux des gens de la plèbe, des vauriens mais qui faisaient nombre, soulevèrent la cité et envahirent le domicile de Jason, les cherchant pour les traduire devant le peuple.
6. Et ne les y trouvant pas, ils traînèrent Jason et quelques-uns de ses frères devant les magistrats de la ville en vociférant : ceux qui vinrent ici et qui troublaient la cité.
7. c'est Jason qui les a accueillis et tous ceux-ci contreviennent aux décrets de César en disant qu'il n'y a pas d'autre roi que Jésus.
8. En entendant ces choses, le peuple et les édiles de la ville furent troublés.
9. Mais ayant été satisfaits des explications de Jason et des autres, ils les laissèrent libres. »[176]

Les passages des Saintes Écritures que nous venons de citer démontrent clairement que ce furent les juifs qui furent les uniques ennemis du Christianisme naissant, car c'est eux qui partout, non seulement persécutaient les chrétiens, mais qui essayaient par des calomnies de soulever contre eux les populations des gentils et, ce qui est le plus grave, les autorités de Rome. Dans le passage précédent des Actes des Apôtres, on les voit employant la calomnie, dans une tentative criminelle de lancer contre la Sainte Église toute la puissance de l'Empire

---

[176] Bible *Actes des Apôtres*, chap. XVII, versets 1, 5 et de 6 à 9.

Romain alors invincible, en accusant les Chrétiens ni plus ni moins que de reconnaître un autre roi à la place de César, un délit qui ne pouvait qu'irriter au maximum les Empereurs Romains et leurs procurateurs, et cette forme de trahison méritait immédiatement la mort. On ne peut donc mettre en doute ceux qui prétendent que les israélites continuèrent pendant de nombreuses années à s'y employer, avec tout le venin de leurs calomnies et de leurs intrigues, sans pourtant réussir à lancer l'Empire Romain contre les chrétiens, jusqu'à ce que pour finir, à force de tellement insister, ils y parvinrent avec Néron.

Ils essayèrent aussi de lancer les gouvernants de Rome contre Saint Paul, comme nous le montre le passage suivant du Nouveau Testament :

12. Alors que Galion était proconsul en Achaïe, les juifs se soulevèrent unanimes contre Paul et le firent comparaître au tribunal.
13. en l'accusant qu'il incitait les gens à rendre à Dieu un culte contraire à la Loi.
14. Et comme Paul ouvrait la bouche pour prendre la parole, Galion dit aux juifs : S'il s'était agi de quelque chose de grave, d'un crime énorme, oh juifs, je vous écouterais comme le droit l'exige.
15. Mais si ce sont des discussions sur des termes ou sur des noms de votre loi, voyez cela vous-mêmes, car je ne saurais être juge de ces choses.
16. Et il fit évacuer le tribunal.
17. Alors tous, prenant à partie le chef de la Synagogue Sosthènes, se mirent à le frapper devant le tribunal, sans que Galion en fit aucun cas ».[177]

Ce passage de la Sainte Bible nous fait voir, d'un côté la tolérance religieuse des autorités romaines et leur total désintérêt à se montrer hostiles envers les chrétiens, et de l'autre, que les hébreux étaient ceux qui cherchaient sans arrêt, bien que vainement, des moyens pour exciter les gouvernants de l'Empire Romain contre les chrétiens, et que finalement, voyant échouer leur plan, les juifs se mirent à se battre entre eux comme des fous furieux. Et ce fut Sosthènes le chef de la Synagogue qui fut le malheureux objet sur lequel les hébreux passèrent leur fureur et leur rage. Et bien entendu, l'on ne peut mettre en doute la véracité de ces faits, puisqu'il s'agit d'un passage littéral du Nouveau Testament.

Il est alors bien explicable que, lorsque cette horde de loups fut libérée et qu'en plus elle eut tous les pouvoirs lors du triomphe des révolutions communistes, elle se soit livrée à d'incroyables carnages, faisant couler des torrents de sang chrétien et gentil, et finissant, aussi bien en Union Soviétique que dans les États satellites, par se déchirer entre eux sans rien respecter, pas même la dignité rabbinique, comme dans le cas de ce pauvre

---

[177] Bible *Actes des Apôtres*, chap. XVIII, versets cités.

Sosthène cité dans le passage biblique précédent. Il est indubitable qu'ils n'ont pas changé.

L'Apôtre Saint Luc, dans les Actes des Apôtres nous rapporte une autre persécution exercée par les juifs contre Saint Paul, et lorsqu'il nous dépeint la manière d'être des hébreux à cette époque, on dirait qu'il nous décrit ceux d'aujourd'hui. Rien ne semble avoir changé en pratiquement deux mille ans.

Il raconte que Saint Paul étant à Jérusalem

27. ... Les juifs qui étaient ceux d'Asie, lorsqu'ils le virent au Temple, ameutèrent tout le peuple et se saisirent de lui en vociférant ainsi :
28. Israélites, accourez, voici celui qui partout endoctrine tout le monde contre le peuple, contre la loi et contre ce lieu, et en plus, il a introduit des gentils dans le Temple, et il a profané ce Saint Lieu.
30. Ceci émut toute la ville, et le peuple accourut. Et ayant ligoté Paul, ils le traînèrent hors du Temple, et ils en fermèrent alors les portes.
31. Et, comme ils cherchaient à le tuer, on avisa le tribun de la cohorte que tout Jérusalem était en effervescence. Celui-ci prit alors des soldats et des centurions et courut au-devant des manifestants. Ceux-ci, en voyant arriver le tribun et les soldats, cessèrent de frapper Paul. »[178]

Ce passage du Nouveau Testament nous indique que les juifs accusaient Paul « d'endoctriner tout le monde contre le peuple », c'est-à-dire qu'ils le faisaient apparaître calomnieusement comme un ennemi du peuple pour justifier son assassinat. Plus de dix-neuf siècles après, lorsque les juifs en Union Soviétique et dans les pays communiste cherchent à éliminer quelqu'un, ils l'accusent aussi d'être un ennemi du peuple, un ennemi des classes ouvrières. Les méthodes sont restées exactement les mêmes : rien n'a changé en deux mille ans.

Ils l'accusaient aussi de prêcher contre le Temple, comme dans les simulacres de procès des pays communistes où ils accusent les futures victimes de subversion contre l'Union Soviétique ou contre l'État prolétarien.

Et enfin, ils accusaient aussi Saint Paul d'introduire des gentils dans le Temple et de profaner ce Saint Lieu, car lors de ces fêtes, les juifs considéraient le Temple interdit aux gentils, tout comme aujourd'hui ils considèrent que le Judaïsme est fermé aux hommes d'autres races. Si alors, ils n'admettaient les prosélytes de la porte à n'assister à rien de ce qui se passait dans le Temple sinon de l'extérieur des portes, aujourd'hui, s'ils acceptent dans certains pays les chrétiens et les gentils en tant que convertis au Judaïsme comme ils disent, c'est cependant seulement encore de l'extérieur de la porte, car au moyen d'astuces ils les laissent dans des

---

[178] Bible *Actes des Apôtres*, chap. XXI, versets 27 à 32.

organisations périphériques, des communautés de Judaïsme spirituel, mais sans jamais les laisser s'introduire dans les véritables synagogues et communautés de la Juiverie. Là encore les méthodes sont restées les mêmes.

Le même livre des Saintes Écritures poursuit la narration en disant que, lorsque le Tribun permit à Paul de s'adresser aux juifs mutinés, en essayant par des paroles sereines de les calmer, il advint que :

22. Ils l'avaient écouté jusque-là, mais alors ils se mirent à crier en disant : Qu'on ôte de la terre cet individu, il n'est pas juste qu'il vive.
23. Et comme ils hurlaient, agitaient leurs manteaux et soulevaient des nuages de poussière ».[179]

Nous les voyons là se comporter en véritables énergumènes, de la même manière que des siècles plus tard, au milieu de la terreur judéo-communiste, ils mettront en pièces leurs malheureuses victimes dans un luxe inouï de cruauté.

Cette narration du Nouveau Testament se poursuit en disant que le Tribun romain le jour suivant : « Chapitre XXII, 30 Cherchant à savoir exactement pour quelle raison les juifs l'accusaient, il le fit délier et ordonna aux prêtres et à tout le Conseil de se réunir, et ayant fait extraire Paul de sa prison, il le fit conduire devant eux » ;

Chapitre XXIII.

6. Paul sachant qu'une partie du Sanhédrin était composée de sadducéens et l'autre de pharisiens, il s'exprima ainsi d'une voix forte devant le Sanhédrin : Frères, je suis pharisien, fils de pharisien et c'est au sujet de l'espérance et de la résurrection des morts que je comparais en jugement.
7. À ces mots, une grande dispute s'éleva entre les pharisiens et les sadducéens, et la foule de l'assemblée fut divisée.
8. Les sadducéens en effet prétendent qu'il n'y pas de résurrection, ni d'anges, ni d'esprits, alors que les pharisiens l'affirment.
9. Il y eut donc alors un grand vacarme. Quelques-uns du parti des pharisiens, debout, s'en prenaient aux autres en disant : nous ne trouvons rien à blâmer en cet homme. Et qui plus est, si un esprit ou un ange lui avait parlé ?[180]

Magnifique leçon que celle que donne là Saint Paul, sur la manière d'utiliser au profit de la bonne cause les discordes internes des coteries et sectes judaïques, ce que l'on peut faire efficacement à la condition de connaître les inimitiés secrètes du Judaïsme, ce qui permet aussi d'éviter de

---

[179] Bible *Actes des Apôtres*, chap. XXI, versets 33 à 40 et chap ; XXII, versets 19 à 23.
[180] Bible *Actes des Apôtres*, chap. XXII, verset 30, et chapitre XXIII, versets 1à 9.

se laisser prendre aux pseudo-rivalités qu'ils simulent fréquemment entre eux en vue de certaines finalités politiques.

Après cette violente dispute survenue entre les dirigeants juifs mentionnés, qui obligea le Tribun romain à faire intervenir la troupe, l'apôtre poursuit ainsi :

> 12. Le jour venu (NDT le jour d'après la séance précédente) un certain nombre de juifs se réunirent et dirent en proférant des malédictions qu'ils ne mangeraient ni ne boiraient pas avant d'avoir tué Paul.
> 13. Ils étaient plus de quarante à avoir fait cette conjuration.
> 14. Ceux-ci, étant allés voir les princes des prêtres et les Anciens, leur déclarèrent : Nous avons fait le serment, sous peine de malédiction contre nous-mêmes, de ne goûter à rien jusqu'à ce que nous ayons tué Paul.
> 15. Vous donc maintenant, avec le Conseil, demandez au Tribun qu'il le fasse sortir, comme si vous vouliez l'interroger pour connaître plus à fond l'affaire le concernant. Et nous, nous serons prêts à le supprimer pendant le trajet. »

La clairvoyance du Tribun qui connaissait bien les juifs fit échouer leurs plans criminels, car il renvoya Paul sous escorte de deux cents soldats conduits par deux centurions, le verset 25 du même chapitre précisant que le Tribun romain procéda ainsi :

> 25. parce qu'il craignait que les juifs ne l'enlèvent et le tuent, et qu'ils ne l'accusent ensuite calomnieusement de s'être laissé acheter ».[181]

Ce passage exemplaire du Nouveau Testament nous montre que les juifs comédiens, inventeurs des grèves de la faim, pratiquaient déjà ce genre de choses à l'époque de Saint Paul, puisqu'ils juraient là de ne pas manger ni boire avant de parvenir à le tuer. Les Actes des Apôtres ne nous précisent pas si, après que Saint Paul eut été sauvé par la clairvoyance du Tribun, ces juifs comédiens observèrent leur serment jusqu'à ce que leur mort s'en suive, mais le silence que garde l'Apôtre sur la question nous laisse supposer qu'en cette occasion, comme dans les grèves de la faim d'aujourd'hui, ces juifs comédiens après l'échec de leur projet trouvèrent un prétexte pour interrompre leur grève.

Mais d'autre part, on voit que, déjà à cette époque très lointaine, ils pratiquaient aussi le système d'assassiner en chemin les prisonniers en les transférant d'une ville à l'autre, et l'on observe aussi que même les Romains craignaient les calomnies des juifs, qu'ils savaient sans doute être passés maîtres dans cet art maléfique.

Pour connaître les activités sinistres du Judaïsme et ses méthodes d'action, les célèbres « Protocoles des Sages de Sion » sont inutiles : les

---

[181] Bible Actes des Apôtres, Chap. XXIII versets 12 à25.

enseignements de la Sainte Bible et d'autres documents similaires indiscutables et dignes de foi suffisent, qui proviennent bien souvent des sources hébraïques les plus insoupçonnables.

Après avoir conduit Saint Paul devant le Gouverneur, les Actes des Apôtres poursuivent ainsi leur narration :

2. Et les princes des prêtres et les principaux des juifs portèrent plainte auprès de lui contre Paul et se mirent à le solliciter.

3. Demandant contre lui son soutien et qu'il ordonne de le faire revenir à Jérusalem, cela tout en organisant un guet-apens pour l'assassiner en chemin.

4. Mais Festus répondit que Paul était gardé à Césarée, que lui-même devait repartir au plus tôt.

5. Et, dit-il, que les principaux d'entre vous y aillent avec moi, et s'il y a quelque chose de répréhensible en cet homme, qu'ils l'accusent.

7. Lorsqu'il fut arrivé (à son tribunal), les juifs venus de Jérusalem l'entourèrent, en l'accusant de délits nombreux et graves dont ils ne pouvaient apporter la preuve.

8. Et Paul se défendit en disant : Je n'ai péché en rien, ni contre la loi des juifs, ni contre le temple, ni contre César. »[182]

Pour comprendre cette tragique et terrible affaire, il faut prendre en compte que Saint Paul était un homme vertueux et tellement illuminé par la grâce divine que cela l'a rendu digne d'être considéré comme l'un des plus grands saints du Christianisme, mais à cause de cela, les juifs s'acharnèrent contre lui avec leur particulière perfidie et leur obstination paranoïaque, comme on l'a lu dans les passages précédents des Saintes Écritures, le problème s'aggravant du fait que ce ne furent pas seulement les juifs de Palestine, mais aussi ceux des plus diverses parties du monde qui montrèrent leurs instincts scélérats et meurtriers, et qu'il n'eut pas seulement contre lui ceux de la secte des pharisiens, mais également ceux de la secte des sadducéens bien qu'ils fussent adversaires des précédents. Ceux qui distillèrent tant de méchanceté ne furent donc pas des individus isolés et sans légitimité, mais les princes des prêtres, les scribes, les membres de la hiérarchie et les hommes les plus illustres d'Israël. Tous taillés sur le même modèle.

Ces passages du Nouveau Testament nous apprennent à connaître le danger que représente pour l'humanité le Judaïsme moderne, dont la méchanceté dépasse les limites de tout ce que les autres nations peuvent imaginer. C'est pour cela que les Papes et les Conciles les appelèrent maintes fois « les juifs perfides œ », faisant figurer l'expression ainsi que d'autres termes tout aussi éloquents dans la Liturgie et le Rituel de la Sainte Église, ce que les Israélites veulent voir totalement éliminer, pour nous

---

[182] Bible *Actes des Apôtres*, chap. XXV versets 1 à 8.

soumettre, nous catholiques, à une ignorance toujours plus grande de l'immense perversité de nos ennemis millénaires, et pouvoir ainsi nous vaincre plus facilement en assurant le plein succès de leurs pièges et de leurs effets de surprise coutumiers.

Ce qui est significatif, c'est que, dans la description de la perfidie de cette engeance de vipères, comme les appela le Christ Notre-Seigneur, on observe une coïncidence parfaite entre le Nouveau Testament de la Sainte Bible, les écrits de plusieurs siècles postérieurs des Pères de l'Église, les concepts sur eux figurant dans le Coran de Mahomet, les Canons de divers Conciles de l'Église, les procès de la Sainte Inquisition, les opinions de Martin Luther et les accusations que lancèrent à des siècles différents et dans des pays les plus divers les connaisseurs du problème, qu'ils fussent catholiques, protestants, orthodoxes russes, mahométans ou incrédules, comme Voltaire et Rosenberg, qui, sans s'être mis au préalable d'accord, se sont rejoints dans leur dénonciation de la perfidie et de l'extrême méchanceté des juifs, tout au cours des deux derniers millénaires. Ceci démontre malheureusement que cette méchanceté et cette perfidie, extrêmement dangereuses pour les autres peuples, correspondent à une réalité prouvée et indiscutable.

L'Apôtre Saint Matthieu de son côté propagea largement la parole de Dieu, d'abord en Macédoine, puis ensuite en Judée, convertissant un grand nombre à la Foi de Jésus Christ par sa prédication et par ses miracles. Les juifs ne pouvant souffrir cela, l'arrêtèrent, le lapidèrent jusqu'à le laisser pour mort, et pour l'achever le décapitèrent.[183]

---

[183] Selon Saint Jeronimo dans le Catalogue, cité par Adricomio, mentionné par la *Bible de Scio* édit. Citée, p. 670 col 2. La même source mentionne une autre version de la biographie de cet Apôtre, selon laquelle il serait mort en Égypte ou en Éthiopie. Cependant étant donnée la persécution déclenchée par les juifs contre les chrétiens dans le monde entier, le première version nous semble la plus probable et la source citée la donne d'ailleurs en premier.

# CHAPITRE XI

## LES PERSÉCUTIONS ROMAINES : PROVOQUÉES PAR LES JUIFS

Nous venons d'étudier au chapitre précédent diverses tentatives des juifs pour lancer les autorités romaines contre Saint Paul, l'accusant d'aller contre César, de proclamer un autre roi à sa place en prêchant Jésus. De ces constantes intrigues et calomnies, c'est un document indiscutable qui nous informe : le Nouveau Testament de la Sainte Bible. Ces tentatives répétées de lancer la puissance de l'Empire romain contre le Christianisme naissant se succédèrent avec fréquence, bien que sans succès durant quelque temps.

Que les Romains aient été tolérants en matière religieuse est un fait historiquement indiscutable, tout comme le fait qu'ils n'étaient en rien hostiles aux chrétiens, comme le montrent, outre l'attitude de Pilate dans le cas de Jésus, les interventions favorables des autorités de l'Empire lors des persécutions déclenchées par le juifs contre Saint Paul et les premiers chrétiens. Le fait suivant, absolument significatif, est consigné par Tertullien et Orose qui signalent que, devant les tentatives de persécutions hébraïques contre les chrétiens, l'empereur Tibère fit publier un édit menaçant de mort ceux qui accuseraient les chrétiens.[184]

La première année de son accession à l'Empire, l'empereur Claude ordonna que les juifs quittent Rome, parce qu'au témoignage de Flavius Josèphe ils avaient fait adopter leurs rites par Agrippine sa mère, ou aussi, comme l'écrit Suétone, parce qu'en excitant des persécutions contre les chrétiens, ils soulevaient de fréquentes émeutes.[185]

On voit donc que l'empereur païen Claude fut aussi extrêmement tolérant envers les chrétiens, et qu'alors las des émeutes que suscitaient les hébreux, il les expulsa de la ville de Rome. Les Actes des Apôtres font aussi mention de cette expulsion.[186]

---

[184] Tertullien, « *Apologétique* » Livre V, et Orose, livre VII chap. 2.
[185] Tableaux chronologiques de le *Bible de Scio*, édition citée, p. 662, col II, d'après l'Adricomium.
[186] Bible, *Actes des Apôtres*, chap. XVIII, verset 2.

Apparaît également ici la tendance des juifs à faire monter leur crédit jusque sur les marches du trône, en étendant leur influence à l'impératrice afin, par elle, d'influencer l'Empereur, observant ainsi semble-t-il les enseignements du livre biblique d'Esther, bien que défigurés par une interprétation impérialiste. On se souvient que cette juive réussit à devenir reine de Perse en masquant son Judaïsme, et à exercer une influence décisive sur le roi pour détruire les ennemis des israélites. Néanmoins dans le cas de l'empereur Claude, ce projet échoua, comme on vient de le voir. Il n'en sera pas de même avec Néron, qu'ils réussiront à faire approcher par une juive du nom de Poppée, qui ne tarda pas à devenir la maîtresse de l'empereur, et même selon certains chroniqueurs juifs à être la véritable impératrice de Rome, laquelle parvint à exercer une influence décisive sur cet Empereur.

Tertullien, l'un des Pères de l'Église, dans son ouvrage Scorpiase, déclare : « Les Synagogues sont les points d'où partent les persécutions contre les chrétiens ». Et dans son livre Ad Nationes, le même Tertullien écrit : « C'est des juifs que sortent les calomnies contre les chrétiens ».[187]

Au cours du règne de Néron, la tolérance fut au début de règle envers les chrétiens, mais l'Empereur finit par céder aux intrigues persévérantes de sa maîtresse juive Poppée, à qui l'on attribue l'idée d'inculper les chrétiens de l'incendie de la ville de Rome, fait qui servit à justifier la première cruelle persécution des chrétiens organisée par l'Empire Romain.

Les RR PP jésuites B. Llorca, Garcia-Villoslada et Montalbàn reconnaissent ce qui suit à propos de ces premières persécutions de la Rome païenne à partir de Néron contre les faibles et dociles chrétiens :

« Les juifs furent les éléments les plus actifs à fomenter le climat de haine contre les chrétiens, qu'ils considéraient avoir supplanté la loi Mosaïque. » « Cette activité des juifs dut exercer une notable influence, car il est établi qu'ils jouissaient au temps de Néron d'un grand ascendant à Rome, et l'on sait bien qu'à l'occasion du martyre de Saint Pierre et de Saint Paul, certains insinuèrent l'idée que leur mort était due au zèle des juifs ».

« Étant donné ce climat encore excité par la haine des juifs, la persécution de Néron se conçoit facilement. Comme à des gens capables de toutes sortes de crimes, il leur fut facile de dénoncer les chrétiens comme étant les responsables de l'incendie de Rome. Et il ne coûta guère au peuple de le croire ».[188]

En effet, les juifs répandirent des accusations calomnieuses contre les chrétiens, allant jusqu'à dire qu'ils commettaient l'abominable crime de se

---

[187] Tertullien : « *Scorpiase* » et « *Ad Nationes* » cités par Ricardo C. Albanès dans « *Los Judios a traves de los siglos* » (Les juifs à travers les siècles) édit. Cit., pp. 432 et 435.
[188] B. Llorca S.J., R. Garcia-Villoslada S.J., et F.J. Montalbán « *Historia de la Iglesia Catolica* » Ed. cit., t. I, pp. 172-3.

nourrir de leurs enfants durant leurs cérémonies,[189] chose qui indigna évidemment les autorités et le peuple romain.

Il est compréhensible que cette intrigue constante, ce persistant travail de calomnies et de diffamations, que les hébreux lancent toujours contre ceux qui entravent leurs plans, réalisé sous l'Empire Romain par des milliers d'individus, mois après mois, année après année, ait fini un beau jour par atteindre ses objectifs, en lançant contre la naissante Chrétienté qu'ils ne pouvaient détruire à eux seuls toute la gigantesque puissance de l'Empire Romain, dans un effort d'anéantissement jamais connu dans l'Histoire de l'humanité.

À l'appui de cette vérité, nous citerons le témoignage indiscutable d'une source juive qui fait autorité : celle du célèbre rabbin hébreux Wiener, qui, dans son livre intitulé « Die Jewischsehen Speizegesetz », confesse lui-même que les juifs furent ceux qui causèrent les persécutions de Rome contre les chrétiens, en faisant observer que c'est sous le règne de Néron, en l'année 65 de notre ère lorsque Rome eut pour impératrice une juive, Poppée, et pour préfet de la ville un juif, que se déclencha l'ère des martyrs, qui devait se prolonger deux cent quarante-neuf ans.[190]

Parmi les instigateurs hébreux qui provoquèrent les persécutions des Romains contre le Christianisme, figurèrent même des rabbins aussi distingués dans l'histoire de la Synagogue que le fameux rabbin Jehuda, l'un des auteurs du Talmud, qui est comme on l'a dit l'un de leurs livres saints et la source du Judaïsme moderne. Jéhuda obtint en l'année 155 de notre ère un édit pour que fussent sacrifiés tous les chrétiens de Rome, en vertu duquel ils moururent par milliers, et ce furent précisément des bourreaux juifs qui exécutèrent alors les papes martyrs Caius et Marcellin.[191]

L'Archevêque Évêque de Port Louis, Mgr Léon Meurin S.J., dans son ouvrage « Philosophie de la Maçonnerie », affirme, page 172, que, lorsque les juifs sous la conduite de Bar Kochba, un faux messie, se soulevèrent contre Rome et recouvrèrent pendant trois ans leur indépendance (de 132 à 135 après J. C.), dans ce court laps de temps, ils assassinèrent au moins cent quatre mille chrétiens : nombre exorbitant compte tenu de la population chrétienne de Palestine à l'époque. Ceci nous donne une idée de ce qui se passera quand les juifs imposeront leur dictature totalitaire au monde entier.

Durant trois siècles, les chrétiens résistèrent héroïquement, sans jamais répondre à la violence par la violence, mais il est compréhensible qu'après ces trois siècles de persécutions, lorsque le Christianisme obtint une

---

[189] Ricardo C. Albanés, op. cit. pp 432 et 435.
[190] Rabbin Wiener : *Die Jewischsehen Speizegesetz*, cité par Ricardo C Albanés, Opus cit. p. 435.
[191] Dr Rohling, prêtre catholique : « *Die Polemik des Rabbinismus* », cité par Ricardo C. Albanés, Opus cit. p. 435.

victoire complète dans l'Empire Romain avec la conversion de Constantin et l'adoption de la religion chrétienne comme religion d'État, cela ait eu pour résultat que la violence réponde alors à la violence pour défendre à la fois l'Église victorieuse et les peuples qui lui avaient confié leur foi des constantes conspirations du Judaïsme, ces peuples qui se trouvaient dès lors constamment menacés par l'action destructrice de l'impérialisme judaïque.

Il faut donc que les peureux, qui devant la situation actuelle pensent capituler face à la Synagogue de Satan par crainte de ses persécutions, de sa puissance et de son influence, réfléchissent que les terribles menaces actuelles sont loin d'être aussi graves que celles qu'eurent à affronter le Christ Notre-Seigneur, les Apôtres et les premiers chrétiens, face non seulement au puissant Judaïsme, mais aussi au pouvoir alors apparemment invincible de l'Empire Romain, qui fut la plus grande et le plus forte puissance de tous les temps, les deux menaces mortelles se combinant avec celle de la désintégration interne du Christianisme provoquée par les hébreux et leurs infiltrés avec le Gnosticisme et les autres hérésies destructrices. Qu'ils réfléchissent que si malgré une telle situation bien plus difficile et plus tragique que l'actuelle, la Sainte Église put alors, non seulement subsister, mais réussir à obtenir une victoire complète sur ses mortels ennemis, ce fut parce qu'elle eut des pasteurs qui ne faiblirent jamais, qui ignorèrent la crainte, et n'acceptèrent jamais de conclure des accords honteux avec les forces de Satan. Eux, ne pensèrent à aucun moment chercher des solutions de compromis basées sur une prétendue mais cependant fausse prudence. Ils ne parlèrent, ni de coexistence pacifique, ni de solutions diplomatiques, qui ne sont que sophismes employés par des clercs sans courage ou complices de l'ennemi, lesquels prétendent de nos jours que la Sainte Église et ses Pasteurs livrent aux griffes du loup les brebis dont le Christ Notre-Seigneur leur confia la garde zélée, cela évidemment au préjudice du prestige de la même Église et de la Foi qu'ont mis en elle les fidèles catholiques.

# Quatrième partie - La cinquième colonne juive dans le clergé

# CHAPITRE I

## LA PIEUVRE ÉTRANGLE LE CHRISTIANISME

Si la révolution maçonnico-jacobine réussit à vaincre la Chrétienté, ce fut pour la même raison que triomphe aujourd'hui la révolution judéo-communiste en détruisant tout : et cette raison c'est que la Sainte Église et la Chrétienté entière n'ont pu combattre que les tentacules du poulpe (parti communiste, groupes révolutionnaires et, dans quelques rares cas comme en Espagne, la Maçonnerie), laissant intacte sa puissante tête. C'est ainsi que le monstre a pu régénérer et reconstruire ses membres, qui occasionnellement lui avaient été enlevés, pour les utiliser de nouveau de la manière la plus efficace, jusqu'à réussir à asservir la moitié du monde chrétien (Russie, États d'Europe orientale, Cuba[192] et à être déjà sur le point d'asservir le reste du monde.

Les constantes victoires des révolutions judéo-maçonniques puis judéo-communistes depuis la fin du XVIIIème siècle jusqu'à nos jours sont aussi dues au fait que, ni la Sainte Église, ni les Églises chrétiennes séparées,[193] n'ont réussi à lutter efficacement contre la cinquième colonne juive infiltrée dans leur sein.

Cette cinquième colonne est formée par les descendants de juifs qui se convertirent au Christianisme dans les siècles passés, et qui pratiquèrent en public et de manière apparemment fervente la religion du Christ, alors qu'en secret ils conservaient leur foi judaïque, accomplissant de manière occulte les rites et cérémonies juives et s'organisant en communautés et en Synagogues secrètes qui fonctionnèrent clandestinement pendant plusieurs

---

[192] NDT : C'était en 1962, mais il fallait déjà ajouter à cela l'immense Chine, la Corée du Nord, l'Indochine, les États africains « décolonisés »... et de fait tous les États occidentaux livrés à l'empire juif par la victoire de la Judéo-Maçonnerie en 1945 et la trahison du haut clergé du Vatican qui s'en est suivie. C'est le monde entier qui est tombé dans l'esclavage de la Juiverie par sa victoire en 1945, celle-ci renforçant encore son empire établi en1918, mais peu s'en sont alors rendu compte. Il a fallu les horreurs des quarante années qui suivirent et la proclamation par le président US George Bush de l'impérium du Nouvel Ordre Mondial (juif) pour que les occidentaux leurrés ouvrent enfin les yeux, du moins pour que quelques patriotes le fassent en comprenant enfin qui gouverne le monde en tenant l'Amérique.
[193] Nous nous abstenons d'employer des termes plus durs à propos de ces Églises, dans l'espoir d'obtenir le rapprochement entre les catholiques, les protestants et les orthodoxes, si nécessaire à l'obtention d'un front politique commun contre l'impérialisme juif. L'Auteur.

siècles. Ces chrétiens d'apparence, juifs en secret, ont commencé de s'infiltrer dans la société chrétienne il y a de nombreux siècles, essayant de s'emparer d'elle de l'intérieur. À cet effet, ils semèrent les hérésies et les disputes, tout en essayant de s'emparer du clergé des différentes Églises du Christ. Tout cela, en usant du stratagème d'introduire des chrétiens crypto-juifs dans le clergé catholique, qui pouvaient ensuite s'élever dans les différentes dignités de la Sainte Église au commencement, puis des différentes Églises dissidentes ensuite, dont ces juifs clandestins furent toujours les grands agents fomenteurs des désaccords.

Tant que l'Église de Rome, leurs Saintetés les Papes et les Conciles luttèrent efficacement durant tout le millénaire du Moyen-Âge contre le Judaïsme et surtout contre les infiltrés, les mouvements révolutionnaires organisés pour diviser et détruire la Chrétienté furent chaque fois et toujours complètement vaincus et anéantis. Cela dura depuis Constantin jusqu'à la fin du XV$^{ème}$ siècle. Malheureusement, la Sainte Église, pour des raisons que l'on étudiera plus loin, ne put alors attaquer efficacement la cinquième colonne constituée par les juifs clandestins infiltrés comme fidèles, comme clercs et même comme dignitaires. Dès lors, la poussée du mouvement révolutionnaire ne cessa de se renforcer, jusqu'à ce qu'elle prit à la fin du XVIIIème siècle le caractère d'une avalanche incontrôlable.

Mais c'est au XX$^{ème}$ siècle, alors que les artifices juifs sont parvenus à ce comble de rendre les Catholiques oublieux de la lutte gigantesque qui dura des siècles entre le Catholicisme et le Judaïsme, que ce dernier a fait le plus progresser ses projets de domination mondiale, réussissant à réduire à l'esclavage le tiers de l'humanité sous la dictature judéo-communiste.

Au Moyen-Âge, les Papes et les Conciles parvinrent à détruire les mouvements révolutionnaires juifs qui naissaient à l'intérieur du Catholicisme sous la forme d'hérésies et qui étaient suscités en apparence par des chrétiens mais en réalité par des juifs secrets, et qui ensuite faisaient des adeptes parmi les chrétiens sincères, les enrôlant dans le mouvement hérétique naissant en les trompant habilement. Les juifs clandestins organisaient et avaient en secret le contrôle de ces mouvements générateurs et promoteurs de graves hérésies, comme celle des Iconoclastes, des Cathares, des Patarins, des Albigeois, des Hussites, des Illuminés et bien d'autres encore.

Le travail subversif de ces juifs infiltrés comme une cinquième colonne au sein de l'Église fut facilité par leur feinte conversion au Christianisme ou celle de leurs ancêtres, qui abandonnèrent leurs noms et prénoms juifs, et prirent des noms tout à fait chrétiens, ornés de celui du Saint Patron de leur baptême, grâce à quoi ils réussirent à se fondre dans la société chrétienne, puis à emprunter les noms des grandes familles de France, d'Italie, d'Angleterre, d'Espagne, du Portugal, d'Allemagne, de Pologne et d'autres pays de l'Europe chrétienne. C'est par ce système qu'ils réussirent à s'introduire au sein même du Christianisme, pour le conquérir de l'intérieur et bouleverser jusqu'à la moelle les institutions religieuses, politiques et économiques.

Le réseau des juifs clandestins qui existait dans l'Europe médiévale se transmettait en secret la foi judaïque de père en fils, bien que tous menaient en public une vie chrétienne et ornaient leurs demeures de Crucifix, d'images et statues de saints, etc. En règle générale, ils observaient ostensiblement le culte chrétien et apparaissaient comme de fervents dévots, cela pour détourner tout soupçon. Naturellement, ce système juif de se convertir fictivement au Christianisme, pour envahir la citadelle chrétienne et faciliter sa désintégration, fut finalement découvert par la Sainte Église, au grand scandale et à l'indignation des Papes, des Conciles œcuméniques et provinciaux et du clergé sincère.

Mais ce qui provoqua le plus grand scandale fut le fait que ces juifs clandestins infiltraient leurs fils dans le clergé ordinaire et dans les couvents, avec de si bons résultats que beaucoup arrivèrent à escalader les différentes dignités de Chanoine, d'Évêque, d'Archevêque et jusqu'à celle de Cardinal. Pour autant, ils ne s'en contentèrent pas, mais leur audace alla jusqu'à l'extrême de prétendre conquérir à leur bénéfice la Papauté elle-même, un rêve ambitieux qu'ils ont toujours caressé et qu'ils furent sur le point de réaliser en 1130, lorsque le Cardinal Pierleoni, un faux chrétien juif en secret, obtint par ses tromperies et ses artifices que les trois quart des Cardinaux l'élisent Pape à Rome, sous le nom d'Anaclet II.

Heureusement, l'aide de Dieu à Sa Sainte Église put une fois encore la sauver en ces terribles moments. À cette occasion, la Divine Providence se servit principalement de Saint Bernard et du roi de France, qui aidèrent le groupe d'héroïques Cardinaux confrontés aux forces de Satan, faisant élire Pape Innocent II et réussissant ainsi à sauver l'Église d'une des crises les plus graves de son histoire. Bien que l'antipape juif Anaclet II ait réussi à mourir à Rome en continuant jusqu'à sa mort d'usurper le poste et les honneurs Pontificaux, le successeur qu'il avait imposé fut contraint à la démission par les troupes de la croisade organisée sur les instances de Saint Bernard, croisade qui réussit avec l'aide de Dieu à sauver la Sainte Église des griffes du Judaïsme, ce qui valut à Saint Bernard sa canonisation bien méritée.

Les Conciles œcuméniques et provinciaux du Moyen-Âge combattirent avec acharnement le Judaïsme et la cinquième colonne juive infiltrée dans les rangs mêmes du clergé catholique, en nous laissant la certitude de leurs Saints Canons (qui sont des règles d'obligation pour les catholiques) et du gigantesque et victorieux combat soutenu contre le Judaïsme satanique pendant près de mille ans jusqu'à la fin du Moyen-Âge, époque qui a été haïe et calomniée par la propagande juive mondiale, précisément parce que durant toute cette période de l'Histoire toutes les tentatives des juifs pour détruire le Christianisme et asservir l'humanité échouèrent.

Pour combattre non seulement les tentacules du poulpe, qui au Moyen-Âge étaient les révolutions hérétiques, mais la tête elle-même, qui était le Judaïsme, la Sainte Église Catholique recourut à divers moyens, parmi lesquels se distingue par son importance le Saint Office de l'Inquisition tellement calomnié par la propagande juive, organisation destinée à extirper les hérésies et à en finir avec le pouvoir occulte du Judaïsme qui les dirigeait et les encourageait. C'est grâce à l'Inquisition que l'Église put vaincre, et ainsi retarder de plusieurs siècles la catastrophe que l'on voit aujourd'hui menacer l'humanité, car tout un nombre de ce que l'on a appelé des hérésies étaient déjà des mouvements révolutionnaires d'envergure et de prétentions similaires à ceux des temps modernes, mouvements qui œuvraient, non seulement pour détruire l'Église de Rome, mais pour renverser les princes et détruire l'ordre social existant au bénéfice du Judaïsme, chef occulte de tous ces mouvements hérétiques, comme il le fut ensuite des révolutions maçonniques et judéo-communistes des temps actuels.

Les clercs catholiques qui sont horrifiés au seul énoncé du nom de l'Inquisition, influencés qu'ils sont par la propagande séculaire du Judaïsme international et surtout par la cinquième colonne juive infiltrée dans le clergé, devraient comprendre que si tant de Papes et de Conciles aussi bien œcuméniques que provinciaux donnèrent durant six siècles leur appui d'abord à l'Inquisition Pontificale européenne puis ensuite aux Inquisitions espagnole et portugaise, c'est qu'ils durent avoir des motifs bien fondés.

Et si les catholiques s'épouvantent et sont horrifiés en entendant parler du Saint-Office, c'est qu'ils ignorent les faits, que l'on va enfin présenter dans ces pages, et dont la véracité sera démontrée dans les chapitres suivants à l'aide d'une documentation digne de foi et se sources absolument indiscutables.

# CHAPITRE II

## ORIGINES DE LA CINQUIÈME COLONNE JUIVE

Afin d'apporter la preuve des faits mentionnés au chapitre précédent, nous nous servirons d'une première et irréfutable preuve, qui est le témoignage de l'historien juif contemporain le plus autorisé en la matière, le diligent et minutieux Cecil Roth, connu à juste titre dans les milieux israélites comme le chercheur contemporain le plus illustre, surtout en matière de crypto-judaïsme.

Dans son ouvrage célèbre « l'Histoire des Marranes », Cecil Roth donne des détails très intéressants sur la manière dont les juifs, grâce à leurs conversions aussi apparentes que fausses, réussirent à s'introduire dans la Chrétienté, agissant publiquement en chrétiens tout en conservant en secret leur religion juive. Il nous montre aussi comment cette foi clandestine se transmit de père en fils, couverte sous les apparences d'un Christianisme extérieurement militant. Mais pour être objectifs, nous laisserons la parole à l'historien juif Cecil Roth lui-même, dont nous allons reproduire ci-après une partie de l'Introduction de « l'Histoire des Marranes », qui fut publiée par la maison d'édition Editorial Israel de Buenos Ayres en 1946, l'année juive 5746, et qui dit ceci :

## INTRODUCTION.
### ANTÉCÉDENTS DU CRYPTO-JUDAÏSME.

Le crypto-judaïsme sous ses diverses formes est aussi ancien que les juifs eux-mêmes. À l'époque de la domination hellénique en Palestine, ceux qui étaient faibles de caractère essayaient de cacher leur origine afin d'échapper au ridicule des exercices athlétiques. Sous la férule romaine, se développèrent également des subterfuges pour échapper à l'impôt juif spécial, le fiscus judaïcus, institué après la chute de Jérusalem, et l'historien Suétone fait un récit animé des indignités infligées à un nonagénaire dans le but de découvrir s'il était juif ou non.

« L'attitude juive officielle, telle qu'elle s'exprime dans les sentences des rabbins, ne pouvait être plus claire. Un homme peut et doit sauver sa vie en danger, par tous les moyens, sauf l'assassinat, l'inceste et l'idolâtrie. Cette réserve s'appliquait également au cas où l'on se trouvait obligé de faire un geste de renonciation publique à la foi. Mais en revanche, la simple occultation du Judaïsme était quelque chose de tout à fait différent. Les rigoristes exigeaient que l'on ne renonce pas aux vêtements typiques, si cela était imposé comme une mesure d'oppression religieuse. Mais une aussi ferme fidélité aux principes ne pouvait s'appliquer à tout le monde. La loi juive traditionnelle admet des exceptions pour les cas dans lesquels, par obligation, il serait impossible d'observer les préceptes (ones), ou bien dans lesquels tout le Judaïsme vivrait des jours difficiles (scheat hachamad). Le problème se fit actuel vers la fin de l'époque talmudique au

Vème siècle, durant les persécutions zoroastriques en Perse ; mais il fut résolu davantage grâce à l'inobservation forcée des observances traditionnelles que par une conformité positive avec la religion dominante. Le Judaïsme devint en quelque sorte souterrain, et ne recouvra sa liberté que des années plus tard.

« Avec l'essor des doctrines chrétiennes s'imposant définitivement en Europe au IVème siècle, commença une phase bien différente de la vie juive.

« La nouvelle foi réclamait pour elle la possession exclusive de la vérité et considérait inévitablement le prosélytisme comme l'une de ses obligations morales majeures. L'Église réprouvait assurément les conversions forcées. Les baptêmes effectués dans ces conditions étaient considérés sans valeur. Le Pape Grégoire le Grand (590-604) les condamna à plusieurs reprises, mais il accueillait de bon gré les prosélytes attirés par d'autres moyens. La majeure partie de ses successeurs suivirent son exemple. Malgré tout, l'on ne faisait pas toujours cas de l'interdiction papale. Naturellement, on reconnaissait que la conversion forcée n'était pas canonique. Pour la tourner, on menaçait les juifs d'expulsion ou de mort, et on leur donnait à entendre qu'ils se sauveraient par le baptême. Alors, il arrivait parfois que les juifs se soumissent à la dure nécessité. Dans ces cas-là, leur acceptation du Christianisme était considérée comme spontanée. Il y eut ainsi une conversion forcée en masse à Mahon, dans l'ile de Minorque (en 418), sous les auspices de l'Évêque Sevère. Un épisode semblable eut lieu à Clermont, en Auvergne, le matin du jour de l'Assomption de l'année 576, et nonobstant la désapprobation de Grégoire le Grand, l'exemple se répandit en divers points de France. En 629, le Roi Dagobert ordonna à tous les juifs du pays d'accepter le baptême sous peine de bannissement. La mesure fut peu après imitée en Lombardie ».

« Évidemment les conversions obtenues par de tels procédés ne pouvaient être sincères. Dans la mesure du possible, les victimes continuaient à pratiquer secrètement le Judaïsme et profitaient de la première opportunité pour revenir à la foi de leurs ancêtres.

« Un cas semblable digne d'être noté se produisit à Byzance sous Léon l'Isaurien, en 723. L'Église le sut et fit ce qu'elle pouvait pour éviter que les juifs continuassent à maintenir des relations avec leurs frères renégats, quels que fussent les moyens par lesquels on avait obtenu leur conversion. Les rabbins appelaient ces apostats malgré eux des anusim (forcés), les traitant de manière toute différente de ceux qui reniaient de leur propre volonté ». L'une des premières manifestations de la sagesse rabbinique en Europe fut le livre de Gerschom de Magunce : « La Lumière de l'Exil » (écrit aux environs de l'an 1000) qui interdisait de traiter avec rudesse les « forcés » qui retournaient au Judaïsme ; son propre fils avait été vi ctime des persécutions, et, bien qu'il mourut en tant que chrétien, Guerschom prit le deuil comme si ce fils était mort dans la foi. Lors du service à la Synagogue, il y a une prière qui implore la protection divine pour toute la « Maison » d'Israël, et aussi pour les « forcés » qui seraient en danger sur terre ou sur mer, sans faire la moindre distinction entre les uns et les autres.

« Lorsque débuta le martyrologe du Judaïsme médiéval avec les massacres du Rhin durant la première croisade (en 1096), nombreux furent ceux qui acceptèrent le baptême pour sauver leur vie. Plus tard, encouragés et protégés par Salomon-ben-Isaac de Troyes (Raschi), le grand savant franco-juif, beaucoup d'entre eux revinrent à la foi mosaïque, en dépit du fait que les autorités ecclésiastiques voyaient d'un mauvais œil la perte de ces âmes précieuses, antérieurement gagnées par elles pour l'Église.

« Le phénomène du marranisme tient cependant davantage à la conversion forcée et à sa conséquence pratique du Judaïsme secret. Sa caractéristique essentielle est que cette foi clandestine s'y transmettait de père en fils. L'une des raisons alléguées pour justifier l'expulsion d'Angleterre des juifs en 1290 fut qu'ils séduisaient les récents convertis et les faisaient retourner aux « vomissements du Judaïsme ». Les chroniqueurs juifs s'accordent à dire que de nombreux enfants convertis furent séquestrés et envoyés dans le nord du pays, où ils continuèrent longtemps à pratiquer leur ancienne religion. C'est à ce fait, nous informe l'un d'eux, que l'on doit que les Anglais aient accepté aussi facilement la Réforme, et aussi leur prédilection pour les prénoms bibliques ainsi que certaines particularités diététiques observées en Ecosse. Cette version n'est pas si improbable qu'il pourrait paraître à première vue, et constitue un intéressant exemple de la manière dont le phénomène du crypto-judaïsme peut apparaitre, là où apparemment on l'y attendrait le moins. De la même manière, deux cents ans après que les juifs aient été expulsés du sud de la France, de malicieux généalogistes retrouvaient dans certaines lignées de familles, qui disaient pratiquer le Judaïsme dans leurs foyers, des traces du sang de ces juifs qui préférèrent demeurer dans le pays en tant que catholiques publics et confessants.

« Des exemples similaires existent, beaucoup plus proches de nous dans le temps. Le plus notable de tous est celui des néophytes d'Apulie, récemment mis en lumière après de nombreux siècles d'oubli. À la fin du XIIIème siècle, les Angevins qui régnaient à Naples provoquèrent une conversion générale des juifs de leurs domaines qui résidaient dans les environs de la ville de Trani. Sous le nom de néophytes, ces convertis continuèrent à vivre en crypto-juifs pendant plus de trois siècles. Leur secrète fidélité au Judaïsme fut l'un des motifs pour lesquels l'Inquisition se rendit active à Naples au XVIème siècle. Beaucoup d'entre eux moururent sur le bûcher à Rome en février 1572, notamment Téofilo Panarelli, un savant d'une certaine réputation. Certains réussirent à fuir dans les Balkans, où ils s'incorporèrent aux communautés juives existantes.

« Le phénomène ne resta aucunement confiné au monde chrétien. On trouve aussi dans divers lieux du monde musulman d'antiques communautés de crypto-juifs. Les « Dagatuns » du Sahara continuèrent à pratiquer les préceptes juifs très longtemps après leur conversion formelle à l'Islam, et leurs vestiges actuels ne les ont pas du tout oubliés. Les « Donmeh »de Salonique descendent des partisans du pseudo-messie Sabbetai Zevi qu'ils accompagnèrent dans l'apostasie, et bien qu'ils soient ostensiblement des musulmans accomplis, ils pratiquent dans leurs foyers un Judaïsme messianique. Plus à l'est, il y en a encore d'autres exemples. Les persécutions religieuses en Perse inaugurées au XVIIème siècle laissèrent dans le pays, en particulier à Meshed, de nombreuses familles qui observaient le Judaïsme en privé d'une manière scrupuleuse et même pointilleuse, tout en étant extérieurement des adeptes de la foi dominante.

« Mais le pays classique du crypto-judaïsme est l'Espagne. La tradition en a été si prolongée et si générale que l'on a pu soupçonner l'existence d'une prédisposition marranique dans le milieu local lui-même. Déjà à l'époque romaine, les juifs y étaient nombreux et influents. Beaucoup d'entre eux prétendaient descendre de l'aristocratie de Jérusalem, forcée à l'exil par Titus ou par des conquérants antérieurs. Au Vème siècle, après les invasions des barbares, leur situation s'améliora beaucoup, car les Wisigoths avaient adopté la forme arienne du Christianisme et favorisaient les juifs à la fois parce qu'ils étaient de stricts monothéistes et parce qu'ils constituaient une minorité influente dont il était précieux de s'assurer l'appui ; mais (ces barbares) s'étant convertis à la foi catholique, ils s'empressèrent de montrer ensuite le zèle traditionnel des néophytes. Les juifs souffrirent immédiatement des désagréables conséquences d'un tel zèle. En 589, une fois Récarède intronisé comme roi, la législation ecclésiastique commença de leur être appliquée dans ses moindres détails. Ses successeurs ne furent pas aussi sévères, mais lorsque Sisebuto accéda au trône (612-620), le plus strict fanatisme prévalut. À l'instigation peut-être de l'Empereur byzantin Héraclius, il publia en 616 un édit qui ordonnait le baptême de tous les juifs de son royaume sous peine d'expulsion et de la perte de leurs propriétés. D'après les chroniqueurs catholiques, quatre-vingt-dix mille embrassèrent la foi chrétienne. Ce fut le premier des grands désastres de l'histoire des juifs en Espagne.

« Jusqu'au règne de Rodrigue, le « dernier des Wisigoths », la tradition des persécutions fut fermement suivie, à l'exception de brèves interruptions. Durant une grande partie de cette période, la pratique du Judaïsme fut complètement prohibée. Cependant, dans la mesure où la vigilance gouvernementale se relâcha, les récents convertis en profitèrent pour retourner à leur foi primitive. Les Conciles successifs de Tolède, du quatrième au dix-huitième, consacrèrent leurs énergies à inventer de nouvelles méthodes pour empêcher le retour à la Synagogue. Les enfants des suspects furent séparés de leurs parents pour être élevés dans un milieu purement chrétien. On obligea les convertis à signer une déclaration qui les obligeait à ne plus observer à l'avenir aucun rite juif, sauf l'interdiction de la viande de porc, viande pour laquelle ils disaient ressentir une répugnance physique. Mais en dépit de ces mesures, la notoire infidélité des récents convertis et de leurs descendants continua d'être l'un des grands problèmes de la politique wisigothe jusqu'à l'invasion musulmane en 711. Le nombre de juifs trouvés dans le pays par cette dernière fut la preuve de l'échec complet des tentatives répétées pour les convertir. La tradition marrane s'était déjà instaurée dans la péninsule.

« Avec l'arrivée des arabes commença pour les juifs d'Espagne un âge d'or: d'abord dans le Califat de Cordoue, puis, après sa chute (en 1012), dans les petits royaumes qui s'élevèrent sur ses ruines. Le Judaïsme péninsulaire prit alors notablement de la vigueur. Ses communautés dépassèrent en nombre, en culture et en richesse celles de tous les autres pays de l'Occident. Mais la longue tradition de tolérance s'interrompit avec l'invasion des Almoravides, au début du XII$^{\text{ème}}$ siècle. Lorsque les Almohades, secte puritaine d'Afrique du Nord, furent appelés dans la péninsule en 1148 pour contenir l'avance menaçante des forces chrétiennes, la réaction se fit violente. Les nouveaux dirigeants implantèrent en Espagne l'intolérance dont ils avaient fait preuve en Afrique. La pratique du Judaïsme fut prohibée aussi bien que celle du Christianisme dans les provinces qui demeuraient sujettes à la domination musulmane. La majeure partie des juifs s'enfuit, rejoignant les royaumes chrétiens du Nord ; c'est alors que débuta l'hégémonie des communautés de l'Espagne chrétienne. La minorité qui ne put fuir et qui réussit à ne pas être égorgée ni vendue comme esclave suivit l'exemple donné bien des années avant par leurs frères du nord de l'Afrique, et elle embrassa la religion de l'Islam. Mais au plus profond de leurs cœurs, ils continuèrent cependant à demeurer fidèles à la foi de leurs ancêtres. Réapparut dans la péninsule le phénomène des prosélytes insincères, qui payaient leur tribut des lèvres à la religion dominante, mais observaient dans l'intimité de leurs foyers les traditions juives. Leur infidélité était notoire ».[194]

Ce texte intégral de l'historien juif Cecil Roth vient de nous démontrer :
1. Que le crypto-judaïsme ou Judaïsme clandestin sous ses diverses formes est aussi ancien que les juifs eux-mêmes, et que même dans l'Antiquité païenne, les juifs recouraient déjà à l'artifice de cacher leur identité comme tels pour se faire apparaitre comme des membres ordinaires du peuple gentil au milieu duquel ils vivaient;
2. Qu'au $V^{ème}$ siècle de l'ère chrétienne, durant les persécutions dans la Perse zoroastrique, le Judaïsme devint d'une certaine manière souterrain ;
3. Qu'avec l'essor des doctrines chrétiennes au $IV^{ème}$ siècle commença une nouvelle phase de la vie juive, du fait que la nouvelle foi réclamait pour elle la possession exclusive de la vérité, considérant inévitablement le prosélytisme comme l'une de ses obligations morales majeures. Bien que l'Église chrétienne condamnait les conversions forcées et qu'elle essaya d'en protéger les juifs, elle accepta néanmoins qu'ils fussent soumis à des dilemmes et des pressions qui les inclinent à des conversions, qui dans ces cas-là étaient jugées spontanées. Cet auteur cite alors des conversions de ce type réalisées à Minorque, en France et en Italie, aux $V^{ème}$ et $VI^{ème}$ siècles de l'ère chrétienne, pour ensuite conclure que de telles conversions de juifs au Christianisme ne pouvaient être sincères et que les convertis continuaient à pratiquer leur Judaïsme de manière occulte.

Il signale qu'à Byzance il se produisit une situation similaire au temps de Léon l'Isaurien en l'année 723, démontrant ainsi que déjà au $VII^{ème}$ siècle de l'ère chrétienne, c'est à dire il y a plus de mille deux cents ans, de France à Constantinople et d'une extrémité à l'autre de l'Europe chrétienne, l'infiltration des juifs au sein de la Sainte Église se généralisait au moyen des fausses conversions, et qu'à côté du Judaïsme officiel qui pratiquait sa religion publiquement, se formait un Judaïsme souterrain dont les membres étaient en apparence chrétiens. Et dans la note où cet auteur parle de la légende d'Elkanan, le Pape juif, il présente l'idéal suprême qu'ont eu de tous temps ces faux chrétiens, juifs en secret, consistant à vouloir s'emparer des hautes dignités de l'Église Catholique jusqu'à pouvoir placer un pape juif clandestin sur le trône de Saint Pierre, grâce auquel ils s'empareraient de l'Église et la détruiraient.

---

[194] Cecil Roth : « *Historia de los marranos* » Editorial Israel, Buenos-Ayres, 1946, 5706 du calendrier juif, pp. 11 à 18.

Qu'il y a dans le marranisme, outre la conversion feinte et la pratique du Judaïsme en secret, une tradition enracinée qui oblige les juifs à transmettre cette croyance de père en fils.

L'auteur cite à ce propos ce qui arriva en Angleterre et en Ecosse à partir de 1290, où l'une des raisons invoquées pour expulser les juifs fut qu'ils incitaient les convertis à pratiquer le Judaïsme et aussi que beaucoup d'enfants convertis furent séquestrés et envoyés (par les juifs) dans le nord du pays pour y continuer à pratiquer leur ancienne religion, c'est à dire la juive. On doit noter qu'après 1290 le Judaïsme resta proscrit en Angleterre, et que personne ne pouvait s'installer dans le pays à moins d'être chrétien. L'illustre historien israélite fait une remarque très intéressante, en mentionnant l'affirmation d'un chroniqueur juif émettant l'idée que c'est à cela qu'est également dû le fait que les Anglais aient accepté si facilement la Réforme, et aussi leur prédilection pour les noms bibliques. Ce fut ainsi à la fausse conversion des juifs au Christianisme, qui constitua à l'intérieur de l'Église d'Angleterre cette cinquième colonne, que l'on doit la facilité de sa séparation d'avec Rome. Il est également évident que ces fausses conversions des juifs d'Angleterre, loin d'avoir permis à la Sainte Église d'espérer sauver des âmes, entraîna la perte de millions d'entre elles lorsque ces descendants de juifs convertis fomentèrent le schisme anglican.

Il y a également d'autres cas de fausses conversions de juifs au Christianisme, dont celle des néophytes du Sud de l'Italie dont Cecil Roth fait mention qui furent persécutés par l'Inquisition et dont beaucoup moururent à Rome sur le bûcher. Il importe de préciser le fait que l'Inquisition qui fonctionnait à Rome était évidemment la Sainte Inquisition pontificale, dont la méritante activité au Moyen-Âge réussit à arrêter pendant trois siècles les progrès de la bête apocalyptique de l'Antéchrist.

Que le phénomène du crypto-judaïsme ne resta aucunement confiné au monde Chrétien, car l'on trouve aussi en divers lieux du monde musulman d'antiques communautés de crypto-juifs, comme le mentionne Cecil Roth qui énumère quelques exemples de ces communautés juives où les hébreux, tout en étant publiquement des musulmans, continuent d'être juifs en secret, ce qui fait dire que les juifs ont également infiltré leur cinquième colonne dans le sein de la religion islamique, et ce explique peut-être le fait des si nombreuses divisions et révoltes qui eurent lieu dans le monde de Mahomet.

Que le pays classique du crypto-judaïsme est l'Espagne, où la tradition en a été si prolongée et si générale que l'on peut y soupçonner l'existence d'une prédisposition marranique propre au milieu ambiant. Nous pensons d'ailleurs que l'on peut en dire autant du Portugal et de l'Amérique Latine, où les organisations secrètes des marranes couvertes du masque d'un faux catholicisme ont créé comme en Espagne tant de troubles, en s'infiltrant dans le clergé et les organisations catholiques, en contrôlant les loges maçonniques et les partis communistes, en constituant le pouvoir occulte qui dirige la Maçonnerie et le Communisme, en structurant l'antipatriotisme, qui, comme dans les autres parties du monde, est dirigé par des juifs dont le Judaïsme est souterrain et caché sous le masque d'un faux Christianisme, qui portent des prénoms chrétiens et des noms espagnols et portugais, des noms que leurs ancêtres il y a quatre ou cinq siècles prirent de leurs patrons de baptême qui intervinrent dans leur conversion au Catholicisme, noms aussi ostentatoires que faux.

# Chapitre III

## La cinquième colonne en action

Comme on vient de le voir, le célèbre écrivain juif Cecil Roth déclare que le crypto-judaïsme, c'est à dire la position des hébreux qui masquent qu'ils le sont, en se couvrant de l'apparence d'autres religions et nationalités, est aussi ancien que le Judaïsme lui-même. Cette infiltration des hébreux au sein des religions et des nationalités des gentils, tout en conservant leur religion d'origine et leurs organisations, mais en les rendant désormais encore plus secrètes, est ce qui a formé de véritables cinquièmes colonnes juives au sein des autres peuples et des diverses religions, car le juif introduit dans la citadelle de ses ennemis agit à l'intérieur de celle-ci en suivant les ordres et en réalisant les actions projetées dans les organisations juives clandestines, qui tendent à dominer de l'intérieur les peuples dont ils ont décidé la conquête, de même qu'à parvenir à contrôler leurs institutions religieuses et à désintégrer celles-ci, ou du moins, si ces deux choses s'avèrent impossibles, à susciter la réforme de ces religions de manière à favoriser les plans juifs de domination mondiale.

Il est évident que lorsqu'ils ont réussi à conquérir de l'intérieur la direction d'une confession religieuse, ils l'ont toujours utilisée pour favoriser les plans juifs de domination universelle, ou du moins pour affaiblir les défenses du peuple menacé.

Il importe de graver dans notre esprit ces trois objectifs fondamentaux de la cinquième colonne juive, qui, tout au long de pratiquement deux mille ans, ont constitué l'essentiel de leurs activités, qu'elles soient de conquête ou de subversion, ou qu'elles se présentent aujourd'hui dans le sein de la Sainte Église du Christ et dans celui des autres religions des gentils, ce qui explique que le travail des infiltrés crypto-juifs a été d'autant plus efficace qu'ils ont davantage réussi à acquérir de l'influence dans la religion où ils se sont infiltrés et embusqués. C'est précisément pour cela que l'une des principales activités des éléments crypto-juifs a été de s'introduire dans les rangs même du clergé, dans l'objectif d'escalader les hiérarchies de l'Église chrétienne ou de la religion non juive qu'ils cherchent à dominer, à réformer ou à détruire.

Une autre activité également de toute première importance pour eux est de créer des personnalités laïques qui puissent prendre le contrôle de la masse des fidèles dans un but politique déterminé utile à la Synagogue de Satan, dans un plan de synergie ou d'aide combinée avec les infiltrés prêtres et membres de la hiérarchie religieuse œuvrant dans le même objectif, et de la part desquels ces leaders laïcs reçoivent une aide précieuse fréquemment décisive étant donnée l'autorité spirituelle dont ces hiérarques religieux crypto-juifs ont préalablement réussi à se revêtir. C'est ainsi que les prêtres et les responsables ecclésiastiques peuvent, avec l'aide de ces personnalités et leaders, mettre en pièces les vrais défenseurs de la religion et des peuples menacés et affaiblir ou même détruire les défenses de la première et des seconds, facilitant la victoire de l'impérialisme judaïque et de ses entreprises révolutionnaires.

**Il est important de se graver ces vérités dans l'esprit, car c'est dans ces quelques règles que se résume le secret des succès de la politique impérialiste et révolutionnaire juive depuis plusieurs siècles, tout comme il faut que les défenseurs de la religion ou de la patrie menacée prennent en compte que le danger ne provient pas seulement des organisations dites de gauche ou des groupes révolutionnaires judaïques, mais qu'il est à l'œuvre au sein même de la religion et des partis et organisations de droite, nationalistes et patriotes selon le cas, car la tactique millénaire du Judaïsme a été d'infiltrer secrètement ces secteurs et les institutions religieuses elles-mêmes, pour neutraliser, au moyen d'intrigues calomnieuses bien menées les vrais défenseurs de la patrie et de la religion, tout particulièrement ceux qui, étant bons connaisseurs de la menace judaïque, auraient la possibilité de sauver la situation. C'est de cette manière qu'ils réussissent à les éliminer et à leur substituer de faux apôtres, qui mènent à l'échec la défense de la religion et de la patrie et rendent possible le triomphe des ennemis de l'humanité, comme Saint Paul appela si justement les juifs. C'est là le grand secret dont les triomphes judaïques tirent leur origine, tout spécialement depuis cinq cents ans.**

Il faut donc que tous les peuples et les institutions religieuses prennent des mesures défensives contre cet ennemi interne, dont le centre moteur est constitué par la cinquième colonne juive infiltrée dans les Églises et surtout dans le clergé chrétien et dans les autres religions des gentils.

Si Cecil Roth, le Flavius Josèphe contemporain, nous assure que la quasi-totalité des conversions de juifs au Christianisme ont été feintes, nous pourrions nous demander s'il serait concevable que lesdits juifs aient pu tromper le Christ Notre-Seigneur, qui essaya de les convertir. La réponse à cette question ne peut qu'être négative, car personne ne peut tromper Dieu, et en outre, les faits le démontrent, car Jésus fut plus confiant en la conversion des Samaritains, des Galiléens et des autres habitants de la Palestine que dans celle des Juifs proprement dits, qui méprisaient les autres, les considérant comme leurs inférieurs, malgré que ceux-ci observaient aussi la loi de Moïse.

Le Christ ne se fia pas à la sincérité de la conversion des juifs, car Il les connaissait mieux que personne, comme le montre le passage suivant de l'Évangile de Saint Jean :

Chapitre II,

23. Et étant à Jérusalem le jour solennel de la Pâque, beaucoup crurent en Son nom, voyant les miracles qu'Il faisait.

24. Mais Jésus Lui-même ne se fiait pas à eux, parce qu'Il les connaissait tous.[195]

Les juifs méprisaient Jésus Lui-même parce qu'Il était galiléen. Malheureusement, les Samaritains, les Galiléens et les autres habitants de la Palestine s'assimilèrent petit à petit au Judaïsme moderne et furent pervertis par lui, à l'exception de ceux qui s'étaient préalablement convertis à la Foi de notre Divin Rédempteur.

Cette règle de ne pas avoir confiance en la conversion des juifs fut également observée par les Apôtres et ensuite par les divers dirigeants de l'Église Catholique. En revanche, lorsque ces conversions furent acceptées sans précautions, les résultats furent toujours désastreux pour le Christianisme, car celles-ci ne servirent alors qu'à grossir la cinquième colonne crypto-juive infiltrée dans la société chrétienne.

Le passage de l'Évangile de Saint Jean déjà cité par ailleurs, du chapitre VIII de cet Évangile, versets 31 à 59, nous montre comment divers juifs, qui selon le verset 31 cité avaient cru en Jésus, entreprirent alors de contredire ses prédications et essayèrent même de Le tuer, comme le Christ Lui-même l'affirme aux versets 37 et 40,[196] et que Notre-Seigneur s'était vu alors dans la nécessité d'argumenter vivement avec eux pour défendre Sa doctrine, puis ensuite de Se cacher pour éviter qu'ils ne Le lapident, car Son heure n'était pas encore venue. L'Évangile de Saint Jean nous apprend donc ici une autre des tactiques classiques des juifs faux convertis au Christianisme et de leurs descendants : faire semblant de croire au Christ pour ensuite essayer de tuer Son Église, comme ils tentèrent à l'époque des faits en question de tuer Jésus en personne.

Dans l'Apocalypse, apparaît un autre passage également très significatif à ce sujet : Chapitre II,

1. Écris, toi l'Ange de l'Église d'Éphèse...

---

[195] Bible, *Évangile selon Saint Jean*, chap. II, versets 23 et 24.
[196] Bible, *Évangile selon Saint Jean*, chap. VIII, versets 31 à 59.

2. Je connais tes œuvres, ton travail et ta patience et que tu ne peux souffrir les méchants : tu as mis à l'épreuve ceux qui se disent apôtres sans l'être, et tu les as trouvés mensongers ».[197]

C'est une allusion claire à la nécessité d'éprouver la sincérité de ceux qui se disent apôtres et au fait qu'il résulte de ces examens que beaucoup sont faux et menteurs. Les Saintes Écritures nous montrent que Notre-Seigneur Jésus-Christ et ses disciples, non seulement connaissaient le problème des faux convertis et des faux apôtres (les Évêques sont considérés comme les successeurs des Apôtres), mais qu'ils nous lancèrent expressément ce cri d'alarme afin de nous mettre en garde contre eux. Si Notre-Seigneur et les Apôtres avaient voulu éviter cette question pour éviter le scandale, comme beaucoup de peureux aujourd'hui nous y incitent, ils n'auraient pas consigné aussi expressément ce danger, non plus qu'ils n'auraient fait aussi clairement référence à des faits aussi tragiques que la trahison de Judas Iscariote, l'un des douze choisis.

Qui plus est, si le Christ avait cru qu'il fût fâcheux de démasquer publiquement ces faux apôtres, si nombreux dans le clergé du XXème siècle, Il aurait pu étant Dieu éviter que le responsable de la plus grande trahison ne fût précisément l'un des douze Apôtres. S'il le permit ainsi, et s'il le démasqua ensuite publiquement en faisant consigner cette suprême trahison dans les Évangiles pour l'enseignement de tous les chrétiens jusqu'à la consommation des siècles, ce fut donc pour une raison bien spéciale.

Ce fait indique que Notre-Seigneur Jésus-Christ, tout comme les Apôtres, considérait comme un moindre mal de démasquer à temps les traîtres pour éviter qu'ils ne continuent plus longtemps à causer un mal mortel à l'Église, et qu'il est donc bien pire de les couvrir par crainte du scandale en leur permettant ainsi de poursuivre leur œuvre de destruction de l'Église et de conquête de ceux qui ont placé en elle leur foi et leur confiance. C'est ce qui explique pourquoi la Sainte Église, toutes les fois qu'il y eut un Évêque ou un Cardinal hérétique ou schismatique ou un faux Pape (Antipape), considéra indispensable de le démasquer publiquement, pour éviter qu'il poursuive (son œuvre impie) et pour arracher les fidèles au désastre.

Un clerc qui faciliterait dans son pays le triomphe du Communisme, mettant ainsi la Sainte Église et le reste du clergé en péril de mort, doit faire immédiatement l'objet d'une accusation auprès du Saint Siège, transmise, non pas par un seul canal, mais par plusieurs au cas où l'un échouerait, afin que le danger étant ainsi connu, il soit privé des moyens de continuer à causer le mal. Il est monstrueux de penser que la confiance

---

[197] *Apocalypse de Saint Jean*, chap. II, versets 1 et 2.

déposée par les nations dans le clergé soit utilisée par les juifs pour conduire les peuples en question à leur perte.

Si cela avait été pratiqué à temps, la catastrophe de Cuba aurait été empêchée, et l'Église, le clergé et le peuple cubain n'auraient pas été précipités dans le gouffre insondable où ils se trouvent désormais, car ce fut l'œuvre pernicieuse et traîtresse de nombreux clercs en faveur de Fidel Castro qui fut le facteur décisif de son triomphe en empêchant la majorité du clergé cubain de s'opposer à lui, un clergé qui, de bonne foi, sans se rendre compte de l'imposture, poussa ainsi un peuple entier au suicide, un peuple qui précisément avait mis sa foi dans ses pasteurs d'âmes ! Nous voulons signaler cette circonstance de la manière la plus claire, pour que tous se rendent comptent de la gravité du problème, sachant que le clergé membre de la cinquième colonne juive essaie de pousser au Communisme les autres États Catholiques, comme l'Espagne, le Portugal, le Paraguay, le Guatemala, etc., en utilisant comme moyens les plus subtiles impostures, et en couvrant leur activité d'un zèle aussi hypocrite que faux, faisant semblant de défendre la Religion que dans le secret de leur cœur ils veulent détruire.

Il faut donc que ces traîtres soient rapidement démasqués publiquement pour neutraliser leur action et empêcher ainsi que leur travail destructeur n'ouvre les portes à un triomphe maçonnique ou communiste. Si ceux qui ont la possibilité d'intervenir gardent le silence par crainte ou par indolence, ils sont alors d'une certaine manière tout autant responsables de la catastrophe qui surviendra que les clercs de la cinquième colonne eux-mêmes.

Saint Paul, à une certaine occasion avant de partir pour Jérusalem, convoqua à Éphèse les Évêques et les prêtres de l'Église et leur dit ce que nous rapporte un passage des Actes des Apôtres dans le Nouveau Testament :

Chapitre XX.
18. Eux vinrent à lui, et une fois tous rassemblés, il leur dit : Vous savez comment depuis le premier jour où j'ai mis le pied en Asie je me suis comporté tout le temps que j'étais avec vous.
19. Servant le Seigneur en toute humilité et dans les larmes et les épreuves qui me vinrent des machinations des juifs...
28. Veillez donc sur vous-mêmes et sur le troupeau que le Saint-Esprit vous a confié comme Évêque, pour gouverner l'Église de Dieu qu'Il a conquise par Son Sang.
29. Quant à moi, je sais qu'après mon départ s'introduiront chez vous des loups ravisseurs qui n'épargneront pas le troupeau.
30. Et que, même parmi vous, s'élèveront des hommes qui proclameront des doctrines perverses, essayant d'entraîner des disciples derrière eux.

31. C'est pourquoi, veillez, et souvenez-vous que pendant trois ans je n'ai cessé nuit et jour d'exhorter en pleurant chacun d'entre vous.[198]

Saint Paul jugea donc indispensable de faire ouvrir les yeux aux Évêques, en les prévenant que s'introduiraient chez eux des loups ravisseurs qui n'épargneraient pas leur troupeau, et que, parmi les Évêques eux-mêmes, se lèveraient certains qui proclameraient des messages pervers pour entraîner des disciples derrière eux. Cette prophétie de Saint Paul s'est accomplie à travers les siècles au pied de la lettre, y compris de nos jours où elle prend une tragique actualité. Et il faut aussi noter que Saint Paul s'exprimait sous l'inspiration Divine, et que Dieu ne peut Se tromper quand Il prédit l'avenir. Il est aussi intéressant de remarquer que cet Apôtre et martyr de l'Église, loin de vouloir cacher cette tragédie de crainte du scandale, voulut en prévenir tous les intéressés, en recommandant à tous les Évêques présents d'être constamment en alerte à ce sujet et de la garder en mémoire (par ces mots « Veillez » et « gardez en mémoire »), cette mémoire qui, pour avoir fait défaut à tant de chrétiens, a rendu possible les victoires de la Synagogue de Satan et de sa révolution communiste.

Il faut noter encore que si les Apôtres avaient considéré imprudent ou dangereux de parler des loups et des traîtres qui surgiraient du sein même de l'Épiscopat, ils n'auraient pas fait figurer ce passage dans le livre biblique des Actes des Apôtres. Mais puisqu'au contraire ils l'ont fait figurer ici, c'est la démonstration que, loin de considérer comme scandaleux ou imprudent de faire connaître ce fait, ils pensèrent qu'il était indispensable de le maintenir et de le divulguer jusqu'à la consommation des siècles, pour que la Sainte Église et les chrétiens fussent perpétuellement en alerte contre ce danger interne, danger souvent bien plus destructeur et plus mortel que celui présenté par les ennemis du dehors.

Comme nous le démontrerons tout au cours de ce livre, les dangers les plus graves pour la Chrétienté provinrent de ces loups dont la prophétie de Saint Paul parle si clairement, qui, en liaison avec le Judaïsme et ses hérésies et révolutions destructrices, ont facilité le triomphe de la cause judaïque. Toutes les fois que la Sainte Église fut à même de menotter et d'arrêter ces loups à temps, elle put vaincre la Synagogue de Satan, mais celle-ci commença à remporter des victoires de plus en plus marquantes à partir du XVI$^{ème}$ siècle, lorsque fut supprimée dans une bonne partie de l'Europe la vigilance de l'Inquisition Pontificale qui s'était exercée constamment jusque-là sur les rangs du clergé et de l'Épiscopat, et qui se

---

[198] Bible : *Actes des Apôtres,* chap. XX, versets 18 à 20 et 28 à 31.

fit écraser sans pitié lorsque ces loups couverts de peaux de brebis s'infiltrèrent dans ses rangs.

De même dans les Empires espagnol et portugais, l'activité judaïque commença d'enregistrer des succès décisifs quand les Inquisitions d'État existantes furent paralysées à la fin du XVIIIème siècle dans les deux empires, car alors les loups à peau de brebis au sein du clergé purent librement faciliter en premier lieu les triomphes de la judéo-maçonnerie, puis ensuite ceux des judéo-communistes, qui heureusement sont demeurés jusqu'ici de proportions relativement réduites, mais qui deviendraient de jour en jour plus nombreux si l'on permettait à ces loups infiltrés dans le haut clergé d'utiliser les forces de l'Église pour écraser ses authentiques défenseurs et les patriotes qui défendent leur nation en luttant contre le Communisme, la Maçonnerie et le Judaïsme.

Saint Paul, dans son Épître aux Galates, mentionne clairement l'œuvre de cette cinquième colonne lorsqu'il dit au chapitre II : 1. Puis au bout de quatorze ans, je montai de nouveau à Jérusalem avec Barnabé, en emmenant aussi Tite avec moi...

Mais je n'exigeai même pas de Tite qui m'accompagnait et qui était gentil qu'il se fît circoncire, en dépit des faux frères qui s'étaient glissés parmi nous pour épier la liberté que nous avons en Jésus-Christ et nous réduire de nouveau en esclavage, et auxquels nous ne cédâmes pas un instant, cela afin de sauvegarder parmi vous la vérité de l'Évangile.[199]

Une allusion très claire aux faux frères, c'est à dire aux faux chrétiens qui prétendent nous assujettir à la servitude (juive) en dénaturant la vraie doctrine du Christ et de l'Évangile, sujétion à laquelle Saint Paul et ses disciples ne tolérèrent jamais de se soumettre.

Dans son Épître à Tite également, le même responsable de l'Église fait aussi allusion à ces beaux parleurs et ces imposteurs principalement juifs qui firent tant de mal à l'Église, en disant expressément : Chapitre I, 10. Car il y a beaucoup d'insoumis, de vains discoureurs, de trompeurs, surtout ceux qui sont de la circoncision.[200]

Aux siècles suivants, les faits montrèrent que les faux convertis du Judaïsme et leurs descendants émirent les plus audacieuses impostures et furent des semeurs de désobéissance et d'anarchie dans la société chrétienne, et qu'ils furent les plus audacieux charlatans et « vains discoureurs », comme le dit Saint Paul, qui, dans sa IIème Épître aux Corinthiens, fait clairement voir les faux semblants que prendront dans l'avenir ces faux apôtres, lorsqu'il écrit textuellement : Chapitre XI.

---

[199] Bible, *Épître de Saint Paul aux Galates*, chap. II, versets 1, 3 4 et 5.
[200] Bible, *Épître de Saint Paul à Tite*, chap. I, verset 10

12. Ce que je fais, je continuerai de le faire, afin d'enlever toute occasion à ceux qui cherchent l'opportunité de se faire appeler (apôtres) comme nous pour en faire étalage.
13. Parce que ces faux apôtres sont des imposteurs qui se déguisent en Apôtres du Christ.
14. Et il n'y a rien d'étrange à cela, puisque Satan lui-même se transfigure en ange de lumière.
15. Rien d'extraordinaire donc que ses ministres se transfigurent en ministres de la justice. Mais leur fin sera selon leurs œuvres.[201]

Dans ce passage du Nouveau Testament, Saint Paul nous dépeint prophétiquement et sous l'inspiration Divine quelques-unes des caractéristiques essentielles des clercs de la cinquième colonne au service de la Synagogue de Satan, les faux apôtres d'aujourd'hui, puisque selon la Sainte Église les Évêques sont appelés les successeurs des Apôtres.

Ces responsables religieux, tout en étant des agents secrets mais efficaces du Communisme, de la Maçonnerie et du Judaïsme, essaient tout comme Satan de se transfigurer en vrais anges de lumière et de prendre les apparences de ministres de la justice, mais il ne faut pas en juger par ce qu'ils disent, mais par leurs œuvres, leurs efficaces complicités avec l'ennemi. Alors, ces paroles prophétiques de Saint Paul méritent bien d'être prises en compte, quand il les accuse au verset 12 « qu'ils font étalage de faire comme eux, les véritables Apôtres ».

Il est curieux en effet que ceux qui se vantent le plus de leur haute responsabilité dans le clergé sont ceux qui collaborent avec le Communisme, la Maçonnerie ou le Judaïsme, parce qu'ils ont besoin de leur autorité ecclésiastique pour écraser ceux qui défendent leur patrie ou la Sainte Église contre ces sectes. A ces derniers, ces faux apôtres ordonnent en privé en tant que Prélats de cesser leur défense, pourtant si justifiée. Ils se prévalent ainsi de leur autorité Épiscopale, l'employant à favoriser le triomphe du Communisme et des puissances occultes qui le dirigent et le développent. Mais si, malgré un tel emploi sacrilège de l'autorité Épiscopale, ces défenseurs du Catholicisme et de la patrie persistent à lutter, ils les accusent de rébellion à l'autorité ecclésiastique, de rébellion à la hiérarchie de l'Église, pour que les fidèles dès lors leur refusent leur appui et que l'œuvre de défense échoue, faisant ainsi usage à grande échelle de cet étalage de leur apparence d'Apôtres dont parle Saint Paul, et cela de la manière la plus préjudiciable à notre Sainte Religion.

Pour finir, nous citerons encore une fois le Nouveau Testament, avec la IIème Épître de Saint Pierre, le premier Souverain Pontife de l'Église, qui au chapitre II de cette Épître déclare :

---

[201] Bible, *IIème Épître de Saint Paul aux Colossiens*, chap. XI, versets 12 à 15.

Il y eut aussi de faux prophètes parmi le peuple, tout comme il y aura parmi vous de faux docteurs, qui lanceront des sectes de perdition et qui renieront ce même Seigneur qui les a rachetés, attirant sur eux-mêmes une prompte ruine.

Et nombreux sont ceux qui suivront leurs débauches, faisant blasphémer la voie de la vérité.

Et par cupidité, au moyen de feints discours, ils vous livreront, eux dont la condamnation ne saurait longtemps tarder et dont la perdition ne dort pas.[202]

Nous allons voir au cours des chapitres suivants comment s'est accomplie cette prédiction du premier Vicaire du Christ sur la terre. Mais il est utile de faire remarquer que les Papes et les Conciles de l'Église appliquèrent ces paroles aux juifs qui se convertirent et à leurs enfants qui, ayant reçu les eaux du baptême, pratiquaient ensuite les rites judaïques, ce qu'évoque Saint Pierre dans un autre chapitre de la même Épître, où il dit :

Chapitre II,
21. En effet il eut mieux valu pour eux de ne pas avoir connu la voie de la justice, que de se détourner après l'avoir connue de la sainte règle qui leur fut donnée.
22. Il leur est arrivé alors ce que dit le proverbe véridique : « Le chien est retourné à son vomissement » (Proverbes XVI)[203] et « la truie lavée va se revautrer dans la fange ».

Nous rappelons ce texte parce que de nombreux juifs ont critiqué la dureté des termes employés par divers Conciles de la Sainte Église contre ceux qui, ayant été lavés de leurs péchés par les eaux du baptême, retournaient « aux vomissements du Judaïsme ». Il est donc juste de remarquer que ces Saints Synodes n'ont rien fait d'autre que de reprendre les paroles mêmes de Saint Pierre citant les versets Bibliques.

Par les passages du Nouveau Testament que nous avons cités, on peut donc affirmer en toute certitude qu'aussi bien le Christ Notre-Seigneur que les Apôtres doutaient de la sincérité des conversions des juifs, et que, se rendant parfaitement compte de ce que feraient les faux convertis et les faux Apôtres qui s'élèveraient, ils prévinrent les fidèles contre ce péril mortel, pour qu'ils puissent s'en défendre.

---

[202] Bible, *IIème Épître de Saint Pierre*, chap. II, versets 1 à 3.
[203] John Yarker « *The Arcane Schools* », p. 167; et Matter « *Histoire du Gnosticisme* » t. II, p 365.

# Chapitre IV

## Le Judaïsme, père des gnostiques

La première hérésie qui mit en péril la vie de l'Église naissante fut celle des gnostiques, qui fut constituée non pas par une seule mais par diverses sectes secrètes qui entreprirent un véritable travail de décomposition au sein de la Chrétienté.

De nombreuses sectes gnostiques prétendaient donner une signification plus large au Christianisme en le reliant, selon ce qu'ils disaient, aux plus antiques croyances. Elles prétendaient greffer sur le Christianisme une idée de la Cabbale juive, suivant laquelle les Saintes Écritures avaient deux sens, l'un exotérique c'est à dire extérieur et littéral conforme au texte lisible des Livres Saints, et l'autre ésotérique ou occulte seulement accessible aux hauts initiés avertis dans l'art de déchiffrer le sens secret du texte de la Bible. Comme on le constate, parmi les hébreux, c'est de très nombreux siècles avant l'apparition des ouvrages cabbalistes que sont le Sefer Yetsirah, le Sepher-Zohar et d'autres de moindre importance que l'on pratiquait la Cabbale orale, surtout dans les sectes secrètes des hauts initiés dont les interprétations fausses des Saintes Écritures eurent tant d'influence pour faire dévier le peuple juif de la vérité révélée par Dieu.

À propos de la naissance exacte du Gnosticisme, les célèbres historiens John Yarker et Matter, dans leur « Histoire du Gnosticisme », conviennent que ce fut Simon le Magicien, un juif converti au Christianisme, qui en fut le vrai fondateur. Ce personnage, en plus d'être un mystique cabbaliste, était un adepte de la magie et de l'occultisme, et il avait constitué avec un groupe de juifs un « sacerdoce des mystères », dans lequel il avait comme collaborateurs son propre maître Dosithée et ses disciples Ménandre et Cérinthe.[204]

Ce Simon le Magicien, fondateur de l'hérésie gnostique, la première des hérésies qui déchira la Chrétienté, fut aussi l'un des initiateurs de la cinquième colonne juive au sein de l'Église. La Sainte Bible dans les Actes des Apôtres nous raconte comment ce juif s'introduisit dans l'Église :

Chapitre VIII.

---

[204] John Yarker « *The Arcane Schools* », p. 167; et Matter « *Histoire du Gnosticisme* » t. II, p 365.

9. Il y avait là un homme nommé Simon, qui avait été magicien dans la cité, trompant les gens de Samarie et se faisant passer pour un grand personnage....

12. Mais ayant cru ce que Philippe leur prêchait du Royaume de Dieu, un grand nombre d'hommes et de femmes se firent baptiser au nom de Jésus-Christ.

13. Simon crut lui aussi, et après avoir été baptisé, il vint à Philippe. Et voyant les grands prodiges et miracles qui se faisaient, il fut saisi d'admiration.

14. Lorsque les Apôtres qui étaient à Jérusalem apprirent que la Samarie avait reçu la parole de Dieu, ils y dépêchèrent Pierre et Jean.

15. qui, dès leur arrivée, se mirent à prier pour eux afin qu'ils reçussent l'Esprit-Saint.

16. Car Il n'était encore descendu sur aucun d'entre eux, qui avaient seulement été baptisés au nom du Seigneur Jésus.

17. Alors, ils posaient les mains sur eux et ils recevaient l'Esprit-Saint.

18. Et lorsque Simon vit que, par l'imposition des mains des Apôtres, leur était conféré l'Esprit-Saint, il leur offrit de l'argent

19. en disant : donnez-moi aussi ce pouvoir, afin que tous ceux à qui j'imposerai moi-même les mains reçoivent aussi l'Esprit-Saint. Pierre lui répondit :

20. Que ton argent périsse et toi avec, pour avoir cru que le don de Dieu s'achetait avec de l'argent.[205] Après avoir été ainsi repris par Saint Pierre, Simon s'excusa :

24. Et Simon répondit : priez vous-mêmes le Seigneur pour moi afin qu'aucune des choses dont vous m'avez menacé ne m'advienne.[206]

Ce passage du nouveau Testament nous rapporte ainsi comment naquit la cinquième colonne des juifs faux convertis et quelle allait être sa nature : Simon le magicien en effet se convertit au Christianisme et reçoit le don du baptême, puis, une fois entré au sein de l'Église, il essaie de la corrompre en offrant d'acheter ni plus ni moins que la grâce du Saint-Esprit. Voyant échouer son projet, devant l'incorruptibilité de l'Apôtre Saint Pierre le chef suprême de l'Église, il simule le repentir, pour ensuite entreprendre de saper l'Église de l'intérieur par l'hérésie gnostique.

Ici comme ailleurs, la Sainte Bible nous lance un cri d'alarme, en nous montrant ce qui devait suivre dans l'avenir, car les membres de la cinquième colonne juive infiltrés au sein de l'Église et du clergé suivirent l'exemple de Simon le Magicien, se convertissant au Christianisme pour tenter de la corrompre par la simonie, de la désintégrer par les hérésies et

---

[205] Bible, *Actes des Apôtres*, chapitre VIII, versets cités.
[206] Bible, *Actes des Apôtres*, chapitre VIII, verset 24.

pour essayer de s'emparer des plus hautes dignités ecclésiastiques par les moyens les plus divers, y compris en achetant la grâce de l'Esprit-Saint.

Comme nous le verrons par la suite, les Conciles de la Sainte Église s'occupèrent de réprimer énergiquement les Évêques qui avaient obtenu leur poste par concussion, et la Sainte Inquisition prouva que les clercs d'ascendance juive étaient les principaux propagateurs de la simonie et de l'hérésie.

Un autre exemple classique que nous présentent les Saints Évangiles est celui de Judas l'Iscariote, l'un des douze Apôtres, qui trahit le Christ en le vendant aux juifs pour trente pièces d'argent, et il est évident que, comme Apôtre, il avait une dignité manifeste, supérieure même à celle des Évêques et des Cardinaux.

Pour quelle raison notre Divin Rédempteur le choisit-il ? Se trompa-t-il en faisant un tel choix et en honorant Judas de la plus haute dignité dans l'Église naissante, après celle de Jésus Christ Lui-même ?

Il est clair que le Christ ne put jamais se tromper étant Dieu. Si donc Il fit ce choix, c'est parce qu'il convenait de le faire, pour montrer clairement à Sa Sainte Église d'où allait venir le péril majeur pour son existence, c'est à dire très probablement pour la prévenir contre les ennemis qui s'élèveraient de ses propres rang, et surtout dans les plus hautes sphères de la hiérarchie de l'Église, car si parmi ceux choisis comme Apôtres par Jésus lui-même il s'éleva un Judas, il est clair qu'il y a encore bien plus de raison que s'en élèvent parmi ceux nommés par les successeurs du Christ.

Les fidèles ne doivent donc jamais se scandaliser et encore moins perdre la foi en l'Église d'apprendre par l'histoire qu'il y eut des Cardinaux et des Évêques hérétiques et schismatiques qui mirent en péril la vie de l'Église, ni même lorsqu'ils s'aperçoivent que dans le combat actuel, il y a encore des Cardinaux et des Évêques qui aident la Franc-Maçonnerie, le Communisme et le Judaïsme lui-même, dans leur entreprise pour détruire le Christianisme et pour réduire à l'esclavage tous les peuples de l'univers.

Pour revenir au Gnosticisme, dont le juif converti Simon le Magicien fut à l'origine, il faut noter que bien des années plus tard, Saint Irénée dénonça Valentinien, un juif d'Alexandrie, comme étant le chef des gnostiques.[207]

Matter, le célèbre historien de la gnose, nous dit que les dirigeants juifs, les philosophes alexandrins Philon et Aristobule, tout en restant fidèles à la religion de leurs ancêtres, décidèrent de l'orner des dépouilles d'autres systèmes et d'ouvrir ainsi au Judaïsme la voie d'immenses conquêtes. Tous les deux étaient à la fois dirigeants du Gnosticisme et cabbalistes, cet

---

[207] William Thomas Walsh « *Felipe II* » (*Philippe II*), Edit. Espasa Calpe, Madrid, p. 266 (NDT : cet ouvrage dans sa version originale en anglais est toujours disponible auprès de Tan Books, POB 424, Rockford Illinois 61 105, USA). Lire aussi son livre « *Isabelle la Catholique* », en version non tronquée disponible en anglais.

auteur montrant ainsi que : « la Cabbale est antérieure à la Gnose, c'est une idée que peu d'écrivains chrétiens comprennent, mais que les érudits du Judaïsme professent avec une légitime certitude ». Le même auteur affirme aussi que le Gnosticisme ne fut pas vraiment une défection du Christianisme, mais une combinaison de systèmes, auxquels il fut ajouté quelques éléments chrétiens ».[208]

De son côté, l'érudite écrivain anglaise Nesta H. Webster déduit après de longues études sur la question que « le résultat du Gnosticisme n'était pas de christianiser la Cabbale mais de cabbaliser le Christianisme, en mélangeant son enseignement pur et simple avec la théosophie et même avec la magie ».[209]

Ce projet de cabbaliser la Chrétienté, les juifs cabbalistes l'ont repris après l'échec du Gnosticisme chaque fois qu'ils l'ont pu, dans les sectes manichéennes, puis avec les Albigeois, les Rose-croix, la Franc-Maçonnerie, les sociétés théosophiques, les spirites, et dans d'autres sectes de différentes époques qui ont dit pratiquer l'occultisme, lequel n'est autre que la Cabbale hébraïque avec toutes ses variantes.

Confirmant que ce sont bien les cabbalistes qui furent à l'origine de la gnose, Ragon le célèbre historien de la Franc-Maçonnerie déclare : « Le Cabbale est la clef des sciences occultes. Les gnostiques naquirent des cabbalistes ».[210]

La Jewish Encyclopoedia affirme de son côté que le Gnosticisme fut de caractère juif avant de prendre le caractère chrétien.[211]

Une coïncidence intéressante est que le centre principal du gnosticisme à l'époque de son apogée fut Alexandrie, qui était en même temps à cette époque le centre le plus important du Judaïsme à l'extérieur de la Palestine, cela jusqu'à ce que Saint Cyrille, évêque de cette ville bien des années plus tard, porte un coup mortel à ce foyer d'infection de la Chrétienté, en expulsant les hébreux d'Alexandrie.

Le témoignage des Pères de l'Église vient compléter cet ensemble de preuves que nous présentons ici pour démontrer que la gnose fut l'œuvre du Judaïsme, car ils appelaient juifs certains des chefs des Écoles gnostiques.[212]

D'autre part l'Encyclopédie Judaïque Castillane indique que : « le fait que le Gnosticisme primitif, aussi bien chrétien que juif, utilisait des noms hébreux dans son système, et qu'il se base, même en leur étant hostile, sur

---

[208] Matter : « *Histoire du Gnosticisme* » édition de 1844, tome I, pp 12 et 44.
[209] Nesta H Webster : « *Secret Societies and subversive Movements* » Boswell Printing and Publishing, Londres 1924, pp. 27 à 29.
[210] Ragon : « *Maçonnerie occulte* », p. 78.
[211] textuellement : « was Jewish in character long before it became Christian » *Jewish Encyclopoedia*, terme Cabbale.
[212] « *Encyclopédie Judaïque Castillane* », édit. cit., t. V, terme Gnosticismo.

des concepts bibliques, indique son origine juive ». Elle ajoute encore que le Gnosticisme influença le développement ultérieur de la Cabbale.[213]

La preuve étant ainsi faite que le Gnosticisme fut d'origine juive et fut dirigé par des israélites dont certains infiltrés dans le Christianisme par le baptême, nous verrons quelle fut son importance dans le monde chrétien. Le plus dangereux du Gnosticisme était et demeure sa présentation comme une science, car il faut noter que le terme gnose signifie science ou connaissance. Comme on le voit, il n'y a rien de nouveau dans le système du juif Karl Marx d'essayer d'habiller ses fausses doctrines d'une parure scientifique pour impressionner et attraper les naïfs, puisqu'il y a environ deux mille ans, ses prédécesseurs les gnostiques en firent autant avec d'excellents résultats. Et l'on constate ainsi que, même à cet égard, les tactiques juives restent les mêmes.

En outre, ils ne se firent aucun scrupule à introduire dans la gnose des concepts du dualisme perse et surtout de la culture hellénique dont les juifs d'Alexandrie étaient si férus, qui furent les facteurs décisifs dans la propagation du Gnosticisme. Et là encore, on doit remarquer que les techniques judaïques à cet égard n'ont pas changé, puisque dans les doctrines, les rites et les symboles de la Maçonnerie, ils introduisirent, en plus de l'élément cabbaliste et judaïque, des éléments d'origine gréco-romaine, égyptienne et orientale, pour désorienter les chrétiens quant à l'origine réelle de la fraternité en question.

D'autre part, il est évident que seuls les juifs, alors dispersés à travers tout le monde connu, purent facilement élaborer un tel mélange de concepts judaïques, chrétiens, platoniciens, égyptiens, perses et même indous, qui formèrent la gnose, laquelle, comme la Cabbale hébraïque, s'établit comme une doctrine ésotérique pour une élite, et se diffusa sous forme de sociétés secrètes de style juif. Ces dernières allèrent en se multipliant en nombre et en se différenciant de plus en plus dans leurs doctrines.

Le fait de donner, au moyen d'allégories semblables à celle de la Cabbale, un sens occulte aux Saintes Écritures se prêtait à ce que, à chaque fois que l'on donnerait des interprétations différentes aux Évangiles, il se produirait comme depuis dans le libre examen du Protestantisme une division en une infinité d'Églises, parfois même rivales. Mais le principe de l'existence de sens occultes différents du texte littéral de la Bible, entraîna aussi que les gnostiques se séparèrent complètement de la véritable doctrine chrétienne, arrivant à constituer avec leur multitude de sectes, un

---

[213] « *Encyclopédie Judaïque Castillane* », terme cité. Cet ouvrage, en contradiction avec d'autres sources citées, affirme que ce fut le Gnosticisme qui fut à l'origine de la Cabbale et non l'inverse. Mais comme elle accepte l'origine juive de la gnose, cette divergence n'affecte en rien la thèse que nous soutenons ici en démontrant dans ce chapitre l'origine juive de la gnose.

véritable cancer qui menaçait de désintégrer la Chrétienté entière de l'intérieur.

La gnose prenait pour base l'existence d'un Dieu bon et d'une matière conçue comme l'origine du mal. Ce Dieu ou Être suprême aurait produit par émanation une série d'êtres intermédiaires, appelés Éons interreliés, qui unis à l'Être suprême constituaient le Royaume de lumière, mais qui étaient de moins en moins parfaits à mesure qu'ils étaient plus éloignés de Dieu. Cependant, même l'Éon le plus bas contenait des parcelles de la divinité et était pour autant inapte à créer la matière, mauvaise par nature.

Ils expliquaient que la création du monde avait été le fait de l'un des Éons, appelé Démiurge, qui ambitionna de devenir comme Dieu et se rebella contre Lui, raison pour laquelle il fut expulsé du Royaume de lumière et lancé dans l'abîme où il créa notre univers, donnant forme à la matière et créant l'homme, dont l'âme est une particule de lumière emprisonnée dans la matière.

Dieu alors, pour racheter les âmes du monde pervers, envoya sur la terre un autre Éon appelé Christ, fidèle à l'Être suprême, mais qui ne prit jamais un corps réel, puisque la matière est intrinsèquement mauvaise. Les diverses sectes gnostiques donnèrent ensuite des interprétations différentes à tout ce mécanisme, certaines allant jusqu'à assimiler Jéhovah au pervers Démiurge. Pour d'autres en revanche, Jéhovah fut l'Être suprême, et pour d'autres encore, il n'était qu'un Éon fidèle à ce dernier.

Dans le Gnosticisme, le dualisme perse prit la forme d'une lutte entre le monde de l'Esprit et celui de la matière. La rédemption des âmes emprisonnées dans la matière s'opérait, selon cet ensemble de sectes, au moyen de la gnose, c'est à dire de la connaissance de la vérité, sans requérir ni morale ni bonnes œuvres. Ceci entraîna la conséquence catastrophique de provoquer dans beaucoup de ces sectes la plus scandaleuse immoralité et licence de mœurs.

La plus dangereuse de toutes ces sociétés secrètes pour la Chrétienté fut dirigée par le crypto-juif Valentinien, qui était le type même du membre de la cinquième colonne, agissant au dehors comme un véritable chrétien, et semant la dissolution dans la Sainte Église en développant sa secte pernicieuse. La ville d'Alexandrie fut d'abord sa principale citadelle, mais au milieu du II<sup>ème</sup> siècle, il vint à Rome dans l'intention de miner la Chrétienté dans la capitale même de l'Empire. Les Valentiniens menacèrent sérieusement la Sainte Église de désintégration interne, mais à la fin, pour stopper l'action pernicieuse de ce faux chrétien, vrai membre de la cinquième colonne, elle l'expulsa de son sein.

Le Gnosticisme parvint à propager des doctrines qui sont désormais devenues la base de nombreux mouvements judaïques subversifs des temps modernes. Ainsi la secte des Carpocratiens attaquait toutes les religions alors existantes, reconnaissant uniquement la gnose, connaissance

« donnée aux grands hommes de chaque nation : Platon, Pythagoras, Moïse, le Christ, laquelle affranchit quiconque de tout ce que le vulgaire nomme religion » et « le rend égal à Dieu ».

Le Gnosticisme dans ses formes les plus pures aspirait, comme ils disaient, à donner un sens élargi au Christianisme en le reliant aux plus antiques croyances. « La croyance que la divinité s'est manifestée dans les institutions religieuses de toutes les nations mène à la conception d'une sorte de religion qui contienne les éléments de toutes ».[214]

Nous retrouvons nombre de ces concepts actuellement dans la doctrine secrète de la Franc-Maçonnerie et dans les sociétés théosophiques.

Nesta H. Webster, dans son étude très fouillée sur la question, montre que dans cette secte gnostique des carpocratiens du IIème siècle, ils arrivèrent aux mêmes conclusions que les communistes modernes à propos du système social idéal. Ainsi Épiphanus soutenait qu'étant donné que la nature elle-même révèle le principe de la communauté et de l'unité de tout, les lois humaines qui sont contraires à cette loi naturelle sont coupables d'infraction à l'ordre légitime des choses. Avant que ces lois ne fussent imposées à l'humanité, tout était selon eux en commun : la terre, les biens et les femmes. En accord avec certains contemporains, les carpocratiens retournèrent à ce système primitif, instituant la communauté des femmes et se livrant à toutes espèces de licences »[215]

Comme on peut le voir, les mouvements subversifs modernes du Judaïsme sont en grande partie une répétition des doctrines de la grande révolution gnostique, bien que partant d'un fondement philosophique opposé, puisque le Communisme moderne est matérialiste, alors que la gnose considérait la matière comme étant mauvaise et digne de mépris. Mais les faits nous démontrent que les juifs ont été très habiles à utiliser les systèmes philosophiques les plus opposés, pour parvenir aux résultats politiques similaires.

Les gnostiques avaient des mystères et des initiations. Tertullien, Père de l'Église affirmait que la secte des Valentiniens pervertirent les mystères d'Éleusis et en firent « un sanctuaire de prostitution ».[216]

Et il ne faut pas oublier que Valentinien, faux chrétien et crypto-juif d'Alexandrie fut signalé par Saint Irénée comme étant le chef des gnostiques, dont les sectes, selon certains, étaient dirigées par un seul et même pouvoir occulte. Il est donc évident que les juifs continuent à se comporter exactement comme il y a mille huit cents ans, et, tout comme ils le font aujourd'hui, qu'ils semaient alors l'immoralité et la prostitution dans la société chrétienne pour la corrompre et aider à sa destruction.

---

[214] Matter : « *Histoire du Gnosticisme* » édition de 1844, tome I, p. 44, et t. II, p. 188.
[215] Nesta H. Webster : « *Secret Societies and subversive Movements* », ed. cit. pp. 30 et 31.
[216] Matter : opus cit. édition de 1844, t. II, p. 365.

Certaines sectes gnostiques arrivèrent dans leurs doctrines secrètes aux derniers degrés de la perversion. Ainsi Éliphas Lévi affirme que certains gnostiques introduisirent dans leurs rites la profanation des mystères chrétiens, ce qui devait plus tard servir de base à la Magie noire,[217] dont les principaux propagateurs furent également les juifs.

Dean Millman, dans son Histoire des Juifs, dit que les Ophites adoraient le serpent, parce qu'il les avait rendus rebelles à Jehovah « à qui ils faisaient référence sous le nom du Démiurge ».[218]

Il est donc évident que la glorification du mal, qui est d'une telle importance dans les mouvements révolutionnaires modernes sous le contrôle secret de la Synagogue de Satan, n'est pas une nouveauté, car elle avait été lancée par les juifs gnostiques comme un venin sur la société chrétienne naissante il y a plus de dix-huit siècles.

E. de Faye, dans son ouvrage *Gnostiques et Gnosticisme*, et également Matter dans son livre déjà *cité Histoire du Gnosticisme*, affirment qu'une autre secte secrète gnostique, appelée par eux Caïnites à cause du culte qu'ils rendaient à Caïn, considéraient ce dernier ainsi que Dathan et Abiram et les citoyens homosexuels de Sodome et Gomorrhe, ainsi que Judas l'Iscariote lui-même, comme de nobles victimes du Démiurge, c'est à dire du créateur malveillant de notre univers, selon leurs doctrines perverses.[219]

Il est donc évident que ces sectes gnostique furent les antécédents des Bogomiles, des Lucifériens, de la Magie noire et de quelques cercles maçonniques satanistes, qui, en plus de rendre un culte à Lucifer, considéraient (et considèrent encore) comme bon tout ce que le Christianisme considère comme mauvais, et vice versa.

Le marquis de Luchet dans son ouvrage célèbre intitulé : « Essai sur la Secte des Illuminés » affirme que les Caïnites, animés par leur haine contre tout ordre social et moral « invitaient tous les hommes à détruire les œuvres de Dieu et à commettre toutes sortes d'infamies ».[220]

Le grand leader qui s'éleva dans l'Église pour combattre et vaincre le Gnosticisme fut précisément Saint Irénée, qui, en étudiant à fond ses néfastes sectes et ses doctrines occultes, se lança dans une lutte acharnée contre lui par l'action et par la plume en attaquant en même temps les juifs, qu'il dénonçait comme les chefs de ce mouvement subversif et de désintégration, dont la secte la plus puissante et la plus dangereuse pour la Chrétienté fut celle des Valentiniens dirigée par ce Valentinus, dont Saint Irénée découvrit l'identité juive au travers de son faux Christianisme. Grâce à l'action courageuse et inlassable de Saint Irénée, la Sainte Église réussit à triompher de la gnose, qui fut pour la Chrétienté naissante un

---

[217] Éliphas Levi : « *Histoire de la Magie* » p. 218.
[218] Dean Millman : « *History of the Jews* » Everyman's Library Edition, t; II p. 491.
[219] E de Faye : « *Gnostiques et Gnosticisme* » ed. 1913, p 349, et Matter op. cit., t. II, p. 171.
[220] Marquis de Luchet : « Essai sur la Secte des Illuminés », p. 6.

danger interne plus menaçant que les graves embûches extérieures représentées alors par les attaques frontales de la Synagogue et ses intrigues, qui réussirent comme nous l'avons vu à lancer contre l'Église naissante toute la puissance de l'Empire Romain avec ses terribles persécutions, qui donnèrent tant de martyrs au Christianisme.

Ces faits démontrent que, depuis ses premiers temps, l'action de la cinquième colonne judaïque infiltrée dans son sein fut plus dangereuse pour la Sainte Église que ses ennemis extérieurs.

Mais c'est l'existence d'un clergé vertueux, courageux et combatif, ignorant les défaillances cachées sous un habillage de coexistence pacifique, de dialogue et de diplomatie, qui fit que l'Église sortit victorieuse de cette terrible lutte et réduisit complètement à merci ses ennemis : le Judaïsme, le Gnosticisme judaïque et le paganisme romain.

**La situation actuelle toute grave qu'elle soit, n'a cependant jamais été aussi périlleuse que celle de l'Église en ces temps lointains, car alors le Christianisme était beaucoup plus faible qu'actuellement, et la disproportion des forces entre l'Église et ses ennemis était infiniment plus grande en faveur de l'adversaire. Si la Sainte Église put alors triompher de ses ennemis tellement plus puissants que les actuels, elle le pourra d'autant plus aujourd'hui, mais à la condition qu'elle réussisse à combattre et à neutraliser l'action défaitiste et les intrigues de la cinquième colonne crypto-juive, et qu'également des rangs des hiérarchies religieuses s'élèvent des chefs qui, imitant Saint Irénée, sacrifient tout pour défendre la Foi du Christ Et la cause de l'humanité menacée d'un féroce esclavage, et que ces leaders puissent en même temps vaincre la résistance des peureux et des complaisants, et même de ceux qui, tout en ayant une foi sincère, ne veulent pas risquer de compromettre leur carrière ecclésiastique, ou préfèrent soutenir des positions de tranquillité ou des avantages économiques plutôt que de défendre la Sainte Église et l'humanité en ces moments de péril mortel.**

Pour finir, nous examinerons un dernier enseignement du mouvement révolutionnaire gnostique.

Les juifs, qui en semèrent le venin dans la société chrétienne, prirent soin d'empêcher que le même venin ne vienne intoxiquer les empoisonneurs eux-mêmes. Car la Synagogue eut alors à faire face à ce très grave danger. Et il est bien difficile de semer des idées pernicieuses sans courir le risque d'en être contaminé. Il est vrai que la gnose qu'à l'origine les juifs répandirent dans la Synagogue était essentiellement un mélange d'interprétations mystiques des Saintes Écritures reliées étroitement à la Cabbale, mais le mélange d'absurdités, de contradictions et d'actes pervers que les hébreux introduisirent dans la gnose chrétienne finit par constituer une menace sérieuse pour la Synagogue elle-même, danger que celle-ci eut à conjurer à temps en combattant énergiquement toute possibilité de contagion parmi les juifs.

Dix-huit siècles après, on assiste au même phénomène. Les hébreux propagateurs de l'athéisme et du matérialisme communiste parmi les chrétiens, les musulmans et les autres non-juifs, prennent toutes les précautions pour éviter que le cancer matérialiste n'infecte les Communautés israélites, lesquelles ont pu y parvenir mieux qu'à l'époque du Gnosticisme, car l'expérience acquise en dix-huit siècles a donné à ces pervertisseurs une véritable maestria dans l'art de manipuler les poisons et de les répandre dans le monde à l'extérieur de leurs communautés, sans que le poison puisse infecter les juifs eux-mêmes. Quoi qu'il en soit, même de nos jours, les rabbins se doivent d'être continuellement en alerte, pour empêcher que le matérialisme, dont ils ont imprégné le milieu ambiant, ne provoque des ravages dans les familles juives. C'est pourquoi ils prennent constamment toutes sortes de mesures pour les en protéger.

Le poison athée et matérialiste est exclusivement destiné aux chrétiens et aux gentils, afin d'en faciliter la domination, parce que le Judaïsme doit, lui, se conserver, et sa mystique rester plus pure que jamais. Eux savent bien que la mystique est ce qui rend invincibles les hommes qui luttent pour un idéal.

Ainsi, de même que les hébreux n'eurent en d'autres temps aucun scrupule à propager des doctrines opposées à Jéhovah Lui-même et en faveur du culte de Satan si courantes dans la Magie noire, ils n'ont pas davantage de scrupules aujourd'hui à propager l'athéisme du juif Marx, bien que celui-ci nie l'existence du Dieu d'Israël. Pour eux, la fin justifie les moyens. C'est une maxime que les hébreux suivent jusqu'aux plus incroyables conséquences.

Avec la conversion de Constantin, le triomphe de la Sainte Église sur le Judaïsme, le Gnosticisme et le paganisme fut complet. La Sainte Église ayant gagné la confiance de l'Empire Romain, les juifs perdirent toute possibilité de continuer à la combattre et l'attaquer directement et de lancer contre le Christianisme la persécution des Empereurs païens comme ils l'avaient fait jusque-là. Mais devant une situation aussi défavorable, la Synagogue ne se tint pas pour battue, et comprenant clairement que pour détruire l'Église il ne lui restait plus qu'à recourir aux trois moyens que nous avons étudiés, elle consacra une attention toute spéciale à sa cinquième colonne de faux convertis infiltrés dans la Chrétienté, qui, au moyen de schismes et de mouvements subversifs internes, pourraient parvenir à l'objectif recherché par la Synagogue d'anéantir l'Église du Christ. Le fait que sous certains aspects le dogme chrétien n'était pas encore parfaitement établi lui facilita grandement la tâche.

# CHAPITRE V

## LE JUIF ARIUS ET SON HÉRÉSIE

L'Arianisme, la grande hérésie qui déchira la Chrétienté durant plus de trois siècles et demi, fut l'œuvre d'un juif souterrain qui en public pratiquait le Christianisme, un exemple distingué et célèbre des successeurs de Judas l'Iscariote que sont les clercs membres de cette cinquième colonne juive infiltrée dans le clergé catholique.

Le célèbre écrivain et historien nord-américain William Thomas Walsh, bien connu pour son fervent catholicisme et pour ses ouvrages remarquablement documentés, dit à propos des agissements des juifs infiltrés dans le Christianisme : « Arius, le juif catholique (le père de l'hérésie) attaquera insidieusement la divinité du Christ et parviendra à diviser le monde chrétien pendant des siècles ».[221]

Les procès d'Inquisition contre les crypto-juifs appelés hérétiques judaïsants nous apprennent que l'un des dogmes catholiques que les juifs récusent le plus est celui de la Sainte Trinité, parce que, dans leur haine à mort contre le Christ ce qui leur répugne le plus est que le Christ soit considéré comme la deuxième personne de la Très Sainte Trinité, du Dieu Un par essence et Trine dans Ses personnes. Il est donc compréhensible qu'une fois infiltrés dans l'Église par leur fausse conversion au Christianisme, les hébreux aient essayé de modifier ce dogme de l'Église, en établissant l'unité de Dieu dans ses personnes et en niant la divinité du Christ.

Arius naquit en Libye, sous la domination romaine. Dès sa jeunesse, il adhéra au schisme de Mélésius qui usurpa le poste d'Évêque d'Alexandrie, mais la cause de Melesius ayant subi de durs revers, Arius se réconcilia avec l'Église.

La Sainte Église si bonne comme toujours, à tel point qu'elle est constamment prête à pardonner au pécheur repentant, accepta la réconciliation d'Arius revenant dans son sein, alors que ce juif clandestin profita seulement de cette bonté pour ensuite lui causer des dommages catastrophiques qui auraient pu conduire à un désastre comme celui qui nous menace aujourd'hui.

---

[221] William Thomas Walsh : « *Felipe II* » (Philippe II) Edit. Espasa Calve, p. 206.

Après sa réconciliation, Arius se fit ordonner prêtre catholique, et dès lors comme presbytre il fut chargé par Alexandre l'Évêque d'Alexandrie de l'Église de Baucalis. Plusieurs historiens ecclésiastiques distingués attribuent à Arius un ascétisme apparent et impressionnant et un mysticisme ostentatoire, alliés à de grands dons de prédicateur et à une grande habileté dialectique, ce qui lui permit de convaincre de grandes foules de fidèles y compris des membres de la hiérarchie de la Sainte Église.

Comme principe de base de la doctrine d'Arius, il y avait la thèse judaïque de l'Unité absolue de Dieu, niant la Trinité, et considérant Notre-Seigneur Jésus-Christ seulement comme la plus excellente des créatures, mais ne possédant en aucune manière la condition divine, ce qui constitue l'une des premières tentatives sérieuse de judaïsation du Christianisme. Il n'attaquait ni ne censurait le Christ comme les juifs publics, car alors il aurait fait échouer son entreprise car aucun chrétien ne l'aurait suivi, mais tout au contraire, pour ne pas susciter les soupçons, il faisait toutes sortes d'éloges de Jésus, grâce à quoi il réussit à capter la sympathie et l'adhésion des croyants, distillant ensuite son venin au milieu de tous ses éloges en niant insidieusement la Divinité de Jésus-Christ, qui est ce que refusent le plus les juifs.

Il est curieux que mille quatre cents ans plus tard, les juifs soient revenus à la charge, niant la Divinité du Christ, en même temps qu'ils en faisaient l'éloge comme homme, dans les doctrines et les enseignements que les fondateurs de la Maçonnerie établirent pour les premiers grades, pour ne pas susciter de trop fortes réactions négatives chez les chrétiens qui s'initiaient à la secte.

Une autre des nouveautés qu'apporta l'hérésie arienne fut d'essayer de changer la doctrine et la politique de l'Église à propos des juifs. Alors que le Christ Notre-Seigneur les condamna et les attaqua durement en diverses occasions, et que les Apôtres firent de même ainsi qu'en général l'Église des premiers temps, Arius et son hérésie tentèrent d'opérer une véritable réforme à cet égard, en faisant une politique pro-juive de rapprochement avec la Synagogue de Satan.

Comme Jean Huss, Calvin, Karl Marx et d'autres leaders hébreux révolutionnaires, Arius fut un homme doté d'un grand dynamisme, d'une exceptionnelle persévérance, doué par la parole et la plume, qui faisait des opuscules et écrivait même des livres[222] pour convaincre les membres de la hiérarchie, les religieux, les gouvernants civils et les personnalités distinguées de l'Empire Romain.

Le premier appui d'importance qu'il reçut fut celui de l'Évêque Eusèbe de Nicomédie, qui, de par sa grande amitié avec l'Empereur, eut l'audace

---

[222] Son ouvrage « *Thalia* » fut d'une grande importance dans la diffusion de l'hérésie.

de tenter d'attirer celui-ci à l'hérésie d'Arius, et, bien qu'il n'y parvint pas, il réussit malheureusement à désorienter Constantin en lui faisant croire qu'il ne s'agissait que de simples discussions entre diverses positions de l'orthodoxie. Mu par cette idée, l'Empereur tenta vainement d'obtenir un arrangement entre Arius et l'Évêque d'Alexandrie, en lui envoyant Osio, l'Évêque de Cordoue et son conseiller personnel, pour qu'il s'efforce de les mettre d'accord. Comme s'il s'était agi d'une simple dispute entre l'Évêque Alexandre et Arius !

Ce fut au cours de ces négociations, qu'Osio et l'Église se rendirent compte qu'il ne s'agissait pas du tout d'une simple querelle d'écoles ou de personnes, mais d'un incendie qui menaçait de détruire la Chrétienté tout entière.

Et ceci vaut d'être noté, car c'est la technique classique des juifs pour lancer leurs mouvements révolutionnaires: ils leur donnent en général l'apparence de quelque chose d'innocent, de bien intentionné, de proportions réduites et sans danger aucun, pour que les institutions menacées par la poussée révolutionnaire la sous-estiment, et s'abstiennent d'employer contre elle toute la force nécessaire pour l'écraser rapidement et totalement ; endormis par les apparences, les dirigeants chrétiens et gentils tardent bien souvent à réagir comme il faudrait, ce dont profite le Judaïsme pour propager subrepticement l'incendie, de telle manière que lorsqu'on se décide enfin à intervenir celui-ci ait déjà atteint une force destructrice incontrôlable.

On notera avec intérêt qu'Arius une fois excommunié par le Synode composé de plus de cent Évêques qui fut convoqué en l'année 321 par le Prélat d'Alexandrie, cet hérésiarque alla en premier lieu conquérir des adeptes en Palestine, et que le premier Synode qui, trahissant le Catholicisme, appuya Arius, fut précisément celui de Palestine, en plus de celui de Nicomédie dont l'Évêque était Eusèbe, le bras droit d'Arius.

À l'évidence, la Palestine malgré les répressions de Titus était l'endroit où il y avait la population juive la plus dense et où la cinquième colonne juive infiltrée dans l'Église devait être la plus puissante. Il n'y a donc rien de mystérieux qu'Arius, mis en situation critique par l'excommunication dont il était l'objet, se soit réfugié et ait cherché des renforts auprès de ses frères de Palestine, les obtenant, et avec une telle ampleur que tout un Synode d'Évêques et un clergé éminent comme le fut celui de Palestine l'appuya de manière décisive, apportant force et prestige à sa cause, qui avait menacé de s'effondrer après sa condamnation par le Saint Synode d'Alexandrie.

L'étude de cette gigantesque lutte de plusieurs siècles est très utile, car elle nous fait voir les méthodes de la cinquième colonne juive infiltrée dans le clergé de la Sainte Église, celle-ci opérant dès cette époque suivant les mêmes méthodes qu'elle utilisa des siècles plus tard, lorsqu'elle parvint à usurper la Papauté au moyen d'un crypto-juif, le Cardinal Pierleoni ; et ce sont les mêmes méthodes qui furent dénoncées mille ans après par la Sainte Inquisition, et les mêmes encore devant lesquelles nous sommes en présence de nos jours.

Arius et les Évêques ariens intriguaient contre le clergé qui défendait la Sainte Église, en le persécutant et en le combattant, jusqu'à attaquer les plus respectables Évêques et tous les clercs sans distinction de rang qui se distinguaient par leur zèle à défendre l'orthodoxie. Ils accusaient et combattaient ces derniers au moyen d'intrigues venimeuses et secrètes ainsi que de calomnies, jusqu'à ce qu'ils aient réussi à les éliminer ou les neutraliser. D'autre part, ils s'efforçaient par une action bien organisée de prendre le contrôle des postes d'Évêques vacants, pour parvenir à les faire occuper par des clercs de leur bord et empêcher les ecclésiastiques fidèles d'accéder à ces positions hiérarchiques.

Ce travail pernicieux fut réalisé surtout après le Concile œcuménique de Nicée, au cours duquel Arius et son hérésie furent condamnés, malgré l'opposition d'une minorité d'Évêques hérétiques qui ayant assisté à ce Concile essayèrent par tous les moyens de faire prévaloir leurs points de vue, aussi nouveaux et contraires à la doctrine chrétienne que ceux que certains cherchent aujourd'hui à faire prévaloir dans l'actuel Concile œcuménique (Vatican II).

Dans la campagne organisée par les Évêque hérétiques contre les orthodoxes, se détache celle qu'ils déclenchèrent contre Eustache, l'Évêque d'Antioche, qu'ils accusèrent de feindre de soutenir les accords du Concile de Nicée pour défendre en réalité l'hérésie Sabéllienne et provoquer des troubles. Par ces accusations et d'autres encore, les clercs hérétiques obtinrent sa destitution et qu'à sa place fut nommé un Évêque arien, en réussissant en outre à tromper Constantin, qui, en croyant faire du bien à l'Église, détrônait le vertueux Évêque et donnait son appui à des hérétiques hypocrites en les prenant pour de sincères défenseurs de l'Église.[223]

Mais plus importante encore fut la conjuration qu'ils ourdirent contre Saint Athanase, qui à la mort d'Alexandre lui avait succédé sur le siège du Patriacat d'Alexandrie. Déjà, lors du Concile de Nicée, il s'était révélé un rempart de la Sainte Église, ce qui lui valut la haine des clercs hérétiques, qui conçurent la nécessité de l'éliminer.

Ceux-ci, pour se gagner l'Empereur, accusèrent calomnieusement Saint Athanase de maintenir des relations avec certains rebelles de l'Empire, une manœuvre classique du Judaïsme de tous les temps, qui, pour introduire la division entre un dirigeant et le chef de l'État, ourdit au moment opportun

---

[223] Cf: Cavallera « *Le Schisme d'Antioche* » ; et Sellers R.V. : « *Eustatius of Antioch and his place in the early Christ Doctrine* », Cambridge 1928.

toute une intrigue pour faire croire que le premier conspire et est uni secrètement à ses ennemis. C'est ainsi qu'ils parviennent à ce qu'un chef d'État élimine un dirigeant qui gêne les plans juifs.

Ils accusèrent aussi Saint Athanase d'avoir brimé le clergé en lui imposant une contribution sur le lin, et de semer la discorde dans ses rangs. Cette calomnie est également un classique de la cinquième colonne, qui, lorsqu'elle voit que s'ourdit une conjuration contre la Sainte Église et que quelqu'un la dénonce ou se lance à défendre l'institution, mobilise ses clercs crypto-juifs pour qu'ils accusent le ou les vrais défenseurs de l'Église « d'ébranler son unité et de semer la division dans la Chrétienté », quand ce sont précisément eux, les ennemis du Christ infiltrés dans le clergé, qui, par leurs conspirations et leurs activités de la main gauche, provoquent ces schismes et ces divisions, et non les chrétiens sincères qui sont dans l'obligation de défendre l'Église et d'empêcher que les premiers ne progressent.

Ainsi, il advint dans le cas décrit que les clercs hérétiques, ceux qui en réalité propageaient le schisme par leurs agissements, eurent le cynisme d'accuser Saint Athanase de semer la discorde, parce qu'il s'efforçait de défendre la Sainte Église contre les machinations de l'hérésie. En outre le coup était à plus longue portée, car Arius et ses séides, sachant que l'objectif suprême de Constantin était l'unité de l'Église, espéraient démolir Saint Athanase précisément par cette accusation de provoquer la discorde.

Ultérieurement, les hérétiques milésiens alliés des Ariens accusèrent Saint Athanase d'avoir assassiné l'un des collaborateurs du chef des Ariens, mais heureusement Athanase réussit à présenter le faux défunt, dévoilant ainsi la calomnie.

Toutes leurs intrigues ayant jusque-là échoué, ils recoururent à une manœuvre finale : celle de réunir un Synode des Évêques à Tyr, où ils accusèrent Saint Athanase d'avoir séduit une femme, une calomnie que celui-ci réussit encore à détruire. Cependant les Évêques ariens réussirent à prendre le contrôle du Concile de Tyr et à y faire décider la destitution de Saint Athanase comme Patriarche d'Alexandrie, envoyant une note synodale enflammée à l'Épiscopat du monde entier pour qu'il rompît toute relation avec Saint Athanase, qu'ils accusaient de divers forfaits.

Constantin, qui avait en grande estime les résolutions des Synodes Épiscopaux, en fut très impressionné, et ceci, s'ajoutant à une autre calomnie plus précisément dirigée, consistant à accuser Athanase d'acheter du blé aux Égyptiens, empêchant ainsi qu'il soit livré à Constantinople, pour provoquer la famine dans la capitale de l'Empire Romain, mit l'empereur hors de lui et lui fit bannir le malheureux saint, dès lors considéré comme un dangereux perturbateur de l'ordre public et de l'unité de la Sainte Église.

Pendant ce temps, les Évêques ariens gagnant d'abord la faveur de Constance, sœur de l'Empereur très influente sur lui et sur divers autres grands personnages, se posèrent hypocritement comme de très zélés défenseurs de l'unité de la Sainte Église et de l'Empire, tant désirés par Constantin, et accusèrent les défenseurs de l'Église d'ébranler son unité par leur intransigeance et leurs exagérations. Ils obtinrent ainsi que Constantin, qui avait appuyé l'orthodoxie au Concile de Nicée, fasse un revirement en faveur d'Arius, acceptant que sa réadmission solennelle dans l'Église ait lieu à Constantinople dans la capitale de l'Empire.

Ceci aurait sans doute constitué l'apothéose et le triomphe du juif Arius, qui caressait déjà l'idée de devenir Pape de la Sainte Église Catholique, chose non impossible du point de vue humain car il pouvait déjà compter sur la tolérance amicale de l'Empereur et sur l'appui chaque jour accru des Évêques de la Chrétienté. Mais tous les calculs humains sont déjoués par l'assistance de Dieu à Sa Sainte Église, qui sera persécutée mais jamais vaincue. Et Arius, parvenu au seuil même de sa victoire, mourut de manière aussi mystérieuse que tragique, selon le témoignage que nous laissa Saint Athanase lui-même.

Il est très intéressant de rapporter ici ce qu'enseigne l'Encyclopédie Judaïque Castillane, ce document officiel juif, sur ce célèbre Père de l'Église et ce Saint que fut Athanase.

Voici le passage :

« Athanase (Saint) Père de l'Église (293-373), Patriarche d'Alexandrie, ennemi décisif des doctrines ariennes qui se rapprochaient beaucoup du Monothéisme pur et par conséquent des doctrines juives. Athanase polémiqua contre les juifs pour des motifs dogmatiques, mais partout où prévalurent les doctrines d'Athanase contre celles des Ariens, la situation des juifs empira. »

Saint Athanase, comme les autres Pères de l'Église, lutta avec acharnement, non seulement contre les ariens, mais contre les juifs, ceux-ci concédant comme on le constate une importance telle à ses doctrines que cette encyclopédie juive affirme catégoriquement que « partout où triomphèrent les doctrines de Saint Athanase, la situation des juifs empira ». On comprend alors pourquoi les forces du mal déchaînèrent cette haine satanique contre le Patriarche d'Alexandrie.

Si Saint Athanase et les autres Pères de l'Église avaient vécu à notre époque, la cinquième colonne juive infiltrée dans le clergé aurait certainement essayé que l'Église les condamne pour antisémitisme.

Quant à Osio l'Évêque de Cordoue, autre paladin de l'Église dans sa lutte contre l'Arianisme et l'âme du Concile de Nicée, il fut aussi un lutteur actif contre le Judaïsme. Il se distingua au Concile d'Elvire appelé Illibitérain, qui eut lieu de l'an 300 à 333, et eut une influence décisive sur l'approbation de Canons tendant à opérer une séparation complète entre chrétiens et juifs du fait de l'influence néfaste que leur coexistence exerçait sur les premiers ; et, comme alors déjà la fraternisation des clercs catholiques avec les juifs était très fréquente, le Concile Illibitérain essaya de l'éviter par des mesures drastiques. À cet égard les dispositions suivantes (dudit Concile) sont intéressantes :

Canon L : Si un membre du clergé ou un fidèle prend un repas avec les juifs, qu'il soit séparé de la Communion pour qu'il s'amende.

Canon XLIX : Il a été trouvé bon que les professeurs fussent admonestés pour qu'ils ne tolèrent pas que les fruits qu'ils reçoivent de Dieu soient bénis par les juifs, pour ne pas rendre notre bénédiction débile ou inutile, et si quelqu'un après cet interdit se permettait de le faire, qu'il soit rejeté de toute l'Église.

Canon XVI, qui ordonne de ne pas donner aux juifs d'épouses catholiques, ni d'ailleurs non plus aux hérétiques « pour qu'il ne puisse y avoir aucun fidèle faisant société avec un infidèle ». Ce dernier Canon est clair et catégorique: il considère dangereuse toute association d'un chrétien avec un juif.

Le Concile Illibitérain eut une grande importance, car ses mesures disciplinaires passèrent en grande partie dans la législation générale de l'Église.

À la mort de Constantin, ses trois fils : Constantin II et Constant en Occident, et Constance en Orient, se chargèrent du gouvernement de l'Empire. Les deux premiers étaient de fervents catholiques. Quant à Constance, bien que bon chrétien, il était très influencé par l'amitié de celui qui avait été l'ami de son père, l'arien Eusèbe de Nicomédie. Cependant, Constance lui-même approuva avec ses deux frères le rappel d'exil de Saint Athanase et d'autres Évêques orthodoxes qui avaient été bannis à la suite des intrigues des ariens. De plus, la mort d'Eusèbe de Nicomédie en 342 élimina sa mauvaise influence sur Constance, qui, sous l'influence de son frère Constant et du Pape Jules, finit par apporter son appui à l'orthodoxie catholique. Très alarmé en outre des progrès du Judaïsme, il entreprit ce que les hébreux appellent la première grande persécution chrétienne contre le Judaïsme.

Pendant douze ans, jusqu'à la mort de Constant et du Pape Jules, les catholiques réussirent à maîtriser pratiquement l'Arianisme, qui fut presque sur le point de disparaître grâce aux prédications et au prestige écrasant de l'Évêque Osio de Cordoue. Constance finit par avoir à Antioche une grande entrevue avec Saint Athanase, cordiale à l'extrême, au cours de laquelle l'Empereur d'Orient lui témoigna de grandes marques de déférence, puis l'illustre Père de l'Église rentra ensuite à Alexandrie, retour qui prit la forme d'une véritable apothéose.

La ruine de l'Arianisme s'avérant imminente, ses dirigeants Ursace et Valente, alarmés de la ferme position de Constance en faveur de l'orthodoxie, se plièrent aux exigences de la situation et finirent par demander au Pape leur réconciliation avec l'Église Catholique. Ce fut un exemple de plus de cette tactique classique de l'ennemi, que le juif Staline appelait « un repli stratégique », consistant à se replier dans un moment de faiblesse en abandonnant la lutte ouverte pour éviter la ruine totale, mais en continuant à conspirer dans l'ombre et à reprendre des forces pour repartir à la

Si les choses allaient mal pour l'Arianisme, la situation du Judaïsme était pire, car Constance, convaincu du péril que celui-ci représentait pour l'Empire et pour la Chrétienté, commença par bannir les docteurs de la Loi, selon ce qu'affirme le grand historien juif Graetz, et beaucoup de ces docteurs durent émigrer à Babylone. Les persécutions s'aggravèrent, jusqu'à même menacer de mort les dirigeants juifs, ce qui accrut le courant d'émigration, surtout en Judée. Ces évènements entrainèrent la décadence de l'Académie Hébraïque de Tibériade.

Les mariages entre juifs et chrétiens, qui auparavant étaient très fréquents, furent châtiés par Constance de la peine de mort, celui-ci donnant ainsi effet avec la plus extrême rigueur à la disposition du Canon XVI du Concile Illibitérain. Les catholiques appelaient à cette époque les hébreux : « les assassins de Dieu », selon ce qu'affirme l'historien juif Graetz. Les juifs en réplique organisèrent quelques révoltes isolées contre l'Empire, mais qui furent totalement étouffées.

Mais malgré tous ces échecs, l'ennemi ne s'avoua pas vaincu, cet ennemi qui, blotti dans l'ombre, attendait la première opportunité pour resurgir.

Celle-ci commença de s'ébaucher à la mort du prince Constant qui fut suivie par celle du Pape Jules, dont la bonne influence avait maintenu Constance dans le Catholicisme. Les dirigeants ariens Valente et Ursace, qui avaient demandé et obtenu leur réconciliation avec l'orthodoxie bien hypocritement comme il s'avèrera, reprirent alors leurs intrigues, essayant à tout prix d'éloigner Constance de l'orthodoxie et en exploitant à cette fin son égolâtrie et sa très grande violence de réaction contre quiconque entamait son autorité et son prestige.

Les ariens organisèrent donc dans l'ombre une véritable conjuration pour séparer Constance de Saint Athanase, et ainsi éloigner l'Empereur de l'orthodoxie. Entre autres faussetés, ils accusèrent Athanase de se livrer à un travail de diffamation contre l'Empereur, d'être hérétique et excommunié, en essayant de cette manière de le priver du soutien du peuple, et, en même temps qu'ils désignaient mensongèrement Saint Athanase comme ennemi de l'Empereur, ils présentaient les ariens comme ses plus fidèles sujets. Ces noires intrigues contre Saint Athanase et les catholiques rendirent Constance furieux, et le jetèrent de plus en plus dans les bras des ariens, jusqu'à, pour finir, le faire aller avec eux demander au nouveau Pape Libère qu'il destitue l'illustre Père de l'Église.

Il est incroyable comme parfois le Judaïsme peut arriver à transformer en alliés inconscients ceux qui ont été ses ennemis jurés, en faisant appel pour y arriver aux plus ignobles conjurations, comme dans ce cas. Car des exemples comme celui de Constance, il y en a un certain nombre dans l'histoire.

Sa Sainteté, pressée par l'Empereur, lui montra la nécessité de réunir un nouveau Concile pour essayer de mettre fin à tant de dissensions, et avec l'accord impérial fut convoqué le Concile d'Arles, qui eut lieu en présence de deux légats du Pape, en l'année 353. Les bons espéraient beaucoup réunifier la Chrétienté lors de ce Concile, mais les Évêques au service de la cinquième colonne, dirigés par Valente et Ursace, parvinrent à ourdir de telles intrigues et à exercer de telles pressions que le Concile finit par se plier aux exigences des ariens, qui bénéficiaient des implacables pressions du pouvoir impérial. Même les deux légats du Pape s'y plièrent, et ceci eut pour funeste conséquence que l'on approuva l'injuste condamnation de Saint Athanase. L'unique Évêque qui s'y opposa fut Paulin de Trêves, qui à cause de cela fut banni. Mais quand le Pape Libère prit connaissance de la catastrophe survenue, il protesta et proposa la réunion d'un autre Concile, qui se tint à Milan en 335, lequel fut également l'objet d'innombrables conjurations et pressions des Évêques hérétiques appuyés par l'Empereur, de sorte que finalement ce nouveau Concile de trois cents Évêques condamna une fois de plus Saint Athanase. Ainsi l'Arianisme parvint-il à un complet triomphe et put obtenir de nouveau le bannissement de l'illustre Saint.

Ultérieurement et devant la résistance du Souverain Pontife à se plier aux exigences des ariens et de Constance, ce dernier envoya le Pape en exil, où celui-ci resta un certain temps.

Mais les efforts de ce Saint et Père de l'Église, de cet homme de fer, dynamique, rempli de courage et de persévérance dans l'adversité que fut Saint Athanase finirent par porter fruit à la longue, et après trois siècles de lutte, la Sainte Église finit par triompher du Judaïsme et de son hérésie.

Des hommes de la trempe, de la valeur et de l'énergie de Saint Athanase, c'est ce dont l'Église et l'humanité ont actuellement besoin pour conjurer la menace judéo-communiste, qui à l'égal de l'hérésie judéo-arienne, met la Catholicité en danger de mort. Nous sommes sûrs que dans la situation actuelle, tout comme dans les situations passées, Dieu Notre-Seigneur fera surgir parmi les responsables de la Sainte Église les nouveaux Athanases si nécessaires à son salut, surtout à notre époque où les modernes instruments du Judaïsme à l'intérieur de l'Église, ces faux apôtres, continuent à faire le jeu du Communisme et de la Synagogue de Satan et paralysent le défenses de l'Église pour confondre les bons et faciliter le triomphe de son ennemi séculaire, comme ils prétendent le faire dans l'actuel Concile œcuménique convoqué par Jean XXIII.

Pour finir, il nous faut signaler aussi la versatilité de Constance, également manifeste dans son attitude vis à vis de la Synagogue, lui qui, en contradiction avec sa politique de lutte contre le Judaïsme, dicta des mesures qui favorisèrent celui-ci, comme la loi qui, mettant sur un plan d'égalité les officiels juifs chargés du service dans les synagogues avec le clergé chrétien, exempta les premiers de la lourde charge de la magistrature, d'après ce que rapporte l'historien israélite Graetz en personne.[224]

---

[224] Oeuvres consultées pour ce chapitre : Graetz : « *History of the Jews* », Philadelphie, 1956, tome II, chap. XXI et XXII ». *Acta Consiliorum et Epistolae Decretales* » Johannis Harduini S.J. Paris 1715, tome I, fol 255 ; *Encyclopédie Judaïque Castillane ;* Saint Athanase « *Historia Arianorum ad Monachos* », « *Contra Arianos* »;Eusèbe « *Vita Constantinus* » ; Gevatkin : « *Studies of Arrianism* « ; Battifol: « *Les sources de l'histoire du Concile de Nicée* « et « *Echos d'or* » 28, edit. 1925 ; Socrates « *Historia Ecclesiastica* »; Saint Athanase « *Epis-tola de morte Arrii* » ; Saint Hilaire : « *Hist. 2.20* frag. » ; Charles J Hefele tome I ; Soromeno : « *Historia Eclesiastica* « chap I ; Saint Epiphane « *Haeretici* » ; Waud : « *The Four Great Haeresies* » edit.1955.

# Chapitre VI

## Les Juifs, alliés de Julien l'Apostat

En l'an 360, Julien, le fils ainé de Constance, fut proclamé Empereur de Rome par l'armée, et Constance ayant entrepris de le combattre mourut en chemin, ce qui facilita la victoire définitive de Julien qui fut proclamé Empereur d'Orient et d'Occident.

Julien eut en politique trois objectifs principaux :
1. restaurer le paganisme en faisant de nouveau de celui-ci la religion officielle de l'Empire, avec l'idée que Rome reprenne ainsi son antique splendeur, éclipsée selon lui par le Christianisme ;
2. détruire le Christianisme ;
3. rétablir le Judaïsme dans les positions dont Constantin et ses fils l'avaient délogé, en allant même jusqu'à ordonner la reconstruction du Temple de Salomon.

Dès le premier moment, les juifs furent ses alliés inconditionnels, ce qui démontre une fois de plus que, lorsque cela leur convient, ils sont capables de combattre en faveur du paganisme et de l'idolâtrie, bien que ce soit contre le monothéisme, dès lors qu'ils comptent ainsi obtenir la destruction de l'Église, et cela, bien qu'ils soient eux-mêmes monothéistes et ennemis de l'idolâtrie.

Les juifs, en s'unissant à Julien et en l'appuyant, donnaient donc leur aide au rétablissement du culte idolâtrique, qu'ils disent tellement abominer, mais pour arriver à leurs fins qui est de détruire le Christianisme ils ont prouvé être capables de tout, et même aujourd'hui d'utiliser les doctrines matérialistes et athées du Communisme moderne, bien qu'ils soient eux-mêmes profondément religieux et spiritualistes.[225]

Le célèbre historien juif Graetz, parlant de Julien, écrit :

« L'Empereur Julien fut l'un de ces caractères supérieurs qui inscrivent leur nom de manière indélébile dans la mémoire des hommes. Et ce fut seulement sa mort précoce et la haine de l'Église dominante qui lui valurent de ne pas acquérir le nom de Julien le Grand ».

---

[225] NDT : Mais d'une « religion » et d'une « spiritualité » qui, selon Werner Sombart, juif lui-même, n'a rien à voir avec l'au-delà !

Il ajoute que Julien éprouvait une grande admiration pour la religion juive et pour le peuple d'Israël, faisant remarquer que : « Le règne de Julien, qui dura à peine deux ans (de novembre 361 à juin 363) fut une période d'extrême félicité pour les juifs de l'Empire Romain ». Il fait aussi le constat que celui-ci appela expressément le patriarche Hillel, le chef suprême du Judaïsme dans l'Empire, « son vénérable ami », promettant dans une lettre autographe de mettre fin aux mauvais traitements infligés aux juifs par les Empereurs chrétiens.

En outre, il entreprit tous les préparatifs nécessaires à la reconstruction du Temple de Jérusalem, et il adressa à toutes les communautés juives de l'Empire une lettre rédigée en termes amicaux, dans laquelle il traitait de frère le patriarche Jules (Hillel), chef du Judaïsme dans l'Empire ; il promettait la suppression des lourdes taxes imposées par les chrétiens aux israélites ; il se proposait que personne dans l'avenir ne pût les accuser de blasphèmes, et projetait de leur donner des libertés et des garanties, et les assurait que lorsqu'il reviendrait victorieux de la guerre de Perse, il reconstruirait à son compte la ville de Jérusalem.

Pour la reconstruction du Temple de Jérusalem, Julien nomma à cette charge son meilleur ami, Alypius d'Antioche, à qui il donna pour instructions de n'être arrêté par aucun frais, ordonnant aux gouverneurs de Palestine et de Syrie d'aider Alypius en tout ce qui lui serait nécessaire.

Dans son désir de restaurer le paganisme, Julien prit aussi toutes sortes de mesures pour la reconstruction de ses temples ; il réorganisa le sacerdoce idolâtrique en créant pour lui une structure hiérarchique semblable à celle de l'Église ; il rétablit le culte païen avec toute sa pompe, et il réactiva les célébrations fastueuses de ses fêtes.

Labriolle et Koch exposent que Julien entreprit de redonner vigueur au paganisme à l'aide d'institutions de bienfaisance copiées sur le modèle chrétien, avec des hospices, des orphelinats pour les enfants, et des maisons pour les vieillards, des institutions caritatives et autres, essayant même d'adapter au paganisme des sortes d'ordres religieux similaires à ceux des moines chrétiens. Non seulement il s'agissait d'une restauration idolâtrique, mais de la création d'un paganisme réformé et renforcé de systèmes empruntés au Christianisme. La menace qui planait alors sur la Sainte Église ne pouvait être plus grave, avec l'Empereur, le paganisme et le Judaïsme étroitement unis pour lui faire une guerre à mort.

Bien que Julien, en principe, assurait défendre la tolérance religieuse se souvenant des mauvais résultats qu'avaient donnés aux Empereurs romains les persécutions violentes, il employa toutes sortes de moyens pour obtenir la destruction du Christianisme, situation qui donna lieu à de nombreux martyres occasionnés par la fureur des infidèles, selon ce que nous rapporte Saint Grégoire de Naziance, qui qualifie le règne de Julien l'apostat comme « celui de la plus cruelle des persécutions ».

Parmi les mesures édictées par Julien contre le Catholicisme, ressortent tout particulièrement : la nouvelle expulsion de Saint Athanase, considéré comme le rempart de l'orthodoxie ; la suppression de tout symbole chrétien sur les monnaies ; le retrait au clergé des avantages qui lui avaient été concédés par les Empereurs catholiques ; l'élimination des chrétiens de tous les postes publics à l'exception de ceux qui renieraient, tout cela, en faisant semblant de prétendre qu'il s'agissait de mesures nécessaires pour assurer la liberté religieuse et l'égalité de toutes les croyances dans l'État Romain.

Ses alliés juifs trouvèrent un bon maître en Julien, lorsque, sous les mêmes prétextes, ils utilisèrent les mêmes moyens pour faire triompher à l'époque moderne leurs révolutions maçonnico-libérales, où, sous le prétexte d'instaurer la liberté des consciences, ils ont privé l'Église de tous ses droits.

Mais les véritables intentions de l'Empereur devenaient patentes lorsqu'il manifestait que les Galiléens (les disciples du Christ) devaient disparaître car ennemis de l'héllénisme, et lorsqu'il écrivait lui-même des livres combattant le Christianisme.

Le fait que la reconstruction du temple juif ait échoué, entre autres causes parce que jaillirent de terre des flammes mystérieuses qui brûlèrent les ouvriers qui y travaillaient, a tout d'un fait historique prouvé, car d'une part les historiens chrétiens le confirment, et de l'autre, des historiens juifs aussi prestigieux que Graetz l'admettent aussi, à ceci près qu'au lieu comme l'assurent les catholiques d'attribuer le fait à un miracle, ils lui donnent des causes naturelles, expliquant qu'il dut s'agir de poches de gaz sous pression qui se seraient formées dans les passages souterrains obstrués par l'effondrement du Temple, et qui, ayant été découverts, auraient au contact de l'air pris feu et provoqué ces incendies, qui, joints à d'autres motifs, amenèrent Alypius à suspendre les travaux.

Les martyres et les massacres de chrétiens à cette époque ne furent jamais seulement le fait des hordes païennes, mais aussi des juifs, qui, jouissant de la protection et de l'amitié de l'Empereur, se déchaînèrent, se lançant à la destruction des Églises de Judée et des pays circumvoisins en essayant de faire le plus de dommages possibles aux chrétiens, comme le rapportent les historiens catholiques, nonobstant le fait que l'historien juif Graetz qualifie ces versions de malintentionnées. Par ce dont nous avons vu les juifs être capables de faire lorsqu'ils ont les mains libres, on ne doit pas s'étonner que, lorsqu'ils le purent comme au temps de Julien, ils se soient lancés à la destruction des édifices du culte catholique. Ils firent de même au Moyen-Age avec l'appui de certaines sectes hérétiques, et ils ont fait de même de nos jours sous le couvert du triomphe de leurs révolutions maçonniques et communistes. Beaucoup de ce qu'ils font actuellement n'est que la répétition de ce qu'ils apprirent à faire aux temps de Julien l'Apostat, dont le règne, s'il avait duré davantage, aurait été catastrophique pour l'Église.

Heureusement Julien trouva la mort avant d'avoir eu le temps de faire trop de mal à la Chrétienté, dans une bataille décisive contre les Perses au cours de laquelle une flèche le frappa mortellement. On a dit qu'avant de mourir il s'était exclamé, à l'adresse de Notre-Seigneur Jésus-Christ : « Tu as vaincu, Galiléen ». La mort de Julien l'Apostat libéra l'Église de la plus terrible menace d'extermination qu'elle ait eut à affronter depuis les dernières persécutions païennes.

En ce qui concerne les juifs, le commentaire suivant de l'historien Graetz parle de lui-même :

« La mort de Julien dans les environs du Tigre (en juin 363) priva les juifs de leur dernier rayon d'espoir en une vie pacifique et sans brimades ».

Et l'Encyclopédie Judaïque Castillane de son côté fait ce commentaire, au terme Julien :

Et il manifesta une considération marquante pour les juifs. Il avait une ample connaissance des questions judaïques, et fit référence dans ses écrits à diverses institutions religieuses juives. Il semble qu'il ait essayé de fonder parmi les juifs de Palestine un ordre de Patriciens (appelé Aristoi dans le Talmud) qui devaient exercer des fonctions judiciaires. Et il considérait le Judaïsme supérieur au Christianisme, bien que cependant inférieur à la philosophie païenne. Avec sa mort, s'acheva la brève période de tolérance dont bénéficia la Communauté juive entre les persécutions chrétiennes qui commençaient ».[226]

---

[226] Œuvres consultées pour ce chapitre : Graetz « *History of the Jews* » t II, chap. XXI ; *Encyclopédie Judaïque Castillane*, terme Julien ; W. Koch : série d'articles sous le titre « Comment l'Empereur Julien tâcha de fonder une Église païenne » dans la « *Revue de Philosophie de l'Histoire* », 6eme année 1927, N° 1335, et 7eme année 1928, n° 485 ; Labriolle : « *La réaction païenne* » p. 1934 : Saint Grégoire de Naziance : « *Oratio I en Julianum* ».

# Chapitre VII

## Saint Jean Chrysostome et Saint Ambroise condamnent les Juifs

Les dissensions qui survinrent dans le parti arien eurent pour origine les tendances de plus en plus modérées des Évêques qui bien que trompés étaient de bonne foi, et qui se heurtaient aux extrémistes, eux indubitablement sous le contrôle de la cinquième colonne. C'est ce qui affaiblit l'hérésie dans l'Empire.

À la mort de Julien, l'Armée proclama Empereur le général Jovien, un catholique, de sorte que par lui l'orthodoxie devint pratiquement maîtresse de la situation.

Le nouvel Empereur rappela Saint Athanase de l'exil et le nomma son conseiller, mais par malheur Jovien mourut inopinément l'année d'après, et ce fut alors Valentinien I qui fut proclamé nouvel Empereur et qui nomma régent de la partie orientale son frère Valente. Alors que le premier prit position en faveur de la liberté religieuse, Valente, arien passionné, s'efforça de relancer cette hérésie, au moins dans la partie orientale de l'Empire. Entretemps, les hérétiques profitèrent de la situation pour s'assurer du contrôle des tribus barbares germaniques, qui ainsi embrassèrent l'Arianisme et avec lui le philo-judaïsme. Valente, tout en déclenchant une nouvelle persécution contre les catholiques, exila une fois de plus Saint Athanase, alors déjà très âgé, et, selon ce qu'affirme l'historien catholique Théodoret, il entreprit de concéder toutes sortes d'avantages aux juifs et aux païens ; et ne se contentant pas de persécuter les chrétiens, il s'en prit également aux ariens modérés, et sans le vouloir bien au contraire, il les poussa dans les bras de la Sainte Église.

L'historien israélite Graetz confirme Théodoret, en signalant que Valente « était arien et avait souffert du puissant parti catholique ; aussi, devenant aussi intolérant que ce dernier, il protégea les juifs, et les entoura d'honneurs et de distinctions ».

Il est donc avéré que la renaissance arienne en Orient coïncida avec des persécutions contre les catholiques et avec une situation privilégiée pour le Judaïsme.

Avec Gratien débuta une période de plusieurs années de lutte à mort entre païens et chrétiens, qui connut des alternatives diverses, jusqu'à ce que le général espagnol Théodose obtint le pouvoir impérial sur l'Occident et sur l'Orient à la fois.

Théodose le Grand porta des coups fatals aussi bien au paganisme qu'à l'Arianisme qui avait resurgi en Orient sous la protection de Valente, et il assura le triomphe définitif du Catholicisme dans l'Empire, d'où l'on pouvait espérer qu'il combattrait aussi le Judaïsme ; mais les hébreux surent à temps gagner habilement sa tolérance, sous la protection de laquelle ils recommencèrent à étendre de nouveau leur influence sur la société romaine de manière si dangereuse pour la Sainte Église que Saint Ambroise, l'Évêque de Milan, tout comme Chrysostome, autre très célèbre Père de l'Église, virent la nécessité de mener une lutte énergique contre les juifs et contre les chrétiens qui pratiquaient en secret le Judaïsme, lutte que nous rapporte l'écrivain israélite Graetz, à qui nous laissons donc la parole :

« Lors des sabbats et des jours de fêtes juives, nombre de chrétiens et spécialement ceux du sexe féminin, aussi bien les dames nobles que les femmes de milieux populaires, se rendaient dans les Synagogues. Ces chrétiens et chrétiennes assistaient avec dévotion à la sonnerie de la trompette le Jour du Nouvel An juif ; ils assistaient au Service solennel au Jour de l'Expiation, et partageaient la joie de la Fête des Tabernacles. Ce qui les attirait le plus était de devoir le faire à l'insu des prêtres chrétiens et qu'ils devaient demander à leurs voisins de ne pas les trahir. Ce fut pour s'opposer à cet honneur volontairement rendu par les chrétiens aux institutions juives que Chrysostome dirigea la violence de ses sermons, employant contre les juifs toutes sortes d'épithètes très durs et proclamant que les Synagogues étaient des théâtres infâmes, des cavernes de voleurs et bien pire encore ».[227]

Il est indubitable que ce célèbre Père de l'Église énonça là de grandes vérités, mais s'il les avait exprimées de nos jours, aussi bien les juifs que les clercs chrétiens qui font leur jeu l'auraient condamné pour antisémitisme.

Mais d'autre part, on peut constater là l'importance qu'avait déjà pris à Rome à cette époque le noyau de chrétiens d'apparence qui en secret pratiquaient le Judaïsme, comme nous le dit Graetz. Il est donc naturel que le célèbre Père de l'Église Chrysostome ait fulminé contre ces faux chrétiens, car la Sainte Église n'avait pas encore institué l'organisme qui devait les combattre et les poursuivre, le Saint-Office de l'Inquisition.

Saint Ambroise, l'Évêque de Milan, l'un des grands saints et des plus illustres Pères de l'Église, qui exerça une influence si décisive sur les Empereurs Gratien et Théodose Ier, et à qui l'on doit principalement le

---

[227] Graetz : « *History of the Jews* », Ed. cit. t. II, pp 613-14.

triomphe définitif de l'Église Catholique dans l'Empire Romain, fut le combattant le plus infatigable et le plus énergique de son temps contre la Synagogue de Satan. Il condamna les juifs à diverses reprises et s'efforça d'empêcher qu'ils mettent la main sur le pouvoir de l'Empire comme ils en avaient le projet, les empêchant de réussir à détruire la Sainte Église, surtout lorsque l'usurpateur Maxime se rendit temporairement maître de la moitié de l'Empire, car, au dire de Saint Ambroise lui-même, Maxime était juif et avait réussi à se faire couronner Empereur de Rome en assassinant le très catholique Gratien.

Maxime, comme on pouvait s'y attendre, s'appuya de nouveau sur les juifs et les païens qui l'entourèrent, mais heureusement il fut mis en déroute par Théodose en l'année 378, ce qui fit envoler les espérances que les juifs mettaient en lui pour s'emparer de l'Empire des Césars.

Pour nous donner une idée de la ferveur anti-juive tout autant que de la Sainteté de Saint Ambroise, nous laisserons une fois encore la parole à Graetz, l'historien officiel et classique du Judaïsme qui acquit tant de célébrité et d'autorité dans les milieux juifs, et qui affirme indigné :

« Ambroise de Milan était un fonctionnaire violent, tout à fait ignare en théologie, qui fut élevé au poste d'Évêque précisément à cause de sa réputation de violence dans l'Église. En une certaine occasion, les chrétiens de Rome ayant incendié une synagogue et l'usurpateur Maxime ayant ordonné au Sénat de la faire reconstruire aux frais de l'État, Ambroise le traita de juif. Et l'Évêque Calinicus en Mésopotamie du nord ayant également fait incendier par des moines une synagogue située dans ce district, Théodose lui ordonna de la faire reconstruire à ses frais, et châtia ceux qui avaient participé à cet acte (en 388). Devant cela, la fureur d'Ambroise explosa de la manière la plus violente, et dans la lettre qu'il adressa à ce sujet à l'Empereur, il employa des termes si vifs et si provocateurs que le monarque se vit contraint de révoquer l'ordre en question. Ambroise accusait les juifs de mépriser les lois romaines et de s'en moquer, de les vilipender à cause du fait qu'il ne leur était pas permis de faire nommer l'un d'entre eux Empereur ou gouverneur, ni d'entrer dans l'Armée ni au Sénat, ni de prendre place à table avec les nobles. Les juifs n'étaient là que pour servir, et aussi pour être écrasés d'impôts ».[228]

Outre qu'il donne là diverses informations intéressantes, le distingué israélite Graetz nous rapporte une chose d'un intérêt capital, à savoir que « Saint Ambroise dut son élévation à la dignité Episcopale à sa réputation de violence », une violence que Graetz nous prouve ensuite à l'aide de faits démontrant l'énergie de Saint Ambroise à combattre le Judaïsme.

En réalité, comme nous le verrons confirmé par la suite, aux époques d'apogée de la Sainte Église comme celle de Saint Ambroise, les

---

[228] Graetz, Op. cit, p. 614.

responsables de l'Église étaient choisis parmi ceux qui mettaient le plus de zèle et d'énergie à la défendre, notamment contre le Judaïsme son principal ennemi. Et ceci explique précisément l'apogée du Catholicisme à ces périodes-là, car une hiérarchie pugnace et consciente de l'ennemi qu'elle doit affronter garantit la possibilité de la victoire, alors qu'une hiérarchie peu combative et ignorante du véritable danger coïncidera exactement avec les époques d'affaiblissement et de dépérissement de la Sainte Église. L'époque de Saint Athanase et des triomphes ariens coïncide avec le fait indubitable que les postes dirigeants de l'Église furent alors accaparés par des tièdes et même par des membres de la cinquième colonne ; et à cette période, les vrais défenseurs de l'Église sont mis à l'écart, dépréciés et même persécutés, comme ce fut le cas pour Athanase, le célèbre Père de l'Église et pour tous les Évêques et les clercs qui le suivaient.

C'est exactement ce qui se passe actuellement (NDT juste avant Vatican II) en certains endroits, où de nombreux clercs et responsables religieux qui se sont distingués pour leur fidélité au Christ et pour leur énergie dans la défense de la Sainte Église se voient mettre à l'écart, humiliés et même persécutés par d'autres clercs, qui, faisant le jeu du Communisme ou de la Maçonnerie et servant les intérêts du Judaïsme, s'efforcent d'accaparer les postes vacants d'Évêques et de Cardinaux, comme le faisaient leurs prédécesseurs du temps d'Arius. Cette manœuvre occulte est ce qui a facilité les triomphes maçonniques et communistes, qui dès lors semblent irrésistibles.

Au moyen de la tactique occulte de calomnier les bons et de les mettre sur la touche pour organiser avec les mauvais l'accaparement des dignités ecclésiastiques, entreprise heureusement sans succès en maints endroits mais hélas couronnée d'un plein succès dans d'autres, la cinquième colonne a réussi ces dernières années à s'assurer le contrôle de positions qui, bien que pour l'instant minoritaires, sont néanmoins décisives à l'intérieur du clergé de la Sainte Église, et constituent la cause principale du fait qu'en certains cas une part plus ou moins considérable du clergé catholique a appuyé les mouvements révolutionnaires maçonniques ou communistes, en débilitant complètement les défenses des gouvernants catholiques ou du moins patriotes et en les privant de l'appui de larges secteurs du Catholicisme, inconsciemment ralliés aux révoltes maçonniques ou communistes.

Le cas récent de Cuba en Amérique est le plus éloquent à cet égard et devrait tous nous servir de leçon et de motif de profonde réflexion et d'étude, car il représente un exemple typique en ce que le communiste et le persécuteur de l'Église Fidel Castro fut protégé par les Évêques catholiques lorsqu'il était sur le point de succomber, son mouvement révolutionnaire recevant alors l'appui du clergé et des Évêques avec un enthousiasme et une ferveur dignes d'une meilleure cause. C'est cette circonstance qui poussa principalement le peuple cubain, profondément orthodoxe, à se rallier sans réserve à la cause du chef communiste lui donnant la victoire, avec le résultat désastreux que l'on connaît.

Il était donc naturel que Saint Ambroise, Évêque de Milan et grand leader de l'Église à cette époque, s'indignât que Théodose ait permis aux juifs de se jouer des lois de Rome qui leur interdisait d'accéder au Sénat, à l'Armée et aux postes de gouvernement, car il se rendait bien compte de tout le mal qu'ils pouvaient causer à la Chrétienté et à l'Empire s'ils parvenaient à s'emparer du gouvernement.

Mais il faut aussi se souvenir d'un fait très important : c'est que les juifs, comme initiateurs et promoteurs de l'hérésie arienne, étaient les alliés inconditionnels des ariens, et que les barbares germains des régions frontalières étaient affiliés à cette secte, ces barbares qui en majorité, ce n'était un secret pour personne, ambitionnaient d'envahir l'Empire Romain et de le conquérir.

Mais il est certain que si Saint Ambroise et Saint Jean Chrysostome d'Antioche avaient vécu à notre époque, les juifs et leurs satellites dans la Chrétienté les auraient accusés d'être des Nazis et des disciples d'Hitler, comme ils en accusent tous les fervents catholiques qui s'efforcent de défendre actuellement l'Église de la menace judaïque.

En effet, le juif Graetz faisant référence au rôle joué par ces deux saints à cette période, en relation avec la lutte implacable soutenue par la Sainte Église contre les juifs, dit textuellement : « Les principaux fanatiques contre les juifs à cette période furent Jean Chrysostome et Ambroise de Milan, qui les attaquèrent avec une grande férocité ».[229]

Mais avant que la Sainte Église ait réussi à triompher définitivement de la Synagogue de Satan et de l'Arianisme, elle dut traverser des moments aussi critiques que ceux que nous connaissons de nos jours, et dont témoigne cette lettre célèbre signée des plumes les plus autorisées de l'Église, celles de trente-trois des Évêques parmi les plus distingués, parmi lesquels on comptait Mélèse d'Antioche, le premier président du Concile œcuménique de Constantinople, Saint Grégoire de Naziance, célèbre Père de l'Église qui présidera ce Concile œcuménique à la mort de Mélèse, Saint Basile, également Père de l'Église, et diverses autres personnalités distinguées par leur réputation et leur Sainteté.

De cette lettre nous transcrivons textuellement les paragraphes suivants :

« Lorsque l'on bouleverse les dogmes de la Religion, on introduit la confusion dans les lois de l'Église. L'ambition de ceux qui n'ont pas la crainte du Seigneur se précipite sur les dignités et se propose l'Episcopat comme prime à l'impiété la plus déclarée, de sorte que celui qui profère les

---

[229] Graetz, Op. cit, p. 613.

pires blasphèmes se tient pour le plus apte à régir le peuple comme Évêque. La gravité épiscopale a disparu. Font désormais défaut les pasteurs capables de paître le troupeau du Seigneur avec science. Les biens des pauvres sont désormais constamment employés par les ambitieux à leur propre profit et à des commodités auxquelles ils n'étaient pas destinés. La fidèle observance des Canons est ainsi obscurcie... »

« Tout cela fait rire les incrédules, vaciller les faibles dans la foi, la foi même doute, l'ignorance s'étend sur les âmes, car ils simulent la vérité ceux qui souillent la parole divine dans leur malice. D'où il résulte que la bouche des pieux garde le silence ».[230]

Ce que disent dans cette mémorable lettre les deux saints Évêques mentionnés peut s'appliquer à ce qui se produit actuellement dans certains diocèses, même si heureusement pas dans tous. Il y a en effet des diocèses, surtout ceux où domine la cinquième colonne, dans lesquels les prélats philo-sémites, étrangement complices de la Maçonnerie et du Communisme, s'efforcent de s'emparer impudemment des Évêchés, exactement comme le signalaient les deux saints précités ; ils se mêlent des questions internes des autres diocèses où il y a des Évêques vertueux, n'espérant que la mort de ces derniers pour faire toutes sortes de démarches à Rome et au moyen de tromperies et d'artifices réussir à accaparer la succession du diocèse vacant, non pas pour les plus aptes mais pour les complices de la cinquième colonne, en foulant ainsi aux pieds les droits de ceux qui par leur vertu et leurs mérites devraient occuper ces Évêchés.

Mais à l'époque évoquée, ces deux Saints aujourd'hui canonisés réussirent à sauver la situation, parce que, écartant toute couardise et fausses prudences, ils firent face résolument aux forces du mal et les démasquèrent publiquement, en dénonçant aussi toutes ces tares, comme nous l'avons vu exprimé en toute clarté dans la lettre citée, car, comme le disent ces Saints Pères de l'Église, le silence des bons facilite la victoire des mauvais. Le résultat de leur attitude aussi claire qu'énergique fut le triomphe de la Sainte Église sur le Judaïsme, le paganisme, l'Arianisme et autres hérésies.

Mais les saints qui sauvèrent le Christianisme dans ces temps difficiles eurent à subir un douloureux calvaire, non seulement de la part du Judaïsme, contre lequel ils luttèrent avec une si grande résolution, mais aussi de la part de ceux qui au sein du clergé servaient ses intérêts,

---

[230] Lettre de Saint Basile et Saint Grégoire de Naziance Pères de l'Église. Lettre publiée dans les *Oeuvres de Saint Jean Chrysostome,* in Biblioteca Autores Cristianos (Bibliothèque des Auteurs Chrétiens) Madrid, MCMLVIII, introduction, p. 7.
NDT : Cette lettre qui était déjà d'actualité en 1962 en certains diocèses comme il est dit ici par euphémisme, est depuis lors la règle dans l'univers entier, depuis les pseudo-pontificats de Jean XXIII et Paul VI.

consciemment ou inconsciemment. Nous avons vu que Saint Athanase fut persécuté par les Évêques adeptes de l'hérésie du juif Arius, par les Empereurs qui étaient sous l'influence de la même hérésie, et même par deux Conciles de l'Église, qui, ayant été convoqués dans l'idée de sauver le Catholicisme, se transformèrent en véritables conciliabules, dès lors que dominés par les Ariens et utilisés par eux contre l'orthodoxie.

Pour compléter l'évocation de ce que durent subir ces saints, qui comme Jean Chrysostome, si célèbre Père de l'Église, affrontèrent avec énergie et détermination le Judaïsme et l'hérésie, nous allons citer ce que disent textuellement les biographes cités de ce saint, citant Chrysostome lui-même et les historiens catholiques Jean Cassien, Martyrius et d'autres :

« Ce qui est surprenant et merveilleux pour nous comme pour Jean Cassien et pour l'obscur panégyriste du VIIème siècle Martyrius, c'est qu'il ne fut pas condamné à l'exil et finalement à mort par un lieutenant de Decius ou de Dioclétien, mais par une bande d'Évêques ambitieux et pleins de ressentiments...

« Certains Évêques d'autre part, tout en insinuant au faible Arcadius et à la furibonde Eudoxie que Jean (Chrysostome) était coupable de lèse-majesté, ce qui revenait à demander sa tête, protestent qu'ils ne peuvent intervenir, que là-bas l'Empereur saura ce qu'il a à faire en cette affaire qui n'est pas mince. Et comment ne pas rappeler les terribles scènes de Césarée de Cappadoce où arriva le Saint en route vers l'exil du lointain Cocuse, exténué, épuisé, tremblant de fièvre, et qui y fut sur le point d'être mis en pièces par une horde, c'est le terme qu'il emploie de moines sauvages excités par l'Évêque, qui terrorisent même la garde qui conduit le pauvre exilé. Et pendant que le peuple pleure, ce qui montre qu'il était meilleur que ses pasteurs, la jalousie de l'Évêque local poursuit avec acharnement l'Évêque proscrit jusque dans le refuge que lui offre la charité magnanime d'une noble matrone, et l'oblige à reprendre la marche par une nuit sans lune, par les durs sentiers de la montagne ».[231]

Tels furent les hommes qui développèrent le Christianisme, le firent triompher et sauvèrent la Sainte Église de tous les pièges de ses ennemis extérieurs et intérieurs. Ce sont des catholiques de cette trempe, aussi bien clercs que laïcs, qu'il nous faut actuellement pour sauver la Chrétienté et toute l'humanité, menacées par le Communisme, la Maçonnerie et par la Synagogue de Satan qui dirige toute la conspiration.

## VRAIE SAINTETÉ ET FAUSSE SAINTETÉ

---

[231] « *Sources Chrétiennes* » tome 13, pp 1. 42 et seq. *Œuvres de Saint Jean Chrysostome*, Biblioteca de Autores Cristianos (Bibliothèque des Auteurs Chrétiens) Edit. Catolica S.A., Madrid, MCMLVIII.

Les hauts responsables de l'Église et les dirigeants politiques laïcs qui luttent pour le salut du Christianisme dans ces moments si difficiles doivent être des hommes résolus, prêts non seulement à supporter toutes sortes d'agressions de la part des forces révolutionnaires du Judaïsme, mais aussi celles venant des successeurs de Judas l'Iscariote qui sous une forme ou sous une autre font à l'intérieur du respectable clergé le jeu des forces de Satan, et qui sont ceux qui par leur haut rang dans la Sainte Église, un rang audacieusement usurpé, pourront lancer les attaques les plus terribles, les plus destructrices et les plus douloureuses contre les défenseurs de la Chrétienté et de leurs nations si gravement menacées. Que Dieu Notre-Seigneur donne Foi, force et persévérance à ceux qui, imitant le Christ, sont prêts à prendre leur croix et à Le suivre, en cette heure décisive pour le destin du monde.

La véritable Sainteté, la voici, c'est celle que le Christ définit en ces termes : « Veux-tu te sauver ? : « Garde les Commandements ».

« Veux-tu parvenir à la perfection (la Sainteté) ? « Laisse tout, prends ta croix et suis-moi ».

La Sainteté définie par le Christ est de renoncer à tout, richesses, distractions, etc... pour prendre la croix et Le suivre dans la lutte contre le mal. La vie publique du Christ fut une vie de prédication et de lutte constante et énergique contre Ses ennemis de la Synagogue de Satan, et contre le péché et le mal en général.

La véritable Sainteté se fonde dans l'imitation du Christ en tout, comme le firent Saint Jean Chrysostome, Saint Athanase et les autres saints du Christianisme. La Sainteté requiert la pratique de la vertu d'une manière héroïque, et toute autre Sainteté, différente de celle définie par le Christ Notre-Seigneur, est une fausse Sainteté pharisaïque, inventée par certains clercs et certaines organisations dans le but de flatter les ignorants, en leur faisant croire qu'ils peuvent devenir saints commodément et facilement, y compris en amassant des fortunes personnelles, cela dans l'intention cachée pour certains de les convertir en satellites spirituels et surtout de les empêcher de participer activement aux combats que livrent les patriotes des pays catholiques pour sauver leur nation de la conquête juive et des progrès du Communisme et d'une révolution rouge qui réduira ces naïfs à l'esclavage.

En outre, Notre-Seigneur Jésus-Christ, en luttant activement contre Satan et sa Synagogue et contre le mal en général, assuma une attitude « anti-Satan », « anti-Synagogue de Satan » et « anti-Mal » en général.

L'attitude novatrice de certains clercs et laïcs qui condamnent tous les « antis », outre qu'elle est notoirement hérétique, parce qu'elle condamne hypocritement, sans le dire, le Christ Lui-même, qui soutint une attitude « anti » dans les domaines mentionnés, est aussi notoirement animée de l'intention de paralyser la lutte anti-communiste et contre l'impérialisme judaïque, lutte pour laquelle la collaboration active des majorités populaires est indispensable, étant l'unique moyen d'éviter que la nation entière ne tombe dans les griffes de l'horrible esclavage communiste.

Il est en même temps extrêmement suspect que ces clercs et ces laïcs qui disent condamner tous les « antis » s'avèrent un beau jour attaquer ou permettre sans les condamner que d'autres membres de leurs propres organisations attaquent les ouvrages et les chefs et organisations patriotiques qui luttent héroïquement pour empêcher leurs nations de tomber dans les griffes du Judaïsme et du Communisme. Devant ce type de contradiction, les personnes honorables et bien intentionnées tombées par erreur sous l'influence ou dans les rets de ces belles organisations conçues précisément pour les attraper devraient ouvrir les yeux et se rendre compte de l'habile imposture dont elles ont été les victimes, et alors se libérer de l'influence spirituelle et sociale de ces pharisiens, qui, comme des sépulcres blanchis, masquent leur complicité avec la Synagogue de Satan sous l'apparence fausse d'une piété religieuse ostentatoire et pharisaïque et d'un apostolat chrétien hypocrite et mensonger.[232]

---

[232] Ce passage sur la fausse Sainteté et l'hypocrite censure des « antis » par certains est un ajout que les auteurs de ce livre ont inséré dans les dernières éditions de cet ouvrage à cause des graves ravages causés dans les pays catholiques par les clercs et les laïcs qui propagent ces sophismes iréniques, soit à titre individuel, soit surtout au moyen d'organisations génialement conçues et remarquablement structurées qui endorment leurs adhérents sous une fausse mystique les empêchant de participer activement au combat contre le Communisme et le pouvoir juif occulte qui le dirige et le propage, mais qui en revanche tolèrent que l'on calomnie et que l'on déprécie dans les rangs de ces organisations les patriotes qui se dévouent à ce combat pour que celui-ci échoue, attitude allant parfois jusqu'à l'impudence de se faire témoins de la véracité des calomnies ainsi répandues.

# CHAPITRE VIII

## SAINT CYRILLE D'ALEXANDRIE VAINC NESTORIUS ET EXPULSE LES JUIFS

À la mort de Théodose Ier, ses deux fils héritèrent du trône de l'Empire, dès lors divisé, avec Honorius en Occident et Arcadius en Orient, lesquels eurent une politique de faiblesse face à l'ennemi juif en négligeant complètement de suivre les règles de lutte énergique préconisées par Saint Jean Chrysostome et par Saint Ambroise.

De plus, en Orient, Arcadius s'entoura de conseillers vénaux, Rufinus et Eutropius, qui monnayèrent leur protection aux juifs. Ces conseillers selon Graetz « étaient extrêmement favorables aux juifs ; Rufinus aimait l'argent, et les juifs avaient déjà découvert le pouvoir magique de l'or pour adoucir les cœurs endurcis. Grace à eux, diverses lois en leur faveur furent promulguées ». Parmi ces lois était celle qui revalida et confirma celle antérieurement promulguée par Constance, selon laquelle, dit Graetz : « Les patriarches et aussi tous les officiels religieux de la Synagogue furent exemptés de la lourde charge de la Magistrature, à l'égal du clergé chrétien ».[233]

Ce que le célèbre historien juif souligne ici est d'une importance capitale, car il démontre que les juifs avaient déjà découvert le pouvoir de l'or pour suborner les dirigeants chrétiens et gentils, bien qu'en réalité ils l'avaient déjà découvert bien longtemps avant, comme nous le montre Simon le Magicien qui chercha à suborner Saint Pierre en personne, et les dirigeants juifs qui réussirent à acheter l'un des douze apôtres pour qu'il leur livre Jésus. Au cours de l'Histoire, les hébreux ont systématiquement utilisé le pouvoir de l'or pour acheter les dirigeants politiques et religieux afin d'obtenir une politique favorable au Judaïsme. C'est par de tels procédés que les successeurs de Judas l'Iscariote ont causé de graves dommages à l'Église et à l'humanité, et ce sont ces dirigeants qui se vendent pour de l'argent ou pour obtenir ou conserver des positions qui sont en grande partie responsables du désastre qui est à nos portes.

---

[233] Graetz, Op. cit. t. II, pp 615-616.

Cette situation permit aux juifs, protégés en Orient et tolérés en Occident, d'acquérir assez de force, une force extrêmement dangereuse si l'on tient compte qu'ils étaient les ennemis traditionnels de l'Église et de l'Empire, car même à l'époque moderne, il existe des témoignages hébreux de la haine que les juifs ressentent pour l'ancienne Rome.

Dans l'Empire d'Orient, Théodose II, le successeur d'Arcadius se rendit compte à temps du danger et prit une série de mesures pour le conjurer, combattant la menace juive de diverses manières.

Les historiens juifs qualifient toujours ces mesures défensives des États chrétiens de persécutions provoquées par le fanatisme et l'anti-judaïsme du clergé catholique. Le juif Graetz, parlant de ces évènements, signale que « le Moyen-Âge commença pour les juifs avec Théodose II (408-450), empereur intelligent, mais dirigé par les moines, et dont la faiblesse donna l'impunité au zèle fanatique de certains Évêques et offrit un stimulus à la cruauté ».

« Les édits de cet empereur interdirent aux juifs de construire de nouvelles synagogues, d'exercer l'office de juges dans les litiges entre juifs et chrétiens, et de posséder des esclaves chrétiens, et ils contenaient aussi d'autres interdits de moindre intérêt. Ce fut sous cet Empereur que le patriarcat finalement s'éteignit ».[234]

Le patriarcat fut une institution qui constitua longtemps la direction du Judaïsme dans l'ensemble de l'Empire Romain et dans de nombreux autres territoires ; il avait son siège à Jérusalem. Mais ce que n'indique pas Graetz, c'est la raison qu'eut le clergé catholique pour réagir aussi violemment contre les juifs ; car, comme toujours et ici encore, les historiens juifs font état des mesures prises par la Sainte Église ou les monarques chrétiens contre eux, mais ne mentionnent jamais les motifs que les hébreux donnèrent à ces monarques où à l'Église les obligeant à réagir ainsi.

Dans la lutte de l'Église contre le Judaïsme, on doit faire mention à cette époque de l'intervention décisive de Saint Cyrille d'Alexandrie, qui était alors l'âme de la défense de la Catholicité face à une nouvelle hérésie dirigée par Nestorius et qui fut sur le point de déchirer l'Église.

Saint Cyrille, le Patriarche d'Alexandrie d'alors, eut dans la lutte contre le Nestorianisme le même rôle que quelques années auparavant avait joué le célèbre Père de l'Église Saint Athanase dans la lutte contre l'Arianisme, et tout comme ce dernier, Saint Cyrille prit également une part très active dans la lutte défensive contre le Judaïsme, condamnant les hébreux à diverses occasions et combattant leurs perverses machinations.

L'hérésie de Nestorius elle aussi divisa l'Épiscopat, car plusieurs Évêques firent cause commune avec le Patriarche hérétique, mais Saint Cyrille après une longue bataille réussit à obtenir la condamnation de

---

[234] Graetz, Op. cit. t. II, pp 617.

Nestorius par Sa Sainteté le Pape, et ultérieurement, lors du IIIème Concile œcuménique d'Éphèse, les Évêques hérétiques furent totalement vaincus et la Catholicité sortit victorieuse. Naturellement Saint Cyrille fut également l'âme dudit Concile, et il continua après ce Concile à poursuivre la lutte contre les restes de l'hérésie jusqu'à sa complète destruction.

Pour bien connaître l'attitude de Saint Cyille envers les juifs, nous écouterons ce que nous en dit l'historien juif Graetz, qui exprime fidèlement le sentiment des juifs envers les Pères et les Saints de l'Église :

« Durant le règne de Théodose en Orient et celui d'Honorius en Occident, Cyrille, Évêque d'Alexandrie, bien connu pour aimer la dispute et pour sa violence et son impétuosité, avait toléré les mauvais traitements infligés aux juifs et les avait expulsés de la ville. Ayant rassemblé une populace de chrétiens, il les excita contre les juifs. Par son fanatisme, il les dirigea contre les synagogues, dont il prit possession au profit du Christianisme, et il expulsa les habitants juifs à moitié nus de cette ville qu'ils s'étaient habitués à considérer comme leur foyer. Sans s'arrêter aux demi-mesures, il livra leurs maisons pour être pillées par la foule, toujours assoiffée de pillage ».[235]

De son côté l'Encyclopédie Judaïque Castillane écrit au terme Cyrille d'Alexandrie : « Cyrille, Saint d'Alexandrie. Patriarche (376-444). Il fut pratiquement le maître et seigneur d'Alexandrie, où il terrorisa la population non-chrétienne. En 415, il ordonna l'expulsion des juifs, malgré les protestations d'Oreste le Préfet impérial. »[236]

Or toutes les histoires de l'Église s'accordent à affirmer que, bien que Saint Cyrille fut combatif, il était d'un caractère doux et conciliant, un homme vertueux dans toute l'acception du terme, et c'est ce qui motiva sa canonisation.

Ce que ces historiens juifs si admirés dans les milieux israélites que sont Graetz et les Encyclopédies officielles du Judaïsme disent de tous ceux qui ont l'audace de combattre l'action destructrice des israélites nous donne une idée jusqu'où ils peuvent aller pour salir et déshonorer la mémoire même dans le cas des plus insignes Saints de l'Église. Ce fait, que Saint Cyrille expulsa d'Alexandrie les juifs à demi nus et qu'il aurait livré leurs biens au pillage de la foule, est invraisemblable pour tous ceux qui connaissent bien l'histoire de Saint Cyrille.

Ce qui se passa en réalité est que depuis longtemps Alexandrie était devenue l'épicentre des conspirations judaïques contre la Sainte Église et l'Empire. Cette ville avait été le principal foyer du Gnosticisme judaïque, et de là irradiaient toutes sortes d'idées dissolvantes contre l'ordre établi, d'où il n'y a rien d'étrange que Saint Cyrille, conscient de ce que signifiait la

---

[235] Graetz, Op. et ed. cit. t. II, pp 618-619.
[236] *Encyclopédie Judaïque Castillane*, ed. cit. t.III, p. 30.

menace juive, résolut avec toute son énergie d'extirper cette tumeur cancéreuse en expulsant les juifs de la ville, comme durent le faire par la suite dans d'autres pays d'autres prélats défenseurs du Christianisme. Connaissant les antécédents et l'irréprochable conduite de ce Saint de l'Église, il est plus croyable qu'il aura pris les précautions nécessaires pour que cette expulsion se fasse humainement en désapprouvant tout excès et tout abus commis par les masses populaires indignées, mais dont l'exacerbation était cependant logique devant la perfidie juive.

L'historien Graetz poursuit en narrant les épisodes de cette terrible lutte livrée par Saint Cyrille et les chrétiens contre les juifs. Il nous assure entre autres que :

« Le préfet Oreste, qui prit très à cœur le traitement barbare infligé aux juifs, manquait cependant d'énergie pour s'y opposer, et tout ce qu'il fut capable de faire fut de faire comparaître l'Évêque en justice en le dénonçant, mais ce dernier eut finalement gain de cause devant la Cour de Justice de Constantinople ».

« Ce qui se passa à Alexandrie après l'expulsion des juifs montre l'intensité du fanatisme de cet Évêque. Non loin de la ville, il y avait une montagne appelée Nitra, sur laquelle se trouvait un ordre de moines que le désir du martyre avaient quasiment convertis en bêtes féroces. Excités par Cyrille, ces moines se saisirent d'Oreste et le lapidèrent jusqu'à le laisser pratiquement pour mort, en châtiment de n'avoir pas approuvé l'expulsion des juifs.

« Ce même groupe de fanatiques fut celui qui mit en pièces le corps du célèbre philosophe Hypathie qui avait étonné le monde par sa profonde science, son éloquence et sa pureté ».[237]

Le clergé catholique de cette époque, conscient de ce que signifiait le terrible problème juif et connaissant à fond les conspirations des hébreux contre l'Église et l'Empire, se lança sans hésitations comme un bon pasteur de ses brebis pour les défendre des pièges du loup, mais les juifs dans leurs histoires exagèrent toujours sur les faits réels, interpolant des passages effrayants tendant à discréditer le Catholicisme et les Saints qui défendirent l'Église. En outre, comme nous l'avons vu, tous ces récits narrés dans des termes exagérés et impressionnants servent aux juifs à éduquer leurs enfants et à leur inculquer dès l'âge de raison une haine satanique contre l'Église et son clergé, une soif implacable de vengeance, qui, à la première opportunité, se traduit en incendies de monastères, en démolitions d'églises et cruels massacres de prêtres, et en toutes sortes d'autres méfaits contre les chrétiens.

Il ne fait pas de doute que si Saint Cyrille avait vécu à notre époque, non seulement il aurait été condamné pour antisémitisme, mais il aurait été

---

[237] Graetz, Op. et ed. cit., t. II, p. 619.

déclaré criminel de guerre et condamné à mort par le Tribunal de Nuremberg ou pour autre chose à l'avenant (NDT comme fauteur de « crimes imprescriptibles contre l'humanité » !).

Les juifs se croient le droit de conspirer contre les peuples, de les plonger dans le sang par des guerres civiles, de commettre des crimes et toutes sortes de méfaits, sans recevoir de châtiment mérité, mais lorsque quelqu'un de l'énergie de Saint Cyrille réprime et châtie justement leurs méfaits et leurs crimes, ils les couvrent d'anathèmes et s'efforcent de salir leur réputation pendant leur vie, sans jamais leur pardonner davantage après leur mort, comme on l'observe ici avec cet insigne Saint de l'Église catholique.

Alors, il est intéressant de connaître la description que fait Graetz de la manière dont les israélites de cette époque célébraient la fête de Pourim et de la reine Esther :

« En ce jour, les juifs dans leur joie étaient accoutumés de faire un bûcher et d'y brûler une effigie de Haman, leur archi-ennemi, mannequin-effigie qui, après avoir été brûlé, prit par accident ou intentionnellement la forme d'une croix. Naturellement les chrétiens se plaignirent de ce que leur religion avait été ainsi profanée, et l'Empereur Théodose II ordonna au Gouverneur de la province qu'il mît fin à ce mauvais comportement sous la menace de sévères châtiments, mais il ne put réussir à éviter de tels actes. Une fois cependant, cette joie de carnaval, comme l'on dit, eut d'horribles conséquences. Les juifs d'Imnestar, petit bourg de Syrie situé entre Antioche et Chalcis, ayant élevé l'une de ces croix pour Haman, furent accusés par les chrétiens d'y avoir cloué un enfant chrétien, l'ayant crucifié après l'avoir flagellé à mort. Pour ce fait, l'Empereur ordonna que les coupables fussent châtiés (en 415) ».

Et le si célèbre historien Graetz, si respecté dans les milieux juifs, appelle cela de la joie et une distraction carnavalesque !

On imagine facilement l'indignation provoquée parmi les chrétiens par un tel comportement des juifs, indignation portant les foules populaires à l'émeute, comme actuellement il pourrait s'en produire en Union Soviétique et dans les autres pays satellites, avec les sacrilèges, les blasphèmes et les assassinats politiques que commettent les juifs communistes, s'ils ne tenaient pas dans ces pays les chrétiens en esclavage et dans l'incapacité de se défendre.

Les synagogues en effet, à la différence des temples des autres religions, ne sont pas des endroits où l'on se borne à rendre un culte à Dieu, mais sont des lieux de réunion où l'on discute et où l'on approuve des résolutions politiques : ce sont les principaux centres de conspiration des juifs, où se trament toutes sortes de mesures tendant à la conquête des peuples qui bénévolement leur ont donné l'hospitalité. Là, ils planifient également leurs activités de spoliation économique, destinées à dépouiller les chrétiens et les gentils de leurs richesses que les hébreux croient devoir s'attribuer par droit divin. Combien donc est justifié ce qu'affirma Saint Jean Chrysostome, le célèbre Père de l'Église, disant : « Les Synagogues sont des théâtres infâmes et des cavernes de voleurs, et bien pire encore ».

Il est donc bien compréhensible que le clergé catholique de cette époque conscient du péril qu'elles représentaient pour la Chrétienté et pour l'Empire ait entrepris de fermer ces centres de conspiration et de méfaits.

Parmi les actions du clergé effectuées dans cette intention, en plus de celles que nous avons mentionnées, il est intéressant de citer ce qui eut lieu dans l'Ile de Minorque, alors possession romaine, où, nous dit Graetz : « Sévère l'évêque du lieu incendia leurs synagogues et s'en prit aux juifs par des attaques en pleines rues, jusqu'à ce qu'il ait réussi à faire embrasser le Christianisme par beaucoup ».[238]

Cette dernière mesure constitua une erreur gravissime, car, comme le signalait l'historien hébreu, ces conversions furent feintes, et les juifs en secret restèrent fidèles à leur ancienne religion, ce qui allait augmenter le nombre de juifs souterrains, qui, tout en pratiquant la religion chrétienne en public, constituaient dans le sein de l'Église la cinquième colonne juive, auteur de la majeure partie des hérésies et qui leur prêtait à toutes élan et appui.

Un autre adversaire notable des juifs à cette époque fut le célèbre ascète Saint Siméon le Stylite, bien connu pour la rigoureuse pénitence qu'il observa toute sa vie, installé sur une colonne pendant plusieurs années, se mortifiant et faisant pénitence pour convertir au Christianisme diverses tribus nomades d'Arabie, et qui par sa Sainteté devint très vénéré de l'Empereur Théodose II auprès de qui il intercédait toujours pour tous les persécutés. Dans les controverses de l'Église Catholique avec les hérétiques, il parvint à faire prévaloir son influence en faveur de l'orthodoxie. Il fallut que les méfaits des juifs et les conjurations de leurs Synagogues fussent bien grands pour que cet homme, tout de charité et de tolérance, conciliant à l'extrême, protecteur des persécutés et Saint Canonisé par l'Église, célèbre pour sa pénitence et modèle de vertu, ait fait à propos du Judaïsme une exception à sa vie calme et retirée pour intervenir énergiquement dans le combat décisif qui se livrait contre la Synagogue de Satan !

Au sujet de ce saint, Graetz nous apprend que, lorsque les chrétiens d'Antioche chassèrent par la force les juifs de leurs Synagogues en vengeance de la mort infligée par les juifs à l'enfant chrétien d'Imnestar durant la fête de Pourim, le Préfet de Syrie informa l'Empereur de cette spoliation des synagogues dans des termes si dramatiques que Théodose

---

[238] Graetz, Op. et ed. cit., t. II, pp. 619-620.

II, en dépit de son « fanatisme monacal », ordonnera à la population d'Antioche de les restituer, ce qui indigna Saint Siméon le Stylite.

Voici comment le célèbre historien hébreu Graetz s'exprime sur lui, à ce propos :

« Mais cette décision fut dénoncée par Siméon le Stylite qui menait une vie d'ascétisme rigoureux dans une espèce de grange non loin d'Antioche. Du haut de sa colonne, il avait renoncé au monde, mais sa haine des juifs suffit cependant à le forcer de s'immiscer dans les affaires terrestres. À peine eut-il connaissance de l'ordre de Théodose relatif à la restitution des synagogues confisquées qu'il envoya à l'Empereur une lettre insolente, l'informant qu'il ne reconnaissait que Dieu, et personne d'autre comme maître et Empereur, et lui demandant de révoquer cet édit. Théodose ne put résister à cette intimidation, et il révoqua son ordre et déplaça le préfet de Syrie qui avait élevé la voix en faveur des juifs ».[239]

Tout ce que nous avons exposé au cours des chapitres précédents nous montre quel type de clercs et de saints de l'Église rendirent possible le triomphe du Christianisme face aux ennemis mortels de l'Église et de l'humanité. Le présent Concile œcuménique (Vatican II) offrira une grande opportunité à notre clergé actuel pour se mettre à la hauteur de celui qui dans ces temps-là put sauver la Sainte Église au milieu de tant de catastrophes et la faire prévaloir face à tant d'ennemis. Cela est urgentissime, compte tenu que le danger communiste, qui menace de tout renverser, ne pourra être conjuré que si le clergé de la Sainte Église et les dirigeants laïques reprennent cet esprit de pugnacité et de sacrifice qui caractérisèrent les membres de la hiérarchie catholique durant les premiers siècles du Christianisme. Si l'on ne parvient pas à une réaction énergique en ce sens, il est possible que Dieu nous châtie par le triomphe mondial du Communisme et par la catastrophe qui s'en suivra pour la Chrétienté.

# SAINT AUGUSTIN ET SAINT JÉRÔME ET D'AUTRES PÈRES DE L'ÉGLISE CONDAMNENT LES JUIFS

Saint Jérôme, le célèbre Père de l'Église, afin de se livrer à l'étude de la Bible d'après ses sources originelles, entreprit d'apprendre l'hébreu à fond, ce qui lui permit d'entrer en rapports avec des juifs aussi éminents que Bar Chanina ; mais malgré l'amitié personnelle qu'éprouva le Saint Pour ces juifs illustres, son attitude envers le Judaïsme était celle d'un franc rejet.

On peut affirmer la même chose du célèbre Père de l'Église Saint Augustin, l'Évêque d'Hippone. On utilisera pour s'en informer les textes

---

[239] Graetz, Op. et ed. cit., t. II, pp. 621-622.

d'auteurs hébreux d'une autorité indiscutable, sources qui ne peuvent être entachées d'antisémitisme.

C'est ainsi qu'à propos de Saint Jérôme et de Saint Augustin l'illustre historien juif Graetz dit ceci, parlant d'abord de Saint Jérôme : « Ses ennemis lui ayant reproché d'être contaminé par l'hérésie en raison de ses études hébraïques, Saint Jérôme les convainquit de son orthodoxie en faisant valoir la haine qu'il avait pour les juifs. S'il faut les mépriser en tant qu'individus et que nation, dit-il, en ce qui me concerne, j'abhorre les juifs d'une haine inexprimable. Mais Jérôme n'était pas le seul à penser ainsi, car ses opinions étaient partagées par un contemporain plus jeune, Augustin, le Père de l'Église. Cette profession de foi et de haine envers les juifs n'était pas l'opinion d'un auteur particulier, mais elle était un oracle pour toute la Chrétienté qui accepta promptement les écrits de ces Pères de l'Église qui furent révérés comme saints. Plus tard, cette manière de penser arma les rois, fit inventer des instruments pour torturer les juifs et fit construire des bûchers pour les brûler ».[240]

C'est ainsi que Graetz résume la politique suivie par la Sainte Église et par la Chrétienté contre le Judaïsme durant plus de mille ans, mais ce qu'il cache évidemment, ce sont les raisons et les causes qui obligèrent l'Église, les Papes et les Conciles à devoir approuver ce type de défense.

Ces raisons sont celles dont souffrirent dans leur propre chair ceux qui subirent les massacres de chrétiens et les profanations d'églises accomplies par les païens ou par les hérétiques à l'instigation des juifs, ou qui assistèrent aux mêmes crimes accomplis par les juifs eux-mêmes, et, sur ce que nous avons su des crimes commis par les israélites en Russie Soviétique et dans les pays communistes, nous pouvons comprendre que contre un ennemi aussi extraordinaire et criminellement retors et qui fait peser une telle menace sur l'humanité et la religion, la Sainte Église et les autres institutions menacées ont le droit de se défendre à l'aide de mesures aussi extraordinaires que celles que la méchanceté de leurs ennemis rendent nécessaires.

---

[240] Graetz, Op. et ed. cit., t. II, pp. 625-626.

# Chapitre IX

## Invasion des Barbares, triomphe judéo-arien

Le célèbre historien juif N. Leven, dans son ouvrage intitulé « Cinquante ans d'Histoire : l'Alliance Israélite Universelle », auquel nous nous référons plus en détail ci-dessous, signale entre autres que le triomphe de l'Église dans l'Empire Romain et le fait qu'elle devint la religion officielle « ...dirigea la puissance de l'Empire contre les juifs », persécutant dès lors aussi bien ceux des juifs qui affichaient publiquement leur religion, que ceux convertis au Christianisme par les eaux du baptême, et il ajoute :

« Ils perdent le jus honorum ; même les baptisés sont exclus des fonctions supérieures et de la carrière militaire; il leur est interdit sous peine de mort d'avoir commerce avec les chrétiens, de posséder des esclaves même païens... Justinien va jusqu'à refuser toute valeur au témoignage des juifs contre les chrétiens devant les tribunaux », et l'écrivain israélite dit que finalement ces dispositions « furent recopiées dans les codes de Théodose II et de Justinien, avant d'être supprimées par les invasions des barbares. L'Empire d'Orient les conserva et les renouvela. Dans l'Empire d'Occident, l'invasion des barbares mit fin à la persécution ».[241]

Le plus intéressant de la législation de la Rome Catholique repose sur le fait que les autorités de l'Empire et de la Sainte Église s'entendirent pour exclure des charges supérieures et de la carrière militaire, non seulement les juifs déclarés tels, mais également les juifs baptisés. Ce qui veut dire que les juifs convertis au Christianisme et leurs descendants, bien que baptisés les uns et les autres, furent écartés des postes dirigeants de l'État et de l'armée. La raison de telles mesures s'éclaire si l'on tient compte de ce que d'autres historiens juifs comme Graetz et Cecil Roth ont avoué clairement, à savoir que les conversions des israélites au Christianisme étaient feintes, et que, même s'ils pratiquaient en public la nouvelle religion, ils demeuraient

---

[241] N. Leven : « *Cinquante ans d'histoire : l'Alliance Israélite Universelle (1860-1910)* » Paris, 1911, t. I, pp 3 et 4.

secrètement juifs comme avant, et que, chez ces faux chrétiens, la pratique occulte du Judaïsme se transmettait de père en fils, même lorsque ces derniers étaient baptisés et vivaient officiellement en chrétiens.

Devant ces faits, il est très compréhensible que les autorités impériales, sachant que la conversion pour la quasi-totalité des juifs n'était qu'une farce et que le baptême en était pour eux une autre, lorsqu'ils prirent des mesures pour éviter que les juifs ne dominent l'Empire en les éliminant des fonctions publiques et des grades militaires, ils étendirent celles-ci aux descendants des juifs y compris à ceux ayant reçu les eaux du baptême.

Ces mesures furent sans doute la lointaine origine des lois ou statuts de pureté de sang qui, dans certains pays, excluaient des postes dirigeants de l'État et des dignités de la Sainte Église Catholique les catholiques d'ascendance juive. Ces lois de pureté de sang furent approuvées par Leurs Saintetés les Papes Paul II, Paul IV et autres, comme des moyens propres à empêcher que les faux chrétiens, juifs en secret, ne se mettent à envahir les rangs du clergé de la Sainte Église, cinquième colonne juive introduite au sein de la cléricature qui a toujours été la principale responsable des succès des hérésies depuis l'origine, comme elle est maintenant la principale responsable des révolutions maçonniques et communistes, comme nous l'étudierons.

La situation des israélites à la veille de la chute de l'Empire Romain d'Occident est décrite comme suit par l'historien juif Graetz :

« Le fanatisme de Théodose II se retrouve aussi chez Honorius, l'Empereur d'Occident, et, par leurs lois absurdes, l'un et l'autre mettront les juifs dans la situation anormale qui sera la leur dans les nouveaux États germains qui se formeront. Désormais on ne permit plus aux juifs de remplir des fonctions publiques ni d'acquérir des grades militaires comme on le leur avait permis antérieurement ».[242]

L'historien très philosémite José Amador de los Rios, commentant la situation des juifs dans l'Empire après le Concile Illibiterain, écrit : »Pour les enfants d'Israël, il ne pouvait y avoir de situation plus compromise et plus affligeante que celle créée par les Pères du Concile Illibiterain[243] avec de semblables projets. Ceux-ci, animés sans doute du même esprit qui allait resplendir à la fin du même siècle, comme on le note dans la Lyre de Prudence, ou bien exprimant alors le sentiment universel des catholiques, donnaient un témoignage insigne de la toute particulière animadversion qui prévalait dans toutes les parties du monde contre le malheureux peuple accablé sous la terrible accusation du déicide ».

Les écrivains juifs et philosémites se lamentaient de la situation des juifs aux derniers temps du monde romain, mais ils oubliaient de

---

[242] Graetz, op cit, t. II, p. 622.
[243] Concile Illibiterain. Cité par José Amador de los Rios in « *Historia de los Judios de Espana y Portugal* « Madrid, 1875, t I, p. 75.

mentionner les vraies raisons qui les cantonnèrent dans cette situation, car il est utile de remarquer que ce fut précisément lorsque la bête judaïque fut enchaînée que le Catholicisme obtint son complet triomphe dans l'Empire, une coïncidence très significative.

C'est pourquoi les invasions des Ariens germains furent pour les juifs un grand succès, bien que seulement d'ordre temporel. En effet, les tribus germaniques du Nord qui appartenaient à la secte arienne suivaient une politique d'amitié et d'alliance avec les juifs, toute contraire à celle qu'observaient les catholiques qui triomphaient dans l'Empire Romain. De par cette circonstance, l'invasion de l'Empire d'Occident par les barbares changea complètement la situation respective des juifs et des catholiques : les premiers se mirent de nouveau à escalader les marches du pouvoir et les postes d'influence, et les second durent subir, surtout en certains lieux, les plus cruelles persécutions.

Certains ont affirmé que les juifs auraient poussé les chefs germains à envahir l»Empire et les auraient aidés dans leur œuvre de conquête. Nous n'avons pas eu le temps de nous livrer à une recherche historique minutieuse sur ce point ; mais on lit dans l'Encyclopédie Judaïque Castillane une précision très intéressante au terme Arianisme, à propos du fait que les envahisseurs barbares ariens traitèrent bien les juifs : « En conséquence du traitement tolérant dont ils bénéficièrent (de la part des Ariens), les juifs se solidarisèrent avec ceux-ci dans leurs guerres contre les monarchies catholiques. Ainsi prirent-ils part à la défense d'Arles contre le roi catholique Clovis (en 508) et à celle de Naples contre Justinien (en 537) ».[244]

En outre, note l'historien juif Graetz : « En Italie, on a connaissance de la présence des juifs depuis l'époque de la République romaine, et ils y ont joui des pleins droits politiques jusqu'à ce que ceux-ci leur furent enlevés par les empereurs chrétiens ». Et cet auteur ajoute : « Ils (les juifs) verront probablement avec un grand plaisir la chute de Rome, et ils se réjouiront de voir la cité qui était la reine du monde devenir le butin des barbares et la moquerie du monde entier ».[245]

Bien évidemment, les juifs ne tiennent pas à reconnaître qu'ils furent en grande partie les responsables de la destruction de l'Empire Romain et de la catastrophe que celle-ci entraina pour la civilisation, mais le plaisir qu'ils ressentirent à la chute de Rome et l'affirmation globale qu'ils se solidarisèrent avec les barbares ariens « dans leurs guerres contre les monarchies catholiques » fait se souvenir que la principale monarchie catholique de l'époque contre laquelle combattirent les germains disciples d'Arius fut précisément l'Empire Romain d'Occident.

---

[244] *Encyclopédie judaïque Castillane*, Ed. cit. t. I, terme Arianismo.
[245] Graetz, Op. cit., t. III, p. 27.

Pour éclairer la vérité historique et discerner les responsabilités, il est utile de noter qu'à personne d'autre qu'aux juifs importait davantage la destruction de l'ordre existant pour lui substituer un autre qui leur fût favorable. La quasi-totalité des tribus germaines qui envahirent l'Empire étaient ariennes, à de rares exceptions près dont celle des Francs qui avait embrassé très tôt le Catholicisme.

Parlant du bouleversement politique opéré par les invasions barbares, l'historien philosémite J. Amador del Rios écrit à propos de la péninsule ibérique : « C'est ainsi que la tolérance arienne leur ouvrant les voies d'une prospérité dont ils s'étaient déshabitués, le peuple juif s'accrut dans la province ibérique pendant la première époque de la domination wisigote, et que grâce à son intelligence et à ses richesses il sut souvent acquérir des faveurs et une importance dans l'État jusqu'à s'élever à l'exercice des charges officielles, ce qui lui donna une représentation exceptionnelle dans la République ».[246]

L'historien juif Cecil Roth fait de son côté aussi mention du fait que les Wisigoths ariens favorisaient les juifs, à la différence des Catholiques qui les persécutaient.[247]

Un exemple qui montre la situation favorable dont jouirent les juifs dans les régions conquises par les tribus nordiques ariennes, contrastant avec celle qu'ils avaient dans les royaumes catholiques, nous est fourni par Graetz. Il rappelle que dans l'Empire byzantin alors catholique, l'un des Empereurs avait fait occuper la synagogue des juifs pour la transformer en l'église de la « Sainte Mère de Dieu », et que, devant tant de persécutions, les juifs avaient voulu transférer en d'autres lieux les vases sacrés du Temple de Salomon et les conduire jusqu'à un lieu sûr qui était Carthage, alors possession des Vandales ariens. Et il ajoute ceci : ils y restèrent environ un siècle.

Et ce fut avec une grande douleur que les juifs de la capitale byzantine assistèrent à leur retour à Constantinople, ramenés par Bélisaire le conquérant de l'empire des Vandales. Les trophées juifs furent accueillis au son du triomphe, avec Gelimer le prince des Vandales et neveu de Genseric au milieu des trésors de l'infortuné monarque ».[248]

Pendant la dislocation de l'Empire Romain d'Occident par les barbares sectataires d'Arius, les juifs se livrèrent sur une grande échelle au commerce des esclaves. À ce sujet, l'historien Graetz constate que « les invasions répétées des tribus barbares et les guerres fréquentes avaient augmenté le nombre des prisonniers, et les juifs se livraient à un actif commerce d'esclaves, bien qu'ils n'étaient pas les seuls à le faire ».[249]

---

[246] J. Amador de los Rios: Op. cit t.I, p. 79.
[247] Cecil Roth : « *Histoire des marranes* » Op cit pp 15 et 16.
[248] Graetz, Op. cit., t III, p.26.
[249] Graetz, Op cit., t. III, pp. 28-29.

Il est utile de noter que les juifs tout au cours de l'Histoire ont joué un rôle capital dans le commerce des esclaves et que, notamment au XVII$^{ème}$ et XVIII$^{ème}$ siècles, ils furent les principaux négociants de ce commerce infâme, capturant en Afrique les malheureux noirs et les arrachant de leurs foyers pour les vendre comme esclaves dans les différentes parties du monde, surtout en Amérique du Nord et du Sud.

# CHAPITRE X

## LA VICTOIRE CATHOLIQUE

La conquête par l'Empire Romain d'Orient d'importants territoires dominés par les barbares ariens et la conversion au Catholicisme de tous les monarques germains qui avaient fait antérieurement partie de la secte d'Arius changèrent une fois de plus la situation en Europe par le triomphe du Catholicisme sur l'hérésie, un triomphe qui allait modifier la situation des juifs, leur faisant perdre leurs positions privilégiées et leurs possibilités de nuire aux chrétiens.

Il faut noter que la domination arienne sur les tribus d'envahisseurs germaniques était faible et tenait essentiellement à la conversion des chefs à l'hérésie et à leur fidélité envers elle, de sorte que lorsque ceux-ci furent acquis au Catholicisme grâce au labeur inlassable d'évangélisation de la Sainte Église, l'Arianisme reçut un coup mortel. On ne s'étonnera pas qu'après tant d'abus et d'excès qui avaient été commis par les juifs sous la protection de l'hérésie, l'effondrement de celle-ci ait entraîné une véritable réaction anti-juive dans les pays nouvellement conquis par l'Église Romaine.

José Amador de los Rios, lui-même pourtant si favorable aux israélites, après avoir mentionné le fait que les juifs à l'époque arienne avaient envahi les postes de gouvernement et acquis une influence extraordinaire, acquérant des esclaves chrétiens et des concubines chrétiennes malgré les décisions du Concile Illibiterain, demeurées évidemment lettre morte du fait des Ariens, dit textuellement : « Des prérogatives aussi enviées, non concédées au peuple hispano-latin à la différence du peuple wisigoth et en totale contradiction avec le Concile Illibiterain, si elles purent flatter un temps l'orgueil des descendants de Juda en montrant leur prépondérance, allaient cependant compromettre gravement leur avenir lorsque la doctrine du Catholicisme allait se lever victorieuse et vengeresse sur les erreurs d'Arius ».[250]

D'autre part, les juifs tentèrent à tout prix d'empêcher le triomphe des armées catholiques. Tel fut le cas pour le Royaume Ostrogoth établi en Italie, que les juifs avaient déjà empêché d'affronter Théodoric, et nous

---

[250] Amador de los Rios: Op cit « *Historia de los Judios in Espana y Portugal* » t. I, pp. 79-80.

voyons comment, lorsque surgit la menace d'invasion de l'Empereur catholique Justinien, ils appuyèrent résolument avec ténacité et fanatisme leur ami arien le roi Théodatus, le successeur de Théodoric. Puis, lorsque les armées de Justinien attaquèrent la place de Naples, les habitants de la cité se divisèrent en deux partis, l'un pour la capitulation, l'autre en faveur de la guerre. Et dans ce dernier cas, le parti belliciste n'était nullement disposé à se sacrifier pour les Ostrogoths, qui, selon ce qu'en dit Graetz, étaient haïs dans toute l'Italie, cet auteur juif insistant sur la fait que : « seuls les juifs et deux lettrés, Pastor et Asclépiadotus qui avaient bénéficié des faveurs des rois ostrogoths, s'opposèrent à la reddition de la cité au général byzantin. Les juifs, qui étaient riches et patriotes, offrirent leurs vies et leurs fortunes pour défendre la cité, et, afin d'oter toute crainte que les provisions ne viennent à manquer, ils promirent de fournir à la ville tout le nécessaire pendant le siège ».[251]

De par la brièveté de cette étude, il n'est pas possible de poursuivre et de citer tous les exemples semblables, mais il est indubitable que partout les juifs tentèrent désespérément d'empêcher la victoire du Catholicisme sur l'Arianisme.

Concernant ce qui se passa après la victoire décisive du Catholicisme, l'étude de l'histoire du Royaume Wisigoth est particulièrement significative, du fait qu'ayant été la monarchie la plus puissante parmi celles fondées par les barbares adeptes d'Arius, elle était considérée comme le principal rempart de l'Arianisme, sous lequel, comme on l'a vu, les juifs avaient réussi à s'élever aux postes de gouvernement et à avoir une influence prépondérante.

L'historien juif Cecil Roth indique que, une fois convertis au Catholicisme, les Wisigoths « commencèrent à faire preuve du zèle traditionnel des néophytes. Les juifs souffrirent aussitôt des conséquences désagréables d'un tel zèle. En 589, suite à l'intronisation du roi Récarède, la législation ecclésiastique commença de leur être appliquée dans ses moindres détails. Ses successeurs ne furent pas aussi sévères, mais dès la montée sur le trône du roi Sisebut (612-620) s'exerça le fanatisme le plus obtus. Peut-être à l'instigation de l'empereur byzantin Héraclite, un édit fut publié en 616 qui obligeait au baptême tous les juifs, sous peine d'expulsion et de saisie de toutes leurs propriétés. D'après les chroniqueurs catholiques, quatre-vingt-dix mille embrassèrent alors la foi chrétienne ».[252]

Dans l'Empire byzantin également, des mesures furent approuvées tendant à obtenir la conversion des juifs au Christianisme. L'Encyclopédie Judaïque Castillane dit que « Justinien ordonna que la Thora (la Bible) fût lue désormais en grec, espérant par ce moyen la conversion des juifs, et, en

---

[251] Graetz, Op cit « *Histoire des Juifs* » t. II, p. 32.
[252] Cecil Roth, Op cit « *Histoire des marranes* » p. 16.

532, il déclara nul tout témoignage d'un juif contre un chrétien ». Cette mesure devint ultérieurement la loi dans toute la Chrétienté, partant du principe logique que les juifs s'étant attribué le droit de mentir aux Chrétiens comme aux gentils (les non-juifs) et pratiquant de manière si générale le faux témoignage, il aurait été puéril de se fier à leurs dires. De ce fait, était niée toute valeur en justice du témoignage d'un juif contre un chrétien, la preuve ayant d'ailleurs été apportée au cours des siècles que le mensonge et la tromperie en matière de jugement sont l'une de leurs armes les plus utilisées et les plus efficaces.

Toutes les mesures qui furent adoptées par les États chrétiens pour provoquer la conversion des juifs, depuis l'apostolat pacifique jusqu'aux moyens violents, eurent pour origine le zèle apostolique de la Sainte Église désireuse de convertir les infidèles à la vraie religion, et, d'autre part, le fait que la Sainte Église et les États catholiques avaient compris la nécessité vitale d'en finir avec la Synagogue de Satan, puisqu'elle s'était avérée représenter en fait un groupe d'étrangers infiltrés dans les États chrétiens, qui conspiraient en permanence contre l'Église et contre l'État et constituaient un danger constant pour la stabilité des institutions comme pour la défense des peuples contre ses ennemis extérieurs, d'autant que les juifs avaient donné la preuve d'être toujours prêts à trahir le pays qui leur donnait l'hospitalité avec bienveillance, lorsque cela convenait à leurs intérêts bâtards, en aidant alors les envahisseurs et en sapant les organes mêmes du malheureux pays qui les hébergeait.

Pour résoudre un si terrible problème, une méthode semblait être de neutraliser la secte du Judaïsme en la convertissant à la Foi chrétienne. En effet, si ceux-ci, cessant d'être juifs, s'assimilaient au peuple dans le pays duquel ils vivaient en s'incorporant à la Foi chrétienne, on ferait ainsi disparaître cette cinquième colonne étrangère dangereuse pour toute nation, et l'on obtiendrait le salut de leurs âmes dans la Foi en Notre Divin Rédempteur. Tel fut le raisonnement qui amena le très catholique roi wisigoth Sisebut à ordonner aux juifs de son royaume de se faire baptiser, et qui furent ensuite celles de l'Empereur chrétien byzantin Basileus Ier de Macédoine (867-885), qui força les juifs à recevoir les eaux du baptême, en offrant à ceux qui le feraient toutes sortes d'honneurs et d'exemptions d'impôts.[253]

Malheureusement, tous ces moyens échouèrent et n'eurent d'autre résultat que de provoquer des conversions simulées, comme l'assure l'historien israélite Cecil Roth, puisqu'en secret les juifs conservèrent leur fidélité au Judaïsme, outre qu'augmenta ainsi considérablement la cinquième colonne juive au sein de la Sainte Église.

---

[253] Sur ces conversions forcées dans l'Empire d'Orient, voir l'*Encyclopédie Judaïque Castillane*, t. II, terme Bizantino Imperio.

L'Encyclopédie Judaïque précise qu'avec la conversion réalisée à l'époque de l'Empereur Basileus « plus de mille communautés se virent obligées de se soumettre au baptême, mais revinrent à leur religion primitive à la mort de l'Empereur ».[254]

La conversion en masse des juifs de l'Empire Wisigoth au temps de Sisebut ne donna pas de meilleurs résultats. L'écrivain Juif Cecil Roth écrit en effet : « L'infidélité notoire des nouveaux convertis et de leurs descendants demeura l'un des grands problèmes de la politique wisigothe jusqu'à l'invasion arabe en 711 ».[255]

Ne serviront à rien non plus toutes les mesures qui seront prises à l'encontre de l'infidélité des « pseudo-convertis » du Judaïsme et de leurs descendants, puisque ces faux chrétiens furent alors placés sous la rigoureuse vigilance du gouvernement, qui alla, nous dit le même auteur juif, jusqu'à la mesure extrême de séparer les suspects de leurs enfants afin que ceux-ci fussent élevés dans un milieu non-contaminé « mais lorsque se relâcha la vigilance gouvernementale, les récents convertis profitèrent de l'opportunité pour revenir à la foi primitive ».[256]

Et Roth termine cet exposé en concluant que ce sont tous ces faits qui donnèrent naissance à la tradition marrane dans la péninsule ibérique, cette tradition de Judaïsme souterrain couvert du masque du Christianisme.

Les papes et de nombreux rois chrétiens alarmés des faux convertis qui inondaient la Sainte Église prirent alors diverses mesures pour interdire et empêcher de convertir les juifs par la force, entre autres celle que relate l'Encyclopédie Judaïque Castillane, disant qu'à ce propos : « Léon IV le philosophe (l'empereur byzantin) fils de Basileus restaura la liberté religieuse dans le but d'éviter l'existence de faux chrétiens ».[257]

Le pape Saint Grégoire comprit toute l'étendue de ce problème, de même que l'énorme danger que les faux convertis représentaient pour la Sainte Église ; c'est pourquoi il donna des ordres formels interdisant de poursuivre les juifs et de ne les obliger d'aucune manière à se convertir. Les Évêques en respectant ces instructions firent opposition à tout ce qui pouvait avoir le sens de forcer les conversions des israélites, les réduisant ainsi à l'impuissance pour subvertir et empoisonner la société chrétienne.

L'historien juif Graetz fait un intéressant commentaire à propos de ces mesures :

« La tolérance obtenue des évêques devenus plus libéraux n'avait cependant pas grand sens. Elle se bornait à réfréner le prosélytisme sous menaces d'exil et de mort, convaincus qu'ils étaient que par de tels moyens l'Église se verrait peuplée de faux chrétiens qui la maudiraient dans l'intime

---

[254] idem ci-dessus.
[255] Cecil Roth, Op cit. p.16.
[256] Cecil Roth, Op cit, pp.16-17.
[257] Encyclopédie Judaïque Castillane, t II, § Bizantino imperio.

de leur cœur. Mais ils n'hésitèrent pas à enchaîner et harceler les juifs, et à les placer ainsi dans une situation très proche des serfs dans l'échelle de la société. Cette manière d'agir parut tout à fait juste et pieuse à pratiquement tout l'ensemble des représentants de la Chrétienté, pendant ces siècles de barbarie ».[258]

C'est ainsi que l'historien juif résume la nouvelle politique que durent suivre certains des papes de la Sainte Église au cours du Moyen-Âge. Convaincus du danger qu'il y avait à obliger par la persécution et les menaces les juifs à se convertir, ils essayèrent d'empêcher de telles conversions forcées jusqu'à les déclarer anti-canoniques, en même temps qu'ils prirent des mesures énergiques contre les faux convertis et leurs descendants, les faux chrétiens judaïsants. Certains Papes et certains rois accordèrent à leurs sujets juifs la liberté de pratiquer publiquement leur religion, les traitant avec tolérance et leur accordant même leur protection contre d'injustes agressions, mais ce nouveau type de politique échoua aussi, se heurtant à la malignité et à la perfidie du Judaïsme, qui, au lieu de montrer sa gratitude envers la bonté de ces quelques Souverains Pontifes, ne cessa de profiter de leur indulgence pour tramer et préparer toutes sortes de conspirations contre l'Église et l'État.

Cette politique obstinée du Judaïsme força d'autres Papes à changer d'attitude, afin d'empêcher que la bête judaïque déchaînée ne détruisît tout, et à l'enchaîner de nouveau pour qu'elle ne puisse continuer de nuire.

Telle est la vraie raison de ce qui peut paraître la politique contradictoire concernant les juifs suivie par les différents Papes. On pourrait la comparer aux attitudes successives d'un homme vertueux et honnête, vivant au voisinage d'un criminel sanguinaire, et qui, connaissant sa méchanceté, tenterait au début d'établir de bonnes relations avec lui, le traitant chrétiennement et avec bienveillance, mû par ses bons sentiments, et puis, se rendant compte que celui-ci profitait de sa bienveillance pour lui rendre le mal pour le bien et lui causer ainsi qu'à sa famille des dommages irréparables, réagirait ensuite de manière énergique, entreprenant de se défendre et de mettre son adversaire hors de combat, en faisant usage de son droit de légitime défense.

En outre, il faut se rendre à l'évidence que les Papes et les rois ne défendaient pas leurs intérêts particuliers comme dans l'exemple précité, mais les intérêts de l'Église et ceux des États chrétiens. Il est donc compréhensible que, voyant les résultats catastrophiques donnés par les mesures de tolérance, ils durent prendre d'urgence des mesures énergiques pour sauver la Chrétienté des pièges de la Synagogue de Satan.

Malheureusement, ces fluctuations de la politique des dirigeants chrétiens furent à la longue néfastes pour la Sainte Église et la Chrétienté.

---

[258] Graetz : « *Histoire de Juifs* », t. III, pp.25-26.

Si l'on avait suivi sans faille l'action énergique dirigée contre le Judaïsme par les Pères de l'Église et par de nombreux Papes et Conciles, peut-être la menace de l'impérialisme judaïque qui risque actuellement de tout renverser aurait-elle été conjurée à temps.

# CHAPITRE XI

## LE CONCILE DE TOLÈDE FAIT ÉLIMINER LES JUIFS DES EMPLOIS PUBLICS

Le roi wisigoth Récarede s'étant converti de l'Arianisme au Catholicisme, la secte des juifs en reçut un coup décisif, d'autant que, comme on l'a dit plus haut, l'Empire Wisigoth était le rempart de l'hérésie.

On avait conservé encore à cette époque les tristes souvenirs de la sanglante persécution déclenchée par l'arien Leovigilde contre les catholiques et les plaies ouvertes par celle-ci, persécutions auxquelles les juifs avaient participé avec cruauté, de sorte que, dans l'Espagne gothique d'alors, le ressentiment du peuple catholique était général contre le peuple d'Israël. Il est donc compréhensible que les chefs wisigoths, après avoir abjuré l'hérésie arienne et adopté le Catholicisme, prirent une série de mesures pour freiner l'expansion dominatrice des juifs.

L'écrivain philo-juif José Amador de los Rios reconnaît que : « Les juifs avaient en effet forcé l'accès aux fonctions publiques, des positions auxquelles les avaient élevés les rois ariens : il leur était ainsi donné de s'introduire par mariage dans les familles chrétiennes, ce qui facilitait grandement leur situation et leur richesse, leur assurant pour l'avenir une fréquente influence dans l'État. Enorgueillis par leur fortune et leur pouvoir, ils avaient éventuellement joué un rôle dans la dernière et très pénible persécution menée par les ariens contre les catholiques au cours du règne de Léovigilde. La crainte des Pères Tolèdans n'était donc pas une crainte ridicule et puérile, étant donné l'intérêt qu'ils portaient au triomphe du Catholicisme et à la cause qu'ils défendaient ; et, en s'appuyant sur l'exemple du Synode Illibiterain, ils proposèrent donc de réfréner les juifs et de les réduire à l'impuissance contre les chrétiens ».[259]

Parmi les Canons du IIIème Concile de Tolède approuvés dans ce but, le Canon XIV ressort par son importance, statuant à propos des juifs : « Que

---

[259] J. Amador de los Rios : « *Histoire des Juifs en Espagne et au Portugal* » t.I p.82.

ne leur soient pas confiées des charges publiques dans lesquelles ils puissent infliger des peines aux chrétiens ».[260]

Cette ordonnance de la Sainte Église Catholique ne peut être mieux justifiée, car les juifs se sont toujours servis des postes de gouvernement conquis sur les peuples qui leur avaient donné l'hospitalité pour porter préjudice aux chrétiens d'une manière ou d'une autre.

Il est indubitable que si les Métropolites et les Évêques du Concile de Tolède en question avaient vécu de nos jours, ils auraient été accusés de cruel antisémitisme par la cinquième colonne juive introduite dans le clergé catholique.

Néanmoins, les prélats du IIIème Concile de Tolède ordonnèrent que : « si des chrétiens avaient été entachés par eux du rite judaïque ou circoncis, ils soient immédiatement libérés et restitués à la religion chrétienne, sans aucun dédommagement ».

L'historien J. Amador de los Rios, commentant d'autres dispositions anti-judaïques du Saint Concile en question, écrit : « Les Pères aspiraient à conseiller à Récarède la mise en œuvre de ces dispositions répressives comme un point tout à fait essentiel et d'importance majeure, pour renforcer le projet des Canons d'Elvire déniant aux juifs tout droit d'alliance et de mélange avec la race hispano-latine, étant donné que l'ethnie wisigothe s'était maintenue jusqu'alors inaccessible aux peuples dominés par elle et se conservera encore longtemps telle par la suite ».[261]

Parmi les dispositions du Concile de Tolède en question, figurait aussi celle interdisant aux juifs d'acheter des esclaves chrétiens. Ces dispositions étaient conformes aux ordonnances données dans le même esprit par le Pape Saint Grégoire le Grand, qui, en même temps qu'il s'opposait aux conversions forcées de juifs et à toutes espèces d'oppressions destinées à les obliger à se convertir en faux chrétiens, leur interdisait formellement de posséder des esclaves chrétiens et combattait avec énergie toute manifestation de Judaïsme souterrain pratiquée par ceux qui en public se posaient en chrétiens.

L'historien isréaélite Graetz cite à ce propos une anecdote intéressante, rapportant du pape Saint Grégoire le Grand qu' »Ayant appris qu'un juif du nom de Nasas avait érigé un autel à Elija probablement une synagogue connue sous ce nom en Sicile et que des chrétiens se réunissaient là pour célébrer le service divin (du culte juif), Grégoire ordonna au préfet Libertinus de démolir l'édifice et d'infliger à Nasas une peine corporelle pour ce délit.

« Grégoire fit poursuivre avec énergie les juifs qui achetaient et possédaient des esclaves chrétiens. Dans l'Empire des Francs où le

---

[260] Actes du IIIème Concile de Tolède, Canon XIV in « *Collection des canons de tous les Conciles de l'Église d'Espagne et d'Amérique* » par Juan Tejada et Ramiro, Madrid, 1859, t. II, p. 304.
[261] J. Amador de los Rios, Op. cit. t. I p.83.

fanatisme ne s'était pas encore enraciné, les juifs n'étaient pas empêchés de prendre part au commerce des esclaves. Grégoire en était indigné, et il écrivit au roi de Bourgogne Théodoric (Thierry), à Théodobert roi d'Austrasie et à la reine Brunehilde, leur exprimant son mécontentement de ce qu'ils permettaient aux juifs de posséder des esclaves chrétiens. Il les exhorta avec un grand zèle de remédier à ce scandale et à libérer les vrais croyants de la puissance de leurs ennemis ».

« Récarède, le roi des Wisigoths, qui se soumit au Saint Siège fut hautement loué par Grégoire pour avoir promulgué un édit d'intolérance ».[262]

On voit donc que les mesures approuvées par le Wisigoth Récarède pour enchaîner la bête judaïque furent inspirées, comme le rapporte Graetz, ni plus ni moins que par le Saint Pape Grégoire le Grand, qui pendant un certain temps avait essayé en vain de gagner les juifs par la bonté et la tolérance. Il est également intéressant de noter que le Pape Saint Grégoire, au moment même où il récusait les conversions forcées, nourrit des espérances d'évangéliser les juifs par des moyens pacifiques, mais, sachant que les conversions de ceux-ci étaient en général feintes et fausses, il espérait cependant parvenir au moins à fixer leurs enfants sincèrement dans le Christianisme.

À ce sujet, l'historien juif cité dit clairement à propos de Saint Grégoire : « Lui cependant ne se laissait pas tromper par la croyance que les conversions obtenues de cette façon avaient donné de loyaux chrétiens, mais il comptait sur leurs descendants. Si nous ne les gagnons pas, du moins nous gagnerons leurs enfants »[263] rapporte l'auteur cité, et, ce que l'on doit noter, c'est que le Pape Saint Grégoire le Grand de si glorieuse mémoire dans l'histoire de l'Église savait donc bien que les conversions des juifs étaient de fausses conversions, mais ce qu'il voulait à travers elles, c'était de gagner au Christianisme leurs enfants éduqués chrétiennement. Malheureusement, la méchanceté et la perfidie du Judaïsme ont fait échouer même ces calculs en apparence très logiques. Car nous avons déjà vu, au chapitre II de cette IVème partie, que l'historien juif Cecil Roth affirme que le marranisme ou Judaïsme clandestin s'est caractérisé par la transmission de père en fils et en secret de la religion juive, masquée sous les apparences de la Religion Chrétienne pratiquée publiquement par les marranes. Ainsi les calculs de tous les responsables de l'Église et des États chrétiens reposant sur l'idée que, même si les conversions étaient fausses et feintes, il serait possible de convertir les descendants en bons chrétiens, échouèrent tous lamentablement à travers les siècles comme nous l'étudierons plus loin.

---

[262] Saint Grégoire le Grand cité par Graetz, Op. cit., t.II, pp 33-34.
[263] Graetz, Op. cit., t.III, p.33.

# Chapitre XII

## Le IVè Concile de Tolède déclare sacrilèges et excommuniés les évêques et les clercs qui appuient les Juifs

L'une des causes principales du triomphe lent mais progressif de l'impérialisme juif au cours des dix-neuf derniers siècles a été le manque de mémoire des chrétiens et des gentils (les non-juifs), toujours prêts à oublier le passé et à ne pas tenir compte que l'histoire est maîtresse de vie.

Toujours les juifs, prenant avantage de leur immense habileté à tromper leur prochain, ont cherché à gagner la confiance des dirigeants chrétiens tant ecclésiastiques que séculiers, et ont pu ainsi s'approprier des postes de gouvernement et acquérir une grande influence dans la société chrétienne. Ce pouvoir ainsi acquis était employé par eux à porter préjudice aux ingénus qui leur avaient ouvert leurs portes, à conspirer avec les plus grandes probabilités de succès contre la Sainte Église et les États chrétiens ; d'où alors que, quand survenait la réaction de défense des secteurs menacés par la bête judaïque déchaînée, ce n'était que par de très difficiles combats et après avoir surmonté d'innombrables obstacles que ceux-ci en revenaient à l'enchaîner, pour l'empêcher de continuer à nuire à l'Église, à l'État et à la Chrétienté.

C'est ainsi que nous voyons qu'après la mort de Récarède, les motifs qui avaient justifié l'exclusion des juifs des emplois publics ayant été oubliés, ils furent de nouveau admis à les exercer et à retomber dans leurs mauvaises habitudes qui avaient provoqué les habiles sanctions du IIIème Concile de Tolède. Ils représentèrent de nouveau un grave problème dans l'Empire Wisigoth.

C'est pourquoi, sitôt élu par les chefs wisigoths et muni de la sanction de l'Épiscopat, la première chose que fit Sisebut en l'année 612 fut de mettre un terme aux abus des juifs en rendant effectifs les Canons du IIIème Concile de Tolède, qui, par négligence ou par condescendance des gouvernements précédents, avaient en grande partie cessé d'être appliqués, et il interdit rigoureusement que les juifs puissent acheter des esclaves chrétiens.

J. Amador de los Rios affirme : « Fermement déterminé à séparer la race juive de la race chrétienne et à interdire à la première d'exercer tout pouvoir sur la seconde, Sisebut ordonna que fussent restituées à la Couronne toutes les rentes, bénéfices ou donations obtenues frauduleusement des rois ses prédécesseurs, manifestant ainsi, ajoute l'historien, que dans son effort pour redonner pleine vigueur aux dispositions de Récarède, Sisebut acquérait aussi l'approbation de l'Épiscopat et la faveur des catholiques,[264] avec en revanche l'opposition obstinée des juifs alors durement accusés de perversité judaïque ».

Enfin, Sisebut se résigna à extirper le mal à sa racine, en éliminant de son Empire cette communauté d'étrangers factieux, qui empêchaient la nation wisigothe et le peuple hispano-latin de vivre en paix et constituaient une constante menace pour l'Église et l'État, et il fulmina un édit expulsant de son Empire tous les descendants de juifs, mais il le fit en commettant l'erreur gravissime d'exempter de cette mesure tous ceux qui se convertiraient au Catholicisme, erreur capitale puisque la majorité préféra rester en se faisant baptiser, et, comme le dit l'écrivain juif Cecil Roth, de telles conversions furent feintes et eurent pour unique conséquence de substituer au Judaïsme ouvertement pratiqué en tant que religion, un Judaïsme occulte et clandestin qu'ils observèrent ensuite en secret, et aussi de renforcer leur cinquième colonne, organisation encore beaucoup plus dangereuse que celle du Judaïsme public.

L'historien jésuite Mariana, à propos de cette conversion générale des juifs ibériques, dit aussi qu'après la publication de ce décret, un grand nombre de juifs se firent baptiser, « certains sincèrement, mais la plupart insincèrement », ajoutant que les juifs qui avaient reçu le baptême pour se dérober à l'édit de Sisebut, en 621 à sa mort « reprirent avec le plus grand empressement les croyances de leurs ancêtres ».[265]

Le manque de mémoire des gouvernants chrétiens, si désastreux dans ses conséquences pour nous et si utile aux juifs, entraîna qu'au cours de l'histoire, les chrétiens et les gentils, oublieux des leçons du passé, recommenceraient à essayer de résoudre la terrible question juive en ordonnant l'expulsion des juifs mais en leur laissant l'échappatoire de la conversion, avec pour résultat que cela ne fit qu'empirer les choses puisque la majorité des juifs choisirent de se mettre à l'abri de l'expulsion par une fausse conversion au Christianisme, augmentant encore de ce fait une cinquième colonne qui devenait chaque fois plus subtile, plus secrète et donc d'autant plus dangereuse.

---

[264] J. Amador de los Rios, Op.cit., t.I, pp. 85, 86 et 87.
[265] RP Juan Mariana, SJ : « *Histoire générale d'Espagne* » livre IV, chap. 2.

L'expulsion de tous les juifs de l'Empire Wisigoth aurait résolu le problème si elle avait été vraiment totale, si l'on n'avait pas toujours donné aux juifs l'opportunité d'y échapper par d'apparentes conversions. Cette expulsion était justifiée de par le droit qu'a tout maître de maison d'expulser un hôte qui, loin de montrer de la gratitude pour l'hospitalité reçue, conspirerait pour le dépouiller de sa propriété, le voler et lui créer des ennuis.

Le commentaire de l'historien Graetz à propos de l'édit d'expulsion de Sisebut est à cet égard très significatif. « Avec cette persécution fanatique, écrit-il, Sisebut ouvrit la voie à la dissolution de l'Empire Wisigoth ».[266]

Il fait sans aucun doute allusion au fait que la complicité des juifs facilita le triomphe des envahisseurs musulmans. La réalité est que, depuis la conversion des Wisigoths au Catholicisme et leur abjuration de l'Arianisme, les juifs ne cessèrent de conspirer contre le nouvel ordre établi, et si une erreur fut commise par Sisebut ou ses successeurs, ce fut bien de ne pas avoir expulsé la totalité des conspirateurs étrangers qui s'étaient introduits sur son territoire et qui facilitèrent en effet de l'intérieur la conquête arabe. Si les juifs n'étaient pas demeurés en territoire goth, ils n'auraient pu effectuer tout un travail d'espionnage ; les places fortes n'auraient pas pu être livrées, et il ne se serait pas produit des défections dans l'armée de Don Rodrigue comme ils le firent. L'erreur des Wisigoths fut bien d'avoir laissé les juifs demeurer dans leur territoire par le subterfuge des fausses conversions, car il est toujours dangereux de laisser subsister une cinquième colonne quelle qu'elle soit.

Il est important de noter que Sisebut était bien conscient du manque de fermeté des chrétiens à maintenir contre leurs ennemis une politique suivie et définie à travers l'Histoire, et il connaissait aussi la mauvaise mémoire des hommes quant aux leçons qu'offre le passé. Aussi fit-il l'impossible pour empêcher que ses successeurs, tombant sous l'emprise des roueries habiles de la fine diplomatie judaïque, ne se mettent à révoquer les lois qu'il avait promulguées pour la défense de l'Église et de l'État. La législation qu'il laissa à cet égard, et qui se perpétua par le Droit Coutumier, fut très spécialement recommandée à ses successeurs par le même Sisebut, « afin que ceux-ci emploient toute rigueur à faire observer les lois anti-juives sous peine d'être diffamés parmi les hommes, jusqu'à mériter de mourir rejetés par le peuple des fidèles du Christ et d'être jetés avec les juifs pour brûler dans les terribles flammes éternelles (de l'enfer) ».[267]

---

[266] Graetz, Op. cit., t. III, p. 49.
[267] *Forun Judicum*. Livre XII, titre II, loi 14. La formule de malédiction contre les rois qui n'observeraient pas la législation antijudaïque dit ceci : « Sit in hoc saeculo ignominiosior cunctis hominibus... Futuri etiam examinis terribile quum patuerit tempus et metuendus

Et Sisebut ne s'était guère trompé connaissant trop bien les faiblesses des chefs chrétiens, car à peine fut-il mort, que le nouveau roi Swintila succomba rapidement devant l'habile diplomatie des juifs, qui ont le don suprême d'inspirer confiance à leurs futures victimes en les enveloppant dans des relations extrêmement cordiales, en simulant une amitié et une loyauté qui masquent leurs noirs projets, et en se faisant passer pour les victimes des plus infames injustices.

Par leurs embrouilles classiques, ils obtinrent la confiance de Swintila, qui, rejetant les exhortations de Sisebut à ses successeurs de ne pas changer les lois antijuives de défense du royaume, et ne tenant aucun compte des malédictions lancées contre quiconque les mépriseraient, répudia toute cette législation anti-judaïque et avec elle l'édit d'expulsion des juifs, permettant ainsi aux faux convertis qui y échappèrent de revenir à la pratique publique du Judaïsme, et aux anciens expulsés de revenir dans le pays.

À ce propos, l'historien Graetz mieux informé que le Père Mariana des questions internes au Judaïsme, dit que : « Malgré leur baptême, les juifs convertis n'avaient pas abandonné leur religion », sans insinuer comme le fait Mariana que bien que la majorité des juifs se fussent convertis hypocritement, quelques-uns l'avaient fait d'un cœur sincère. En outre, Graetz poursuit en disant qu'à l'époque du philojuif Swintila, « l'acte de baptême était alors considéré suffisant, et personne ne se préoccupait de rechercher si les convertis avaient conservé ou non leurs anciens usages et coutumes ». « Le noble roi Swintila fut cependant détrôné par une conspiration des nobles et du clergé, qui mirent à sa place Sisenand leur docile instrument ».[268]

Le juif Graetz fait ici mention d'un état de choses qui est idéal pour les faux convertis du Judaïsme, en vertu de quoi on accepte le fait que par le seul baptême ils se convertirent en vrais chrétiens, sans que plus personne ne se préoccupe de rechercher si les convertis et leurs descendants ne pratiqueraient pas le Judaïsme en secret. Telle est précisément la situation actuelle des descendants des faux convertis, qui agissent librement comme une cinquième colonne à l'intérieur de l'Église en provoquant des dommages catastrophiques au Christianisme, sans que personne n'entreprenne de recherche efficace pour découvrir ceux qui judaïsent en secret, à la fois parce que pour la grande majorité on a perdu la trace de leur origine juive, et aussi parce qu'il n'existe plus de police spéciale chargée de la rechercher.

---

domini adventus fuerit reservatus, discretus a Christi grege perspicuo ad laevam cum hebraeis exuratur flammis atrocibus », etc.
[268] Graetz : Op. cit., t. III p. 49.

En revanche, à d'autres époques comme celle de la monarchie wisigothe on surveillait soigneusement les convertis et leurs descendants pour découvrir ceux qui pratiquaient secrètement le Judaïsme.

Il est naturel que, à l'abri de la protection de Swintila, les juifs aient retrouvé une grande puissance sous son règne, mettant de nouveau en péril les institutions chrétiennes, ce qui explique et justifie la conspiration du clergé catholique pour déposer le monarque félon, évidemment loué par les juifs comme bon et libéral. Le chef de ce nouvel épisode de lutte contre la Synagogue de Satan fut Saint Isidore de Séville, l'un des plus illustres Pères de l'Église, qui, après que Swintila ait été renversé et que Sisenand ait été couronné, organisa et dirigea le IV$^{ème}$ Concile de Tolède dont l'autorité est si grande dans la doctrine ecclésiastique.

Le plus grave de la situation était que les faux convertis et leurs descendants, selon leurs habitudes coutumières, faisaient accéder leurs fils au sacerdoce catholique pour les faire ainsi monter dans la hiérarchie jusqu'aux sièges des évêchés et utiliser ces positions à aider les juifs dans leurs complots contre la foi catholique, cas typiques de l'activité de la cinquième colonne juive infiltrée dans l'Église dont l'action destructrice n'a cessé de se manifester jusqu'à nos jours.

D'autres fois, les juifs recouraient au système inauguré par leur prédécesseur le juif Simon le Magicien, achetant les faveurs des clercs qui, même sans être des juifs masqués, vendaient leur appui à la cause du démon, comme leur modèle Judas l'Iscariote, pourtant l'un des douze Apôtres.

La trahison cachée au sein des hautes sphères de la Sainte Église suscita l'indignation du IV$^{ème}$ Concile de Tolède et de son chef Saint Isidore de Séville, et appela les Métropolitains et les Évêques réunis à consigner dans les saints Canons toute une série de dispositions tendant, non seulement à conjurer à temps la menace judaïque, mais aussi à réfréner et châtier les trahisons dans le haut clergé, plus dangereuses que toutes les autres pour la Sainte Église et pour l'État.

C'est ainsi qu'entre les divers canons approuvés se distinguent les suivants :

Canon LVIII : « sur ceux qui prêtent aide et faveur aux juifs à l'encontre de la foi au Christ ».

« La cupidité de certains est telle que, pour elle, ils se séparent de la Foi, comme le dit l'Apôtre : que beaucoup, même parmi les prêtres et les laïques, en acceptant des présents des juifs, fomentent leur perfidie en les soutenant, eux qui non sans raison se savent être du corps de l'Antéchrist puisqu'ils œuvrent contre le Christ.

« Tout Évêque, prêtre ou séculier laïque qui dorénavant leur donnera appui (aux juifs) contre la foi chrétienne, que ce soit pour des présents ou des faveurs, devra être considéré comme véritable profanateur et sacrilège, excommunié de l'Église Catholique et considéré comme étranger au Royaume de Dieu ; car il convient de séparer du Corps du Christ celui qui se fait le patron des ennemis du Seigneur ».[269]

La menace pour l'Église et la société chrétienne du fait de la complicité avec les juifs de certains Évêques et de certains prêtres devait être très grave, pour que le sage et Saint Homme qu'était Isidore de Séville qui dirigeait le Concile et que les Métropolitains et les Évêques qui y participaient aient tenu à dénoncer ce mal dans le Canon que l'on vient de citer, et à stigmatiser comme profanateurs et sacrilèges les Évêques et les prêtres qui aideraient les israélites, les sanctionnant de la peine d'excommunication.

Puissent-ils en prendre note ces hauts et très hauts dignitaires ecclésiastiques qui, plutôt que de servir l'Église aujourd'hui, aident les juifs, les ennemis principaux du Christ, ou les entreprises judaïques comme la Maçonnerie et le Communisme, et puissent-ils tenir compte de la très grave responsabilité qu'ils encourent et du péché gravissime qu'ils commettent.

Comme on le sait, les Conciles Tolédans ont une grande autorité dans la Sainte Église Catholique, et leurs dispositions furent adoptées et incluses dans la législation civile. C'est ainsi que les ordonnances et sanctions du Canon que nous venons de citer furent transférées dans le Droit Coutumier, qui fut promulgué avec l'approbation de la Sainte Église.

Dans l'article XV du titre II au livre XII, il est ordonné que :

« Pour que la tromperie des juifs, qu'il nous faut toujours débusquer, n'ait le pouvoir de s'accroître en aucune manière, ni de causer des troubles.

« À cette fin nous établissons dans cette loi que nul homme de quelque religion et de quelqu'ordre que ce soit, de quelque dignité, ni de notre cour, ou petit ou grand, de quelque famille ou lignage, même prince ou puissant, ne se mette à désirer dans l'intime de son cœur de protéger les juifs qui ne se firent pas baptiser pour demeurer dans leur foi et leurs coutumes. Ni à ceux qui sont baptisés de revenir à leur perfidie et à leurs coutumes mauvaises. Que personne n'ose les défendre de son pouvoir en quoi que ce soit : il en serait maudit. Que personne n'essaye de leur offrir aide, que ce soit en leur donnant raison ou concrètement, pour qu'ils s'opposent à la Sainte Foi des chrétiens, ni d'entreprendre quoi que ce soit contre elle, en secret ou ouvertement. Et si quelqu'un osait le faire, qu'il fût Évêque ou clerc ayant reçu les ordres sacrés ou bien laïque, ou fût convaincu de l'avoir fait, qu'il soit séparé de la compagnie des chrétiens et

---

[269] IVème Concile de Tolède, Canon LVIII. Compilation de Juan Tejada et Ramiro. *Collection des Canons de tous les Conciles de l'Église d'Espagne et d'Amérique*. t.II, p.305.

soit excommunié par l'Église, et qu'il perde le quart de toute sa fortune au bénéfice du Roi ».[270]

Telle est la manière dont, en ces temps troublés, l'Église et l'État chrétien sanctionnèrent les complices du Judaïsme au sein de l'Église, et dans les hautes hiérarchies du clergé précisément.

Revenant au IVème Concile Tolédan, nous allons rapporter ce qu'ordonne le Canon LIX, qui se rapporte directement aux juifs qui, s'étant convertis au Christianisme, furent découverts ultérieurement comme pratiquant le Judaïsme en secret.

À cet effet, ce Canon proclame : « Nombre de juifs ont accepté la foi chrétienne pendant un certain temps, puis ensuite, blasphémant le Christ, non seulement se sont remis aux rites judaïques, mais sont allés jusqu'à effectuer l'abominable circoncision. À leur sujet, et après avoir consulté notre très pieux et très religieux prince et seigneur le Roi Sisenand, ce Saint Concile décrète que de tels transgresseurs corrigés par l'autorité pontificale soient ramenés au culte du dogme chrétien, de telle sorte que ceux qui ne s'amendent pas de par leur volonté propre, le châtiment sacerdotal les réfrène. Quant à ceux qu'ils circoncirent, il est ordonné que, si ce sont leurs fils, ils soient séparés de la compagnie de leurs pères, et si ce sont des esclaves, qu'en compensation de la blessure faite à leur corps on leur concède la liberté ».[271]

Bien que Cecil Roth comme d'autres auteurs juifs affirme que les conversions en elles-mêmes étaient feintes, rejoignant en cela l'opinion de l'historien jésuite Mariana et ce qu'établissent aussi divers documents médiévaux de fidélité indiscutable envers l'Église, à moins que la preuve ait été apporté que le chrétien converti pratiquait en secret les rites juifs, il était tenu pour un chrétien sincère, au moins dans les premiers temps. Ensuite seulement, l'on commença de considérer comme suspects de crypto-judaïsme tous les israélites convertis au Christianisme et leurs descendants, parce que l'on put prouver que, sauf rares exceptions, tous se convertissaient fictivement et transmettaient leur religion occulte de père en fils. Il n'est donc pas étonnant que, par le Canon LIX que l'on vient de citer, des mesures aient été prises pour éviter que les crypto-juifs faux convertis transmettent à leurs enfants le rite hébreu, et que dans ce but on les aient séparés.

Dans le même objectif, le Saint Concile évoqué approuva le Canon LX qui, selon le compilateur Tejada y Ramiro, se rapporte aux juifs appelés relaps, c'est à dire à ceux qui récidivent dans la pratique du Judaïsme secret. Ledit Canon déclare :

---

[270] Droit coutumier (Fuero Juzgo) en latin et en castillan, collationné avec les codes les plus antiques et les plus précieux par l'Académie Royale Espagnole, Madrid, 1815.
[271] IVème Concile de Tolède Canon LIX, Compilation de Juan Tejada y Ramiro, collect. cit., t.II, pp.305-306.

« Il est décrété que les fils et les filles des juifs, afin qu'ils ne soient pas à l'avenir impliqués dans l'erreur de leurs parents, soient séparés de leur compagnie et placés, soit dans un monastère, soit chez des hommes et des femmes bons chrétiens aimant Dieu, afin que dans cette fréquentation ils apprennent le culte fidèle et que, mieux instruits, ils progressent désormais dans les usages et les croyances (catholiques) ».[272]

Comme on peut le constater, ces Canons étaient destinés principalement à détruire la cinquième colonne juive au sein de l'Église en sévissant contre les faux chrétiens crypto-juifs ou en faisant en sorte d'éviter que ceux-ci transmettent le rite clandestin à leurs enfants. Pour l'Église, il était alors et il demeure toujours extrêmement dangereux d'avoir chez elle des membres de la secte judaïque déguisés en bons catholiques et n'aspirant qu'à détruire le Christianisme, car cela revient à avoir l'ennemi à l'intérieur de ses murs, et personne n'a jamais mis en doute le droit qu'a toute société humaine d'extirper l'espionnage des puissances ennemies, non plus que de se défaire des saboteurs. Les moyens pris par la Sainte Église pour se défendre contre l'infiltration judaïque qui essayait de la désintégrer de l'intérieur, bien qu'ils apparaissent sévères, étaient entièrement justifiés, semblables à ceux que prennent les nations modernes dans cette même intention.

L'histoire confirma que, même quand le Judaïsme public fut expulsé et proscrit dans de nombreux pays, le crypto-judaïsme continuant de subsister sous le masque de Christianisme, on a toujours pensé très logiquement que les relations des juifs convertis avec ceux qui suivaient encore ouvertement leur rite étaient nocives, car elles pouvaient amener ces derniers à rejudaïser les premiers. Il s'agissait donc, au moyen du Canon LXII de ce Saint Concile, de conjurer ce péril :

« À propos des juifs baptisés qui se réunissent avec les juifs infidèles. Si bien souvent la compagnie des méchants corrompt aussi les bons, avec combien plus de raison corrompra-t-elle ceux qui sont inclinés au vice. Que donc désormais les juifs convertis cessent toute relation avec ceux qui ont encore conservé leur rite ancien, afin de ne pas se pervertir par eux, et à l'avenir, que celui, quel qu'il soit, qui n'évitera pas leur compagnie soit puni de la manière suivante : s'il est hébreu baptisé, qu'il soit remis aux Chrétiens, et s'il n'est pas baptisé, qu'il soit fouetté en public ».[273]

Le Canon LXIV nie la validité du témoignage, non seulement du juif public, mais du chrétien crypto-juif. Jusqu'alors, la législation chrétienne était arrivée à nier la valeur du témoignage des juifs publics contre les

---

[272] IVème Concile de Tolède Canon LX, Compilation de Juan Tejada y Ramiro, collect. cit., t.II, p.306.
[273] IVème Concile de Tolède, Canon LXII, Compilation de Juan Tejada y Ramiro, collect. cit., t.II, pp.306-307.

chrétiens, mais ce Canon LXIV innove, en ce sens qu'il nie aussi toute validité au témoignage du chrétien pratiquant en secret le Judaïsme :

« Ne peut être fiable devant les hommes celui qui a été infidèle à Dieu, d'où il ressort que les juifs qui se sont faits chrétiens et qui ont prévariqué contre la Foi du Christ ne doivent pas être admis comme témoins, même s'ils prétendent qu'ils sont chrétiens, parce qu'étant suspects dans la foi du Christ, ils doivent être aussi considérés comme douteux dans le témoignage humain... »[274]

L'argumentation des Pères du Concile ne peut être plus logique : car si en effet les juifs mentent sur les sujets relatifs à Dieu, il est logique qu'ils mentent aussi dans les questions humaines. On constate en outre que Saint Isidore de Séville avec les Métropolitains et les Évêques du Concile connaissaient alors parfaitement les constantes simulations et feintes dans lesquelles vivaient les faux catholiques crypto-juifs. Nous pouvons dire aujourd'hui la même chose de beaucoup qui se prétendent catholiques mais agissent en israélites.

À l'examen de cette formidable lutte défensive de la Sainte Église et de l'État chrétien contre les dangereuses infiltrations de la cinquième colonne judaïque, celle-ci devait avoir continué de conquérir des postes de gouvernement, surtout pendant le règne si néfaste du philo-juif Swintila, et cela de bien dangereuse manière, pour qu'aussi bien le monarque catholique régnant que le Saint Concile de Tolède aient décidé de mettre fin à cette situation en insérant dans les Saints Canons la dernière prohibition, à savoir que les juifs ne puissent obtenir de postes de gouvernement dans la société chrétienne.

Le Canon LXV spécifie : « Par ordre du très excellent Roi et Seigneur Sisenand, ce Saint Concile établit que les juifs et ceux de leur race n'exercent pas de charges publiques, parce qu'ils nuisent par là aux chrétiens ; et donc les juges des provinces en coopération avec les prêtres mettront fin à leurs manœuvres subreptices et ne permettront pas qu'ils s'emparent de charges publiques ; que si un juge cependant y consentait, il sera excommunié comme sacrilège, et celui qui sera accusé du crime de subreption sera fouetté en public ».

Le Canon LXVI nomme textuellement les juifs : « ministres de l'Antéchrist »...,[275] et, comme celui précédemment cité, il stigmatise les Évêques et les prêtres qui aideraient les hébreux comme étant membres du corps de l'Antéchrist.

On doit noter que le Canon LXV introduit une innovation dans les lois de la Sainte Église Catholique, en ce qu'il interdit l'accession aux postes de

---

[274] IVème Concile de Tolède, Canon LXIV, Compilation de Juan Tejada y Ramiro, collect. cit., t.II, p.307.
[275] IVème Concile de Tolède, Canons LXV &LXVI, Compilation de Juan Tejada y Ramiro, collect. cit., t.II, p.308.

gouvernement non seulement aux juifs déclarés, mais aussi à tous ceux de leur race. On ne doit pas interpréter cette interdiction comme une mesure de discrimination raciale, puisque la Sainte Église considère tous les hommes comme égaux devant Dieu sans distinction de race, mais, du fait de la conviction constamment confirmée par les faits que les chrétiens de race juive pratiquaient en secret le Judaïsme sauf rarissimes exceptions, il était logique de prendre les mesures nécessaires pour éviter l'infiltration de crypto-judaïques dans des fonctions publiques, comme une mesure vitale de défense de l'État chrétien, vu que s'il devait advenir à cet État d'être gouverné par ses ennemis mortels, ennemis capitaux également de la Sainte Église, les deux institutions seraient alors en grand péril. Fermer aux juifs militants et aux « convertis » les portes du gouvernement de l'État était donc, non seulement prudent, mais indispensable pour se garder de leur puissante cinquième colonne, qui à tout moment pouvait provoquer l'effondrement de l'État. C'est ce qui était déjà arrivé lorsqu'un chef imbécile, violant toutes ces lois ecclésiastiques et celles promulguées par ses prédécesseurs, avait donné de nouveau aux juifs la possibilité d'accéder aux postes de commandement dans l'Empire Goth. Cette loi de sécurité publique fut sans aucun doute le précédent à d'autres lois plus énergiques et radicales qu'approuvera la Sainte Église de nombreux siècles plus tard.

Il est intéressant de remarquer que Saint Isidore de Séville, dans sa lutte contre le Judaïsme, écrivit deux ouvrages contre les juifs qui, selon l'historien juif Graetz, « furent élaborés avec ce manque de goût et de sentiment ( !) qui avait caractérisé les Pères de l'Église depuis le début de l'ardente polémique contre le Judaïsme ».[276]

Il est tout à fait naturel que les livres anti-judaïques des Pères de l'Église ne plaisent pas aux juifs, mais il faut comprendre que les israélites occultent la vérité historique en s'efforçant de déprécier ceux qui les ont combattus, fussent-ils aussi vaillants que saints, doctes et illustres comme les Pères de la Sainte Église.

Il ne fait pas de doute que si Saint Isidore de Séville, les Métropolitains et les Évêques du IVème Concile de Tolède avaient vécu à notre funeste époque, ils auraient été accusés d'antisémitisme et de racisme criminel, non seulement par les juifs, mais aussi par ces clercs qui se faisant passer pour catholiques sont en réalité au service du Judaïsme.

---

[276] Graetz: « *Histoire des Juifs* », Op. cit., t.III, p. 50.

# Chapitre XIII

## Condamnation des rois et des prêtres catholiques négligents dans la lutte contre le crypto-judaïsme

Comme on aura pu l'observer, les saints canons du IV$^{\text{ème}}$ Concile de Tolède avaient pour objet de détruire définitivement la cinquième colonne juive introduite dans la société chrétienne, et ses décisions auraient donné des résultats plus efficaces s'il n'y avait eu de la part des hébreux leur habileté diplomatique et politique ancestrale, avec des simulations de loyauté parfaite, de faux plaidoyers et des comédies pour inspirer la confiance. En outre, ils ont toujours été particulièrement habiles à semer la discorde parmi leurs adversaires pour finalement dominer, s'alliant d'abord avec les uns pour détruire les autres, puis ensuite se retournant contre leurs premiers alliés de circonstance pour en finir avec eux avec l'appui des derniers, en les annihilant finalement tous. Cela a été l'un des grands secrets de leurs victoires, et il faut donc que les chefs religieux et politiques de toute l'humanité en tiennent compte pour se garder de leurs manœuvres si machiavéliques.

De même, il est juste de mentionner qu'une autre cause de leurs triomphes a été leur grand courage à résister à l'adversité, leur résolution à ne jamais se rendre à leurs ennemis et à combattre les lâches dans leurs propres rangs, ceux qui font que des revers momentanés peuvent se transformer en défaites définitives.

Des lâches de ce type existent dans les hautes hiérarchies du Christianisme, qui ont été causes de tant de redditions et de tant de défaillances dans les derniers temps, et qui ont le cynisme de déguiser leur couardise et leur égoïsme sous de prétendus prétextes de prudence et de conciliation, sans se préoccuper que leur conduite livrait des peuples entiers à l'esclavage communiste, se disant à eux-mêmes : pourvu que la bête nous laisse vivre heureux, tant pis si les peuples que nous dirigeons s'effondrent. Telle est la summa ratio de leurs fausses prudences et de leurs défaillances !

Si les juifs s'étaient comportés ainsi, leur déroute eut été définitive sous l'Empire Wisigoth lorsque tomba sur eux le désastre que leur causa le Christianisme triomphant dans le IVème Concile de Tolède. Mais, loin de se rendre comme le conseilleraient les lâches d'aujourd'hui, ils poursuivirent la lutte avec ardeur et fanatisme, préparant le moment où ils pourraient engager une nouvelle bataille qui leur donnerait la possibilité de triompher. Ils entreprirent avec leur obstination habituelle d'essayer de tourner les lois qu'avait approuvées le Saint Concile de Tolède pour les réduire à l'impuissance ; ils appuyèrent l'esprit de rébellion des nobles contre le roi et l'aggravèrent par leurs intrigues, et, quand les esprit furent bien échauffés, ils se présentèrent comme les soutiens efficaces des prétentions de la noblesse rebelle.

Tout le temps que le roi, la Sainte Église et l'aristocratie wisigothe étaient restés unis, les juifs n'avaient pu les vaincre ; il s'agissait donc justement pour eux d'ébranler cette unité et de diviser l'ennemi pour l'affaiblir.

La chose n'était pas difficile, étant donnée l'habituelle tendance des nobles à se rebeller contre le pouvoir royal. Les juifs exploitèrent cette tendance et employèrent les frictions survenues pour développer les luttes internes, et ils atteignirent petit à petit leurs objectifs, en commençant avant tout par obtenir la protection de certains aristocrates, pour leur permettre de tourner en dérision l'exécution des Canons du Concile et des lois promulguées par le monarque, puisque les nobles, trompés par la fausseté judaïque, étaient tombés dans le piège consistant à leur faire considérer les juifs comme des alliés dans leur lutte contre le roi. C'est ce que réussirent notamment les juifs « convertis » et leurs descendants, qui se donnaient l'apparence d'être de fidèles chrétiens pour avoir le moyen de gagner plus facilement la confiance de l'aristocratie wisigothe.

L'historien juif Graetz commente ainsi cet épisode:

« Ces résolutions du IVème Concile de Tolède et la persécution de Sisenand contre les juifs convertis ne semblent pas avoir été menées à terme avec toute la sévérité projetée. Les nobles hispano-wisigoths prirent de plus en plus les juifs sous leur protection, et contre eux l'autorité royale manquait de force ».[277]

On voit donc que les juifs « convertis » surent habilement trouver le point faible de l'Empire Wisigoth et l'exploiter avec une grande efficacité, comme ils surent le faire mille ans plus tard en Angleterre où ils s'ouvrirent la voie de la conquête de la nation en exploitant et en aiguisant de même les luttes de la noblesse parlementaire contre le roi.

---

[277] Graetz: Op.cit., t.III, p. 51.

C'est au milieu de luttes intestines croissantes qui commençaient à affaiblir gravement l'héroïque Empire Wisigoth que Chintilla accéda au pouvoir et qu'au début de son règne se réunit le VIème Concile de Tolède.[278]

Le manque de persévérance des non-juifs dans leur lutte contre leur ennemi capital demeurait une infirmité chronique qui facilitait les progrès de ce dernier, même dans le cas de rois wisigoths si conscients de la menace judaïque et si désireux de l'extirper.

Il s'avéra donc nécessaire que les Métropolites et les Évêques réunis en Concile entreprissent de porter remède à ces maux, en statuant dans le Canon III comme suit :

« Il nous paraît qu'afin que par la piété et la puissance supérieure se réduise l'inflexible perfidie des juifs, puisque l'on sait que par inspiration du Dieu tout puissant le très excellent et très chrétien Prince, enflammé de l'ardeur de la foi, et en union avec le clergé de son royaume, s'est déterminé à extirper leurs prévarications à la racine en ne permettant plus que réside en son royaume qui ne soit pas catholique... Mais il nous faut décréter, par souci et grande vigilance, que son ardeur et notre œuvre déjà plusieurs fois assoupies ne se refroidissent à l'avenir, ce pour quoi nous promulguons avec lui, sentence conforme, de cœur et de bouche, qu'il a la juste nécessité de remercier Dieu, et en même temps nous décidons, avec l'assentiment de ses grands et illustres officiers du royaume et après leur délibération, que quiconque à l'avenir aspirera au pouvoir suprême du royaume ne monte sur le trône à moins d'avoir, entre autres serments pour cette accession, fait celui de ne pas permettre aux juifs de violer la Foi Catholique (c'est à dire de ne pas permettre les juifs faussement convertis au Christianisme) et de ne favoriser en aucune manière leur perfidie, ni par une quelconque négligence ou cupidité[279] d'ouvrir la voie vers la prévarication à ceux qui se dirigent vers les abîmes de l'infidélité, afin de faire en sorte que demeure fermement à l'avenir ce que nous avons obtenu avec grand effort en notre temps, car un bien est sans effet s'il n'est pas poursuivi avec persévérance. Et si, en dépit de ce fait et de son accession au trône, il manquait à cette promesse, qu'il soit anathème devant le Dieu Éternel, qu'il serve d'aliment au feu qui ne cessera jamais, et que l'y accompagnent tous ceux, prêtres ou simples chrétiens, qui seraient englobés dans sa faute. Nous décrétons aujourd'hui ces choses, en confirmant celles qui furent déjà antérieurement ordonnées par le Concile universel (œcuménique) concernant les juifs, parce que nous savons que en cela furent ordonnées des choses qu'ils purent sanctionner pour leur salut,

---

[278] Les opinions divergent quant à la date exacte de ce Concile: certains comme le cardinal Aguirre affirment qu'il eut lieu la deuxième année du règne, d'autres en revanche comme Tejada y Ramiro pensent qu'il se tint la troisième année.
[279] Neglectu aut cupiditate.

d'où que nous jugeons donc que doit demeurer ce qui fut alors décrété. »[280]

On ne pouvait lancer catilinaire plus dure contre les rois et les clercs qui ne participeraient pas à la lutte alors engagée, non pas contre les juifs ouvertement tels, mais contre la trahison des chrétiens d'origine juive appelés judaïsants ; et il faut noter que, si jusqu'alors les condamnations et sanctions des Saints Conciles avaient été dirigées contre les Évêques et les prêtres qui aidaient les juifs en leur servant de complices, l'excommunication qui fut alors fulminée le fut contre les prêtres qui manqueraient seulement de persévérance et vigilance et feraient preuve de négligence dans la lutte sans quartier soutenue par la Sainte Église contre le crypto-judaïsme. On constate donc que les Métropolitains et les Évêques du Saint Concile connaissaient à la fois parfaitement la perfidie de l'ennemi judaïque et savaient aussi très bien les faiblesses et le manque de persévérance des chefs civils et religieux de la Chrétienté dans le soutien d'une si juste lutte.

Il est cependant curieux de remarquer que, lors de ce Saint Concile, on se borna à combattre la négligence des prêtres, sans mentionner celle des Évêques, ceci dû peut-être au fait que ces derniers étant ceux qui approuvèrent ces dispositions, ils ne se hasardèrent pas à s'inclure eux-mêmes parmi ceux qui étaient promis à ces sanctions. Cependant, la négligence des Prélats dut être si grave par la suite que dans le Concile suivant eux-mêmes siègeront indignés contre une telle négligence et approuveront de fortes sanctions contre les coupables, comme avaient déjà antérieurement été déclarés sacrilèges et excommuniés les Évêques qui aideraient les juifs au préjudice du Christianisme.

Il faut néanmoins noter que ce Canon traite de ceux qui par cupidité ouvriraient la voie à la prévarication des juifs « convertis » ; car c'est un fait indubitable que les simoniaques subornés jouèrent un rôle capital dans les intrigues judaïques, ce que précisément paraît confirmer le Canon suivant, le IVème, qui prescrit entre autres :

« Par conséquent, quiconque se ferait l'imitateur de Simon, l'auteur de l'hérésie simoniaque, pour obtenir les grades des ordres ecclésiastiques, non par la gravité des mœurs mais par des présents et des offres, etc... »[281]

Ce fut en effet le juif Simon qui inaugura dans la Sainte Église cette politique de subornation qui, précisément à cause de lui, fut ensuite désignée sous le terme de simonie. Et au cours des siècles, la preuve put être apportée que les « convertis » du Judaïsme et leurs descendants déjà infiltrés dans les Ordres sacerdotaux et les structures hiérarchiques de la

---

[280] VIème Concile de Tolède Canon III, Compilation de Juan Tejada y Ramiro, collect. cit., t.II, pp.332-334.
[281] VIème Concile de Tolède Canon IV, Compilation de Juan Tejada y Ramiro, collection citée, t.II, p.334.

Sainte Église avaient appris encore beaucoup mieux que leur ancêtre le Magicien à acheter des dignités ecclésiastiques ou à vendre à leur tour les choses de la Sainte Église, comme le dénoncèrent maintes fois la Sainte Inquisition et les autorités ecclésiastiques.

Il faut ici noter le commentaire que fait l'historien juif Graetz concernant l'ordre donné par le roi Chintila et applaudi par le VIème Concile de Tolède de ne plus permettre dans le Royaume Goth qu'y résident ceux qui ne seront pas catholiques, une disposition manifestement dirigée contre les juifs. Il écrit :

« Pour la deuxième fois, les juifs furent forcés d'émigrer, et les convertis qui étaient restés fidèles au Judaïsme dans l'intime de leur cœur furent mis dans l'obligation de signer une confession les obligeant à observer et obéir sans réserves à la religion catholique. Mais la confession ainsi contresignée par des hommes dont les convictions stes étaient outragées ne fut ni ne pouvait être sincère. Ceux-ci espéraient résolument en des temps meilleurs qui leur donneraient la possibilité de jeter le masque, et la constitution de la monarchie élective de l'Empire Wisigoth le rendit possible. La présente situation ne dura que les quatre années du règne de Chintila (638-642). »

L'historien juif ne pouvait être plus clair quant au faux christianisme des juifs « convertis » et à la nullité de leurs confessions et promesses. Et Graetz poursuit en disant que ceux des juifs convertis au Christianisme qui violèrent leur promesse de ne pas pratiquer le rite hébreu et d'être des chrétiens sincères « furent condamnés par Chintila au bûcher ou à la lapidation ».[282]

L'historien J.Amador de los Rios rapporte les résultats pratiques de toutes ces mesures : « On doit néanmoins, dit-il, attirer l'attention sur le fait que cette sévérité excessive des législateurs ne suffit pourtant pas à réprimer l'impatience des juifs, puisque quinze ans plus tard (sous le règne de Receswint) nous voyons les Pères être forcés de répéter le mandement qui obligeait le roi élu à prêter serment de défendre la Foi contre la perfidie judaïque ».

Cette décision fut prise au VIIIème Concile de Tolède par le Canon X.[283]

Comme le disait Graetz, les juifs à la mort de Chintila obtinrent, à la faveur du caractère électif de la monarchie, un changement favorable à leurs intérêts avec le nouveau monarque élu, ce qui prouve une fois de plus ce mal chronique, dont nous les chrétiens nous souffrons ainsi que les gentils, d'être incapables de soutenir une conduite ferme et stable contre l'ennemi à travers les différentes générations de gouvernants. Parmi nous les chrétiens, comme parmi les gentils, il y a une telle volonté d'innovation

---

[282] Graetz, Op.cit., ed. cit., t.III, pp. 51 et 52.
[283] J. Amador de los Rios, Op. cit; t.I, pp. 95 et 96.

entre les gouvernants, que ce qu'a fait l'un est aussitôt détruit par le suivant, rendant impossible le maintien d'une politique uniforme face au Judaïsme ; et même s'il est indubitable que les juifs sont assez influents sur ces changements de politique, c'est bien souvent notre propre inconstance et notre manque de persévérance qui est la principale coupable.

D'un particulier intérêt pendant le règne de Recesswint est un mémoire qui lui fut adressé par les juifs « convertis » et leurs descendants tolédans, dans lequel ils demandèrent : « Qu'après que les rois Sisebut et Chintila les aient obligés à renoncer à leur Loi et à vivre en tout comme des chrétiens sans tromperie ni dol, on les exempte de manger de la viande de porc, et ceci (disaient-ils), davantage parce que leur estomac ne la supportait pas n'étant pas habitué à cette viande, que par scrupule de conscience ».[284] Cependant il faut dire tout de suite que des siècles plus tard, lorsque la persécution de l'Inquisition mit en danger de mort le crypto-judaïsme, les chrétiens qui judaïsaient en secret durent à grand regret manger de la viande de porc, du fait que les Inquisiteurs, et tout le monde en général, considéraient comme suspects de Judaïsme secret les chrétiens qui s'abstenaient d'en manger, même s'ils juraient ne le faire que par répugnance. C'est pourquoi, depuis lors et jusqu'à nos jours, fut supprimée dans le Judaïsme souterrain la prescription religieuse de s'abstenir de cette viande, afin de ne pas inspirer de soupçon au voisinage, et pourquoi aussi un juif clandestin aujourd'hui mange de tout et que personne ne soupçonne qu'il est juif pour des raisons d'alimentation, cette abstinence du porc n'étant plus désormais suivie chez les « chrétiens » marranes que par de rares fanatiques.

Malheureusement, on ne mit pas une barrière efficace pour empêcher les « convertis » du Judaïsme et leurs descendants de pouvoir s'introduire dans le clergé, et, au fur et à mesure qu'ils s'y infiltraient davantage, s'accroissaient les cas de simonie de façon si alarmante que le VIIIème Concile de Tolède tint à combattre ce vice d'origine judaïque avec toute l'énergie possible, signalant, dans son Canon III, que certains avaient voulu acheter « la grâce de l'Esprit-Saint contre un vil prix, pour recevoir la sublime élévation de la grâce pontificale, oubliant les paroles de Saint Pierre à Simon le Magicien : « que ton argent aille avec toi au lieu de perdition pour avoir pensé pouvoir posséder le don de Dieu par de l'argent ». Des sanctions furent ensuite décidées contre ceux qui tomberaient dans ce crime.[285]

L'écrivain juif Graetz écrit que le roi se rendant compte que les nobles turbulents du pays accordaient aux juifs leur protection et permettaient aux faux convertis de pratiquer le Judaïsme « il promulgua un décret

---

[284] J. Amador de los Rios, Op. cit. t.I, p. 95.
[285] VIIIème Concile Tolèdan, Canon III, Compilation de Juan Tejada y Ramiro, collect. cit., t.II, p.375.

interdisant à tous les chrétiens de protéger les juifs secrets, imposant des peines à ceux qui contreviendraient à cet ordre » et il conclut :

« Mais ces mesures et ces précautions ne donnèrent pas les résultats escomptés. Les juifs secrets, ou chrétiens judaïsants comme on les nommaient officiellement, ne pouvaient arracher le Judaïsme de leur cœur. Les juifs espagnols, partout ainsi en danger de mort, apprirent depuis longtemps l'art de rester fidèles à leur religion au plus intime de leur cœur et d'échapper aux regards perspicaces de leurs ennemis. Ils continuaient à célébrer les fêtes juives dans leurs foyers, méprisant les jours de fêtes institués par l'Église. Désireux de mettre fin à cet état de choses, les représentants de l'Église approuvèrent une loi qui eut pour objet de priver ces pauvres gens de leur vie domestique, et ils furent dès lors obligés de passer les jours de fêtes juives et chrétiennes sous les yeux du clergé, afin de les forcer ainsi à ne pas célébrer les premières et à observer les secondes ».[286]

Ici l'historien juif que l'on vient de citer délaisse tout subterfuge et désigne les chrétiens de race juive par leur vrai nom de juifs secrets ou chrétiens judaïsants, c'est à dire des chrétiens qui pratiquent le Judaïsme en secret, et il donne des détails très intéressants sur la manière dont ils célébraient les fêtes juives dans l'intimité de leurs foyers, car, pour garder l'apparence d'être des chrétiens, ils ne pouvaient aller le faire dans les synagogues. En même temps, l'illustre historien juif explique la raison de la décision du IX$^{ème}$ Concile de Tolède qui obligea les convertis à passer les jours de fêtes juives et chrétiennes sous la surveillance du clergé catholique.

Le Canon XVII du IX$^{ème}$ Concile de Tolède auquel à l'évidence se réfère Graetz dit textuellement :

« Que les juifs baptisés célèbrent les jours de fêtes avec les Évêques. Que les juifs baptisés en quelque lieu ou temps puissent se réunir, mais nous ordonnons que lors des fêtes principales consacrées par le Nouveau Testament, et en ces jours qui auparavant leur faisaient observer les cérémonies de l'ancienne Loi les plus solennelles, ils se rassemblent dans les villes et les assemblées publiques en union avec les souverains prêtres de Dieu, afin que le Pontife connaisse leur vie de foi et que leur conversion soit véritable ».[287]

Ce canon montre que les Évêques du Concile continuaient avec raison à se défier de la sincérité du Christianisme des juifs convertis à notre Sainte Foi.

---

[286] Graetz Op. cit., t. III, p. 104.
[287] IXème Concile de Tolède Canon XVII, Compilation de Juan Tejada y Ramiro, collect. cit., t.II, p.404.

À la mort de Receswint, Wamba fut élu roi, et les juifs appuyèrent de nouveau les discordes de la noblesse pour essayer de changer en leur faveur l'ordre existant.

José Amador de los Rios, en référence au fait que le X$^{ème}$ Concile de Tolède ne s'était pratiquement pas occupé des juifs, fait le commentaire suivant : « Les législateurs (ecclésiastiques) crurent cette fois en la sincérité de la quasi-universelle conversion des juifs, espérant que tous étant ramenés au Christianisme soit heureusement finie la lutte interne que ceux-ci entretenaient ; mais leur espérance fut vaine. Wamba était à peine monté sur le trône de Récarède que la rébellion d'Hilpéric et de Paul leur donna occasion de manifester leur haine toujours vivace, en prenant ouvertement partie pour les mutins. Revinrent alors dans l'Empire Wisigoth, spécialement dans les contrées de la Gaule Wisigothe (dans le Sud de la France) où la rébellion avait pris naissance, de nombreuses familles juives parmi celles qui avaient été chassées du royaume depuis l'époque de Sisebut ; mais une fois les révoltés vaincus et écrasés à Nimes, parurent une série d'édits pour corriger et châtier les juifs, lesquels furent de nouveau expulsés en masse de ladite Gaule Wisigothe ».[288]

Le Père jésuite Mariana indique également qu'après la déroute des rebelles, « parurent de nombreux édits contre les juifs, qui furent chassés de toute la Gaule Wisigothe ».[289]

Mais l'israélite Graetz nous fournit des précisions plus intéressantes encore à ce sujet, en nous informant qu'à la mort de Receswint : « Les juifs convertis prirent part à une révolte contre son successeur Wamba (672-680). Le comte Hilderic, le gouverneur de la province de Septimanie en Espagne, ayant refusé de reconnaître le roi récemment élu, brandit l'étendard de la révolte. Dans le but de se faire des partisans et des ressources, il offrit aux juifs « convertis » un refuge dans ses provinces avec la liberté religieuse, et à son invitation ceux-ci accoururent en grand nombre ».

L'insurrection d'Hildéric prit à Nimes d'importantes proportions, et au début donna l'espérance d'une issue victorieuse, mais les insurgés furent finalement mis en déroute. Wamba parut avec une armée devant Narbonne (France), et il expulsa les juifs de la cité ».[290]

Bien que sous surveillance, la cinquième colonne juive profite toujours de la première occasion pour abattre le régime dont l'existence ne lui convient pas, cet exemple rendant une fois de plus évident que les discordes et les ambitions personnelles ont offert aux juifs l'opportunité de se soulever. Heureusement, dans ce cas, le comte rebelle perdit la bataille

---

[288] J. Amador de los Rios, Op. cit., t.I, p. 97.
[289] RP Juan de Mariana, Op. cit., livre VI, chap XIII.
[290] Graetz, Op cit., ef. cit. t. III, pp.104-105.

sans pouvoir obtenir de modifier l'ordre régnant, ce qui eût été fatal pour l'Église.

Grace à ces évènements, le Christianisme obtint une pleine victoire contre le Judaïsme et ses alliés occasionnels et égoïstes. Cependant, en même temps qu'il obtenait une victoire décisive sur l'ennemi déclaré et visible, il perdait lentement du terrain face à la cinquième colonne, car, plus s'enracinait l'infiltration juive au sein de l'Église, plus s'accentuait le problème de la simonie, ce vice d'origine judaïque propagé par les faux convertis du Judaïsme et leurs descendants infiltrés dans le clergé.

Le IXème Concile de Tolède, qui se tint sous le règne de Wamba, insiste dans son Canon IX sur la répression de la simonie, en luttant contre les ruses dont se servent ceux qui « tentent d'acheter la dignité d'Évêque », si ambitionnée par les juifs infiltrés.

Maurice Pinay

# CHAPITRE XIV

## L'ÉGLISE COMBAT LE CRYPTO-JUDAÏSME. EXCOMMUNICATION DES ÉVÊQUES NÉGLIGENTS

Cela faisait déjà un demi-siècle qu'avait été réalisée la grande conversion au Christianisme des juifs de l'Empire Wisigoth, et trois décennies depuis ce que l'historien Amador de los Rios appelle leur quasi-universelle conversion. Néanmoins, le royaume de Récarède était infesté et miné partout par de faux chrétiens qui pratiquaient le Judaïsme en secret et conspiraient dans l'ombre pour détruire l'Église et l'État.

La situation était devenue si grave en l'an 681, en la première année du règne d'Ervigie, que, d'un commun accord, le digne clergé catholique et le monarque élaborèrent une législation à la fois civile et ecclésiastique dans le but de détruire cette cinquième colonne introduite par le Judaïsme dans la Chrétienté, législation qui châtiait sévèrement tous ceux qui, tout en étant chrétiens, pratiquaient en secret les rites et coutumes juives et ceux qui leur donneraient appui sous quelque forme que ce soit ou cacheraient ces faux chrétiens, sans excepter les Évêques qui se rendraient coupables de tels crimes.

Cette législation, approuvée d'abord par le monarque avec la collaboration de membres isolés du clergé, fut soumise à la considération du XIIème Concile de Tolède, où les Métropolitains et les Évêques l'approuvèrent pleinement de leur autorité ecclésiastique et l'inclurent dans les Canons du Saint Synode en question.

Pour faire comprendre les fondements des Canons des Conciles de la Sainte Église, tant œcuméniques que provinciaux, qui tentèrent de résoudre le terrible problème judaïque et notamment celui présenté par la cinquième colonne infiltrée dans la société chrétienne, il faut prendre en compte le fait qu'aussi bien dans l'Antiquité que dans les temps modernes, aucune nation n'a jamais toléré qu'un groupe d'étrangers, abusant de l'hospitalité qui leur a été généreusement offerte sur son territoire, trahisse la nation qui leur avait candidement ouvert ses portes, en y effectuant des opérations d'espionnage et de sabotage au profit de puissances étrangères. Dans l'Antiquité, tous les peuples sans exception appliquaient la peine de mort à de tels espions et saboteurs, et dans les temps modernes il en est généralement de même.

Si l'on ajoute à cela que la cinquième colonne juive introduite dans les nations chrétiennes et les nations non-juives, en plus de se livrer au sabotage et à l'espionnage, a déployé à travers les siècles une activité de conquête interne, provoquant des guerres civiles qui ont coûté des millions de vies humaines, jusqu'à assassiner dans leurs propres demeures ceux qui leur avaient ouvert les frontières, dépouillant ces peuples et essayant de les asservir, il est hors de doute que ces colonies juives dans les États Chrétiens et non-juifs sont encore beaucoup plus dangereuses et dommageables pour les pays où elles sont installées que de vulgaires organisations d'espionnage et de sabotage, et donc, si l'on a puni de la peine de mort les membres de celles-ci sans distinction de race, de religion ou de nationalité, pour quelle raison devrait-on faire une exception au bénéfice des juifs et de leur cinquième colonne, encore plus dangereuse, dommageable et criminelle ?

De quel privilège jouissent donc les juifs, pour que, lorsqu'ils commettent un crime de haute trahison, d'espionnage, de sabotage et de conspiration contre le peuple qui les héberge, on leur pardonne sans les châtier comme on le fait pour les espions des autres races ou nationalités ?

Tous les peuples ont un droit naturel à la légitime défense, et si certains immigrants étrangers, pour avoir fait mauvais usage de l'hospitalité qui leur a été offerte, posent à ces peuples un dilemme de vie ou de mort, lesdits étrangers dangereux sont les uniques responsables des mesures que le peuple trahi et menacé prendra contre les infiltrés.

C'est ainsi que l'entendit la Sainte Église et que l'entendirent aussi les monarques chrétiens, et, lors de certains Conciles comme nous le verrons plus loin, il fut même clairement déclaré que les coupables de tels crimes méritaient la peine de mort. Mais en général, au lieu d'appliquer cette peine si commune et si justifiée pour de tels cas, la Sainte Église et les rois chrétiens firent une exception pour les juifs, leur laissant la vie cent fois pour une, compromettant ainsi dangereusement leur propre avenir et leur droit à vivre en paix librement sur leur territoire. Et dans l'usage d'une si exceptionnelle bienveillance, mais afin d'éviter que les cinquièmes colonnes juives puissent faire tout le dommage dont elles avaient l'intention et pour les éliminer radicalement, ils eurent recours à toute une série de mesures qui, tout en leur laissant l'existence, les réduisirent cependant à l'impuissance, pour qu'elles ne puissent plus nuire au peuple qui les abritait. C'est à cette fin que les divers Conciles et les Bulles des Papes approuvèrent une série de Canons et de lois, comme par exemple d'imposer aux juifs de porter un signe qui les fît distinguer des membres de la nation où ils vivaient, afin que ceux-ci se gardent des activités subversives des juifs contre l'Église et l'État, signes qui varièrent, de la tonsure du crâne en raies, à l'obligation de porter un bonnet, un vêtement ou une marque spéciale.

D'autres fois, la législation canonique et les mandats pontificaux ordonnèrent que les juifs fussent confinés dans des bourgades particulières, appelées ghettos, et qu'il leur fût interdit d'accéder à des postes de gouvernement ou hiérarchiques dans l'Église qui eussent risqué de leur permettre de reprendre leur œuvre de conquête et de domination contre le peuple qui par malheur leur avait ouvert ses frontières.

Ceux qui récidivaient pouvaient être exécutés, mais dans la majorité des cas on leur laissait la vie sauve une fois encore, mais en les châtiant par la confiscation de leurs biens et l'expulsion du pays, ou par des peines plus légères comme celle du fouet, désormais abandonnée mais en d'autres temps si commune chez tous les peuples de la terre.

Comme ces dangereuses cinquièmes colonnes juives continuaient à conspirer encore et toujours contre les peuples chrétiens et contre la Sainte Église, celle-ci, au lieu de recourir à l'expédient définitif pour les neutraliser en usant de la peine de mort, comme tout peuple le fait contre les espions et les saboteurs professionnels, entreprit de les supprimer par des moyens plus doux en réduisant les adultes à l'impuissance et en enlevant les enfants innocents pour qu'ils fussent élevés dans des couvents ou chez des chrétiens honorables, et que de cette manière en deux ou trois générations fût extirpée la menaçante cinquième colonne, sans recourir à des exécutions de masse à l'encontre de ces maîtres dans l'art de l'espionnage, du sabotage et de la trahison.

On doit cependant reconnaître que cette exceptionnelle bienveillance dont usèrent la Sainte Église Catholique, les monarchies chrétiennes et aussi les potentats du monde islamique resta sans résultat, car, outre que les mesures de répression qu'ils prirent contre cette cinquième colonne semblèrent odieuses, les juifs se servirent toujours d'une infinité de ruses pour tourner les mesures tendant à les menotter et les empêcher de continuer à nuire. Ils employèrent la subornation, achetant à prix d'or les mauvais chefs civils et religieux pour rendre lettres mortes les Canons et lois en vigueur, ou bien ils eurent recours à une infinité d'intrigues pour se libérer des contrôles tendant à les réduire à l'impuissance, en provoquant de nouvelles révoltes, en ourdissant des conspirations toujours plus dangereuses, jusqu'à ce que, mettant à profit la bonté de l'Église et des peuples chrétiens, ils réussirent à l'époque moderne à briser les freins qui les empêchaient de causer des dommages majeurs, et ils envahirent la société chrétienne la menaçant de totale destruction.

Pour donc pouvoir saisir la raison de toutes les lois canoniques que nous étudierons dans le cours de cet ouvrage et de toutes les mesures tendant à protéger les peuples de l'action conspiratrice de ces étrangers nuisibles, il est nécessaire d'examiner tout le passé, grâce auquel nous comprendrons que la Sainte Église, loin de se montrer cruelle comme l'affirment les juifs, leur fut au contraire extrêmement bienveillante, et que ce fut peut-être cette extrême bienveillance qui permit précisément aux juifs de faire de grands progrès dans leur entreprise de conquête et d'asservissement des peuples, comme cela a lieu actuellement dans les malheureux pays soumis à la dictature totalitaire du Socialisme judaïque ; une situation catastrophique celle-ci, qui serait survenue de nombreux siècles plus tôt si l'Église n'avait pas au moins pris les mesures préventives que nous examinerons dans la suite de cet ouvrage.

Ces précisions nécessaires données, pour défendre la doctrine et la politique de l'Église suivie au cours des siècles, revenons à ce qui fut approuvé par le XIIème Concile de Tolède.

Dans le cahier de propositions présenté par le roi au Saint Synode, on remarque ce qui suit :

« Réparez, Révérendissimes Pères et honorables Prêtres des Ministères célestes... c'est pourquoi je me présente dans une effusion de larmes en la vénérable réunion de votre paternité afin qu'avec le zèle de votre fonction la terre soit purgée de la contagion de la méchanceté. Levez-vous, je vous en prie, levez-vous, détachez les liens des coupables, corrigez les coutumes déshonnêtes des transgresseurs, faites voir la discipline de votre ferveur contre les perfides et éteignez l'aigreur des superbes, allégez la charge des opprimés, et plus que tout déracinez la peste judaïque qui de jour en jour va croissant en fureur (et quod plus hic omnibus est, judaeorum pestem quae in novam semper recrudescit insaniam radicitus extirpate). Examinez aussi avec le plus grand soin les lois que notre gloire a promulguées récemment contre la perfidie des juifs, ajoutez-y votre propre sanction et réunissez-les en un seul statut pour réprimer les excès de ces mêmes perfides ».[291]

Il est intéressant de noter que parmi les calamités ainsi dénoncées à ce Synode, celle qui était considérée comme la plus grave de toutes était la peste judaïque, qui s'accroissait de jour en jour en proportion alarmante.

Dans le Canon IX de ce Saint Concile est consignée la législation approuvée par ce Synode contre le crypto-judaïsme, c'est à dire contre les juifs qui se cachaient sous le masque d'un faux Christianisme. Elle s'adresse à ceux que le roi comme le Synode appelaient déjà juifs tout court, étant donné la certitude que l'on avait que les descendants des

---

[291] XIIème Concile Tolédan, Actes.Cahier de propositions du roi, Compilation de Juan Tejada y Ramiro, collect. cit., t.II, pp.454-55.

« convertis » du Judaïsme pratiquaient en secret la religion juive, puisqu'il faut se souvenir qu'à cette époque le Judaïsme était totalement proscrit dans l'Empire Wisigoth et ne pouvait donc exister que clandestinement.

Du Canon cité, qui comprend toute la législation antérieurement édictée, nous ne reprendrons que les parties les plus intéressantes, non pas que les autres soient sans importance, mais pour ne pas trop allonger cet ouvrage :

Canon IX. « Confirmation des lois promulguées contre la méchanceté des juifs (quae in judeorum nequitiam promulgatae sunt) dans l'ordre des différents titres qui s'y trouvent, ordre énuméré dans le présent Canon.

« Nous avons instruit sous des titres distincts les lois qui ont été récemment promulguées par le glorieux Prince contre l'exécrable perfidie des juifs et les avons approuvées après un examen attentif, et puisque données avec raison elles ont été approuvées par le Synode, elles devront être observées dorénavant irrévocablement contre leurs excès ; ces lois sont... ».[292]

Suivaient les lois qui étant approuvées faisaient désormais partie intégrante dudit Canon IX, parmi lesquelles on relève pour leur intérêt les dispositions suivantes :

La Loi I déclare que la grande perfidie des juifs et leurs sombres erreurs « deviennent extrêmement subtiles et accroissent leurs artifices et leurs tromperies », car ils feignaient d'être bons chrétiens, mais s'efforcent sans cesse de tourner les lois interdisant le Judaïsme clandestin et souterrain.

Les Lois IV et V châtient les crypto-juifs qui célèbrent les rites et festivités hébraïques et qui prétendent écarter les chrétiens de la foi au Christ. Il ne s'agit pas ici de châtier les rites ou les cérémonies d'une religion étrangère, mais de punir les faux chrétiens pratiquant en secret le Judaïsme derrière leur simulacre de Christianisme. Ces mesures répressives étaient donc destinées à détruire la cinquième colonne juive infiltrée dans le sein de l'Église et de l'État chrétien.

La Loi VI interdit aux juifs cachés sous le masque du Christianisme de pratiquer les coutumes religieuses juives en matière de viandes, mais en précisant qu'il soit permis à ceux qui sont bons chrétiens de s'abstenir de manger de la viande de porc. On voit donc ici que ces faux catholiques continuaient à tromper le clergé et le roi avec leur prétendue répugnance à manger de la viande de porc.

La Loi IX leur interdit de faire œuvre subversive contre la Foi chrétienne, imposant de sévères châtiments à ceux qui le feraient ; en outre, cette ordonnance vise les chrétiens qui les aident et les cachent. A cet égard elle stipule textuellement : « Si quelqu'un cachait l'un d'eux dans

---

[292] XIIème Concile Tolèdan. Canon IX. Compilation de Juan Tejada y Ramiro, collect. cit., t.II, pp.476-77.

sa maison ou avait le projet de le faire, si l'hôte qui accueille ainsi est reconnu coupable (si le crime est prouvé).... que chacun d'eux reçoive cent coups de fouet et perde ses biens au bénéfice du roi, et qu'ils soient bannis de toute l'étendue du territoire pour toujours ».

Terrible châtiment contre ceux qui aidaient les juifs en leur donnant asile, grâce auquel les Évêques de ce Concile et le monarque lui-même pensaient en finir avec ceux qui aidaient les juifs et se faisaient leurs complices dans leur lutte contre la Chrétienté.

Il est évident qu'aujourd'hui plus que jamais, il serait nécessaire de remettre en vigueur des dispositions comme celles de ce Saint Canon, car c'est seulement ainsi que nous pourrons espérer vaincre la bête judéo-communiste dont les victoires sont rendues possibles par les entreprises de ceux qui, tout en se prétendant chrétiens, aident les juifs et les communistes, facilitant leur victoire.

Suit la Loi X qui fulmine des sanctions contre ceux qui aident le Judaïsme, sans distinction de classe ni de position hiérarchique, disant entre autres : « Par lequel, si un chrétien de quelque lignage et dignité qu'il soit et de quelque ordre qu'il soit, homme, femme, clerc ou laïc, accepte un présent quelconque pour aider quelque juif ou juive à l'encontre de la loi du Christ, ou reçoit d'eux ou de leurs mandataires un présent de quelque nature que ce soit, ou s'abstient de protéger et de maintenir les exigences de la Loi du Christ (simple délit de passivité devant l'ennemi) en échange de quelque chose qu'il reçoive d'eux ; tous ceux qui agiraient pour un don quelconque, ou protégeraient l'erreur qu'ils connaissent d'un quelconque juif, et cesseraient de corriger sa méchanceté, que de toute manière ils endurent les mandements des Saints Pères qui figurent dans ces décrets et qu'ils versent au trésor royal le double de ce qu'ils auront reçu des juifs, si la preuve en est apportée ».[293]

On voit donc que les juifs ont toujours été des maîtres dans l'art d'acheter à prix d'or la complicité de chrétiens et de non-juifs, de prêtres ou de laïcs, et que ceux-ci ont été fréquemment atteints du mal chronique de se vendre à la Synagogue de Satan.

Les ambassades et légations d'Israël dans les différents pays du monde ont adressé, par exemple, des invitations suspectes à des Archevêques et à de distingués dignitaires de l'Église Catholique, qu'ils ont séduits par un intéressant voyage en Terre Sainte, tous frais d'hôtellerie payés et avec un itinéraire soigneusement choisi, comme il en a été aussi pour des voyages en Union Soviétique. Ils le faisaient juste avant le présent Concile œcuménique (Vatican II), et ainsi comme nous l'avons su, ils ont essayé d'acheter l'adhésion de ces personnalités au projet de condamnation de

---

[293] *Fuero Juzgo* (Droit Coutumier). Edition de l'Académie Royale Espagnole, 1815, pp.186 à 192.

l'antisémitisme que la Juiverie internationale a préparé pour que ses agents membres de sa cinquième colonne au Concile le fassent approuver. Nous espérons que ce type de subornation avec ces voyages payés en Palestine échoue, et qu'aucun successeur des Apôtres ne tombera dans le péché de Judas de se vendre pour trente pièces d'argent.[294]

La hiérarchie de la Sainte Église se préoccupa toujours de rechercher les causes qui enchaînaient au crypto-judaïsme les « convertis » comme leurs descendants ; l'une d'elles fut localisée comme étant les livres judaïques que ces faux chrétiens lisaient clandestinement, et dont les enseignements se transmettaient de père en fils.

La Loi XI se propose de châtier sévèrement ce délit, en ordonnant notamment que le crypto-juif qui serait trouvé en possession de tels ouvrages dans sa maison ou qui les cacherait soit condamné, la première fois à avoir le crâne rasé en raies et à recevoir cent coups de fouets, et en outre à devoir s'engager par écrit devant témoins à ne jamais plus recommencer de les lire ni de les détenir, et, si après avoir écrit cet engagement il récidivait, qu'en plus des peines précédentes il perde sa fortune au bénéfice du Baron désigné par le roi, et qu'il soit expulsé du territoire. Si un maître d'école était trouvé enseignant cette erreur et s'il récidivait à enseigner ce que nous interdisons, qu'ils reçoivent les peines qui seront appliquées à ses élèves si ceux-ci ont atteint la majorité de douze ans d'âge, les élèves mineurs en étant exemptés ».[295]

On voit donc que l'on fit un effort suprême pour empêcher les faux chrétiens de transmettre leur crypto-judaïsme de père en fils par l'enseignement de leurs doctrines et avec la littérature clandestine. En même temps, on s'efforça vainement d'obtenir que les coupables ne récidivent pas, en les obligeant à s'y engager par écrit devant témoins, ce qu'ils ne feront pas, et promesse inutile puisque les juifs, en cette occasion comme dans les autres, n'ont jamais rempli leurs promesses ni leurs pactes solennels, comme le démontreront les faits des années ultérieures.

La Loi XIII établissait que : « Si un juif, par artifice ou tromperie ou de crainte de perdre sa fortune, dit qu'il observe la coutume de la loi chrétienne et observe les enseignements de ladite loi du Christ, et prétend que s'il ne se défait pas de ses serfs chrétiens c'est parce qu'il est chrétien. Nous n'avons pas précisé de quelle manière il convient qu'il apporte la preuve de ce qu'il dit, pour que désormais il ne puisse ni tromper ni manquer à sa parole. Par suite, nous établissons que tous les juifs qu'il y a

---

[294] NDT Hélas s'ils ne tombèrent pas tous pour de l'argent, ils tombèrent gratis... mais plus que majoritairement dans l'imposture dudit projet : 1650 Évêques votèrent le projet qui était quasiment celui de Jules Isaac accepté par Roncalli, et ce fut la déclaration sur le Judaïsme de *Nostra AEtate* ! On sait quel effondrement de l'Église s'en est suivi en tous domaines.
[295] Fuero Juzgo-Droit Coutumier. Edit. cit., pp. 192-193.

dans notre royaume… puissent vendre leurs serfs chrétiens selon les mandements de la loi antérieure à la présente, et s'ils désirent les conserver, en ce présent rescrit nous leur donnerons l'opportunité de cesser d'inspirer des soupçons et de se purger de tout genre de doute en leur accordant soixante jours pour cela, du 1er février au 1er avril de cette année ».

La loi en question leur impose donc l'obligation de se présenter à l'Évêque de leur province pour promettre publiquement devant témoins d'abandonner toutes les coutumes des juifs qui les condamnent et « de ne jamais retourner à leur ancienne incrédulité, ainsi que tout ce qui est convenu en supplément comme nous l'expliquons dans ce chapitre ; sous les conditions qu'ils se confessent et qu'ils manifestent par la parole et qu'ils ne recèlent pas dans leur cœur le contraire de ce qu'ils professent par la bouche et qu'ils ne fassent pas montre de Christianisme pour le dehors, tout en cachant leur Judaïsme dans leur cœur »… « Et si quelques-uns parmi eux se disant chrétien et, après avoir en toutes connaissances prêté le témoignage et ledit serment susmentionné, retournait à la loi des juifs et à sa croyance, manquant à sa promesse et ne l'accomplissant pas et ayant donc parjuré le nom de Dieu, s'il retournait à l'incrédulité des juifs, qu'il soit exproprié de ses biens au profit du Roi, et qu'il reçoive cent coups de fouet, qu'on lui rase la tête en raies et qu'il soit expulsé de tout le territoire ».[296]

Avec cette disposition qui faisait partie de la législation citée approuvée et confirmée par le Canon IX du XIIème Saint Concile de Tolède, les Métropolitains et les Évêques de la Sainte Église essayaient d'éviter que les juifs se masquant sous l'apparence du Christianisme puissent tenir sous leur domination des serfs chrétiens, en leur donnant ainsi la possibilité de vendre leurs serfs sans même être expropriés. Cependant, étant donné les précautions extrêmes que prennent les Évêques comme le Roi chrétien, on se rend bien compte que les juifs faisaient semblant d'être fidèles à la Foi du Christ pour conserver leurs serfs chrétiens, mais demeuraient juifs en secret et faisaient partie de cette cinquième colonne judaïque introduite dans la Chrétienté pour la détruire. C'est pourquoi on les menaçait des peines les plus sévères au cas où on les surprendrait à le faire, cela dans la vaine tentative d'assurer la conversion sincère des juifs et de leurs descendants et de neutraliser la cinquième colonne.

Malheureusement, ni la Sainte Église, ni le monarque ne purent accomplir ce qu'ils désiraient l'un et l'autre, et la seule chose qui en résulta fut que ces faux chrétiens cachaient chaque fois encore plus efficacement leur Judaïsme souterrain grâce à l'expérience acquise en se rendant compte des imprudences ou des indiscrétions commises, perfectionnant ainsi leurs

---

[296] Droit Coutumier. Edit. cit. Loi XIII.

méthodes de simulation jusqu'à parvenir au cours des siècles à atteindre la perfection dans cet art.

D'autre part, le Saint Concile s'occupa du problème de les signaler à l'attention des peuples chrétiens et aussi des musulmans, en obligeant les juifs à porter un signe distinctif qui les ferait distinguer du reste de la population afin qu'ils ne puissent cacher leurs tromperies et leur œuvre subversive. Le Saint Concile approuve ici la décision de les obliger à se faire tonsurer la tête en raies, grâce à quoi on les distinguait comme de dangereux crypto-juifs, une méthode peut-être plus efficace que celle qu'utilisèrent par la suite d'autres institutions chrétiennes et musulmanes, et dernièrement les Nazis avec la célèbre étoile judaïque cousue sur les vêtements. Bonnets, pièces de vêtements ou étoiles peuvent s'enlever, mais pour une tonsure, c'est plus difficile.

Au XXème siècle, ce genre de disposition approuvée par un Saint Concile, nous semble épouvantable, mais à ceux qui connaissent le péril mortel que cette bande de juifs criminels a toujours représenté et continue de représenter, elles s'avéraient beaucoup plus acceptables et compréhensibles. Ces signes distinctifs que l'on utilisa à diverses époques furent des moyens efficaces en ce qu'ils permettaient de reconnaître ces faux chrétiens membres de la cinquième colonne du Judaïsme et aux vrais disciples du Christ de pouvoir se garder de leur dangereuses activités. S'il y avait eu à notre époque un semblable moyen de les reconnaître à temps, ils auraient été dans l'incapacité de réaliser aussi efficacement leur travail de trahison et de tromperie, qui a fait tomber tant de peuples dans les griffes du Communisme assassin.

Pour revenir au Saint Concile Tolédan, nous signalerons qu'entre autres points approuvés dans son Canon IX, figurent les Lois XIV et XV qui établissent les formules de serment d'abjuration du Judaïsme et en même temps de fidélité au Christianisme, utilisées toutes deux dans la tentative malheureusement stérile d'assurer la sincérité de ces fausses conversions.

Mais malgré toutes les mesures prises pour l'éviter, le juif s'efforce d'exercer son emprise dominatrice au sein de tout peuple qui lui ouvre ses portes, et sur ceux qui lui ont donné l'hospitalité.

La Loi XVII essaie précisément de mettre fin à une partie de ces activités de domination en interdisant entre autres à tout israélite « d'exercer tout pouvoir sur quelque chrétien que ce soit et de lui commander », « ou de commander, de vendre ou d'exercer un pouvoir sur les chrétiens, sous quelque forme que ce soit », ordonnant des châtiments pour les juifs qui violeraient cette Loi et aussi pour les nobles, les Barons investis d'une charge publique, qui en la violant donneraient aux juifs une position dominante sur les chrétiens.

Malheureusement les juifs excitèrent l'esprit rebelle de l'aristocratie wisigothe contre le monarque pour gagner sa protection, annulant en grande partie l'efficacité de ces lois.

Une autre mesure approuvée par ce Saint Concile pour détruire la cinquième colonne était incluse dans la Loi XVIII, qui établissait un véritable espionnage au domicile même des chrétiens descendants de juifs, et obligeait leurs serviteurs chrétiens à dénoncer leurs pratiques judaïques, en leur offrant comme prime de dénonciation la libération de leur servage. Cette loi à l'adresse des serfs en question ordonne : « qu'en tout temps, celui qui proclamerait, dirait et jurerait qu'il est chrétien, et qui découvrirait l'incrédulité de ses maîtres et renierait leur erreur, qu'il obtienne alors immédiatement sa liberté ».

De toutes les mesures citées jusqu'ici tendant à détruire le crypto-judaïsme infiltré dans le sein de la société chrétienne, celle que nous venons de mentionner fut peut-être la plus efficace, puisqu'un un serf, qui était presque un esclave, avait logiquement toujours intérêt à retrouver la liberté en échange de la dénonciation des pratiques judaïques de ses maîtres, chrétiens seulement d'apparence. D'où le pas décisif que firent alors les prélats du Saint Concile pour que dorénavant les membres de la cinquième colonne judaïque aient à se méfier, même à leur domicile, de leurs propres serviteurs, qui pouvaient à n'importe quel moment découvrir leur Judaïsme souterrain et le dénoncer. Malheureusement, ces faux chrétiens crypto-juifs trouvèrent le moyen de masquer même à leur domicile leur judaïsme secret, et la mesure fut insuffisante pour détruire la cinquième colonne en question, rendant leur crypto-judaïsme chaque fois plus hermétique et plus occulte encore, comme nous le verrons au cours des chapitres ultérieurs.

## ENVOI EN EXIL DES ÉVÊQUES ET DES PRÊTRES QUI DONNERAIENT POUVOIR AUX JUIFS

Ce Saint Concile s'occupa une fois encore de condamner les Évêques et les clercs qui se liaient de façon nuisible avec les juifs ; à cet effet, dans la Loi XIX approuvée par le Canon I, il est ordonné que :

« Et si un Évêque, prêtre ou diacre donne à un juif quel qu'il soit le pouvoir de contrôler quoi que ce soit de l'Église ou d'instruire les affaires des chrétiens, qu'il perde sa fortune au bénéfice du Roi, quelles que soient les choses de l'Église qu'il ait confiées au pouvoir du juif, et s'il n'a pas de quoi payer, qu'il soit exilé de tout le territoire, pour y faire pénitence et reconnaître sa mauvaise action ».[297]

Les prélats du Concile approuvèrent aussi la législation conduisant à empêcher que les chrétiens de sang juif ne profitent des voyages d'une ville à l'autre pour judaïser en secret, en se libérant de la surveillance du clergé du lieu de leur origine. Ainsi la Loi XX du même Canon dit que : « s'ils déménagent d'un lieu pour un autre, ils doivent se présenter à l'Évêque du lieu de destination ou au prêtre ou à l'alcade local, et ne pas s'éloigner dudit prêtre, pour que celui-ci puisse témoigner qu'ils ont bien cessé de conserver les sabbats, les coutumes et la pâque des juifs, afin qu'ils ne profitent pas de cette opportunité pour conserver leurs erreurs, ni ne se cachent pour persévérer dans leur ancienne erreur, et qu'ainsi ils conservent les lois du Christianisme... »

Elle précise ensuite que, « s'ils s'excusaient en alléguant la nécessité d'aller ailleurs, ils ne s'en aillent pas sans l'autorisation des prêtres vers qui ils iront avant que passent les sabbats et jusqu'à ce qu'ils (les prêtres) sachent qu'ils ne les observent pas, et que le prêtre local écrive de sa main une lettre aux prêtres des lieux par où ces juifs devront passer pour empêcher toute intrigue, tant dans les hôtelleries que dans les voyages, et qu'ils y soient contraints très exactement ; et si quelqu'un désobéissait à notre ordre, que l'Évêque du lieu, le prêtre ou l'alcade puisse faire infliger à chacun des coupables cent coups de fouets ; car nous ne tolérerons plus qu'ils se rendent à leurs domiciles sans les lettres de l'Évêque ou des prêtres d'où ils arrivent, lettres qui doivent mentionner les jours qu'ils vécurent avec l'Évêque de la ville en question,, comment ils arrivèrent à lui, et quel jour ils en partirent et arrivèrent à leur domicile ».[298]

Il est certain que l'obligation faite aux serviteurs de dénoncer leurs maîtres même chrétiens, lorsqu'ils pratiquaient le Judaïsme en secret mit les crypto-juifs en grandes difficultés pour célébrer les rites du sabbat et des fêtes juives, même dans le secret de leur domicile, ne leur laissant d'autre recours que de simuler un voyage pour le faire en un lieu clandestin et non surveillé, mais ces ruses découvertes, le Saint Concile et le roi très chrétien Ervigie cherchèrent les moyens de contrôler les détails des voyages de ces crypto-juifs, afin d'éviter que ceux qui étaient officiellement chrétiens ne continuent par ce biais à pratiquer le Judaïsme.

À son tour, la Loi XXI complète ce qui précède, renouvelant l'ancienne législation tendant à obliger les (crypto-) juifs à passer les jours de fêtes juives avec l'Évêque ou le clergé, ou à défaut avec de bons chrétiens du lieu « afin que, s'unissant à ceux-ci, ils donnent la preuve d'être chrétiens et de vivre « droitement ».

---

[297] Droit Coutumier. Edit. cit. p.200.
[298] Droit Coutumier. Edit. cit. Livre XII, titre III, Loi XX.

L'objet en était d'empêcher que les chrétiens de sang juif aient la moindre possibilité d'observer les jours de fêtes juives, pour voir si de cette manière, en cessant de pratiquer le Judaïsme, ils se convertiraient à la longue en chrétiens sincères.

## INTERDICTION AUX PRÊTRES DE DONNER PROTECTION AUX JUIFS

La Loi XXIII du Canon IX donne pouvoir aux prêtres pour remplir ces dispositions, en ordonnant pour finir aux dits clercs : « Que personne ne donne sa protection aux juifs ni, en alléguant des raisons en leur faveur, ne leur donne la possibilité de persévérer en leur erreur et en leur loi ».

Comme on le voit, alors déjà, le problème des Judas, des clercs qui aidaient les ennemis de l'Église, était si grave qu'il justifia l'approbation de cette loi par le Saint Synode.

## EXCOMMUNICATION DES ÉVÊQUES NÉGLIGENTS

Mais la Loi XIV est encore plus explicite à ce sujet, ordonnant que : « Les prêtres de l'Église de Dieu doivent éviter de tomber dans le péché de laisser leur peuple persévérer dans l'erreur..., et à cette fin, nous établissons pour les tirer de leur négligence que si quelque Évêque se laissait vaincre par la cupidité ou par une pensée erronée et défaillait à faire respecter ces lois par les juifs, et si, connaissant leurs erreurs et leur orgueil, ou faute d'enquêter sur eux, il ne les contraignait pas ni ne les châtiait pas, qu'il soit excommunié pour trois mois, et qu'il remette au Roi une livre d'or, et s'il n'a pas de quoi la remettre, qu'il soit excommunié six mois pour expier sa négligence et sa lâcheté de cœur, et nous donnons pouvoir à tout Évêque que Dieu a rendu zélé, de réfréner et contraindre l'erreur de ces juifs et d'amender leur folie à la place de l'Évêque négligent, et pour qu'il réalise ce que l'autre n'a pas fait. Et s'il ne le faisait pas et se montrait négligent comme l'autre et n'avait pas le zèle de Dieu, qu'alors le Roi amende leurs erreurs et les condamne pour leur péché. Et ce que nous avons prescrit pour les Évêques négligents dans la tâche de corriger les erreurs des juifs, nous le mandons à tous les autres religieux, aussi bien aux prêtres, qu'aux diacres et aux clercs... »[299]

En approuvant cette loi en son Saint Canon IX, le Concile déclara qu'était un péché mortel, non seulement le fait de donner faveur et

---

[299] Droit Coutumier. Edit. cit. Livre XII, titre III, Loi XXIV.

protection aux juifs, mais même le comportement de l'Évêque, prêtre ou religieux négligent dans l'accomplissement de ses obligations dans le cadre de la lutte contre le Judaïsme, en sanctionnant ce péché mortel par l'excommunication de l'Évêque coupable.

Alors on ne peut s'empêcher de poser la question : combien d'Évêques et de hauts dignitaires de l'Église seraient excommuniés actuellement, si l'on appliquait ce que sanctionne le Canon IX du Saint Concile en question, étant donné que s'est tellement généralisé dans le clergé du XX$_{\text{ème}}$ siècle le fait de commettre ce péché mortel en favorisant les juifs d'une manière ou d'une autre ?

La Loi XXVII établissait quelque chose de très important, en ordonnant que la sincérité du Christianisme chez les catholiques d'origine juive soit vérifiée, non seulement par le témoignage des Évêques, des prêtres ou des alcades du pays, mais aussi par les actes dudit chrétien. Il ne suffit donc pas que ceux-ci assurent qu'ils se sont convertis sincèrement, mais il faut encore qu'ils le démontrent dans les faits.

Mais cette loi traite de manière beaucoup plus rigoureuse de ces chrétiens qui, ayant été découverts comme étant des crypto-juifs et après avoir été pardonnés pour avoir manifesté en paroles et en œuvre leur repentir, finissent par être redécouverts pratiquant de nouveau le Judaïsme. Pour ces récidivistes, ladite loi spécifie : « Qu'ils ne soient plus jamais pardonnés et souffrent ce qu'ils méritent, que ce soit la peine de mort ou une moindre, sans qu'on ait en aucun cas pitié d'eux ».[300]

En approuvant cette loi, le Saint Concile fixa une fois encore la doctrine de l'Église Catholique sur le sujet, car c'est une chose que Dieu Notre-Seigneur soit disposé à pardonner à tout pécheur avant sa mort, et c'en est une autre que les juifs qui constituent une menace constante pour l'Église et l'humanité doivent être punis par l'Autorité civile pour leurs délits, car il n'est pas licite que pour échapper au juste châtiment ils puissent alléguer la sublime doctrine de pardon aux ennemis enseignée par Notre Divin Sauveur, parce que, Lui parle du pardon que doit accorder une personne particulière des fautes commises contre elle par une autre personne, mais non pas des crimes ou délits commis par un délinquant au préjudice de la société ou de la nation.

Les clercs qui à notre époque sont au service du Judaïsme forgent à ce sujet des conclusions sophistiques, s'efforçant d'utiliser de manière quasiment sacrilège les doctrines sublimes d'amour et de pardon de Notre Rédempteur Jésus-Christ, dans le but d'empêcher que les peuples menacés d'esclavage par le Judaïsme puissent faire usage du droit naturel de légitime défense dans leur lutte contre les conspirateurs juifs et leur appliquent un juste châtiment.

---

[300] Droit Coutumier. Edit. cit. Livre XII, titre III, Loi XXVII.

On ne doit donc pas oublier la grande autorité que l'Église a toujours accordée aux Conciles tolédans que nous avons cités, en ce qui concerne les définitions de doctrine ecclésiastique et les mesures prises contre les juifs par le XIIème Saint Concile. Il est d'une valeur essentielle comme doctrine de la Sainte Église, car en l'année 683 se réunit un nouveau Concile de Tolède, le XIIème, qui, non seulement confirma dans son Canon IX les mesures approuvées par le Concile précédent, mais ordonna qu'elles soient mises en vigueur et affermies de façon définitive et éternelle, leur donnant ainsi la valeur pérenne de Doctrine de l'Église.

À cet effet, le Canon IX du XIIIème Concile de Toléde stipule :

« De la confirmation du XIIème Concile célébré en la première année du règne de notre très glorieux Roi Ervigie.

« Bien que les actes synodaux du XIIème Concile Tolédan furent disposés et réglés par la sentence unanime de notre consentement en cette cité royale, cependant renouvelant aujourd'hui cet appui de notre ferme décision, nous décrétons que ces actes, tels qu'ils furent écrits et ordonnés, demeurent éternellement en vigueur et solidité ».[301]

---

[301] XIIIème Concile de Tolède Canon IX. Compilation de Juan Tejada y Ramiro, collect. cit., t.II, p. 505.

# CHAPITRE XV

## LE XVIème CONCILE DE TOLÈDE ESTIME NÉCESSAIRE LA DESTRUCTION DES JUIFS INFILTRÉS

Comme nous l'avons dit, du fait de la conversion quasi-universelle des juifs au Christianisme, l'Empire Wisigoth avait dorénavant à lutter avec ténacité contre un type de Judaïsme beaucoup plus dangereux, celui qui se couvrait du masque du Christianisme.

Les efforts réalisés par les XIIème et XIIIème Saints conciles Tolédans pour détruire le puissant groupe de juifs infiltrés au sein de la Sainte Église avaient échoué dans leur ensemble. Car la minutieuse et énergique législation anti-juive approuvée par les deux Conciles fut incapable de neutraliser leur si dangereuse cinquième colonne et de forcer les chrétiens de sang juif à abandonner leurs pratiques judaïques et à se convertir vraiment en chrétiens.

La preuve en est que dix ans plus tard, sous le règne d'Egica, le XVIème Concile Tolédan se remit à traiter de cet effrayant sujet, précisément dans son Canon I, qui déclare :

Canon I. De la perfidie des juifs. Bien qu'il y ait d'infinies sentences des anciens Pères faisant condamnation de la perfidie des juifs et que brillent en outre de nombreuses lois nouvelles, cependant conformément à la vaticination prophétique relative à leur obstination, le péché de Juda est écrit avec une plume de fer sur un ongle de diamant, (et les juifs sont) plus durs qu'une pierre dans leur aveuglement et leur obstination. C'est pourquoi, il convient donc que le mur de leur infidélité soit très strictement combattu avec les moyens de la Sainte Église Catholique de façon que, ou bien ils arrivent à se convertir malgré eux, ou bien ils soient détruits, afin qu'ils périssent pour toujours par jugement du Seigneur ».[302]

---

[302] XVIème Concile de Tolède. Canon 1. Compilation de Juan Tejada y Ramiro. Collection de Canons cit., t.II, pp. 563-64.

Après avoir clairement établi ce point de doctrine, le Saint Concile poursuit en énumérant dans le Canon cité les mesures additionnelles à prendre dans l'immédiat contre les juifs.

Des siècles plus tard, cette définition de la doctrine de la Sainte Église contre les juifs servit de fondement sur lequel s'appuyèrent des Papes et des Conciles pour approuver la peine de mort contre les crypto-juifs infiltrés au sein du Catholicisme. Pour la défense de ces doctrines et de la politique de la Sainte Église, nous avons déjà mentionné que l'ensemble des États du monde Chrétien et du monde non-juif ont toujours approuvé des mesures semblables et continuent de les approuver aujourd'hui (NDT : en 1962 !) contre les espions des nations ennemies et les saboteurs. Personne ne prétendit jamais critiquer aucun gouvernement à propos du fait d'exécuter les infiltrés ennemis, ni les traîtres à la patrie. Toute la force de la propagande judaïque depuis des siècles s'est pourtant focalisée contre la Sainte Église, parce qu'à l'égal de toutes les nations du monde elle considéra justifiée la peine de mort contre les juifs infiltrés dans le sein de la Chrétienté, ceux-ci étant animés de l'intention d'espionner, de détruire et de conquérir la société chrétienne.

Il est certes lamentable de tuer un être humain quel qu'il soit, mais si les nations ont droit à se défendre, l'Église l'a aussi, elle qui, en se défendant, défend les peuples qui ont mis en elle leur foi et leur confiance, et ce d'autant plus si l'on tient compte que les juifs infiltrés au sein de la Sainte Église font pire que de constituer un vaste réseau d'espions et de saboteurs ordinaires, mais constituent la cinquième colonne la plus destructrice au sein même de la nation qui par malheur les a laissés s'insinuer dans ses institutions. Aussi est-ce par raison d'État et en défense de l'Église que l'on dut agir contre eux, action menée à la fois par la Sainte Église et par les États chrétiens, tous deux fermement unis.

L'idéal serait que les juifs abandonnent volontairement la nation qui avec bonté les a hébergés et qu'ils retournent dans leur pays pour que, respectant le droit qu'a tout peuple à l'indépendance, ils n'encourent pas les crimes d'espionnage et de sabotage de la pire espèce comme membres des cinquièmes colonnes parmi les pires que le monde ait jamais connues ; de cette manière, personne ne leur ferait de mal, et eux de leur côté laisseraient vivre en paix le reste des nations. Mais s'ils persistent à commettre des délits sanctionnés par les peines maximales, ils sont les uniques responsables des justes châtiments qu'ils reçoivent et qu'ils ont reçus au cours de l'Histoire pour avoir perpétré de tels crimes. Cela, d'autant plus qu'ils ont dorénavant un territoire à eux, qui leur fut assigné à l'intérieur de l'Union Soviétique, et aussi avec l'État d'Israël.

Durant les siècles où ils n'eurent pas de patrie, ils eussent dû se résigner à faire comme tous les immigrants, en vivant en paix et en respectant les droits des populations qui leur donnaient asile et de la religion que ces peuples professaient ; de cette façon rien ne leur serait arrivé. Loin de se comporter ainsi, ils trahirent les nations qui leur donnèrent hospitalité ; ils essayèrent de les conquérir, de les voler et de les détruire, et ils firent tout leur possible pour détruire le Christianisme depuis sa naissance : ils s'infiltrèrent en son sein essayant de le désintégrer de l'intérieur par les hérésies ; ils suscitèrent et fomentèrent les sanglantes persécutions de Rome, provoquant ainsi par leurs crimes la répulsion universelle et une réaction défensive non seulement de la Sainte Église et des peuples chrétiens, mais aussi de l'Islam et des peuples qui lui sont sujets.

Ce furent les juifs eux-mêmes qui, par leur manière d'agir criminelle, ingrate et traîtresse, furent donc ceux qui provoquèrent les sanglantes représailles organisées contre eux par les peuples menacés exerçant leur droit de légitime défense.

Ils se lamentent de ces répressions pour occulter complètement les causes qui les motivèrent. C'est comme si les Romains, subissant des pertes dans les combats militaires en voulant conquérir les Gaules, avaient eu le cynisme d'accuser les Gaulois agressés d'être des assassins et de persécuter les Romains. Ou comme si les Japonais, lors de la dernière guerre, lorsque se lançant à la conquête de la Chine ils eurent des centaines de milliers de tués, avaient eu l'effronterie d'accuser les Chinois d'être des assassins de Japonais ; car on peut évidemment dire : si les Romains n'avaient pas envahi les Gaules, ils n'auraient pas eu à se lamenter que les Gaulois leur tuent des milliers de Romains, et si les Japonais n'avaient pas envahi la Chine, ils n'auraient pas eu non plus à déplorer les morts de leurs nationaux.

Mais alors qu'aucun de ces peuples n'a jamais eu l'hypocrisie de se plaindre des pertes et préjudices qu'ils ont subis de par leurs guerres de conquêtes, les juifs, qui depuis des siècles ont entrepris la guerre la plus cruelle et la plus totalitaire de ce type, une guerre occulte et hypocrite mais très sanguinaire, ont en plus le cynisme de pousser des cris au ciel lorsque les religions ou les peuples en état de légitime défense tuent des juifs ou les privent de la liberté pour les empêcher de continuer à causer tant de dommages. Si les israélites ne veulent pas supporter ensuite les conséquences de leur persévérante et cruelle guerre de conquête universelle, ils n'ont qu'à la cesser ; et s'ils ne la cessent pas, qu'ils aient tout au moins le courage d'en supporter avec dignité les conséquences, comme l'ont fait les autres peuples conquérants du monde.[303]

---

[303] NDT. N.Webster dans *The World Revolution*, p. 162, cite L'historien anglais Gibbon qui écrivit dans « *Decline and fall of the Roman Empire* « (chap. II p. 83) que sous Antonin-le-Pieux les juifs ne furent pas en reste de cruauté sur les autres peuples de l'Antiquité : « l'humanité, dit Gibbon, reste sous le choc en entendant les atrocités qu'(les juifs) commirent dans les cités d'Égypte, de Cyrène et de Chypre sur les populations locales qui leur avaient donné

l'hospitalité et au sein desquelles ils s'étaient établis, témoignant d'une amitié traîtresse aux autochtones sans méfiance. À Cyrène, ils massacrèrent 220 000 Grecs, à Chypre 240 000, en Égypte une grande multitude. Beaucoup de ces malheureuses victimes furent sciées vivantes... « Et ainsi depuis la plus haute antiquité ; c'est déjà l'épisode célèbre d'Aman, rapporté dans la Bible, dont ils profitèrent pour liquider et faire exécuter non seulement ce premier ministre du roi Assuérus qui leur était défavorable, mais toutes les autorités locales perses de l'époque (707 avant J.-C.). Certes, ceci n'arriva pas sans la permission divine, en punition des péchés des Perses ! Ces pratiques atroces, ils les reprirent notamment dans l'URSS et lors de la guerre civile espagnole, et sous divers autres régimes communistes et au Liban contre les chrétiens Maronites. Les juifs jouent perpétuellement la comédie du « peuple martyr », mais la réalité est que les martyrs sont en face, et que ce sont eux qui les tuent ou les font tuer par d'autres ! Ainsi du génocide des Arméniens chrétiens par les Turcs à l'instigation des loges (juives) du mouvement Jeunes Turcs (ces Jeunes Turcs étant pour beaucoup des « nouveaux musulmans », c'est à dire des juifs islamisés fictivement), Cf. Benoit-Méchin dans sa « *Biographie de Mustapha Kémal* ».

# CHAPITRE XVI

## LE XVIème CONCILE TOLÉDAN PUNIT PAR L'ESCLAVAGE LES CONSPIRATIONS DES JUIFS

En l'année 694, toujours sous le règne d'Egica, fut découverte une très vaste conspiration des faux chrétiens pratiquant en secret le Judaïsme, avec de vastes ramifications et plusieurs objectifs, tendant d'une part à troubler la situation de l'Église et à usurper le trône, et d'autre part à trahir la patrie et à détruire la nation wisigothe.

À cette époque, Saint Félix, l'Archevêque de Tolède, avait convoqué un nouveau Concile auquel assistèrent tous les Pères de l'Empire Wisigoth, y compris quelques-uns de la Gaule Narbonnaise, car une peste dans cette région avait empêché qu'ils s'y rendent tous. Le Synode réuni prit connaissance des preuves de la conspiration crypto-juive qui tramait une révolution de tous ordres, d'un si mortel danger pour le Christianisme et pour l'État chrétien que le Saint Concile, siégeant dans l'Église Sainte Léocadie de la Vega dans la cité de Tolède, se pencha sur la question. Le Concile fut présidé par Saint Félix en personne, qui fut le nouveau chef de cette terrible lutte de la Chrétienté contre les juifs.

Les Actes de ce Saint Concile constituent l'un des documents démonstratifs les plus précieux de ce dont est capable à un moment donné la cinquième colonne juive infiltrée dans le sein de la Sainte Église, et infiltrée aussi dans le territoire d'un peuple chrétien ou non-juif. Nous croyons que ce document est non seulement de grande importance pour les Catholiques, mais aussi pour les hommes de tout peuple ou religion qui affrontent la menace de l'impérialisme judaïque.

Le plus intéressant de ce Concile est son Canon VIII, qui ordonne textuellement :

« De la Condamnation des juifs ». Et pour que l'on sache que la plèbe juive est entachée de la plus abominable marque de sacrilège et de la sanglante effusion du Sang de Jésus-Christ, et contaminée en outre par la profanation du serment (parce qu'ils avaient notamment juré d'être de fidèles chrétiens et de ne pas judaïser en secret) de sorte que ses méchancetés sont sans nombre : à cause de cela, il est nécessaire que pleurent d'avoir encouru un si grave péché de haine ceux qui, par leurs méchancetés, non seulement ont cherché à perturber l'état de l'Église, mais avec une tyrannique hardiesse sont allés jusqu'à tenter de détruire la patrie et la nation, d'autant qu'en se réjouissant de croire que leur temps était arrivé, ils ont causé aux catholiques divers ravages. Pour ce motif, leur présomption stupéfiante et cruelle doit s'extirper par un châtiment plus cruel encore. De manière que le juge doit être contre eux d'autant plus sévère que, sous tous rapports, on châtie ce que l'on sait avoir été conçu avec une plus grande perversité. »

« En cheminant dans ce Saint Concile avec la plus grande prudence sur la voie d'autres causes, nous avons appris la conspiration de ces mêmes, telle que non seulement, contrairement à leur promesse, par l'observance de leurs sectes ils entachèrent la tunique de la Foi dont les avaient revêtus la Sainte Église en leur donnant l'eau du Saint Baptême, mais qu'ils cherchèrent même à usurper le Trône royal par une conspiration, et cette malheureuse méchanceté étant arrivée à notre très-entière connaissance par l'aveu des mêmes, nous mandons que, par la sentence de notre décret ils soient châtiés d'une irrévocable censure ; à savoir que suivant le mandat de notre très pieux et très religieux Prince Egica, qui, enflammé du zèle du Seigneur et poussé par la Sainte Foi, non seulement désire venger l'insulte ainsi faite à la Croix du Christ, mais aussi le projet d'exterminer son peuple et sa patrie que ceux-ci décrétèrent avec la plus grande cruauté, on entreprenne de les extirper avec plus de rigueur en les expropriant totalement, tous leurs biens revenant au fisc, et en assujettissant en outre à un perpétuel esclavage dans toutes les provinces d'Espagne les personnes de ces mêmes perfides, leurs femmes, leurs enfants et toute leur descendance, en les expulsant de leurs lieux de résidence et en les dispersant, pour servir ceux à qui la libéralité royale les cédera...

« Et en ce qui concerne leurs enfants des deux sexes, nous décrétons que, dès sept ans accomplis, on les sépare de la compagnie de leurs parents, sans plus jamais leur permettre d'avoir aucun contact avec eux, leurs mêmes Seigneurs devant les confier à des chrétiens très fidèles, en sorte que les garçons soient placés chez des femmes chrétiennes et vice versa, et, comme nous l'avons dit, qu'ils ne permettent ni aux parents et moins encore aux enfants de célébrer sous aucun prétexte les cérémonies de la superstition judaïque, ni de revenir sous aucun prétexte à la voie de l'infidélité. »[304]

Comme premier commentaire de ce Canon du XVIIème Saint Concile Tolédan, nous pouvons assurer que, si ce Saint Synode de l'Église Catholique avait eu lieu à notre époque, aussi bien Saint Félix son

---

[304] XIIème Concile tolédan, Canon VII-Compilation de Juan Tejada y Ramiro, Coll. cit. t. II, pp. 602-603.

président que tout le Concile auraient été condamnés comme antisémites et criminels de guerre nazis par ces Cardinaux et ces Évêques qui actuellement sont davantage au service de la Synagogue de Satan qu'à celui de la Sainte Église, eux qui fulminent censures et condamnations contre les catholiques qui la défendent tout comme leur patrie contre la menace judaïque. Ces hiérarques ecclésiastiques lancent des condamnations contre les véritables catholiques et les vrais patriotes, leur reprochant des attaques contre les juifs indubitablement beaucoup plus légères que celles que lança le Saint Concile présidé par un Saint aussi illustre et canonisé par l'Église que fut Saint Félix, l'Archevêque de Tolède.

Par ailleurs, on voit que la dangereuse conspiration que ces « convertis » du Judaïsme et leurs descendants organisèrent démontre que les faux chrétiens crypto-juifs avaient pu tromper avec succès toute la législation promulguée contre eux par les Conciles antérieurs et se sentir assez forts pour réaliser une conspiration de si vastes proportions. Devant la grandeur du péril, aussi bien la Sainte Église que l'État chrétien s'apprêtèrent à se défendre, en mettant en œuvre ces moyens extrêmes de réduire les juifs en esclavage et de leur arracher leurs enfants dès l'âge de sept ans, pour que, séparés de leurs parents et recevant une éducation chrétienne, ils ne risquent plus d'être attirés par les organisations du Judaïsme clandestin. On pensait ainsi sans doute éviter que le Judaïsme se transmette de père en fils, étant donné que les parents judaïsaient en secret, et obtenir par ce moyen qu'à la génération suivante, la cinquième colonne de ceux qui adhéraient en secret à la Synagogue de Satan serait détruite. Le fait d'obliger les enfants de la nouvelle génération à résider dès l'atteinte de leur majorité (leur âge de raison, NDT) chez de bons chrétiens et chrétiennes avait indubitablement pour mobile d'offrir une garantie de plus, pour qu'à la troisième génération la cinquième colonne en question fût complètement annihilée et que les descendants des juifs fussent convertis en chrétiens sincères. Cependant, comme nous le verrons plus loin, ces tentatives échouèrent, parce que des juifs clandestins non identifiés purent toujours initier secrètement au Judaïsme les enfants de sang juif.

Mais d'autre part, la grande habileté des juifs pour l'intrigue bouleversa tous les plans du Saint Concile et fit échouer une fois de plus les mesures extrêmes adoptées par la Sainte Église et par la Monarchie Wisigothe très chrétienne pour se défendre de la menace juive.

Un élément intéressant dans les actes du Saint Concile en question est qu'il montrait comme manifeste qu'à cette époque lointaine il y a environ mille deux cents ans, diverses rébellions juives avaient éclaté contre les rois chrétiens ; c'est ce que fait constater le roi Egica dans son message écrit au Saint Synode, en disant :

« en quelques parties du monde, ils (les juifs) se rebellèrent contre leurs princes chrétiens et beaucoup périrent des mains de ces princes par un juste jugement de Dieu ».[305]

Il est évident que dans ces rébellions contre les princes chrétiens, les juifs ne purent obtenir de résultats que lorsqu'ils eurent compris, après plusieurs siècles d'expérience, que pour les mener au succès, il leur fallait convertir en alliés inconscients les peuples chrétiens eux-mêmes, ce pourquoi les agitateurs israélites couverts habituellement du masque du Christianisme s'efforceraient d'apparaître comme les sauveurs des peuples et les organisateurs de mouvements libéraux et démocratiques, en offrant aux masses populaires la promesse séductrice qu'elles se gouverneraient elles-mêmes en se libérant du joug des monarques...

Les terribles châtiments approuvés par le XVIIème Concile contre les conspirateurs crypto-juifs furent appliqués dans toutes les provinces de l'Empire Wisigoth, à l'exception de la Gaule Narbonnaise, qui, dévastée par une épidémie mortelle et pour diverses autres raisons, se trouvait comme l'expliqua le message du souverain « quasi-dépeuplée ». C'est pourquoi, il fut permis aux juifs de vivre là comme avant, « avec tous leurs biens, en sujets du duc de ce même territoire, au profit des utilités publiques ».[306] Il est d'ailleurs très possible que le duc en question de la Gaule Wisigothe ait fait pression pour obtenir que les juifs de sa région soient exemptés des châtiments infligés par le Saint Concile contre ceux du reste de l'Empire, ce qui non seulement sauva les faux chrétiens locaux, mais provoqua aussi l'émigration vers la Gaule Narbonnaise de nombreux autres juifs des régions affectées par la décision conciliaire, fuyant ainsi la menace de mise en esclavage et les autres châtiments décidés contre eux. C'est ainsi que commença à se développer la population juive du Midi de la France, jusqu'à devenir une seconde Judée.

Il est certain que cette tolérance dans la Gaule Narbonnaise fut accordée à la condition que les juifs protégés se convertiraient en chrétiens sincères et qu'ils s'abstiendraient de pratiquer en secret le Judaïsme, sous peine, dans le cas contraire, d'encourir les fortes sanctions approuvées par le Saint Synode. Mais comme on put le constater au cours des siècles suivants, loin d'abandonner le Judaïsme, ces faux chrétiens le rendirent si hermétique que le Midi de la France se rendit fameux dans tout le Moyen-Âge pour s'être transformé en le nid le plus dangereux de juifs clandestins des plus habilement couverts du masque d'un très apparent mais insincère Christianisme, et avoir établi dans cette région le véritable quartier général des hérésies révolutionnaires les plus destructrices, qui furent sur le point

---

[305] XVIIème Concile de Tolède. Actes. Message du Roi, Compilation de Juan Tejada y Ramiro, Coll. de Canons cit., t. II, p. 593.
[306] XVIIème Concile de Tolède. Actes. Message du Roi-Compilation de Juan Tejada y Ramiro, Coll. de Canons cit., t. II, p. 594.

de détruire l'Église et toute la Chrétienté dans les siècles du Moyen-Âge. Ceci démontre clairement les résultats désastreux qu'entraînent les égards et la bienveillance envers un ennemi aussi tenace et pervers que le Judaïsme.

La rébellion juive contre le roi, à laquelle font allusion les actes cités du Synode et qui fut étouffée à temps avec toute rigueur par Egica et par les sanctions énergiques du XVIIème Concile Tolédan, avait pris de telles proportions qu'elle fut à deux doigts de détruire l'État chrétien et d'y substituer un État juif. Pour le comprendre, il est nécessaire d'examiner quelques précédents.

L'écrivain catholique don Ricardo C. Albanés, parlant de la situation des juifs sous la Monarchie Wisigothe décrit à ce sujet : « Les juifs s'étaient multipliés de façon effrayante dans l'Espagne Wisigothe comme ils avaient fait auparavant dans l'Égypte ancienne, et, tout comme alors, ils acquirent une grande importance et aussi de grandes richesses au point de se rendre indispensables aux conquérants wisigoths. Ils se consacraient de préférence au commerce, aux arts, à l'industrie ; presque tous les médecins étaient juifs ainsi que de nombreux avocats, mais c'est le trafic marchand avec l'Orient qu'ils monopolisaient tout particulièrement, pour lequel leurs relations de lignage et leur idiome les aidaient merveilleusement. « Se trouvant à la tête d'importants négoces, ils en arrivèrent à posséder un grand nombre d'esclaves chrétiens, qu'ils traitaient durement. Et non seulement les juifs du pays des Wisigoths devenaient les maîtres, mais ils ne cessaient de miner autant qu'ils pouvaient la Foi chrétienne. Leur appui caché aux hérétiques, d'abord aux Ariens, puis ensuite aux Priscillanistes, en plus du travail des judaïsants, aggrava le conflit qui se développait en terre hispanique entre le Christianisme et le Judaïsme, déterminant les Conciles et les rois à édicter rapidement de dures mesures anti-juives ».[307]

Mais, en plus de cet immense pouvoir qu'ils avaient acquis, la politique suivie par la Sainte Église et les rois chrétiens de combler d'honneur, de confier de hautes positions et même de donner des titres de noblesse aux juifs qui se convertiraient sincèrement au Christianisme, leur ouvrant les portes du sacerdoce et des dignités ecclésiastiques, en même temps que ces autorités persécutaient sans pitié les faux convertis, cette politique, loin de donner les résultats espérés que tous se convertissent sincèrement, produisit des résultats tout contraire à ceux désirés, car les juifs simulèrent avec la plus grande hypocrisie s'être convertis loyalement, pour recueillir les bénéfices dont on récompensait les convertis sincères, et purent ainsi s'élever de plus en plus à l'intérieur des institutions religieuses et politiques de la société chrétienne et y acquérir un pouvoir majeur.

---

[307] Ricardo C. Albanés « *Los Judios a través de los siglos* », ed. cit., pp. 167-168.

Cette situation leur fit couver l'espérance de pouvoir faire triompher une rébellion bien préparée qui leur permettrait de détruire l'État chrétien pour y subtituer un État juif, pour lequel ils s'assurèrent progressivement le soutien des puissantes communautés juives du Nord de l'Afrique pour envahir la Péninsule Ibérique et y faire éclater la rébellion générale des faux chrétiens pratiquant le Judaïsme en secret.

L'illustre historien espagnol Marcelino Menedez y Pelayo explique de son côté :

« Désireux d'accélérer la diffusion du Christianisme et la paix entre les deux races, les XIIème et XIIIème Conciles de Tolède concédèrent des privilèges inusités aux juifs vraiment convertis (plena mentis intentione), en les anoblissant et en les exemptant de la capitation. Mais tout cela fut vain ; les judaïsants (chrétiens crypto-juifs), qui étaient riches et nombreux au temps d'Egica, conspirèrent contre la sécurité de l'État ». « Le péril était imminent. Ce roi et le XVIIème Concile de Tolède en vinrent à un recours extrême et très dur, confisquant les biens des juifs, les déclarant esclaves, et les séparant de leurs enfants qui furent éduqués dans le Christianisme ».[308]

On peut voir ainsi comment il y a douze siècles, les juifs se moquèrent de la noble aspiration chrétienne d'établir la paix et l'harmonie entre les diverses races, pour tirer un cruel profit d'un si évangélique désir et acquérir des positions importantes pour détruire la société chrétienne et subjuguer le peuple qui leur avait si ingénument ouvert ses frontières. À notre époque, ils continuent leurs manœuvres, en utilisant avec grand profit le très noble désir de l'unité des peuples et de la fraternité des races, cela pour des fins aussi perverses que similaires.

Reinhart Dozy, le célèbre historien hollandais, donne d'intéressants détails sur la conspiration juive que nous étudions, détails confirmés en outre par l'Encyclopédie Judaïque Castillane, voix très autorisée du Judaïsme. Parlant des juifs de l'Empire Wisigoth, cet auteur écrit :

« Vers 694, dix-sept ans avant la conquête de l'Espagne par les Musulmans, ils projetèrent un soulèvement général en accord avec leurs coreligionnaires d'outre-détroit, où diverses tribus berbères professaient le Judaïsme et où les juifs expulsés d'Espagne avaient trouvé refuge. La rébellion devait probablement éclater en divers endroits à la fois, au moment où les juifs d'Afrique du Nord auraient débarqué sur les côtes d'Espagne ; mais avant qu'arrive le moment convenu pour l'exécution du plan, le gouvernement fut informé de la conspiration.

« Le roi Egica prit immédiatement les mesures dictées par la nécessité. Ayant bientôt convoqué un Concile à Tolède, il informa ses guides

---

[308] Marcello Menendez y Pelayo « *Historia de los Heterodoxos Espanoles* », ed. F. Marotto e Hijos ; t. I, p. 627.

spirituels et temporels des coupables projets des juifs, et leur demanda de châtier sévèrement cette race maudite. Ayant entendu les témoignages de certains israélites, d'où il résultait que le complot prétendait rien moins qu'à convertir l'Espagne en un État juif, les Évêques exprimant leur colère et leur indignation condamnèrent tous les juifs à la perte de leurs biens et de leur liberté. Le roi les livra comme esclaves aux chrétiens et aussi à ceux qui avaient été jusqu'alors esclaves des juifs et que le roi avaient émancipés... »[309]

C'est un exemple typique de la manière dont agit la cinquième colonne judaïque avec les nations qui lui offrent l'hospitalité.

---

[309] Reinhard Dozy : « *Histoire des Musulmans d'Espagne* », Leiden 1932, p.267 ; et « *Encyclopédie Judaïque Castillane* », ed cit. t. IV, terme Espagne.

# CHAPITRE XVII

## RÉCONCILIATION JUDÉO-CHRÉTIENNE, PRÉLUDE DE RUINE

Après la mort d'Egica, se produisit ce qui arriva si fréquemment dans les États chrétiens et gentils : les nouveaux gouvernants oublièrent l'art de poursuivre la sage politique de leurs prédécesseurs et entreprirent toutes sortes d'innovations, qui en peu de temps détruisirent l'œuvre d'années de travail consciencieux, fruit de l'expérience.

L'une des causes de la supériorité politique des institutions des juifs comparées aux nôtres a été qu'ils ont su continuer à travers les siècles une politique uniforme et définie contre ceux qu'ils considèrent comme leurs ennemis, c'est à dire contre tout le reste de l'humanité. En revanche, ni nous les chrétiens, ni moins encore les gentils, nous n'avons été capables de soutenir une même politique contre le Judaïsme pendant plus de deux ou trois générations successives, aussi satisfaisante qu'elle ait été et même lorsqu'elle avait été inspirée par le droit le plus élémentaire à l'auto-défense.

Witiza, le fils d'Egica, qui fut appelé au trône à la mort de ce dernier, commença par détruire tout ce qu'avait fait son père en bien comme en mal. Animé de passions violentes, très porté aux plaisirs mondains, mais doté cependant au début de bonnes intentions, il monta au trône avec le désir magnifique de pardonner à tous les ennemis de son père et d'unir ses sujets. La chronique du règne nous présente Witiza comme un conciliateur, aimant réparer les injustices du passé, allant jusqu'à faire jeter au feu les documents falsifiés en faveur du Trésor. Les faux chrétiens crypto-juifs, alors soumis à un dur esclavage depuis l'échec de leur monstrueuse conspiration, virent dans les intentions conciliatrices de Witiza et son juste désir d'unification du royaume le moyen de se libérer du terrible châtiment et de recouvrer leur influence perdue, obtenant du roi qu'il les libère de leur lourde servitude et, pour le moment, qu'il leur donne rang égal à ses autres sujets. Witiza, comme tant d'autres, tomba dans le piège, croyant que la solution du problème juif dépendait d'une réconciliation judéo-chrétienne qui mettrait fin à des siècles de longue lutte et qui consoliderait la paix interne de l'Empire sur les bases du respect mutuel, de l'égalité de droits, d'une meilleure compréhension et même d'une coexistence fraternelle et amicale entre chrétiens et israélites, ce qu'actuellement les juifs et leurs agents dans le clergé nomment la « fraternité judéo-chrétienne ».

Une réconciliation de ce type peut être une solution magnifique et désirable, mais elle n'est possible que si les parties la désirent vraiment toutes les deux ; mais lorsque l'une œuvre de bonne foi et renonce à sa légitime défense sur les autels de la réconciliation, détruit ses armes défensives et se livre désarmée à la bonne foi de l'autre partie, et qu'en revanche celle-ci ne change en rien, mais profite de la généreuse attitude de son ancien adversaire pour épier le moment de lui porter le coup mortel, alors la supposée réconciliation n'est qu'un prélude de mort et à tout le moins de ruine.

C'est ce qui est arrivé chaque fois que les chrétiens et les gentils, trompés par les habiles manœuvres diplomatiques des juifs, ont cru en l'amitié et la loyauté de ceux-ci ou à la réconciliation christianno-israélite, et que malheureusement les juifs, utilisant ces si beaux et nobles postulats seulement comme un moyen de désarmer les premiers, continuaient toujours dans le fond de leur cœur et secrètement à les considérer comme leurs ennemis mortels, dans le but qu'une fois ceux-ci désarmés et endormis par le nectar aromatique de l'amitié et de la fraternité, ils puissent être commodément asservis et annihilés.

Les juifs ont toujours eu pour règle, lorsqu'ils sont affaiblis ou dangereusement menacés, de feindre l'amitié avec leurs ennemis, pour pouvoir les dominer plus facilement. Malheureusement, la manœuvre leur a réussi à travers les siècles, et elle leur réussit encore maintenant. La diplomatie juive est classique : dépeindre de noires couleurs les persécutions, les servages et les massacres dont ils furent victimes pour émouvoir la compassion, en masquant en revanche avec soin les motifs qu'ils donnèrent eux-mêmes pour provoquer ces persécutions. Une fois qu'ils ont réussi à inspirer la compassion, ils essaient alors de la convertir habilement en sympathie, après quoi ils luttent sans trêve pour obtenir toutes sortes d'avantages grâce à cette compassion et sympathie, avantages qui toujours tendent à détruire les défenses qu'avaient établies contre eux les dirigeant religieux et civils, chrétiens ou gentils, avantages facilitant ainsi aux juifs leurs plans de domination sur le malheureux État qui, sur les autels de la compassion ou de la réconciliation christianno-juive, a démoli ingénument les murailles qui le protégeaient de la conquête juive et qu'avaient bâties les gouvernants précédents.

À mesure que les juifs, par ces manœuvres, acquièrent une plus grande influence dans le pays qui leur offre l'hospitalité, de persécutés qu'ils étaient, ils se transforment en persécuteurs implacables des vrais patriotes qui s'efforcent de défendre leur religion et leur pays contre l'action dominatrice et destructrice des étrangers indésirables, jusqu'à ce qu'ils arrivent finalement à dominer l'État chrétien ou gentil, ou à le détruire, selon leur projet.

C'est exactement ce qui se passa durant le règne de Witiza ; d'abord les juifs réussirent à l'émouvoir de compassion et à lui inspirer de la sympathie, obtenant ainsi qu'il les délivre de la dure servitude qui avait été décrétée contre eux par le XVIIème Concile de Tolède et par le roi Egica pour se défendre de leurs plans de conquête. Les défenses que la Sainte Église et la Monarchie Wisigothe avaient créées pour se protéger de l'impérialisme judaïque furent ensuite démolies. Witiza les éleva fraternellement à la même catégorie (de citoyenneté) que les chrétiens, pour ensuite les favoriser davantage qu'eux, comme le montrent les célèbres chroniques du XIIIème siècle écrites par l'Archevêque Don Rodrigo (Rodericus Toledanus « De Rebus Hispaniae ») et celle de l'Évêque Lucas de Tuy (Cronica de Lucas Tudensis), qui nous relatent comment, dès que les juifs eurent obtenu la sympathie du monarque, celui-ci les protégea et les favorisa, en finissant par leur octroyer plus d'honneurs qu'aux Église et aux Prélats.

Comme on le voit, après avoir obtenu leur liberté et l'égalité, ils réussirent à se placer en situation supérieure à celle des Prélats et à celle des Églises. Toutes ces mesures, comme il est naturel, commencèrent à semer le mécontentement parmi les chrétiens et le clergé, les défenseurs zélés de la Sainte Église, d'où il est très possible que cette opposition croissante ait incliné Witiza à renforcer la position de ses nouveaux alliés israélites en rappelant ceux qui avaient été chassés de l'Empire Wisigoth par les Conciles et les rois précédents, selon ce qu'affirme l'Évêque Lucas de Tuy dans sa chronique, lesquels revinrent alors en grand nombre dans leur nouvelle terre promise pour augmenter et intensifier encore l'emprise qu'ils étaient en train d'acquérir dans le royaume des Wisigoths.[310]

L'historien du siècle passé José Amador de los Rios, bien connu pour son habile défense des juifs, reconnaît aussi que Witiza fit à l'égard des israélites tout le contraire de ce qu'avaient fait son père et les rois précédents :

« Révoquant alors, dit-il, au moyen d'un nouveau Concile national les Canons antérieurs et les lois que la nation avait reçues avec enthousiasme, Witiza ouvrit les portes du royaume à ceux qui avaient fui à l'étranger pour ne pas devoir embrasser la religion catholique ; il fit relaxe du serment pour ceux qui avaient reçu le baptême, et, pour finir, il éleva à de hauts

---

[310] Rodericus Toledanus « *De Rebus Hispaniae* » Livre III, chap. 15 & 16. Isidoro Pacense « *Cronicon* » - Lucas. Tudensis, « *Cronicon en Espania illustrata* », t. IV.

postes nombre de descendants de cette race proscrite. Ces mesures précipitées et peu discrètes ne produisirent rien moins que ce qu'on était en droit d'attendre d'elles. Ayant bientôt obtenu une prépondérance vraiment dangereuse, les juifs profitèrent de toutes les occasions qui se présentaient effectivement à eux, forgeant de nouveaux plans de vengeance et se préparant en secret à se dédommager des offenses reçues sous la domination wisigothe ».[311]

Cet érudit, insoupçonnable d'antisémitisme, et que les historiens juifs considèrent comme une source digne d'un total crédit, nous a décrit en peu de mots les terribles conséquences que valut aux chrétiens la politique inaugurée par le roi Witiza aux débuts de son règne, avec son illusion que de libérer les juifs opprimés assurerait la réconciliation christianno-juive et la pacification des deux peuples.

À propos du terrible changement opéré en Witiza, le père jésuite Juan de Mariana, l'historien du XVIème siècle, écrit : « Il est vrai qu'au début Witiza fit montre d'un bon principe, qui était de vouloir revenir à l'innocence et de réprimer la méchanceté. Il leva l'exil de ceux que son père avait chassés de leurs maisons et, pour que le bénéfice fût complet, il leur fit restituer leurs domaines, leurs honneurs et leurs charges. En outre, il fit brûler tous les documents et actes des procès pour que rien ne restât en mémoire des délits et infamies qui leur avaient été imputés et pour lesquels ils avaient été condamnés dans la conjoncture du temps. Ces débuts auraient été excellents s'ils eussent continué de même, sans changement ni mutation. Mais il est bien difficile de réfréner l'immaturité de l'âge et l'ivresse du pouvoir par la raison, la vertu et la tempérance. Le premier échelon de son désordre fut de se livrer aux flatteurs ».

L'historien jésuite poursuit en narrant toutes les turpitudes commises par Witiza et qu'il fit approuver par ce conciliabule dont parle Amados de los Rios, et en faisant ce curieux commentaire à propos des lois qui permirent aux juifs publics de revenir en Espagne, disant en effet textuellement : « En particulier, à l'encontre de ce qui avait été établi par les lois anciennes, il donna la liberté aux juifs de revenir en Espagne et de s'y établir. Dès lors, tout commença à être renversé et à s'écrouler ».[312]

Il est bien naturel que l'accès des juifs à des postes de gouvernement et le retour des israélites expulsés ait fait tout commencer à être renversé et à s'écrouler. C'est ce qui est survenu dans l'Histoire pratiquement chaque fois que les chrétiens et les gentils ont généreusement tendu la main de l'amitié aux juifs en leur donnant influence et pouvoir, et que, loin de les en remercier pour ce geste de magnanimité, les juifs ont tout renversé et

---

[311] J. Amador de los Rios, Op.cit., t. I, pp 102-103.
[312] P. Juan de Mariana, S.J. « *Histoire générale d'Espagne* » Ed. Valencia, 1785, t.II, chap. XIX pp. 369-371.

tout fait s'écrouler, pour reprendre l'expression si adéquate du Père Mariana.

L'historien catholique Ricardo C. Albanés décrit en ces termes le changement opéré par Witiza :

« L'énergie d'Egica avait su tenir à l'œil la rébellion des juifs et les aventureuses intentions musulmanes, mais son fils et successeur Witiza (700-710), après une brève période où il suivit une conduite louable, se transforma en un monarque despotique et profondément vicieux, se jetant dans les bras de juifs et leur octroyant honneurs et charges publiques... ».[313]

À propos de la corruption lamentable de Witiza, la précieuse chronique du IXème siècle connue sous le nom de Chronicon Moissiacence fait une impressionnante description de la noire fange de vices dans laquelle sombra Witiza et sa cour, lui qui alla jusqu'à avoir un harem dans son palais, et qui, pour légaliser cette situation, instaura la polygamie dans son royaume, permettant même aux clercs d'avoir plusieurs épouses au scandale de toute la Chrétienté. Ce fait est également rapporté dans le Cronicon de Sebastien de Salamanque, qui affirme en outre que Witiza manifesta une furieuse hostilité à l'égard des clercs qui s'opposaient à ses débordements, juqu'à dissoudre les Conciles et empêcher par la force que les Saints canons en vigueur fussent appliqués, se mettant ainsi en rébellion ouverte contre l'Église.[314]

Non seulement Witiza fit dissoudre un Concile qui le condamnait, mais, avec des clercs qui le suivaient inconditionnellement, il en convoqua un autre, qui, selon ce qu'en rapporte le très illustre Évêque Lucas de Tuy dans sa chronique médiévale ainsi que le fameux historien jésuite Juan de Mariana et d'autres non moins célèbres chroniqueurs et historiens, se tint à Tolède dans l'église Saint Pierre et Saint Paul de l'Arrabal, où il y avait alors un couvent de moines bénédictins. Ce prétendu Concile approuva toutes les aberrations opposées à la doctrine traditionnelle de l'Église, et ce faisant, il se transforma en un véritable conciliabule dont les Canons furent dépourvus de toute légalité. Selon ce qu'affirment les chroniqueurs et historiens cités, ce conciliabule commença par contredire la doctrine et les Canons de la Sainte Église qui condamnaient les juifs et qui ordonnaient aux chrétiens et en particulier aux clercs de ne pas apporter aide ni faveurs aux israélites, ni même d'être négligents dans la lutte contre eux, sous peine d'encourir la sanction d'excommunication. Contredisant donc le Concile précédent, ce conciliabule dicta des mesures de protection en faveur des juifs et approuva le retour des expulsés des règnes précédents. De plus, il supprima la monogamie et établit la polygamie, permettant aux clercs de prendre non seulement une femme, mais même plusieurs. Les

---

[313] Ricardo C. Albanés, Op. cit. pp. 171-171.
[314] *Chronicon Moissiacense*, et *Chronicon Sebastiani* , « Espana Sagrada », t. XIII, p. 477.

actes de ce conciliabule convoqué sous le nom de XVIIIème Concile de Tolède se perdirent, et l'on n'a connaissance par les chroniques mentionnées que de quelques-uns des sujets alors approuvés. Certains chroniqueurs médiévaux assurent que Witiza, rendu furieux de ce que le Pape n'approuvait pas ses désordres, récusa l'obéissance au Pape, provoquant le scandale d'un schisme, et que pour donner force à cette séparation, celle-ci fut approuvée par le conciliabule en question.[315]

La persécution contre les clercs fidèles à la Sainte Église fut si dure que beaucoup, par couardise ou par esprit de conciliation, finirent par se soumettre au tyran. Le Père Mariana par exemple fait état des faits ci-après :

« À cette époque l'Archevêque de Tolède était Gunderic, le successeur de Félix, un personnage de grands talents et qualités s'il avait eu le courage de s'opposer à d'aussi grands maux ; il y a en effet des personnes à qui le mal déplaît, mais qui n'ont cependant pas le courage de tenir tête à ceux qui le commettent. Restaient en outre quelques prêtres qui selon le souvenir du temps surent garder leur pureté sans approuver les désordres de Witiza. Il persécuta ces derniers, et les affligea de toutes les manières jusqu'à ce qu'ils se fussent pliés à sa volonté, comme il advint pour Sinderède le successeur de Gunderic, qui avec le temps devint compréhensif puis tellement soumis au roi que celui-ci obtint qu'Oppas, le frère de Witiza ou selon ce que d'autres rapportent, son fils fut transféré, de l'Église de Séville dont il était l'Archevêque, au Siège de Tolède. Il en résulta de nouveaux désordres, qui s'ajoutèrent à ceux mentionnés plus haut, du fait qu'il y eut dès lors deux prélats dans cette ville, ce qui était contraire aux lois ecclésiastiques ».[316]

Ici comme dans bien d'autres cas, les juifs avaient réussi à transformer la compassion en sympathie, et ce philosémitisme, déguisé sous la prétendue réconciliation ou fraternité christianno-juive, leur permit de se libérer d'abord de la servitude, puis de s'emparer ensuite de l'esprit du monarque qui devint soumis à leur influence, grâce à laquelle ils réussirent à s'élever aux postes de gouvernement. Dans cette occasion comme dans d'autres, ces faits coïncidèrent avec la désorganisation et la corruption de l'État chrétien, la promotion des mauvais et la persécution des défenseurs de l'Église et de la nation.

À l'époque de Witiza, il manqua malheureusement un Saint Athanase, un Saint Jean Chrysostome ou un Saint Félix pour sauver la situation. Au contraire, les Archevêque s et les Évêques, plus désireux alors de vivre commodément que d'accomplir leur devoir, finirent par se soumettre au

---

[315] Lucas Tudensis « *Chronicon en Hispania Ilustrata* » t. IV. P. Juan de Mariana S. J., Op. cit. t. II, chap XIX pp 372-73. Les autres chroniqueurs mettent en doute que les choses soient allées aussi loin que la séparation de l'Église Wisigothe d'avec Rome.
[316] P. Juan de Mariana S.J., Op. cit., t. II, chap. XIX, pp. 372-73.

tyran en s'accommodant du malheur des temps. Une telle situation ne pouvait finir que par déboucher sur une catastrophe épouvantable, aussi bien pour la société chrétienne que pour l'Église Wisigothe, à laquelle l'une et l'autre ne tardèrent pas à succomber de manière sanglante et dévastatrice.

La situation que nous venons d'analyser est d'une importance toute spéciale par sa notable ressemblance avec la situation actuelle. La Sainte Église se trouve menacée de mort par le Communisme, la Maçonnerie et le Judaïsme, et par malheur on ne voit surgir d'aucun côté le nouveau Saint Athanase, le nouveau Saint Cyrille d'Alexandrie ou le nouveau Saint Félix qui sauverait la situation. Les mauvais s'apprêtent à détruire les défenses de l'Église, à modifier ses rites, à menotter les chrétiens et à les livrer à merci aux griffes de l'impérialisme judaïque. Les bons s'effrayent, parce que jusqu'ici on ne voit pas vraiment quels Cardinaux ou Prélats prendront efficacement la défense de l'Église et de l'humanité, menacées comme jamais auparavant par l'impérialisme juif et sa révolution communiste.

Nous nous recommandons donc avec ferveur à Dieu, Notre-Seigneur, pour que cette fois encore comme en d'autres occasions, Il fasse surgir un nouveau Saint Athanase ou un nouveau Saint Bernard qui sauve la Sainte Église, la Chrétienté et l'humanité de l'horrible désastre qui les menacent. Il faut que les hauts responsables de l'Église se souviennent que si, pour être de leur temps, ils se mettent à boiter comme boitèrent les hauts clercs de l'époque de Witiza, ils seront aussi responsables que les juifs eux-mêmes. Ils seront aussi coupables que le furent en grande partie les Prélats et les clercs qui, dans les derniers jours de l'Empire Wisigoth, facilitèrent par leur lâcheté et leurs accommodements la cruelle destruction qui s'abattit alors sur la Chrétienté aux confins de cet Empire férocement anéanti, destruction opérée par les Musulmans aidés de manière efficace et décisive par la cinquième colonne juive.

Le règne de Witiza nous présente un autre exemple classique de ce qui arrive dans une nation que les juifs cherchent à infiltrer, lorsqu'endormie et trompée par un supposé désir de cimenter la réconciliation christianno-juive, l'unité entre les peuples, l'égalité des hommes et autres idéaux du même style, tous très beaux s'ils eussent été sincères, elle commet l'erreur de permettre que les juifs accèdent à des postes élevés dans cette nation qu'ils projetaient de ruiner et de conquérir. Dans ces cas-là, l'Histoire montre toujours que les juifs sèment par tous les moyens possibles l'immoralité et la corruption, car il est relativement facile de ruiner un peuple débilité par ces plaies qui le rendent alors incapable de se défendre.

C'est une étrange coïncidence qu'à cette époque de l'Empire Wisigoth également, lorsque Witiza permit aux juifs d'accéder à des postes élevés de son gouvernement et de la société chrétienne, commencèrent à s'imposer et à envahir la société toutes sortes d'immoralités et de corruptions, touchant d'abord le roi et ses intimes collaborateurs, ce roi qui s'était livré aux mains de ses conseillers roturiers et de ses collaborateurs juifs.

La corruption des mœurs qui finit par caractériser le règne de Witiza et celui très bref de Rodrigue est éloquemment décrite par le Père Mariana S.J. en ces termes : « Ce n'était que réunions, repas et vins fins, qui corrompaient les forces et, de ce fait aussi, mœurs déshonnêtes en tout point perdues, et, à l'exemple des grands, la majeure partie du peuple menait une vie de turpitudes et d'infamies. Toujours prêts à s'agiter, ils étaient en revanche très inhabiles à accourir aux armes et à venir affronter les ennemis. L'Empire et la suzeraineté, qui avaient été conquis par le courage et l'effort, se perdirent par l'abondance et ses habituels compagnons, les plaisirs. Tout ce que la rigueur et l'effort avaient accompli de grandes choses dans la guerre comme dans la paix, les vices le perdirent, en détruisant en même temps la discipline militaire, de sorte que l'on ne trouvait rien d'aussi corrompu en ces temps-là que les mœurs de l'Espagne, ni de gens plus avides de tout genre de plaisirs ».[317]

Le commentaire que fait sur ces questions le diligent historien José Amador de los Rios est également très intéressant: « Il parait impossible de lire ces lignes, que nous traduisons d'un historien très respectable, sans acquérir la conviction qu'un peuple parvenu à tel état était au bord d'une grande catastrophe. Aucun sentiment noble ou généreux ne semblait plus surnager dans cette si violente tempête; tout était bafoué et enseveli dans le plus affreux mépris. Ces crimes, ces aberrations appelaient de grands châtiments et de grandes expiations ; et il n'allait pas falloir attendre beaucoup d'années avant que les lieux de plaisir ne soient trempés du sang wisigoth et que l'incendie musulman ne dévore les palais que la mollesse des descendants d'Ataulf avaient élevés ».[318]

Deux coïncidences significatives doivent être notées.

Primo : dans toute la Chrétienté de cette époque, il n'y avait pas de société plus minée par la corruption que celle de l'Empire Wisigoth, fait qui coïncide avec cette autre circonstance qu'il n'y avait guère d'autre royaume en la Chrétienté dans lequel les juifs avaient alors acquis une telle influence, car les autres, fidèles aux doctrines traditionnelles de la Sainte Église, continuaient à lutter à des degrés divers contre le Judaïsme.

Secundo, cet état de corruption survint précisément lorsque les juifs, libérés des chaînes qui les empêchaient de nuire, réussirent à s'emparer des positions élevées dans la société wisigothe.

Mille deux cents ans après que ces faits se sont produits, les méthodes juives sont demeurées essentiellement les mêmes. Ils se sont efforcés d'annihiler la puissance des États-Unis, de l'Angleterre et des autres États

---

[317] P. Juan de Mariana S.J., Op. cit., t.II, chap XXI, p. 375.
[318] J. Amador de los Rios, Op. cit., t. I, pp 103-104.

occidentaux en y semant la corruption et l'immoralité. Nombreux sont les écrivains patriotes qui ont dénoncé les juifs comme étant les principaux agents de la traite des blanches, du trafic de l'héroïne et des drogues, de la production et de la diffusion du théâtre et du cinéma pornographiques et de l'immoralisme, toutes choses destinées à miner la jeunesse nord-américaine, britannique, française et des autres pays, dont la destruction a été décrétée par le Judaïsme.

On pourra constater que les moyens ont peu changé en douze siècles.

# CHAPITRE XVIII

## LES JUIFS TRAHISSENT LEURS PLUS FIDÈLES AMIS

Witiza, tombé sous l'influence des juifs et entouré de conseillers israélites, mit le comble à sa folie par une politique suicidaire. Selon les uns, prétextant son amour de la paix, et selon d'autres pour réprimer plus facilement les opposants à son absurde politique qui augmentaient de jour en jour en nombre et en force, il ordonna de transformer les armes en charrues et de démolir les murs d'enceinte de nombreuses cités avec leurs puissantes fortifications qui eussent rendue beaucoup plus difficile l'invasion musulmane, cela pendant que les juifs, trahissant leur loyal ami Witiza, instiguaient cette invasion par leurs intrigues dans le nord de l'Afrique, afin de détruire définitivement l'État chrétien et de rendre possible la destruction de toute la Chrétienté européenne.

L'Archevêque Rodericus Toledanus et l'Évêque Lucas de Thuy dans leurs chroniques déjà citées racontent comment le gouvernement de Witiza manda de démolir les murs de cités, de détruire les fortifications et de convertir les armes en charrues.[319]

Le célèbre historien espagnol du XIX<sup>ème</sup> siècle, Marcelino Menendez y Pelayo fait mention de la trahison des juifs en disant : « La population autochtone aurait pu résister à l'attaque des Arabes qui passèrent le détroit, mais Witiza les avaient désarmées, les tours de défense étaient par terre, et les lances étaient converties en rateaux ».[320]

Pendant que l'Empire Wisigoth, sous l'influence des juifs conseillers et amis de Witiza, désarmait, détruisait ses défenses et anéantissait son potentiel de guerre, les israélites pressaient les Musulmans d'envahir et de détruire l'Empire chrétien, et il se faisait à cette fin dans le nord de l'Afrique d'importants préparatifs.

---

[319] Lucas de Thuy « *Cronicon*, Année 733 » ; Rodericus Toledanus, « *Rerum in Hispania Gestarum* » livre III, chap. XV et XVI.
[320] Marcelino Menéndez y Pelayo « *Historia de los Hétérodoxos Espanoles* » Edition du Conseil Supérieur Espagnol de la Recherche.

Dans le pays qu'ils voulaient ruiner, les juifs inculquaient le pacifisme, et en revanche dans celui dont ils allaient se servir pour ruiner le précédent, ils prêchaient le bellicisme, tactique juive classique utilisée maintes fois en divers États au cours des siècles, et qu'ils pratiquent aujourd'hui avec toute la perfection que leur ont donnée des siècles d'expérience. Ainsi, il est curieux de noter que les israélites actuellement, soit directement, soit par le moyen des organisations maçonniques, théosophiques, des partis socialistes et communistes, des infiltrés qu'ils ont secrètement dans les Églises chrétiennes, et par la presse, la radio, la télévision qu'ils contrôlent, etc., prêchent le pacifisme et le désarmement dans le monde libre, pendant qu'en Union Soviétique et dans les autres États soumis à la dictature socialo-communiste totalitaire, ils inculquent au peuple le bellicisme ; qu'alors qu'ils désarmèrent les États-Unis et l'Angleterre jusqu'à un point très dangereux après la dernière guerre mondiale, ils donnèrent au Communisme des positions vitales, et qu'en même temps qu'ils détruisaient les défenses de base de ces deux grandes puissances, ils armaient jusqu'aux dents l'URSS et les autres pays communistes jusqu'à les doter d'équipements militaires formidables, y compris les secrets atomiques et ceux des fusées porteuses, secrets obtenus par trahison des deux premiers pays par les cinquièmes colonnes juives infiltrées dans les gouvernements de Washington et de Londres qu'ils ont mis à leur merci. Leurs tactiques sont donc restées substantiellement les mêmes qu'il y a douze cents ans.

Si les peuples des États-Unis, de l'Angleterre et des autres nations du monde libre n'ouvrent pas les yeux à temps et ne réduisent pas à l'impuissance la cinquième colonne juive qu'ils ont laissée s'introduire, ils verront très vite leurs pays détruits et dominés par la horde judéo-bolchevique qui les réduira en esclavage, comme cela s'est passé il y a plus de douze siècles avec l'Empire Wisigoth. Il est étrange de constater que, jusqu'aux moindres détails, les juifs ont continué d'utiliser des tactiques similaires.

On nous a montré aux États-Unis, gravé en divers lieux, le texte du passage biblique disant : « Les armes se convertiront en charrues », un idéal sublime mais seulement réalisable lorsque tous les adversaires en feront autant.

Les juifs l'utilisent pour induire au pacifisme et au désarmement les peuples qu'ils cherchent à affaiblir, c'est à dire tous les peuples du monde qui sont encore libres et font face à leur dictature totalitaire et communiste, alors que dans les États communistes où ils l'ont imposée et dont ils se servent pour réduire en esclavage le monde libre, loin de convertir les armes en charrues, ils ont créé l'industrie de guerre la plus gigantesque et la plus destructrice de tous les temps. Ainsi, d'un côté on endort les peuples de l'humanité libre par les prêches pacifistes, la corruption et les discordes suscitées par la cinquième colonne juive infiltrée, et de l'autre côté du rideau de fer se prépare l'invasion destructrice à même de triompher et de tout écraser, si les peuples libres laissent subsister les traîtresses cinquièmes colonnes formées par les israélites en leur sein et qui facilitent actuellement le triomphe du Communisme, comme elles facilitèrent alors à l'époque étudiée la destruction de l'État chrétien des Wisigoths.[321]

En l'année 709, le mécontentement de la noblesse et du peuple contre Witiza avait pris des proportions telles que sa situation devenait insoutenable ; ce fut alors que le Judaïsme donna une leçon supplémentaire de sa haute politique, selon un système que depuis douze siècles il a perfectionné de la manière la plus efficace : lorsqu'ils jugent perdue la cause qu'ils soutiennent, et avant que l'écroulement ne survienne, ils détachent des éléments qui vont à la force adverse, pour que, si le triomphe de celle-ci devient inévitable, lorsqu'il se produit, ces juifs luttent pour parvenir à se mettre en avant et se placer si possible à la tête du nouveau régime. Ainsi, qu'un côté ou l'autre triomphe, ils continuent toujours à dominer la situation. C'est avec une maestria scientifique qu'ils mettent en œuvre le principe que la seule manière de s'assurer d'une carte, c'est de parier sur toutes à la fois.

Cela a été l'un des grands secrets du triomphe progressif de l'impérialisme judaïque à travers les siècles, et c'est ce qui leur a permis d'arriver à la domination universelle; c'est pourquoi tous les dirigeants religieux et politiques dans le monde doivent prendre en compte cette classique manœuvre de la haute politique judaïque, en prévenant la tromperie et en évitant le piège.

La cause de leur protecteur et ami Witiza étant pratiquement perdue, les juifs n'eurent aucun scrupule à le trahir afin de gravir à temps les postes de décision du parti opposé, positions qui leur permettraient de le dominer à son tour lors de sa victoire.

Le fait suivant que nous devons à la recherche minutieuse d'un savant historien, Ricardo C Albanés, est très révélateur :

---

[321] (NDT) La Juiverie contrôlait déjà par la Maçonnerie tous les partis et les gouvernements des grands États maçons du monde occidental dès avant la guerre de 1914 ! Sa domination après 1945 s'est avérée sans partage. Sa politique a été d'un machiavélisme subtil, faisant constamment emploi de la dialectique hégélienne : ils ont utilisé la guerre mondiale, puis l'argument de la défense du monde libre pour achever d'asservir totalement l'Europe à la puissance juive déguisée en libératrice (américano-anglaise maçonnique d'un côté, soviétique de l'autre), puis à l'Ouest en « bouclier anti-communiste » ! Au début des années 90 sous couvert de destruction du rideau de fer et de la « fin du Communisme », faisant désarmer les nations et passer les dernières forces militaires des États Occidentaux sous la tutelle du pouvoir mondialiste juif de l'ONU et de l'OTAN sous direction judéo-US, ils étendent décisivement et sans plus d'adversaires à l'Ouest comme à l'Est leur impérium politique, culturel et économique.

« Cette dégénérescence et ce despostisme provoquèrent un profond mécontentement, de sorte que depuis le début de 710, la dynastie de Witiza était condamnée. Le célèbre Eudon, un juif comme on l'a affirmé mais qui cachait sa race, se mit à la tête du parti espagnol et romain menacé par la réinstauration de la fatidique loi de races qui avait été supprimée par Recesvint, et au moyen d'une rapide et habile conspiration s'empara de Witiza. Les révoltés ayant constitué une junte (un sénat romain), ils pensèrent nommer roi Rodrigue le neveu du grand Recesvint, ce roi auquel les Espagnols romains devaient tant pour avoir abrogé les privilèges goths détestés (privilèges qui maintenaient sous le joug des Wisigoths le peuple de la race hispano-latine qu'ils avaient conquis). Rodrigue, retiré et adonné au repos, résista à ceindre la couronne que lui offrait le conspirateur, mais cédant à la fin, il occupa le trône, récompensant Eudon en le nommant Comte des Notaires c'est à dire Ministre d'État, homme de confiance du Roi ».[322]

Après le triomphe de la conjuration, le vote de la majorité des grands des Wisigoths, mécontentés précédemment par Witiza, légalisa semble-t-il le règne de Rodrigue. D'autre part, sitôt après avoir été détrôné, Witiza mourut, de mort naturelle selon certains, et pour d'autres, cruellement martyrisé par Rodrigue qui lui aurait fait crever les yeux. Cette dernière version est vraisemblable, compte tenu que Witiza avait fait assassiner le père de Rodrigue plusieurs années auparavant, après lui avoir aussi fait crever les yeux et l'avoir gardé aveugle et prisonnier. On ne pouvait donc s'attendre à rien de bon pour Witiza s'il tombait aux mains du fils de Théodofredo, martyrisé ainsi que nous venons de l'exposer.

Telle est la manière dont le Judaïsme international paya les grands bénéfices qu'il avait reçus de Witiza, qui, non seulement avait libéré de l'esclavage les chrétiens crypto-juifs du royaume, mais qui avait même rappelé d'exil les juifs publics, permettant aux uns comme aux autres de pratiquer librement le Judaïsme, les élevant aux plus hautes charges et leur accordant sa plus totale confiance, le tout offert sur les autels de la réconciliation christianno-judaïque et de la fraternité des peuples. L'Histoire nous offre de fréquents exemples tragiques de ce type, que malheureusement la dimension limitée de cet ouvrage ne nous permet pas d'inclure.

Pour le juif impérialiste, l'amitié d'un chrétien ou d'un gentil et la fraternité christianno-juive n'est rien d'autre qu'un moyen d'obtenir des avantages qui facilitent la tâche du Judaïsme, tendant à anéantir ses ennemis et à conquérir les autres peuples en détruisant leurs défenses internes ; et finalement, si cela leur sert, ils achèvent par trahir aussi de la façon la plus cruelle les ingénus qui s'étaient jetés dans leurs bras ou qui

---

[322] Ricardo C. Albanés, op. cit. p. 173.

inconsciemment s'étaient mis sous leur joug. Malheur à celui qui se laisse tromper à leur parade d'amitié et par l'habile diplomatie des juifs impérialistes ! L'histoire est remplie des tragiques dénouements que connurent ceux qui, de manière infantile, crurent à une telle amitié et qui se laissèrent envelopper par cette diplomatie si expérimentée.

Il est facile de comprendre quelle influence décisive dut avoir eue le juif Eudon, le ministre d'État de Rodrigue, sur cet homme qui ne voulait même pas être roi et qui n'accepta de l'être que sur les instances répétées du juif en question, influence décisive que conforta en premier lieu, du moins pendant un certain temps, l'artifice d'une nouvelle situation politique, et il n'y a pas trace que le faible Rodrigue, adonné lui aussi aux vices et à la luxure, ait ensuite cherché à ébranler l'influence de son ministre d'État. En outre, la politique suivie par Rodrigue est tellement suicidaire que l'on voit très clairement qu'elle fut inspirée par ceux-là même qui projetèrent sa ruine, et avec elle celle de la Chrétienté de l'Empire Wisigoth moribond. L'influence bénéfique qu'aurait pu exercer Palayo, le chef de la Garde royale, ne se fit pas sentir, rendant évident que ce furent les autres qui dirigeaient la politique du faible monarque, lequel laissa le commandement d'une partie de ses troupes à l'Archevêque Oppas, personnage qui non seulement était proche parent de Witiza, mais avait même été son bras droit dans la désastreuse politique ecclésiastique de ce monarque. De plus, au moment précis où les Musulmans s'apprêtaient à envahir l'empire par le Sud avec l'aide des juifs, le roi fut poussé à se diriger vers le Nord avec son armée pour conquérir la Gascogne, que les Wisigoths n'avaient jamais pu dominer.

L'historien Ricardo C. Albanés, après avoir signalé qu'à ce moment, Tarik-Ben-Ziyad à la tête de quatre mille cavaliers sarrasins s'était avancé jusqu'à l'extrême nord du Maroc actuel, ajoute : « Ce fut alors que le comte félon don Julien, gouverneur de Ceuta et l'un des conjurés, livra à Tarik ce point clef du détroit de Gibraltar, le poussant ensuite à passer en Espagne et s'offrant de lui servir de guide. À la Cour de Tolède, on n'accordait aucune importance à ces succès, qui étaient qualifiés de rodomontades que le duc de Bétique Théodomir pourrait facilement surmonter, et l'on poussait au contraire Rodrigue à partir vers le nord de l'Espagne à la tête de son armée pour conquérir la Gascogne, ce que n'avaient jamais pu réussir les monarques wisigoths les plus puissants. Et pour décider cette mobilisation, Pampelune se rebella, mue par les intrigues et par l'or de la puissante et antique juiverie de cette cité. Pendant ce temps, Tarik à la tête de ses berbères franchit le détroit et balaya en Bétique les armées du loyal Théodomir, qui écrivit alors cette lettre célèbre dans laquelle il demandait anxieusement le secours de Rodrigue qui se trouvait en Gascogne ».[323]

---

[323] Ricardo C Albanés, Op. cit., pp 173-74.

Alors que les fils de Witiza et l'Archevêque félon Oppas entraient dans un complot secret avec les juifs et les musulmans, le roi Rodrigue fit l'erreur fatale de leur confier le commandement d'une partie importante de l'armée, avant la bataille décisive qu'elle devait livrer contre les envahisseurs musulmans. La veille de la bataille que les Espagnols désignent sous le nom du Guadalete, les fils de Witiza arrêtèrent leur plan dans un entretien secret avec les nobles wisigoths et les juifs conjurés. La chronique arabe Abjar Machmua rapporte la teneur de cette réunion : « Ce mal né, dirent-ils parlant de Rodrigue, s'est fait le chef de notre royaume sans être de souche royale ; il était auparavant l'un de nos subordonnés. Ces gens venus d'Afrique ne prétendent pas s'établir dans notre pays : la seule chose qu'ils veulent c'est y faire du butin, après quoi ils s'en iront et ils nous laisseront. Prenons donc la fuite au moment du combat, et ce misérable sera mis en déroute ».[324]

Les douze mille musulmans commandés par Tarik affrontèrent le lendemain les cent mille chrétiens commandés par Rodrigue, l'Archevêque Oppas et les deux fils de Witiza. La bataille se déroulait comme naturellement de manière favorable pour les Wisigoths, lorsque l'Archevêque félon et les deux fils de Witiza à un moment donné, plutôt que de fuir et d'abandonner Rodrigue, passèrent avec leurs troupes du côté islamique et taillèrent en pièces le reste de l'armée restée fidèle au roi Rodrigue, comme le narre le chroniqueur arabe Al Makkari ».[325]

Pour la majorité des historiens, Rodrigue perdit la vie dans cette bataille décisive.

Dans plusieurs régions d'Espagne le souvenir demeure encore de la trahison de l'Archevêque Don Oppas qui, en digne successeur de Judas l'Iscariote, trahit le Christ et sa Sainte Église en collaborant de façon décisive avec les ennemis de celle-ci à la destruction de la Chrétienté dans ce qui en d'autres temps avait été le resplendissant Empire des Wisigoths. Grand ami des juifs comme son parent Witiza, il finit par trahir sa patrie et son Église de la manière la plus catastrophique, associé aux juifs qui utilisaient alors pour détruire le Christianisme la puissante force de l'Islam naissant, tout comme autrefois ils avaient employé la toute-puissance de la Rome païenne.

Malheureusement, à notre époque il y a aussi dans le haut clergé de nombreux imitateurs de l'Archevêque Don Oppas, qui, complotant secrètement avec le Judaïsme, facilitent les triomphes du Communisme et de la Maçonnerie, frappant dans le dos les clercs et les chefs séculiers qui défendent la Sainte Église et leur patrie menacées par l'impérialisme

---

[324] « A*bjar Machmua* » traduction espagnole de Don Emilio Lafuente y Alcàntara. Collection des Œuvres Arabes d'Histoire et de Géographie. Publication de l'Académie Royale de Madrid. t.I.
[325] « Al-Makkari » cité par Ricardo C. Albanés ; op cit. pp 175-176.

judaïque et ses révolutions maçonniques et communistes, de la même manière que l'Archevêque Oppas frappa alors dans le dos l'armée de Rodrigue, le défenseur de la Chrétienté en ces moments décisifs. Que le Christ Notre-
Seigneur aide la Sainte Église et l'humanité face aux trahisons des Oppas du XXème siècle !

L'Encyclopédie espagnole Espasa Calpe rapporte aussi la trahison de l'Archevêque Oppas d'après des chroniques chrétiennes en ces termes : « Tarik, dont les troupes avaient reçu un renfort de cinq mille barbaresques envoyés à sa demande par Muza, ainsi que de beaucoup de juifs et de chrétiens partisans de Witiza, avec au total vingt-cinq mille hommes contre quarante mille, accepta la bataille. Celle-ci dura deux jours, donnant d'abord l'avantage aux Wisigoths, grâce à leur cavalerie dont manquaient les barbaresques. C'est alors qu'eut lieu la trahison de Sisbert et d'Oppas qui passèrent à l'ennemi, et bien que le centre de l'armée commandée par le roi ait combattu avec courage, elle fut mise en déroute (les 19 et 20 juin 711) ».[326]

Concernant la trahison de l'Archevêque Oppas qui fit perdre à la Chrétienté un vaste empire, l'historien jésuite du XVIème siècle Juan de Mariana expose comment ce prélat fournit d'abord son assistance aux fils de Witiza dans les préparatifs de cette noire conspiration, puis, parlant du rôle d'Oppas dans la bataille décisive, il ajoute :

« La victoire resta douteuse une grande partie de la journée, sans rien de décisif. Les Maures commençaient cependant à donner des marques de fatigue en cédant du terrain et aussi à tourner le dos, lorsque, par une incroyable vilénie, la trahison (de l'Archevêque Oppas) jusque-là dissimulée, dans le plus fort du combat et comme cela avait été concerté en secret, passa à l'ennemi avec un groupe important des siens. Se joignant à Don Julian qui avait avec lui un grand nombre de Goths, il attaqua les nôtres par le flanc, du côté le plus faible. Ceux-ci, surpris par une aussi grande trahison et alors épuisés par le combat, ne purent soutenir ce nouvel assaut, et furent rom pus et mis en fuite sans difficulté ».[327]

Il est naturel qu'il y ait des divergences entre les chiffres donnés à propos des deux armées par les historiens chrétiens et musulmans, mais il est évident que de toute façon l'armée chrétienne était supérieure en nombre aux troupes sarrasines, et que seule la trahison de l'Archevêque et la conjuration, dirigée essentiellement par la cinquième colonne judaïque, purent rendre possible le fait qu'un aussi vaste empire ait été conquis si rapidement par une si petite armée. Le roi Rodrigue avait raison de tenir pour négligeable l'invasion islamique, compte tenu du faible contingent

---

[326] *Encyclopédie Espasa Calpe*, t. XXI, mot Espana. p. 906.
[327] P. Juan de Mariana S.J., op. cit., t. II, chap. XXI, p. 377.

des troupes d'invasion, mais ce à quoi il ne pensait pas, c'était à la trahison qui s'était forgée en secret, ni à la terrible puissance de la cinquième colonne juive, qui comme nous le montrerons plus loin joua un rôle décisif dans cette guerre.

Plaise à Dieu que les nations du monde libre apprennent les leçons de l'Histoire, et que même si elles se considèrent plus fortes que les pays dominés par le Communisme, elles prennent en compte que tous les calculs peuvent s'avérer catastrophiquement faux dans une guerre si l'on permet aux cinquièmes colonnes judaïques de continuer à miner secrètement les États libres, car celles-ci peuvent à un moment donné désarticuler les défenses de ces États et donner au Communisme un triomphe facile.

Pour compléter cet ensemble de preuves démontrant la destruction d'un État chrétien il y a plus de mille deux cents ans et sa livraison par la cinquième colonne juive à l'ennemi de la Chrétienté, nous allons présenter divers témoignages historiques provenant à la fois de chrétiens, de musulmans et de juifs, qui tous donnent pour certaines la complicité des israélites résidant dans l'Empire Wisigoth et hors de ses frontières avec les invasions des Musulmans et l'aide qu'ils leur apportèrent sous diverses formes. Les preuves que nous allons présenter sont indiscutables par leur unanimité, car, outre l'autorité des historiens et chroniqueurs cités, il serait invraisemblable que dans le cours de cette violente guerre de plusieurs siècles soutenue respectivement par les musulmans et les chrétiens, les deux parties se soient mises d'accord pour inculper aux juifs la trahison de l'État dans lequel ceux-ci résidaient, cela avec enfin le fait que même les auteurs juifs s'accordent avec les premiers précisément à propos du même fait historique.

Le célèbre historien catholique du XIX$^{ème}$ siècle Marcelino Menéndez y Pelayo, de grande réputation mondiale, écrit :

« Il est avéré que l'invasion arabe fut uniquement patronnée par les juifs qui résidaient en Espagne. Ils lui ouvrirent les portes des principales cités ».[328]

L'historien hollandais Reinhart Dozy, un descendant de huguenots qui acquit un grand prestige comme historien au XIX$^{ème}$ siècle, fournit dans son œuvre maîtresse « L'Histoire des musulmans en Espagne » une série de faits qui confirment l'aide très précieuse que les juifs fournirent aux Sarrasins, leur facilitant la conquête de l'Empire Wisigoth.[329]

L'historien juif nord-américain Abraham Léon Sachar, qui fut directeur national des Fondations Hillel pour les Universités aux États-Unis, dans son ouvrage intitulé « History of the Jews » (Histoire des Juifs), assure

---

[328] Marcelino Menéndez y Pelayo, Op. cit. t. I, chap 3, pp. 372-73.
[329] Reinhart Dozy, Op. cit., pp. 267 et suivantes.

entre autres que les armées arabes traversèrent en 711 les détroits qui les séparaient de l'Espagne et firent la conquête du pays, aidés par la décadence du Royaume Wisigoth et sans doute par l'attitude sympathique des juifs.[330]

La Commission des Synagogues Unies pour l'Éducation Juive, à New-York, publia une édition officielle de l'ouvrage intitulé « The Jewish People » (Le Peuple Juif) de Deborah Pessin, dans lequel on affirme : « En l'an 711, l'Espagne fut conquise par les Musulmans, et les juifs saluèrent leur venue avec joie. Ceux-ci revinrent en Espagne depuis les pays où ils avaient fui. Ils allèrent à la rencontre des envahisseurs, les aidant à prendre les cités espagnoles ».[331]

En peu de mots cette publication officielle juive résume l'action des israélites qui, comme on l'a vu, fut double : d'une part les juifs du nord de l'Afrique, qui au siècle précédent avaient émigré d'Espagne, s'unirent aux troupes des envahisseurs musulmans, et par ailleurs, les juifs habitant l'Empire Wisigoth, la cinquième colonne, leur ouvrirent les portes du royaume, détruisant ses défenses à revers.

L'historien juif allemand Josef Kastein, dans son livre dédié respectueusement à Albert Einstein « Histoire et destin des Juifs », dit ceci : « Les Barbaresques aidèrent le mouvement arabe à s'étendre vers l'Espagne, et en même temps les juifs soutinrent ce mouvement avec des hommes et de l'argent. En 711, les barbaresques commandés par Tarik traversèrent le détroit et occupèrent l'Andalousie. Les juifs leur apportèrent des piquets de troupes et des garnisons pour le district ».[332]

Cet historien israélite nous apporte donc cette précieuse information que les juifs soutinrent aussi financièrement l'invasion et la conquête de l'Empire Wisigoth.

L'historien juif Graetz, après avoir mentionné que dans la conquête de l'Empire Wisigoth par les Musulmans intervinrent à la fois les juifs du nord de l'Afrique et ceux résidant en Espagne, poursuit en rapportant que :

« Après la bataille de Jerez (juillet 711) et la mort de Rodrigue le dernier roi wisigoth, les arabes victorieux continuant leur avance furent de toute part appuyés par les juifs. Dans chaque cité conquise, les généraux musulmans n'avaient pas la possibilité de laisser une petite garnison de leurs propres troupes, ayant besoin de tous leurs hommes pour soumettre le pays, c'est pourquoi ils en confiaient la garde aux juifs. C'est ainsi que les

---

[330] Abram Léon Sachar « *Historia de los Judios* » Ed. Ercilia, Santiago du Chili (1945), p. 227.
[331] Deborah Pessin « *The Jewish People* » livre II, Ed. United Synagogue Commission on Jewish Education, New York (5712-1952) pp. 200-201.
[332] Josef Kastein « *History and Destiny of the Jews* », trad. de l'Allemand par Huntley Paterson, New-York (1933) p. 239.

juifs, auparavant soumis à la servitude, devinrent alors les maîtres de Cordoue, de Grenade, de Malaga et de nombreuses autres cités ».[333]

Le rabbin Jacob S. Raisin indique que l'invasion de l'Espagne fut réalisée par une armée de « douze mille juifs et maures », dirigés par un juif converti à l'Islam, le fils de Cahena, une héroïne appartenant à une tribu de Berbères judaïsants et qui fut la mère de Tarik-es-Said. Il poursuit en disant : « À la bataille de Jerez (en 711), le roi wisigoth Rodrigue fut mis en déroute par un des généraux de Cahena, Tarif-es-Said, « un juif de la tribu de Siméon » d'où le nom de Tarifa qui a été donné à l'ile. Il fut le premier maure à prendre pied sur le sol d'Espagne ».[334]

Il peut sembler curieux de la part du rabbin cité que, tout en ayant mentionné Tarik ou Tarif comme professant alors la religion musulmane, il le désigne ensuite comme un juif de la tribu de Siméon. Peuvent facilement le comprendre ceux qui savent que les juifs n'accordent aucune valeur aux conversions aux autres religions, car, sauf rarissimes exceptions, elles sont de leur part toujours simulées.

Chez les historiens arabes et dans leurs chroniques, on parle aussi de la complicité des juifs dans l'invasion et la conquête de l'Empire Wisigoth, entre autres dans la chronique formée d'une collection de traditions rassemblées au XIème siècle et connue comme l'Abjar Machmua, qui mentionne la conspiration des juifs pour trahir Rodrigue, et comment les juifs se joignirent dans l'armée wisigothe aux fils de Witiza et aux nobles mécontents, la veille de la bataille décisive. On y trouve encore d'autres détails sur la complicité des hébreux qui habitaient en Espagne, puis, comme elle le raconte, sur le fait que, lorsque les arabes trouvaient beaucoup de juifs dans une cité conquise, ils leur en confiaient la garde aidés par un détachement de musulmans, pendant que le gros des troupes continuait sa progression. Dans d'autres cas, ils confiaient simplement la garde des cités capturées à leurs habitants juifs, sans même y laisser aucun détachement islamique. Ainsi la même chronique arabe, parlant de la prise de Cordoue, constate que : « Moguits se joignit aux juifs à Cordoue, à qui il consigna la garde de la cité », et à propos de Séville, elle affirme : « Muzio confia la garde de la cité aux juifs ». Elle dit la même chose à propos d'Elvira (Grenade) et d'autres agglomérations.[335]

L'historien sarrasin Al-Makkari fournit des données non moins intéressantes sur ce point, lorsque parlant des envahisseurs musulmans il dit : « Ils avaient l'habitude dans ces forteresses d'adjoindre les juifs à quelques musulmans peu nombreux, les chargeant de la garde des cités,

---

[333] Graetz, Op. cit. t III, p. 109.
[334] Rabbin Jacob S. Raisin, Op. cit. p. 429.
[335] « *Abjar Machmua* » pub cit. t. I, pp. 23 et suivantes.

pour que le reste des troupes puisse continuer sa marche vers les autres objectifs ».[336]

Le chroniqueur islamique Ibn-El-Athir dans sa célèbre chronique El Kamel a donné divers détails sur l'invasion musulmane de l'Empire Wisigoth et sur la complicité judaïque, détails qui furent aussi confirmés depuis par l'historien musulman Ibn Khaldoun, né à Tunis en 1332, dans sa célèbre « Histoire des Berbères ». C'est de lui que nous reprenons le fait suivant, vue son importance capitale pour illustrer ce que les juifs entendent par réconciliation ou fraternité christianno-juive. Ibn Khaldoun, citant Ibn-El-Athir, dit qu'après la prise de Tolède par les Musulmans « les autres détachements capturèrent les cités contre lesquelles ils avaient été envoyés, et que Tarik laissa Tolède aux juifs avec l'un ou l'autre de ses adjoints, et se dirgea vers… »[337]

Et qu'arriva-t-il alors à la population civile chrétienne, laissée ainsi à la garde des juifs ? Serait-il possible que cette réconciliation et amitié christianno-juive, que les israélites trahirent de la manière démontrée ci-dessus, ait servi à ce moment aux victimes qu'ils avaient alors enchaînées, pour qu'on ait fait usage à leur égard de clémence ou de tolérance ?

La chronique du XIIIème siècle du très illustre Évêque Lucas de Thuy nous donne des informations très révélatrices à ce sujet. Cette version des faits est répétée depuis par pratiquement tous les historiens tolédans, qui affirment que la capitale wisigothe étant assiégée par le chef Tarik-ben-Zeyad, « les chrétiens de la cité sortirent le dimanche des Rameaux 715 pour célébrer la Passion du Sauveur dans la proche basilique de Sainte Léocadie, et que les juifs, profitant alors de leur absence, livrèrent aux mains des Musulmans la ville qui était le siège de Léovigilde et de Récarède, les chrétiens étant ensuite égorgés, pour une part à la Véga, et pour l'autre dans la basilique ».[338]

L'historien juif Graetz donne une version qui coïncide avec la précédente, en disant que lorsque Tarik arriva devant Tolède, la ville n'était gardée que par une petite garnison, et que, pendant que les chrétiens priaient à l'église pour le salut du pays et de leur religion, les juifs ouvrirent les portes aux Arabes victorieux, le dimanche des Rameaux 712, les accueillant sous les vivats et acclamations et vengeant ainsi les nombreuses misères qui les avaient frappés pendant tout un siècle, depuis les règnes de Récarède et de Sisebut ».[339] Cet historien juif s'abstient évidemment de mentionner le carnage de chrétiens qui eut lieu alors, et dont parle la

---

[336] « Al-Makkari » cité par Vicente Risco in « *Historia de los Judios* » Ed Surco, Barcelone (1960) p 212.
[337] Ibn-El-Athir, chronique *El Kamel*, et Ibn Kahldoun *Histoire des Berbères* trad. française du Baron de Slane, Argel, 1852, t.I.
[338] Chronique de Lucas Tudensis « *Hispania illustrata* » t.IV.
[339] Graetz, Op. cit. t. III p. 109.

chronique de l'Évêque Lucas de Thuy, comme le font la majorité des historiens anciens de Tolède.

À ce propos, il faut citer un précédent intéressant : cela faisait environ un siècle que l'empereur byzantin Heraclius avait fait pression sur les monarques wisigoths pour qu'ils expulsent les juifs d'Espagne, parce que leur existence dans les États chrétiens constituait un péril mortel, citant le fait que les israélites avaient « acheté à Chosrœs quatre-vingts mille captifs chrétiens qu'ils égorgèrent sans pitié ».[340]

Malheureusement Sisebut, loin d'extirper à la racine la mortellement dangereuse cinquième colonne en question, mit les juifs devant l'alternative de devoir choisir entre l'expulsion ou la conversion, permettant ainsi à l'immense majorité d'entre eux de se convertir fictivement au Christianisme et transformant ainsi la cinquième colonne juive dans l'État en cinquième colonne au sein même de l'Église, ce qui augmenta de ce fait immensément sa dangerosité.

Il est évident que le massacre des chrétiens de Tolède a dû être perpétré à la fois par les musulmans et les juifs, mais, d'une part la bénignité des conquérants arabes en Espagne a été reconnue jusque par les écrivains juifs, et d'autre part les faits ont démontré que les juifs, toutes les fois qu'ils purent satisfaire leur haine contre les chrétiens, organisèrent eux-mêmes des massacres, et qu'ils incitèrent en outre les païens de Rome à en accomplir. Et aussi chaque fois qu'une hérésie ou une révolution a triomphé dirigée par le Judaïsme, elle a fréquemment dégénéré en massacres de chrétiens, sans même parler des révolutions judéo-communistes de notre époque où les assassinats de masse ont été à l'ordre du jour.

Devant le fait de la tolérance bien connue des Arabes victorieux en Espagne et les autres faits que nous avons évoqués, il est facile d'imaginer qui furent les principaux instigateurs des massacres de chrétiens dans l'Empire Goth vaincu.

Quoi qu'il en soit, une chose demeure évidente : la politique de réconciliation christianno-juive inaugurée dans le Royaume Wisigoth par Witiza donna des résultats catastrophiques, en ce qu'elle aboutit à la vaste destruction d'un État catholique, à la perte de l'indépendance de la patrie et au cruel massacre d'innombrables chrétiens.

Pour en terminer, ajoutons ce que dit à ce sujet le grand ami des juifs, l'historien Amador de los Rios, insoupçonnable d'antisémitisme, parlant de l'invasion musulmane :

« Et quelle fut pendant ce temps la conduite du peuple hébreux ? S'apprêta-t-il au combat pour défendre sa patrie adoptive ? Ou bien resta-

---

[340] *Encyclopédie Espasa Calpe,* tome XXI, terme Espana (Espagne).

t-il neutre au milieu d'un tel ravage, d'autant qu'il n'avait pas la possibilité de résister à l'impétuosité de vainqueurs ?

« L'amour de la patrie, c'est à dire l'amour du sol natal et la gratitude pour les récentes dispositions des rois Goths paraissaient exiger de ce peuple qu'il unît ses forces à celles de la nation wisigothe pour repousser l'invasion étrangère, en ouvrant en même temps ses coffres pour subvenir aux pressants besoins de l'État.

« Mais, en contrepartie de ces raisons, existaient de vieilles haines et les souvenirs vivaces des outrages subis dans le passé ; la condition des juifs en tant que peuple éparpillé sur la terre entière, ses intérêts généraux et particuliers, ses coutumes et le genre de vie errante qu'ils avaient gardé les poussaient d'autre part à souhaiter et solliciter du nouveau, en même temps que le fanatisme religieux les incitaient puissamment à se déclarer contre leurs hôtes, haïs comme ennemis de leur foi, pour en précipiter la perte et la ruine. Ce n'est pas autrement que se fomenta et que s'étendit à toute la Péninsule Ibérique la conquête musulmane ; les nobles cités où prospérait en nombre et en richesse la population israélite, et qui auraient sans doute coûté beaucoup de sang aux armées de Tarik et de Musa, leur étaient livrées par les hébreux, lesquels les recevaient ensuite à garder comme fraternisant avec les Africains ».[341]

Nous citerons enfin quelques faits très intéressants tirés du monumental ouvrage officiel du Judaïsme, l'Encyclopédie Judaïque Castillane, qui au terme Espagne dit, entre autres :

« C'est un fait indiscutable que ce qui détermina Musa à lancer ses forces en Espagne, alors qu'il était demeuré indécis malgré les avances persuasives du parti de Witiza, ce furent les informations secrètes qu'il reçut de juifs espagnols, lesquelles révélèrent à l'émir l'impuissance militaire de la couronne et l'état de ruine des chateaux forts, l'épuisement du trésor royal et l'exaspération aussi bien de la noblesse que du peuple devant une oppression qui s'était généralisée ».

Cet ouvrage affirme ensuite que : « Le 19 juin 711, Tarik[342] écrasa les Wisigoths à la bataille de Janda, ou du Guadalete, celle où Rodrigue semble avoir trouvé la mort. Lors de cet affrontement historique, on vit de nombreux soldats, juifs maghrébins, combattre aux côtés du vainqueur. Leurs corréligionnaires espagnols se soulevèrent partout et se mirent à la disposition de Tarik et de Musa ».[343]

Dans ce chapitre, nous avons donné une idée de la manière dont il y a mille deux cents ans agissait l'impérialisme judaïque et sa cinquième colonne infiltrée dans le sein de l'Église et de l'État pour détruire un État

---

[341] J. Amador de los Rios, op cit., t. I, pp. 105 et 106.
[342] Les différentes orthographes concernant Tarik, Tarif ou Taric proviennent des différentes sources que nous avons textuellement citées.
[343] *Encyclopédie Judaïque Castillane*, Vocable Espagne, t. IV, p. 144.

chrétien. Nous pouvons assurer que l'expérience acquise au cours de douze siècles a permis à l'impérialisme hébreux et à ses cinquièmes colonnes de perfectionner à l'extrême leurs méthodes depuis lors.

# Chapitre XIX

## Les Conciles de l'Église luttent contre le Judaïsme

Devant la fausseté répétée des conversions des juifs au Christianisme, la Sainte Église entreprit de prendre certaines précautions qu'approuvèrent différents Conciles.

Le Concile d'Agde, cité méridionale des Gaules, célébré en l'année 506 sous les auspices de Saint Césaire Primat de la Province d'Arles avec l'assentiment d'Alaric, établit ce qui suit :

Canon XXXIV. Comment il faut recevoir les juifs qui désirent se convertir. Les juifs, que leur perfidie ramène fréquemment à leurs vomissements, s'ils cherchent à se convertir à la Loi Catholique resteront huit mois dans le catéchuménat, et s'il s'avère qu'ils viennent avec une foi pure, qu'ils soient baptisés après ce temps... »[344]

Les faits cependant montrèrent que ce temps probatoire ne servit à rien pour assurer la sincérité de leurs conversions.

Dans le Concile Trulan de l'année 692, considéré comme un addendum aux Vème et VIème Conciles œcuméniques, on déclara que l'hérésie de Nestorius renouait avec l'impiété juive, comme il est dit en particulier dans le Canon I :

« Nous reconnaissons en même temps la doctrine proclamée à Ephèse par les deux cents divins Pères proscrivant l'inepte division de Nestorius comme séparée du peuple divin, étant donné qu'il déclarait que Jésus-Christ était un homme séparément, renouvelant ainsi l'impiété juive ».

Ensuite, dans son Canon XI, ce Concile établissait la peine de déposition pour les clercs qui entretenaient des relations intimes avec les juifs. On voit donc que depuis déjà ces temps lointains on considérait comme un véritable cauchemar le fait de ces clercs qui entretenaient de dangereuses amitiés avec les israélites. À cet effet le Saint Canon XI dit : « Qu'aucun prêtre ou légat, comme des azymes des juifs, n'ait de familiarité avec eux, ne leur rende visite dans leur demeure, ne reçoive

---

[344] Concile d'Agde; Canon XXXIV. Compilation de Juan Tejada y Ramiro, Collect. de Canons cit., t. I., p. 413.

leurs médecines, et encore moins se baigne en leur compagnie ; celui qui contreviendrait à cette disposition, s'il est prêtre qu'il soit déposé, et s'il est légat qu'il soit mis à l'écart ».[345]

Ce n'est pas que la Sainte Église se soit écartée en cela de la charité chrétienne qu'elle a toujours patronnée, notamment dans son très noble usage de visiter les reclus, mais c'est que les prélats de ce Saint Concile, connaissant malheureusement le fait universellement attesté que les juifs profitaient toujours même des œuvres généreuses de la charité chrétienne pour tenter d'acquérir de l'influence sur les chrétiens, dans le but de miner notre Sainte Religion, ils considérèrent comme d'urgente nécessité d'interdire tout ce qui pourrait tendre les lacets d'une périlleuse amitié entre chrétiens et juifs et qui mettrait les chrétiens en danger de tomber dans les griffes de ces vieux loups. Il est indubitable que l'Église eut raison de menacer de destitution les clercs et de mettre à l'écart de l'Église les laïcs amis des juifs, car ces familiarités, comme les appelle ce Canon, se sont toujours avérées à mesure qu'elles se faisaient plus étroites constituer un danger mortel pour la Chrétienté.

Que se passerait-il si l'on appliquait aujourd'hui ce Saint Canon aux clercs qui actuellement entretiennent une si grande familiarité et une si étroite amitié avec les israélites, dans ces organisations appelées Confraternités judéo-chrétiennes de notre époque ? Si on leur appliquait ce Canon, il est certain que l'on ferait alors un pas de géant vers le salut de la Sainte Église face au mortel sabotage opéré par la cinquième colonne juive dans le clergé.

# LE II<sup>ÈME</sup> CONCILE ŒCUMÉNIQUE DE NICÉE ET LES CRYPTO-JUIFS

La peste des faux chrétiens secrètement juifs finit par constituer un tel danger pour la Chrétienté à la fin du VIII<sup>ème</sup> siècle, surtout depuis la chute de l'Empire Wisigoth aux mains des musulmans, que le deuxième Concile œcuménique de Nicée établit, à propos des chrétiens qui pratiquaient en secret le Judaïsme, qu'il valait mieux qu'ils soient juifs ouvertement que faux chrétiens. Les activités anti-chrétiennes que menaient secrètement les juifs dans le sein de la Sainte Église, soit en propageant des hérésies révolutionnaires, soit en conspirant contre les lois, soit en s'abouchant avec les musulmans pour leur livrer les États chrétiens, avaient tellement alarmé dans la Chrétienté que la Sainte Église préférait qu'ils restassent des

---

[345] Concile Trulan, Canon I. Compilation de Juan Tejada y Ramiro, Collec. de Canons cit., t. III.

juifs ouvertement et publiquement déclarés comme tels, plutôt que d'être de faux convertis. Sous cette forme, l'Église garderait l'ennemi à l'extérieur mais non dans ses propres rangs.

Les mesures prises à cet égard par les Saint Synode ne pouvaient être plus appropriées, mais malheureusement, les juifs avaient déjà reconnu les grands avantages que leur offrait leur infiltration au sein de l'Église et de la société chrétienne.

Le Canon VIII du IIème Concile œcuménique de Nicée stipule textuellement : « Et parce que certains juifs apparurent s'être faits chrétiens, mais judaïsent et conservent le sabbat en secret, nous établissons qu'ils ne soient pas admis à la communion, ni à la prière, ni à l'Église ; mais qu'ils soient donc vraiment juifs ouvertement, que leurs enfants ne soient pas baptisés et qu'on ne leur permette, ni d'acheter, ni de posséder des esclaves. Si en revanche, quelqu'un œuvrant avec pureté et sincérité se convertissait et avouait ses coutumes et ces choses, et s'il en avait triomphé, il sera admis et baptisé de même que ses enfants, mais en prenant soin de ne pas le laisser recommencer à séduire ; mais sans cela ils ne seront pas admis ».[346]

Le Concile œcuménique que nous venons de citer s'occupa aussi de condamner l'hérésie des Iconoclastes.

Il n'y a rien en effet que les juifs haïssent davantage que les images (et statues de saints) catholiques, qu'ils appellent des idoles. C'est pourquoi, chaque fois qu'ils ont pu exercer leur influence sur un certain secteur de la Chrétienté, ils ont prétendu supprimer les images. L'hérésie des Iconoclastes fut inspirée par les israélites, dont les faux convertis crypto-juifs vivent plus à l'aise dans un Christianisme sans images, parce qu'il leur en coûte de leur rendre un culte, même ne s'agissant que d'une simple vénération. Cependant, pratiques comme ils le sont, lorsqu'il leur a convenu de ne pas contrarier les sentiments de la population chrétienne, ils ont toléré le culte des images et en ont même rempli leurs demeures.

Ce fut un juif prestidigitateur qui, suivant l'historien ecclésiastique Juan Tejada y Ramiro, inspira à l'Empereur byzantin Léon l'Isaurien les idées iconoclastes. Ce monarque adopta ces tendances avec un fanatisme tel qu'il commença par renverser la statue de Notre-Seigneur qui était placée à grande hauteur sur la porte de Constantinople, statue qui, d'après ce qu'affirme le savant compilateur des Canons « était, au grand dépit des juifs, vénérée du peuple depuis de nombreuses années ».[347]

---

[346] IIème Concile de Nicée, Canon VIII. Compilation de Juan Tejada y Ramiro, Col. cit., t. III; p. 819.
[347] IIème Concile de Nicée, Canon IX. Compilation de Juan Tejada y Ramiro, Col. cit., t. III; p. 808.

Le Concile œcuménique en question ordonna, entre autres mesures prises contre l'hérésie, la destitution des Évêques, prêtres et diacres qui cachaient les livres propageant des idées iconoclastes.

Ainsi, prescrit le Canon IX : « Toutes les sottises infantiles, les diversions stupides et autres écrits qui ont été faits faussement contre les saintes images, il convient de les remettre à l'Évêque de Constantinople pour qu'il les rassemble avec les livres des autres hérétiques. Mais s'il s'avérait que quelqu'un cachât ces choses, s'il était Évêque, prêtre ou diacre, qu'il soit déposé. Mais s'il était moine ou laïc, qu'il soit excommunié. »[348]

La Sainte Église réagissait donc, non seulement contre les juifs et les hérétiques, mais très énergiquement aussi contre les Évêques et les autres clercs qui aidaient l'hérésie ou le Judaïsme.

À mesure qu'alla croissant l'action destructrice de la cinquième colonne, l'action défensive de la Sainte Église se durcit aussi de plus en plus. Le Saint Concile œcuménique de Nicée instituait déjà la peine de destitution contre les Évêques et les clercs qui simplement cachaient les livres hérétiques. Que mériteraient donc alors aujourd'hui ces hauts clercs[349] qui, non seulement cachent des livres maçonniques ou communistes, mais qui collaborent activement à la destruction du Christianisme par les hérésies maçonniques ou communistes ?

Pour revenir à l'Empereur iconoclaste Léon l'Isaurien, il est utile de noter qu'en ce qui concerne les juifs, il se passa avec lui la même chose que chez Luther. Au début, il s'allia avec eux contre l'orthodoxie, mais quand il se rendit compte de l'immense péril qu'ils signifiaient pour son empire, il

---

[348] « *Acta Conciliorum et epistolae decretales, ac constitutione Summorum Pontificum* » Etude du P. Jean Hardouin S.J. Paris 1714.

[349] NDT : En 1961-62 à la date de cet ouvrage, on pouvait compter parmi ces hauts et moins hauts clercs amis du Communisme, du Judaïsme et de la Maçonnerie, les noms de Roncalli, Montini, Lercaro, Wojtyla, Bea, Baum, Osterreicher, RP. Danielou, Casaroli, Suenens, Villot, Liénart, Alfrink, etc, etc... (Cf « *Prélats et Franc-Maçons* » de Pierre Virion !). Mais les bien plus nombreux Évêques sillonnistes résultaient du chantage et du diktat des vainqueurs de la 2ème guerre mondiale selon l'accord signé à Yalta entre Staline et Roosevelt fixant la mise en tutelle de toute l'Europe Occidentale à égalité par le Communisme et la Maçonnerie anglo-US, selon le témoignage rapporté dans son livre de souvenirs (*Espana tena razon*) par l'ancien ambassadeur d'Espagne Douffaigue, lui-même ayant obtenu cette information d'une secrétaire de Roosevelt, cité par Léon de Poncins dans « *Christianisme et Franc-Maçonnerie* », ed DPF., chapitre Yalta. S'explique ainsi l'action de nonces comme Roncalli dans le choix des évêques d'après-guerre nommés par Pie XII en Europe et dans le monde. Nonce à Paris, Roncalli, admirateur de Marc Sangnier, était ami du théosophe chrétien ( !) Gaston Bardet et du grand Maître maçon 33 ° Yves Marsaudon, par ailleurs ministre émérite de l'Ordre de Malte dépendant du Saint Siège... au témoignage de Marsaudon et du biographe de Jean XXIII, Peter Hebblethwaite. Le même Roncalli fréquentait assidument diverses personnalités politiques françaises dont le premier ministre Georges Bidault, MRP, sillonniste et acquis à la collaboration avec les socialistes, les F-M et les juifs...

essaya de conjurer le péril en recourant au même funeste procédé qu'avaient utilisé les rois catholiques, de faire pression sur les hébreux pour qu'ils se convertissent au Christianisme. Il les mit devant l'alternative de se convertir ou d'être sévèrement châtiés.

À propos de la sincérité de cette nouvelle conversion générale des juifs en Grèce et dans les Balkans, dans une partie de l'Asie Mineure et les autres possessions de l'Empire Byzantin, voici ce que dit l'historien juif Graetz :

« Léon l'Isaurien, né de parents villageois, ayant eu son attention attirée par les juifs et les musulmans sur le caractère idolâtrique du culte des images qui se pratiquait dans les églises, entreprit de lutter contre ce culte avec l'intention de détruire ces images. Ayant été accusé devant les foules incultes par le clergé adorateur de ces images d'être comme un hérétique et un juif, Léon entreprit de revendiquer son orthodoxie en persécutant les hérétiques et les juifs. Il promulgua un décret ordonnant à tous les juifs de l'Empire Byzantin et au reste des Montanistes d'Asie Mineure d'embrasser le Christianisme de l'Église grecque, sous la menace d'un sévère châtiment (en 723). Beaucoup de juifs se soumirent à ce décret et reçurent avec répugnance le baptême, et ils furent alors moins fermes que les Montanistes, qui pour rester fidèles à leurs convictions se rassemblèrent dans leur maison de prière, y mirent le feu et périrent dans les flammes. Les juifs qui acceptèrent d'être baptisés furent de l'opinion que la tourmente passerait vite et qu'on leur permettrait de nouveau de revenir au Judaïsme. Ils embrassèrent donc le Christianisme, mais seulement pour l'extérieur, car ils observaient en secret les rites juifs... » Et le célèbre historien israélite termine par ce commentaire très symptomatique : « Ainsi les juifs de l'Empire Byzantin s'estompèrent-ils devant les incessantes persécutions, et pour un temps restèrent cachés aux yeux de l'Histoire ».[350]

Ces disparitions du Judaïsme afin de subsister de façon occulte aux yeux de l'Histoire, pour employer l'expression heureuse de Graetz, ont toujours été de sa part ce qu'il est de plus dangereux, car au lieu d'être une cinquième colonne visible, il se transforme en un pouvoir occulte, en une puissance invisible, qui comme telle est beaucoup plus difficile à combattre.

Avec le temps, les Balkans, complètement minés par ce pouvoir occulte, deviendront l'épicentre des sectes secrètes des Cathares. Ensuite, le même pouvoir occulte se transformera en une cinquième colonne de traîtres, qui livra l'Empire chrétien aux musulmans turcs, et dans les temps modernes en une pépinière de Charbonneries et d'organisations terroristes, qui furent si influentes dans le déchaînement de la grande guerre mondiale de 1914-18.

---

[350] Graetz, op. cit. t. III, pp 122-123.

Nous verrons plus loin comment de telles disparitions du Judaïsme qui lui permettent de subsister occulte aux yeux de l'Histoire eurent lieu dans toute la France, en Angleterre, en Russie, dans les Empires espagnol et portugais et dans certaines partie de l'Italie, de l'Allemagne et d'autres pays de la Chrétienté, avec des conséquences qui furent à la longue désastreuses pour ces nations et pour l'ensemble de l'humanité.

À propos de la terrible lutte que la Sainte Église et les monarchies chrétiennes tentèrent de soutenir contre le Judaïsme en France, nous allons laisser brièvement la parole à l'historien israélite Graetz, dont l'autorité est si respectée dans les milieux juifs, outre le fait qu'il est insoupçonnable d'antisémitisme.

Parlant du roi Sigismond de Burgondie, il fait cette constatation : « Ce fut ce roi qui le premier (en France) éleva des barrières entre chrétiens et juifs. Il confirma la décision du Concile d'Epone, qui se tint sous la présidence de l'Évêque sanguinaire Avit, interdisant même aux laïcs de participer à des banquets juifs (en 517). L'esprit d'hostilité envers les juifs s'étendit à partir de la Burgondie vers le territoire français.

« C'est ainsi que lors des III$^{ème}$ et IV$^{ème}$ Conciles d'Orléans (en 545 et 548) furent approuvées contre eux diverses dispositions... ».

« Le Concile de Mâcon (en 581) adopta diverses résolutions assignant aux juifs une situation d'infériorité dans la société. Il leur était interdit d'être juges, collecteurs d'impôts, et tout ce qui aurait pu paraître leur assujettir la population chrétienne ; on les obligea à faire montre de profonde révérence envers les prêtres chrétiens.... »

« Le Roi Chilpéric, bien qu'il ne fût pas docile au clergé catholique, imita l'exemple d'Avit. Lui aussi obligea les juifs de son empire à recevoir le baptême, et il se rendit en personne sur les fonds baptismaux comme parrain des néophytes. Mais il se satisfaisait de la simple apparence de la conversion, et il ne sévit pas contre les juifs même s'ils continuaient à célébrer le sabbat et à observer les lois du Judaïsme ».[351]

Une erreur donc lamentable de cette monarchie, qui d'une part fit pression sur les juifs pour qu'ils se convertissent leur servant même de parrain de baptême, et qui, de l'autre, permit que les nouveaux chrétiens pratiquent en secret le Judaïsme, facilitant ainsi l'apparition et la montée en puissance de ce pouvoir occulte qui provoqua en France tant de discordes et de révolutions dans la suite des siècles.

À propos de la conversion des juifs du temps de Chilpéric, Saint Grégoire, l'Évêque de Tours que l'on appelle à juste raison le père de l'Histoire de France, nous narre que parmi ceux que l'on obligeait à se convertir figurait ni plus ni moins que Priscus, le trésorier royal qui

---

[351] Conciles d'Epone, IIIeme et IVeme d'Orléans, et de Mâcon, cités par Graetz. Op. cit. t.III, pp 37-39.

équivalait alors à un ministre des Finances d'aujourd'hui[352] lequel, comme il se refusa à le faire, fut emprisonné, puis assassiné par un autre juif converti. Ce dernier tomba à son tour, tué par un parent de l'ex-trésorier royal.[353] La chute de Priscus fut un coup dur pour les juifs, qui avaient comme arme favorite de placer l'un des leurs comme trésorier royal pour s'assurer ainsi une influence décisive sur les monarques chrétiens, en profitant de la réputation d'habileté financière et administrative qu'avaient les israélites et les chrétiens crypto-juifs.

Concernant Clotaire II et le Saint Concile de Paris, Graetz écrit : « Les derniers rois Mérovingiens devinrent de plus en plus fanatiques, en conséquence de quoi leur haine des juifs s'accrut. Clotaire II, à qui échut la totalité de l'Empire Franc, était un matricide, mais cependant il était considéré comme un modèle de piété religieuse. Il sanctionna les décisions du Concile de Paris, qui interdit aux juifs d'acquérir des pouvoirs dans la magistrature et de servir dans l'armée (en 615) ».[354]

Ici Graetz, après avoir observé le système traditionnel aux juifs de salir la mémoire des gouvernants qui ont lutté contre le péril juif, dit cependant quelque chose de profondément vrai, à savoir qu'un chrétien est d'autant plus anti-juif qu'il est plus fanatique (les juifs appelant fanatique tout chrétien zélé à défendre sa religion et sa patrie).

Ceci n'a rien d'étrange si l'on tient compte que les juifs sont les ennemis capitaux de la Chrétienté et du genre humain, et si l'on veut bien comprendre que celui qui défend l'Église, sa patrie et l'humanité veut résister de toute son énergie à l'ennemi numéro un, s'il veut que sa défense ne s'effondre pas. C'est pourquoi Saint Jérôme, le célèbre Père de l'Église, dit que, si pour être bon chrétien il fallait abominer les juifs et le Judaïsme, il voulait le faire de manière exemplaire. Seuls les faux chrétiens qui pratiquent le Judaïsme en secret essaient de nier cette doctrine traditionnelle de l'Église et de nous faire croire que c'est un péché de nous opposer aux juifs et à leur impérialisme satanique, cela afin de paralyser ainsi les défenses de l'Église et de la civilisation chrétienne.

À propos de cette lutte exacerbée de la Sainte Église contre la Synagogue, le rabbin Jacob S. Raisin dit que déjà dans les Gaules, à l'époque de Clovis qui avait détruit l'Arianisme, l'Évêque Saint Avit avait incité les foules à détruire les synagogues.[355] Voilà pourquoi Graetz, l'autre historien juif, qualifie ce prélat du terme « d'évêque sanguinaire ». Ce qui arriva dans ces temps glorieux pour l'Église, c'est que les Évêques considéraient comme d'obligation de se défendre contre leurs ennemis capitaux, et en bons pasteurs ils protégeaient leurs agneaux contre le loup,

---

[352] Saint Grégoire, Évêque de Tours, « *Historia Francorum* », t. VI, p. 17.
[353] Rabbin Jacob S. Raisin, Op. cit., p. 440.
[354] Concile de Paris cité par Graetz, Op. cit. t. III, pp. 39-40.
[355] Rabbin Jacob S. Raisin, Op.cit., p. 438.

alors qu'aujourd'hui, non seulement ils ne les défendent plus, mais ces nouveaux Judas ne leur permettent même pas de se défendre elles-mêmes des loups.

Le rabbin que nous venons de citer fait ensuite référence aux accords anti-juifs des Conciles d'Agde et des premiers Conciles d'Orléans que nous avons déjà signalés pour faire remarquer que le IVème Concile d'Orléans qui se tint en 541 décréta la confiscation des biens de tout juif qui en reconvertirait un autre,[356] c'est à dire qui reconvertirait (au Judaïsme) un chrétien d'origine juive. Comme on le voit, ce Saint Synode se préoccupa donc aussi d'éviter que se perpétue le Judaïsme clandestin, qui aurait effectivement pu s'éteindre s'il ne s'était pas produit que les chrétiens descendants d'israélites étaient réinitiés dans le Judaïsme. C'est pour l'éviter que le Saint Concile établit la peine de confiscation des biens contre les délinquants. Il est clair que les Prélats de ce Concile avaient bien compris le problème.

L'historien juif Josef Kastein, parlant en général de la lutte gigantesque qui s'était instaurée à cette époque entre la Sainte Église et les juifs, fait constater que : « L'Église chrétienne, que ce soit en Italie, en Gaule, dans l'Empire Franc ou en Espagne, déchaîna la lutte contre le Judaïsme ».[357]

À notre époque, un tel motif aurait sans nul doute fait condamner la Sainte Église pour racisme et antisémitisme par les complices de la Synagogue infiltrés dans les rangs du Christianisme.

Le diligent mais passionné rabbin Raisin relate comment ultérieurement, à Toulouse, trois fois par an, on faisait fouetter, à l'origine tous les juifs de la population, puis ultérieurement leur rabbin seul, « sous le prétexte qu'en une certaine occasion, ils essayèrent de livrer la cité aux maures ».[358]

On connaît bien le projet de la cinquième colonne juive en France qui, à l'imitation des infiltrés juifs de l'Empire Wisigoth, prétendirent livrer aux Musulmans cet autre Empire chrétien; heureusement Charles Martel mit un terme définitif à cette entreprise criminelle. Après les massacres de chrétiens survenus en Espagne lors de ces évènements, on comprend l'indignation manifestée par les habitants de Toulouse contre les israélites, et qu'ils toléraient difficilement que vivent en leur cité des traîtres aussi dangereux. Il est particulièrement lamentable que l'on se soit borné pour un tel motif à châtier seulement ces juifs d'une flagellation annuelle, compte tenu que dans tous les pays du monde, ce type de trahison de la patrie est puni, non pas de quelques coups de fouet, mais par la peine de mort.

---

[356] IVème Concile d'Orléans, cité par le rabbin Jacob S. Raisin, op. cit., p.459.
[357] Josef Kastein, Op. cit., p. 229.
[358] Rabbin Jacob S. Raisin, Op.cit. p. 439.

Avec Dagobert Ier, la monarchie mérovingienne atteignit son apogée, avec des possessions qui s'étendaient de l'Elbe aux Pyrénées, et de l'Atlantique aux frontières de Bohème et de Hongrie. Dagobert Ier, fils de Clotaire II, eut comme tuteur durant sa minorité l'Évêque de Metz Arnulf, et il confia alors des postes clés de son gouvernement à de vénérables saints qui furent canonisés par l'Église, comme Saint Ouen, à qui il commit la charge de Chancelier de Neustrie et qui fut ensuite Évêque de Rouen, et Saint Eloi qu'il nomma responsable du Trésor royal, et qui, lorsqu'il se retira du monde, fut Évêque de Noyon.

La situation de la Chrétienté dans ses territoires (de Dagobert) était extrêmement grave, car elle se trouvait presque totalement minée par les faux chrétiens crypto-juifs dont Chilpéric avait toléré les simulacres, comme on l'a vu ci-dessus. Dagobert Ier mena une vie sentimentale désordonnée, sans que ses conseillers si illustres pussent le réfréner, mais cependant, sans doute grâce à la sage formation reçue et aux conseils de tant de saints personnages, il comprit le danger que représentaient les juifs dans ses possessions, la plupart se cachant alors sous le masque d'un faux Christianisme, contre quoi il essaya un remède radical : en l'an 629 il promulgua un décret déclarant que les hébreux du royaume, ou bien embrassent sincèrement le Christianisme avant une date déterminée, ou sinon, ils seraient considérés comme des ennemis et condamnés à mort.

Cette vue de Dagobert, de considérer les juifs comme des ennemis, correspondait hélas à une réalité vieille de bien des siècles déjà, puisque Saint Paul lui-même, divinement inspiré, les appela « les ennemis de tous les hommes ». Ce qui fut grave pour la France et pour le sud de l'Allemagne, c'est qu'on leur donna une fois encore une échappatoire, erreur capitale que continuèrent à commettre les monarques chrétiens aux siècles suivants, car les israélites pour se sortir de l'impasse jurèrent et promirent d'être dorénavant de sincères et loyaux chrétiens, tout en cachant en même temps avec une habileté accrue leur Judaïsme clandestin.

Il eut été bien préférable que Dagobert les expulse en masse, comme on expulse tout étranger qui conspire et qui nuit au pays dont il trahit l'hospitalité, en leur laissant alors la possibilité de se convertir sincèrement au Christianisme, mais ailleurs, dans d'autres territoires. La France et l'Allemagne eussent ainsi été libérées de la terrible cinquième colonne et de la puissance occulte destructrice, qui finit par réussir à dominer toute la France, au préjudice du Christianisme et des Français eux-mêmes.

Le Judaïsme disparut encore une fois temporairement, mais seulement en surface, et pour s'infiltrer de la manière la plus dangereuse dans tous les secteurs de l'Empire Franc, dans le clergé et à la Cour, provoquant des années plus tard, à l'époque de Louis le Pieux, la plus épouvantable décomposition de la société chrétienne.

MAURICE PINAY

# LE JUDAÏSME ALLEMAND ET LES ERREURS NAZIES

Pour finir, nous dirons quelques mots sur l'origine des juifs allemands dont les yeux bleus et la teinte de cheveux contrastent d'avec les autres types d'israélites. L'israélite Graetz affirma que l'origine des juifs dans le sud de l'Allemagne fut la suivante : « Un grand nombre de soldats germains enrôlés dans les légions romaines prirent part à la destruction du Temple de Jérusalem (NDT lors de la guerre contre les juifs menée par Titus). Beaucoup parmi eux prirent des femmes parmi les nombreuses captives juives à cause de leur beauté, et les ramenèrent avec eux à leur retour dans les camps militaires des régions du Rhin et du Main. Les enfants de ces unions, mi-juifs mi-germains, furent initiés par leurs mères à la religion juive, car leurs pères ne s'en préoccupaient pas sur ce plan (celui de leur éducation religieuse) ».[359]

Si l'on tient compte du fait que les conversions feintes des juifs au Christianisme dans les territoires des Mérovingiens commencèrent à l'époque de Chilpéric et de Dagobert Ier, on comprendra que la cinquième colonne judaïque dans la Chrétienté allemande date des temps les plus lointains et que, de ce fait, les nazis commirent la plus grave erreur en pensant qu'ils pourraient localiser toutes les ramifications secrètes du Judaïsme à l'aide d'une recherche généalogique sur trois générations.

À l'évidence, les faux chrétiens crypto-juifs purent infiltrer le Nazisme lui-même et accomplir leur œuvre d'espionnage et de sabotage, qui facilita le triomphe des puissances ennemies de l'Allemagne lors de la deuxième guerre mondiale.[360]

---

[359] Graetz, Op.cit. t. III, pp. 40-41.
[360] NDT : Les Nazis avaient incorporé dans leurs S. A. nombre d'anciens communistes donc nombre de juifs et crypto-juifs. En outre, ils ne persécutèrent pas certaines personnalités juives importantes du monde économique qui avaient aidé leur ascension vers le pouvoir. Enfin nombre de responsables Nazis maçons (comme Otto Abetz ambassadeur en France et frère de loge de Pierre Laval, et sans doute le Dr Schacht protégé par les Alliés après la guerre), et certains hauts dignitaires comme Rudolf Hess et Karl Hausofer le doctrinaire de l'espace vital, et même Hitler lui-même selon certains, furent membres de hautes loges secrètes cabbalistes comme la Thulé Gesselschaft, elle-même liée à la Golden Dawn et à l'OTO et par elles à l'AMORC. La position des nazis vis à vis des juifs était donc beaucoup plus ambiguë que les juifs ne l'ont présentée après-guerre.

# CHAPITRE XX

## UNE TENTATIVE DE JUDAÏSATION DU SAINT EMPIRE ROMAIN GERMANIQUE (L'EMPIRE DE CHARLEMAGNE)

Les faits suivants sont d'une importance vitale pour les dirigeants politiques et religieux de tous les temps, car le Judaïsme, surtout celui qui est clandestin, constitue une puissance occulte dont toute l'importance et la dangerosité peuvent dans certaines circonstances passer inaperçus même des chefs d'État les plus géniaux, et sous cette forme, l'habile diplomatie de la Synagogue peut les conduire à commettre des erreurs qui, avec le temps, peuvent amener des résultats désastreux pour la nation, et même dans certains cas pour le monde entier.

Ce qui est arrivé à l'un des plus grands génies politiques de l'ère chrétienne doit attirer puissamment l'attention de tous ces chefs et autorités qui sous-estiment la méchanceté et la dangerosité des juifs, attirés qu'ils sont par tels ou tels avantages momentanés que doit offrir leur collaboration proposée dans les termes les plus attirants, et qui se mettent à jouer avec le feu en pensant qu'ils ne se brûleront pas, sans doute aveuglés par cette tendance naturelle à se croire tout-puissants que très généralement finissent par avoir les grands personnages de l'humanité, souvent avec un certain fondement d'ailleurs.

Charlemagne, le restaurateur de l'Empire Romain d'Occident, le grand protecteur de la Sainte Église, le grand promoteur des sciences, des arts et du commerce et l'un des génies politiques les plus remarquables de tous les temps fit preuve indubitablement d'une grande faiblese, qui fut de succomber aux habiles intrigues et à la très adroite diplomatie du Judaïsme, lequel, profitant du désir d'unité des peuples et des races qui caractérisait ce neveu de Charles Martel, exploitant sa compassion naturelle pour les opprimés et les persécutés et capitalisant en sa faveur le désir par ailleurs très habile du monarque d'agrandir et de fortifier son Empire en développant son commerce, l'amena à libérer la Bête que les Mérovigiens avaient enchaînée avec assez de motifs et de prudence, lui rendant sa liberté d'action, sans se rendre compte que, ce faisant, il violait les Saints canons de l'Église, elle que par ailleurs le comblait de toutes sortes de bénéfices.

Suivant leur habileté séculaire, les juifs surent émouvoir la compassion naturelle de l'Empereur envers les opprimés, et ils obtinrent qu'il leur donne toutes sortes de libertés. Comme d'habitude, ils surent ensuite tourner cette compassion en sympathie, et le convainquirent que la grandeur de l'Empire ne pourrait que se consolider par sa puissance économique, et cette dernière, par le développement d'un commerce florissant. Et comme les israélites monopolisaient alors quasiment le commerce mondial, ils persuadèrent l'empereur de la nécessité de les employer pour étendre dans le monde entier le commerce du Saint Empire. On peut facilement imaginer combien dut paraître attractive semblable perspective, à une époque où, la noblessse se consacrant exclusivement à l'art de la guerre et les serfs à l'agriculture, les juifs et les chrétiens crypto-juifs étaient pratiquement les seuls à se consacrer à ces activités.

Commentant la nouvelle politique de Charlemagne à l'égard des juifs, l'historien Graetz écrit :

« Bien que Charlemagne fût un protecteur de l'Église et qu'il aidât à établir la suprématie de la Papauté, et quoique le Pape Adrien contemporain de l'empereur fût tout ce qu'il y a de moins ami des juifs ayant exhorté à maintes reprises les Evêques espagnols d'ordonner aux chrétiens de ne pas fréquenter les juifs ni les paiens, Charlemagne était très loin de partager les préjugés du clergé envers les juifs. Et contrariant tous les préceptes de l'Église et les décisions des Conciles, l'Empereur favorisa les juifs de son Empire... »

« Les juifs étaient à cette époque les principaux représentants du commerce mondial. Alors que les nobles se consacraient à l'art de la guerre et les villageois et les serfs à l'agriculture, les juifs, exemptés du service militaire et qui ne possédaient pas de terres féodales, s'adonnaient à l'importation et à l'exportation des marchandises et des esclaves, de sorte que la faveur que leur accorda Charlemagne fut comme une sorte de privilège accordé à une Compagnie commerciale ».[361]

À propos de Charlemagne, l'historien juif Josef Kastein affirme : « Il sut apprécier exactement les juifs comme les principaux soutiens du commerce international. Il sut estimer leurs relations étendues, de l'Empire Franc jusqu'à l'Inde et la Chine. Leurs communautés éparses dans le monde entier opéraient comme des agences ; ils possédaient une

---

[361] Graetz Op. cit. t. III, chap V, p. 142.

merveilleuse variété d'idiomes, et étaient admirablement adaptés à servir de liens entre l'Orient et l'Occident ».[362]

Si aujourd'hui les historiens juifs nous présentent ce florilège de leurs capacités de manière si séduisante, on peut facilement imaginer comment les juifs les auront présentées à Charlemagne pour gagner son appui. Mais ils n'obtinrent pas seulement cet appui dans le domaine commercial ; suivant leur tactique habituelle, les israélites, sitôt conquise une position, s'efforcèrent d'en conquérir une autre et ainsi de suite. Le juif Sédécias réussit à devenir le médecin de confiance de l'Empereur, grâce à quoi les israélites eurent accès à la Cour, où on les vit très vite occuper des postes importants dans le service diplomatique de Charlemagne. Celui-ci envoya le juif Isaac comme ambassadeur auprès du gouvernement de Horaun-Al-Rashid,[363] sous le règne duquel le califat de Bagdad connut son apogée, et qui par ailleurs justement alarmé de la puissance croissante du Judaïsme dans les territoires islamiques, prit contre eux des mesures défensives, notamment celle d'obliger les juifs à porter un signe distinctif pour les distinguer des musulmans, mesures qui contrastaient notablement d'avec la protection que leur accorda l'Empereur chrétien ».[364]

L'israélite Graetz affirme que la protection de Charlemagne facilita l'entrée des juifs dans le nord de l'Allemagne et leur pénétration dans les pays slaves.[365]

Les agissements constructifs des juifs du temps de Charlemagne nous montrent que les israélites inaugurèrent là une nouvelle tactique, consistant à bien se comporter et à servir loyalement le monarque chrétien, en échange de ce qu'il les libérerait des chaînes qui leur interdisaient la liberté des mouvements et afin de pouvoir ensuite obtenir des positions dans l'État chrétien et s'y élever. Ils s'abstinrent temporairement de toute opération subversive, le temps que vécut ce monarque génial et très-puissant, qui sans nul doute les aurait balayés au premier faux pas qu'ils auraient fait, et ils continuèrent en échange à compter sur la protection de l'empereur et à acquérir de plus en plus de force, leur permettant au moment opportun de donner le coup du traître, ce qui arriva lorsqu'à la mort de l'empereur lui succéda sur le trône un homme médiocre, faible de caractère, inconstant et facile à manœuvrer.

En effet, Charlemagne disparu, lui succéda son fils Louis, qui, à cause de l'extrême piété qui l'avait caractérisé dans ses premières années, fut surnommé Louis-le-Pieux. Mais hélas, celui-ci fut un homme dépourvu de talents et de force de volonté, offrant une prise facile aux flatteurs et à qui

---

[362] Rabbin Josef Kastein, Op. cit. Partie IV, p. 252.
[363] Rabbin Jacob S. Raisin, Op. cit., p. 441.
[364] Afin de faire distinguer les juifs des musulmans, le Grand Calife obligea les premiers à porter une marque jaune sur leur vêtement.
[365] Graetz, Op. cit., chap. V, p. 141-142.

sut le manœuvrer habilement. Dès qu'il eut hérité du trône, il commença par bannir ses demi-frères, puis les ministres de son père. Le roi d'Italie Bernard s'étant révolté contre lui, il lui fit crever les yeux, toutes choses qui montrent que la prétendue piété de ce monarque était moins réelle qu'apparente.

Sa première épouse étant morte, il se remaria avec une certaine Judith, qui parut à la Cour entourée d'israélites et qui, conjointement avec Bernhard le trésorier royal, parvint en tant qu'impératrice à exercer une influence décisive sur le monarque. Celui-ci s'appuya à la cour sur les juifs publics et sur les chrétiens d'ascendance juive, ce dont on ne peut autrement s'étonner, compte tenu que l'Empereur depuis son enfance avait vu son père protéger les juifs et les honorer.

Il est évident que si de nouveaux chefs chrétiens anti-juifs n'étaient pas apparus ultérieurement, qui luttèrent avec une indomptable énergie contre la bête hébraïque, le Saint Empire Romain Germanique serait probablement tombé, il y a onze siècles, aux mains dans les griffes de l'impérialisme judaïque, et que par la chute de cet empire alors le plus puissant du monde, le Judaïsme aurait certainement réussi en peu de temps à conquérir le monde entier.

Le rabbin Jacob S. Raisin écrit à propos de Louis le Pieux : « Louis le Pieux (814-840) alla encore plus loin que son père. Lui, notifia aux Évêques, Abbés, Comtes, Préfets, Gouverneurs etc..., que les juifs étaient sous la protection de l'Empereur et qu'ils ne devaient être molestés, ni dans l'observance de leur religion, ni dans leur trafic commercial ».

Cet auteur poursuit en énumérant les autres bénéfices que Louis accorda aux juifs, notamment ceci :

« Et du fait que les juifs s'abstenaient de faire du commerce le samedi, le marché qui se tenait ce jour-là fut transféré au dimanche. Louis nomma aussi un juge spécial chargé de défendre les juifs contre l'intolérance des clercs ».

Et à propos de la lutte entreprise contre les juifs par Agobard, l'Archevêque de Lyon, et Saint Bernard l'Archevêque de Vienne : « Les réactions de l'Église contre les mesures de Louis supprimant certaines incapacités légales de juifs dit ce rabbin lettré s'exprimèrent par Agobard, l'Archevêque de Lyon, qui, épaulé par Saint Bernard l'Archevêque de Vienne, destitua l'Empereur, qui à son tour les déposa. Par quatre lettres adressées au roi, les Évêques et le clergé se plaignaient de ces gens (les juifs) « qui se revêtaient de malédiction comme d'un vêtement » et qui faisaient parade d'être très appréciés du roi et de la noblesse ; que d'autre part, leurs servantes observaient les sabbat comme les juifs et travaillaient comme eux le dimanche et prenaient part à leurs repas en carême, et que les juifs, non seulement convertissaient leurs esclaves païens, mais aussi qu'en tant que collecteurs des impôts, ils subornaient les villageois, les poussant à adopter le Judaïsme en échange d'une réduction d'impôts ou d'une remise complète de ceux-ci ».[366]

On voit donc que les israélites profitaient au maximum de la protection de l'Empereur et même de leur position de collecteurs d'impôts pour faire pression sur le peuple chrétien et le pousser à se convertir au Judaïsme et à renier sa propre foi. À cette époque, il est certain que la Synagogue pensa dominer les peuples par le biais de la judaïsation des chrétiens, en utilisant ce que l'on appelle le prosélytisme de la porte. Les moyens utilisés ont varié selon les pays et les époques, mais la finalité a toujours été la même, à savoir la conquête et la domination des peuples qui ingénument permettent aux juifs de s'installer dans leur territoire.

Saint Bernard, l'Archevêque de Vienne, et Agobard, l'Archevêque de Lyon, dans leur lutte sans merci contre les juifs, employèrent et la plume et l'action. Pour ceux qui étudient la question juive, il est intéressant de connaître le livre écrit par Agobard contre les juifs, avec la courageuse collaboration de Saint Bernard de Vienne.

L'historien juif Josef Kastein dit que Louis-le-Pieux « prit sous sa protection personnelle, non seulement les juifs à titre individuel, mais les communautés, en leur octroyant des droits et un magister judaeorum, chargé de veiller à ce que ces droits fussent respectés ».[367]

Pour nous rendre plus clairement compte de la dure situation faite au Christianisme sous ce funeste règne, nous laisserons la parole une fois encore au célèbre historien juif Heinrich Graetz, qui, à propos de l'attitude de l'Empereur envers les israélites, déclare : « Celui-ci les prit sous sa protection spéciale, les défendant contre les injustices, tant des Barons que des clercs. Ceux-ci eurent le droit de résider en toute partie du royaume. Malgré les nombreuses lois qui l'interdisaient, ils purent, non seulement faire travailler des chrétiens, mais aussi importer des esclaves. Il fut interdit aux clercs de baptiser les esclaves des juifs et de leur donner ainsi la possibilité de recouvrer leur liberté. En leur faveur, le jour du marché fut changé du samedi au dimanche... »

« Ils furent en outre délivrés de la sujétion aux dures et barbares épreuves du feu et de l'eau. Ceux-ci étaient aussi fermiers des impôts et obtenaient par ce privilège un certain pouvoir sur les chrétiens, bien que ce fut contraire à ce qui était ordonné par les Lois Canoniques ».[368]

Ces faits nous font voir le degré de prépondérance que les juifs avaient acquis sur les chrétiens dans le Saint Empire, puisque d'une part, bien qu'ils fussent assujettis aux épreuves alors traditionnelles du feu et de l'eau, ils recevaient le privilège spécial d'y échapper, et qu'en outre, alors que le monde chrétien d'alors observait rigoureusement le repos dominical, il

---

[366] Rabbin Jacob S. Raisin, Op cit., chap. XVI, pp. 441-442.
[367] Rabbin Josef Kastein, Op. cit. p. 252.
[368] Graetz Op. cit. t III, chap. VI, p. 161.

était inouï que dans une monarchie chrétienne de cette époque on fût allé, pour faire plaisir aux israélites, jusqu'à changer le jour du marché du samedi au dimanche, leur permettant ainsi de conserver, eux, leur jour de fête hebdomadaire, mais pas aux chrétiens. Même dans un monde aussi judaïsé que le nôtre aujourd'hui, on n'est pas encore allé aussi loin.

Ceci montre qui gouvernait réellement à la cour de Louis et de Judith, où pour comble de disgrâce, les hébreux, maîtres des impôts au moyen de l'affermage, utilisaient cette position si avantageuse pour pressurer économiquement les villageois, les poussant à renier le Christianisme et à adopter le Judaïsme par l'appât de réduire les lourds impôts qui les accablaient ou de les en exempter. C'étaient alors les juifs qui sous une monarchie chrétienne s'efforçaient d'obliger les fidèles chrétiens à renier leur foi. Les rôles s'étaient inversés en quelques années seulement d'une politique philo-sémite.

Mais cette situation lamentable avait commencé à se préparer depuis l'époque de Charlemagne lui-même, par le contact et la coexistence des juifs et des chrétiens. Ce fait nous aide à comprendre les lamentations du Pape Etienne III, que cite le savant historien juif Josef Kastein, qui écrit textuellement : « Le Pape Etienne III avait envoyé une missive de plainte à l'Évêque de Narbonne dans le sud de la France, où il lui disait : « C'est avec une grande peine et une grande anxiété que nous avons appris que les juifs.... dans le territoire chrétien et jouissant des mêmes droits que les chrétiens, possèdent en toute propriété des biens alodiaux (des alleuds) dans la cité et dans ses faubourgs, que ceux-ci appellent leur cité. Des chrétiens hommes et femmes demeurent sous le même toit que ces traîtres, et souillent leurs âmes nuit et jour en prononçant des paroles de blasphème ».[369]

Le Pape Etienne III en désignant les juifs comme des traîtres mettait le doigt sur la plaie, et il est sûr que s'il avait vécu à notre époque, il aurait été condamné comme raciste et antisémite. Mais pour comprendre un autre des motifs de la plainte du Pape, il faut mettre en lumière qu'en ces temps-là les biens patrimoniaux étaient l'objet de droits féodaux, à l'exception de ceux appelés biens d'alleud qui représentaient un véritable privilège pour certains nobles, et dont précisément bénéficiaient les juifs de Narbonne contrairement au peuple chrétien qui ne jouissait pas des mêmes avantages.

Graetz signale que la principale raison pour laquelle les israélites bénéficièrent d'une telle protection fut que : « L'impératrice Judith, la seconde épouse de Louis, était très amie du Judaïsme. Cette femme, belle et intelligente, chez qui l'admiration de ses amis n'était égalée que par la haine de ses ennemis, avait une grande admiration pour les héros juifs de

---

[369] Le Pape Etienne III, cité par le rabbin Josef Kastein, Op. cit, p. 252.

l'Antiquité. Lorsque le très savant Abbé de Fulda Rhaban Maur chercha à gagner sa faveur, il ne put trouver moyen plus efficace que de lui dédier ses travaux sur les Livres bibliques d'Esther et de Judith, et de la comparer elle-même aux deux héroïnes juives. L'Impératrice et ses amis, et probablement aussi le trésorier Bernhard, qui étaient les vrais gouvernants du royaume, devinrent les protecteurs des juifs, parceque ceux-ci étaient les descendants des patriarches et des prophètes ». Ils doivent être honorés pour ce motif « disait celle-ci à ses amis à la Cour, et ses opinions étaient répétées par l'Empereur ».[370]

Mais comme à l'habitude, de la protection accordée aux juifs et du philosémitisme, on passa à la domination des juifs sur les chrétiens et à l'activité anti-chrétienne.

Ce que rapporte ci-après Graetz est particulièrement éloquent à ce sujet :

« Les chrétiens cultivés se plaisaient aux écrits de l'historien juif Josèphe et du philosophe hébreux Philon, et lisaient leurs œuvres de préférence à celles des Apôtres. Les femmes cultivées et celles de la Cour confessaient ouvertement qu'elles préféraient l'auteur de la loi juive à celui de la loi chrétienne (c'est à dire Moïse à Jésus Christ). Elles allèrent jusqu'à solliciter la bénédiction des juifs. Les juifs avaient libre accès à la Cour et le contact direct avec l'Empereur et sa famille. Les parents de l'Empereur offraient aux dames juives des cadeaux de valeur pour leur exprimer leur estime et leur respect. Et comme de telles marques de faveur leur étaient adressées dans des cercles très élevés, il était naturel que les juifs des possessions françaises, qui comprenaient aussi l'Allemagne et l'Italie, jouissaient de la plus grande tolérance, supérieure même à celle de toute autre période de leur histoire. Les odieuses lois canoniques avaient été tacitement annulées. On permit aux juifs de construire des Synagogues, de parler librement du Judaïsme aux chrétiens eux-mêmes, et même de leur dire qu'eux (les juifs) étaient les « descendants des patriarches », étaient de « la race du Juste » (c'est à dire de Jésus-Christ) et « les fils des prophètes ». Ils pouvaient, sans crainte aucune, donner leur opinion au sujet du Christianisme, des miracles, des saints et du culte des images. Les chrétiens se rendaient aux Synagogues et restaient captivés par la manière juive de conduire le Service Divin, et étaient encore plus réconfortés par la lecture des prédicateurs juifs (Darshanim) que par les sermons des clercs, bien que les Darshanim aient difficilement pu avoir été en mesure de révéler le contenu profond du Judaïsme ».[371]

---

[370] Graetz Op. cit. t.III, chap VI, p. 162.
[371] Comme nous l'étudierons plus loin, la teneur profonde du Judaïsme, ses doctrines et sa politique secrète ne sont jamais révélés aux prosélytes de la porte, mais sont le patrimoine exclusif des descendants d'Abraham par le sang, c'est à dire du « peuple élu » de Dieu.

« Devant de tels mérites, les clercs n'avaient pas honte d'emprunter aux juifs leurs exposés sur les Saintes Écritures ». L'Abbé Rhaban Maur de Fulda avoua avoir appris des juifs beaucoup de choses qu'il utilisa dans son commentaire de la Bible dédié à Louis le Germanique, qui fut ensuite Empereur. Par suite de la faveur montrée aux juifs par la Cour, une partie des chrétiens ressentaient une grande inclination vers le Judaïsme, le considérant comme la vraie religion ».[372]

Cette description du célèbre historien juif Graetz nous fait voir que les arguments employés aujourd'hui par les clercs catholiques au service du Judaïsme, comme par exemple que les juifs doivent être respectés parce qu'ils sont de la race du Juste c'est à dire du Christ, qu'ils sont les descendants des prophètes et autres choses semblables, ainsi que par ceux qui s'efforcent de séduire les chrétiens et de les empêcher de se défendre contre l'impérialisme satanique de la Synagogue, sont exactement les mêmes que ceux qu'utilisaient les juifs aux mêmes fins il y a onze siècles, lorsqu'ils luttaient alors perfidement pour abattre la Chrétienté et judaïser le Saint Empire Romain Germanique.

Les trucages, les sophismes[373] et les fables judaïques que dénonça Saint Paul sont restés les mêmes depuis onze siècles.

Mais au milieu d'une telle désolation, Notre-Seigneur Jésus-Christ sauva la Sainte Église une fois encore de la perfidie judaïque. Cette fois, les paladins furent Saint Agobard Archevêque de Lyon et ensuite Amolon, disciple du premier et son successeur sur le même siège épiscopal.

Une étude officielle de la Société Hébraïque d'Argentine récemment publiée désigne Agobard et Amolon, les deux Archevêques successifs de Lyon, comme « les pères de l'antisémitisme médiéval »,[374] une accusation qui se veut terrible, car les juifs attribuent à l'antisémitisme médiéval les pires outrages causés au Judaïsme qu'a pu inventer un esprit chrétien.

Sur cette réaction salutaire, l'historien hébreu Graetz fait le commentaire suivant :

---

[372] Graetz, Op. cit. Chap VI, pp 162-4.

[373] NDT : Des auteurs juifs eux-mêmes comme Ludwig Lewison (dans son livre *Israël*, 1926, pp. 33-35), ont fait justice de cette fable que les juifs actuels descendraient des patriarches, car moins d'un sur dix avant-guerre pourrait se réclamer de l'une des douze tribus, la plupart provenant de peuplades de Russie du Sud converties au Judaïsme au cours des siècles. Cela, outre le fait que les mélanges s'étaient déjà couramment produits bien avant l'ère chrétienne et même avant la déportation à Babylone ! Selon Arthur Koestler également, la plupart des juifs actuels descendraient de tribus turques du Causase et turco-mongoles de l'Empire Khazar converties au Judaïsme entre le VIIe et le XIIeme siècle (cf. Arthur Koestler, « *The 13th Tribe* »). Arnold Toynbee mentionne aussi la conversion au Judaïsme de hauts personnages khazars et d'autres ethnies dans le Caucase et la Russie du Sud et date la conversion des Khazars au Judaïsme entre 750 et 870 (in « *L'Histoire* » édit. française, Elsevier 1975, I, 8 note 1 et carte n° 412).

[374] « *Los Judios. Su historia. Su aporte a la Cultura* » (Les Juifs. Leur histoire. Leur apport à la culture) Publication de la Société Hébraïque d'Argentine, Buenos-Ayres, 1956, p. 186.

« Ceux qui étaient attachés à la stricte discipline de l'Église virent dans la violation des lois canoniques, dans la faveur montrée envers les juifs et dans les libertés qui leur étaient concédées, la ruine de la Chrétienté. L'envie et la haine se masquaient sous la chape de l'orthodoxie. Les protecteurs des juifs à la Cour, avec l'Impératrice à leur tête, étaient haïs par le parti clérical... » « Celui qui exposa en ces temps l'orthodoxie cléricale et la haine contre les juifs fut Agobard, l'Archevêque de Lyon, que l'Église a canonisé,[375] un homme passionné et infatigable. Celui-ci calomnia l'impératrice Judith, se rebella contre l'Empereur et incita les princes à la rébellion... L'Évêque voulait limiter la liberté des juifs, les réduire à la basse position qui avait été la leur sous le règne des Mérovingiens ».[376]

Graetz poursuit en disant que la lutte de l'Archevêque Saint Agobard contre les juifs dura de longues années, qu'elle se fondait principalement sur « l'appui et la défense des lois canoniques contre les juifs », et qu' « il tourna ses regards vers les représentants du parti de l'Église à la Cour dont il savait qu'ils étaient les ennemis de l'impératrice et de ses favoris, les juifs. Il les pressa de pousser l'Empereur à restreindre la liberté des juifs. Il semble que quelque chose de semblable fut proposé à l'Empereur. Mais en même temps, les juifs de la Cour cherchèrent le moyen de neutraliser les plans du clergé. En outre, poursuit Graetz : « Agobard prononçait des sermons anti-juifs, pressant ses paroissiens de rompre toutes relations avec les juifs, de ne pas commercer avec eux, de refuser d'entrer à leur service. Heureusement, les protecteurs des juifs à la Cour se hâtèrent de les soutenir très activement, et firent tout ce qu'ils purent pour faire échouer les projets du clerc fanatique. Dès qu'ils furent informés de ses agissements, ils obtinrent de l'Empereur des lettres de protection (indiculi) revêtues de son sceau et les envoyèrent aux juifs de Lyon. Une lettre fut envoyée à l'Évêque lui-même, lui ordonnant de cesser ses sermons anti-juifs, sous la menace de sévères sanctions. Une autre lettre fut envoyée au gouverneur du district de Lyon lui ordonnant de donner aux juifs tout son appui en toutes matières (en 828). Agobard ne fit aucun cas de ces lettres, et il allégua avec mépris que le décret impérial était contrefait et ne pouvait être authentique ».[377]

Le très excellent évêque Saint Agobard fut infatigable dans son effort de lutte. Il adressa des lettres à tout l'Episcopat, le priant instamment de participer activement à la lutte contre les juifs ; il fomenta la rébellion

---

[375] On lui rendit en effet pendant longtemps un culte à Lyon, sous le nom de Saint Aguebald, et dans le bréviaire de Lyon il avait son propre ; mais nous n'avons pas la preuve que l'Église aie confirmé cette canonisation. Mais ces éléments rendent très explicables que Graetz l'ait pris pour un Saint Canonisé.
[376] Graetz, Op. cit. t. III, Chap. VI, p. 164.
[377] Graetz, Op. cit. t. III, Chap. VI, p. 165-6.

contre l'empereur et contre Judith, en s'appuyant sur les fils du premier mariage de Louis, et il lutta avec acharnement pour sauver le Saint Empire et la Chrétienté de la menace de désintégration qui pesait sur eux.

L'historien Graetz dont l'autorité est reconnue, commente en ces termes la position assumée par Agobard : « Bien que la profonde haine d'Agobard envers les juifs doive être essentiellement considérée comme une manifestation de sentiments personnels, il est indéniable qu'il était en complète harmonie avec les enseignements de l'Église. Il se référait simplement aux paroles des Apôtres et aux lois canoniques. Les inviolables décrets des Conciles étaient également en sa faveur. Agobard avec sa haine ténébreuse était strictement orthodoxe, alors que l'Empereur Louis avec sa tolérance inclinait à l'hérésie. Mais Agobard ne s'aventura pas à répandre cette opinion. Il suggérait plutôt que l'on se refusât à croire que l'Empereur trahissait l'Église au bénéfice des juifs ». Ses plaintes trouvèrent un écho chez les princes de l'Église ».[378] [379]

Ces commentaires de Graetz sur ce qui pendant tant de siècles a été considéré comme l'authentique doctrine de l'Église en ce qui concerne les juifs, ne pouvaient être plus appropriés ni plus réalistes, d'autant que ces lignes furent écrites par le célèbre historien au siècle passé, à une époque où la Synagogue de Satan n'était pas encore en condition d'intenter comme aujourd'hui la falsification totale de la vraie doctrine catholique à propos des hébreux.

Mais on voit clairement que Graetz saisissait là le problème dans son essence; or Graetz fut l'un des hommes les plus importants du Judaïsme de son temps. Ses œuvres historiques, surtout celle que nous citons, ont exercé une influence énorme sur les organisations juives et leurs dirigeants.

Il était en outre évident pour tous que les Lois Canoniques et les accords anti-juifs des Saints Conciles œcuméniques et provinciaux étaient le principal obstacle auquel se heurtaient ceux qui, de l'intérieur de l'Église, cherchaient à la trahir en favorisant ses ennemis capitaux, les juifs, parce que ceux qui l'intentaient, qu'ils fussent évêques ou clercs de quelque position hiérarchique que ce fût, méritaient la destitution, l'excommunication et les autres peines infligées par les Saints canons. C'est pourquoi ce fut la principale préoccupation des nouveaux Judas de supprimer cette sanction gênante.

---

[378] Graetz, Op. cit. t. III, Chap. VI, p. 167.
[379] NDT : Agobard témoigne là d'une époque où les princes de l'Église avaient le courage de faire des remontrances aux rois. Hélas aux XVIIeme et au XVIII eme siècle, il n'en sera peut-être plus de même, non seulement dans l'affaire de la régale et de l'Assemblée du clergé de France, mais surtout dans l'abandon de la cause des Jésuites à l'ostracisme des rois chrétiens d'Europe, à l'instigation du roi du Portugal et de son ministre juif Plombal... Cependant la Compagnie des Jésuites n'était pas exempte de déviance ou d'erreur dans la prédication, selon un rapport des Lazaristes à l'époque (affaire de la Chine).

Mais comment, au siècle passé, éliminer d'un seul coup la législation canonique de quinze siècles, les bulles papales et la doctrine des Pères ? Comment les détruire, pour que les clercs crypto-juifs puissent alors, en toute liberté et sans risques de destitution et d'excommunication, aider leurs amis juifs infiltrés dans le clergé à s'efforcer de falsifier la propre doctrine de l'Église concernant les juifs, pour favoriser ainsi la déroute définitive de celle-ci et le triomphe de son ennemie séculaire ?

MAURICE PINAY

# CHAPITRE XXI

## LE CONCILE DE MEAUX COMBAT LES JUIFS PUBLICS ET CEUX QUI LE SONT EN SECRET

Devant le mortel danger qui menaçait l'Église dans le nouvel Empire Romain d'Occident, divers Archevêques et Évêques se réunirent à Lyon en l'année 829. Dans cette réunion, selon ce qu'en rapporte l'historien juif Graetz, on traita de la question « d'abattre les juifs et de troubler leur paisible existence. Ils (les Évêques) étudièrent aussi comment ramener l'Empereur sous une meilleure influence pour qu'il adopte leurs résolutions. Il fut décidé dans cette réunion d'envoyer une lettre à l'Empereur lui exposant l'impiété et le danger qu'il y avait à favoriser les juifs, et spécifiant quels privilèges devaient leur être ôtés (en 829) ».

La lettre du Synode telle qu'elle nous est parvenue aujourd'hui, était contresignée par trois Évêques et s'intitulait: « A propos des superstitions des juifs ».

Agobard en écrivit la préface, dans laquelle il explique sa position dans cette lutte. Dans cette lettre, après avoir accusé les juifs, il inculpe les amis de ces derniers d'être les responsables de tout le mal : « Les juifs, disait-il, sont devenus audacieux à cause de l'appui des personnages influents qui ont fait considérer comme un fait que les juifs ne sont pas si mauvais puisqu'ils sont très aimés de l'Empereur ». Et l'historien Graetz ajoute ce commentaire : « Du point de vue de la Foi et des Lois canoniques, l'argumentaire d'Agobard et des autres Évêques était irréfutable, et l'Empereur Louis le Pieux impressionné par cette logique aurait dû totalement extirper les juifs. Mais heureusement, celui-ci fit comme s'il n'en était pas informé, ce qui dut arriver soit parce qu'il connaissait bien le caractère d'Agobard, soit parce que la lettre contenant les accusations contre les juifs ne lui parvint jamais. La crainte d'Agobard que la lettre aurait été interceptée par les amis de juifs à la Cour dut être bien fondée ».[380]

---

[380] Graetz Op. cit., t. III, Chap. VI, pp. 167-8.

Il est en effet très plausible que le vol de cette lettre par les israélites ait été décisif dans cette lutte. C'est une méthode des juifs d'empêcher que parviennent aux plus hautes autorités religieuses et civiles les accusations lancées contre eux, et c'est la raison pour laquelle, lorsque quelqu'un veut porter une accusation contre un clerc en train de trahir l'Église et de favoriser les victoires de la Maçonnerie ou du Communisme, ou semblablement que l'on veut accuser un ministre en train de trahir un régime anti-communiste, il est très utile que l'accusation que l'on lance ainsi devant l'autorité capable de porter remède à de telles trahisons parvienne, non pas par un seul canal, mais par deux ou trois voies distinctes, ignorées les unes des autres. De cette façon, si en chemin l'infiltration crypto-juive intercepte l'un des canaux de transmission de l'accusation et en neutralise les effets, celle-ci parviendra de toute façon à son destinataire par les autres voies utilisées.

Parmi les faits les plus saillants de ce processus de judaïsation du Saint Empire Romain Germanique, ressort par son importance la tapageuse conversion au Judaïsme de l'un des Évêques chrétiens philosémites de la Cour de l'Empereur et l'un de ses principaux conseillers. Voici ce qu'écrit l'historien juif Graetz à propos de ce prélat :

« L'empereur lui avait accordé sa faveur et, afin de l'avoir constamment près de lui, il l'avait fait son directeur spirituel ».[381]

La lutte était donc d'autant plus terrible que parmi les conseillers intimes de l'Empereur qui épaulaient son absurde politique philosémite, il y avait des Évêques de la Sainte Église. Il en est de même de nos jours, et comme alors, il y en a qui favorisent les intérêts de juifs ennemis du Christianisme. Mais le cas de Bodo fut plus grave. Beaucoup de clercs à cette époque servaient les intérêts de la Synagogue de Satan tout en restant en apparence orthodoxes, ce en quoi ils causaient indubitablement un plus grand préjudice. Mais les juifs durent alors se sentir très puissants pour se donner le luxe de brûler ainsi un de leurs hommes les plus influents, le directeur spirituel de l'Empereur, qui publiquement fit parade de renier le Christianisme et de se convertir au Judaïsme en alléguant la raison que ce dernier possédait la vraie religion.

À propos de l'effet que ce coup dévastateur causa au peuple chrétien, Graetz dit que « la conversion (au Judaïsme) de l'Évêque Bodo, qui jusqu'à ce moment avait occupé une très haute position, causa une grande sensation à l'époque. Les chroniques parlent de cet événement comme elles l'auraient fait d'un phénomène extraordinaire. L'événement s'accompagna sans aucun doute de circonstances particulières et administra un coup sérieux aux chrétiens pieux ».[382]

---

[381] Graetz Op. cit., t. III, Chap. VI, p. 168.
[382] Graetz Op. cit., t. III, Chap. VI, p. 168.

En ce qui nous concerne, nous manquons d'informations pour savoir s'il s'agissait d'un Évêque crypto-juif qui opéra sa conversion théâtrale à des fins de propagande, prétendant asséner un coup qui achèverait de semer la démoralisation chez les chrétiens et accélèrerait les projets de judaïsation de l'Empire, ou bien si réellement il s'est agi d'un Évêque qui fut entraîné par le si périlleux penchant du philosémitisme jusqu'à tomber dans l'apostasie et la conversion au Judaïsme. Quelle qu'ait été la vérité, on ne peut nier que dans les circonstances difficiles que traversait l'Église dans le Saint Empire Romain Germanique l'incident dut avoir été très préjudiciable à la Chrétienté.

Si Charlemagne avait pu ressusciter à ce moment-là, il aurait pu constater le résultat désastreux d'avoir libéré la Bête judaïque enchaînée par les Saints canons, inspiré qu'il avait été par sa commisération envers les juifs opprimés et par son désir d'employer leurs précieux services commerciaux pour le royaume, et il aurait compris qu'il avait été la victime des intrigues expertes de ceux qui sont les plus habiles escrocs du monde.

Il est donc urgent que tous les dirigeants religieux et politiques de l'humanité tirent de cette douloureuse tragédie les multiples enseignements qu'elle nous apporte, et que si les juifs purent ainsi tromper l'un des plus grands génies politiques comme l'était Charlemagne, il n'y a rien d'étrange que les mêmes juifs, avec leurs tactiques traditionnelles d'exploiter la compassion humaine et le désir de tout homme vertueux de protéger les opprimés et de défendre le sublime postulat de l'égalité des peuples et des races, aient pu au cours de l'Histoire et encore de nos jours tromper et surprendre la bonne foi de beaucoup de Papes, de Rois et de dirigeants politiques et religieux de l'humanité. Seule, l'entière divulgation et connaissance de la méchanceté judaïque et de leurs tactiques traditionnelles de tromperie gardera les bons en alerte contre les fables judaïques, contre lesquelles Saint Paul nous avertit en toute connaissance de cause. C'est seulement ainsi que l'on pourra éviter aux bons de tomber pris dans les rets de ces maîtres du mensonge et de la simulation.

Devant une situation aussi catastrophique, le vaillant et infatigable Saint Agobard prit part à une conspiration contre l'impératrice Judith, et aida les fils du premier mariage de Louis dans leur lutte pour détrôner le funeste empereur. Mais Agobard fut destitué de son poste, et l'Empire s'enfonça dans une série de guerres civiles avec des victoires alternativement de l'un et de l'autre camp. La mort de l'empereur Louis représenta un coup décisif contre le Judaïsme, même si l'héroïque Archevêque était lui aussi allé au tombeau entre temps sans avoir pu savourer sa victoire et le fruit de son combat.

La nouvelle politique qu'avait instaurée Louis, mal nommé le Pieux, consistant à mettre les juifs sous la protection de la Couronne, eut des conséquences désastreuses pour l'humanité, car dans les siècles suivants elle fut imitée par de nombreux rois chrétiens qui permirent à leur tour à l'ennemi de recevoir leur protection malgré les plus monstrueuses conspirations, sous le prétexte que les juifs étaient très utiles comme collecteurs des impôts, qu'ils contribuaient aussi par leurs prêts à balancer les rentrées d'impôts dans les époques difficiles, qu'ils sont un facteur décisif dans le développement du commerce, et qu'ils contribuent efficacement, par leurs propres impôts qu'ils payent ponctuellement, à soutenir le Trésor. Il est vrai qu'ils conspirent, qu'ils propagent hérésies et séditions, mais la monarchie médiévale se sentait suffisamment puissante pour pouvoir maîtriser facilement ces désordres, et effectivement, aussi bien la monarchie que l'aristocratie médiévale étaient si fortes que longtemps elles purent y parvenir. Cependant, vint un moment où les descendants de ces rois et de ces nobles optimistes ou présomptueux ne purent plus que pleurer amèrement les erreurs commises par leurs ancêtres, erreurs dont toute l'humanité souffre encore aujourd'hui.

Après la mort de Louis, l'Empire se désagrégea, divisé entre ses quatre fils. Comme on pouvait s'y attendre, la prépondérance juive ne persista que dans les territoires de Charles le Chauve, le fils de Judith, qui avait hérité d'elle sa sympathie pour les juifs, mais sans exagération. Cependant certains hébreux restèrent influents à la Cour, entre autres, le médecin et surtout favori du roi, Zede Khia, que pour ses services politiques le monarque appelait « mon fidèle Judas ». L'historien juif Graetz fait une remarque curieuse sur le sud de l'Europe à cette époque : « Le sud de l'Europe, écrit-il, perturbé par l'anarchie et gouverné par un clergé fanatique, n'offrait pas un terrain favorable au développement du Judaïsme ».[383]

L'influence prépondérante du Judaïsme en France continuait à représenter un si grand péril pour la Chrétienté qu'Amolon, le nouvel Archevêque de Lyon, prit en mains la défense de l'Église et du peuple, poursuivant la lutte entamée par son maître et prédécesseur Agobard. Amolon compta sur l'appui de la majorité de l'Episcopat, y compris même celui du rebelle Hincmar, l'Évêque de Reims, qui avait réussi à capter la confiance du Roi Charles, faisant ainsi en partie contrepoids à la néfaste influence des favoris juifs. Le très excellent Archevêque Amolon fut sans doute en ces jours-là l'instrument de la Divine Providence dans la défense de la Sainte Église et de la France contre l'action destructrice des juifs; et non seulement il lutta avec acharnement contre eux par les actes, mais il le fit aussi par la plume avec son célèbre « Traité contre les juifs », dans lequel il dévoilait publiquement l'activité perverse que ceux-ci menaient contre la

---

[383] Graetz Op. cit., t. III, Chap. VI, p. 170.

Chrétienté, et il exhortait les clercs et les laïcs à mener le combat contre ces ennemis capitaux.[384]

Avec le Saint Concile qui se réunit à Meaux près de Paris en l'an 845, les Évêques français, Amolon à leur tête, entreprirent un combat important contre les israélites. Ce Synode approuva une série de mesures anti-juives, qui furent présentées au Roi pour qu'il les rendît exécutables, mesures parmi lesquelles figuraient les Canons en vigueur depuis l'époque de Constantin, les lois de Théodose II interdisant aux juifs de remplir des fonctions publiques et d'accéder aux honneurs, l'édit du roi mérovingien Childebert prohibant aux juifs d'être juges et collecteurs des impôts et leur ordonnant de respecter le clergé.

Le problème des chrétiens crypto-juifs, les descendants des faux convertis dont l'importance s'accroissait de plus en plus, attira comme il était naturel l'attention toute spéciale du Saint Concile, qui inclut dans la liste diverses lois canoniques approuvées lors de Synodes d'autres pays comme les Canons anti-juifs des Conciles tolédans contre les baptisés qui en secret continuaient d'être juifs, et notamment ces Canons qui ordonnaient de leur retirer leurs enfants pour les faire éduquer chez des chrétiens,[385] mesures qui, comme nous l'avons vu, avaient pour objet d'empêcher le crypto-judaïsme de se perpétuer de manière occulte de génération en génération. Comme on le voit, ce Saint Concile de l'Église, en essayant d'opposer à ces grands maux de grands remèdes, s'efforçait de libérer la France des griffes judaïques en entreprenant une guerre sans merci, à la fois contre le Judaïsme affiché et public et le clandestin.

Malheureusement, Charles le Chauve, sans doute influencé encore par l'éducation reçue de sa mère, lorsqu'on l'informa des décisions du Synode, loin de suivre ce que celui-ci avait approuvé, ordonna qu'il fût dissout par la force, malgré le fait qu'avait pris part à ce Concile son conseiller et ami l'Évêque Hincmar, ce qui montre que les juifs continuaient alors d'avoir une influence décisive sur la Cour de France.

Cependant l'Archevêque Amolon ne s'effraya pas devant la brutale réaction du Roi, et il revint à la charge en adressant au clergé une Lettre pastorale, qui, selon le commentaire de Graetz, « était pleine de virulence et de calomnies contre la race juive », ajoutant que « la lettre virulente d'Amolon n'eut que peu de résultats, comme celle d'Agobard et les décrets du Concile de Meaux. Mais graduellement, le venin se répandit néanmoins dans le peuple et jusqu'aux princes ».[386]

L'historien juif Josef Kastein, à propos de ce dernier fait, affirme que : « l'Église, employant le cri de guerre que la religion chrétienne était menacée, utilisa la plus dangereuse des armes, les masses ignorantes de la

---

[384] Amolon, « *Traité contre les Juifs* », public. Biblioteca Patrum maxima, t. XIII et XIV.
[385] Concile de Meaux, cité par Graetz, Op. cit., t. III, chap. VI, p. 173.
[386] Graetz, Op. cit., t. III, Chap. VI, p. 172-173.

nation. Sur des esprits influençables par tout et n'importe quoi, elle répétait constamment le même argument, ce que tôt ou tard elles finirent par adopter. Le résultat fut que les masses, de simples voisines qu'elles étaient, devinrent ennemies des juifs. Par ce moyen, l'Église s'assura le grand avantage de réussir à changer dans le sens qu'elle souhaitait l'attitude de la populace, ce qui eut lieu indépendamment des conditions politiques qui prévalurent à une certaine époque ».[387]

Kastein, Graetz et les principaux historiens juifs considèrent l'Église comme la véritable mère de l'antisémitisme médiéval, en ceci, où ils ont certainement raison, qu'ils entendent par antisémitisme tout mouvement tendant à défendre la Chrétienté contre l'impérialisme judaïque et contre son activité révolutionnaire. Par ailleurs, il était bien compréhensible que, devant la situation de gouvernements plus ou moins philosémites et d'un Judaïsme aussi influent que celui de France à cette époque, la manière la plus efficace de sauver la Chrétienté de la domination judaïque était de travailler à convaincre le peuple et à lui faire connaître dans toute son ampleur le péril juif et la menace que celui-ci signifiait pour la religion et pour le peuple lui-même. Que cette œuvre d'endoctrinement ait été efficace, les écrits des historiens juifs cités nous le confirment, lorsqu'ils se lamentent que l'Église ait réussi à changer l'attitude philosémite qui régnait parmi le peuple de France sous Louis le Pieux et Charles le Chauve en celle qu'elle devint ensuite d'hostilité populaire envers le Judaïsme, ce qui montre que cette gigantesque bataille que les israélites étaient sur le point de gagner se termina finalement par la victoire de la Sainte Église et la déroute de la Synagogue de Satan.

Mais ces écrivains juifs, en affirmant que l'Église utilisa l'arme la plus efficace qu'est la populace ignorante, font preuve d'un cynisme absolument incroyable, vu que c'est précisément l'arme que les juifs ont toujours employée et qu'ils emploient encore de nos jours !

Ce travail de persuasion personnel, consistant à ouvrir les yeux du peuple sur ce que sont les juifs et à signaler le danger qu'ils représentent, est aujourd'ui encore le seul qui puisse sauver le monde dans les circonstances présentes. Il est donc urgent d'imiter aujourd'hui ce que fit alors la Sainte Église en ces temps difficiles, et notamment d'éditer de petits opuscules simples et clairs pour les masses laborieuses, et en outre aussi des livres pour les milieux cultivés, et de les distribuer le plus largement possible de porte en porte, d'un individu à l'autre, pour que tout le monde puisse connaître ce que signifie le danger de l'impérialisme judaïque et de son action révolutionnaire. Cette œuvre de persuasion doit viser spécialement les chefs et les personnalités officielle de l'Armée, de la Marine, de l'Aviation, s'adresser aux militaires, aux gouvernants, aux

---

[387] Rabbin Josef Kastein, Op. cit. pp. 252-253.

maîtres d'écoles, aux dirigeants politiques, financiers, de la presse, aux universitaires, aux personnels des stations de radio et de télévision, aux masses laborieuses, à la jeunesse de toutes les classes sociales, et avant tout, aux membres du clergé de la Sainte Église Catholique, et en outre aux responsables des autres Églises chrétiennes, qui, à la différence du clergé de ces temps anciens, méconnaissent tous en général le danger, suite à une série de circonstances que nous étudierons plus tard. Ce travail d'information et de diffusion sur le péril judaïque doit s'effectuer en marge des activités politiques, et toucher identiquement tous les partis politiques et toutes les confessions religieuses, pour que dans tous ces secteurs surgissent des mouvements de défense naturelle qui doivent être coordonnés secrètement. Si les majorités populaires et les secteurs qui tiennent en mains les forces vives d'une nation de même que leurs moyens de propagande ouvrent les yeux et se rendent compte du danger d'esclavage qui nous menace tous et de l'immense méchanceté de l'Impérialisme juif et de ses sinistres projets, alors la voie de la libération s'ouvrira pour cette nation et pour le monde entier.[388]

Le système consistant à écrire des livres et les offrir à la vente en librairie en espérant qu'un certain nombre de personnes s'en informent est insuffisant, parce que l'alarme doit toucher tous les foyers et toutes les personnes. C'est pourquoi ces opuscules et ces livres doivent être distribués à domicile, remis en main propre à leur destinataire, et lorsque c'est possible on doit les faire parvenir par l'intermédiaire d'amis de ceux à qui ils doivent être remis.

Les clercs, les personnes riches et celles qui gèrent d'importantes fortunes doivent se secouer de leur avarice chronique et péccamineuse pour collaborer au financement de ces activités d'information, car si, faute

---

[388] NDT : Malheureusement la difficulté est de plus en plus grande, car le Judaïsme a depuis étendu formidablement son emprise sur le conditionnement de l'opinion publique, outre celle sur les moyens législatifs et judiciaires d'État. Si cet avis aurait pu être encore efficace en 1962 pour l'Espagne, le Portugal et certains pays d'Amérique du Sud, il ne l'était déjà plus guère pour les grands pays d'Europe Occidentale, les victimes et les vaincus des deux guerres, et moins encore pour l'Europe Orientale, tous désormais sous tutelle judéo-US ou judéo-communiste, avec toutes les structures d'État, l'école et les médias passés aux mains de la judéo-maçonnerie, même dans les structures écclésiales ! Les anti-communistes n'avaient plus les moyens de se faire entendre et leur parole ne portait plus. Les armes qui restent désormais, à l'heure où les lois contre le racisme (l'anti-judaïsme) frappent tous ceux qui tentent une action publique, sont comme en URSS sous Staline : le samizdat, les messages postés ou portés, et surtout la prière et la pénitence, qui accomplies hélas cinquante ans plus tôt, nous auraient évité cette mise en esclavage et la crise de l'Église et de la société. La liste des génocides de chrétiens par les juifs depuis 1945 s'allonge sans cesse : Biafra, Chine, Indochine, Liban, Ethiopie, Soudan, Angola, Cuba, Nicaragua, Haiti, Timor, Pays d'Amérique latine soumis à la terreur des bandes maoïstes, Ruanda, Yougoslavie... Comment penser que la mise en esclavage de l'Occident puisse demeurer non sanglante ?

d'aide, cette bataille universelle décisive pour le destin du monde devait être perdue, lors du complet triomphe judaïque c'est le peloton d'exécution et les camps de concentration qui les attendent et qui supprimeront le clergé et la classe bourgeoise par la dictature socialiste du Communisme.

# CHAPITRE XXII

## TERREUR JUIVE EN CASTILLE AU XIV<sub>ème</sub> SIÈCLE

Après la trahison des juifs qui facilita la chute de l'Empire chrétien des Wisigoths d'Espagne et sa conquête par les musulmans, commença ce que l'on nomme la guerre de Reconquête entamée par les chrétiens, qui sous les ordres du Wisigoth Pelayo s'étaient fortfiés dans les montagnes du nord de la Péninsule Ibérique. Cette guerre de libération allait durer presque huit siècles, et elle commença, comme c'était naturel, par de sanglantes représailles contre les juifs auxquels étaient reprochés la chute de l'État chrétien et les massacres de chrétiens survenues depuis cette catastrophe.

Ce sentiment anti-juif dura plusieurs siècles, jusqu'à ce que l'astuce et l'habileté des hébreux eut su profiter de toutes les opportunités qui se présentèrent pour le faire s'évanouir, en particulier en rendant d'appréciés services aux rois chrétiens de la Péninsule, notamment lorsque les juifs eurent besoin de transformer l'Espagne en un refuge pour les israélites qui fuyaient de toute l'Europe, d'abord persécutés par les monarchies chrétiennes, puis ensuite par la Sainte Inquisition Pontificale, lesquelles réagissaient violemment contre les entreprises de la Synagogue pour conquérir les États Catholiques et subvertir la Société Chrétienne.

De plus, depuis le X<sub>ème</sub> siècle, les juifs, qui pendant un certain temps avaient été les alliés des musulmans, trahissant leur amitié, commencèrent à semer la décomposition dans la société islamique, en essayant de la dominer au moyen de sociétés secrètes et d'hérésies, dont la principale fut la secte criminelle des Assassins, véritables précurseurs de la Maçonnerie moderne, et dont la puissance secrète s'étendit à travers l'Islam jusque dans l'Europe chrétienne, jusqu'à ce qu'elle fût ensuite annihilée, principalement par les envahisseurs mongols.[389] De toute manière, le

---

[389] NDT : Et par une série de règlements de compte et d'assassinats internes, selon N. Webster dans « *Secret Societies and Subversive Movements* » citant Joseph von Hammer « *The History of the Assassins* » (1835). Il nous faut espérer que le complot des hautes sectes mondialistes finisse de cette manière, les têtes des sectes et des hautes loges se liquidant entre elles.

monde musulman se trouvait au XII<sup>ème</sup> siècle dans un état de dangereuse décadence, attribuée en partie à l'action subversive multiple des juifs.

Pour essayer de sauver l'Islam de la catastrophe, la dynastie des Almohades, qui succéda dans le nord de l'Afrique et en Espagne islamique à celle des Almoravides, entreprit une guerre à mort contre le Judaïsme, qui, comme de coutume, provoqua des milliers des conversions feintes à l'Islam et la fuite de nombreux autres juifs vers l'Espagne Chrétienne.

Les monarques chrétiens, occupés à expulser les Sarrasins de la Péninsule, oublièrent les anciennes trahisons des israélites pour utiliser leurs services à l'œuvre de reconquête comme prêteurs d'argent, collecteurs d'impôts et même comme espions, puisqu'alors, renversant les rôles, les juifs servaient de cinquième colonne au sein de l'Espagne islamique au bénéfice de l'Espagne chrétienne, en trahissant leurs anciens amis. Une fois de plus l'histoire se répéta, et les habitants juifs d'une monarchie musulmane se transformèrent alors en une très dangereuse cinquième colonne au bénéfice des ennemis extérieurs dudit État, les Royaumes chrétiens d'Ibérie, lesquels, sous l'influence des appréciables services que rendaient les juifs, en firent des membres de leurs gouvernements, même des Premiers Ministres et des Trésoriers Royaux, en violation de ce qui était ordonné par les Saints conciles de l'Église qui interdisaient l'accès des juifs à ces postes de gouvernement.

Les israélites en revinrent une fois de plus à utiliser leur tactique traditionnelle de se rendre maîtres de leurs ennemis à l'aide d'un bon comportement temporaire et par des services efficaces, pour acquérir ainsi de précieuses positions leur permettant de conquérir ensuite les États qui leur offraient protection. Ils ne ratèrent pas une opportunité pour entreprendre de dominer ces royaumes chrétiens déjà transformés pour eux en une nouvelle Palestine et qui s'étaient empressés de les accueillir. Les hébreux parvinrent en Castille au faîte de leur pouvoir, aux temps du Roi Pierre le Cruel, dont ils dominèrent le gouvernement pendant plusieurs années. La manière dont ils réussirent à conquérir temporairement ce royaume chrétien est du plus haut intérêt.

Pierre le Cruel hérita du trône en l'année 1350, alors qu'il n'était encore qu'un jeune adolescent de quinze ans, et il tomba rapidement sous l'influence du dirigeant juif détaché auprès de lui, Samuel Ha-Levi Abufalia, qui, en fomentant les passions du jeune prince et en le flattant, réussit à éliminer le tuteur de celui-ci, Juan Alfonso, seigneur d'Albuquerque, et neutralisa aussi l'influence bénéfique de la Reine Mère. Il fut d'abord nommé Trésorier Royal et ensuite, de fait Premier Ministre du royaume,[390] grâce à quoi ce juif acquit un pouvoir politique que nul

---

[390] Guttierez Diez di Gamez : « *Cronica de Pedro Nino Conde de Buelna* ». Cette chronique fut écrite en 1495. Les faits cités proviennent de l'Edition Madrid, de 1782 « *Cronica del Rey Don Pedro* » de Pedro Lopez de Ayala, Années I, II, III, IV et suivantes : cette chronique fut

autre israélite de son époque n'avait pu acquérir dans un royaume chrétien. L'influence des conseillers juifs du monarque s'accrut alors à un point tel, que beaucoup la considérait comme dangereuse pour les chrétiens.

Dès les premières années, les abus que commit le jeune roi poussé par ses mauvais conseillers provoquèrent une rébellion générale, et il se forma une ligue constituée par la Reine Mère, les demi-frères (bâtards) du monarque, sa tante Léonore reine d'Aragon, et beaucoup d'autres puissants nobles, ligue qui avait pour objet de libérer l'adolescent de ses conseillers juifs et de toute la bande de gens fâcheux qui l'entouraient, parmi lesquels figuraient les parents de sa maîtresse Maria de Padilla pour laquelle il avait abandonné son épouse la jeune Blanche de Bourbon, sœur de la Reine de France.

Sa cause (de Pierre) ayant été ainsi abandonnée par la quasi-totalité de la noblesse du royaume, celui-ci accepta de se mettre sous la tutelle de sa mère, qui accueillit le jeune roi en la cité de Toro, accompagné entre autres par Samuel Ha-Levi, « son très grand intime et son conseiller » selon ce qu'en rapporte le chroniqueur de l'époque Pedro Lopez de Ayala dans sa chronique.[391] Une fois là, lors de l'affectueuse réception que lui firent sa mère et sa tante, ceux de sa suite furent arrêtés et emprisonnés, avec parmi ceux-ci le juif Samuel Ha-Levi. Mais la mort de Don Juan d'Albuquerque, qui selon certains aurait été empoisonné,[392] constitua un coup sévère pour la ligue en question, car ce haut personnage était le trait d'union entre des personnes et des forces très disparates.

Nous résumons ensuite ce que Prosper Mérimée, le célèbre historien français du siècle passé, narre à propos de la manière dont Samuel Ha-Levi sut profiter de la situation nouvelle pour ourdir une habile intrigue, dans le but de défaire la ligue, en offrant aux Infants d'Aragon de la part du jeune roi des châteaux et de riches domaines en échange de le laisser fuir, et en offrant villas et seigneuries à de nombreux grands, jusqu'au moment où l'astucieux conseiller juif réussit à briser la coalition et à fuir avec le jeune monarque en profitant d'une sortie de chasse.[393]

L'historien également du siècle passé Amador de los Rios écrit à propos de cette même manœuvre : « Grâce alors à la discrétion et à l'action de Don Samuel, le fils d'Alphonse XI obtenait sa liberté de ceux qui avaient cherché à le déposer, sa mère et ses frères, grâce à l'or qu'il avait su distribuer et aux promesses faites au nom du roi. Il avait introduit la méfiance et la discorde dans le camp de la ligue, ruinant totalement le plan des bâtards, et s'en alla bientôt entouré de puissants serviteurs qui lui

---

rédigée par son auteur dans la seconde moitié du XIVème siècle. J. Amador de los Rios : « *Historia de los Judios de Espana y Portugal* », Madrid 1876, t. II, pp 220 et suivantes.
[391] Pedro Lopez de Ayala : « *Cronica del Rey don Pedro* » Année V. chap XXXIV et XXXV.
[392] D'autres auteurs nient la véracité de cette version.
[393] Prosper Mérimée : » *Histoire de Don Pedre* », Paris, 1848, pp. 182-3.

promettaient une durable fidélité. Don Samuel avait conquis la totale confiance de don Pedro ».³⁹⁴

Avec l'élévation du ministre israélite, les juifs continuèrent d'acquérir de jour en jour une influence majeure dans le royaume. Sur ce qu'il advint à ce sujet, l'illustre historien juif Bedarride nous le dit clairement, lorsqu'il affirme que les juifs en Castille sous le règne de Pierre le Cruel « arrivèrent au faîte du pouvoir ».³⁹⁵ Mais malheureusement l'histoire nous montre que toujours lorsque les israélites arrivent « au faîte du pouvoir » dans un État chrétien ou gentil (non-juif) il se déclenche une épouvantable vague d'assassinats et de terreur qui fait couler des torrents de sang chrétien et gentil.

C'est exactement ce qui arriva sous le règne de Pierre le Cruel, à partir du moment où les juifs exercèrent sur son éducation et son gouvernement une influence décisive. Cet enfant intelligent, qui s'avéra malgré sa jeunesse doué de vastes vues, de grandes espérances et d'une énergie à toute épreuve, aurait pu être l'un des plus grands monarques de la Chrétienté s'il n'avait été corrompu dans son adolescence par le mauvais exemple et par les pires conseils de ses conseillers particuliers juifs, à qui le peuple attribuait la responsabilité de la vague de crimes et de violations du droit déclenchée sous ce gouvernement sanguinaire, dans lequel les juifs furent promus et les Synagogues fleurirent, pendant que les églises tombaient en ruines et que le clergé et les chrétiens souffraient d'ignominieuses persécutions.

Sur l'influence décisive des juifs sur le jeune monarque et leur sinistre influence, sur les cruautés qui furent commises en ce règne tourmenté, il existe beaucoup de chroniques contemporaines des faits ou juste postérieures.

Un contemporain, le Français Cuvelier, affirme que « Enrique, demi-frère du roi fut prié et requis par les Barons d'Espagne d'aller exposer à son frère le Roi, qu'il faisait beaucoup de mal en se faisant conseiller par les juifs et en éloignant les chrétiens ». « Enrique alla donc au Palais où était le Roi son frère, lequel parlait en Conseil avec plusieurs juifs, parmi lesquels ne se trouvait aucun chrétien ». « Don Enrique adressa à Don Pedro la supplique de se séparer du conseil des juifs ». Ce chroniqueur ajoute qu'il y avait là un juif du nom de Jacob, très lié visiblement à Don Pedro.³⁹⁶

---

³⁹⁴ J. Amador de los Rios, Op. cit., t. II, chap IV, pp. 223-4.
³⁹⁵ Bedarride : « *Les juifs en France, en Italie et en Espagne* » Michel Lévy Frères editeurs, Paris, 1861, 12 e éd., p.268.
³⁹⁶ Cuvelier : « *Histoire de Messire Bertrand Du Gesclin* » manuscrit en vers par le chroniqueur, transcrite en prose par Estontevlle en 1387. D'après la traduction espagnole de Berenguer, Madrid, 1882, pp. 108 à 110.

Un autre illustre chroniqueur français, Paul Hay seigneur de Chartelet, à propos du même épisode, ajoute à propos du conseiller en question du roi Pedro, que Enrique de Trastamara ne put dominer sa colère « en trouvant un juif du nom de Jacob qui jouissait de toute la confiance et de la familiarité de don Pedro et à qui l'on attribuait d'être l'inspirateur de toutes les actes de cruauté ».[397]

Ont aussi témoigné des crimes effrayants commis durant le règne sanglant de Pierre le Cruel : « La Prima Vita d'Urbani V », le chroniqueur italien également contemporain Matteo Villani, le chroniqueur musulman également contemporain des faits Abou-Zeid-Ibd-Kahldoun, qui affirme entre autres de Pedro qu' « il opprima avec cruauté la nation chrétienne et par sa tyrannie se rendit si odieux aux yeux de ses sujets qu'ils s'insurgèrent contre lui » ; de même encore, la Chronique du roi Pierre d'Aragon, également contemporaine, qui décrit de manière effrayante les agissements criminels de ce règne, et la célèbre Chronique Mémorable du Français Jean Froissard, qui mentionne, outre la cruauté et la tyrannie qui caractérisèrent ce gouvernement, le fait de grande importance qu'était l'hostilité de Pierre le Cruel envers la Sainte Église et la Papauté.[398]

Les Annales et Chroniques de France, écrites par Nicolas Gilles à la fin du XVème siècle appellent Pierre « grand tyran » et « apostat de la Religion de Jésus-Christ », attribuant sa triste fin à un châtiment du Ciel.[399]

Pedro Fernandez Nino, collaborateur fidèle de don Pedro et qui le servit avec loyauté jusqu'à sa mort, dit que beaucoup de sang d'innocents fut répandu, affirmant aussi que le monarque « avait pour familier un juif qu'ils appelaient Samuel Levi, qui lui enseignait à rejeter les Grands et à leur faire peu d'honneurs... Il s'éloigna de beaucoup, leur tendit le couperet et en extermina beaucoup dans son royaume, raison pour laquelle la majorité de ses sujets le détestèrent ». Dans cette chronique on signale aussi l'amour qu'avait le jeune roi pour l'astrologie,[400] un fait de grande importance politique, car les astrologues de Pedro étaient juifs avec notamment parmi eux un certain Abraham-Aben-Zarzal, et ils influaient par là sur ses actes politiques, car avant de prendre toute mesure importante, il consultait toujours l'un de ses astrologues pour qu'il lui indique si elle serait couronnée de succès ou pas.

---

[397] Paul Hay, seigneur de Chartelet : « *Histoire de Messire Bertrand Du Guesclin* » Paris, 1666, Livre III, chap VI, pp. 92-94.

[398] « *Prima vita de Urbani V* » Edit. Basqueti, in col. Cum vetustis codicilius, publiée par Baluzius dans sa « *Vitae Paparum Avenionensium* « Paris, 1693, pp. 375 à 76 ; *Historia* de Matteo Villani, ed. Florencia, 1581, Livre I, chap LXI, pp. 30-31; Abou-Zeid-Abd-er-Raman Ibn-Khaldoun : « *Histoire des Berbères* » traduc. française du baron de Slane, Argel, 1586, t. IV, pp. 379-380 ; Jean Froissard : « *Histoire et Chronique mémorable* », Paris 1574, Vol. I, clap CCXXX p. 269 et chap CCXLV, p. 311.

[399] Nicole Gilles : « *Les Annales et chroniques de France* » Paris, 1666, p.93.

[400] Guttiere Diez de Gamez: *Cronica Manuscrita*, ed cit. pp. 14-21.

À cet égard, un fait intéressant est que Don Pedro, à la veille de son désastre, reprocha au susdit Abraham de lui avoir prophétisé comme ses autres astrologues qu'il aurait à conquérir les territoires musulmans jusqu'à prendre Jérusalem, alors que les choses allaient si mal qu'on voyait bien qu'ils l'avaient trompé.[401]

Il est compréhensible qu'à cette époque où les musulmans luttaient héroïquement contre la menace juive, les juifs étant les maîtres de la Castille aient cherché à inciter Pedro à envahir et à conquérir le nord de l'Afrique jusqu'à Jérusalem, pour faire détruire par autrui leurs ennemis islamiques, allant peut-être jusqu'à entretenir leur rêve doré de libérer la Palestine. Ce dernier plan, qui s'effondra avec la déroute de Pedro, ils le réussirent des siècles plus tard, lorsqu'ils purent conquérir l'Angleterre et utiliser celle-ci pour qu'elle libère la Palestine de la domination musulmane.

Par l'astrologie, les Israélites purent ainsi dominer la politique de nombreux rois, à l'époque où cette superstition était en vogue.

L'illustre historien et Évêque Rodrigo Sanchez, mort en 1471, compara Pedro de Castille à Hérode.[402] Paul Hay, second chroniqueur de Bertrand Du Guesclin, le compara à Sardanapale, à Néron et à Domitien.[403] L'historien français Paul Duchêne, parlant du retour de Pedro en Castille lorsqu'il fut rétabli sur le trône par les troupes anglaises, dit de lui : « Don Pedro entra en Castille comme un loup ensanglanté et carnassier dans un troupeau de moutons ». La terreur le précédait, la mort l'accompagnait, « des ruisseaux de sang le suivaient ».[404]

Le Père jésuite Juan de Mariana dans son Histoire Générale d'Espagne affirme à propos du funeste règne de Pierre le Cruel : « Ainsi, les campagnes et les villes, les bourgs et les châteaux, les rivières et la mer, tout était maculé et rempli du sang des innocents, et où que l'on allât, on trouvait des marques de férocité et de cruauté. Que fut grande la terreur des gens du royaume, il n'est pas besoin de le dire; tous craignaient qu'il leur en arrive autant, chacun doutait de sa propre vie et personne ne l'avait assurée ».[405]

Il est curieux de noter que cette description écrite voici presque quatre cents ans paraît dépeindre avec une effrayante exactitude la situation de terreur qui prévalut en Union Soviétique et dans les autres pays livrés à la dictature du Communisme. Mais il existe une autre importante coïncidence : lors du règne de Pierre-le-Cruel, les juifs « parvinrent au faîte

---

[401] Résumé des Rois d'Espagne, chap. XC ;

[402] Ferrer del Rio « *Examen historico critico del reinado de don Pedro de Castilla* ». Oeuvre primée à l'unanimité par l'Académie Royale Espagnole, Madrid, 1851, pp. 208-211.

[403] Paul Hay, seigneur de Chartelet, chronique cit., edit.cit.p. 93.

[404] Duchesne, précepteur de leurs Altesses royales les Infants d'Espagne : « *Compendium de l'histoire d'Espagne* », traduction espagnole du P. José Francisco de la Isla, Madrid, 1827, p. 172.

[405] P. Juan de Mariana S.J., Op. cit., Livre XVII, chap. V, p. 59 du t. II.

du pouvoir », comme nous le dit le célèbre historien juif Bédarride, précisément tout comme en Union Soviétique et dans les autres États Socialistes où les juifs sont aussi « arrivés au faîte du pouvoir ». Curieuse et tragique similitude entre deux situations distantes dans le temps d'au moins six siècles.

Comme il arrive aussi dans tout État où les juifs parviennent « au faîte du pouvoir », dans la Castille du temps de Pierre, l'Église fut persécutée, alors que les israélites étaient portés au pinacle. Ceci entraîna d'abord les énergiques protestations du clergé castillan, consignées dans d'intéressants documents, dont l'un d'une plume autorisée datant encore de la vie du monarque, dans lequel le Chapitre de l'Église de Cordoue appela Pierre « tyran hérétique ».[406]

La rupture entre le Saint Siège et ce protecteur des juifs se produisit lorsque le Pape excommunia Don Pedro, le déclarant en plein Consistoire « indigne de la Couronne de Castille », déliant les Castillans et ses autres sujets de leur serment de fidélité, et donnant l'investiture de son royaume à Henri comte de Trastamare, ou au premier prince qui pourrait s'en emparer.[407] Cela facilita la formation d'une coalition entre les royaumes de France, d'Aragon et de Navarre, qui organisèrent sous les auspices du Pape une sorte de croisade pour libérer le Royaume de Castille de l'oppression dont il souffrait.

Pendant que les chrétiens, prêtres et séculiers étaient assassinés, emprisonnés et opprimés de toutes les manières, le Judaïsme s'élevait, comme cela ne s'était probablement jamais produit depuis le début de l'Espagne chrétienne. À cette époque, la cité de Tolède était devenue pratiquement la capitale du Judaïsme international, comme le seront ensuite et successivement Constantinople, Amsterdam, Londres et New-York. Le puissant Ministre Samuel-Ha-Levi organisa dans cette ville un Synode et Congrès hébraïque universel, auquel se rendirent des délégations des communautés juives résidant dans les pays les plus lointains de la terre, à la fois pour élire un chef mondial du Judaïsme et pour admirer la nouvelle Synagogue qu'en violation des Canons de l'Église Don Pedro avait permis à Samuel d'y faire construire. Sur la célébration de cette grande Assemblée, il reste une preuve dans ladite Synagogue, plus tard convertie en l'église de l'Agonie, sous forme de deux inscriptions qui constituent un véritable monument historique. Le texte de ces inscriptions nous apprend que le chef alors élu fut précisément Samuel-Ha-Levi, qui, semble-t-il, prit le nom d'El Baruch à cette époque, ce qui n'empêcha pas que, des années plus tard, un groupe influent de juifs mais ses ennemis l'accuseront d'avoir volé le trésor royal, précipitant sa chute et sa mort. Ces

---

[406] Académie Espagnole d'Histoire. *Privilèges de ladite Église.* G. 18.
[407] Paul Hay, chronique cit., IIIeme livre, chap VI, p.94.

juifs, jaloux de l'immense pouvoir dont jouissait Samuel, l'accusèrent d'avoir volé Don Pedro vingt ans durant, et poussèrent le roi à le faire supplicier pour qu'il révélât où étaient trois immenses tas d'or dérobés par ce Ministre, mais comme Samuel mourait sous la torture sans rien révéler, le chroniqueur poursuit en disant : « Et le Roi regretta beaucoup (sa mort) quand il l'apprit, et que, conseillé par ces juifs, il ordonna de lui reprendre ce qu'il possédait. Et l'on fit sonder alors les maisons que Samuel possédait à Tolède, et l'on trouva un caveau souterrain, d'où l'on retira trois tas d'or et de monnaies, de barres et de plaques d'or et d'argent, chacun si haut qu'on ne pouvait apercevoir un homme placé derrière. Et le roi vint les voir, et déclara ainsi : si Don Samuel m'avait donné le tiers du plus petit des tas qui se trouvent ici, je ne l'aurais pas fait supplicier... « Mais il préféra mourir plutôt que de me le dire ».[408]

Ce fait, que les trésoriers et ministres des finances juifs volaient, n'avait rien de nouveau ; beaucoup avaient été destitués pour ce motif, mais l'incident nous révèle cependant que parmi ces mêmes juifs, malgré leur fraternité, naissent des jalousies et des discordes terribles qui se terminent tragiquement, comme l'incident que nous venons d'évoquer. Finalement, l'influence des juifs dans le gouvernement de Don Pedro se poursuivit tout comme avant. Il n'y eut qu'un changement de personnes.

Parmi les accusations qui furent lancées pour renverser le roi Pierre, il y eut que, non seulement il avait donné le gouvernement du royaume aux juifs, mais qu'il en était un lui-même, ceci dû au fait que le roi Alphone XI n'ayant pas de descendance mâle, il en avait été si ulcéré qu'il avait menacé plusieurs fois la reine au cas où le prochain accouchement donnerait une fille, et que, ceci étant survenu, la reine pour échapper à la menace avait accepté que sa fille fût échangée pour un garçon, ce qu'avait organisé son médecin juif qui subtilisa le nouveau-né d'une juive, qui aurait été ainsi élevé comme l'héritier du trône, le roi Alphonse XI restant dans l'ignorance que c'était un israélite qu'on lui faisait prendre pour son fils. Ils disaient en outre que Pierre, ayant su par la suite son origine juive s'était fait circoncire en secret, et que c'est pour cela qu'il avait confié tout le gouvernement du royaume aux israélites. Cependant le célèbre chroniqueur et écrivain Pedro Lopez de Ayala, qui n'est en rien favorable au roi Pierre, sans mentionner de manière formelle cette accusation, la nie tacitement lorsqu'il appelle Don Pedro le fils légitime d'Alphonse XI.

Le même sentiment est exprimé par les autres historiens et chroniqueurs qui se sont inspirés de Pedro Lopez de Ayala.

Bien que nous nous joignions aux justes éloges qui ont été faits de ce chroniqueur si célèbre, il faut néanmoins tenir compte à propos de cette

---

[408] « *Continuacion de la Cronica de Espana* » de l'Archevêque Jimenez de Rada, publiée dans le tome 106 de la « *Coleccion de Documentos Ineditos para la Historia de Espana* » Collection des Documents inédits pour l'Histoire d'Espagne, pp. 92 et 93.

question que sa Chronique du Roi Don Pedro fut écrite alors même que Dona Catalina de Lancastre, qui descendait de ce roi, venait d'épouser Enrique III, neveu de Trastamara,[409] un mariage politique destiné à unir ces deux branches rivales et à mettre fin aux discordes. Il est donc naturel qu'ayant écrit sa chronique à une époque où l'intérêt de la monarchie castillane était d'effacer la tache de la possible ascendance juive, Pedro Lopez de Ayala se soit vu obligé de cacher tout ce que l'on rapportait sur cette question et qui pouvait blesser l'honneur de la reine Catherine.

D'un côté, l'histoire a montré que les juifs, dans leurs ambitions de domination mondiale, sont très capables pour s'emparer d'un royaume d'une telle chose que de substituer un enfant, une fille par un Infant mâle, ou de réaliser toute autre supercherie que l'opportunité leur suggérerait ; mais dans le cas que nous étudions, nous semble néanmoins possible ce qu'ont affirmé les défenseurs de Pierre le Cruel maçons ou libéraux, qui furent de l'opinion que l'accusation de la substitution des infants ne fut qu'une pure fable ourdie et répandue par Enrique de Trastamara pour justifier son ascension au trône, fable qui finit certainement par être crue en Castille et en dehors de la Castille et par être consignée dans les chroniques de l'époque.

Mais tout aussi bien, il ne serait pas impossible non plus, s'il s'est agi réellement d'une fable, qu'elle ait été inventée par les mêmes juifs qui entouraient et influençaient le monarque adolescent, pour l'incliner au Judaïsme et l'y initier et pouvoir ainsi le dominer complètement.

À l'appui de cette possibilité, il y a cette tendance constante des juifs à faire la conquête des grands dirigeants politiques chrétiens ou gentils en leur faisant croire qu'ils descendent d'israélites. À François Ier de France, ils essayèrent de le lui démontrer, mais celui-ci se rit d'eux ; à l'Empereur Charles V, ils firent de même, mais il s'en indigna à un tel point qu'il fit condamner au bûcher le juif qui avait essayé de cette manière de l'attirer à la Synagogue ; à Charles II d'Angleterre, ils allèrent jusqu'à falsifier astucieusement son arbre généalogique, et il crut assez à la fable pour accorder aux juifs certaines concessions. Même à l'Empereur du Japon, ils arrivèrent à présenter le mensonge qu'il descendait des dix tribus perdues dans l'intention de l'attirer au Judaïsme et par ce moyen de dominer l'Empire du Soleil Levant, mais par chance, le Mikado les prit pour des fous.[410]

Il n'est donc pas impossible qu'ils aient usé du même procédé avec Pierre, et que la connaissance en ayant filtré dans le camp adverse, elle ait alors été reprise par celui de Trastamara comme une arme contre lui. Quoi

---

[409] Pero Lopez de Ayala, au chapitre XIII de l'an cinq de sa « *Chronique du Roi don Pedro* », dit de dona Catalina « qu'elle est la future femme du roi de Castille ».
[410] NDT : On sait que le marquis de La Franquerie s'y laissa prendre, cf son ouvrage « *L'ascendance davidique des rois de France* » ! ! !

qu'il en ait été, il est évident que Pierre-le-Cruel, par ses assassinats de clercs, sa persécution de l'Église et son élévation des juifs, œuvrait davantage comme un israélite que comme un chrétien, d'où le crédit qui fut donné à l'histoire de l'échange d'enfants.

Parmi les chroniques qui affirment l'ascendance juive de Pierre de Castille, nous pouvons mentionner celle de même époque du roi Pierre IV d'Aragon ; celle également contemporaine des faits du Père Carme Juan de Venette; la Chronique Anonyme des quatre premiers Valois ; la Chronique de Cuvelier, également de la même époque, et d'autres encore ; et il est curieux de noter qu'un siècle plus tard, certains documents relatifs à la biographie de l'illustre rabbin de Burgos, Salomon-Ha-Levi, qui en se faisant baptiser prit le nom de Paul de Sainte Marie devint ensuite prêtre, puis finit comme Archevêque de la même ville où il avait été rabbin, ces documents mentionnent que ce prélat aurait été le fils de l'infante substituée par le bébé juif qui plus tard devint Pierre de Castille. L'infante en question se serait mariée avec l'israélite qui fut le père dudit Archevêque. Parmi les documents qui mentionnent ce fait comme étant une rumeur très répandue, nous pouvons citer : « Le Livre des Blasons » d'Alonso Garcia de Torres (MSS, fol. 1306 appelé Cartagène) et le « Recueil d'honneur et de gloire mondaine » (« Recopilacion de Honra y Gloria mundana » du Capitaine François de Guzman (MSS fol. 2046, Compendium fol. 28 et 29).[411] En revanche, le Frère Cristobal de Santoliz publiant en 1501 la première édition de sa « Vie de don Pablo de Santa Maria » donnait pour certain que l'illustre rabbin devenu Archevêque était bien le fils de la princesse substituée par l'enfant juif qui devint roi de Castille.[412]

Toujours à propos de la part des juifs dans le gouvernement du roi Pierre, outre l'aveu que nous citons par ailleurs de la Jewish Encyclopædia et ceux de distingués historiens israélites, la chronique de cette époque écrite en vers par Cuvelier dit de Don Pedro : « il avait la très méchante habitude que sur toutes choses, quelles qu'elles fussent, il se faisait conseiller par les juifs qui habitaient sur son territoire, et il leur découvrait tous ses secrets, et en revanche, aucun à ses amis et parents par le sang, ni à aucun autre chrétien. Il était alors inévitable que l'homme qui se servait de tels conseils en toute connaissance devait en avoir mauvaise conscience ».[413]

Un autre chroniqueur contemporain de Pierre de Castille, qui assure que ledit roi et son royaume étaient gouvernés par les juifs, est le second

---

[411] Nous devons les références de ces précieux manuscripts à la diligence du célèbre historien Amador de los Rios, Op. cit., t.II, chap. IV.
[412] Sitges : « *Les femmes du roi don Pedro* » Madrid, 1910, pp. 178-9.
[413] Cuvelier, Chronique manuscrite en vers citée, réécrite en prose par d'Estonteville, p. 107.

continuateur de la Chronique Latine de Guillaume de Nangis, qui affirme que : « l'on reprochait audit monarque d'être, lui comme toute sa Maison, dirigés par les juifs qui étaient très nombreux en Espagne, et que tout le royaume était gouverné par eux ».[414]

Le deuxième chroniqueur de Bertrand Du Guesclin, Paul Hay, affirme sur le même sujet que les mauvais conseillers de Don Pedro créèrent des problèmes dans toute la Castille, la remplissant de meurtres, semant le mécontentement et la désolation. Qu'ils inspirèrent au monarque une animadversion générale pour les personnes les plus distinguées de son royaume, brisant cette affection mutuelle qui lie les bons rois avec leurs sujets et les peuples avec leurs princes. Que Don Pedro dépouilla les églises de leurs biens pour enrichir les ministres par ses abominations, renonçant secrètement à son baptême, selon ce qui se disait, pour être circoncis, et qu'il exerça mille cruautés qui remplirent l'Espagne de sang et de larmes, réunissant en sa personnes les vices des Sardanapale, Néron et Domitien, son esprit étant totalement captif de ses favoris, surtout des juifs.[415]

---

[414] « *Continuatio Chronici Guillemi de Nangis* », publiée dans le « *Specilegium sive Aliquoat Scriptorum qui in Galliae Bibliothecis delituerant* », Paris, MDCCXXIII, t. III, p. 119.
[415] Paul Hay, seigneur de Chartelet, chronique cit., ed.cit.p. 93.

# CHAPITRE XXIII

## LES JUIFS TRAHISSENT LEUR PLUS GÉNÉREUX PROTECTEUR

En plus des véritables massacres de chrétiens qui eurent lieu pendant cette odieuse dictature judaïque que fut le règne de Pierre le Cruel, il y eut des crimes qui par leur résonnance firent frémir toute l'Europe, comme l'assassinat de Don Suero, l'Archevêque de Santiago, celui de Pedro Alvarez doyen de cette Cathédrale, la mort sur le bûcher du prêtre de San Dominguo de la Calzada, l'assassinat du Maître Abbé de l'abbaye de Saint Bernard, qui précipita l'excommunication prononcée par Urbain V, cette excommunication dont l'annonce à Don Pedro faillit coûter la vie au légat de sa Sainteté.

Mais laissons parler le Père Joseph Alvarez de la Fuente à qui nous sommes redevables des faits précédents : « Par cette mort que j'ai dite, et parce que le roi Don Pedro interdisait l'accès à leurs églises aux Évêques de Calahorra et de Lugo, le Pape Urbain V lui envoya un Archidiacre pour lui notifier son excommunication. Celui-ci arriva prudemment par le fleuve à Séville sur une galiote très légère, et il accosta à la rive du camp de la Tablada près de la Cité, en espérant que le roi passerait à proximité et l'entendrait. Et il lui intima alors les Bulles Papales, puis s'échappa, en descendant le fleuve toutes voiles tendues, s'aidant du jusant pour échapper ». L'illustre moine ajoute que Don Pedro s'élança dans l'eau pour tuer l'Archidiacre à coups de dague, mais qu'il faillit se noyer, car son cheval s'était épuisé à nager ».[416]

À cette époque, il y eut encore beaucoup d'autres assassinats effrayants, mais nous nous bornerons à mentionner seulement celui de la jouvencelle innocente et sans défense Blanche de Bourbon, sœur de la reine de France, qui fut l'épouse légitime de Pierre, emprisonnée puis lâchement assassinée. Le chroniqueur Cuvelier contemporain de Pierre narra l'assassinat de la jeune reine, affirmant que Don Pedro ayant consulté un juif sur la manière dont il pourrait se défaire de la reine sans que cela se sache, ledit juif

---

[416] « *Sucesion real de Espana* » (Succession royale d'Espagne), par le P. Joseph Alvarez de la Fuente, p. 79.

conseilla l'assassinat, se proposant en outre lui-même pour le commettre avec l'aide d'autres juifs, lesquels l'étranglèrent dans sa propre chambre, la laissant étendue sur son lit où on la retrouva morte le lendemain. Et ce chroniqueur poursuit en disant que ces juifs tuèrent quatre des domestiques qui cherchaient à faire un scandale, et qu'ils firent emprisonner les autres. Qu'ensuite Don Pedro prétendit qu'il n'avait pas autorisé un tel crime, ordonnant de rechercher les assassins juifs, mais qu'il ne fit cela que par dissimulation ».[417]

D'autres documents d'authenticité indiscutable nous confirment la responsabilité des juifs dans ce véritable règne de terreur : il s'agit de l'»Ordonnancement des Pétitions » autorisé par le roi Henrique à l'occasion des Cortès qui eurent lieu à Burgos après qu'il eut été proclamé roi en l'an 1367, dont nous empruntons le texte à la publication de l'Académie Royale d'Histoire de Madrid en le traduisant de l'espagnol ancien, texte dans lequel figurent ce que demandaient au nouveau roi les représentants des divers corps du peuple aux Cortès, sorte de Parlement médiéval ou d'États Généraux.:

« N° 10 En outre, à ceux qui nous dirent que tous ceux des cités, bourgs et autres lieux de nos royaumes eurent à souffrir beaucoup de maux, de dommages, de morts et d'exils dans les temps passés de la part des juifs du Conseil Privé (c'est à dire de ceux qui furent Premiers Ministres et les Conseillers principaux) ou des officiels des rois précédents, parce qu'ils voulaient faire le mal et nuire aux chrétiens et qu'ils étaient sans pitié, et que nous mandions que, ni en notre Maison ni en celle de la Reine et des Infants mes fils, ne soient admis aucuns juifs, ni comme officiels, ni comme médecins, ni pour tenir une fonction quelconque ».

« À ceux-ci nous répondons que nous avons pour serviteurs ceux qui pour ce motif nous l'ont demandé, et que jamais il ne fut demandé une telle chose aux autres rois qu'il y eut en Castille. Et, bien que quelques juifs fassent partie de notre Maison, nous ne les prendrons jamais dans notre Conseil, ni ne leur donnerons pouvoir de causer un quelconque dommage à nos territoires ».[418]

Ici, l'on pourra observer quelque chose de bien surprenant : Enrique de Trastamara, qui se souleva contre son demi-frère et obtint l'appui moral de la Papauté et celui matériel du Roi de France et d'autres monarques pour le détrôner, en alléguant que Pedro avait apostasié, qu'il pratiquait en secret le Judaïsme et qu'il avait livré le gouvernement de la Castille aux hébreux, et lui qui, en outre, pour avoir pris la tête du mouvement libérateur avait obtenu l'appui de la noblesse, du clergé et du peuple, contredisant après sa victoire et son couronnement ce qu'il avait soutenu dans sa campagne, il

---

[417] Cuvelier, Chron. cit., ed cit. pp 111-114.
[418] « *Cortès de los anrtiguos reinos de Léon y de Castilla* » publication de l'Académie Royale d'Histoire, Madrid, 1863, t.II pp 150-151.

s'empressait d'employer des israélites dans son palais. Qu'avait-il bien pu se passer au cours de la guerre civile pour que le même qui était entré en Castille en tuant les juifs les admit ensuite à sa Cour ? Qu'avaient donc pu faire les juifs pour pouvoir éviter une catastrophe qui s'annonçait définitive et pour se garder prêts à la victoire du parti opposé ?

Les documents historiques ci-après nous dévoilent cette énigme.

La Jewish Encyclopædia, œuvre monumentale du Judaïsme moderne, dit que Pierre, depuis le début de son règne s'entoura tellement de juifs que ses ennemis appelaient sa Cour « le Cour juive », et que les hébreux furent toujours ses loyaux partisans ».[419]

Cela, on était certes en droit de l'espérer, vu que le jeune monarque, pour s'être livré aux mains des israélites et les avoir élevés au faîte du pouvoir, avait provoqué la fatale guerre civile et internationale qui allait lui coûter le trône et la vie. Mais les chroniques contemporaines et des historiens insoupçonnables d'antisémitisme nous donnent justement l'évidence qu'il est faux que les juifs soient demeurés toujours loyaux à leur fidèle et inconditionnel allié et ami, et que tout au contraire ils commirent la plus noire des trahisons, comme les israélites en ont toujours l'habitude avec leurs meilleurs amis et protecteurs. Pour les israélites, la plus sincère des amitiés est sans valeur, pas plus que n'en ont les faveurs et services reçus, aussi grands soient-ils. Lorsque leurs intérêts politiques le demandent, ils sont capables de crucifier même ceux qui leur sacrifièrent tout pour les favoriser.

Le Roi Don Pedro, dans sa loyauté envers les juifs, avait fini par commettre d'épouvantables actes de représailles contre ceux qui attentaient contre eux. Le chroniqueur et respectable écrivain de cette époque Pedro Lopez de Ayala nous rapporte que lorsque Pedro vint à Miranda del Ebro « parce que certains y avaient volé et tué des juifs et tenaient une partie du Comté, il y fit justice de deux hommes de la ville, un dénommé Pero Martinez, fils du Chantre, et l'autre Pero Sanchez Banuelos ; il fit cuire dans une chaudière le premier Pero Martinez, et il fit rôtir le second Pedro Sanchez en sa présence, et il en fit tuer d'autres du bourg ».[420]

Lors du quinzième anniversaire de son règne, il avait montré sa générosité en promulguant un indult qui valait également en faveur de ceux qui avaient attenté au trône, mais ne furent pas compris dans cet indult ceux qui avaient causé des dommages aux juifs. On aurait donc pu s'attendre à ce que ceux-ci lui demeurassent encore fidèles dans les moments difficiles. Les faits nous démontrent cependant le contraire.

---

[419] *Jewish Encyclopaedia*, ed. cit., vol IX, vocable Spain.
[420] Pero Lopez de Ayana : « *Cronica del Rey don Pedro* »,(chronique abrégée). Note 3 du chapitre VIII de la XI eme année.

Le chroniqueur français Cuvelier, qui fut personnellement témoin de ce qu'il raconte puisqu'il accompagnait Bertrand Du Guesclin et Trastamara dans leur campagne, dit, en parlant de l'époque où les tragiques défaites de l'armée de Don Pedro faisaient bien voir que le poids de la balance avait changé de côté, qu'après avoir évacué Burgos, Tolède et Cordoue, Pierre le Cruel se dirigea sur Séville et que deux de ses conseillers juifs les plus aimés et les plus influents, appelés Danyot et Turquant, s'accordèrent pour le trahir et se livrer à Enrique dès qu'ils en auraient l'occasion.[421]

Le littérateur et historien érudit du siècle passé, J. Amador de los Rios, favorable aux juifs, avoua aussi clairement qu'»il était de notoriété publique en Castille et en dehors de la Castille que lorsque Don Enrique et les siens se présentèrent devant certaines cités, les juiveries (comme on appelait alors en Castille les communautés juives) ouvraient d'elles-mêmes les portes aux bretons de Bertrand Claquin (Bertrand Du Guesclin).[422]

La connaissance des lâches trahisons de ses protégés juifs indigna certainement le roi Pierre. Le chroniqueur français cité, témoin des faits racontés, rapporte qu'après que le roi Don Pedro eut été informé de la chute de Cordoue tombée aux mains de son demi-frère, il eut une vive altercation avec ces deux conseillers juifs qui avaient résolu de le trahir et qu'il leur dit : « Messieurs, c'est mon mauvais destin qui m'a valu vos conseils depuis déjà tant d'années, que pour vous et pour votre Foi, mon épouse a été assassinée et que ma loi a été faussée: maudits soient l'heure et le jour où je vous ai pris pour la première fois à mes côtés, puisque pour mes péchés et pour vous avoir crus, je suis ainsi chassé de mes terres. Aussi, je fais maintenant de même de vous, je vous chasse de ma Chambre et de ma Cour, et gardez-vous bien d'y rentrer jamais, et même sortez maintenant de cette cité ». Et le même chroniqueur poursuit en relatant que les deux conseillers juifs entrèrent en tractations secrètes avec Enrique de Trastamara pour lui livrer la cité de Séville où s'était réfugié Don Pedro, réglant avec les docteurs de la loi de la Communauté hébraïque qu'ils laissent entrer les troupes d'Enrique par le faubourg juif. Que cependant Don Pedro eut connaissance à temps de ce que les juifs tramaient, grâce à l'avis opportun que lui donna une belle juive qui avait été amante du monarque et était très éprise de lui, ce pour quoi le jour suivant le roi évacua la cité et battit en retraite.[423]

Paul Hay seigneur de Chartelet, le second chroniqueur de Bertrand Du Guesclin, signale lui aussi que Don Pedro apprit à Séville, grâce à une concubine juive très éprise de lui et qui en cachette de son père alla l'informer, que les juifs étaient en train de tramer en secret un complot en accord avec Don Enrique de Trastamara pour livrer la cité. Une

---

[421] Cuvelier, chron. cit., p. 143.
[422] J. Amador de los Rios, op. cit. t. II, p. 253.
[423] Cuvelier, Chron. cit., ed. cit., pp. 143 et 144-46.

information qui, lorsqu'elle parvint à Don Pedro, acheva d'abattre l'infortuné monarque.[424]

Il est clair que les juifs, suivant leur tactique traditionnelle, pour mieux contrôler le roi lui fournirent des maîtres ses israélites, mais l'amour est quelquefois une arme à double tranchant, et dans le cas évoqué, l'on voit que l'amour fut plus puissant chez la fille que son attachement au Judaïsme ou que la crainte des représailles.

À la lecture de ces chroniques, la dangerosité de ces noyaux d'étrangers inassimilables apparaît chaque fois plus évidente, car tout au cours de l'Histoire ils ont démontré n'être jamais loyaux vis-à-vis de qui que ce soit, et d'être toujours prêts à se transformer en mortels espions au service des puissances ou forces ennemies, même au préjudice de leurs protecteurs et amis les plus précieux et les plus fanatiques.

Ces faits nous expliquent pourquoi les juifs, se voyant menacés par la victoire du peuple chrétien de Castille sous la conduite d'Enrique de Trastamara, surent à temps s'infiltrer dans le parti opposé, celui de Trastamara, pour transformer l'imminente catastrophe en victoire. Cette manœuvre machiavélique a été perfectionnée depuis par les juifs au cours des siècles, et à notre époque ils n'attendent pas que leurs ennemis soient sur le point de remporter la victoire, mais aussitôt que l'opposition chrétienne ou anticommuniste se déclare contre leurs sinistres plans, ils détachent des éléments qui s'infiltrent dans les rangs de cette opposition pour la détruire, ou du moins pour se placer à des positions clés dans le camp ennemi leur permettant de le trahir à la première opportunité.

## AVIS AUX ORGANISATIONS ANTI-COMMUNISTES !

Organisations anti-communistes du Monde libre, attention ! Il est urgent de vous mettre en alerte et de vous défendre contre l'infiltration d'éléments juifs dans vos rangs, éléments qui, tout en se prétendant anti-communistes, ne cherchent qu'à s'approprier vos mouvements de l'intérieur pour les faire capoter, même si temporairement ils vous aident à acquérir de bonnes positions ou s'ils vous rendent des services !

Don Pedro mis en déroute fuya au Portugal, puis de là en Angleterre, où il obtint l'appui du Prince Noir,[425] et il revint alors en Castille avec l'aide de troupes anglaises, et ultérieurement, avec l'alliance du roi maure de Grenade. Dans cette phase de la lutte, nous voyons les juifs infiltrés dans les deux factions rivales. Ils avaient alors déjà découvert le secret de leurs

---

[424] Paul Hay, Chron.cit., ed. cit., livre III, chap XII, p. 110.
[425] Il est juste de préciser que lorsque le chevaleresque Prince de Galles comprit que don Pedro l'avait trompé et que la cause qu'il soutenait était mauvaise, il lui retira son appui.

futurs triomphes : jouer les deux cartes à la fois, pour gagner à tous les coups. Mais il est clair que pour réussir ce type de manœuvre, les israélites se sont entraînés à feindre l'existence chez eux de schismes et de divisions, afin qu'il paraisse naturel qu'un groupe s'infiltre dans une faction combattante et un autre dans la faction opposée. De cette manière, après le désastre de Don Pedro à Montel, ils réussirent à rester bien placés dans le gouvernement du vainqueur.

Il est surprenant que Enrique, dans le duel truqué qui coûta la vie à Don Pedro, ait eu le cynisme de le traiter de juif une dernière fois, vu qu'alors le bâtard, acheté à la fois par les trahisons des juifs contre Pierre et par l'or que lui donnèrent les communautés israélites, leur ouvrait de nouveau sa Maison au milieu des justes alarmes des Cortès du royaume. Ainsi, la lutte qui aurait pu se terminer par la victoire complète des chrétiens se prolongea-t-elle féroce, jusqu'à finir par déboucher à la fin du siècle sur les terribles massacres de juifs qui eurent lieu dans toute la Péninsule en l'an 1391, et qui furent indûment attribués aux prêches du prêtre catholique Ferran Martinez, alors que ses prêches ne furent que l'étincelle qui fit exploser l'indignation trop longtemps contenue d'un peuple opprimé, volé, assassiné et spolié par les juifs, qui durant plusieurs règnes avaient escaladé les plus hauts postes du gouvernement de par l'inconscience de monarques, qui, par leurs complaisances et leurs trahisons, furent les orfèvres de l'Age d'Or des juifs en Espagne chrétienne. Cette situation entraîna de tragiques résultats pour les chrétiens, et fut aussi dommageable pour les musulmans en amenant l'Age d'Or juif en l'Espagne islamique.

# CHAPITRE XXIV

## L'INFILTRATION JUIVE DANS LE CLERGÉ

Le présent chapitre a pour objet d'étudier la forme sous laquelle les faux chrétiens crypto-juifs ont l'habitude de s'infiltrer dans le clergé de l'Église.

Pour conquérir le monde chrétien, l'impérialisme judaïque considéra indispensable de dominer son principal rempart l'Église du Christ, employant pour cela diverses tactiques qui varièrent, depuis les attaques frontales jusqu'aux infiltrations. L'arme favorite de la cinquième colonne juive consista à introduire dans les rangs du clergé les jeunes chrétiens descendants de juifs qui pratiquaient en secret le Judaïsme, afin qu'une fois ordonnés prêtres ils essaient de s'élever dans les hiérarchies de la Sainte Église, que ce soit dans le clergé séculier ou dans les Ordres religieux, afin d'utiliser ensuite les positions acquises par eux dans la cléricature au détriment de l'Église et au bénéfice du Judaïsme, de ses plans de conquête et de ses mouvements hérétiques et révolutionnaires.

Pour des tâches aussi délicates d'infiltration, le Judaïsme souterrain emploie des jeunes bien doués, non seulement de profonde religiosité, mais même de grand mysticisme et fanatisme pour la religion juive, résolus à donner leur vie pour la cause du Dieu d'Israël et du peuple élu. Dans le Judaïsme les mystiques de ce genre abondent, et c'est à eux que se doivent les grands triomphes qu'a obtenus l'impérialisme théologique des hébreux, parce que l'enfant ou le jeune homme qui entre dans les séminaires du clergé chrétien sait qu'il va se consacrer à « la plus ste œuvre de destruction » de l'ennemi capital du peuple élu qu'est le Christianisme, surtout s'il s'agit de l'Église Catholique. Il sait que par les activités qu'il remplit, par l'affaiblissement ou la destruction des défenses de la Chrétienté, il facilite ce qu'il croit être l'accomplissement de la volonté divine, en favorisant l'obtention de la domination d'Israël sur la terre. Le clergé faux-chrétien crypto-juif réalise, d'après son critère, une « entreprise sainte », qui lui assure en outre le salut éternel. Plus grands sont les maux que l'on peut causer à l'Église comme prêtre, moine, chanoine, prieur de couvent, Provincal, Évêque, Archevêque ou Cardinal, et plus on a, selon les israélites, de mérites aux yeux de Dieu et de son peuple élu. On peut assurer que cette légion de mystiques et de fanatiques furent ceux qui réussirent finalement à briser la suprématie de l'Église du Moyen-

Age, facilitant ensuite le triomphe des hérésies au XVIème siècle et des mouvements révolutionnaires judéo-maçonniques et judéo-communistes des temps modernes. La cinquième colonne juive dans le clergé est donc l'un de piliers fondamentaux du Judaïsme international.

Les fins que poursuit l'infiltration des crypto-juifs dans le clergé sont clairement exposés dans un document intéressant que fit connaître en France l'abbé Chabauty et que cite l'Archevêque de Port-Louis, Mgr Léon Meurin S.J. dans l'un de ses ouvrages. Il s'agit d'une lettre du chef secret de la juiverie internationale établi à la fin du XVème siècle à

Constantinople, adressée aux juifs de France et leur donnant ses instructions, en réponse à une lettre antérieure que Chamor, le rabbin d'Arles, lui avait adressée en le sollicitant. Ce document tomba aux mains des autorités françaises, et l'abbé Chabauty lui donna de la publicité.[426] Cette lettre dit textuellement ceci :

« Bien aimés frères en Moïse,

« Nous avons reçu votre lettre dans laquelle vous nous avez fait connaître les anxiétés et les infortunes que vous endurez, et nous avons été envahis d'une aussi grande peine que vous-mêmes.

« L'avis de nos plus grands Rabbins et Satrapes de notre Loi est le suivant :

« Vous dites que le roi de France vous oblige à vous faire chrétiens ; alors faites-le, mais gardez la loi de Moïse dans vos cœurs.

« Vous dites qu'ils veulent prendre vos biens : faites de vos fils des marchands, pour que par leur trafic ils dépossèdent les chrétiens des leurs.

« Vous dites qu'on attente à vos vies : faites de vos fils des médecins et des apothicaires, afin qu'ils privent les chrétiens de la leur sans crainte du châtiment.

« Vous dites qu'on détruit vos synagogues : faites de vos fils des curés et des chanoines afin qu'ils détruisent l'Église chrétienne.

« Vous dites qu'on attente à vos existences : faites de vos fils des avocats, des notaires et autres membres de ces professions, et qu'ils soient

---

[426] NDT : Cette lettre, qu'analyse l'abbé Chabauty dans son livre, il l'indiquait d'après un ouvrage du XVIIeme siècle de l'abbé Bouis : « *La Royale Couronne d'Arles* » qui l'avait tirée des archives d'une abbaye de Provence. Mais il signalait aussi deux lettres quasi-identiques figurant dans un ouvrage espagnol plus ancien : « *La Silva Curiosa* » de Julian de Medrano publié en 1583 à Paris, lettres qui ont fait l'objet d'une étude par la *Revue des Etudes Juives*, n° 1 de Juillet 1880 et n°2 d'Octobre, dans un article de M. Morel Fatio. La lettre du Prince des Juifs, dont de nombreuses copies auraient circulé en Espagne, semble donc bien selon cet auteur avoir été une circulaire envoyée par cette autorité aux communautés juives du Bassin méditerranéen. L'original en était en espagnol, langue véhiculaire des juifs autour de la Méditerranée, même de ceux de Constantinople, qui remontaient peut-être à ceux chassés d'Espagne par les Wisigoths.

couramment en charge des emplois publics, et de cette façon, vous dominerez les chrétiens, vous vous approprierez leurs terres et vous vengerez d'eux.

« Suivez cet avis que nous vous donnons, et vous verrez par expérience que, d'abattus, vous arriverez au faîte du pouvoir ».

Signé V.S.S. V. E. F. Prince des Juifs de Constantinople, le 21 de Casleu 1489.[427]

Les infiltrations réalisées par les crypto-juifs dans le clergé français de cette époque furent très préjudiciables, car elles facilitèrent au XVIème siècle l'expansion du mouvement des Huguenots, secte qui était provoquée par les juifs secrets couverts du masque du Christianisme, à la différence des Églises luthériennes qui suivirent des voies anti-juives.

L'objet de l'infiltration crypto-juive dans le clergé chrétien est bien clair : c'est la destruction de l'Église de l'intérieur. Ce que dit la lettre ci-dessus a été confirmé à satiété dans de très nombreux procès menés par la Sainte Inquisition contre des clercs judaïsants. Les activités de trahison des clercs de la cinquième colonne juive sont les plus diverses que l'on puisse imaginer, mais toutes tendent à une même fin : défendre les juifs avec passion, favoriser à cette époque les mouvements hérétiques et aujourd'hui les mouvements révolutionnaires ouvertement anti-chrétiens, affaiblir les défenses de l'Église et attaquer les bons chrétiens, tout spécialement les défenseurs efficaces de la Chrétienté pour les déprécier et les neutraliser, préparant ainsi le triomphe des organisations judaïques hérétiques, maçonniques ou communistes en vue d'arriver dans l'avenir à la destruction complète de l'Église.

Les procès menés par la Sainte Inquisition contre des Archevêques, des Chanoines, des Prieurs de couvents, des prêtres et des moines crypto-juifs illustrent abondamment à ce propos les tactiques employées par les infiltrés dans le clergé. Le phénomène de l'infiltration crypto-juive dans le clergé existe comme on l'a vu depuis les débuts du Christianisme et fut constamment l'un de périls majeurs que dut affronter l'Église, non pas dans tel ou tel pays particulier, mais dans la totalité du monde chrétien. Mais comme d'étudier ce problème dans son universalité exigerait une œuvre en plusieurs tomes, nous nous bornerons ici à exposer, à partir de sources insoupçonnables d'antisémitisme, l'un des nombreux exemples de ces tragiques processus historiques d'infiltration juive dans le clergé, qui ont rendu possibles les triomphes actuels de l'impérialisme judaïque. L'exemple qui suit suffira à donner une idée de la manière dont la

---

[427] Cité par Mgr L. Meurin S.J., Archevêque de Port Louis in « *Philosophie de la Maçonnerie.* », édition espagnole, Madrid, 1957, pp. 222 à 224.

Synagogue réalise ses infiltrations dans le clergé chrétien, car ses tactiques sont restées semblables aux diverses époques et dans les divers pays.

Le savant historien israélite Abraham Léon Sachar, l'un des directeurs des Fondations Hillel du B'nai B'rith et haut dirigeant de la Communauté juive, depuis lors Président de l'Université Brandies, dans son ouvrage « History of the Jews » (Histoire des Juifs), à propos des conversions des juifs au Christianisme qui eurent lieu en Espagne à partir de 1391 lorsque la pression sur eux se fit plus vive, écrit ceci :[428] « Mais après 1391, lorsque la pression sur les juifs se fit plus violente, des communautés entières embrassèrent la foi chrétienne. La majorité des néophytes profitèrent avidement de leur nouvelle position. Par centaines de mille, ils se rassemblèrent dans les lieux dont ils avaient été précédemment exclus pour leur foi. Ils pénétrèrent dans des professions protégées et dans les cloîtres tranquilles des universités. Ils conquirent des postes importants dans l'État et même dans le Sancta Sanctorum, le Saint des Saints de l'Église. Leur pouvoir augmenta avec leurs richesses, et beaucoup purent aspirer à être admis dans les familles les plus anciennes et les plus aristocratiques d'Espagne... » « Un quasi-contemporain italien observa que les convertis étaient pratiquement ceux qui gouvernaient en Espagne, alors même que leur adhésion secrète au Judaïsme ruinait la Foi chrétienne... « Un mur de haine sépara inévitablement dans leurs rapports les chrétiens anciens des nouveaux. Les néophytes furent connus sous le nom de marranes, terme signifiant probablement « les réprouvés » ou « les porcs ». Ils furent critiqués pour leurs succès, pour leur orgueil, pour leur cynique adhésion aux pratiques catholiques... » « Pendant que les masses admiraient avec une sombre amertume les triomphes des nouveaux chrétiens, le clergé dénonçait leur déloyauté et leur manque de sincérité. Ils soupçonnaient la vérité, à savoir que la majorité des convertis étaient restés cependant juifs de cœur, et que la conversion obligée n'avait pas extirpé l'héritage des siècles. Des dizaines de milliers de ces nouveaux chrétiens se soumettaient extérieurement, allaient mécaniquement à l'église, marmonnaient des oraisons, exécutaient les rites et observaient les usages. Mais leur esprit n'avait pas été converti ».

On peut difficilement synthétiser de manière plus éloquente la conversion des juifs au Christianisme, qui en vint à devenir une véritable cinquième colonne hébraïque dans le sein de l'Église, et la manière dont cette cinquième colonne parvint à s'emparer de postes de gouvernement, de positions stratégiques dans les universités et dans tous les secteurs de la vie sociale, y compris dans les familles de la noblesse, et jusque-là où elle

---

[428] Abraham Léon Sachar « *History of the Jews* » (Histoire des Juifs), éditions Ercilla, Santiago du Chili, 1945. Chap. XVI : Les Marrannes et l'Inquisition, pp. 276-277.

est la plus destructrice, dans le « Saint des Saints de l'Église « comme le décrit bien l'universitaire juif cité.

Après avoir affirmé que les convertis, lorsqu'ils baptisaient leurs enfants, essuyaient immédiatement la marque du baptême de leur front, le même historien juif poursuit en disant : « On estimait qu'ils maintenaient en secret les fêtes juives, qu'ils mangeaient des aliments juifs, qu'ils conservaient des amitiés juives et qu'ils étudiaient l'antique science juive. Les rapports de nombreux espions tendirent à confirmer les soupçons. Quel fils pieux de la Sainte Église pouvait demeurer tranquille, alors que ces hypocrites, qui se moquaient dans l'intimité des pratiques chrétiennes, accumulaient richesses et honneurs » ?[429]

Tout cela se confirma à satiété, car l'Inquisition Espagnole fut l'institution qui réussit à introduire des espions dans les rangs mêmes du Judaïsme, qui servirent merveilleusement à en connaître les secrets les plus cachés, aussi bien couvert qu'il le fut sous le masque d'un Christianisme simulé. C'est parmi d'autres motifs la raison principale qui explique la profonde haine israélite contre l'Inquisition Espagnole, et la principale aussi pour laquelle ils ont organisé contre elle depuis plusieurs siècles une campagne mondiale de calomnies et de diffamations qui ont créé d'épais nuages de préjugés, et ont couvert de boue la vérité historique.

L'historien israélite Cecil Roth, si réputé dans les milieux juifs, affirme à propos de ces récits, dans son Histoire des Marranes, publication officielle juive de la Editorial Israel de Buenos-Ayres, que si quelques-uns furent des convertis sincères, l'énorme majorité d'entre eux « continuaient d'être dans leur for intérieur aussi juifs qu'ils l'avaient été auparavant. En apparence, ils vivaient comme des chrétiens. Ils faisaient baptiser leurs enfants à l'église, bien qu'ils s'empressaient de laver les traces de la cérémonie sitôt rentrés chez eux. Ils allaient chez le curé pour se marier, mais ne se contentaient pas de cette cérémonie, et en privé ils en faisaient une autre qui la complétait. Parfois ils allaient au confessionnal, mais leurs confessions étaient si irréelles qu'un prêtre, dit-on, demanda à l'un d'eux un morceau de son vêtement comme relique d'une âme aussi immaculée. Derrière cette fiction purement extérieure, ils continuaient à être ce qu'ils avaient toujours été. Leur manque de foi dans les dogmes de l'Église était notoire ».

L'historien juif assure ensuite qu'ils continuaient à observer les cérémonies israélites jusque dans leurs moindres détails, qu'ils gardaient le sabbat quand ils pouvaient le faire et qu'ils contractaient parfois mariage avec les rejetons des juifs publics.

Il poursuit en donnant ces intéressants détails : « Ils fréquentaient furtivement les Synagogues, pour l'illumination desquelles ils envoyaient

---

[429] Abraham Léon Sachar, Op. cit. chap XVI, p. 277.

régulièrement des oboles d'huile. Ils constituaient aussi des associations religieuses aux apparentes finalités catholiques et sous le patronage de quelque Saint Chrétien, et les utilisaient comme un paravent leur permettant d'observer leurs rites ancestraux. Par leur race et leur foi, ils demeuraient pareils à ce qu'ils avaient été avant leur conversion. Ils étaient juifs en tout, à part le nom, et chrétiens en rien sauf pour la forme. Les obstacles religieux qui les avaient bloqués dans le passé ayant été levés, le progrès social et économique des récents convertis et de leurs descendants se fit extrêmement rapide. Pour douteuse que fût leur sincérité, on ne pouvait plus les exclure de rien, du fait de leur credo. La carrière judiciaire, l'Administration, l'Armée, les Universités et même l'Église se virent vite alimentées en candidats par les nouveaux convertis et par leurs descendants immédiats. Les plus riches se marièrent avec les représentants de la plus haute noblesse du pays, car très peu de comtes et de gentilshommes appauvris purent résister à l'attrait de leur fortune ».[430]

Très intéressante est la note 3 de Cecil Roth, au premier chapitre de l'ouvrage en question, qui dit textuellement: « Jérome Munzer, un voyageur allemand qui visita l'Espagne en 1494-95, conte que peu d'années avant, avait existé à Valence sur le site alors occupé par le couvent de Sainte Catherine de Sienne une église dédiée à San Cristobal. Là, les marranes, c'est à dire les faux chrétiens restés intérieurement juifs, avaient leurs sépultures. Lorsque l'un d'eux mourait, ils faisaient semblant de se conformer aux rites de la religion chrétienne et allaient en procession avec le cercueil couvert d'un drap d'or et précédés d'une image de San Cristobal. Malgré tout, ils lavaient en secret le corps du mort et l'enterraient selon leurs propres rites ». Il indique que la même chose avait lieu à Barcelone où, lorsqu'un marrane disait « Nous allons aujourd'hui à l'église de la Sainte Croix », il voulait dire à la Synagogue secrète ainsi désignée. On peut lire le récit classique de la condition et des subterfuges des marranes de cette époque dans l'Histoire des Rois Catholiques de Bernaldez, au chapitre XLIII ».[431]

Dans les pages suivantes de l'Histoire des Marranes mentionnée, l'auteur donne divers exemples de la manière dont plusieurs d'entre eux réussirent leur ascension sociale. Par exemple, le juif Azarias Chinillo, en se convertissant au Christianisme adopta le nom de Luis de Santangel ; il passa à Saragosse et étudia le droit, obtint un haut poste à la Cour, et on lui conféra un titre de noblesse. Son neveu Pedro de Santangel fut Évêque de Majorque. Son fils Martin fut zalmedine, c'est à dire magistrat urbain dans la capitale. D'autres membres de sa famille occupèrent de hauts postes dans l'Église et dans l'Administration de l'État.

---

[430] Cecil Roth « *Historia de los marranos* » (Histoire des Marranes) Ediorial Israel, Buenos-Ayres, 1946-5706, chap. I pp 26, 27 et seq.
[431] Cecil Roth, op. cit., ed. cit. Note 3, p. 27.

Le célèbre historien juif poursuit en mentionnant d'autres ascensions ecclésiastiques, comme celle de « Juan de Torquemada, cardinal de Saint Sixte, qui était d'ascendance juive directe,[432] de même que le pieux Hernando de Talavera l'Archevêque de Grenade, et Alonso de Oropeza, le général de l'ordre des Jéronimes... » « Don Juan de Pacheco, marquis de Vilena et Grand Maître de l'ordre de Santiago, souverain de fait de la Castille durant le règne d'Henri l'Impotent et qui aspira longtemps à la main d'Isabelle, descendait du juif Ruy Capon par les deux côtés. Son frère Pedro Giron fut Grand Maître de l'Ordre militaire catholique de Calatrava, et l'Archevêque de Tolède était son oncle. Sept au moins des principaux prélats du royaume avaient du sang juif. Il en était de même du Grand Argentier... »

« L'importance numérique des convertis, avec leurs descendants qui se multipliaient rapidement et leurs vastes relations de familles, était très grande. Dans le sud du pays, ils constituaient disait-on le tiers de la population des principales villes. Si tel était le cas, cela devait faire au moins treize cents mille personnes dans toute la Péninsule, ce chiffre incluant ceux de sang pur et ceux de parents semi-gentils. Les premiers n'étaient pas si nombreux. Au total, ils formaient à l'intérieur de l'organisme de l'État un vaste corps impossible à assimiler et non négligeable.

Les convertis au Christianisme et même leurs descendants éloignés étaient connus dans le Judaïsme sous le nom d'Anuzim, signifiant « forcés », c'est à dire personnes que l'on avait obligé à adopter la religion dominante »...

L'écrivain juif poursuit son intéressante histoire en ces termes : « Une nouvelle génération s'était levée, née depuis la conversion des parents et naturellement baptisée dès l'enfance. La situation canonique de ces derniers ne pouvait être plus claire. Ils étaient chrétiens dans toute l'acception du terme, et l'observance du Catholicisme les mettait à égalité avec n'importe quel autre fils ou fille de l'Église. On savait malgré tout que leur Christianisme était seulement nominal ; ils se prêtaient publiquement à un minimum d'acquiescement à la nouvelle foi, et en privé au maximum d'acquiescement avec l'ancienne. La position de l'Église s'était faite beaucoup plus difficile qu'avant l'an fatal de 1391. Avant cette date, il y avait eu de nombreux incrédules, facilement reconnaissables et rendus inoffensifs grâce à une série de réglementations gouvernementales et ecclésiastiques. Dorénavant, ces mêmes incrédules se rencontraient au contraire au sein de l'Église et se frayaient un chemin dans tous les secteurs de la vie économique et politique, méprisant souvent ouvertement

---

[432] À ne pas confondre, comme beaucoup le font malheureusement, avec le Frère Thomas de Torquemada, Grand Inquisiteur.

ses doctrines et contaminant de leur influence la grande masse des fidèles. Le baptême n'avait fait que convertir une considérable proportion des juifs, d'infidèles hors de l'Église qu'ils avaient été auparavant, en hérétiques à l'intérieur de l'Église qu'ils étaient désormais ».[433]

Ces mots du très autorisé historien juif parlent d'eux-mêmes, et ils se passent de commentaires.

L'intéressant aveu que « dorénavant ces mêmes incrédules se rencontraient au contraire au sein de l'Église et se frayaient un chemin dans tous les secteurs de la vie économique et politique, méprisant souvent ouvertement ses doctrines et contaminant de leur influence la grande masse des fidèles » est d'une importance capitale, car il nous décrit en peu de mots la nature et la mortelle dangerosité de la cinquième colonne juive dans la Chrétienté à travers les siècles et jusqu'aujourd'hui. Outre leurs ambitions visant à contrôler l'Église de l'intérieur en accaparant ses plus hautes hiérarchies, les faux-chrétiens contaminent de leur influence toute la masse des fidèles, en causant les hérésies et les mouvements révolutionnaires d'origine crypto-judaïque.

Le grand littérateur et historien érudit du siècle passé, José Amador de los Rios, considéré à juste titre par les israélites comme l'une des principales sources de l'histoire juive de la Péninsule Ibérique, égalée peut-être seulement à ce jour par le juif Cecil Roth, dit à propos des faits ci-dessus, en parlant des convertis du Judaïsme :

« Au bénéfice de ce titre improvisé (de chrétiens), ils montaient à l'assaut de tous les postes de l'État, s'appropriant toutes les dignités et les honneurs de la république. Et ils osaient et obtenaient toujours plus ; mêlant leur sang avec le généreux sang hispano-latin, ils pénétraient du coup dans toutes les sphères de la vie chrétienne, sans excepter les plus hautes hiérarchies de la noblesse, montant avec leur orgueilleuses prétentions jusqu'à s'installer sur les marches mêmes du trône ».

« Le courage leur donnait sa hardiesse ingénue, et s'appuyant sur le poids que leur conférait la clarté de leur lignée, ils se cherchaient fièrement leurs origines évanouies dans les familles les plus illustres de Juda ou de Lévi, ces représentants et dépositaires traditionnels du sacerdoce et de l'empire ».

« En nous bornant aux juifs confessant (on appelait ainsi les convertis) d'Aragon et de Castille, on peut affirmer qu'alors que les convertis mudéjars (ex-musulmans) se contentaient d'être simplement respectés dans leur modeste situation où ils avaient reçu le baptême, eux (les ex-juifs convertis) remplissaient toutes les sphères du monde officiel comme toutes celles des hiérarchies sociales. Dans la haute Curie du Pontife comme dans ses cabinets privés ; dans les Conseils de l'État, depuis les

---

[433] Cecil Roth, Op. cit., chap. L et II, pp. 23 à 34.

Auditoires royaux jusqu'aux Chancelleries, au premier rang de l'Administration des rentes publiques comme de la Justice suprême, dans les chaires et les rectorats des Universités comme sur les Sièges des diocèses et des Abbayes et dans les dignités ecclésiastiques, sollicitant et obtenant de la Couronne seigneuries et comtés, marquisats et baronnies, destinés à éclipser le temps aidant les blasons clairsemés de l'antique noblesse. Au regard tranquille et curieux de l'historien, ces ardents néophytes apparaissent partout et de toutes les manières, s'offrant sous de multiples aspects tout autant à son admiration très raisonnée qu'à ses vastes et fécondes études. Leur esprit d'initiative évident et irréfutable se manifeste dans tous les secteurs de l'activité et de l'intelligence : hommes d'État, rentiers, bailleurs, guerriers, Prélats, théologiens, légistes, écrivains, médecins, commerçants, industriels, artisans, les convertis du Judaïsme furent tout cela, parce qu'ils eurent l'ambition de tout cela ». Et l'historien conclut cet exposé par la question : « La race espagnole pourrait-elle complètement abdiquer devant l'insatiable ambition qu'avait éveillée chez ces nouveaux chrétiens leur heureuse entrée à la vie du Catholicisme ? »[434]

À propos des fils du rabbin Salomon Ha-Levi qui adopta lors de sa conversion le nom de Pablo de Santa Maria, entra dans les ordres et accéda à l'archevêché de Burgos, le même auteur, après avoir mentionné les distinctions obtenues par Alvar Garcia de Santa Maria, dit textuellement :

« C'est une égale distinction que recevait le fils ainé de Don Pablo, Gonzalo Garcia, qui fut investi en 1412 de l'archidiaconat de Briviescia. Choisi en 1414 pour représenter l'Aragon au Concile (œcuménique) de Constance, il eut la gloire que les Pères de cette Assemblée portassent sur lui leurs regards pour proposer et formuler, avec l'aide de quelques autres hommes éclairés, la solution des très hautes et difficiles questions dont cette suprême Assemblée avait à traiter ».

« Don Alfonso, frère puiné de dona Maria, à peine âgé de vint-cinq ans réussissait, lui, à s'intituler docteur et peu après, Doyen de Santiago et de Ségovie (d'après la Chronique de don Juan II, année 1420, chapitre XVIII : on notera que, dans cette chronique, on l'appelle constamment Doyen des Églises de Santiago et de Ségovie jusqu'à son élection comme Évêque, ce qui prouve qu'il cumulait les dignités) ». Pedro, encore dans sa prime jeunesse, obtenait, lui, la charge honorifique et risquée de garde du corps du Roi ».[435]

Dans le chapitre suivant du même ouvrage, l'historien Amador de los Rios, insistant sur le fait que les convertis du Judaïsme s'emparaient des

---

[434] J. Amador de los Rios, Op. cit., t. III, chap. 1, pp. 12, 13 et 14 à 16.
[435] « *Chronique de don Juan II* », An 1420, chap. XVIII, citée par J. Amador de los Rios, Op. cit., t. III, chap 1, pp. 20-21.

postes hiérarchiques de l'Église, fait une remarque très éclairante à cet égard :

« Nous avons indiqué au chapitre précédent, dit-il, comment, sous l'effet de la liberté que leur valait leur conversion et pour illustrer celle-ci grâce à leurs richesses et à leur naturelle audace, les convertis d'Aragon et de Castille avaient escaladé non seulement toutes les charges de l'État, mais encore toutes les hiérarchies sociales qui leur avaient été antérieurement interdites, jusqu'à prendre d'assaut les plus hautes dignités de l'Église ».[436]

Cette heureuse expression « prendre d'assaut les plus hautes dignités de l'Église » est intéressante par sa grande actualité, aujourd'hui que les infiltrés du Judaïsme ont dans un certain nombre de diocèses pris véritablement d'assaut les dignités, poussant leur influence jusqu'à Rome. Ceci explique parfaitement le fait qu'en diverses occasions ont été mis sur la touche et souffert de discrimination ceux qui par leur vertu et leur loyauté envers l'Église méritaient les postes des hiérarchies ecclésiastiques, et que la préférence ait été donnée à ces clercs qui défendaient le Judaïsme, favorisaient les triomphes de la Maçonnerie ou du Communisme et s'attaquaient avec férocité aux véritables défenseurs de la Sainte Église. Dans ces cas-là, le jeu de l'intrigue et des influences de la cinquième colonne, trompant par ses astuces la bonté et la bonne foi du Saint Siège, s'est gratifié de nouvelles victoires, non seulement en assurant sa succession dans les diocèses sous son contrôle, mais même en allant s'introduire dans les autres pour en contrôler aussi la succession au préjudice de ceux qui avaient de meilleurs droits à les occuper. Heureusement, dans nombre de cas, ce type de manœuvre échoua complètement, et il faut garder l'espoir qu'en faisant connaître la vérité et en démasquant l'ennemi, comme nous essayons de le faire dans ce livre, les échecs de la cinquième colonne deviennent plus nombreux, et qu'alors la Sainte Église, comme précédemment, soit sauvée cette fois encore des pièges mortels de la Synagogue de Satan. Le Christ Notre-Seigneur a dit clairement : la Vérité nous rendra libres. C'est pourquoi nous avons entrepris de dire la vérité, même si cela déplait énormément aux clercs et aux laïcs qui pratiquent en secret le Judaïsme, trahissant la Sainte Église et la Chrétienté.

Pour revenir à l'illustre historien que nous citons, celui-ci, parlant de la cité de Saragosse la capitale du royaume d'Aragon, fait ce commentaire : « Les convertis, qui se considérèrent comme les dépositaires de l'antique culture de leurs ancêtres, jetèrent leurs vues, non seulement sur les basses charges de l'État, mais même sur les dignités ecclésiastiques ».

---

[436] J. Amador de los Rios, Op. cit., t. III, chap. 2, p. 86.

Ailleurs, il expose une donnée intéressante avec l'importante alliance d'une juive avec un prince du sang, qui était Don Alphonse d'Aragon qui s'éprit d'une juive publique, fille de Aviatar-Ha-Cohen, laquelle « aux suppliques du prince et avant de le faire maître de sa beauté, embrassa la Foi du Sauveur; elle prit au baptême le nom de Marie et le fit père de quatre fils. Ceux-ci furent Don Juan d'Aragon, le premier comte de Ribagorza ; Don Alfonso d'Aragon l'Évêque de Tortosa, puis Archevêque de Tarragone au temps des rois Catholiques; et Don Fernando d'Aragon, commandeur de San Juan et Prieur de Catalogne ».[437]

L'illustre historien poursuit en citant les familles de convertis qui s'allièrent à la plus vieille noblesse, un phénomène qui ne prit fin que lorsque l'Inquisition Espagnole se substitua aux antiques tribunaux de la Foi. L'érudit écrivain fait aussi remarquer que beaucoup de ces familles de souche hébraïque se faisaient passer pour descendre de David et être parentes directes de la Très Sainte Vierge.[438] On voit donc qu'ils usent de cette astuce depuis maintenant cinq cents ans.

Parlant de la famille La Caballeria, il constate que Don Bonafos eut pour frères : « Don Simuel qui, pour avoir reçu tout enfant les eaux du baptême, reçut alors comme Don Bonafos le nom de Pedro ; Don Achab qui s'appela Messire Felipe ; Don Simuel-Aben-Jehuda (Juan) ; Don Isaac (Fernando) ; Don Abraham (Francisco) ; Don Salomon (Pedro-Pablo) ; et Luis, dont le nom hébraïque ne nous est pas parvenu. Il nous suffit de savoir, pour ce qui touche ces illustres convertis, qu'une fois qu'ils eurent embrassé la carrière ecclésiastique, Pedro (Simuel) acquit une grande autorité dans le clergé comme Prieur d'Egea, que Messire Felipe finit par être le représentant des chevaliers et des infançons aux Cortès (sorte de parlement médiéval) ; les fils de Fernando (Isaac) prirent part avec d'autres convertis dans l'affermage des rentes publiques sous la direction de Luis leur oncle ; les fils de celui-ci, qui furent trois, obtinrent, l'aîné Luis la place de camérier de la cathédrale, et son frère Juan un bénéfice dans le même église.[439]

La famille Santa Maria comme celle de La Caballeria eut ultérieurement plusieurs procès par l'Inquisition, les uns et les autres étant accusés d'avoir pratiqué le Judaïsme en secret. La famille entière de Vidal de la Caballeria fut brûlée par le Saint-Office à Barcelone, et même l'historien et juriste connu Thomas Garcia de Santa Maria fut inculpé.

Pour qui désire approfondir davantage ce sujet intéressant, on pourra consulter, en plus de l'ouvrage que nous venons de citer, le Libro Verde d'Aragon de Juan d'Anchias, où se trouvent de très intéressants détails sur l'infiltration judaïque dans le clergé, le gouvernement et la noblesse,

---

[437] J. Amador de los Rios, ditto, p. 91.
[438] J. Am ador de los Rios, ditto, notes 1 et 3 p.97 et note 3, pp 97 et seq.
[439] J. Amador de los Rios, ditto, pp.100-101.

précieux manuscrit qui a été édité depuis et qui se trouve à la Bibliothèque Nationale de Madrid. Est également intéressant à cet égard l'ouvrage du XVIème siècle intitulé Tizon de la Nobleza Espanola du Cardinal Mendoza y Bobadilla, qui se trouve aussi à cette bibliothèque.

Avant de clore ce chapitre, nous citerons encore d'autres sources d'une autorité indiscutable, en commençant par une autre publication des éditions Editorial Israël de Buenos-Ayres : l'ouvrage de Rufus Learsi intitulé « Israël, A History of the Jewish People », élaboré « avec l'aide généreuse de la Jewish History Foundation Inc »., dans lequel, parlant des évènements que nous avons cités, l'auteur écrit textuellement :[440] « En vérité, c'était contre les nouveaux chrétiens que s'enflammait avec une grande intensité la colère générale, colère qui ne faisait que s'amplifier. Ce n'était pas seulement qu'on les soupçonnait de continuer à demeurer fidèles à la foi à laquelle ils avaient renoncé, même si aux yeux du clergé nul crime ne pouvait être pire qu'une telle hérésie ; les nouveaux chrétiens suscitaient un ressentiment encore beaucoup plus ardent pour les succès qu'ils obtenaient. Un nombre excessivement élevé d'entre eux devinrent riches et puissants, maintenant que la religion avait cessé d'être pour eux un obstacle sur la voie de leur ascension. Ils occupaient de hautes positions dans le Gouvernement, l'Armée, les Universités, et dans l'Église elle-même ».

« En tous, même en ceux qui portaient les vêtements de l'Église, les prêtres et les religieux voyaient des hérétiques, et ils enflammaient contre eux les passions du peuple jusqu'à le porter à la violence. En 1440, puis de nouveau en 1447, la populace se déchaîna à Tolède, et beaucoup de nouveaux chrétiens furent assassinés et leurs maisons incendiées. Seize ans plus tard de sanglantes émeutes recommencèrent contre eux à Cordoue, Jaén et Ségovie ».

Il est bien naturel que le clergé ait vu des hérétiques dans ces descendants de juifs qui se revêtaient des habits de l'Église, car il y avait les antécédents pour justifier cette croyance, et il y a aussi le fait qu'un demi-siècle après, lorsque fut créée l'Inquisition Espagnole, on put en établir pleinement la preuve. Mais par ailleurs, l'auteur impute au clergé la vague d'antisémitisme qui se déclencha contre les chrétiens d'origine israélite : or pour comprendre cette situation, il faut connaître dans tous leurs détails les motifs dont les marranes furent responsables et qui déclenchèrent ces réactions contre eux.

L'historien israélite Josef Kastein a beaucoup approfondi l'étude de ces motifs dans son intéressant ouvrage intitulé « Histoire des Juifs » où, à

---

[440] Rufus Learsi : « *Historia del Pueblo judio* », Editorial Israel, Buenos-Ayres. Écrit sous les auspices de la Jewish History Foundation. Chap XXXVII, pp. 324-25.

propos des massives et fausses conversions des hébreux au Christianisme, il écrit:

« Au commencement, le peuple et la haute société perçurent l'un comme l'autre les convertis comme un groupe homogène; la noblesse et le clergé en particulier virent en eux le fruit de la victoire, et au début ils furent reçus avec une explosion de joie. De nombreux convertis franchirent les portes qui leur étaient ouvertes et s'introduisirent dans la société espagnole et dans le clergé espagnol ».

L'historien juif insiste ensuite sur le fait que les convertis du Judaïsme « commencèrent à apparaître dans les positions les plus hautes et les plus enviées de l'organisation du clergé ».

« Les convertis se transformèrent en membres de la société espagnole, à égalité de droits, mais ceci eut pour conséquence qu'ils perdaient les qualités qui les ornaient. Précédemment, ils avaient exercé leurs occupations particulières comme commerçants, industriels, financiers, et hommes politiques. Et maintenant ils les exerçaient de nouveau, mais avec cette différence qu'ils étaient à l'intérieur de la société espagnole et non plus en dehors d'elle. On les avait forcés d'y entrer afin d'éliminer le danger étranger qu'ils formaient. Et maintenant celui-ci se trouvait installé en la demeure elle-même. Le problème avait seulement été transféré, de l'extérieur, à l'intérieur même de la structure sociale ».[441]

Il sera difficile de trouver une autre analyse aussi profonde et aussi minutieuse que celle-ci de ce qui constitue dans son essence l'infiltration des juifs dans la société chrétienne et dans le clergé, de par leur fausse conversion. Et l'historien juif termine ce paragraphe par l'image la plus appropriée sur l'utilité du baptême pour les juifs, en rapportant ironiquement ce qu'un apologiste juif de cette époque disait : « Il y a trois manières de gaspiller de l'eau : 1° en baptisant un juif, 2° en laissant l'eau de la rivière s'écouler à la mer, et 3° en la mélangeant avec le vin ».[442]

À la page suivante l'historien juif approfondit son étude sur les nouveaux chrétiens, et dit des convertis : « Ils basèrent leur ascension sur ce sur quoi ceux qui les avaient obligé à se convertir l'avaient basée eux-mêmes, c'est à dire qu'en s'élevant vers les hauts cercles de la Cour, dans la noblesse et dans le clergé, leur projet n'était pas tant d'acquérir une plus grande puissance économique que d'obtenir l'influence politique et sociale... Ils s'étaient bien convertis en membres de l'Église, mais pas en adeptes de la foi. Les liens indissolubles de mille ans de développement religieux les obligeaient à garder le Judaïsme dans le secret de leur cœur à jamais indestructible, le portant en eux-mêmes de manière encore plus

---

[441] Josef Kastein, « *History of the Jews* », New-York, 1936, pp. 290-291.
[442] NDT : Un cas célèbre de faux converti infiltré fut celui de Mgr Bauer, qui réussit à devenir le confesseur de l'impératrice Eugénie, et sitôt après la chute du second Empire défroqua et devint coulissier de Bourse !

profonde. En prenant toutes précautions pour ne pas être découverts par les membres de leur nouvelle religion, ils observaient tous les rites et les lois, les fêtes et les coutumes de leur propre foi, et craintifs, et secrètement, ils luttèrent pour le droit d'agir ainsi et vivaient une vie dédoublée, et chaque homme portait une double charge ».

Et le célèbre historien israélite ajoute que, lorsque l'Église découvrit ce qui se passait : « Un nouveau cri de guerre s'éleva : l'Église était en péril. Les juifs avaient forcé leur entrée à l'intérieur de l'Église et à l'intérieur de la société, dans le but de les détruire de l'intérieur. L'inévitable bien qu'absurde conséquence fut que la guerre fut déclarée contre l'ennemi interne. Et pour pouvoir la faire, le clergé s'arma de la machinerie de l'Inquisition, il recourut au peuple, il porta ses intrigues à la Cour, et il fit tout son possible pour influencer la haute société. Et les convertis, qui auparavant avaient été l'objectif de la politique religieuse nationale, devinrent des marranes, un terme vulgaire signifiant maudit, « cochon ». À partir de cette époque, on ne fit plus de distinction entre les vrais et les faux convertis, tous étaient considérés marranes, et la guerre que l'Église mena contre eux s'inspirait davantage de motifs sociaux et économiques que de motifs religieux ».[443]

Nous aurions difficilement pu écrire avec autant d'exactitude que ce profond analyste et historien israélite ce qui fait précisément l'essence de la cinquième colonne juive infiltrée au sein de l'Église et de la société chrétienne et les vrais motifs qui donnèrent naissance à l'Inquisition Espagnole, qui fut considérée par le peuple et par les dirigeants comme « le remède venu du Ciel pour remédier à tant de maux », mais dont la nécessité et l'utilité furent, depuis lors, décriées par une campagne généralisée de calomnies qui a duré des siècles.

L'Encyclopédie Judaïque Castillane dit que : « Daniel Israel Bonafou, Miguel Cardoso, José Querido, Mardoqueo Mojiaj et d'autres défendaient le marranisme comme une méthode de miner les fondations de l'ennemi et commme un moyen de rendre plus souple la lutte contre lui ». Et ailleurs, l'ouvrage en parlant des marranes dit : « La reine Esther, qui n'avoua ni sa race, ni sa naissance, leur parut son exact prototype ».[444]

Quant au terme de « nouveaux chrétiens », un nom que, même dans l'actualité présente, les faux-chrétiens crypto-juifs conservent toujours en secret, surtout ceux d'origine espagnole et portugaise, il est analogiquement aussi d'usage chez les musulmans.

La même Encyclopédie Judaïque, au terme « Crypto-juifs », citant des exemples affirme : « De date récente est le crypto-judaïsme qui apparut lorsque le Shah de Perse obligea en 1838 la Communion de Meshed à

---

[443] Josef Kastein, Op. cit., pp. 291-292.
[444] *Encyclopédie Judaïque Castillane*, ed. cit., tome IV, terme Espana.

accepter l'Islam. Plusieurs centaines de juifs constituèrent alors une congrégation, connue sous le nom de Djadid-ul-Islam (Nouveaux Musulmans) qui, tout en paraissant observer les rites mahométans et sans manquer de faire les pèlerinages de rigueur à la Mecque, continua en secret à pratiquer les coutumes religieuses des ancêtres.

Les Djadid-ul-Islam célébraient des réunions spirituelles dans des Synagogues souterraines, ils circoncisaient leurs fils, ils sanctifiaient le sabbat, ils respectaient les lois diététiques, et ceux qui s'exposaient ainsi surent survivre aux dangers. Par la suite cependant, beaucoup d'entre eux abandonnèrent Meshed et fondèrent des ramifications de la secte à Herat, en Afghanistan, à Merv et à Samarkande au Turkestan, à Bombay, à Jérusalem, et jusqu'en Europe (à Londres). Malgré leur émigration, on pense que leur nombre augmenta jusqu'à environ trois mille à Meshed et qu'ils comptaient un demi-millier de fidèles à Jérusalem. Le voyageur et orientaliste Walther Fishel décrivit les coutumes et traditions des Djadid-ul-Islam dans son ouvrage « Une Communauté de marranes en Perse » (publié en hébreux en 1930).[445]

Concernant les émigrés anglais, beaucoup des mahométans installés à Londres sont donc des juifs secrets, comme le sont d'ailleurs aussi de nombreux autres musulmans dispersés dans le monde entier. Les faux musulmans qui sont juifs en secret constituent un grave danger pour l'Islam et les pays afro-asiatiques, qu'ils essaient d'atteler au char communiste.

---

[445] *Encyclopédie Judaïque Castillane*, ed. cit., tome III, terme Cripto-Judaismo.

# CHAPITRE XXV

## UN CARDINAL CRYPTO-JUIF USURPE LA PAPAUTÉ

Le but suprême de la cinquième colonne juive infiltrée dans le clergé catholique a toujours été de s'emparer de la Papauté, en plaçant sur le Siège de Saint Pierre un juif secret qui leur permettrait d'utiliser l'Église au profit des plans impérialistes et révolutionnaires de la Synagogue, et de causer à notre sainte religion tous les dommages qui puissent faciliter sa destruction. Le Judaïsme fut sur le point d'y réussir en l'année 1130, soit il y a environ huit cent trente-deux ans (à la date du présent ouvrage). Pour rédiger le présent chapitre, nous nous sommes servis, tant de sources d'un sérieux reconnu, que de sources juives, insoupçonnables par là-même d'antisémitisme.

Le célèbre historien du siècle passé Fernand Gregorovius, de réputation mondiale comme le savent les érudits et en outre extrêmement favorable aux juifs, se réfère à ces faits historiques dans son ouvrage monumental intitulé « Histoire de la Ville de Rome au Moyen-Âge », dont la première traduction italienne fut officiellement patronnée par la Municipalité de Rome qui honora ensuite l'auteur du titre de Citoyen Romain. De cette œuvre, nous avons tiré les données suivantes, qui sont du plus haut intérêt :

Volume II, tome 2, chapitre III. Les Pierleoni. Leur origine juive. La Synagogue. Pedro Léon et son fils Pedro, le Cardinal. Schisme entre Innocent II et Anaclet II. Innocent en France. Lettre des romains à Lothaire. Rogerio I, roi de Sicile.

« Un schisme d'origine et de caractère purement civil devait faire connaître au monde que la faute des divisions ecclésiastiques n'incombait pas toujours aux rois allemands. La richesse et la puissance des Pierleoni, et plus encore les grands mérites qu'ils avaient acquis auprès de l'Église, leur donnaient une grande espérance de voir un jour un membre de leur famille élevé à la Papauté. Le fait étrange de leur origine juive et d'être cependant arrivés à être aussi illustres nous offre l'opportunité de jeter un regard sur la Synagogue de Rome ».

Gregorovius poursuit en faisant l'historique de la communauté juive de Rome, depuis l'époque de Pompée, pour mentionner alors que Benjamin de Tudela, le célèbre voyageur juif qui parcourut le monde en visitant toutes les organisations juives existant à son époque, affirma au sujet des juifs de Rome qu'au temps du Pape Alexandre III, ils jouissaient d'une grande influence à la Cour Pontificale, avec des rabbins très savants comme les Daniel, Geiel, Joab, Natan, Menahem et autres du Trastevere ; que les juifs de la Ville éternelle n'avaient souffert de persécution qu'une seule fois, mais que, bien que réduits en esclavage, d'après ce que dit Gregorovius, leur race sut se défendre contre ceux qui les faisaient souffrir, ce qu'ils réussirent par leur astuce, leur ingéniosité et par le pouvoir de l'or qu'ils avaient accumulé en secret. Dans leurs maisons misérables, ils prêtaient de l'argent à usure, et sur leurs livres de comptes, ils inscrivaient comme débiteurs les noms des plus illustres Consuls de Rome, et jusqu'à ceux des Papes angoissés par le manque d'argent. Et de cette Synagogue juive méprisée, sortit une famille sénatoriale qui devait sa grande fortune et sa puissance à ses grandes usures.

Le grand père de Pedro Leon, dont il est question, qui joua un rôle considérable dans la querelle des Investitures, eut aussi en tant que banquier des relations avec la Cour Pontificale, la secourant à de nombreuses reprises dans ses difficultés financières, et pour finir il se fit baptiser prenant le nom de Benedictus Cristianus. Plus prompt, son fils Léon, qui prit au baptême le nom du Pape Léon IX, put s'ouvrir une carrière magnifique, comme il convenait à un homme richissime, pourvu d'esprit, d'audace et d'ambition. Il entra dans la famille de magnats romains qui ambitionnaient de donner pour épouses à leurs fils les riches filles d'Israël ou qui mariaient leurs propres filles aux fils baptisés des juifs.[446]

Gregorovius affirme que l'un des fils (de Léon), appelé Pedro-Leon, qui fut le premier à se faire appeler Pierleoni, devint à Rome un homme d'énorme influence, consulté en toute occasion. De son palais fortifié contigu au théâtre de Marcellus et qui avait sans doute été érigé par son père Léon, il dominait aussi la proche ile du Tibre ; Urbain II lui confia la custode du Château Saint Ange et mourut en la maison de son créditeur et protecteur, pour reprendre les propres termes de Gregorovius. Ses successeurs, poursuit-il, s'efforçaient d'obtenir le patronage du puissant Pierleoni, mais le peuple le détestait parce qu'il était un usurier, la noblesse le haïssait, et nous pouvons voir que, malgré son amitié avec le pape Pascal II, il ne put obtenir la préfecture pour son fils en tant que « nouveau noble ».

---

[446] Gregorovius-Ferdinand : « *Geschichte der Stadt Rom im Mittelalter* » Traduction italienne de Renato Manzato, Turin, vol. II, t. II, chap. 3, pp. 72-73.

Mais l'amitié des Pontifes, la splendeur de sa parentèle, ses richesses et sa puissance effacèrent très vite la tache de son origine juive, et en peu de temps les Pierleoni furent promus la plus grande des familles princières de Rome. Léon et ses successeurs s'ornèrent du titre de « Consuls des Romains » et le portèrent, d'après ce qu'affirme Gregorovius, « avec un orgueil et avec une dignité magistrale, comme s'ils avaient été des patriciens de très antique origine ». Le célèbre historien ajoute que les Pierleoni furent guelfes, c'est à dire qu'ils prirent le parti des Papes contre les Empereurs allemands, car il ne faut pas oublier qu'ils étaient à cette époque de dévots chrétiens, du moins en apparence.

Ce que rapporte ensuite Gregorovius est aussi très illustratif : il affirme que Pierleoni mourut le 2 juin de l'année 1128 couvert d'honneurs, comme jamais n'en eut un consul de la Rome antique, et que, bien qu'on détruisît les sépulcres des Papes de ce temps, « le mausolée de ce Crassus israélite », comme l'appelle ici Gregorovius bien qu'il fût officiellement très catholique, demeura toujours debout. Il précise encore « qu'il laissa une nombreuse descendance, et que la fortune de ces échappés du ghetto était si merveilleusement fabuleuse que l'un de ses fils arriva à être pape, un autre fut fait patricien de Rome et une fille se maria avec Rogerio de Sicile ».

« Ce puissant seigneur avait destiné son fils Pedro à un poste dans l'Église. Est-ce que l'on pouvait lui refuser la chape violette de Cardinal ? La garde-robe Pontificale elle-même pouvait-elle être un désir trop téméraire pour un fils Pierleoni ? » « Le jeune Pedro fut envoyé à Paris pour y compléter son érudition, et il y fut sans doute l'un des élèves et auditeurs d'Abélard; ses études achevées, il prit à Cluny l'habit monastique, qui était sans doute le vêtement le plus recommandable pour les candidats au Pontificat... »

« Condescendant à un désir de son père, Pascal le rappela à Rome et le fit Cardinal de Saint Côme et Saint Damien... » « Avec son frère, il accompagna ensuite Gélase en France, et il revint avec Calixte, obtenant de devenir Cardinal curé de Santa Maria, dans ce même faubourg de Trastevere dont sa famille était originaire. Après quoi il fut légat en France, où il réunit des Conciles, puis légat en Angleterre où le roi Henri le reçut avec une magnificence princière ».[447]

Avec l'expérience de sa lutte multiséculaire contre la Synagogue de Satan, la Sainte Église avait construit ses défenses au moyen de Lois Canoniques anti-juives, dont l'application fidèle garantissait à la même Église le moyen de se défendre efficacement contre son ennemi majeur. Malheureusement, nous avons vu précédemment qu'il y eut des monarques comme Witiza, Louis-le-Pieux et Pedro-le-Cruel qui, en

---

[447] Gregorovius-Ferdinand, Op. cit., vol. II, t.II, chap 3, pp. 74-75.

tombant sous l'influence des israélites, firent lettres mortes des Saints canons anti-juifs, accordant leur protection à l'ennemi capital de la Chrétienté et lui permettant de s'emparer du gouvernement de l'État, avec des résultats tragiques aussi bien pour la Sainte Église que pour les peuples qui tombèrent ainsi dans les griffes des israélites. Ces tragédies par leur nature avaient été cependant d'un caractère seulement local, car pendant qu'un Witiza ou un Louis-le-Pieux livraient leur peuple aux griffes de l'ennemi, la Papauté et les autres États chrétiens poursuivaient ardemment la lutte défensive de l'Église et de la Catholicité.

La nouvelle situation était indubitablement le prélude à une tragédie, cette fois non plus locale, mais universelle, et qui atteindrait la Chrétienté entière, vu que l'ennemi était en train de s'infiltrer au plus haut poste de commandement de la Sainte Église et que la crise devait donc nécessairement affecter le monde chrétien tout entier.

À cette occasion, la lutte enflammée entre la Papauté et l'Empire pour le motif des Investitures et du problème de la suprématie allait offrir au Judaïsme une opportunité magnifique pour s'infiltrer dans le Saint Siège en lui offrant de précieux services et en s'acquérant d'indubitables mérites. Dans le fracas de cette lutte entre les Papes et les Empereurs, les hébreux et aussi les juifs convertis prirent le parti des Guelfes, c'est à dire celui du Souverain Pontife qui pouvait difficilement le refuser en de telles circonstances, tellement inespéré paraissait ce précieux appui, qui s'accompagnait de leur aide financière et économique dont à cette époque le Saint Siège avait fréquemment un besoin urgent.

Sous la contrainte des circonstances, on oublia momentanément les Lois Canoniques qui avaient été le fruit de l'expérience des siècles, et les juifs grâce à leur appui intéressé purent s'infiltrer sur un terrain qui leur avait été interdit jusque-là. Les luttes fratricides entre chrétiens ont toujours été les meilleurs alliés de la Synagogue de Satan pour lui faire faire des progrès gigantesques dans la réalisation de ses plans impérialistes. Et alors, comme aujourd'hui, ils réussissaient en appuyant le pouvoir ecclésiastique contre le pouvoir civil, tout comme ensuite au XVIème siècle, quatre cent cinquante ans après, ils déchirèrent définitivement la Chrétienté en s'appuyant cette fois sur les rois contre la Papauté. Dans le cas rapporté, ils se rendirent indispensables comme banquiers, et la Papauté se vit obligée d'avoir recours à eux pour résoudre ses problèmes économiques.

Le célèbre rabbin, poète et historien Louis Israël Newman, dans son très intéressant ouvrage intitulé « Influences Juives sur les Mouvements de Réforme du Christianisme », parlant du schisme provoqué dans la Sainte Église par le Cardinal Pedro Pierleoni, lui donne une importance décisive dans le développement de ce l'on a appelé l'hérésie Judaïque au Moyen Age, qui avec toute raison fut appelée par les Papes, les Conciles et les

Inquisiteurs la mère de toutes les hérésies, car le Saint Office parvint à apporter la preuve que c'étaient les juifs clandestins, les hérétiques judaïsants, qui furent les organisateurs et les propagandistes des mouvements hérétiques ultérieurs. Ce rabbin affirme donc que : « Le facteur principal qui prépara l'éclatement de l'hérésie judaïsante au XIIème siècle fut l'élection au Siège Pontifical en 1130 d'Anaclet II, un membre de la Maison juive des Pierleoni ».[448]

Cet aveu est d'une importance capitale, provenant d'un dirigeant distingué du Judaïsme, et en outre parce qu'il correspond intégralement à la réalité, car un coup d'audace de ce type, d'une part semait la démoralisation dans la Chrétienté et, d'autre part, devait avoir été extrêmement encouragé par les israélites, qui purent alors considérer que tout leur était dorénavant possible.

Ce rabbin confirme ce qui précède dans un autre passage de son intéressant ouvrage, où il affirme : « On trouve des preuves supplémentaires de l'impact profond qu'eut le fait de la carrière d'Anaclet sur la mentalité juive, à la lecture de l'abondante littérature du mythique Pape juif, qui dans la légende hébreuse est appelé Andreas ou Elchanan. On ne peut que se réjouir que l'élévation au pouvoir d'un membre d'une antique famille juive ait donné de l'élan à l'activité des communautés juives italiennes et à une vigoureuse réaffirmation de leurs propres traditions et opinions ».[449]

Ici le rabbin en question va trop loin, en cherchant à faire ressortir l'un des grands arguments qu'emploient les juifs dans leurs conventicules secrets pour s'efforcer de démontrer que c'est leur religion, et non la religion chrétienne, qui est la vraie. Ils disent que le fait de réussir à s'infiltrer dans les hiérarchies de l'Église sans en excepter Épiscopats et Cardinalats en commettant toutes sortes de sacrilèges, fût-ce de pouvoir escalader le trône de Saint Pierre au moyen d'Antipapes qu'eux appellent Papes, « réaffirme leurs traditions et leurs opinions », c'est à dire que selon eux cela démontre que ce sont eux, et non les chrétiens, qui ont raison de croire que leur religion est celle qui peut compter sur l'aide divine.

Nous pourrions contester ce sophisme avec un argument éloquent : toute institution humaine dépourvue de l'assistance divine serait déjà tombée depuis de nombreux siècles sous le contrôle de la satanique cinquième colonne judaïque introduite dans le clergé, qui, voilà huit cent trente-deux ans, crut s'être enfin emparée du Souverain Pontificat et pensa tenir alors la Sainte Église dans ses griffes ; mais son projet démoniaque s'effondra, comme il s'effondrera huit siècles après, ce en quoi cette conquête peut être regardée comme une simple ambition convoitée,

---

[448] Rabbin Louis Israel Newman « *Jewish Influence on Christian Reform Movements* », vol. XII de la Columbia University Oriental Series. II livre IV-1, p. 248.
[449] Rabbin Louis Israel Newman, Op. cit., Livre II. 3,.pp 252-253.

toujours insatisfaite. Si la Sainte Église n'était pas protégée par Dieu Notre-Seigneur, elle aurait depuis longtemps succombé sous la poussée de la machination infernale du Judaïsme considéré par beaucoup comme le plus puissant instrument de l'Antéchrist.

Le Christ Notre-Seigneur a appelé le Judaïsme la Synagogue de Satan, dont Il a désigné les juifs ses enfants comme les fils du Diable, cela, non seulement pour leur méchanceté, mais peut-être aussi pour le pouvoir extraordinaire qu'ils reçoivent du démon. C'est aussi pour cela que le Saint Concile Tolédan dont nous avons parlé affirma que les clercs qui aidaient les juifs au préjudice de la foi faisaient partie du « Corps de l'Antéchrist », appelant les hébreux « ministres de l'Antéchrist », une dénomination que confirmèrent d'illustres Pères et des saints de l'Église.

Ce pouvoir qu'ils ont de faire le mal, d'inspiration parfois préternaturelle, leur vient du dragon, comme le prophétisa Saint Jean dans son Apocalypse ; mais la bête et le dragon seront vaincus après leur suprématie temporaire. Dieu en a disposé ainsi, car souvenons-nous que Saint Jean au chapitre XIII de l'Apocalypse l'a prédit :

1. Je vis monter de la mer une bête qui avait sept têtes et dix cornes et sur ses cornes dix diadèmes, et sur ses têtes des noms de blasphèmes.
2. Et le dragon lui donna sa puissance, son trône et une grande autorité.
3. ... et toute la terre saisie d'admiration suivit la bête.
4. Et l'on adora le dragon et l'on adora la bête en disant : Qui est semblable à la bête ? Et qui pourra combattre contre elle ?
5. Et il lui fut donné une bouche proférant des paroles arrogantes et des blasphèmes.
7. Et il lui fut donné de faire la guerre aux Saints et de les vaincre. Et il lui fut donné puissance sur toute tribu, tout peuple, toute langue et toute nation. »[450]

Le pouvoir qui a été donné à la bête par le dragon coïncide étonnamment avec celui qui a été donné à la Synagogue de Satan pour faire le mal, outre qu'est prophétisé aussi son pouvoir temporel de vaincre les bons. Le vomissement de blasphèmes de la bête, surtout dans les pays communistes[451] est également prédit. L'interprétation qu'en ont faite à diverses époques certains Pères de l'Église, des théologiens et de hautes

---

[450] Bible, Nouveau Testament, *Apocalypse* de Saint Jean, chap XIII, versets 1, 2, 3, 4, 5 et 7.
[451] NDT : Blasphèmes qui à partir des années 1970 ont été ausi intensément déversés en Occident par la presse, la radio-télévision, le film, le théâtre et l'édition, la publicité, toutes industries aux mains des juifs comme le pouvoir politique, judiciaire et même religieux (les Assemblées épiscopales des évêques conciliaires, qui laissaient faire sans aucune protestation (exemple le film « Je vous Salue Marie » ou celui intitulé « Le prêtre » de Walt Disney Productions !, et la scandaleuse comédie musicale rock « Jésus-Christ Super-Star »).

personnalités de la hiérarchie du Catholicisme parait donc judicieuse, qui consiste à considérer le Judaïsme post-biblique comme étant la bête de l'Apocalypse. Les faits correspondent de manière si étonnante avec la prophétie, qu'ils ne laissent plus de doute.

Mais il est aussi prophétisé par Dieu que la bête et le dragon, malgré leurs triomphes temporels seront définitivement vaincus et jetés dans le feu éternel. L'Apocalypse au chapitre XX dit :

Et Dieu fit descendre un feu du ciel et il les dévora. Et le diable qui les trompait fut jeté dans l'étang de feu et de soufre, où sera aussi la bête.

Et le faux prophète sera tourmenté jour et nuit dans les siècles des siècles.

La prophétie biblique mentionne encore une seconde bête, dont les caractéristiques coïncident de façon surprenante avec la cinquième colonne juive infiltrée dans le clergé, vu qu'elle a l'apparence de l'Agneau mais qu'elle agit cependant comme le dragon, et que sa mission est d'aider la première bête, tout comme la mission de la cinquième colonne est de faciliter les triomphes de la Synagogue de Satan.

Chapitre XIII :

11. Puis je vis monter de la terre une autre bête, qui avait deux cornes comme celles de l'Agneau, mais qui parlait comme le dragon.
12. Et elle exerçait toute la puissance de la première bête en sa présence, et fit en sorte que la terre et ses habitants adorent la première bête qui avait survécu à une mortelle blessure.
14. Et elle trompa les habitants de la terre par les prodiges qu'ils lui permirent de faire devant la bête, disant aux habitants de la terre qu'ils avaient la figure de la bête qui avait été mortellement blessée et qui avait survécu.[452]

Il paraît réellement surprenant à beaucoup que le Judaïsme, qui avait été blessé à mort par l'Inquisition et par l'action des bons, ait survécu et ait guéri de ses blessures. Mais d'autre part, cette mission de la bête qui a l'apparence de l'agneau, consistant à faire adorer par les hommes la première bête, coïncide aussi admirablement bien avec l'action des clercs de la cinquième colonne juive pour que les fidèles adorent quasiment les juifs en les prétendant comme étant frères de sang de Notre-Seigneur, alors que Celui-ci les appela fils du Diable et qu'ils sont les ennemis principaux de la Sainte Église. Il faut reconnaître que ceux qui suivent la bête « leurs noms ne sont pas écrits dans le Livre de Vie » (Apocalypse, chap. XVII, verset 8), et que celui qui ne sera pas trouvé dans le Livre de Vie sera jeté en Enfer (Apocalypse chap. XXI, versets 14 et 15).

---

[452] Bible, Nouveau Testament, *Apocalypse de Saint Jean*, chap XIII, versets 11,12, et 14, et chap XX versets 9 et 10.

Après cette parenthèse, nécessaire pour empêcher la tragédie que nous étudions de démoraliser et d'abattre les peureux, poursuivons donc la narration résumée du déroulement de cet épouvantable drame.

On voyait clairement que le Cardinal Pierleoni et ses partisans étaient en train de tout préparer pour son élévation au Pontificat à la mort du Pape régnant, et les Cardinaux et clercs de meilleure orientation, plus fidèles à la Sainte Église, étaient justement alarmés, car ils étaient convaincus que le Cardinal Pierloni pratiquait en secret le Judaïsme et que, par son élévation au trône de Saint Pierre, la Sainte Église tomberait dans les griffes de son ennemi séculaire la Synagogue. Contre ledit Cardinal étaient en effet lancées les accusations suivantes :

1° Que sous le masque d'un Christianisme d'apparence fervente et sincère, il pratiquait le Judaïsme en secret, en le dissimulant sous le voile de pieux et éloquents sermons, car Pierleoni fut l'un des meilleurs orateurs sacrés de son temps. Qu'il dissimulait également son Judaïsme par de bonnes œuvres et par son travail impressionnant comme administrateur et organisateur des choses de l'Église, comme démontré dans le poste de Nonce de Sa Sainteté et l'organisateur de Conciles en France, et comme Cardinal.

2° Qu'en marge de sa richesse personnelle, il en accumulait une autre en dépouillant les Églises, ce qu'il avait réalisé avec l'aide d'autres juifs, argent qu'il employait alors à essayer de corrompre le corps Cardinalice pour placer les siens dans les évêchés et au Cardinalat au moyen d'intrigues et d'influences, et en achetant même à prix d'or le vote de certains Cardinaux en vue de la prochaine élection Papale.

Devant ce péril mortel, il se forma dans le Sacré Collège Cardinalice un groupe d'opposition à Pierleoni, de tendances fortement anti-juives, avec à sa tête le Cardinal Gregorio de Saint-Ange, le Chancelier Aymeric et Giovani di Crema. Cependant le Cardinal Pierleoni gardait un visible avantage dans l'ardente lutte, car il avait l'appui de la noblesse, très infiltrée par le Judaïsme, et celui du peuple gagné par l'or du Cardinal crypto-juif. Celui-ci avait d'ailleurs pris soin de s'assurer du contrôle des forces armées. Sachant que les Cardinaux de l'opposition l'accusaient de pratiquer le Judaïsme, Pierloni s'efforçait de démentir de telles accusations par ses sermons pieux et d'impeccable orthodoxie et par son comport ement magnifique en divers domaines, y compris à ce que l'on dit comme constructeur d'églises. C'est ainsi qu'il cherchait à désorienter les clercs et les laïques, en faisant croire que les accusations lancées contre lui étaient calomnieuses et qu'en réalité il était, lui Cardinal Pierleoni, un chrétien sincère attaqué par les envieux et les anti-juifs toujours prêts à voir des israélites, même là où il n'y en a pas.[453]

Le Pape Honorius II, déjà malade, se voyait soumis aux heurts et aux fortes pressions des deux groupes. Les Cardinaux anti-juifs ayant constaté que le bloc philo-juif de Pierleoni se renforçait de plus en plus et était assuré d'obtenir la majorité des votes des Cardinaux, il se fit un coup d'audace dû à la résolution et à l'énergie du Cardinal français Aymeric, le Chancelier de l'Église Romaine, qui fit subitement transférer le Pape moribond au Monastère de San Gregorio, situé sur une montagne. Au milieu des querelles des deux factions, ils convinrent avec Honorius que l'élection du nouveau pape se ferait par huit cardinaux, désignés semble-t-il par le Pontife encore régnant et parmi lesquels figurait Pierleoni. Les Cardinaux en question étaient au chevet du mourant, attendant le fatal dénouement pour procéder à l'élection du nouveau pape.

La disparition d'Honorius se produisit providentiellement à un moment où Pierleoni avait dû s'absenter avec Jonatas ; les six autres Cardinaux se mirent alors en devoir d'enterrer précipitamment le défunt pour procéder en grand secret à l'élection du nouveau Pape, qui tomba sur la personne du vertueux Cardinal de Saint-Ange, de tendances anti-juives, le Cardinal Papareschi ; celui-ci en recevant le Pontificat prit le nom d'Innocent II.

Lorsque Pierleoni qui se considérait déjà quasiment élu Pape vit que Papareschi, l'un de ses rivaux, avait été élu Pontife, il ne se tint pas pour battu, mais d'après Gregorovius « Aidé de ses frères Léon, Giordano, Rogerio, Uguccione et de nombreux clients, il marcha sur Saint Pierre, en força les portes, et se fit sacrer Pape par Pietro di Porto ; puis il prit d'assaut le Latran, et s'assit sur les trônes papals qui se trouvaient en cette église, alla à Sainte Marie Majeure et mit sous séquestre le trésor de l'Église. Tout Rome résonna du fracas de la guerre civile, là même où des milliers de mains se tendaient avidement pour recevoir l'or que répandait Anaclet ».[454]

Il est indubitable que Pierleoni, qui après s'être fait désigner Pape de la manière indiquée prit le nom d'Anaclet II, fut en matière de simonie un digne disciple de son prédécesseur le juif Simon-le-magicien et le dépassa même peut-être, éclairé par l'expérience hébraïque multiséculaire, en ayant réussi par divers moyens à ce que plus des deux tiers des Cardinaux l'élisent Pape sous le nom d'Anaclet II.

---

[453] Vogelstein und Rieger : « *Geschischte der Juden in Rom* », ed. 1896. *Jewish Encyclopedia* et *Encyclopédie Judaïque Castillane*, termes Anaclet et Pierleoni. Vacandard « *Vie de Saint Bernard* ». *Codex Udalrici* numéros 240 à 261. Gregorovius et rabbin Louis Israel Newman, Op. cit.
[454] Gregorovius Op. cit., vol II, t. II, chap 3 p. 76.

Le Crassus juif se rendit facilement maître de la situation et il reçut une pluie de soutiens venus de tous côtés, cependant qu'Innocent II dut fuir avec ses Cardinaux fidèles et se réfugier dans le palais des Frangipani équipé pour la défense. Les troupes de Pierleoni donnèrent sans succès l'assaut au palais, mais, d'après Gregorovius, comme Innocent constatait que l'or de ses ennemis arrivait à y pénétrer à travers les murailles, il s'enfuit en avril ou en mai du Trastevere et alla se cacher dans la propriété de campagne de sa famille, pendant qu'Anaclet célébrait tranquillement à Saint Pierre les fêtes de Pâques, qu'il excommuniait ses concurrents, destituait les Cardinaux qui lui étaient contraires, et en nommait d'autres à leur place. La défection déclarée des Frangipani laissa Innocent II à découvert et sans défense, raison pour laquelle il ne lui était plus resté d'autre choix que la fuite ».[455]

Pour la Sainte Église, tout paraissait humainement perdu : le triomphe de la cinquième colonne juive infiltrée dans le clergé s'avérait définitif, et son rêve séculaire de conquête de la Papauté enfin concrétisé ; la Chrétienté avait, semblait-il, succombé dans sa lutte contre la Synagogue de Satan.

---

[455] Gregorovius, Op. cit., vol II, t. II, chap 3, pp. 76-77.

# Chapitre XXVI

## Saint Bernard et Saint Norbert libèrent l'Église des griffes du Judaïsme

En cette occasion, la Divine Providence intervint selon sa promesse pour sauver son Église, en s'appuyant, comme elle en a coutume, sur des hommes capables et résolus à tout sacrifier pour obtenir le salut de la Catholicité; des chefs qui, à un moment donné par l'inspiration de Dieu, savent juger dans toute son ampleur le désastre survenu et la catastrophe qui approche, et qui se lancent corps et âme avec désintéressement et avec une mystique supérieure et une énergie mobilisatrice dans la lutte contre la Synagogue et ses partisans. Ainsi était apparu Saint Irénée lorsque le Gnosticisme judaïque avait menacé de désintégrer la Chrétienté ; semblablement apparut Saint Athanase, le grand leader anti-juif, lorsque l'hérésie du juif Arius fut sur le point de renverser l'Église, et de même surgirent par la suite dans des situations similaires Saint Jean Chrysostome, Saint Ambroise de Milan, Saint Cyrille d'Alexandrie, Saint Isidore de Séville, Saint Félix et les Archevêque s Saint Agobard, Amolon et bien d'autres, tous luttant éclairés par la Grâce divine, implacables aussi bien contre les juifs, les ennemis séculaires de la Sainte Église, que contre leur cinquième colonne, celle de leurs hérésies et de leurs mouvements subversifs.

Aujourd'hui où la Sainte Église souffre de la crise peut être la plus grave depuis sa naissance, qui surgira ? Qui ou lesquels seront les leaders anti-juifs, les instruments du Christ en cette circonstance pour sauver la Sainte Église ?

Comme de coutume, l'aide de Dieu se manifesta au travers de l'apparition de deux grands combattants : Saint Bernard, docteur de l'Église et Abbé de Clairvaux, et Saint Norbert, le fondateur de l'ordre Norbertain et Archevêque de Magdebourg, apparenté à la famille impériale d'Allemagne.

Lorsque Saint Bernard eut connaissance des malheureux évènements survenus à Rome, il prit une résolution que beaucoup se refusent à prendre, à savoir celle d'abandonner la vie paisible et tranquille du couvent pour se lancer dans une dure bataille, pleine d'incommodités, de souffrances et de périls, et qui, outre cela, s'avérait perdue puisque le supposé Pape crypto-juif dominait entièrement la situation grâce à son or et aux appuis qu'il continuait de recevoir, alors que dans le même temps Innocent II, abandonné et fugitif, excommunié par Anaclet, paraissait avoir tout perdu, ce qui affaiblissait encore davantage ses prétentions à une élection qui, aux dires des théologiens et des historiens ecclésiastiques, n'était pas très canonique. Cependant Saint Bernard prit en mains la cause qui paraissait quasiment entendue, uniquement parce qu'il avait la conviction qu'elle était la bonne, du fait que la Sainte Église ne pouvait pas tomber dans les griffes de son pire ennemi, le Judaïsme. Faisant abstraction du problème causé par le fait que la majorité de vingt-trois Cardinaux avaient voté pour Anaclet contre six pour Innocent, et laissant de côté le cas posé par la forme prise par l'élection de ce dernier, il considéra la question du seul point de vue sous lequel on devait l'envisager : Dans une lettre adressée à l'Empereur Lothaire d'Allemagne, il écrivit entre autres que : « c'était un affront au Christ qu'un descendant de juif occupe le trône de Saint Pierre ».[456] Le Saint Docteur de l'Église mettait là le doigt sur la plaie et posait le diagnostic de la situation dans toute sa gravité, car il ne se pouvait pas qu'un juif ennemi de la Sainte Église fût Pape. Dans cette lettre à l'Empereur, il disait aussi que : « la réputation d'Anaclet était mauvaise, même parmi ses amis, alors qu'Innocent était à l'abri de tout soupçon ».

L'abbé Ernold, biographe contemporain de Saint Bernard, nous informe que Pierleoni, comme Légat et comme Cardinal, avait amassé d'immenses richesses et « qu'ensuite il avait volé les églises en les dépouillant de leurs biens. Et que lorsque les mauvais chrétiens qui le suivaient s'étaient refusé à détruire les calices et crucifix d'or pour les fondre, Anaclet employa des juifs à ce projet, qui s'empressèrent de détruire les vases sacrés et décorés de gravures, et qu'avec l'argent tiré de la vente de ces objets, Anaclet, d'après des renseignements, était en mesure de persécuter les partisans d'Innocent II ».

L'Évêque Umberto de Lucques, le Doge vénitien Andréas Dandolo, l'abbé de Gembloux Anselme et d'autres chroniqueurs et historiens

---

[456] NDT : Quid alors de Montini, fils d'une juive née Alghizi, qui cautionna Vatican II et ses thèses hérétiques et apostates ?

formulent les mêmes graves accusations et d'autres encore contre l'Antipape juif.[457]

Le point clef dans cette bataille résidait principalement en la personne de l'Empereur d'Allemagne et aussi dans le roi de France, représentant tous deux les forces politiques alors les plus puissantes dans la Catholicité. Saint Bernard, avec l'aide de son grand ami Saint Norbert, dirigea tous ses efforts à convaincre ces deux monarques qui étaient indécis, pour qu'ils prêtassent leur appui à Innocent, et dans cet objectif leur envoya des lettres et fit auprès d'eux toutes sortes de démarches.

Louis VI de France ne s'y résolut finalement pas, et demanda la réunion d'un Concile, qui, suivant son désir, s'assembla à Étampes,[458] auquel accourut Saint Bernard, qui par son éloquence et son ardeur obtint que les Pères se déclarent en faveur d'Innocent, alléguant entre autres raisons, en plus de celles que nous avons déjà précisées, qu'il avait été élu le premier et que, bien qu'Anaclet ait été élu ensuite au vote d'une majorité écrasante de Cardinaux, la première élection était demeurée valide puisqu'elle n'avait pas été juridiquement annulée. On avança en outre l'argument qu'Innocent avait reçu sa Consécration Pontificale des mains du préposé compétent pour cela, c'est à dire du Cardinal Évêque d'Ostie.

L'audace et l'énergie de l'héroïque Cardinal Aymeric avaient donc grandement servi, lui qui de manière précipitée et secrète avait ordonné d'enterrer le Pape défunt sitôt son décès, procédant alors rapidement, bien que sous une forme un peu irrégulière, à l'élection d'Innocent. La Sainte Église, la Chrétienté et plus généralement l'humanité entière doivent reconnaissance et honneur à la mémoire de cet audacieux et entreprenant Cardinal, qui, en déclenchant par son coup de mains la lutte pour le salut de la Sainte Église, contribua au salut du monde entier, car si les juifs avaient réussi il y a huit siècles à dominer la Sainte Église, la terrible catastrophe qui aujourd'hui menace le monde serait probablement survenue il y a bien des siècles, à une époque au cours de laquelle l'Islam lui-même était sérieusement menacé de désintégration et de domination par le réseau des organisations secrètes révolutionnaires crypto-juives, comme les Batinis et les Assassins.

Innocent II, qui était arrivé en France récemment ayant fui l'Italie, vit sa cause rebondir avec l'appui du Saint Concile d'Étampes, alors qu'elle paraissait déjà perdue. La reconnaissance et l'appui de ce Concile furent suivis par ceux, très appréciables dans l'ordre temporel, du roi de France,

---

[457] Évêque Humberto de Lucca « *Cronica en Codex Udalrici* »; n° 246, p. 425. Rabbin Louis Israel Neumann, Op. cit. Livre II, p. 251. Vacandard : « *La vie de Saint Bernard* », Article contra Anacleto.

[458] Il n'a pas été possible aux auteurs du présent ouvrage de localiser les Actes et Canons du Concile d'Étampes, dont ils n'ont pu trouver que des comptes-rendus incomplets. Ce pourquoi nous les tenons comme ayant été perdus, pour des motifs faciles à comprendre.

qui à partir de ce moment se fit l'un des principaux soutiens d'Innocent contre son rival, alors déclaré Antipape par le Synode en question. Le monarque français, suivant en cela la règle observée par Saint Bernard, ne discuta pas lequel des deux élus était le Pape légitime, mais seulement lequel d'entre eux était le plus digne, comme le fit consigner le célèbre Suger, Abbé de Saint Denis. L'énergique activité de Saint Bernard fit alors échouer la très habile diplomatie d'Anaclet, qui faisait parade d'un pieux Christianisme, employant tous les moyens à sa portée pour gagner l'appui du roi de France. Il feignait une piété apparente et déguisait ses projets réformistes avec l'idée de lutter pour rendre à l'Église la pureté de ses premiers temps, un étendard toujours populaire comme étant louable et noble. C'est pourquoi il avait commencé par adopter le nom du premier successeur de Saint Pierre, celui du Pape Anaclet Ier.

Nous nous trouvons là, semble-t-il, devant l'une des premières manifestations de cette bête apocalyptique masquée sous les apparences de l'Agneau, c'est à dire de Notre-Seigneur, mais qui agit en dragon. C'est pourquoi il fut courant à cette époque parmi les Saints, les Évêques, les clercs et les laïques de considérer Anaclet comme l'Antéchrist ou dans le meilleur des cas comme un précurseur de l'Antéchrist.

L'attitude que prendrait Lothaire, l'Empereur d'Allemagne, allait devoir être décisive dans cette bataille. Avec beaucoup d'adresse, il déclara que cette question était de la compétence de l'Église, et à cet effet fut convoqué un autre Concile à Wurzbourg, dans lequel encore une fois Saint Bernard intervint de manière décisive, amenant l'Épiscopat allemand à apporter tout son soutien à Innocent. Cependant une bataille quasi-décisive devait encore avoir lieu au Concile de Reims, qui se tint à la fin de l'an 1131, et qui fut une défaite complète pour Pedro Pierleoni, car dans ce Synode les Évêques d'Angleterre, de Castille, et d'Aragon reconnurent Innocent comme Pape légitime, rejoignant dans ce sentiment les Épiscopats français et allemand qui avaient déjà fait de même. Ce même Synode excommunia aussi Pierleoni. Il est juste de reconnaître que dans cette bataille les Ordres religieux furent aussi un élément vital, Ordres religieux qui en ces temps-là étaient conscients du péril que représentait le Judaïsme pour l'Église et qui voyaient en Anaclet le plus grand mal auquel la Chrétienté avait jamais eu à affronter jusque-là, et c'est avec un dynamisme passionné qu'ils bouleversèrent l'activité de leurs couvents pour s'engager à sauver la Sainte Église de la mortelle menace.

Aujourd'hui malheureusement où la Sainte Église est menacée par le Communisme et la cinquième colonne juive dans le clergé, on ne voit aucun indice que la gigantesque puissance des Ordres Religieux, qui pourrait sans doute sauver la situation, s'apprête au combat. Ils passent leurs journées occupés à de pieux ministères très dignes d'éloges, mais qui, dans les circonstances actuelles, les empêchent de consacrer leur activité à la tâche fondamentale de sauver l'Église. Nous croyons que si ces Ordres sortaient de leur léthargie et se rendaient compte qu'aujourd'hui, comme à l'époque de Pierleoni, il est indispensable de laisser en grande partie et momentanément les pieux ministères qui absorbent tout leur temps, pour en consacrer une partie importante au combat pour sauver la Chrétienté, on aurait fait par là un pas décisif vers le salut.

Que Dieu Notre-Seigneur éclaire les Pères Supérieurs Généraux de ces Ordres, et leur fasse voir la nécessité de prendre une suprême et décisive résolution à cet égard ! Les oraisons et les activités de la Règle sont très importantes, mais il importe plus encore de sauver la Sainte Église du péril judéo-communiste qui menace de l'anéantir. Saint Bernard et des légions nombreuses de moines entreprirent de quitter la tranquillité des couvents et l'observance rigoureuse des Règles (avec les permissions adéquates évidemment) pour s'élancer dans la rue dans le but de sauver la Chrétienté, et ils y réussirent !

Après le Concile de Reims, il ne restait plus alors à Pierleoni que le soutien de l'Italie (dans sa majorité) et principalemnent celui de son beau-frère, le Duc Rogerio II de Sicile qui dominait pratiquement la situation dans la péninsule. C'est à cela qu'avait servi le mariage de la juive convertie Pierleoni, la sœur de l'Antipape, avec le duc en question. Ce mariage stratégique donnait alors ses fruits.

Pour assurer la victoire définitive contre le juif qui occupait le trône de Saint Pierre, une invasion militaire était nécessaire, une sorte de croisade, et Saint Bernard et Saint Norbert furent ceux qui convainquirent l'Empereur d'Allemagne Lothaire de l'entreprendre. Celui-ci, avec une petite armée rejoignit Innocent dans le nord de l'Italie, et de là s'avança jusqu'à Rome, qu'ils prirent sans rencontrer de résistance, car de nombreux nobles trahirent Anaclet au dernier moment. Lothaire installa Innocent au Latran, pendant que Pierleoni se réfugiait à Saint-Ange, contrôlant Saint Pierre, raison pour laquelle l'Empereur fut couronné par Innocent au Latran.

Mais, comme Rogerio s'avançait alors à la tête d'une puissante armée, Lothaire ne put que se retirer sans pouvoir soutenir à Rome Sa Sainteté le Pape, et celui ci dut se résoudre à fuir, laissant de nouveau l'Antipape juif maître de la situation.

Retiré à Pise, Innocent réunit en cette cité un grand Concile auquel assistèrent les Évêques de presque toute la Chrétienté et un grand nombre de Prieurs de Couvents, qui jouèrent un rôle très important dans cette bataille. Parmi eux se trouvait Saint Bernard, toujours à la pointe du combat.

L'année suivante, Lothaire revint envahir l'Italie pour réinstaller à Rome le Pape légitime et en chasser le juif usurpateur. La conduite de l'Empereur d'Allemagne est digne d'être remarquée, car en ces moments critiques pour l'Église et le monde chrétien, il sut laisser de côté ses intérêts personnels et les ressentiments qu'avait pu laisser la dure querelle des Investitures pour se consacrer corps et âme au salut de la Chrétienté.

Plaise à Dieu que dans la crise mondiale actuelle abondent les dirigeants qui sachent imiter une si noble conduite et remettre à plus tard leurs intérêts particuliers au profit des nécessités générales urgentes, en oubliant et en sacrifiant les rancœurs, même souvent justifiées, sur les autels de l'union de tous les peuples dans la lutte de libération universelle qu'il faut mener contre l'Impérialisme judaïque et contre ses dictatures maçonniques et communistes !

Sa Sainteté le Pape Innocent II écrivit à juste titre à l'Empereur Lothaire dans le fracas de la terrible lutte en ces termes : « L'Église, par une Divine inspiration, t'a choisi et élu en qualité de législateur, comme un second Justinien et comme un second Constantin, pour combattre l'hérétique impiété des juifs ».

Sa campagne victorieuse permit à Lothaire de mettre en déroute Rogerio et de le repousser jusqu'en Sicile, mais il ne put prendre Rome où demeurait installé l'antipape juif, au scandale de toute la Chrétienté. Lothaire s'étant retiré avec son armée de l'Italie, Rogerio de Sicile la reconquit presque totalement, avec pour résultat que la cause de Pierloni parut resurgir de façon dangereuse.

L'alarme dans la Chrétienté s'accrut de plus en plus, car la puissance de l'antipape se faisait de nouveau menaçante, cet antipape qu'Arnulf l'Évêque de Meaux, Mandredo l'Évêque de Mantoue et d'autres distingués Prélats appelaient « le juif » tout court. L'Archevêque Walter de Ravenne dénonçait le schisme d'Anaclet comme « l'hérésie de la perfidie judaïque », et le rabbin Louis Newman affirme que le parti d'Innocent disait qu'Anaclet était « l'Anti-Christ », opinions qui furent confirmées à l'Empereur Lothaire par les Cardinaux qui appuyaient le Pape orthodoxe. Innocent II lui-même tourna en cri de guerre l'affirmation que l'usurpation d'Anaclet était « une perfidie judaïque insensée ». L'érudit rabbin cité termine sa narration de cette bataille par le commentaire suivant :

« La position du « Pontife juif » se maintint avec succès jusqu'à sa mort, le 25 janvier 1138 ». Ce dirigeant israélite, plus honoré comme historien que d'autres, n'a donc ni crainte ni réticence à affirmer clairement que Pierleoni fut un juif, en l'appelant expressément « le Pontife juif » ; alors qu'il pousse l'audace jusqu'à appeler Innocent II l'anti-Pape.[459] [460]

---

[459] Rabbin Louis Israel Newman : « *Jewish Influence on Christian Reform Movements* » Livre II, pp. 248 à 253. « *Codex Udalrici* » N° 240 à 261. Duchesne : « *Liber Pontificalis* », Paris, 1955, t. II ; J.M. Watterich : « *Vitae Romanum Pontificium ab exeunte saeculo IX usque ad finem saeculi XIII* », Leipzig, 1862. Vogeslstein und Rieger : « *Geschichte der Juden in Rom* », 1896, t.I, p. 221.

L'usurpateur juif étant mort à Rome avec tous les honneurs pontificaux, son Corps Cardinalice qui, à ce que l'on en disait, était inondé d'empourprés qui pratiquaient le Judaïsme en secret procéda à la désignation d'un nouveau Pape ou plutôt Antipape, désignation qui tomba sur la personne du Cardinal Gregorio qui fut désigné avec l'approbation et l'appui de Rogerio de Sicile.

Ce nouveau « Pape » prit le nom de Victor IV, cependant que l'infatigable prédication de Saint Bernard, jointe à la pression des armées allemandes, réussissait à reconquérir au Pape légitime l'adhésion de principaux soutiens italiens de Pierleoni, comme Milan et d'autres cités italiennes, pour finir par Rome, elle-même reconquise également par la Sainteté et l'éloquence de Saint Bernard. L'antipape juif dut dans ses derniers jours se réfugier dans cette cité, ou quelques fois à Saint Pierre ou dans le puissant chateau Saint Ange. Cependant, le parti des Pierleoni diminuait et fondait lentement, de sorte que le nouvel Antipape Victor IV se trouva devant une situation pratiquement insoutenable. L'éloquence de Saint Bernard acheva de le convaincre de capituler.

Dans cet épisode, nous voyons de nouveau ressurgir la tactique qui dans le Judaïsme joue en permanence un rôle décisif dans ses combats politiques : elle consiste en ce que, lorsqu'une faction judaïque ou dominée par le Judaïsme se voit perdue, elle essaie d'empêcher que sa déroute imminente se transforme en effondrement catastrophique, en feignant à temps de se rendre, en implorant miséricorde et en négociant, pour essayer de se garder les meilleures positions possibles en échange de sa promesse de soumission et de fidélité. En se sauvant ainsi de la destruction, cette force judaïque conserve l'issue de quelques précieuses positions dans le nouveau régime du vainqueur, et, loin alors de lui manifester sa reconnaissance, elle les utilise de façon occulte pour conspirer, réorganiser ses forces en secret, les accroître avec le temps de plus en plus, et pouvoir donner en temps opportun le coup en traître qui anéantira l'ennemi trop confiant et généreux qui, au lieu de détruire l'ingrat adversaire quand il le pouvait, lui donna ainsi la possibilité de resurgir et de bondir sur lui. Telle a été l'histoire des luttes entre chrétiens et juifs pendant plus de mille ans, et cela a été aussi l'une des principales causes des rétablissements de la

---

[460] NDT : On ne peut manquer de remarquer l'analogie avec le pontife Montini (Paul VI), de mère juive née Alghizi qui se fit baptiser pour son mariage, de même que Wojtyla, de mère juive née Emilia Kacrovwska (de la racine juive Katz). Ses biographes ont mentionné le fait que Wojtyla, même après la mort de sa mère, eut pendant toute sa jeunesse pour ami intime le fils du chef de la communauté hébraïque de sa ville de résidence Cracovie, ce qui tend à montrer que la famille Wojtyla était reconnue par le chef de la Communauté juive locale comme faisant bien partie de cette Communauté malgré son Christianisme officiel, car il est difficile de croire qu'un chef de Communauté juive aurait laissé son propre fils fréquenter assidument une famille catholique !

Synagogue à travers ses spectaculaires défaites. Malheureusement nous sommes au temps du changement de rôles.

Aussi bien Giordano que les autres frères de Pedro Pierleoni feignirent alors le repentir, demandèrent pardon, abjurèrent toute hérésie et se réconcilièrent avec l'autorité Pontificale légitime ; par leurs attitudes hypocrites, ils émurent le Pape Innocent II et Saint Bernard, qui généreusement leur pardonnèrent. Au lieu de détruire leur puissance, Innocent II leur laissa leurs grades et leurs positions à la Cour Pontificale, et les honora même par la suite d'hommages et de charges dans l'idée de parvenir à l'unification ferme et durable de la Sainte Église, essayant de conquérir ces crypto-juifs par une bonté extrême, dans l'espoir que, peut-être émus de tant de générosité, ils finiraient par éprouver un sincère repentir.

Dans le domaine ecclésiastique, Innocent œuvra avec la plus grande énergie, et, ayant réuni en 1139 un Concile œcuménique, qui fut le IIème de Latran, en même temps qu'étaient condamnées les doctrines d'Ansaldo de Brescia et de Pierre de Bruys, on y annula les Actes d'Anaclet et l'on dégrada tous les prêtres, Évêques et Cardinaux, en un mot tous les clercs ordonnés par Pierleoni et l'on déclara invalides toutes ses ordinations[461] car elles étaient tenues pour schismatiques, et l'opinion générale considérait qu'abondaient parmi eux les hérétiques judaïsants, c'est à dire des gens qui pratiquaient en secret le judaïsme. C'est ainsi que le Saint Père nettoya le clergé des juifs secrets de la cinquième colonne, assainissant les hiérarchies de l'Église et détruisant d'un seul coup toutes les infiltrations hébraïques dans le même clergé, qui s'étaient effectuées, comme il est facile de le comprendre, sous la protection du Pontife juif, comme l'appelle l'illustre rabbin Newman.

Mais la magnanimité dont le Pape avait fait preuve par politique pour le vaincu Giordano Pierleoni et ses frères allait s'avérer tragique pour le Saint Siège.

Il est nécessaire de faire remarquer que, dans cette politique de pardon, l'influence de Saint Bernard a dû jouer, car l'excessive bonté du Saint Dut lui faire concevoir que, peut-être, en changeant de politique à l'égard des israélites, la Sainte Église pourrait vaincre l'endurcissement de leur cœur. Saint Bernard, en même temps qu'il combattait les activités schismatiques et hérétiques des juifs, usait envers eux de la plus extrême indulgence, s'opposant à ceux qui les persécutaient ou leur causaient un quelconque préjudice. Il chercha en d'autres termes à amender les loups au moyen de la bonté, pensant ainsi leur faire quitter leur férocité.

---

[461] Concile Œcuménique de Latran. Canon 30. Compilation de « *Acta Conciliorum et Epistolae decretales ac Constitutiones Summum Pontificum* » Studio de P. Joannis Harduini, S. J., Paris 1714, t. VI, partie II, pp. 1207 et seq.

Comme toujours, les israélites abusèrent de la bonté de Saint Bernard et démontrèrent par les faits les plus éloquents qu'il est impossible de convertir des loups en brebis dociles. Les évènements des siècles suivants le démontrèrent et forceront la Sainte Église à agir énergiquement, et parfois de manière implacable, dans sa lutte contre les hébreux. Les bûchers de l'Inquisition furent en grande partie le résultat lamentable et le triste échec de la généreuse politique de pardon, de tolérance et de bonté préconisée par Saint Bernard.

# CHAPITRE XXVII

## UNE RÉVOLUTION JUDÉO-RÉPUBLICAINE AU XIIème SIÈCLE

Plusieurs Papes précédents avaient généreusement permis l'accès de la Cour Pontificale à des juifs, leur offrant leur amitié et les utilisant comme banquiers, ce qui avait amené d'ailleurs dans la Sainte Église le schisme de Pierleoni, qui fut sur le point de la subvertir. La générosité du Pape Innocent II envers la famille des juifs convertis de Giordano Pierleoni allait semer l'amertume aux derniers jours du règne de ce bon Pontife et causer des difficultés à la Papauté, en la menaçant cette fois sur le terrain politique.

En effet, cinq années avant la mort de l'Antipape juif, son frère Giordano, profitant des positions avantageuses que la bonté de ses adversaires lui avait permis de conserver, organisa dans le secret puis fit éclater une révolution, qui, si elle s'était développée, aurait pu avoir des conséquences incalculables. Les conspirateurs, faisant montre d'un grand génie politique, surent élaborer un programme d'action ayant un maximum d'attrait pour le peuple romain, le seul programme peut-être qui fût suffisamment attirant pour entraîner la noblesse et le peuple, en ce temps où la religiosité était intense. Avec ce plan ou cette plateforme d'action, comme ils l'appelleraient de nos jours, les Pierleoni se montrèrent capables de faire école et d'établir des normes pour l'avenir de la cinquième colonne juive dans la Chrétienté, non seulement sur le terrain religieux mais aussi au plan politique.

Le mouvement dirigé par Giordano Pierleoni fomenta en effet alors auprès des habitants de la Ville Éternelle les souvenirs glorieux de l'antique République de l'époque où Rome était gouvernée par ses patriciens et par son peuple, et non par des autocrates, et avait ainsi réussi à devenir la première nation du monde antique.

Giordano se livra personnellement à un travail intense pour rappeler les gloires de l'antique Sénat romain, faisant remarquer le contraste de la glorieuse splendeur de l'époque de la République avec l'état de prostration dans lequel la Ville se trouvait au XIIème siècle. Il était urgent, disait-il, que les Romains fissent un effort pour sortir de la décadence et pour revenir à l'époque où Rome était la première ville du monde, la plus puissante dans l'ordre politique, comme dans l'ordre militaire et dans le domaine économique, cette époque où les Romains dictaient leur volonté et leur loi au monde entier. Malheureusement, ajoutait-il, le pouvoir temporel du Pape était une gêne. Certes, nous respectons tous le Saint Père, mais ceci ne doit pas gêner le redressement et les ambitions de Rome, c'est pourquoi il faudrait le réduire (le Pape) à ses seules fonctions religieuses et qu'il laisse la cité s'efforcer de recouvrer ses anciennes splendeurs et de revenir aux formes de gouvernement qui lui permirent de jouir de ce glorieux passé.

La noblesse romaine, très minée comme nous l'avons vu par ses alliances judaïques, enivrée avec les autres habitants de la cité par de tels discours, tous adhérèrent au mouvement dirigé par Giordano Pierleoni, et celui-ci finit par acquérir en 1143 une puissance telle qu'il put déclencher une sorte de coup d'État, supprimant la Préfecture Urbaine que la propagande des conspirateurs avait rendue odieuse ; ceux-ci, en outre, récusèrent le pouvoir temporel du Pape sur la Cité, constituèrent le Sénat, qu'ils installèrent dans l'antique Capitole, et proclamèrent la République Romaine sous la direction de l'illustre patrice Giordano Pierleoni.

Telle était la manière dont ce chrétien crypto-juif payait de retour le pardon qu'il avait reçu du Pape Innocent II et de Saint Bernard, et la grâce qu'ils lui avaient octroyée de conserver richesses et positions, qu'il employait maintenant à faire triompher cette révolution inouïe. Mais telle est la loi de la vie, toute générosité ou tolérance qu'on offre au loup équivaut à lui donner la facilité de dévorer les brebis.

L'héroïque Pape Inocent II, si digne d'honneur, mourut dans l'amertume sans avoir pu triompher de cette douloureuse révolte. Le Pontificat de son successeur Célestin V ne dura que cinq mois, réfugié dans la forteresse des Frangipani, pendant que la noblesse et le peuple de Rome vitupéraient contre le Pape, applaudissaient la République, le Sénat et le nouveau maître de la situation Giordano Pierleoni.

Le Pape suivant, Lucio II, chercha à sortir de sa captivité avec l'aide de quelques amis fidèles à l'Église et à s'emparer du Capitole, mais il fut blessé mortellement d'un jet de pierre par la populace de Pierleoni, mourant ainsi onze mois seulement après avoir été sacré Pape. Giordano Pierleoni et sa junte consolidèrent donc leur pouvoir sur la nouvelle république.

C'est dans ces circonstances si difficiles que fut élu et consacré Pape un humble moine, qui, alors qu'il vivait retiré du monde dans un couvent situé à la sortie de Rome, fut élevé au Pontificat sous le nom d'Eugène III en l'an 1145. Sitôt qu'il fut élu, les forces révolutionnaires exigèrent qu'il approuvât la Constitution républicaine et qu'il reconnût le Sénat, deux choses que le Pape refusa, ce qui l'obligea à fuir pour être consacré Pape en dehors de la cité dans un monastère ; il alla s'installer ensuite à Viterbe, où il fit preuve d'une grande énergie en excommuniant le chef révolutionnaire Giordano Pierleoni et les membres de son Sénat Romain, pendant que la populace sous la protection de ces derniers donnait l'assaut aux palais et forteresses des Cardinaux et des nobles qui étaient demeurés partisans du Souverain Pontife et qu'elle se livrait à de cruels assassinats sur les personnes de chrétiens fidèles au Saint Siège.

Ainsi, le généreux pardon que le glorieux Pape Innocent II avait accordé aux Pierleoni leur avait donc servi à bâtir une force politique, qui, non seulement menaçait alors gravement la Sainte Église, mais devenait un grave danger pour la vie et les biens des Cardinaux, et qui se manifestait par de nombreux assassinats de fils fidèles de l'Église. Il est clair que la générosité envers les pervers peut devenir un danger gravissime pour les bons, surtout lorsque cette générosité s'exerce en faveur des juifs.

Le Pape compta cependant sur la fidélité des paysans, espérant en leur appui et en celui de quelques nobles campagnards pour assiéger la cité et empêcher l'entrée des vivres, ce qui obligea les révoltés à négocier avec le Pontife et à reconnaître son autorité, en échange d'une reconnaissance papale du Sénat et de la Constitution, dont les pouvoirs devaient se limiter aux municipalités. Grâce à cette transaction, le Pape Eugène III put rentrer à Rome et installer sa Cour en la Ville Eternelle en l'an 1145. Mais ce ne fut qu'une trêve avant une nouvelle tourmente, car comme de coutume, le Judaïsme n'utilise les trêves que pour réorganiser ses forces dans l'ombre, gagner encore en puissance et préparer une nouvelle attaque.

Lorsqu'éclata la nouvelle révolution, à laquelle prit part également un nouveau chef des masses populaires, un certain Arnaldo de Brescia, le Pape dut s'enfuir encore une fois de Rome, sans qu'une intervention en sa faveur de Saint Bernard devant le peuple de Rome ait pu gagner l'attention de la foule, rendue folle par les révolutionnaires.

Arnaldo de Brescia, en appuyant le mouvement organisé par Giordano Pierleoni, le déviait du terrain politique initial vers le religieux, accusant les Cardinaux d'être des avares, des orgueilleux, des enrichis sur les sueurs du peuple, et le Pape d'être un individu sanguinaire, le bourreau des Églises, dont l'art consistait à se remplir les poches d'argent et à vider celles d'autrui, disant aussi que la Sainte Église, loin d'être sainte, était une caverne de voleurs. Il affirmait aussi que, ni l'Église, ni les clercs ne devaient posséder de richesses, lesquelles appartenaient en légitime propriété aux laïques et fondamentalement au Prince, discours par lequel il excitait la convoitise des monarques et des nobles pour les pousser à exproprier les biens du clergé.

Dans sa fuite, sa Sainteté dut aller se réfugier en France, qui était à cette époque avec l'Empire le plus généreux soutien de la Sainte Église et son principal rempart dans la lutte contre le Judaïsme. Là, ce moine combattif devenu Pape obtint l'appui du roi Louis VII de France et organisa une armée à la tête de laquelle li pénétra en Italie, l'amenant jusqu'aux portes de Rome, où il reçut l'offre inespérée de Rogerio de Sicile consistant en son appui total pour restaurer son autorité. De fait, au cours de ces années, le prince normand avait beaucoup changé. Marié avec une sœur des Pierleoni, nous l'avions vu tourner toutes ses forces en faveur de l'antipape juif, en même temps qu'il ouvrirait sa Cour aux israélites et aux musulmans et à leur influence qui y fut grande. Mais, comme toujours, les juifs abusèrent de la protection qui leur était offerte et des honneurs qu'ils obtinrent par sa faveur, et Rogerio de Sicile finit par ouvrir les yeux devant le péril juif. Il changea alors de politique à l'égard des israélites, essayant de détruire le Judaïsme, mais en recourant à la méthode déjà utilisée et mise en échec de les obliger à se convertir au Christianisme par des lois qu'il promulgua. Quoi qu'il en soit, lorsqu'il offrit son appui au Saint Père, Rogerio de Sicile avait déjà fait un virage complet par rapport à son ancienne politique ; et le Pape accepta désormais son soutien, entrant dans Rome appuyé par les troupes du Normand le 28 novembre 1149. Malheureusement les révolutionnaires manœuvraient à leur gré le peuple de Rome en se posant comme ses sauveurs, et sept mois plus tard, Sa Sainteté dut fuir de nouveau précipitamment la cité, se réfugiant à Anagni, où il mourut la même année que disparut le grand Saint Bernard.

Après le règne éphémère d'Anastase IV, fut élu Pape le Cardinal anglais Nicolas Breakspeare, l'Évêque d'Albano. Lorsque cet illustre et énergique Pape monta sur le trône de Saint Pierre, la situation de l'Église de Rome était catastrophique.

La force révolutionnaire organisée et dirigée par le juif Giordano Pierleoni était maîtresse de la cité et s'était faite l'auteur des plus lâches assassinats, jusque contre les personnes de pèlerins venus dans la capitale du monde catholique poussés par leur Foi. Arnaldo de Brescia était par ses discours le moteur de la révolution, qui commençait à s'étendre et menacer d'autres localités d'Italie.

L'audace des révoltés en vint à impressionner par sa gravité Guido, le Cardinal de Ste Prudentienne, ce qui rendit la mesure comble, et fit que le Pape se résolut à y porter remède de manière radicale.

Il commença par lancer « un interdit » pour la première fois dans l'Histoire contre la cité de Rome, par lequel les cérémonies du culte furent suspendues ; et le peuple, qui bien que subjugué par les chefs de la révolte était demeuré intensément religieux, abandonna alors majoritairement les agitateurs. En même temps, avec une grande maestria, Sa Sainteté demanda l'aide du nouvel Empereur d'Allemagne, Frédéric Barberousse, en lui posant pour condition de son couronnement qu'il étouffe la révolte et qu'il livre Arnaldo de Brescia, ce que l'Empereur fit, dès qu'il eut envoyé ses troupes à Rome.

Comme de coutume, la machinerie de la Juiverie se mit alors en action par des démarches pour que le Pape laisse la vie sauve à Arnaldo de Brescia, mais devant ce Pape combatif et conscient du danger toutes les intrigues échouèrent, qui, si elles avaient réussi, auraient de nouveau permis aux conspirateurs de recommencer ultérieurement leur révolution, comme ils l'avaient déjà fait dans de précédentes occasions.

En accord avec le Pape, l'Empereur après avoir fait arrêter Arnaldo de Brescia le remit au Préfet de Rome, qui le fit pendre, puis fit brûler son cadavre au bucher et jeter ses cendres dans le Tibre. Devant une attitude aussi énergique qu'inespérée du Pape, les révoltés de Rome s'effrayèrent, et la paix tant désirée se rétablit enfin et se consolida dans la cité et ses environs.[462]

La Sainte Église avait longtemps résisté à employer des moyens violents contre ses ennemis, mais ceux-ci avaient abusé de sa bonté et semé l'anarchie, causant de grands dégats et commettant une infinité de crimes. L'énergique Pape anglais comprit que, pour sauvegarder la vie et les droits des bons, il fallait écraser les mauvais, malgré la répugnance qu'avait le Vicaire du Christ pour l'emploi de moyens violents. Une nouvelle politique faisait ainsi son apparition dans l'Église de Rome, consistant à supprimer les loups pour pouvoir sauver les brebis. La responsabilité de ce changement de politique ne retombe évidemment pas sur la Papauté, comme l'ont dit les auteurs juifs et leurs partisans, mais sur la Synagogue de Satan qui par ses conspirations, ses mouvements héréticorévolutionnaires,[463] ses crimes et par l'anarchie provoquée obligea la Sainte Église à prendre des moyens de défense plus efficaces.

Pour terminer ce chapitre, il est nécessaire de préciser qu'Arnaldo de Brescia dans sa jeunesse, était allé en France, où il avait été disciple de l'hérésiarque Abélard, dont il avait reçu les enseignements empoisonnés. À propos d'Abélard, nous pouvons dire qu'il fut adepte de l'hérésie de l'israélite Arius et condamné pour elle. En outre, les doctrines que professait Abélard sur les juifs sont très intéressantes. Le rabbin Jacob S. Raisin dit qu'Abélard, qui était le professeur le plus populaire à cette époque, disait entre autres que : « les juifs ne devaient pas être tenus pour coupables de la crucifixion du Christ ». Abélard attaquait en outre l'autorité

---

[462] Duchesne : « *Liber Pontificalis* »,t. II.; J.M. Watterich « *Vitae Romanorum Pontificarum* « t.II ; Rabbin Louis Israel Newman, Op. cit.; Gregorovius Op. cit. vol. II, t.II.RP Llorca-Garcia Villoslada-Montalban, SJ. « *Historia de la Iglesia Catolica* » t. II ; Otto de Frisinga « *Chronica* » t. VII.

[463] NDT : un bref historique de la genèse de ces mouvements athéistes et organisés en sociétés secrètes subversifs de l'Islam, vrais précurseurs de la Maçonnerie, figure dans « *Secret Societies and Subversive Movements* » de Nesta Webster (1924), chap.2.

des Pères de l'Église[464] Et d'une manière générale, il était favorable aux juifs.

Par ailleurs, il est certain que si le Pape Innocent II n'avait pas purifié le clergé de la Sainte Église des infiltrés en dégradant tous les clercs partisans de l'Antipape juif Pierleoni ou consacrés par lui, Évêques et Cardinaux compris, l'Église aurait probablement succombé sous la poussée du mouvement révolutionnaire que nous avons analysé dans ce chapitre ou devant l'attaque insidieuse des sociétés secrètes hérétiques, dont les faux chrétiens pratiquant en secret le Judaïsme avaient tendu le dangereux réseau à travers toute la Chrétienté. Si donc, dans ces moments décisifs de la lutte, les infiltrés avaient gardé leurs positions dans le Corps Cardinalice et les Épiscopats, ils auraient pu combiner leur action avec celle des forces révolutionnaires des sectes hérétiques pour désintégrer l'Église dans ses plus hautes hiérarchies. L'épuration réalisée par Innocent sauva la Chrétienté d'une imminente catastrophe dans les décennies qui suivirent.

À propos du Judaïsme souterrain de l'aristocratique famille israélite des Pierleoni, un document officiel de la Synagogue, l'Encyclopédie Judaïque Castillane, au mot Pierleoni, dit textuellement ceci : « Pierleoni, famille romaine éminente du XIème au XIIIème siècle. Baruj Leoni, financier du Pape, accepta le baptême sous le nom de Benedicto Cristiano. Son fils Léon fut le chef du parti papiste qui aida Grégoire VII. Le fils de Léon, Pedro Leonis (Pierleoni) fut aussi le chef du Parti papal et défendit Pascal II contre l'Empereur allemand Henri V. Son fils Pierleoni II fut nommé Cardinal en 1116, et élu Pape en 1130, adoptant le nom d'Anaclet II. Lucrezia Pierleoni fit inscrire au pied de son buste ses relations de parenté avec les maisons royales d'Autriche et d'Espagne ». Malgré leur baptême et leurs mariages mixtes, les Pierleoni maintinrent durant des siècles leurs attaches avec la Communauté juive ».[465]

En quelques lignes, cet ouvrage d'une autorité indiscutable et qui est surtout insoupçonnable d'antisémitisme nous révèle que les faux-chrétiens crypto-juifs de la famille Pierleoni établirent, voici plus de huit cents ans, une série de règles de stratégie que nous allons brièvement résumer, et qui ont été décisives dans les succès juifs, aussi bien de cette époque que des siècles ultérieurs :

1. S'introduire et acquérir de l'influence auprès des dirigeants ecclésiastiques et politiques au moyen de l'aide bancaire ;
2. S'infiltrer dans les partis catholiques et les partis conservateurs pour s'emparer de leur direction et mener à la ruine la cause dont ils réussirent à obtenir la direction ;

---

[464] Rabbin Jacob S. Raisin : Op. cit. chap. XVII.
[465] *Encyclopédie Judaïque Castillane*, ed.cit., t. VIII, nom Pierleoni, p. 452.

3. Tromper par un Christianisme aussi apparent que faux jusqu'aux Papes eux-mêmes, non seulement ceux intelligents, mais même ceux géniaux comme Grégoire VII, lui qui en outre, comme nous l'avons exposé plus haut, était un ennemi radical et énergique du Judaïsme.
4. S'acquérir de grands mérites, comme de défendre le Pontife Pascal II contre l'Empereur, grâce à quoi ils obtinrent des lois favorables aux juifs et le chapeau de Cardinal pour l'un des Pierleoni, avec lequel celui-ci, en plus de déchirer l'Église par l'épouvantable schisme dont nous avons parlé précédemment, était prêt à s'emparer de ladite Église ;
5. Et finalement s'inventer les fables d'une prétendue parenté avec les Maisons Royales d'Espagne et d'Autriche, fables qu'ils ont utilisées constamment pour tromper les gouvernants imprudents, afin d'en tirer protection et de très précieux avantages politiques, qu'ils ont toujours tournés au préjudice des nations chrétiennes ou de la défense de l'humanité contre l'impérialisme judaïque.

Ces lignes nous révèlent aussi qu'en Italie comme dans le reste du monde une famille d'origine juive, malgré les baptêmes répétés, les mariages mixtes et son apparent Christianisme, resta liée des siècles durant aux organisations hébraïques.

MAURICE PINAY

# Chapitre XXVIII

## LA QUINTESSENCE DES RÉVOLUTIONS JUDAÏQUES : LES ATTAQUES SÉCULAIRES CONTRE LA TRADITION DE L'ÉGLISE

Le rabbin Benjamin de Tudela, dans son célèbre « Itinéraire », présente comme magnifique la situation (des juifs) dans le monde islamique au XIIème siècle, avec le règne du Prince de la Captivité conférant leur titre aux rabbins et aux chantres de la terre de Sinar ou Chaldée, de Perse, de Khorassan, de Sheba ou Arabie heureuse, de Mésopotamie, d'Alanie, de Sicarie, jusqu'aux montagnes d'Asana en Géorgie, aussi éloignées que la rivière Gihon, jusqu'au Thibet et jusqu'aux Indes. Toutes ces synagogues, au dire de l'illustre voyageur, recevaient sa permission pour avoir des rabbins et des chantres, lesquels allaient à Bagdad s'y faire solennellement introniser dans leur office et y recevoir leur autorité des mains du Prince de la Captivité, appelé par tous Fils de David.

Au contraire, dans le monde chrétien du même XIIème siècle, selon un autre éminent dirigeant du Judaïsme, rabbi Kimhhi : « C'étaient les jours de l'exil, dans lesquels nous étions alors ; et nous n'avions ni Roi, ni Prince en Israël, mais nous dominions les gentils, et leurs Princes et leurs Rois ».[466]

En réalité, selon les données en notre possession, le Prince de l'Exil avait seulement juridiction sur les Communautés hébraïques d'Orient. Celles d'Occident, bien qu'alliées étroitement avec les précédentes, étaient gouvernées par leurs Conseils Communautaires et leurs Synodes généraux de dirigeants dont nous avons vu que l'un eut lieu à Tolède. Mais ce qui est intéressant dans le texte du rabbin en question, c'est qu'il déclare « qu'au XIIème siècle, les juifs dominaient les gentils (parmi lesquels les chrétiens sont compris), leurs rois et leurs princes ». C'était en effet la triste réalité, non seulement en Orient, mais en Occident.

---

[466] James Finn : « *Sephardim or the History of the Jews in Spain and Portugal* » Londres, 1841, pp. 216-219.

L'impérialisme judaïque comme le confesse le distingué rabbin avait alors déjà accompli des progrès immenses dans son œuvre de domination des nations non juives. Il est exact que dans la Chrétienté, dans les divers royaumes et principautés observant les Canons de la Sainte Église, l'accès des juifs aux postes de gouvernement était interdit, mais, d'une part certaines monarchies désobéissaient aux Saints canons, et d'autre part celles qui les observaient ne pouvaient empêcher que des juifs clandestins, couverts du masque de la religion chrétienne depuis des générations, n'aient pu grâce à un travail bien organisé s'infiltrer dans les postes de gouvernement de France, d'Allemagne, d'Italie, d'Angleterre et d'autres pays de la Chrétienté, tout comme ils s'introduisirent aussi dans le clergé séculier et dans les Ordres religieux et qu'ils gravirent les hiérarchies de l'Église. Le Judaïsme à cette date était déjà en possession d'un gigantesque pouvoir invisible qui s'infiltrait partout, sans que les Papes, les Empereurs et les Rois aient pu l'éviter.

Ce pouvoir occulte se heurtait cependant à de sérieux obstacles dans l'établissement de sa domination sur le monde chrétien. En premier lieu, la monarchie et la noblesse héréditaire, où le titre était l'apanage de l'aîné, rendait difficile aux juifs secrets une escalade rapide du poste de chef de l'État. Ils pouvaient gagner la confiance des Rois, parvenir à être ministres, mais il leur était pratiquement impossible de devenir Rois. En second lieu, leur position dans le gouvernement royal était peu sûre : ils y étaient exposés à être destitués d'un jour à l'autre par le monarque qui les nommait, et à perdre ainsi le pouvoir obtenu par de longues années de préparation et d'efforts.

En outre, seuls les princes de sang royal pouvaient épouser des princesses de sang royal, de sorte que les trônes étaient protégés par une sorte de muraille de sang, qui rendait impossible ou quasiment impossible l'accès au trône pour des plébéiens. Dans ces conditions, si les israélites pouvaient s'infiltrer tout au plus dans les postes dirigeants, cette muraille de sang royal les empêchait d'accéder aux trônes. Il en fut de même pendant plusieurs siècles avec la noblesse. Mais, comme nous l'avons vu, les juifs dans quelques cas d'exception parvinrent à franchir le mur de sang aristocratique, ce qui constitua un désastre pour la société chrétienne, car, par ces mariages mixtes avec des personnes de la noblesse, ils purent accéder à d'importantes positions, grâce auxquelles ils favorisèrent leurs schismes ou leurs révolutions.

Mais l'aristocratie de sang restait cependant dans certains pays une caste fermée et difficile à pénétrer pour les plébéiens, et c'est pourquoi il leur fallut un travail de plusieurs siècles avant d'arriver à l'infiltrer et à en prendre le contrôle comme en Angleterre. Dans d'autres pays en revanche, comme l'Italie, l'Espagne et la France, ils firent à certaines époques de grands progrès dans cette pénétration de l'aristocratie, mais l'Inquisition leur fit ensuite perdre leurs conquêtes ou du moins les réduisirent beaucoup. Ils finirent cependant par acquérir suffisamment de force au XVIIIème et au XIXème siècle pour faciliter le triomphe des révolutions maçonnico-libérales qui renversèrent les monarchies.

Reste qu'en quelque manière la noblesse héréditaire représentait néanmoins une barrière de sang, qui dans de nombreux pays gêna l'infiltration des juifs dans les hautes sphères de la société, et que la monarchie héréditaire était l'obstacle majeur qui empêchait les juifs masqués en chrétiens de s'emparer de la direction de l'État. C'est pourquoi, dans toutes les occasions où ils tentèrent de s'infiltrer, ils échouèrent pratiquement chaque fois, à l'exception de l'Éthiopie, où là ils réussirent à installer une dynastie juive, et de l'Angleterre où ils affirment avoir judaïsé la monarchie.

Il est donc bien compréhensible que les israélites du XIIème siècle cessèrent alors d'espérer que finisse par porter fruit le long et désespérant travail de siècles d'infiltration progressive des dynasties royales et aristocratiques ; c'est pourquoi, sans pourtant jamais cesser de le poursuivre, ils eurent cependant l'idée d'une voie plus rapide pour atteindre l'objet de leurs désirs, celle consistant à détruire par la révolution les monarchies héréditaires et les aristocraties de sang, et de remplacer ces régimes par des républiques, dans lesquelles les juifs pouvaient s'emparer facilement et rapidement du poste de chef de l'État.

C'est pour cela qu'est si importante la révolution organisée à Rome par Giordano Pierleoni, qui s'empara avec rapidité du plus haut poste de direction de la petite république. Bien que cette révolte n'ait pas été dirigée contre un roi, ce coup de force de placer en quelques jours au sommet du pouvoir le frère de l'Antipape juif avait été un exemple démonstratif pour le Judaïsme universel, lui enseignant ainsi comment transpercer et détruire cette barrière de sang constituée par les monarchies héréditaires.

Lors de certaines hérésies du Moyen Age et ensuite lors de la Réforme, il fut déjà projeté de renverser les monarques et d'exterminer la noblesse, mais c'est aux temps modernes qu'ils y sont parvenus, en brandissant l'arme de la démocratie et de l'abolition des castes privilégiées.

Cependant au Moyen-Âge, le fait de chercher à atteindre autant d'objectifs à la fois ne réussit qu'à unir davantage le Roi, la noblesse et le clergé, qui, aussi longtemps qu'ils restèrent unis, firent échouer les tentatives révolutionnaires du Judaïsme. Devant ces échecs, ils finirent par comprendre qu'il n'était pas possible d'atteindre d'un seul coup des objectifs aussi ambitieux. Aussi, les juifs ayant le talent de retenir et d'appliquer les leçons du passé, dans la nouvelle révolution qu'ils feront éclater au XVIème siècle, ils ne s'attaqueront pas alors à la fois aux rois, à la noblesse et au clergé, mais tout au contraire ils essaieront de subjuguer et de transformer l'Église avec l'aide des monarques et des aristocrates, pour ensuite par de nouveaux mouvements révolutionnaires renverser ces derniers.

Un autre obstacle qui gênait les crypto-juifs pour une prise en mains rapide des peuples chrétiens était la Sainte Église avec son clergé, ses hiérarchies et surtout ses Ordres Religieux. On comprend bien que pour les faux-chrétiens judaïsant en secret, c'était un vrai sacrifice que de s'infiltrer dans le clergé, surtout lorsqu'il s'agissait des Ordres Religieux, étant donné qu'ils le faisaient sans vraie vocation, avec pour seul objet de prendre le contrôle des hiérarchies de l'Église pour en préparer la ruine. S'ils le firent et s'ils continuent de le faire, c'est parce qu'ils sont habités par une mystique et un fanatisme paranoïaques, mais il ne fait cependant aucun doute qu'ils devaient préférer une solution plus rapide et impliquant moins de sacrifices.

Devant l'impossibilité de détruire l'Église, trop profondément enracinée dans le peuple, ils optèrent donc pour essayer de la transformer par la révolution des mouvements hérétiques, et d'arriver si possible ainsi à sa destruction complète ; c'est pourquoi les sectes hérétiques qu'ils suscitèrent et organisèrent du Moyen Age à nos jours eurent toujours entre autres les finalités suivantes :

1° de supprimer les Ordres Monastiques, dont les vœux de pauvreté, de vie commune, la dure Règle et la difficulté d'y satisfaire l'appétit sexuel opposaient un grand obstacle à leur infiltration. Comme le démontrent des documents irréfutables parmi lesquels les procès de l'Inquisition, les crypto-juifs réussirent à diverses époques à pénétrer dangereusement les Ordres Monastiques qu'il leur importait le plus d'infiltrer, comme le furent à certaines époques les Dominicains et les Franciscains et plus tard les Jésuites, et les judaïsants démontrèrent ainsi qu'ils étaient capables, comme les chrétiens, de faire les plus grands sacrifices pour leur cause. Mais il est certain que pour le Judaïsme souterrain, le plus commode encore était de détruire l'obstacle en obtenant d'une manière ou d'une autre la dissolution des Ordres Religieux.

2° de supprimer le célibat de clercs. Bien que les procès de l'Inquisition aient montré que les clercs crypto-juifs se sont toujours ingéniés avec l'aide de leurs coreligionnaires à tenir cachée leur femme, ou bien à introduire dans le clergé des jeunes à tendances homosexuelles qui n'aient pas à affronter ce problème, le Judaïsme souterrain sous le masque du Christianisme trouvait évidemment plus commode de réaliser une réforme révolutionnaire de l'Église qui supprimerait le célibat des clercs. C'est pourquoi, chaque fois qu'ils purent le faire par un mouvement hérétique, ils abolirent le célibat.

3° de supprimer la hiérarchie de l'Église. La hiérarchie est difficile à escalader, et même s'il est certain que des juifs infiltrés sont arrivés jusqu'au sommet, reste que cette opération a toujours été très difficile et longue. La Sainte Église avec le temps a accumulé des défenses naturelles dans ses institutions: c'est pourquoi les mouvements hérétiques médiévaux et de la Renaissance que les juifs secrets contrôlaient supprimèrent la hiérarchie, lui substituant des conseils presbytéraux et une espèce de démocratie religieuse.

Il est clair qu'en Union Soviétique où ils possèdent la maîtrise absolue, ils n'ont pas grand intérêt à supprimer la hiérarchie, vu qu'ils ont assassiné les évêques indépendants et les ont remplacés par des juifs placés à la tête des diocèses, comme l'ont signalé divers écrivains ; dans ces conditions, la hiérarchie leur sert notamment à mieux assurer leur main-mise sur lesdites Églises. Mais au Moyen-Âge, et ultérieurement à l'époque des crypto-juifs Zwingle et Calvin, la situation était différente : pour se rendre alors maîtres des Églises chrétiennes, la meilleure voie était la suppression révolutionnaire de la hiérarchie ecclésiastique, ce qui permettait à un crypto-juif de s'élever d'un coup à la direction de l'Église sans devoir suivre le long et hasardeux processus de l'ascension des différents grades de curé, Chanoine, Évêque, Archevêque , Cardinal et Pape, selon la coutume de l'Église depuis des siècles.

C'est pourquoi, sous les monarchies protestantes, ils luttèrent avec un tel acharnement contre les Églises épiscopaliennes pour essayer de les transformer en Églises presbytériennes, et lorsqu'ils échouèrent dans leurs tentatives, ce fut à cause de l'appui prêté aux premières par les rois. Le fait que ces monarques jouèrent un rôle important dans la nomination des évêques, s'il n'empêchait pas complètement l'infiltration judaïque dans ces Église protestantes comme aussi dans les Églises orthodoxes d'Europe orientale, y mettait du moins un obstacle. Le contrôle des rois sur les Églises les préserva durant plusieurs siècles de tomber sous l'emprise judaïque. Ces monarchies supprimées, les Églises épiscopaliennes sont tombées aux mains du crypto-judaïsme, et celles qui ont résisté furent alors subverties en passant sous le contrôle du Conseil Mondial des Églises, institué par le Judaïsme occulte pour avoir le plus possible le contrôle des Églises qu'il n'avait pu maîtriser par la simple infiltration. Il est urgent que les protestants ouvrent les yeux et se libèrent de ce joug.

Les juifs, depuis des siècles, avaient déjà réussi à s'infiltrer et à s'emparer de postes de commandement secondaires dans l'Église et l'État. Mais à partir du XIème siècle, ils se sentirent la force et la volonté de tenter de s'emparer des plus hauts postes de direction, et résolurent alors que, comme ce n'était pas possible par une infiltration lente et difficile, ils y arriveraient par une révolution rapide et violente. Pour y arriver il leur fallait détruire les obstacles qui les gênaient par des réformes révolutionnaires des institutions religieuses, politiques et sociales. Ce plan ne pouvait être exécuté par des israélites identifiés comme tels et pratiquant publiquement le Judaïsme, car la Sainte Église et les monarchies chrétiennes avaient au cours des siècles édifié une législation ecclésiastique et civile qui leur interdisait l'accès aux postes dirigeants de la société, et même si cette législation était violée par quelques monarques, elle demeurait en vigueur dans pratiquement tous les États chrétiens. Et dans les cas où, pour avoir été ignorée, elle avait laissé les juifs parvenir jusqu'au faîte du pouvoir, comme dans l'exemple de la Castille précédemment étudié, des croisades salvatrices organisées par les autres monarques à l'instigation du Saint Siège sauvaient la situation. Mais les juifs clandestins avaient, eux, à coup sûr, la possibilité de parvenir à ces objectifs. Rendus égaux par le baptême aux autres habitants de leur région, leur Judaïsme souterrain transmis de père en fils et d'une génération à l'autre s'était fait de plus en plus occulte, de sorte que déjà au XIème siècle il était devenu impossible à repérer dans les États chrétiens, où existait donc un Judaïsme très secret de beaucoup de familles qui semblaient chrétiennes depuis des générations, et dont quelques-unes, bien que peu nombreuses, avaient même réussi à acquérir des titres de noblesse comme nous l'avons exposé.

L'immense majorité de ces juifs secrets appartenaient à une nouvelle classe sociale qui se faisait jour, la bourgeoisie, dans laquelle ils représentaient l'élément le plus puissant et surtout le mieux organisé et le plus riche. C'est pour cette raison qu'on ne peut considérer comme une simple coïncidence le fait qu'à mesure que la bourgeoisie monta en puissance, le Judaïsme augmenta parallèlement ses possibilités de domination sur les peuples. Pour comprendre la puissance décisive que les juifs possédaient dans la bourgeoisie médiévale, il faut prendre en compte qu'ils monopolisaient dans certains cas le commerce et que, dans d'autres cas, ils jouaient un rôle capital dans le contrôle du même commerce, de la banque et des prêts usuraires. En même temps, dans le domaine de l'artisanat les fils d'Israël représentaient aussi un pourcentage important.

4° Un sujet qui ennuyait beaucoup les judaïsants couverts sous le masque du Christianisme était le culte obligatoire qu'il leur fallait rendre aux images du Christ, de la Très Sainte Vierge et des Saints. Le fait de devoir se rendre fréquemment dans des églises pleines de ces images répugnait beaucoup aux crypto-juifs, autant du fait de leurs convictions religieuses qui leur faisaient considérer ce type de dévotions comme idolâtriques que de leur haine contre la Très Sainte Vierge et les Saints, surtout de ceux qui s'étaient distingués dans la lutte anti-judaïque. Le plus odieux pour ces faux chrétiens était de se voir obligés d'avoir jusque leurs demeures pleines de ces images, pour ne pas inspirer de soupçons à leurs voisins et amis chrétiens. C'est pourquoi une forme de Christianisme qui supprimerait le culte des images était pour les juifs souterrains beaucoup plus commode, et que, chaque fois qu'ils le purent, ils abolirent ce culte des images dans leurs hérésies. Il y a eu certes des cas d'Églises chrétiennes où, bien qu'elles fussent contrôlées par eux, ils n'ont pu cependant le réaliser pour ne pas contrarier les sentiments du peuple, mais nous sommes fondés à penser qu'ils le feront dès qu'ils en auront la possibilité sans perdre le contrôle des masses.

5° Un autre objectif de l'action crypto-juive dans la société chrétienne fut de supprimer ce qu'on nomme aujourd'hui l'antisémitisme, car ils comprenaient bien que tant que les chrétiens resteraient conscients du péril que les juifs représentent pour eux, pour la Sainte Église et pour les nations chrétiennes, ils demeureraient mieux à même de se défendre contre les entreprises de conquête de l'impérialisme juif, et que se produiraient au fur et à mesure de ces entreprises des réactions défensives permanentes, comme il y en eut effectivement, qui les feraient échouer, comme cela avait été le cas jusque-là pour les menées entreprises de temps à autre par la Synagogue. En revanche, si la Sainte Église et les fidèles perdaient la notion du péril, leurs possibilités de se défendre contre son action dominatrice en seraient amoindries. C'est pourquoi, depuis les mouvements hérétiques du premier millénaire et surtout lors de ceux du Moyen Age, on remarque la tendance à transformer la mentalité des chrétiens et des dirigeants de l'Église et de l'État dans le but de changer leur anti-judaïsme en philo-judaïsme, plan qui donna naissance à ces constants mouvements pro-juifs organisés par la cinquième colonne israélite dans la société chrétienne et dans le clergé de l'Église. Nous voyons ainsi alors surgir dans les nombreuses hérésies médiévales ces tendances philo-juives défendues avec ardeur par beaucoup des hérésiarques les plus notables de souche israélite, un phénomène qui se répéta dans les diverses sectes protestantes d'origine unitaire ou calviniste au XVI$^{ème}$ et au XVII$^{ème}$ siècle, sectes qui furent dénoncées par les Inquisitions Espagnole et Portugaise comme des entreprises contrôlées par des juifs occultes se cachant derrière une façade de Christianisme.

Mais comment supprimer le passé, si la doctrine des Pères de l'Église, des Papes, des Conciles œcuméniques et Provinciaux et des principaux Saints de l'Église condamnent les juifs de diverses manières, et si cette doctrine doit être respectée et suivie par les chrétiens fidèles ?

Les conspirateurs israélites résolurent le problème ainsi posé en tranchant dans le vif, et en incluant au programme des mouvements hérétiques le mépris de la Tradition de l'Église comme source de Révélation, en soutenant que l'unique source de la Vérité révélée était la Sainte Bible.

Cette guerre à mort contre la Tradition, les clercs crypto-juifs, dignes successeurs de Judas l'Iscariote, la renouvelèrent chaque fois qu'ils le purent et à de multiples occasions, depuis le XI$^{ème}$ siècle jusqu'à nos jours, avec une persévérance digne d'une meilleure cause, jusqu'à ce qu'ils obtinrent leur premier succès avec la Réforme protestante.

Par cette lutte acharnée contre la Tradition de l'Église, ce que le Judaïsme et ses agents infiltrés dans le clergé ont toujours prétendu a été de mettre à bas la doctrine anti-juive des Pères de l'Église, des Papes et des Saints conciles, pour pouvoir faire prévaloir les thèses philo-juives qui faciliteraient à la Synagogue de Satan sa domination aussi bien sur l'Église que sur les peuples chrétiens. En cela, toutes les sectes d'origine juive qui apparurent du XI$_{ème}$ au XX$_{ème}$ siècle coïncident de façon sinistre.

Par ailleurs, comme dans la Liturgie et les Rites de la Sainte Église avaient été incluses de fréquentes allusions à la perfidie judaïque, au crime de déicide, etc., pour que les clercs y trouvent un fréquent rappel du danger de l'ennemi capital et restent prêts à défendre leurs agneaux contre les attaques des plus féroces des loups, la première chose qu'a faite une hérésie de ce type a toujours été de supprimer de la Liturgie et du Rituel toutes les allusions contre les juifs, et ceci est des plus significatif.

En privant la Sainte Tradition de toute valeur comme source de la Vérité révélée, il ne restait plus comme telle que la Sainte Bible et aussi le Nouveau Testament qui contient des allusions répétées à la méchanceté hébraïque, et il ne restait alors aux juifs qu'à entreprendre la falsification des Évangiles en supprimant de ceux-ci les notions déplaisantes aux oreilles juives, et aussi incroyable que cela paraisse, ils y sont effectivement arrivés dans certaines sectes hérétiques,[467] au point de réaliser de véritables falsifications de passages du Nouveau Testament en prétendant que la Vulgate était apocryphe et qu'elle faussait la teneur des documents originaux.[468]

6° Un autre objectif qu'ils se sont proposé en changeant la mentalité des chrétiens, en s'efforçant de transformer l'anti-judaïsme qui existait depuis des siècles en un philo-sémitisme, fut d'obtenir par ce moyen la dérogation de toutes les lois civiles et canoniques qui rendaient difficile l'action des juifs pour imposer leur domination sur les peuples, notamment celles contre les israélites qui vivaient identifiés comme tels, ou juifs publics.

---

[467] NDT ...et depuis Vatican II, par les nouvelles traductions, comme la T.O. B. et d'autres, confiées par les autorités conciliaires romaines par exemple au chef de l'Église gnostique italienne !

[468] NDT : Le « *Petit Larousse* » illustré, édition de 1909, écrit au terme Vulgate : « *Version latine de la Bible, faite d'après les Septante et retouchée* (sic !) *par Saint Jérôme. Les Réformateurs du XVIème siècle la rejetèrent en raison des fautes de traduction.* (resic !) *Le concile de Trente décida en 1546 qu'il serait permis d'étudier le texte original* (de la Bible) *mais que la Vulgate continuerait à faire foi et que son texte serait le seul invoqué pour preuve* ». Ainsi dans une seule phrase on réussit à déconsidérer la Vulgate et Saint Jérôme, et à faire passer le Concile de Trente et l'Église pour avoir imposé une traduction pleine d'erreurs, donc fausse ! ! ! *Le Petit Larousse*, œuvre maçonnique, est la source de la « culture » dans les familles populaires et même bourgeoises de France et d'autres pays francophones. Ce n'est qu'un exemple de la calomnie et des méthodes juives.

En un sens, les seuls qui pouvaient obtenir ce qu'ils ont appelé la « libération des juifs » ne pouvaient être que les juifs clandestins qui, en réussissant par infiltration ou au moyen de la révolution à contrôler les gouvernements chrétiens, pouvaient ainsi déroger aux lois interdisant à leurs frères hébreux, les pratiquants publics de la secte, de participer à la domination des nations chrétiennes ou non-juives. Au Moyen-Âge, les juifs souterrains obtinrent quelques succès isolés et fugaces, et c'est seulement à partir du XVIII$_{ème}$ siècle avec la Franc-Maçonnerie qu'ils purent émanciper leurs frères, les juifs publics.

7° Une autre des principales aspirations des juifs a été de s'approprier les richesses des autres peuples. Nous verrons par ailleurs comment ils donnent à ces prétentions des fondements théologiques et qu'ils affirment que telle est la volonté divine. Au moyen de l'usure, ils réussirent au Moyen-Âge à atteindre en partie cet objectif, et ils accumulèrent d'immenses richesses en dépouillant impitoyablement les non-juifs, car seuls devaient être touchés les bourgeois chrétiens ou non-juifs. Dans certaines hérésies médiévales on prêchait déjà le communisme, l'abolition de la propriété privée et l'expropriation générale des biens de l'Église, de la noblesse, de la royauté et de la bourgeoisie.

Le fait de vouloir exproprier les biens de la bourgeoisie naissante n'affectait en rien les juifs, car seuls devaient être touchés les bourgeois chrétiens et non-juifs, les israélites ayant le contrôle du nouveau régime communiste et tenant donc en leurs mains les richesses des rois, du clergé, des nobles et des bourgeois. Cependant l'expérience montra aux hébreux que de tenter d'atteindre d'un seul coup tous ces objectifs à la fois ne réussirait qu'à unir contre eux tous les membres de la société ainsi touchés, provoquant de violentes réactions de défense, qui combinées finissaient toujours par écraser la tentative révolutionnaire. Ils comprirent qu'il n'était pas faisable de réussir à vaincre tous leurs ennemis en même temps, et dans les siècles suivants ils choisirent d'accomplir leur grande révolution pièce par pièce, en divisant le camp opposé et en appuyant une partie pour la lancer contre l'autre, jusqu'à atteindre ainsi leur objectif petit à petit, mais d'un pas sûr.

Mais ces objectifs sinistres des révolutions judaïques ont toujours été soigneusement cachés aux masses, que l'on a su tromper par des programmes très attractifs capables de les entraîner, en leur faisant croire que l'hérésie ou la révolution en question était issue du peuple lui-même pour son avantage, pour établir la démocratie et la liberté, supprimer les abus ou les immoralités du clergé ou des gouvernements civils, purifier l'Église ou l'État, détruire la tyrannie ou l'exploitation, et même arriver à transformer la terre en paradis.

Les chefs crypto-juifs ont toujours été des maîtres en matière de tromperie. Ils traînent le peuple derrière eux avec leur beau programme, pendant qu'en secret ils projettent de faire quelque chose de très différent. Cet astucieux stratagème a toujours été l'une des clefs des succès des hérésiarques et des chefs révolutionnaires juifs. Le fait universel que les juifs déguisés du masque du Christianisme ou d'autres religions étaient peu nombreux, dilués dans le peuple, portant les mêmes noms et prénoms que tout le monde, sans que rien ne les fasse soupçonner comme des juifs c'est à dire comme des étrangers en voie de conquête, est ce qui a fait apparaître leur hérésie ou leur mouvement révolutionnaire comme issu du peuple lui-même.

Certes, au Moyen-Âge on se souvenait toujours de l'origine juive proche ou lointaine de nombre de faux-chrétiens, ce qui permettait aux clercs, aux monarques et aux aristocrates de localiser l'origine juive de ces révoltes et de ces sectes ; mais à mesure que passèrent les siècles, on en vint à oublier l'origine de ces familles, lesquelles d'autre part firent elles-mêmes tout leur possible pour effacer les souvenirs de leur ascendance juive, jusqu'à ce qu'un beau jour plus personne ne soupçonnait plus que, sous l'apparence d'un pieux chrétien, se cachait un juif souterrain qui conspirait constamment contre l'Église et l'État, et qui ne perdait pas une opportunité pour organiser des révoltes et des conspirations, lesquelles dans ces circonstances apparaissaient comme surgies du sein du peuple lui-même et comme de pures luttes intestines entre membres d'une même nation, alors qu'en réalité il s'agissait de guerres soutenues par un peuple envahi de la pire manière, contre des envahisseurs étrangers très bien dispersés, déterminés à le conquérir, utilisant pour cela une grande partie du même peuple, attrapée dans les rets tendus par les infiltrés au moyen de beaux plans révolutionnaires, de programmes mirifiques, par lesquels ils font croire à leurs futures victimes qu'en appuyant ces plans ils travaillent à améliorer leur sort et qu'ils luttent pour le perfectionnement de leurs institutions politiques, sociales ou religieuses.

Telle a été la grande escroquerie de tous les mouvements subversifs crypto-juifs depuis le XI$^{ème}$ siècle jusqu'à nos jours, et telles ont été aussi les cause des triomphes des faussaires et des escrocs juifs masqués sous l'apparence de sincères rédempteurs du peuple, de sauveurs de la nation ou de réformateurs des Églises. Déclencher une révolution avec les objectifs les plus nobles pour la conduire en fait vers les objectifs les plus pervers a toujours été la tactique traditionnelle du Judaïsme depuis neuf cents ans. Naturellement, un jour ou l'autre, les imprudents, qui se sont laissés attraper par les chefs menteurs et par leurs programmes aussi attirants que faux, se rendent compte de la tromperie criminelle ; mais cela arrive bien souvent une fois la situation devenue sans remède, et que ceux qui ont été trompés sont pratiquement neutralisés et mis en esclavage, devant souffrir alors des graves conséquences de leur ingénuité.

Si nous analysons les exemples des hérésiarques médiévaux en les comparant à ceux des leaders révolutionnaires crypto-juifs ou juifs publics des temps modernes, nous nous trouvons fréquemment devant le cas d'individus qui ont su hypocritement s'entourer d'une telle apparence de bonté et de sincérité, d'une telle auréole de Sainteté, que quiconque ne connaît pas à fond les fables judaïques finira par croire qu'il se trouve réellement devant un véritable apôtre, alors même qu'il s'agit en réalité de ces faux prophètes et de ces faux apôtres contre lesquels le Christ Notre-Seigneur et Saint Paul nous ont avertis, eux qui connaissaient mieux que personne de quoi était capable l'hypocrisie judaïque. À quoi s'ajoute encore le fait que la coterie des crypto-juifs qui les appuie sait les encenser et marteler le mythe de leur bonne réputation et de leur prestige, les transformant en vrais fétiches, qui, pouvant tabler sur la confiance inconditionnelle du peuple, utilisent leur influence au profit des projets de domination judaïque et de leurs entreprises subversives.

Lors des procès de l'Inquisition Espagnole, on voit souvent comment les nouveaux chrétiens, les judaïsants, se conféraient les uns les autres des brevets de bonne réputation pour assurer leur ascension sociale et leur domination sur les vieux chrétiens (les espagnols de sang wisigoth et ibéro-latin), et comment ils réussissaient même à faire considérer comme de très bons catholiques et même comme des saints des individus qui étaient des juifs clandestins et qui maudissaient en secret la Sainte Église.

Nous achevons ainsi de résumer très brièvement ce que l'on peut appeler la quintessence des mouvements révolutionnaires juifs du XI$^{ème}$ siècle et postérieurs. Qui veut approfondir cette question et la connaître à fond doit étudier les archives, celles de l'Inquisition Pontificale comme celles des Inquisitions Espagnole et Portugaise dont nous parlons par ailleurs, car ces institutions réussirent à pénétrer les secrets les plus cachés du Judaïsme souterrain et des mouvements hérético-révolutionnaires que le Judaïsme organisa dans l'ombre, cela parce que ces Inquisitions disposaient des moyens pour faire parler même les juifs les moins loquaces et les obliger à révéler leurs plus grands secrets. Elles utilisaient en outre une série de moyens très utiles pour y arriver efficacement.

Parmi ces moyens il y avait l'application de la question : lorsque l'Inquisition découvrait un juif secret, il était conduit par les moines inquisiteurs à la salle de question, où on l'obligeait à révéler les noms et prénoms de tous les faux-chrétiens juifs en secret de ses relations. Les supplices appliqués étaient assez efficaces pour que la majorité des hommes et donc aussi toutes les femmes, après avoir commencé par nier, au moment où les moines inquisiteurs donnaient l'ordre d'appliquer la torture s'empressaient de livrer certains noms d'autres chrétiens crypto-juifs, et, avec l'augmentation plus sévère des supplices, ils finissaient par dénoncer tout ce qu'ils savaient sur les secrets du Judaïsme souterrain, ses chefs occultes et les personnes qui en faisaient partie. Lorsque les Inquisiteurs avaient obtenu ces dénonciations, ils faisaient arrêter et emprisonner tous les individus dénoncés et, en leur appliquant à leur tour la question, ils obtenaient d'eux davantage de renseignements sur les chefs, les membres du mouvement et les ramifications de l'organisation secrète du Judaïsme clandestin. De nouveaux noms et ramifications une fois dénoncés entraînaient de nouvelles incarcérations, jusqu'à faucher totalement l'organisation du Judaïsme occulte et ses infiltrations dans le Gouvernement, l'Armée, le Clergé, etc.

Avec les très rares convertis sincères, l'Inquisition leur demandait de faire semblant d'être loyaux envers le Judaïsme afin que, se posant ainsi comme des membres de ses organisations secrètes, ils puissent fournir à l'Inquisition de précieuses informations sur les ramifications les plus secrètes du Judaïsme souterrain. Les Inquisiteurs faisaient très attention à l'éventualité de faux informateurs, qui auraient pu donner des renseignements faux en accusant comme juives des personnes qui ne l'étaient pas.

L'Inquisition fut en diverses occasions sur le point de détruire complètement la cinquième colonne juive dans tel ou tel État chrétien ; mais les israélites parvinrent à annuler ces succès, en réussissant à fomenter la compassion de Papes et de rois, en sorte que lorsqu'on avait effectivement découvert et pris les juifs clandestins d'une région, ces hautes autorités décrétaient alors un pardon général qui annulait le difficile et laborieux travail réalisé par les clercs inquisiteurs. En d'autres occasions, ils organisaient des campagnes de calomnies contre ces derniers, pour arriver à détruire le travail de quelque Inquisiteur particulièrement zélé et efficace. Mais ce qui fut décisif en leur faveur, ce fut qu'ils réussirent à faire admettre que, lorsqu'on découvrirait pour la première fois un chrétien pratiquant le Judaïsme en secret, celui-ci pourrait néanmoins avoir la vie sauve, et qu'il n'aurait qu'à s'en repentir et à demander pardon, n'étant condamnable au bûcher que seulement si, après s'être réconcilié avec l'Église, il était redécouvert pratiquant de nouveau le Judaïsme ou comme nous l'avons appelé l'hérésie judaïque.

La bonté des Papes et des rois, en bloquant l'Inquisition de ces diverses manières, donnait au Judaïsme secret le temps de s'infiltrer dans l'Inquisition elle-même pour en paralyser de l'intérieur l'efficacité, détruisant ainsi un système défensif qui eût pu éradiquer le mal et éviter la catastrophe qui mène le monde à l'esclavage.

# Chapitre XXIX

## Le Crypto-Judaïsme et les hérésies médiévales. Les Albigeois.

De manière très significative, il se vérifie que ce fut précisément dans les régions du monde chrétien où les israélites étaient les plus influents que naquirent les hérésies médiévales les plus importantes et où indiscutablement les mouvements hérétiques acquirent leur plus grande force. Dans leur majorité, ces mouvements commencèrent comme des protestations contre les supposées immoralités du clergé, contre la simonie et l'accumulation des richesses par les ecclésiastiques, se proposant de lutter pour un retour à la pauvreté et à l'austérité des premiers chrétiens.

En attaquant les prétendues oppressions et tyrannies des Papes, des rois et des nobles, ces mouvements tendaient à l'abolition de la hiérarchie ecclésiastique et, par leur anticléricalisme manifesté, leurs dirigeants religieux se rapprochaient assez du caractère des rabbins du Judaïsme, lesquels ne sont pas des prêtres à proprement parler, mais des dirigeants à la fois religieux et politiques dont la vie est identique à celle des autres hommes avec pour seule différence leur fonction rabbinique. Dans plusieurs de ces mouvements hérétiques, l'aspect de révolution sociale eut une importance toute spéciale, ceux-ci se présentent comme des entreprises destinées au salut des pauvres, quelquefois même avec des tendances à l'instauration d'un régime communiste. Dans tous ces mouvements hérétiques cependant, on remarque le fait qu'ayant été déclenchés sous des bannières-programmes très attractifs pour le peuple, ils dévièrent graduellement vers des objectifs très différents de ceux qu'ils avaient au départ, caractère de tromperie fondamentale qui a toujours caractérisé les révolutions d'origine juive.

Monseigneur Léon Meurin S. J., Archevêque de Port Louis, citant Innocent Hurter (p. 50) dit ceci : « En France en 1184, un charpentier nommé Durad prétexta une apparition de la Vierge, et sur ce motif il rassembla un bon nombre de ses compatriotes, les groupant sous le nom de Frères du Bonnet blanc ; dans ce groupe, il appliqua les principes de l'hérésie Patarine et consacra tous ses efforts à détruire les autorités supérieures. Il prétendait recréer le prétendu état d'égalité existant parmi les hommes primitifs, d'après lequel il ne devait y avoir aucune différence extérieure entre eux. Toute autorité, aussi bien spirituelle que temporelle, était déclarée pernicieuse. Ses adeptes élaborèrent entre eux un pacte de fraternité dans le but d'assurer la domination de leur secte à coups de couteaux. Ce qui était nouveau dans cette secte, qui rassemblait tous les éléments opposés à l'ordre, c'était le zèle fanatique qui caractérisait ses promoteurs et ses adeptes ; ce qui était classique en revanche, c'était l'appui que les juifs lui prêtaient ».[469]

Voilà donc bien un comble ! Utiliser une supposée apparition de la Vierge Marie pour influencer les gens, et utiliser cette influence pour organiser une secte dans le but de détruire à coup de couteaux l'ordre existant et d'établir un régime basé sur des principes analogues à ceux du Communisme moderne !

Le chroniqueur du XIIIème siècle, l'Évêque Lucas de Tuy dit que « Les princes de l'État et les juges de la cité apprenaient les doctrines hérétiques auprès des juifs qu'ils avaient pour familiers et amis ».[470]

C'est avec beaucoup de raison que les IIIème et IVème Conciles œcuméniques de Latran et le Pape Innocent III établirent un régime de séparation entre les juifs et les chrétiens, afin d'éviter que les premiers empoisonnent les seconds par leurs doctrines subversives.

Le rabbin Louis Israël Newman dans son intéressant ouvrage intitulé : « Jewish Influence on Christian Reform Movements » (ed. cit) écrit p. 135 : « La présence des juifs dans le sud de la France fut un puissant stimulus à l'apparition de la pensée libérale », et p. 136 il affirme qu'»en concomitance avec le développement de la pensée libérale dans le sud de la France, il se développa graduellement une attitude plus libérale envers les juifs ». Et il ajoute : « Cet état de choses favorable au Judaïsme en Provence, non seulement donna de l'impulsion au développement de l'hérésie en général, mais il ouvrit la porte à une importante contribution de la part des juifs et du Judaïsme au développement de divers mouvements hétérodoxes ; en outre, dans chaque localité où fleurissait l'hérésie, il anima à la fois une nette tendance judaïsante et d'autre part un groupe judaïsant individualisé ».[471]

Page 137 il affirme encore : « Non seulement les chrétiens érudits mais aussi les chercheurs juifs, notamment Lévy, ont observé que la diminution

---

[469] Mgr Léon Meurin S. J., Archevêque de Port Louis : « *Philosophie de la Maçonnerie* » Edition espagnole Madrid, Livre I, chap. XI, p. 169.
[470] Évêque Lucas Tudensis « *De altera vita adversus Albigensis errorres* », Chap. III, 3.
[471] Rabbin Louis Israel Newman : « *Jewish Influence on Christian Reform Movements* », ouvrage publié sous forme du vol. XIII des Etudes Orientales de la Columbia University « *Columbia University Oriental Series* » Columbia University Press, New-York, 1925, L. II, pp. 135-136.

de l'animosité envers les juifs s'accompagnait d'une opposition croissante envers les « mystères » de l'Église qui offensaient la raison, de même qu'aux abus des milieux ecclésiastiques qui étaient notoires ». Et le rabbin Newman poursuit en insistant sur ces faits, en affirmant que l'écrivain israélite Lœb, dans son ouvrage « La Controverse religieuse » (pp. 25-26) signale aussi la relation existant « entre l'activité juive et l'agitation religieuse en Languedoc ».[472]

Saint Bernard de son côté, commentant une récente visite qu'il avait faite en Languedoc, se lamente que là-bas, « les églises sont considérées comme des synagogues, et le sanctuaire du Seigneur n'y est plus saint ».[473]

L'œuvre monumentale du Judaïsme séfardite qu'est l'Encyclopédie Judaïque Castillane, traitant des régions les plus atteintes par les hérésies, dit textuellement :

« Au cours des XIème, XIIème et XIIIIème siècles, les régions les plus affectées par les hérésies, c'est-à-dire le midi de la France et le nord de l'Italie, jouissaient d'une prospérité matérielle et spirituelle sans équivalent dans le monde chrétien et seulement comparable à l'épanouissement culturel de l'Espagne Maure. Ce fut là que l'Église Romaine en proie à une corruption croissante et que le clergé sans cesse plus mondain suscitaient une hostilité certaine parmi toutes les couches de la population. D'autre part, ces pays hébergeaient de nombreuses communautés juives, riches et respectées par les gouvernants et par le peuple... et jouissaient d'une atmosphère de mutuelle tolérance, que l'Europe ne devait plus connaître avant l'époque des Lumières. Les juifs, admis aux emplois publics, employés à l'administration des terres et des municipalités, à des postes en vue dans les académies et les écoles, demeuraient dans une amicale convivialité avec les gentils, lesquels fréquentaient et partageaient leurs repas y compris leurs célébrations du sabbat. Les rabbins, médecins, savants, banquiers, commerçants et agriculteurs juifs maintenaient d'étroites relations avec leurs collègues chrétiens, et les uns et les autres subissaient des influences culturelles réciproques. Rien de plus naturel alors que les juifs, en possession de la Bible originale, aient imprimé une puissante impulsion aux mouvements anti-papistes, unis, nonobstant toutes les divergences de doctrines, dans le combat contre la falsification et la défiguration par l'Église du Christianisme primitif ».[474]

Il est curieux de se rendre compte de la manière dont les juifs conçoivent la tolérance mutuelle entre hébreux et chrétiens qui, d'après ce qu'ils disent, régnait dans ces zones de grande influence israélite sous une forme qui n'est comparable qu'à celle de l'époque des Lumières. Il faut noter aussi que la fraternité judéo-chrétienne et la tolérance mutuelle

---

[472] Rabbin Israel Newman, Op. cit. L. II, p. 137.
[473] Saint Bernard, *Correspondance*, Lettre 241.
[474] *Encyclopédie Judaïque Castillane*. Ed. cit. t.III, Terme : Christianisme.

dégénérèrent à cette époque en « une puissante impulsion donnée aux mouvements anti-papistes », en de sanglantes révolutions et en assassinats de chrétiens, tout comme l'époque des Lumières avant la Révolution française fut le prélude aux grands massacres de catholiques, clercs et séculiers, accomplis par les franc-maçons jacobins sous direction juive, comme nous le démontrerons.

Et le fait est bien que les juifs employaient la prétendue tolérance et coexistence pacifique, selon leur désignation d'alors, comme un simple moyen leur donnant toute liberté d'action pour pouvoir dominer les chrétiens et détruire leurs institutions politiques et religieuses. L'effroyable révolution, non seulement contre l'Église mais contre tout l'ordre social existant, qui put être organisée et se développer à l'abri de cette prétendue tolérance aux XIIème et XIIIème siècles (la révolution albigeoise), fournit une claire démonstration de ce que les juifs voulaient signifier avec leurs beaux et attirants postulats.

L'écrivain et docteur Ezéchiel Teyssier, en se basant entre autres sources sur le « Manuel Maçonnique » de Condorcet, nous décrit en ces termes l'immense importance de la grande révolution albigeoise :

« Ils formèrent une communauté énorme, qui comptait des bourgeois, des soldats et de très hauts personnages, comme le Roi d'Aragon, le Comte de Toulouse, le Comte de Foix et le Vicomte de Béziers et Carcassonne... Sur le plan politique ellle acquit une grande force en devenant publique. Leurs théories étaient, en théologie le dualisme moral, et dans le domaine social, l'anarchie. Elle éclata au XIIIème siècle. Le Saint Siège et les trônes s'enquirent très vite de l'affaire... Se voyant découverts et se croyant suffisamment puissants, ils poussèrent le cri de la rébellion, faisant éclater une révolution qui amenuise celle de 1792 et qui avait son quartier général à Albi, d'où vient le nom d'Albigeois. Leurs armes étaient la terreur et la communauté des biens, la libération de l'homme de toute autorité, la haine envers les institutions sociales et principalement envers l'Église ».

« Ils ne communiquaient leurs secrets qu'aux individus dont ils s'étaient assurés par de longues et grandes épreuves, et ils leur imposaient l'obligation de les garder, même vis à vis de leur familiers. Leurs chefs étaient inconnus de la foule, de même que les signes de reconnaissance et la manière de parler et de se comprendre ». (Condorcet, « Manuel Maçonnique »)

« Les Albigeois, protégés par de très hauts et puissants personnages, semaient l'incendie, la dévastation et perpétraient de toute part des crimes sans nombre et sans équivalent. Organisés en armées de cent mille hommes, ils mettaient à sac les villes, y détruisant tout spécialement les lieux de culte et les monastères. Ils n'épargnèrent l'usage ni le plaisir d'aucun crime. Les populations étaient sous l'emprise de la terreur ».[475]

Tel fut l'aboutissement de la coexistence pacifique entre juifs et chrétiens du sud de la France.

Pour éteindre cette gigantesque révolution qui menaçait de détruire toute la Chrétienté, il fallut l'instauration de l'Inquisition pontificale et l'organisation d'une croisade par le Pape Innocent III, qui rassembla une armée qui fut l'une des plus puissantes jamais connues jusqu'alors, avec un demi-million d'hommes, et qui ne réussit à écraser cette révolution qu'après une guerre longue et meurtrière, révolution qui, dans ses secteurs les plus radicaux, voulait alors instaurer la communauté des biens c'est à dire le Communisme.

Un autre aspect important des mouvements révolutionnaires contrôlés par le crypto-judaïsme a été d'avoir su et de savoir encore exploiter habilement tous les défauts du régime règnant et les immoralités des chefs religieux et politiques pour se faire apparaître comme des réformateurs de ces défauts et comme des correcteurs des immoralités en question, obtenant ainsi l'appui du peuple, lequel après coup se vit floué parce que, une fois l'ordre en vigueur détruit, les sauveurs crypto-juifs manifestèrent en général des défauts bien pires et des immoralités beaucoup plus grandes que celles qu'ils avaient prétendu corriger.

L'ouvrage espagnol l'Encyclopédie Espasa Calpe reconnaît que parmi les causes qui favorisèrent le developpement de l'hérésie des Albigeois figurait la conduite inconvenante de nombreux clercs, et signale ce qui suit : « L'un des premiers actes de ces hérétiques fut une violente opposition au clergé... pour exploiter contre lui la haine du peuple, et comme certains clercs prébendés laissaient à désirer en matière de science et de vertu... le peuple prit le parti des hérétiques ».[476]

L'historien anti-catholique Henri Charles Lea confirme ce qui précède et dit : « Nous savons d'autre part que les principaux arguments des hérétiques reposaient sur l'orgueil, l'avarice et les vies peu droites des clercs et des prélats ».[477]

Bien que ces attaques finissent par être exagérées, nous savons tous qu'elles trouvent fréquemment de grands fondements dans la vie de certains clercs. En cela, comme toujours, les erreurs, la mauvaise conduite ou les immoralités des chefs civils ou écclésiastiques du régime règnant sont habilement exploitées par les conspirateurs crypto-juifs pour lancer le peuple contre ces autorités et contre le régime. C'est pourquoi, un moyen

---

[475] Dr Ezechiel Teyssier : « *Mexico, Europa y los Judios* » Editorial Claridades, Mexico, 1938, pp. 186-187.
[476] *Encyclopédie Espasa Calpe*, Madrid, Edit. cit., t. IV, Terme Albigenses, p.157-158.
[477] Henry Charles Lea « *A History of the Inquisition in the Middle Age* » New-York, 1958, chap. II, p. 61.

indispensable pour éviter les révoltes judaïques est de moraliser nos propres rangs et d'éviter que l'ennemi puisse se servir de fautes réelles et les employer comme des slogans et des thèmes de propagande pour justifier ses mouvements de rébellion et y entraîner les masses. Ainsi le comprirent Saint Bernard, Saint François d'Assise, Saint Dominique de Guzman et les Papes Innocent II et Innocent III, qui en ces temps là luttèrent tellement contre la corruption du clergé précisément, contribuant ainsi par leur œuvre sincèrement purificatrice à la défaite des hérésies de leur époque et à les priver de l'un de leurs principaux thèmes de propagande pour attirer des adeptes et se propager.

Une publication officielle destinée à l'usage interne du Judaïsme, dont l'auteur est le distingué historien israélite N. Leven, l'ouvrage intitulé « Cinquante ans d'Histoire : L'Alliance Israélite Universelle », dont ne furent tirés que 25 exemplaires sur papier Japon et cinquante sur papier Hollande, numérotés de I à 75 et destinés à d'éminents dirigeants juifs, déclare textuellement ceci : « Aux débuts du XIIIème siècle, l'Église doit affronter une hérésie, celle des Albigeois, qui avait éclaté dans le sud de la France. Les Albigeois ne sont pas les seuls chrétiens à attaquer l'Église et ses dogmes; il y a d'autres incrédules aussi ailleurs. Le mal vient là des juifs; les Albigeois sont instruits par eux, et certains d'entre eux professent que la doctrine des juifs est préférable à celle des chrétiens; les juifs sont les créateurs de l'hérésie. L'Église n'en doute pas ; les juifs l'inquiètent. Ils sont neutralisés sur le plan mat ériel, mais ils n'ont rien perdu de leur force intellectuelle... »

« Le Pape Innocent III, qui aspire à la domination de l'Europe, rencontre chez ce petit peuple (d'Israël) une résistance qu'il lui faut vaincre. Il ne recherche au début de son règne, ni la mort des juifs, ni leur conversion par la force. Il espère triompher d'eux à force d'humiliations et de souffrances. Le Pape dirige son attaque sur les Albigeois. Le midi de la France est mis à feu et à sang. Les juifs se voient mêlés aux Albigeois et meurent avec eux... »

« Au début de son pontificat en 1187, celui-ci avait interdit aux croisés de les voler et de les convertir de force. En 1209, les juifs sont confondus avec les Albigeois et massacrés avec eux... »

« Le Concile d'Avignon imposa dès lors sous serment à tous les barons et à toutes les cités libres l'obligation d'écarter les juifs de tous les emplois et du service de toute fonction parmi les chrétiens et de leur imposer les observances de la religion chrétienne ».[478]

Ce dernier paragraphe se réfère concrètement aux faux-chrétiens qui judaïsaient, car à cette époque où la Sainte Église prohibait d'imposer la

---

[478] N. Leven : « *Cinquante ans d'Histoire : L'Alliance Israélite Universelle, 1860-1910* », Paris, 1911, t. I, pp. 7et 8.

religion chrétienne par la force aux hébreux, c'était en effet les chrétiens d'ascendance juive et qui pratiquaient le Judaïsme en secret que l'on obligeait d'abandonner ces pratiques et d'observer sincèrement la religion qu'ils professaient officiellement. C'était en outre une tentative pour extirper la cinquième colonne judaïque. Par ailleurs, il n'y a guère lieu de s'étonner que lors des massacres d'Albigeois de nombreux juifs aient été tués, vu que c'étaient les juifs qui étaient les instigateurs et les auteurs de cette hérésie et qui marchaient pour elle, mélangés aux hérétiques en question. Mais cet ouvrage important du Judaïsme reconnaît que les juifs étaient également les instigateurs des autres hérésies et incrédulités.

L'historien Vincent Risco indique de son côté : « En Provence et dans le Languedoc, sous le gouvernement comtal, les juifs jouirent de la plus grande prospérité et influence. Ils occupaient des emplois et des charges publiques, même celles de baillis, et ils exercèrent une influence effective sur les chrétiens en matière philosophique et religieuse, influence à laquelle certains auteurs juifs attribuent la naissance de l'hérésie des Cathares et des Albigeois ».[479]

Le docteur, rabbin et écrivain Lewis Browne affirme pour sa part : « Si l'on connaissait bien la vérité, on saurait probablement que les juifs instruits de Provence étaient en partie les responsables de l'existence de cette secte de libre-penseurs, les Albigeois. Les doctrines que les juifs avaient répandues parmi les nations depuis des siècles ne pouvaient moins faire que de miner le pouvoir de l'Église ».[480]

Mais comme on le sait, si l'hérésie des Albigeois en vint à constituer un grave danger pour la Chrétienté, ce fut parce qu'une grande partie de la noblesse du sud de la France, non seulement lui prêta son appui, mais qu'elle dirigea même ce gigantesque mouvement révolutionnaire qui répandit des torrents de sang, assassinant les chrétiens fidèles et les pieux clercs.

Le célèbre historien du siècle passé, Jules Michelet qui fut l'un des responsables des Archives nationales historiques de France, dans son œuvre monumentale intitulée *L'Histoire de France* constate que « ce fut auprès des nobles du Languedoc que les Albigeois trouvèrent leur principal soutien. Cette « Judée » de France, comme elle a été appelée, fut peuplée par un mélange de races ibérique, gauloise, romaine et sémitique ». Les nobles de la région, très différents de la chevalerie pieuse du Nord, avaient perdu le respect des traditions, et Michelet déclare expressément : « Il y en avait très peu parmi eux chez qui, en remontant à leurs ancêtres, on ne trouvait quelqu'aïeule sarrasine ou juive dans leur généalogie ».[481]

---

[479] Vincente Risco : « *Historia de los Judios* », Barcelone 1960, Livre V, chap. II, p.306.
[480] Rabbin Lewis Browne : « *Stranger than Fiction* » New-York, 1925, p. 222.
[481] Michelet : « *Histoire de France* », 1879, tome III, pp. 18-19.

Le fait de l'aïeule sarrasine est de peu d'importance, parce que les musulmans de France en général se convertirent sincèrement au Christianisme ; mais celui de l'aïeule juive est beaucoup plus grave, car c'est pour tous les israélites une obligation qu'ils doivent remplir avec fanatisme que d'initier leurs enfants à la Synagogue, même s'ils doivent le faire en secret faute de pouvoir le faire ouvertement. De fait, à l'époque de cette épouvantable révolution, furent lancées des accusations insistantes à l'encontre du Comte Raymond VI de Toulouse et du Comte de Comminges, qu'ils pratiquaient le Judaïsme en secret, et les deux comtes étaient les principaux appuis de l'hérésie.

La diligente historienne anglaise Nesta H. Webster, après avoir confirmé ce que dit Michelet ajoute qu'à cette époque : « Le sud de la France était l'épicentre à partir duquel irradiait l'occultisme fondamental de la juiverie et de ses théosophes songe-creux ».[482] Et elle poursuit en disant que : « Le Comte de Comminges pratiquait la polygamie et, d'après les chroniques ecclésiastiques, Raymond VI de Toulouse, l'un des plus ardents parmi les croyants albigeois, avait son harem. Le mouvement albigeois a été faussement présenté comme une simple protestation contre la tyrannie de l'Église Romaine ; en réalité il s'élevait contre les doctrines fondamentales de la Chrétienté et plus encore même contre tout principe religieux et moral. En outre, certains de la secte déclaraient ouvertement que la Loi juive était préférable à celle des chrétiens (Graetz, History of the Jews, III, p. 517), et d'autres disaient que le Dieu de l'Ancien Testament était aussi abominable que le « faux Christ » qui souffrit au Golgotha ; la vieille haine des gnostiques et des manichéens pour le Démiurge revivait en ces rebelles contre l'ordre social, précurseurs des libertins et des Illuminés du XVIIIème siècle. Les nobles albigeois, sous le prétexte de combattre le sacerdoce, s'efforcèrent d'abattre toutes les normes que l'Église avait instaurées ».[483]

L'illustre rabbin Louis Israël Newman dans son livre *Jewish Influence on Christian Reform Movements*, après avoir mentionné certaines doctrines antibibliques des Cathares, les précurseurs des Albigeois, basées sur le dualisme manichéen, affirme cependant pages 173 et 174 de son livre que : « le dogme central du Catharisme, à savoir le dualisme de la divinité, trouve un certain parallèle dans certains aspects de la tradition juive... »

« Il y a a eu dans le Judaïsme, malgré sa stricte prédisposition monothéiste, un dualisme natif reposant sur la Haggadah et aussi sur certains passages apocalyptiques de l'Ancien Testament... » « Durant les siècles où s'épanouit le Catharisme, nous avons nous-mêmes trouvé une recrudescence de la dispute juive sur le dualisme dans la Cabbale

---

[482] Nesta H. Webster « *Secret Societies and Subversive Movements* » Ed cit. chap. IV, p.75.
[483] Nesta H. Webster, id. ci dessus.

contemporaine ». Et à la page 176 il dit encore : « Il est possible de rencontrer des positions parallèles, point par point, entre les opinions des Cathares et la Cabbale ».[484] Et il ne faut pas oublier que l'hérésie albigeoise, en plus d'être dérivée de celle des Cathares, conserva comme elle le dualisme théologique.

L'influence des juifs cabbalistes sur les Cathares et les Albigeois et sur le dualisme théologique est acceptée par d'autres écrivains juifs distingués. Mais il apparaît en outre évident que dans le mouvement des Albigeois, le Judaïsme n'eut aucun scrupule à imposer, surtout au gros de la troupe, une théologie apparemment anti-judaïque en ce qu'elle blasphémait horriblement contre Jéhovah, tout comme ils n'eurent aucun scrupule à propager l'athéisme dans les pays communistes. Et c'était bien explicable. Comme dans l'Europe de cette époque les masses chrétiennes de la population étaient intensément anti-juives, il n'était pas possible d'en prendre le contrôle avec un mouvement philosémite, et pour les attraper il était donc nécessaire d'entourer la secte, principalement dans ses rangs inférieurs, d'une ambiance qui fasse croire aux ignorants que les juifs n'étaient pour rien dans ce mouvement,[485] et le moyen le plus approprié pour y parvenir était de blasphémer contre Jéhovah en renouant avec les théories gnostiques qui l'identifiaient comme le mauvais Démiurge, et en employant les doctrines du Manichéisme. De plus, comme les dirigeants de la secte étaient des juifs secrets couverts du masque du Christianisme, à première vue on ne put ainsi remarquer, de même qu'il advint plus tard avec la Franc-Maçonnerie et les Charbonneries, que beaucoup d'entre eux étaient juifs, puisqu'ils apparaissaient bien déguisés, arborant leur origine chrétienne et leurs noms et prénoms chrétiens conformes à ceux de la région.

Mais la Sainte Église découvrit, non seulement que la secte était dirigée par des crypto-juifs, mais que cette idéologie d'apparence anti-juive dans les rangs inférieurs allait se transformant peu à peu jusqu'à en arriver dans

---

[484] Rabbin Luis Israel Newman « *Jewish Influence on Christian Reform Movements* », ed cit., pp. 173 à 176.

[485] NDT. Cette astuce utilisée par les juifs dans les débuts de la Franc-Maçonnerie comme l'auteur le montre, l'a été aussi dans L'Illuminisme, ce qui a trompé N. Webster après Augustin Barruel (cf « *World Revolution* » chap. XII et XIII) faisant conclure à tort à ces deux auteurs que l'Illuminisme de Weishaupt n'était pas une création juive, même s'il avait été adopté et exploité par des juifs comme Marx, Engels et de nombreux autres, d'où que, selon cet auteur, les « *Protocoles des Sages de Sion* » comme la Révolution française de 1789, la révolution soviétique et la subversion mondiale devaient être attribuées plus à l'Illuminisme qu'aux juifs ! ! ! Une erreur d'appréciation, mais sur laquelle N. Webster s'est quelque peu reprise dans les dernières pages de « *Secret Societies and subversive Movements* » et au chapitre sur l'Illuminisme, en reconnaissant dans cette secte la doctrine talmudique de réduction des goïm à la « religion naturelle », par la conformité de la doctrine du juif Weishaupt avec la pensée du célèbre rabbin Moïse Mendelsohn, via Lessing lié lui-même à Weishaupt.

les rangs supérieurs de la même secte à affirmer que la Loi juive c'est à dire la religion juive était meilleure que la religion chrétienne.

Dans la Franc-Maçonnerie du XVIII$_{ème}$ siècle également, l'idéologie des initiés se transformait aussi progressivement en montant dans les différents grades successifs : à l'entrée, ils étaient reçus dans une organisation officiellement chrétienne, et qui apparemment interdisait aux juifs d'entrer dans ses rangs, puis peu à peu, par le moyen des lectures d'ouvrages, de conférences, par la liturgie, le cérémonial et l'endoctrinement spécial aux différents grades, à mesure que le maçon s'élevait en grade son idéologie se transformait, et, de l'antisémitisme qui prévalait dans la société de l'époque, on passait au philo-judaïsme. Par ce moyen, les juifs secrets couverts du masque du Christianisme réussirent à former dans la Maçonnerie des légions d'alliés, disposés à organiser les révolutions libérales et à promulguer les lois qui émancipèrent les juifs publics et leur donnèrent l'égalité avec le reste de la population, avec les mêmes droits politiques et sociaux, mettant à bas les Canons de l'Église et les lois civiles qui depuis des siècles avaient été les principales protections de la société chrétienne. Lorsque les juifs clandestins eurent réussi à extirper de la société des XVIII$_{ème}$ et XIX$_{ème}$ siècles le sentiment anti-juif qui dominait, ils mirent fin à la farce, et ils supprimèrent des Constitutions Maçonniques les articles qui interdisaient aux juifs l'entrée dans la Maçonnerie, laquelle bien vite se vit inondée dans ses postes dirigeants par des israélites professant ouvertement leur religion, cela à la surprise de certains hommes libres comme Benjamin Franklin, qui s'alarmèrent de cette invasion.

Pour en terminer avec cette question de l'hérésie des Albigeois, nous allons insérer une donnée intéressante sur ses principes, développée par le rabbin Jacob S. Raisin dans son ouvrage intitulé : « Réaction des Gentils aux idéaux juifs » où l'on peut lire ce qui suit :

« La révolution contre la hiérarchie fut particulièrement forte parmi les Albigeois. Ils apparurent d'abord en Aquitaine en 1010, et en 1017 nous entendons parler d'eux comme d'une société secrète à Orléans, dont étaient membres dix chanoines d'une église et un confesseur de la Reine. Un peu plus tard, nous les rencontrons à Liège et à Arras, dans le Soissonnais et en Flandres, dans de nombreuses provinces d'Espagne, en Angleterre, en Allemagne et en Italie, sans en excepter Rome, où s'unirent affectueusement à eux un nombre non négligeable de gens de la noblesse et du peuple. On les appelaient les hommes bons ou les Bonshommes ». Le rabbin cité poursuit en disant que « malgré les répressions ordonnées par l'Église, les hérétiques persistaient dans leur déraison et continuaient à prêcher leurs doctrines, et qu'ils obtenaient certains succès en gagnant à eux certains nobles et des évêques ».[486]

Les indications que nous fournit ici le zélé rabbin sont très intéressantes et nous donnent l'opportunité d'essayer de mieux connaître l'une des tactiques utilisées par le Judaïsme pour fonder ses mouvements subversifs à l'intérieur de la Chrétienté.

Ces mouvements se constituent initialement autour d'un groupe de juifs secrets couverts du masque du Christianisme, de sorte qu'on n'aperçoive pas de juif apparent dans ce noyau, bien qu'ils le soient tous. Ensuite, il leur faut décorer la naissante société secrète ou le mouvement public qui se crée, soit avec des clercs catholiques s'il s'agit d'un pays catholique, ou des pasteurs protestants ou des popes orthodoxes selon le cas. C'est facile, car la cinquième colonne infiltrée dans le clergé leur fournit les prêtres, les Chanoines et les clercs de plus haute hiérarchie dont ils ont besoin. Ce moyen leur permet d'obtenir que les fidèles chrétiens, en entrant dans l'association, la croient très bonne puisqu'en fait partie tel pieux Chanoine ou tel illustre Cardinal, il est donc clair qu'il s'agit de quelque chose de bien. Ces clercs de la cinquième colonne sont donc utilisés là comme des leurres pour attraper les naïfs. C'est ainsi que l'hérésie albigeoise commença avec des Chanoines, et même avec un confesseur de sa majesté la Reine, et se développa en ornant d'Évêques ses conventicules, pour leur donner une apparence de bonté et attraper plus facilement le peuple ingénu.

Ils emploieront le même système des siècles plus tard avec la Franc-Maçonnerie, à laquelle ils donnèrent dans les premiers grades une apparence chrétienne et de société philanthropique, et dont les loges s'ornèrent de prêtres, de Chanoines et même de plus hauts clercs dans la hiérarchie, ce qui permit au Judaïsme de désorienter longtemps l'Église et les chrétiens, et d'initier des milliers de gens ainsi trompés, les principaux responsables d'une telle tromperie étant les clercs crypto-juifs et maçons militants qui servirent d'appâts pour attraper les imprudents.

Lorsque le Saint Siège et les monarchies se rendirent compte de la fraude et que le Pape excommunia les maçons, la Fraternité maçonnique avait déjà acquis une telle puissance universelle qu'il ne fut plus possible à l'Église ni aux rois de contenir sa force d'entraînement, car le mensonge initial avait donné des résultats décisifs.

En Angleterre et aux États-Unis, les juifs souterrains continuent d'ailleurs encore aujourd'hui à présenter la Maçonnerie, dans les premiers grades, comme une institution chrétienne et une association philanthropique, en faisant encore parade qu'elle ne s'intéresse pas à la

---

[486] 274 Rabbin Jacob S. Raisin : « *Gentile Reactions to Jewish Ideals* » Ed. cit., chap XVII, pp. 454-455.

politique, pour que les Anglo-saxons continuent de se laisser prendre à la souricière et servent de manière inconsciente de dociles instruments aux mains du Judaïsme, la Synagogue de Satan maintenant ainsi grâce à cette organisation sa domination sur ces deux grandes puissances.

Avec le Communisme, la Juiverie suit des méthodes similaires. Il y a des clercs crypto-juifs au sein de l'Église Catholique, comme au sein des Église protestantes et orthodoxes d'Orient, qui sont affiliés aux partis communistes et qui s'efforcent de désorienter les chrétiens en s'acharnant à leur faire croire que le Communisme n'est pas si mauvais et qu'on peut bien s'allier à lui. La mission de ces Judas est d'endormir le Monde Libre, pour qu'il relâche ses défenses et pour débiliter la résistance anti-communiste des peuples, dont ces clercs se disent les pasteurs, pour faciliter ainsi la victoire définitive du Communisme judaïque. Les tactiques du Judaïsme à cet égard sont essentiellement les mêmes, aussi bien de nos jours qu'à l'époque des Albigeois. Et il est clair que que, plus la cinquième colonne juive s'élève à l'intérieur du clergé aux plus hauts postes de la hiérarchie, pires sont les ravages subis par la Chrétienté.

De même pour les Fraternités Judéo-Chrétiennes qui ont surgi dans l'actualité, nous les voyons aussi ornées de clercs de la cinquième colonne d'une piété aussi apparente qu'hypocrite, eux qui par leur présence dans ces organisations trompent et y attirent de nombreux autres responsables bien intentionnés de l'Église, qui, ignorants des secrètes finalités de telles confraternités, qui sont en réalité de convertir leurs membres chrétiens en satellites du Judaïsme, leur donnent leur adhésion, ce qui accroît encore comme c'est naturel la désorientation des fidèles, ainsi plus facilement attrapés par ces associations pour les faire servir d'instruments à la Synagogue de Satan dans ses activités, aux fins d'écrasement des patriotes qui luttent contre elle pour défendre l'Église et les peuples menacés par l'impérialisme judaïque.

# CHAPITRE XXX

## LE JUIF, L'ENNEMI LE PLUS DANGEREUX DE L'ÉGLISE. LES VAUDOIS

Au XII<sup>ème</sup> siècle, en même temps que le Judaïsme tentait de prendre le contrôle de la Papauté au moyen du Cardinal judaïque Pierleoni et que s'organisait la première révolution républicaine qui se rendait maîtresse de Rome, la secte des Albigeois préparait en secret la plus gigantesque révolution connue jusque-là, dans le but de désintégrer le Christianisme, et s'organisaient en même temps en secret d'autres sectes, celles-ci tendant toutes à dominer l'Europe, à mettre à bas l'ordre dominant et à détruire la Sainte Église.

Le Judaïsme ne se limita pas alors en effet à organiser une seule secte, un seul mouvement révolutionnaire, mais bien au contraire en créa dans l'ombre plusieurs, différents les uns des autres, avec une variété d'idéologies et de principes, utiles pour prendre le contrôle de gens de tous les goûts ; de telle manière que si à certains ne convenaient pas le programme, les dogmes et les croyances d'une secte, ils puissent en apprécier mieux une autre, et que si l'une échouait, une autre puisse obtenir le triomphe désiré. C'est ainsi que le Judaïsme commença d'employer une autre de ses tactiques traditionnelles qui lui a donné de si bons résultats et qu'avec l'expérience des siècles il a su perfectionner sans cesse davantage, tactique consistant à ne pas placer toutes ses chances de victoire dans une seule organisation, mais de les répartir dans plusieurs, d'idéologies variées et contradictoires, capables de capter la sympathie de gens ayant les goûts et les manières de penser les plus divers.

C'est exactement ce qu'il fait aussi de nos jours, en organisant les partis, depuis les partis démocrates-chrétiens jusqu'aux partis d'extrême droite, quels que soient les noms qu'il leur donne, avec aussi les partis centristes, socialistes, anarchiste, et aussi avec toute la gamme des organisations maçonniques, théosophiques et spirites, jusqu'aux associations Rotariennes et de Boy-Scouts, outre une multitude d'autres qu'il serait trop long d'énumérer et que des auteurs compétents ont montré être sous le contrôle du Judaïsme international. Sous cette forme, la Synagogue peut étendre sa domination sur des gens de tendances et d'idéologies les plus diverses, et tenir sous contrôle les peuples chrétiens et gentils, facilitant le triomphe de ses plans de domination mondiale.

Avant d'aborder l'étude d'autres sectes hérétiques qui, associées aux Albigeois, prirent part à cette grande révolution crypto-juive du XII<sup>ème</sup> siècle qui fut sur le point de conquérir l'Europe et de détruire l'Église, nous citerons deux sources juives indiscutables qui nous parlent du rôle que jouèrent les israélites dans les hérésies de cette époque.

L'Encyclopédie Judaïque Castillane expose l'opinion qu'avait l'Église en ces temps-là sur la question de l'origine des hérésies médiévales, et elle confirme donc ce qui avait été affirmé par les clercs et les écrivains catholiques de diverses époques qui assuraient que les juifs étaient les pères de toutes les hérésies, en publiant textuellement ceci :

« De la même manière que l'Inquisition accusa les juifs d'avoir été les instigateurs des hérésies médiévales, également tous les mouvements hétérodoxes de la Réforme étaient aux yeux de l'Église le fruit d'une conspiration juive, et leurs initiateurs et chefs étaient des judaïsants ».[487]

Il est évident que ni l'Inquisition ni l'Église ne mentaient, et qu'elles possédaient des preuves suffisantes fondant ces affirmations.

Sur le même sujet, le rabbin Lewis Browne dans son intéressante « Histoire des Juifs », dans un chapitre intitulé « La mise en pièces de l'Église » sous-titré « Comment les juifs aidèrent à l'apparition de la Réforme Protestante », affirme ceci : « C'était davantage qu'une épine. Dispersée comme elle était sur toutes les terres de la Chrétienté, la Synagogue opérait partout, tout à fait comme un réseau de toutes petites épées qui frappaient le sentiment d'auto-suffisance de l'Église. Ceci explique pourquoi l'Église ne laissait aucun repos au juif. Celui-ci était son ennemi le plus dangereux, car n'importe où il émigrait, il fomentait des hérésies ».[488]

Ce rabbin lettré, outre qu'il confesse avec une absolue franchise ce qui est la plus grande vérité, en signalant que les juifs sont les ennemis les plus dangereux de l'Église, nous donne la clef de ce qui a été pour beaucoup un grand mystère, à savoir la rapide diffusion qu'il évoque en différents pays des hérésies médiévales, puis de la Maçonnerie plus tard, et aujourd'hui du Communisme marxiste. Effectivement, les organisations juives étant éparpillées depuis de nombreux siècles à travers le monde entier « comme un réseau de petites épées », avec dans tous les pays des hommes influents et avec une puissance financière bien enracinée partout, il leur est extrêmement facile de propager et de donner avec une vitesse stupéfiante un caractère international à tout mouvement subversif public ou à tout

---

[487] *Encyclopédie Judaïque Castillane*, Ed cit., t. III, terme Cristianismo: Christianisme.
[488] Rabbin Lewis Browne : « *The Story of the Jews* », Edit. Jonathan Cape Ltd, Londres, 1926, p. 207.

autre type d'association. Seule une institution comme la Synagogue, qui a des racines millénaires dans toutes les parties du monde, a eu la possibilité de donner rapidement des dimensions internationales à autant de mouvements pervers, avec lesquels elle a tenté de dominer les peuples et de détruire leurs libertés au moyen de son arme favorite, le mensonge.

Pour nous reporter à un autre des grands mouvements hérétiques qui au XIIème siècle tentèrent de démolir tout l'ordre social, nous allons nous référer une fois encore aux sources israélites d'autorité majeure et indiscutable.

Parlant des Vaudois, le rabbin Jacob S. Raisin écrit :

« Un autre groupe hétérodoxe eut son origine en Valdo, un riche commerçant de Lyon. Celui-ci était un diligent lecteur de la Bible, et il demanda à deux prêtres de la lui traduire en français. Désireux de mettre en pratique le conseil de Jésus au jeune homme riche, il distribua ses richesses aux pauvres et à ceux auprès desquels il l'avait tirée, et fit vœu de pauvreté (en 1176). Son exemple fut suivi par beaucoup d'hommes de la cité, des « Pauvres de Lyon », nom sous lequel les Vaudois furent connus, et ils eurent beaucoup d'imitateurs, non seulement dans le nord de la France, mais aussi en Espagne et en Italie ».[489]

Comme on pourra l'observer, le parti de cette secte ne pouvait pas être plus attirant, surtout pour les classes pauvres de la population qui formaient comme toujours la majorité. L'apparence de Sainteté et de pureté sous laquelle on vit son chef ne pouvait être plus trompeuse. Tout cela contribua à rendre gigantesque la puissance révolutionnaire du mouvement. Avec une façade aussi claire, aussi pure et aussi bénéfique pour les classes humbles, il est compréhensible qu'une grande quantité de fidèles fût pêchés. Mais ensuite allait apparaître le poison.

Le rabbin cité ajoute : « pour ces disciples dévots des Ebionites, l'Église Romaine était la « Mère Ecarlate » de l'Apocalypse, avec son culte idolâtrique (des images) comme les cultes qu'elle avait remplacés ».[490]

Tout avait pourtant laissé croire jusque-là qu'il s'agissait d'un mouvement d'une pureté immaculée, dirigé par des hommes qui distribuaient leurs richesses et qui suivaient au pied de la lettre les règles de perfection dictées par Notre-Seigneur Jésus, en luttant contre les immoralités du clergé, à cause desquelles ils prétendaient comparer la Sainte Église avec la mère écarlate de l'Apocalypse. Il est logique que de grandes foules, trompées par ces apparences, aient été entraînées par cette hérésie.

Mais par ailleurs, leurs doctrines ressortaient moins de l'orthodoxie que de celles des Cathares et des Albigeois, qui étaient gnostiques et

---

[489] Rabbin Jacob S. Raisin : « *Gentile Reactions to Jewish Ideals* », Ed. cit., chap XVII, p.455.
[490] Rabbin Jacob S. Raisin : Op. cit., ed. cit., chap XVII, p.455.

manichéens, et ainsi elles étaient plus faciles à accepter par la majorité des fidèles. Qui allait pouvoir imaginer que, derrière tant de belles choses, se cachait là une nouvelle et sinistre tentative de judaïsation de la société chrétienne pour dominer celle-ci ?

Pour utiliser une fois encore une source indiscutable et narrer le cours ultérieur que prit ce mouvement d'apparence philanthropique, nous ferons de nouveau appel à cette œuvre officielle du Judaïsme qu'est l'Encyclopédie Judaïque Castillane, qui, à propos des Vaudois, dit ceci :

« Les Vaudois, une secte qui apparut vers 1170 à Lyon sous la direction de Pierre Valdo, représentaient cet aspect du mouvement biblique sur le terrain duquel devait pousser le protestantisme de Jean Huss, de Münster, de Zwingle et autres réformateurs des siècles suivants. Cette hérésie prit une extension considérable, depuis Lyon et la Provence jusqu'en Lorraine et en Wallonnie au Nord, et jusqu'en Moravie et en Hongrie à l'Est. Ce n'est surement pas une simple coïncidence si son berceau fut la ville de Lyon, comme celui des Passagiles eut celui de Milan, l'un comme l'autre, deux grands centres de vie et d'influences juives. La Bible vaudoise conservée en quelques exemplaires (manuscrits de Cambridge du XVIème siècle et de Grenoble) ne contenait pas moins de trente-deux livres hébreux. On la lisait dans des conventicules secrets, sous la direction de prédicateurs ou barbes, un nom que l'on pense être d'origine juive. »

« Les Vaudois se considéraient comme le véritable Israël, ou selon l'expression de leur chef Muston, « l'Israel des Alpes ». Comble et Muston parlaient de l'exode et de la dispersion des croyants. Pierre Valdo est « le Moïse de ce petit peuple, qui sortit du pays de la servitude » et « le Père, l'Abraham, de l'Israël des Alpes, avant de se convertir en Moïse ».

Les barbes vaudois envoyaient des missionnaires en Italie « prêcher le repentir et nourrir les brebis dispersées de l'Israël persécuté dans les vallées des Alpes ». Les mêmes barbes, bien versés dans les sciences, les langues et les Écritures, se comparaient aux Anciens d'Israel, et leurs « paroisses » consistaient dans les tribus dispersées de l'Israël des Alpes, dont ils étaient les lévites et les juges ».[491]

La tactique des juifs d'accuser leurs ennemis précisément de ce qu'ils font eux-mêmes atteignit son comble dans les attaques lancées par l'hérésie hébraïque des Vaudois contre la Tradition de la Sainte Église, Tradition qui est fondamentalement anti-juive. Selon ce qu'affirme le rabbin Louis Israël Newman, ils disaient que « La tradition de l'Église était la tradition des « pharisiens », ce qui est la fréquente accusation des hérétiques. Les Vaudois de Lombardie affirmaient qu'il était licite de sortir de l'Église

---

[491] *Encyclopédie Judaïque Castillane*, ed. cit., t. III, terme : Chrétiens.

Romaine, parce que ce n'était pas l'Église de Jésus-Christ, et qu'elle était gouvernée seulement par des scribes et des pharisiens ».[492]

Le rabbin en question poursuit (pages 236 et 237 de l'ouvrage cité) en disant à propos de « l'association personnelle de juifs et de Vaudois » qu'elle appuie cette autre coïncidence que des villes comme Lyon et Metz, où les juifs étaient nombreux et influents, furent des foyers importants de l'hérésie vaudoise, affirmant ensuite que « non seulement les juifs et les Vaudois se trouvèrent unis aux XII$^{ème}$ et XIII$^{ème}$ siècles », mais aussi (page 238 du même ouvrage) qu' »en marge de l'évidence qu'il y eut une relation personnelle entre les juifs et les Vaudois au XIII$^{ème}$ siècle, il existe aussi l'évidence qu'au XV$^{ème}$ siècle les Hussites et les juifs furent en fréquents contacts, et que les Hussites et les Vaudois étaient directement et indirectement liés... » Il écrit encore : « Au XVI$^{ème}$ siècle, avant le début de la Réforme comme après, les relations personnelles entre juifs et Vaudois se multiplieront ». Et même beaucoup plus tard, au XIX$^{ème}$ siècle, nous trouverons les Vaudois et les juifs unis par des relations, non pas spirituelles, mais gouvernementales. Ainsi en Italie, le 13 septembre 1849 fut créée une Commission ministérielle ayant pour objet de réorganiser l'Administration propre aux Vaudois et aux juifs ».[493]

Nous citerons pour finir un autre élément très intéressant que fournit l'historien israélite Gerson Wolf, qui affirme qu'au XV$^{ème}$ siècle les juifs furent impliqués dans une accusation où il leur était imputé d'être entrés dans une conspiration des Hussites et des Vaudois contre les puissances gouvernantes d'alors.[494] Cet auteur juif fut persécuté par le gouvernement autrichien pour avoir écrit un livre à tendances subversives intitulé « La Démocratie et le Socialisme ».

Pour ceux qui désireraient approfondir l'étude de cette conspiration juive, hussite et vaudoise, des données intéressantes sur la conjuration en question se trouvent dans le Livre des Actes de la Faculté de Théologie de l'Université de Vienne, spécifiquement dans l'Acte du 10 janvier 1419, et ils pourront donc se reporter à ce document original.[495]

---

[492] Rabbin Louis Israel Newman « *Jewish Influence on Chistian Reform Movements* », ed. cit., p. 229.
[493] Rabbin Louis Israel Newman, Op. cit.,ed. cit., pp.236-238.
[494] Gerson Wolf : « *Studien zur Juebelfeier der Wiener Universität* », Vienne, 1865,pp. 22-23.
[495] *Livre des Actes de l'Université de Vienne*, MSS Acte du 10 janvier 1419.

# Chapitre XXXI

## Le grand Pape Grégoire VII (Hildebrand) détruit une théocratie judaïque dans le Nord de l'Italie

Un autre encore des mouvements subversifs créés au XIIème siècle par la cinquième colonne juive infiltrée dans la Chrétienté fut celui des Pasagins, Sabataires ou Circoncis. Cette secte progressa davantage, comme de naturel, dans le nord de l'Italie et le sud de la France, c'est à dire dans les régions de l'Europe les plus infiltrées par la Synagogue à cette époque. Et sur le sujet de la judaïsation du Christianisme, cette secte constitua l'aile gauche du très complexe mouvement révolutionnaire crypto-juif du XIIème siècle.

Pour nous donner une idée de ce qu'était ce mouvement subversif, nous transcrivons ci-dessous textuellement d'intéressants passages de l'Encyclopédie Judaïque Castillane déjà citée :

« La secte des Pasagiles, Sabataires ou Circoncis apparut sur le sol lombard, traditionnellement propice aux hétéro-doxies de caractère philo-judaïque. Bien avant son apparition, entre 844 et 1058 environ, régna sur Milan et les contrées voisines une théocratie fondée par Angilbert de Pusterla et José de Ivres qui se moulait fidèlement sur le Pentateuque. Son sanctuaire à Caroccio comprenait une Arche d'Alliance. Le peuple était gouverné par des capitans (des juges) et des lévites (ou prêtres), et toute la vie politique et spirituelle porta la marque de l'Ancien Testament, de la même manière qu'il en sera plus tard pour les communautés anabaptistes et puritaines du Nord et du Nouveau Monde. Cette théocratie fut renversée par Grégoire VII immédiatement après son ascension au Pontificat ».

« Les juifs de Lombardie occupaient une position de premier plan. On connaît la notoriété historique acquise par la famille Pierleoni du fait d'avoir donné à l'Église le Pape Anaclet II (1130-1138) et à la Maison royale de Sicile une reine en la personne de l'épouse de Rogelio II ». L'influence juive en Lombardie était telle que dans beaucoup de cités, les chrétiens honoraient le samedi à la place du dimanche et que même les cathares de la région, à la différence des cathares provençaux, acceptaient des parties de l'Ancien Testament. L'Arianisme avait laissé des traces profondes dans le nord de l'Italie, et la tolérance dont il gratifia les juifs bénéficia beaucoup à leur condition, en même temps qu'elle prépara le terrain à de nombreuses sectes antipapistes parmi lesquelles se distinguaient les judaïsants. Il est indubitable que la plus importante d'entre elles, celle des Pasagins, fut fortement influencée par le florissant Judaïsme lombard ».[496]

Il faut relire ce paragraphe plusieurs fois pour pouvoir en apprécier toute l'extraordinaire signification de divers ordres. Pour notre part, nous nous limiterons à voir ici une preuve de plus que la tolérance envers les juifs, comme le confesse cette encyclopédie hébraïque, prépare le terrain à de nombreuses sectes antipapistes, comme les israélites disent les appeler. Cette tolérance à un ennemi mortel signifie donc bien lui donner la liberté d'action pour qu'il détruise l'Église et qu'il subjugue les peuples chrétiens. Mais par ailleurs, l'un des plus grands Papes que l'Église ait eu, Grégoire VII, le fameux Hildebrand, nous fournit l'exemple de ce qu'il faut faire contre la puissance judaïque, car sitôt élevé au Pontificat, la première chose qu'il fit fut de combattre et d'écraser la théocratie judaïsante établie dans les territoires chrétiens du nord de l'Italie.

Attention donc! Et imitons tous l'attitude de ce grand Pape dans la lutte qu'il nous faut soutenir contre les forces communistes athées, dirigées par le même ennemi qu'écrasa Grégoire VII !

À propos des croyances des Pasagins, l'encyclopédie judaïque mentionnée poursuit en disant : « Leur doctrine prescrivait l'observance littérale de la Loi Mosaïque avec la circoncision, les lois diététiques, les fêtes,etc., mais rejetait les sacrifices, en accord avec le rabbinisme d'alors... Ils acceptaient Jésus et le Nouveau Testament, qu'ils essayaient d'harmoniser avec l'Ancien, lequel avec le temps prit une importance prédominante, à mesure suppose-t-on que progressait l'érudition hébraïque ».[497]

Ici, l'encyclopédie judaïque nous fournit un élément qui nous confirme une fois de plus le déroulement de la tactique juive, qui consiste pour ces organisations à démarrer les mouvements de manière à attraper les chrétiens et les gentils avec certains postulats, pour ensuite incurver la voie petit à petit, à mesure que ceux qui se sont laissés attraper reçoivent la préparation adéquate et acceptent cette évolution. Bien que le nord de l'Italie était alors sous influence juive, on comprend bien qu'il était difficile d'obtenir de but en blanc des chrétiens, qui savaient que les Apôtres

---

[496] *Encyclopédie Judaïque Castillane*, Ed. cit., t.III, terme Christianisme.
[497] idem ci-dessus.

avaient dérogé à la loi juive en donnant la primauté au Nouveau Testament, qu'ils acceptent d'entrer dans une secte qui leur dirait tout le contraire, niant ainsi la doctrine de Saint Paul et des Apôtres. Il était nécessaire d'aller par étapes, et à mesure que progressait « l'érudition hébraïque » des néophytes avec les enseignements que leur donnait la secte, on les préparait ainsi à accepter la totale inversion des termes, en donnant toute vigueur à la Loi Mosaïque abolie et en assurant la préférence à l'Ancien Testament sur le Nouveau. Ce faisant, on accomplissait un pas énorme vers la judaïsation idéologique des Chrétiens et vers leur facile domination par l'impérialisme hébreu.

Mais revenons à la suite du discours de la Synagogue s'exprimant par son ouvrage monumental cité; l'article se poursuit ainsi : « L'opinion générale parmi les Pasagins était que « la loi des juifs est meilleure que la loi des chrétiens ». Dès lors, ils répudiaient le dogme de la Trinité. Ainsi leur chef Bonacurso déclarait : « Ils (les Pasagins) disent que le Christ, le Fils de Dieu, n'est pas égal au Père, et que le Père, le Fils et l'Esprit Saint, les trois personnes de la Trinité, ne sont pas un seul Dieu ni une seule substance », et Murati affirme : « Ils disent donc que le Christ est une première et pure créature », autrement dit que le Christ fut créé par Dieu ».[498]

Le rabbin Louis Israel Newman, dans son ouvrage sur « L'Influence des Juifs sur les Mouvements de Réforme du Christianisme » écrit à propos des Pasagins ceci :

« La secte des Pasagins représente, sous la forme la plus obvie et la plus tangible, l'aspect judaïsant des mouvements hétérodoxes dans la Chrétienté aux XIIème et XIIIème siècles. Au moment précis où l'Église Catholique paraissait fermement consolidée, surgirent de vigoureux mouvements de désaccord pour lui disputer son autorité. Un tas de sectes apparurent au XIIème siècle, réussissant à se maintenir malgré tous les efforts faits pour les détruire ».[499]

Ceux qui n'ont pas approfondi ces questions finissent par confondre cette secte de chrétiens judaïsants et circoncis, observants du sabbat et de la Loi Mosaïque dans toute sa rigueur, avec les faux chrétiens crypto-juifs de sang, appelés dans la terminologie inquisitoriale les chrétiens judaïsants. Cependant l'Inquisition Pontificale, par ses moyens efficaces d'investigation, parvint à avoir une idée bien claire de la différence, et tout en sachant que les Pasagins, Sabataires ou Circoncis étaient sous le contrôle des juifs de sang et pratiquaient une religion plus proche du Judaïsme que du Christianisme, elle les distinguait pleinement des israélites proprement dits.

---

[498] idem ci-dessus.
[499] Louis Israel Newman : « *Jewish Influence on Chrisian Reform Movements* » (*L'Influence des Juifs sur les Mouvements de Réforme du Christianisme*), ed. cit. p. 255.

Entre autres, les archives de l'Inquisition de Carcassonne, dans le sud de la France, nous apportent la preuve que le Saint-Office était très bien informé à ce sujet. Parmi les questions adressées par les Inquisiteurs aux juifs appréhendés ou aux faux convertis revenus au Judaïsme appelés relaps, figurait la suivante : « De quelles manières différentes de celles qu'ils usent pour les leurs, les juifs circoncisent-ils les chrétiens ? » (Quomodo circumcidunt Christiannos aliter quam suos ? Interrogatorio ad Judaeos)[500]

Ce point est encore illustré par un traité sur les hérétiques écrit au XIIIème siècle, qui fait aussi la nécessaire distinction lorsqu'il dit : « Veuillez noter que les juifs circoncisent leurs propres enfants de manière différente de la méthode qu'ils utilisent avec nos adultes chrétiens quand ils les font judaïser, en considérant qu'ils coupent à ceux-ci seulement un demi-cercle de peau à la tête et non le cercle total comme ils le font pour leurs propres enfants ».[501]

Et ceci tient au fait que, comme nous l'étudierons plus en détail dans le deuxième tome de cet ouvrage, la religion juive est radicalement raciste et est exclusivement réservée pour le peuple élu, mais que les prosélytes de la porte, c'est-à-dire les gentils convertis disent-ils au Judaïsme, ils les maintiennent toujours en dehors des organisations hébraïques, les utilisant simplement en tant que satellites et viles instruments des véritables juifs de sang, dans les organismes inférieurs, qui, bien que dotés de toutes les apparences des Communautés israélites et des Synagogues, sont de simples ratières pour attraper les naïfs et les tenir là bien assujettis, ces organismes étant sous le contrôle de juifs clandestins, mais juifs de sang.

Mais les naïfs prosélytes, ou juifs spirituels, sont en revanche radicalement exclus des cercles secrets où se décident les importants sujets de l'impérialisme judaïque. Le fait que dans leur majorité ces pantomines d'organisations israélites soient sous le contrôle de crypto-juifs de sang ayant eux-mêmes l'apparence de prosélytes ou d'israélites spirituels a pour objet de faire que les pros élytes aient ainsi le sentiment de se gouverner eux-mêmes, étant dans l'ignorance d'être sous la coupe du cercle occulte des juifs de sang qui font partie de leurs communautés et les tiennent sous contrôle de dive rses manières utilisant ces prosélytes comme de simples instruments de l'impérialisme juif, comme ils emploient les franc-maçons et les communistes, mais en faisant croire à ces naïfs qu'ils font partie de l'élite qui dirige les questions intéressant la Synagogue, pour qu'ainsi ils soient encore plus dévoués à sa cause.

---

[500] Archives de l'Inquisition de Carcassonne, citées par I. Vaissette dans son « *Histoire Générale du Languedoc* » vol.VIII, preuves de vol c. 987-88.
[501] « *Tractatus haeres pauper de Lugd.* » Anonyme, En Martene, v. c. 1794.

# Chapitre XXXII

## Cinquième colonne juive dans l'Église Orthodoxe Russe

Avant d'entrer en Russie, le Judaïsme pénétra en Ukraine où il acquit une grande force. Et là encore, les répressions opérées contre les hébreux eurent pour conséquence que ceux-ci se convertirent fictivement en grand nombre au Christianisme, d'abord en celui de l'Église Orthodoxe Grecque, puis en celui de l'Église Russe, devenant dans ces Églises comme dans l'Église Catholique les principaux propagateurs des mouvements hérético-révolutionnaires.

L'ouvrage officiel du Judaïsme que nous avons cité, l'Encyclopédie Judaïque Castillane, nous informe de l'un des mouvements subversifs qui ébranla la Chrétienté russe : une secte qui fut précisément l'extension de celle des Pasagins. Voici ce que dit à ce sujet l'encyclopédie en question :

« L'essence juive latente chez les Pasagins resta vivante dans le développement que sa doctrine obtint chez les « shidovstvuyushtchiye » (« judaïsants ») de Russie au XV ème siècle. Cette secte, qui eut son premier apôtre en la personne du juif Shkariya de Kiev, et qui conquit jusqu'à des princes et des membres moscovites du haut clergé, croyait que le Christ n'était pas apparu et que lorsqu'il apparaîtrait, il ne le ferait pas comme Fils de Dieu en substance, mais au travers de ses actes bénéfiques comme Moïse et les Prophètes ».[502]

Comme on peut le constater, cette secte se propagea de par le monde catholique, et fut donc ensuite introduite par un juif dans l'Église Orthodoxe Russe. À l'inverse, d'autres sectes comme celle des Cathares naîtront semble-t-il dans les territoires de l'Empire Byzantin et se propageront à la Catholicité. On peut juger de la gravité de la crise provoquée alors par cette secte en Russie par cette confirmation donnée par le Judaïsme dans l'encyclopédie citée que l' « hérésie judaïsante », fondée par un juif, conquit en grande partie le haut clergé moscovite en plein XVème siècle, il y a donc environ cinq cents ans.

---

[502] *Encyclopédie Judaïque Castillane*, ed. cit., t.III, terme Christianisme.

Au terme Russie, dans le tome IX de cette même Encyclopédie Judaïque Castillane, il est encore fait mention de ce puissant mouvement hérétique, avec cette précision que la version écclésiastique « l'attribue à l'influence directe de prédicateurs juifs » et que d'autres sources « tendent à la relier aux sectes sabataires, très répandues dans le sud et l'est de l'Europe dans l'aire de la Réforme », sectes sur lesquelles ladite encyclopédie judaïque affirme qu'elles avaient « des liens indiscutables avec le Judaïsme ».

Cette œuvre monumentale de la Synagogue poursuit en citant ce que dit Dubnow sur le sujet :

« Durant la même période s'éleva à Moscou, comme résultant d'une propagande secrète du Judaïsme, un mouvement religieux connu sous le nom d'hérésie judaïsante. D'après les chroniqueurs russes, l'initiateur de cette hérésie fut le docte juif Sjaria (Zejarya), qui avec quelques-uns de ses coreligionnaires avait émigré de Kiev vers la vieille cité russe de Novgorod. Profitant de l'inquiétude religieuse qui régnait alors à Novgorod, une nouvelle secte, celle des strigolniki (appelée ainsi du nom de son fondateur Carp Strigolnik) avait fait son apparition dans la ville, proclamant la dérogation aux rites chrétiens, et même niant la divinité du Christ. Zejaryia eut des contacts avec divers représentants du clergé orthodoxe, et réussit à les convertir au Judaïsme.

« Les chefs de l'apostasie de Novgorod, les prêtres Denis et Aleksei s'installèrent en 1490 à Moscou, où ils convertirent un grand nombre d'orthodoxes grecs, dont certains allèrent jusqu'à se soumettre au rite de la circoncision. Très vite, l'hérésie judaïsante se fixa dans la noblesse de Moscou et parmi les cercles de la Cour. Parmi ses adeptes figura Hélène, la nièce du Grand-Duc.

« Henadius, l'Archevêque de Novgorod, dénonça la dangereuse propagation de cette hérésie des judaïsants et fit de courageux efforts pour l'extirper de ses diocèses. À Moscou, la lutte contre la nouvelle doctrine fut extrêmement difficile. On parvint cependant à la contenir grâce à l'action vigoureuse d'Hénadius et d'autres fanatiques de l'Orthodoxie. Par décision du Concile Ecclésiastique de 1504, épaulé par les ordres d'Ivan III, les principaux apostats furent brûlés vifs et ses partisans furent emprisonnés ou enfermés dans des couvents. Ces mesures eurent pour résultat que l'hérésie judaïsante cessa d'exister... »

Et l'Encyclopédie juive mentionnée termine par ce très intéressant commentaire :

« Les tendances judaïsantes ne disparurent cependant jamais parmi le peuple russe, et occasionnellement elles se manifesteront des siècles plus tard sous une forme qui alarmera le gouvernement impérial ».[503]

---

[503] *Encyclopédie Judaïque Castillane*, ed. cit., t.IX, terme Russie.

La cinquième colonne juive dans l'Église Orthodoxe Russe alla ensuite se fortifiant par les conversions successives simulées de juifs au Christianisme russe. Au XVIIème siècle, il y eut de grandes conversions apparentes de juifs, qui feignirent de devenir bons chrétiens, mais qui dans le fond du cœur et en secret continuaient de demeurer juifs et haïssaient la Russie traditionnelle. Ces juifs souterrains furent connus dans le Judaïsme sous le nom de Shobatniks, et différentes études leur ont été consacrées, parmi lesquelles on peut citer celle d'un éminent dirigeant du Judaïsme, le distingué Chacham Joseph Israel Benjamin, qui fit une compilation de faits historiques sur les Shobatniks et la publia à Tlemsan en Argélie, sous le titre : « Four Years War of the Poles again The Russian and Tartars 1648-1652 ».

Le tsar Nicolas Ier pensa résoudre le problème juif récurrent, mais en commettant la tragique erreur de faire pression sur les hébreux pour qu'ils se convertissent au Christianisme, ce qui eut pour résultat désastreux que dans leur immense majorité ces conversions furent feintes, les israélites s'étant mis alors à suivre en public la pratique d'un Christianisme insincère, pendant qu'en secret ils demeuraient aussi juifs qu'avant, mais faisaient ordonner Popes leurs fils, les infiltrant ainsi dans les hiérarchies du clergé orthodoxe, à l'égal de ce que faisaient leurs frères crypto-juifs parmi les clercs catholiques et protestants.

Il est juste de reconnaître qu'autant les tsars que l'Église Orthodoxe et le peuple russe résistèrent autant qu'ils le purent à l'entrée des juifs en Russie, et que ces derniers au début s'introduisirent clandestinement depuis l'Ukraine, couverts d'un masque de Christianisme. Et bien qu'ensuite ils y vinrent en grandes foules, surtout à partir du moment où la Russie conquit une grande partie de la Pologne, l'Église orthodoxe, l'État et le peuple continuèrent à lutter héroïquement contre les communautés juives, qui cependant parvinrent à devenir les plus nombreuses du monde, pour finir enfin par triompher avec l'aide du Judaïsme international, d'abord par la révolution de mars 1917, puis par la révolution bolchevique d'Octobre, et dont le triomphe sous sa forme décisive est également dû à l'appui de la cinquième colonne juive infiltrée dans l'Église Orthodoxe Russe. Autrement, il eût été impossible qu'un Parti Communiste aussi rachitique, qui tenait un pays de cent millions d'habitants avec seulement quelques milliers de membres, pût triompher aussi rapidement et facilement. S'il fut vainqueur, c'est parce que les infiltrés crypto-juifs, maîtres de positions clefs dans le clergé orthodoxe et dans les partis et organisations droitières, centristes et de gauche, sabotèrent les défenses de la Russie traditionnelle, et par des intrigues malveillantes surent déposséder de tout prestige et audience ceux qui auraient pu la sauver. Au moment décisif, le juif Kerenski et ses complices remirent le pouvoir aux mains de la bande de criminels qui depuis lors et jusqu'à ce jour tyrannisent le peuple russe.

Dès que la bande juive de Lénine imposa en Russie sa dictature sanglante, elle ordonna d'assassiner les Archevêques, Évêques, Popes et clercs de tous rangs sincères dans leur foi, et les mêmes furent aidés et soutenus par des juifs habillés en soutanes, comme l'ont dénoncé au monde libre les intellectuels échappés des pays dominés par la bête. Ces juifs communistes sous habit sacerdotal, dont nous prouverons l'existence dans le second tome de cet ouvrage, accaparent le Patriarcat et les Épiscopats de l'antique et héroïque Église Orthodoxe Russe, qui bien que, par malheur pour nous Catholiques, elle ait épaulé le lamentable schisme de Constantinople, lutta avec acharnement pour sauver cette nation et l'empêcher de tomber sous les griffes de la Synagogue de Satan.

Comme l'ont dénoncé à toute l'humanité les Évêques exilés de l'authentique Église Orthodoxe, actuellement aussi bien le Patriarche de Moscou que les autres clercs sont de simples agents communistes revêtus d'habits cléricaux, qui utilisent l'investiture sacrée pour faire la propagande bolchevique dans le but de faciliter de diverses manières le triomphe du Communisme, en affaiblissant les défenses du monde libre et en cherchant à tromper avec le mythe que le Communisme ne persécute pas l'Église, et que l'on peut parvenir à une coexistence pacifique avec le marxisme athée. Cette coexistence, comme nous le savons bien, n'a pas plus de sens que de pousser la Sainte Église à conclure un pacte avec l'Antéchrist, mais ils la prétendent pour démoraliser et neutraliser l'action des Russes exilés et des patriotes de Pologne, de Hongrie, de Roumanie, de Yougoslavie et des autres pays tyrannisés, qui sont engagés dans une lutte sourde et tenace pour libérer leurs pays du joug criminel et sanglant des juifs marxistes. Ces pactes avec le démon achèveraient également de démoraliser les chrétiens des États-Unis, qui font tant de sacrifices et paient de si lourds impôts pour la défense du monde libre.

Le peuple nord-américain, déjà très ébranlé par les trahisons de nombre de ses gouvernants, risquerait de se décourager s'il s'apercevait que la Sainte Église jette ses brebis dans la gueule du loup et pactise avec le diable. Or tel est bien le plan des juifs et des communistes avec le prochain Concile œcuménique (Vatican II), et comme nous l'avons su, ils vont employer à cette fin les communistes ensoutanés qui usurpent les hiérarchies de l'Église Orthodoxe Russe, tout comme ils font à ce Conseil Mondial des Églises qui contrôle une grande partie des Protestants, maintes fois accusé dans la presse des États-Unis par des patriotes même protestants de ce pays, dénonçant cet organisme pour trahison du protestantisme, des États-Unis et du monde libre, car la politique de ce

Conseil Mondial des Églises a été celle d'une complicité notoire avec le Kremlin et de trahison du monde libre.[504]

Mais l'assistance de Dieu Notre-Seigneur à Sa Sainte Église fera échouer une fois de plus, nous en sommes certains, les entreprises du dragon infernal et de sa Synagogue, en faisant se lever dans le Saint Concile de nouveaux Saints Athanases, Saints Ambroises, Saints Jean Chrysostomes ou Saints Bernards, qui en ce moment de crise fassent sombrer les plans sinistres du Communisme judaïque et de sa cinquième colonne dans le clergé, même de ceux qui chantent déjà victoire, pensant assurée leur prise en mains du Concile, et qui affirment qu'ils feront approuver des réformes pour détruire définitivement l'Église et faire triompher le Communisme international.

Parmi les manœuvres qu'ils ont ourdies pour préparer la dérogation à la bulle d'excommunication du Communisme et l'instauration de la cœxistence pacifique avec l'Antéchrist, la juiverie du Kremlin en association avec les clercs de la cinquième colonne infiltrée (dans l'Église Catholique) ont projeté que les autorités communistes libèrent subitement des Évêques et des clercs qu'ils ont tenus emprisonnés depuis des années, et que ceux-ci soient conduits en triomphe par les rues de Rome, avec l'envoi de la part des autorités communistes de félicitations à Sa Sainteté le Pape et au Saint Concile, et autres gestes d'amitié semblables, qui, par leur flagornerie pompeuse, seront à même d'ébranler la volonté des Pères du Concile de poursuivre la lutte contre le Communisme, afin que ceux-ci donnent leur approbation à la politique de cœxistence pacifique que le Judaïsme et ses satellites dans le haut clergé cherchent à imposer à l'Église.

Les communistes sont très bons commerçants, et, en échange de quelques gestes de bonne volonté, ils désirent que l'on détruise les défenses de l'Église contre le Marxisme et que s'établisse une prétendue cœxistence pacifique qui n'ait d'autre objectif que de retirer la Sainte Église de la lutte contre le Communisme athée, afin que celui-ci puisse étendre plus facilement sa domination sur le monde. En échange de concessions

---

[504] NDT : Le mythe de la « défense du monde libre » martelé devant l'opinion européenne et américaine réussit à la tromper pendant que les hauts cercles dirigeants du Gouvernement Judéo-US développaient le Communisme dans le monde entier, l'implantant et lui donnant armes, voix médiatique, appui financier, industriel et même militaire, développant parallèlement les organisations mondialistes lucifériennes qu'ils contrôlent, auxquelles obéissent tous les gouvernements et à qui sont destinées toutes les armes payées par le peuple américain et les peuples occidentaux, au profit unique de l'impérialisme mondial du Nouvel Ordre Judéo-US ! (Cf les ouvrages « *Pions sur l'échiquier* » et « *Red fog over America* » de William Carr, ceux d'Anthony Sutton; en France ceux de Jacques Bordiot, de Georges Virebeau, de Yann Moncomble et de Pascal Bernardin (diffusion DPF Chiré), et enfin la synthèse remarquable sous le titre « *Franc-Maçonnerie et Sectes secrètes, le côté caché de l'Histoire* » sous la signature d'Epiphanius, parue aux Editions Ichtys, 45 via Trilussa, I-00041 Albano Laziale, Roma (édition française du Courrier de Rome, diffusion DPF, BP 1-86 Chiré en Montreuil).

de relativement faible importance, ils cherchent à obtenir des avantages substantiels qui leur permettent d'assurer leur victoire sur le monde libre. Mais s'ils avaient vraiment la volonté de faire la paix avec la Sainte Église, pourquoi ne suppriment-ils pas du Communisme son matérialisme athée ? Pourquoi ne libèrent-ils pas les Catholiques de Pologne et de Tchécoslovaquie du joug de l'esclavage qu'ils leur ont imposé, et ne retirent-ils pas de leurs territoires les troupes soviétiques pour permettre de procéder à des élections libres ? Pourquoi ne font-ils pas de même avec les autres nations chrétiennes qu'ils ont vassalisées ? Pourquoi ne suppriment-ils pas la diffusion de leur propagande antichrétienne et antireligieuse, destinée à priver de leurs croyances les fidèles chrétiens ?

Mais ils cherchent à ce que l'Église se lie pratiquement les pieds et les mains et laisse la bête rouge aller dévorer le monde entier, en échange de quelques petits gestes qu'ils prétendent de bonne volonté, et qui sont sans aucune proportion avec les concessions qu'ils cherchent à obtenir d'elle.

Un savant universitaire roumain qui a fui la tyrannie communiste pour se réfugier en Occident nous fournit une information intéressante sur la situation actuelle de l'Église Orhodoxe Russe que nous citons ici :

« Parmi les milliers de clercs assassinés par les juifs en Russie, on compte :

le Métropolite Beniamin de Petrograd,
l'Évêque Pantelimon de Polosky,
l'Évêque Nikodim de Bielgorod,
le Métropolite Grigory d'Ekaterinenbourg,
l'Archevêque Leontie d'Arkhangelsk,
l'Archevêque Tikhon de Voronej,
le Métropolite Wladimir de Kiew,
l'Évêque Mitrofanis de la province d'Arkhangelsk,
l'Archevêque Vassili de la Chernikovsky,
l'Évêque Makarie Orlovsky de l'Evêché Russe du Nord,
l'Archevêque Andronik de Perm,
l'Évêque Ambrosie de Wiatka,
l'Évêque Ermoghene de Tobolsk,
l'Évêque Grigorie de Novgorod,
le Vicaire Isidor de Novgorod,
l'Évêque Pimin du Turkestan,
l'Évêque Ephrem de Vladivostok,
l'Évêque Laurentius de Nijinovgorod. »[505]

---

[505] NDT : D. Petrovski dans son livre « *La Russie sous les juifs* » (Paris, 1931, chap II) indique encore les martyrs suivants, avec d'épouvantables détails sur leurs supplices infligés par les bourreaux juifs : parmi le haut clergé russe : l'Archimandrite Cheine à Petrograd, l'Évêque Anatole à Irkousk, l'Évêque Isidore à Saratow, l'Évêque Platon à Reval (ce dernier congelé vivant !). Selon Petrowski et ses sources russes, plus de cent cinquante évêques furent tués

« De même que les églises, ont été fermés tous les couvents, les séminaires et les œuvres de l'Église. Toute l'organisation ecclésiastique a été détruite, et tout culte chrétien a été prohibé. La religion (sauf la juive évidemment) était considérée par les juifs comme l'avait dit Lénine, comme « l'opium du peuple ».

« Après avoir tout détruit et avoir assassiné des millions et des millions de chrétiens, les satrapes juifs de la Russie communiste se trouvèrent face à la nécessité politique d'une apparente revendication de la liberté religieuse comme étant à même de tromper les peuples chrétiens encore libres, afin d'amoindrir l'hostilité des chrétiens envers le régime communiste.

« Les assassins du Kremlin poursuit l'informateur et écrivain roumain Traian Romanescu trouvèrent à cet effet l'un des leurs capable d'interpréter le rôle de « Patriarche de Moscou » et de donner l'illusion de la renaissance de l'Église Orthodoxe Russe. Ce communiste, que l'on avait affublé d'une barbe et d'une soutane pour le transformer en « Patriarche » n'est pas chrétien. Le « Patriarche » Alexeï de Moscou s'appelle en réalité Rubin. C'est un juif d'Odessa en Ukraine, et sa famille était avant la révolution propriétaire d'une maison de tolérance près du port d'Odessa. L'Église Orthodoxe Russe actuelle n'est rien d'autre qu'un instrument déguisé du régime communiste et de ses représentants, à usage de l'étranger, tout comme les Évêques Russes orthodoxes d'Amérique du Nord, de Paris et de Jérusalem sont des membres des services secrets soviétiques, et sont aussi dangereux que les espions soviétiques qui viennent en Occident comme diplomates ».[506]

L'exposition des faits que nous venons de tirer de « La grande Conspiration juive » écrite par l'universitaire roumain Traian Romanescu nous fait clairement voir comment les juifs assassinèrent d'abord en masse les Évêques vraiment chrétiens, pour ensuite confier manu militari la direction de l'Église Orthodoxe à la cinquième colonne juive qui était infiltrée dans ses rangs. Il n'est pas étonnant alors que la même cinquième colonne juive infiltrée dans le clergé catholique puisse s'entendre facilement avec ses frères crypto-juifs du clergé orthodoxe. Les faits scandaleux auxquels nous allons assister dans les prochains mois ne pourront surprendre que ceux qui ignorent « ce qui se passe dans les coulisses » pour employer l'expression heureuse de Benjamin Disraéli.

---

dans des contitions atroces ou emprisonnés et déportés et plus de deux mille prêtres torturés et fusillés et un grand nombre de religieuses torturées dans la seule année 1923. Les persécutions et le martyrologe s'allongea ensuite encore en 1925 avec les déportations concentrationnaires au pénitencier de Solovski et les assassinats (par exemple celui de l'Évêque Pierre de Tambow), puis en 1927, en 1929 et continuèrent ensuite.
[506] Traian Romanescu : « *La Grande Conspiration Juive* », édit. espagnole citée, pp 222-223.

# CHAPITRE XXXIII

## LES JUIFS, PROPAGANDISTES DU CULTE DE SATAN

Un haut dirigeant du Judaïsme du siècle passé, Adolf Jacob Frank, dans son intéressant ouvrage sur la Cabbale, déclare ceci à propos de la démonolâtrie (le culte des démons) chez les hébreux : « Si dans le Judaïsme l'on trouve des traces de la plus sombre superstition, il faut surtout chercher la cause de la terreur qu'il inspire dans sa démonolâtrie ».[507]

Cette confession que la démonolâtrie a existé dans le Judaïsme est d'une grande valeur, provenant d'un haut dirigeant de la Synagogue, qui fut ni plus ni moins que le Vice-Président du Consistoire Israélite de Paris, la plus haute autorité juive de France, le collaborateur des Archives Israélites, et fut aussi le Conservateur adjoint de la Bibliothèque Impériale au temps de Napoléon III.

Les juifs propagèrent le culte de Lucifer, d'abord dans certaines sectes gnostiques, puis par des sectes secrètes lucifériennes et satanistes, et principalement au moyen de la Magie diabolique connue vulgairement sous le nom de Magie noire, dont les doctrines dérivent de la Cabbale hébraïque et dont les principaux propagateurs à toutes époques ont été les israélites, l'aspect le plus pervers de cette magie étant l'adoration du démon.

Il faut préciser que certains groupes juifs cabbalistes ont effectivement rendu un vrai culte à Satan dans leurs conventicules secrets, mais il est indubitable que la majorité des juifs qui ont diffusé le culte de Satan, sans porter crédit à cette horrible superstition, l'ont seulement fait comme un moyen efficace de subversion de la société chrétienne pour préparer sa destruction, en transformant le mal en bien et vice versa.

Personne n'a pratiqué autant que les israélites et de façon aussi scandaleuse qu'eux l'apophtegme que « la fin justifie les moyens ».

---

[507] Adolfo Jacob Frank « *La Kabbale dans la philosophie religieuse des Hébreu* », p. 151.

Quelle meilleure méthode en effet pour désintégrer moralement la société chrétienne au Moyen Age que de lui faire adorer Satan et abhorrer Dieu ?

La méchanceté du Judaïsme, on le constate, est sans limites et incalculable. C'est pour cela que le Christ Notre-Seigneur appela les hébreux « Fils du diable » et leurs Synagogues, « Synagogues de Satan ».

Le Satanisme fut une autre des tentacules de la pieuvre, de cette grande révolution juive du XIIème siècle, qui sous certains aspects fut aussi terrible et même peut-être davantage que celle des temps modernes. L'écrivain anglaise Nesta H. Webster affirme que : « Vers la fin du XIIème siècle, elle s'étendit vers la Styrie, le Tyrol et la Bohème, et même jusqu'au Brandebourg ; au début du XIIIème siècle, elle avait déjà envahi l'ouest de l'Allemagne » et, ajoute cet écrivain, elle s'étendit ensuite en Italie et en France.[508]

Il faut noter qu'à l'époque des Croisades et postérieurement, des milliers de juifs d'Allemagne et d'Europe Centrale se convertirent fictivement au Christianisme en prenant des patronymes de ces pays, grâce auxquels ils s'infiltrèrent et se diluèrent dans la société chrétienne, grossissant la cinquième colonne juive déjà infiltrée dans celle-ci. Cette invasion de faux convertis fut suivie comme toujours par la propagation d'hérésies et de mouvements subversifs, dont le Satanisme fut celui qui joua le rôle le plus important. La Bohème, où ces fausses conversions avaient inondé l'Église, finit par devenir comme le sud de la France et le nord de l'Italie, un véritable épicentre d'hérésies, entraînant la même situation qu'actuellement en Suisse qui est devenue le berceau du protestantisme judaïque de Calvin et de Zwingle, une tendance qu'il faut distinguer du protestantisme nationaliste, en bien des cas antisémite et qui eut pour chef Luther.

Éliphas Levi décrit les cérémonies de l'évocation infernale en signalant que pour les assistants :

« Il est nécessaire de profaner les cérémonies de la religion dont on dépend et d'en fouler aux pieds les symboles les plus sacrés. Cette pratique atteint son summum avec la profanation du Très Saint Sacrement. L'Hostie consacrée est donnée en aliment à des rats, des porcs ou des crapauds, et est profanée en des manières qu'il est impossible de décrire ».[509] Au cours des siècles il y eut de véritables scandales provoqués par la révélation de cas de juifs ou de « convertis », y compris de clercs crypto-juifs, qui volèrent de Saintes Hosties pour se livrer avec elles à ces épouvantables sacrifices dans leurs réunions secrètes.

---

[508] Nesta H. Webster : « *Secret Societies and Subversive Movements* », Ed. cit., chap IV.
[509] Arthur E. Waite : « *The Mysteries of Magie* » p. 215.

Les juifs, dans leur haine majeure contre le Christ, réussirent avec la magie à amener jusqu'à des chrétiens, empoisonnés par les doctrines satanistes, aux mêmes pratiques. Nesta H Webster, citant Deschamp, en parle en ces termes : « Cette science des arts du démon, dont les juifs furent les initiateurs, et à propos de laquelle on ne peut ignorer la Cabbale juive si l'on fait une analyse complète de la situation ».[510]

Une autorité insoupçonnable d'antisémitisme, le célèbre Éliphas Levi, constate que « Les juifs les plus fidèles croyants dans les secrets de la Cabbale furent presque toujours les grands maîtres de la Magie au Moyen Age ».[511]

Une autre autorité insoupçonnable de complicité avec l'Église Catholique qui accusa les juifs d'avoir disséminé la Magie noire est Voltaire, qui dans sa « Henriade », dans la description d'une horrible cérémonie où se mêlaient les noms infernaux avec ceux de l'Éternel, dit : « Le prêtre de ce temple est un de ces hébreux qui, proscrits sur la terre et citoyens du monde, etc... » précisant en note au pied de ce vers harmonieux que « ce furent ordinairement des juifs qui étaient employés pour les opérations magiques, et que cette antique superstition provient des secrets de la Cabbale dont les juifs se targuent d'être les seuls dépositaires ».[512]

Nesta H. Webster après une étude sereine et approfondie conclut en ces termes : « La démonologie en Europe fut de fait essentiellement une science juive ».[513]

Mgr Meurin, Archevêque Évêque de Port Louis, citant Leo Taxil et le « Manuel Cabbaliste » du Frère Constant 30ème degré dans la Maçonnerie, écrit : « Cette information confirme l'idée, commune à presque tous les auteurs qui se sont occupés de la magie diabolique, que toutes les branches et toutes les pratiques de la sorcellerie ont leur origine dans la Cabbale juive ».[514]

Il est également évident que les juifs comme fondateurs et dirigeants de la Franc-Maçonnerie introduisirent le culte de Lucifer dans certaines organisations maçonniques, comme le démontre Léo Taxil qui fut un profond enquêteur en la matière, et qui au sujet du grade de 20ème degré ou Grand Patriarche de certains rites déclare : « Le Prince du Tabernacle est déjà préparé pour cette révélation maçonnique, car au vingtième grade, celui de Grand Patriarche, il a adoré l'étoile qui brille dans un nuage d'or qu'on lui a fait connaître comme l'Etoile du Matin, autrement dit Lucifer, en écoutant l'exhortation du président : « Sois comme l'Etoile du Matin

---

[510] Nesta H. Webster, op.cit., chap. IV, p. 78.
[511] Eliphas Levi : « *Dogme et Rituel de la Haute Magie* », 1861, t.II p. 220.
[512] Voltaire : « *La Henriade* ».
[513] Nesta H. Webster, op.cit., chap. IV, p. 80.
[514] Mgr Léon Meurin S.J. : « *Philosophie de la Maçonnerie* », éd. cit., p. 230.

qui annonce la venue du jour, va apporter au monde la lumière, et au nom sacré de Lucifer déracine l'obscurantisme ».[515]

Quant à l'objectif poursuivi par les juifs par toutes ces pratiques et qui est la totale subversion des valeurs, l'illustre et savant Jésuite Archevêque Évêque de Port Louis fait la description suivante :

« Nos lecteurs savent bien que pour faire dévier de la vérité les esprits de leurs adeptes, les juifs cabbalistes se sont efforcés de changer le sens des mots: ainsi Dieu est Satan, et Satan est Dieu. Le Bien est le Mal, et le Mal, le Bien. La Vertu est le Vice, et le Vice, la Vertu. La Vérité est le Mensonge, et le Mensonge, la Vérité. La Lumière est les Ténèbres, et les Ténèbres, la Lumière. La Révélation est l'Obscurantisme, et l'Obscurantisme, la Révélation. La Religion est la Superstition, et la Superstition, la Religion ».[516] [517] [518]

---

[515] Léo Taxil : « *Les Frères Trois Points* », vol. II, p. 126.

[516] Mgr Léon Meurin S.J., « *Philosophie de la Maçonnerie* », Op. cit., p. 232.

[517] NDT : Selon certains mémorialistes de très hauts personnages du Nazisme, dont Rudolf Hess, Karl Hausofer et, dit-on, Hitler lui-même auraient fait partie ( ?) de hautes sectes cabbalistes comme la Golden Dawn, l'OTO et la Thulé Gesselschaft, qui restèrent ouvertes à Berlin alors que les loges maçonniques ordinaires avaient été fermées. Si l'information est exacte, il n'y avait donc rien à attendre de tels leaders pour le salut de l'Europe !

[518] NDT : Que le satanisme soit relancé depuis les années 1960 par la juiverie, l'industrie juive du spectacle, du cinéma et du vidéo-film, du disque et de la chanson, notamment par le rock, est une évidence bien documentée par le RP Régimbal et divers auteurs. La juiverie redouble d'efforts dorénavant en ce sens : cf la propagande médiatique de célébrer Halloween, la fête des sorciers, des sorcières et des démons, propagande relayée par les syndicats du commerce et même les milieux scolaires. On a précédemment cité en note le livre d'Epiphanius « *Maçonnerie et sectes secrètes le côté caché de l'histoire* » : on y apprend (p. 446 de l'ed. italienne) que l'Église conciliaire par son mouvement oecuméniste et communisant Pax Christi (présidé par le « cardinal » Danneels) collabore aux activités du Lucis Trust (ex-Lucifer Trust) fondation spirite sataniste d'unification mondiale : figure le fac-simile de la lettre d'information n°2 de 1986 du Lucis Trust « *Bonne Volonté mondiale* » (éditée à l'adresse génevoise de cet organisme, la même que celle du B'nai Brith) citant « Pax Christi » parmi les participants de la journée de « prières communes ( !) (à Satan) du World Service Forum. Ceci est évidemment en pleine conformité avec la cérémonie d'Assise de Jean Paul II, et son aimable rencontre et ses vœux aux prêtres vaudous adorateurs du serpent, mais aussi avec la Déclaration de Vatican II Nostra AEtate ! Autre coopérateur du Lucis Trust, l'œuvre Emmaüs de l'abbé Pierre. (Selon le livret édité par cette organisation pour son cinquantième anniversaire en 1999, le nom Emmaüs proviendrait, non pas des disciples d'Emmaüs mais d'Emma Hus !... sœur ( ?) de l'hérésiarque Jean Hus qui « se serait dévouée aux pauvres après la mort de son frère » ! C'est un exemple des jeux de mots et impostures lucifériennes des juifs pour tromper les naïfs catholiques et non-juifs).

# CHAPITRE XXXIV

## L'ÉGLISE ET LES ÉTATS CHRÉTIENS ORGANISENT LEUR DÉFENSE CONTRE LA GRANDE RÉVOLUTION JUDAÏQUE MÉDIÉVALE

Devant l'action subversive menée par ce réseau de sociétés secrètes dirigées par le Judaïsme dont les activités mirent en péril la Sainte Église, les États chrétiens et tout l'ordre social existant alors, les organismes menacés se mirent à organiser efficacement leur défense, et y participèrent successivement et tout particulièrement différents Papes, notamment le grand Innocent III, avec Saint Dominique Guzman, Saint François d'Assise, les IIIème et IVème Conciles œcuméniques de Latran et d'autres Synodes provinciaux.

Le plus étonnant fut que participa également à l'organisation de cette défense efficace un libre-penseur, un incrédule, ennemi affiché de Sa Sainteté le Pape Innocent III, mais qui comprit que l'Europe était sur le point de tomber dans les griffes sanglantes des juifs et de leurs hérésies. Nous évoquons ici l'Empereur Frédéric II d'Allemagne qui, tout en étant d'un côté en lutte avec la Papauté, eut la sagesse et la haute vision politique de mesurer toute l'ampleur du mortel danger qui planait sur les nations européennes. Il importait peut-être davantage à Frédéric de sauver son peuple que de sauver l'Église, mais par bonheur, la conscience de la menace mortelle l'empêcha de gêner la défense entreprise, et, ce qui est mieux encore, il y contribua de manière efficace et énergique.

Que suivent donc son exemple les patriotes allemands qui luttent actuellement contre la bête, et même si certains peuvent être des agnostiques, qu'ils ne suivent pas la voie équivoque et nuisible des Nazis en adoptant une position antichrétienne.[519]

---

[519] NDT : Cette position néo-païenne et chez certains anti-chrétienne, les théoriciens nazis l'avaient puisée notamment chez Hégel et Nietzsche, ce dernier considéré par le Judaïsme à l'égal de Marx et de Freud comme l'un des grands réformateurs dans leur sens de la pensée chrétienne (J. Jehouda). Tout en criant aujourd'hui haro sur le Nazisme et les Nazis, le Judaïsme s'essaie à favoriser leurs résurgences, jugées utiles au maintien de son influence

Ce furent les édits de l'empereur Frédéric qui servirent en grande partie de base au régime inquisitorial et furent ensuite approuvés par les Papes, ce qui nous démontre l'intervention décisive de cet incrédule, ennemi de la Papauté, lié au fait que le danger ne menaçait pas seulement l'Église mais l'Europe même, et que le régime inquisitorial fut indispensable pour permettre de la sauver et d'éviter qu'elle ne tombe sous la domination de l'impérialisme judaïque.

La situation que nous traversons actuellement est aussi grave que celle du XIIème siècle, mais elle devient peut-être plus dangereuse encore, compte tenu que de nos jours, ni les hiérarchies de l'Église, ni les gouvernants civils ne veulent se rendre compte du danger, comme s'ils avaient un bandeau sur les yeux, ou peut-être, comme si une crise identique à celle du Cardinal juif Pierleoni était en gestation dans la haute hiérarchie, très minée semble-t-il par des infiltrés de la cinquième colonne décidés à assujettir par tous les moyens le bandeau devant les yeux de tous ceux qui pourraient sauver l'Église et la Chrétienté.

Avant de passer à l'étude des mesures défensives adoptées contre le Judaïsme et ses hérésies dans les Bulles de divers Papes et dans les IIIème et IVème Conciles œcuméniques de Latran, faisons d'abord une synthèse de ces mesures.

Comme les juifs militants incitaient ouvertement et par tous les moyens aux hérésies révolutionnaires qui déchiraient toute l'Europe et ne manquaient pas une occasion de conquérir et subjuguer les peuples chrétiens, des mesures s'imposaient pour s'efforcer d'éviter que ces étrangers nuisibles et traîtres continuassent de faire tant de mal. Le plus important était de les empêcher d'avoir des rapports étroits avec les chrétiens, car ces contacts leur servaient à les tromper et à empoisonner les consciences par des doctrines dissolvantes. Pour y parvenir, on fit appliquer rigoureusement les Canons des Saints conciles de l'Église qui au cours des siècles avaient ordonné cette séparation. Ces Canons, bien que restés en vigueur, étaient tombés en désuétude dans de vastes régions, et il suffisait simplement de les faire exécuter par les autorités civiles et religieuses. Ultérieurement seront approuvés par les Conciles œcuméniques de nouveaux Canons, étendant de manière universelle et obligatoire la disposition concernant le signe distinctif que les juifs

---

dans la Communauté juive en ravivant sa peur et le mythe de la haine des goims, et aussi pour matraquer les non-juifs du slogan Sens national (patriotisme) = Racisme-Nazisme et subjuguer ainsi leur opinion publique. La relance de mouvements néo-nazis sert aussi à ce que les réactions anti-juives ne proviennent que de cette voie nietzchéenne absurde, manipulée par les juifs : ainsi les mouvements de la « troisième voie » et leur Congrès à Londres en juin 1992... présidé par le Rabbi Meyer Schiller (revue « *Vouloir* » n°94-96, PoSaint Bus 41, B-1970 Wezembeek Oppem). Ces mouvements naissent fréquemment dans les cercles immoralistes, homosexuels, gnostiques et nietzschéens, aidés financièrement par les ploutocrates juifs...

devaient porter sur leurs vêtements pour que les chrétiens les identifient comme tels et se gardent de leurs fables, de leurs tromperies et de leurs fraudes. Grace à un tel signe, si un juif essayait de prêcher une hérésie ou la subversion de l'ordre social, personne ne l'écouterait, sachant qu'il s'agissait d'un juif escroc, au sujet desquels les fidèles étaient constamment alertés du haut des chaires des églises, et le clergé était alerté lui-même par le rituel et la Liturgie où il y avait de constantes allusions à la perfidie judaïque, étant compris comme tel tout l'ensemble des activités subversives, hérétiques et d'infiltration interne dans le clergé de l'Église, et en général tous les maux caractérisant l'action du juif dans la société chrétienne.

Vint ensuite en complément de ce cadre défensif l'implantation obligatoire du ghetto, forçant les juifs à s'établir dans un bourg particulier, à part des populations, pour les empêcher de vivre au milieu des chrétiens et de les pervertir par leurs doctrines empoisonnées et leurs intrigues.

Dans un même objectif, on les exclu des Corporations d'artisans, des Universités naissantes et de toutes les institutions essentielles de la société chrétienne, libérant ainsi ces dernières de leur domination et leur évitant d'être utilisées pour servir au triomphe de leurs conspirations répétées contre la Sainte Église et contre les malheureux peuples qui leur avaient ouvert leurs frontières et leur avaient offert un cordial accueil.

En un mot, l'Église et ses pasteurs s'apprêtèrent à remplir leur devoir de protéger leurs brebis et leurs agneaux contre les manœuvres du loup, comme l'ordonna le Christ Notre-Seigneur.

De nos jours, les infiltrés de la cinquième colonne juive dans la haute hiérarchie du clergé, prétextant de supposées conditions actuelles meilleures, prétendent faire approuver par le présent Concile Vatican II certaines réformes équivalant à abandonner les brebis aux griffes du loup, étant donné qu'ils ont projeté dans l'ombre de faciliter la victoire du Communisme ou d'empêcher que les peuples ne se défendent contre l'impérialisme des juifs et leurs perverses conspirations, s'agissant de faire approuver par le Concile des thèses vagues et générales sur l'unité des peuples et des Églises, qui puissent ensuite être aussi approuvées par le Communisme, le Judaïsme et leurs complices et agents dans le clergé catholique.

Pendant que la Sainte Église et les États chrétiens prenaient les mesures que nous avons citées pour empêcher ou du moins pour réduire l'efficacité des activités subversives des juifs publics, ils portaient efficacement aussi leur attention sur le problème des juifs occultes (et de leurs hérésies judaïsantes) et sur leurs mouvements subversifs (hérésies diverses).

Comme les juifs clandestins apparaissaient en public comme de sincères chrétiens, vivaient pour l'extérieur comme de pieux catholiques, et allaient jusqu'à s'infiltrer dans le clergé, et que chez beaucoup d'entre eux avait même été perdue toute notion et toute trace attestant leur origine juive, il était très difficile de les localiser. Infiltrés dans toutes les sphères de la vie religieuse, politique et sociale, ils étaient beaucoup plus dangereux que les juifs professant publiquement leur religion. En outre, les sectes hérétiques qu'ils organisaient fonctionnaient de manière analogue au Judaïsme clandestin, car les hérétiques vivaient pour l'extérieur comme des catholiques, et leurs organisations et réunions étaient secrètes. Comme leurs dirigeants occultes, les juifs souterrains s'introduisaient partout, minant la société chrétienne sans que ni l'Église ni l'État puisse l'éviter. C'est seulement lorsque la conspiration était mure et avait acquis une force suffisante pour asséner le coup décisif que la secte faisait alors éclater l'une de ces révolutions qui mirent à genoux et ensanglantèrent la société médiévale et qui, si elles n'avaient pas été écrasées, auraient avancé de plusieurs siècles la catastrophe qui plane aujourd'hui sur le monde.

Il fallait donc extirper cette tumeur si les peuples voulaient vivre en paix, si l'Église voulait son salut et celui de la société chrétienne, et si les nations ne voulaient pas tomber dans les griffes du Judaïsme.

Au départ, les Papes confièrent aux Évêques les fonctions inquisitoriales, mais les Prélats étant occupés à l'administration de leur diocèse qui les absorbait quasiment à plein temps, il leur restait peu de temps pour remplir ces fonctions. L'expérience montra alors que pour cette raison l'Inquisition Épiscopale était inefficace, outre qu'elle ne permettait pas la nécessaire coordination. Car le Judaïsme clandestin s'étendait à la totalité du monde chrétien, de même que ses hérésies révolutionnaires. L'ennemi constituait une organisation du type inter-étatique ou internationale comme on dirait aujourd'hui, de sorte qu'il était impossible de le combattre à partir d'organisations de caractère local. Pour les mêmes raisons, les tribunaux civils étaient inadéquats pour atteindre les objectifs visés, car ceux d'un État donné n'étaient pas coordonnés avec ceux de ses voisins, rendant impossible toute action répressive universelle, indispensable contre un ennemi ayant ce caractère. Au milieu des divisions de la Chrétienté, démembrée en divers États, dont certains s'opposaient par de sordides rivalités, le Pape était l'unique lien d'union, la seule institution qui pouvait affronter un ennemi de ces dimensions. L'Inquisition Pontificale s'avéra donc indispensable.

Au début, certains Évêques s'opposèrent à cette mesure, incités par des clercs de la cinquième colonne ; mais heureusement à cette époque, le pouvoir de cette cinquième colonne était bien plus faible qu'au temps des Pierleoni, et celle-ci ne put éviter la création de la Sainte Inquisition Pontificale. Dans cette dernière, les Inquisiteurs agissaient avec le caractère de délégués du Pape, et furent bientôt sous les ordres d'un Grand Inquisiteur. C'est ainsi que fut constitué l'organisme capable de détruire l'ennemi, et il l'aurait effectivement anéanti si le Judaïsme n'avait en plusieurs occasions pu capitaliser à son profit la bonté naturelle des Papes, abusant de leur bonne foi pour obtenir un pardon général des crypto-juifs et des hérétiques, qui détruisait alors d'un seul coup tout le travail réalisé en plusieurs années de labeur par les Inquisiteurs.

Cette bonté des Papes fut exploitée habilement par les juifs clandestins pour se sortir de catastrophes répétées et pouvoir se réorganiser en vue d'une nouvelle attaque. Ainsi après trois siècles durant lesquels la Sainte Inquisition Pontificale défendit l'Europe et la Chrétienté contre la domination judaïque, la Synagogue clandestine, pardonnée à plusieurs reprises, parvint à donner son coup de griffes du seizième siècle, qui déchira la Chrétienté et qui permit à partir de cette date à l'impérialisme judaïque d'accomplir chaque fois de nouveaux progrès, pour finir par confronter la Sainte Église et tous les peuples du monde à la menace du Communisme athée, assassin et tyrannique.

Ce qui durant ces trois siècles rendit si efficace la défense opérée par le système inquisitorial fut d'avoir affronté le problème sous tous ses aspects. L'expérience avait montré que beaucoup des sectaires se maintenaient impeccablement orthodoxes, de telle sorte qu'il était impossible de les accuser d'hérésie, mais de manière étrange, tout en faisant montre d'une indiscutable orthodoxie, ils prêtaient aux hérétiques et aux mouvements hérético-révolutionnaires un appui si précieux qu'en maintes occasions ils causaient à la Sainte Église et aux peuples chrétiens plus de dommage que des hérétiques manifestes. En bref, ces individus agissaient dans les rangs de l'orthodoxie en complicité avec l'hérésie et au profit de cette dernière.

Pour s'exprimer selon la terminologie du XX$^{\text{ème}}$ siècle, nous pouvons dire qu'ils étaient comme une cinquième colonne de la secte hérétique dans les rangs du Catholicisme. Et, qui plus est, ils faisaient montre de leur orthodoxie pour obtenir les meilleures positions dans la société catholique et dans les hiérarchies de l'Église, à partir desquelles ils effectuaient un travail d'espionnage encore plus efficace au profit de l'hérésie, ou causaient à l'Église davantage de ravages en offrant à la secte dont ils faisaient partie de précieux services.

Ces individus, qui, sans être des hérétiques manifestes, aidaient d'une manière ou d'une autre l'hérésie et ses adeptes, furent désignés par la législation canonique et par la Sainte Inquisition comme « fauteurs d'hérésies », dont le délit était punissable de la dégradation immédiate s'il s'agissait des clercs, et, pour tous, de peines de prison et de la confiscation des biens et même de la peine de mort, en fonction des dommages que causerait à la société leur appui direct ou indirect à l'hérésie. Et il ne s'agissait pas simplement ici d'une question religieuse, car il n'y avait pas à démontrer si l'individu en question était orthodoxe ou hétérodoxe, mais d'une question purement d'ordre socio-politique, car ce qu'il fallait seulement examiner était si le clerc ou le laïc inculpé avait ou non aidé l'hérésie ou les hérétiques en quelque manière.

En franchissant ce pas, la Sainte Église et les Princes chrétiens mirent le doigt sur la plaie et commencèrent à ébranler sérieusement les mouvements révolutionnaires crypto-juifs, et ils finirent même par les vaincre complètement, car le secret des triomphes juifs avait déjà ses racines dans l'action de la cinquième colonne c'est-à-dire des fauteurs d'hérésies, qui, tout en restant parfaitement orthodoxes, faisaient l'ascension des hiérarchies cléricales pour aider de ces hautes postes le Judaïsme et ses hérésies, pendant que par des intrigues et des condamnations ils neutralisaient les vrais défenseurs de l'Église.

À la fin du XII<sup>ème</sup> siècle, la Sainte Église et les États chrétiens orientèrent toute la rigueur de leur action répressive contre les infiltrés de cette cinquième colonne, se rendant ainsi capable de triompher de leurs mortels ennemis, même si ce succès demanda encore trois siècles.

Tout au contraire à notre époque, où les fauteurs d'hérésie, des Cardinaux, Évêques et clercs de tout rang, tout en faisant parade de leur orthodoxie, aident de diverses manières au développement des mouvements et des révolutions maçonniques et communistes en trahissant la Sainte Église et leurs patries, sans jamais qu'aucune dégradation ne vienne les frapper pour une œuvre aussi criminelle, en même temps qu'avec une fureur inexplicable ils attaquent les gouvernants chrétiens qui défendent leur pays du Communisme, de la Maçonnerie et du Judaïsme, ou ils condamnent et déprécient les anticommunistes qui s'efforcent de lutter réellement contre le risque d'une dictature rouge. Telle a été la principale raison des victoires du Communisme et de la Maçonnerie dans le monde catholique, et, en restant impunis, ces nouveaux Judas Iscariotes accroissent toujours davantage leur puissance, menaçant de s'emparer maintenant de l'Église entière.

Aux temps de l'Inquisition Pontificale, ils auraient été sans aucun doute incarcérés, dégradés des ordres sacerdotaux et même dans certains cas, ils auraient été remis au bras séculier pour être exécutés.

C'est seulement ainsi que la Chrétienté, purifiée de ces traîtres, put faire front avec succès à toutes les embûches de l'ennemi.

Mais la Sainte Église et les États chrétiens ne bornèrent pas encore là leur défense, et sachant que certains autres, qui n'étaient ni hérétiques ni fauteurs d'hérésies, protégeaient cependant ces deux catégories, ils établirent aussi des peines contre ces protecteurs de l'hérésie, qu'ils fussent clercs ou laïques.

Par toutes ces mesures, les défenses de la Sainte Église et des États chrétiens se renforcèrent considérablement, car en entreprenant de dégrader les clercs fauteurs d'hérésies et aussi ceux qui les protégeaient, et en les faisant châtier énergiquement, les cas d'Archevêque s, d'Évêques et de clercs d'autres rangs qui aidaient les mouvements hérético-révolutionnaires allèrent en diminuant, car ils savaient qu'en se livrant à de telles activités, ils perdraient leur poste et seraient durement châtiés.

De nos jours, un Archevêque peut aider impunément la Maçonnerie et le Communisme et trahir l'Église, parce qu'il sait que, bien que par ses actes il facilite le triomphe d'une sanglante révolution maçonnique ou communiste et qu'il est ou sera ainsi responsable de l'assassinat de prêtres et de persécutions de l'Église, il gardera son siège épiscopal comme s'il n'avait rien fait de mal.

Puissions-nous méditer tout cela, nous tous qui souhaitons tant sauver la Sainte Église.

MAURICE PINAY

# Chapitre XXXV

## Un Archevêque et sept Évêques condamnés pour le fait d'adorer Lucifer

Pour donner une idée de l'indignation populaire qui existait en Europe contre les mouvements hérétiques pour les raisons évoquées plus haut, nous citerons ici ce que reconnaît à cet égard l'historien anti-catholique et ennemi de l'Inquisition Henri Charles Lea.

Parlant d'un chanoine de Langres qui, accusé d'hérésie, avait été envoyé par le Pape à l'Archevêque de Sens et à l'Évêque de Nevers aux fins d'examen et qui se disculpa à Rome deux ans plus tard, voici ce que dit cet auteur :

« Il avait eu peur de se présenter devant ses juges à l'échéance qui lui avait été fixée, parce que le sentiment populaire contre l'hérésie était si fort que, non seulement ils envoyaient au bûcher tous les hérétiques, mais même tous les suspects d'hérésie, ce pourquoi il supplia d'obtenir la protection papale et la permission de purger dûment sa peine à Rome. Innocent l'envoya de nouveau auprès des Évêques en question, avec ses ordres pour que ces Prélats lui fassent un sauf-conduit et lui accordent protection, jusqu'à ce que son cas ait été dûment décidé ».[520]

Ce fait et d'autres du même type montrent que les exhortations des Papes et des Princes au peuple pour qu'il combatte l'hérésie et qu'il dénonce les hérétiques rendaient beaucoup plus difficile le travail de sape des clercs affiliés à ces mouvements subversifs, car nonobstant leur investiture ecclésiastique, ils s'exposaient à se faire envoyer au bûcher par les masses populaires. Il est donc naturel que, devant cette situation, les clercs de la cinquième colonne, qui auparavant trahissaient impunément l'Église et facilitaient les progrès des révolutions judaïques, devaient dès lors se réfréner, ceci diminuant considérablement les possibilités que la

---

[520] Henri Charles Lea : « *A History of the Inquisition in the Middle Ages* », Ed. cit. t.I, p. 307.

cinquième colonne conservait encore de causer des embûches à l'Église et aux États chrétiens.

Pour la Sainte Église, un clerc qui aide hypocritement les hérésies ou les mouvements révolutionnaires anti-chrétiens est et demeure plus dangereux qu'un laïc, car le clerc, par la grande autorité que lui donne son investiture, a la possibilité de causer des dommages majeurs à la cause catholique. C'est pour cela que, dans la législation canonique et civile qui avait été approuvée contre les hérésies, il avait été donné obligation à tous les fidèles de dénoncer immédiatement, non seulement les hérétiques, mais aussi les fauteurs d'hérésies, y compris les clercs de quelque rang hiérarchique qu'ils fussent.

L'écrivain cité Henri C. Lea, considéré comme l'un des plus importants historiens opposés à l'Inquisition, cite un cas très significatif à cet égard :

« En 1318, Jean de Drasic, Évêque de Prague, fut mandé par le Pape Jean XXII d'être amené à Avignon pour répondre de l'accusation lancée par Frédéric de Schœnberg, Chanoine de Wyscherhad, qui avait dénoncé le Prélat comme fauteur d'hérésie. L'enquête établit que les hérétiques étaient très nombreux, et que ceux-ci avaient parmi eux un Archevêque et sept évêques et que chacun avait trois cents disciples. Ce que l'on disait à propos de leurs croyances indique qu'ils étaient à la fois vaudois et lucifériens ».[521]

Comme on le voit ici, un fervent chanoine, remplissant son devoir, accusa alors cet Évêque de Prague, non pas d'hérésie, mais d'être fauteur d'hérésie, c'est-à-dire que, se faisant apparaître comme orthodoxe, il aidait les mouvements subversifs, ce qui amena le Pape Jean XXII, qui lutta tant contre les juifs et les hérétiques de toutes espèces, à ordonner l'arrestation de l'Évêque traître et à le faire amener à Avignon pour être jugé. Il est également intéressant de constater que dans cette région, d'après l'accusation lancée par ce pieux chanoine, il y avait un Archevêque et sept Évêques lucifériens ou adorateurs de Lucifer. Ceci nous fait voir que les problèmes qui menaçaient alors la société chrétienne étaient aussi graves que les problèmes actuels, avec cependant cette différence qu'alors la Sainte Église comme les États chrétiens se défendaient efficacement contre l'ennemi, alors que maintenant ces Évêques et Cardinaux communistes ou qui favorisent la Communisme et la Maçonnerie le font librement, au grave préjudice de l'Église et des peuples qui ont mis en elle leur foi et de leur confiance.

Il faut reconnaître que Sa Sainteté le Pape Jean XXII est digne de toute vénération et de tout éloge, car dans ce cas-ci comme dans d'autres, il agit toujours avec énergie et rapidité contre les clercs qui trahissaient, sans faire

---

[521] Henri Charles Lea : « *Histoire de l'Inquisition au Moyen-Age* » traduct. française de Salomon Reinach, Paris, 1901, t. III p. 515.

cas de leur position hiérarchique. Il comprit que le mal que pouvait faire un Évêque luciférien ou complice de lucifériens était bien pire que celui que pouvait faire un simple laïc ; comme actuellement le mal que peut causer un Évêque complice du Communisme est beaucoup plus grand que celui que peut faire un civil.

H. C. Lea explique ensuite que Vaudois et lucifériens, malgré leur idéologie si différente, s'étaient donné la main, et que ces derniers espéraient que Lucifer règnerait un jour.[522] Cette étrange association de deux sectes d'idéologies si opposées ressemble beaucoup à ces accords que l'on observe de nos jours entre certains partis appelés chrétiens et les socialistes marxistes dont les premiers font ensuite le jeu de la manière des plus suspecte. La cause est la même. Le Judaïsme a joué de main de maître à réaliser des partis d'idéologies distinctes pour pouvoir avoir le contrôle sur des individus aux idées les plus opposées et aux goûts les plus divers, mais lorsqu'il devient nécessaire d'unir leurs forces contre les bons pour assurer les triomphe de ses révolutions, apparaît alors la nécessité de constituer ces étranges alliances qui représentent parfois une pierre de scandale pour ceux qui ignorent les secrets du Judaïsme. Le fait est que les partis, aussi divers soient-ils de tendance, restent contrôlés par un même pouvoir occulte qui est celui du Judaïsme souterrain.

Cet Évêque de Prague, Jean de Drasic, paraît être le digne prédécesseur de Mgr Beran de Prague, le Primat de Tchécoslovaquie, qui, lorsque le communiste Gottwald fit son coup d'État pour instaurer la dictature communiste en Tchécoslovaquie, reçut le caudillo rouge dans sa Cathédrale avec un *Te Deum*, à la stupéfaction générale du clergé et des catholiques de ce pays. Par ce fait, et en ayant interdit aux chrétiens de combattre le régime communiste, l'Archevêque Primat collabora efficacement à assurer le triomphe de la dictature socialiste des communistes, et même si, par la suite, une grande partie de l'Épiscopat tchèque, indigné par cette trahison, se rebella contre l'Archevêque Primat, l'hésitation et la stupéfaction que cet évènement entraîna dans les consciences des catholiques facilita le triomphe du Communisme. Depuis lors, la Tchécoslovaquie est sous la tyrannie des rouges qui ont assassiné un grand nombre de clercs et de chrétiens.

Pourrait-il être juste que, par l'action de traîtres du clergé, soient assassinés et emprisonnés les clercs fidèles et que la Sainte Église soit persécutée ?

Mais Beran paya sa trahison. Après qu'il eut approuvé les communistes, ceux-ci l'incarcérèrent.

Que peuvent espérer les infiltrés de la cinquième colonne dans le clergé d'un régime socialiste, lorsque des chefs de la révolution soviétique comme

---

[522] Henri Charles Lea, op. cit., trad. française, t. II, p. 515.

Trotski, Zinovief, Kamenef et des milliers d'autres furent ensuite assassinés par leurs frères de race juive Yagoda, Beria et Staline ?

Il est pénible de devoir rapporter ce que fit à notre époque un Archevêque Primat, mais il est plus pénible encore que, par le fait de la victoire communiste qu'il a facilitée, tant de clercs fidèles aient été assassinés et que l'Église de Tchécoslovaquie souffre d'une si douloureuse oppression. Mais précisément, il faut attirer l'attention sur le mal, afin que ceux qui peuvent agir prennent des mesures pour que de si douloureuses trahisons ne continuent pas à se répéter.

Pour revenir au vertueux Pape Jean XXII, son zèle à défendre le peuple fidèle des pièges du démon s'illustra à l'évidence une fois encore avec le cas de Juan Muscata, l'Évêque de Cracovie, à qui ce Pontife de grand mérite fit une sévère réprimande, non pour être hérétique ou complice de sectataires, mais pour sa « bonasserie » et sa négligence, à la faveur desquelles « les hérétiques étaient devenus audacieux dans son diocèse ».[523]

Ceci fait comprendre qu'avec ce type de Pape, la Chrétienté et avec elle l'humanité ne se seraient jamais vues menacées aussi cruellement par un désastre comme celui qui nous guette actuellement, et que l'on aurait évité à la fois la si grande perte des âmes pour la Sainte Église et des évènements si sanglants pour les peuples chrétiens.

Il peut paraître étrange qu'il y ait eu des Évêques et des Archevêques lucifériens ou complices du luciférianisme, tout comme il nous paraît actuellement extravagant qu'il y ait des Cardinaux et des Évêques qui soient crypto-communistes ou qui, tout en se disant orthodoxes, aident le Communisme athée. En fait, pour un homme qui, par pieuse vocation, est entré très jeune dans le sacerdoce, qui s'est élevé dans la hiérarchie jusqu'à devenir Évêque ou Cardinal, et qui a passé sa vie entière au service du Christ, comment pourrait-il jamais tomber dans de telles aberrations ? Quel intérêt pourrait-il avoir d'aider à cette époque la cause du luciférianisme, et dans la nôtre celle du communisme athée et assassin de prêtres ?

Ce fut un problème auquel achoppèrent toujours les chrétiens de tous les temps. L'ennemi pourrait certes prétendre que c'est parce que les aberrations lucifériennes ou communistes étant la vérité, et la position de l'Église représentant l'erreur, elles ont conduit nombre de clercs de très haut rang à apporter leur appui aux premières, mais outre que c'est notoirement absurde, les faits ont clairement montré ce que nous expliquons ici : que des juifs fanatiques, une fois introduits dans le clergé sous le masque du Christianisme dont ils se sont couverts, réalisent au sein dudit clergé les activités les plus perverses de sabotage au bénéfice des intérêts juifs et de leurs entreprises subversives. En outre, c'est l'activité

---

[523] Henri Charles Lea, ditto, p. 516.

normale de toutes les cinquièmes colonnes qui ont existé dans le monde, dont la plus importante est la crypto-juive étant donnée son ancienneté millénaire et son universalité.

Quand l'Inquisition put enquêter avec efficacité sur des cas de ce genre, elle trouva chez ces clercs de la plus haute hiérarchie qui propageaient ou aidaient les plus effrayantes hérésies, qu'ils étaient des juifs secrets, ou pour employer une expression moderne, des membres de la cinquième colonne du Judaïsme. Telle est bien en réalité l'explication la plus logique de nombreux cas aussi surprenants que scandaleux.

S'il existait actuellement un tribunal possédant des moyens d'investigation aussi efficaces que ceux de l'Inquisition, nous sommes certains que l'on découvrirait que sont aussi des juifs secrets beaucoup de ces Cardinaux, Archevêque s, Prieurs de couvents, Chanoines, prêtres et moines qui, avec tant d'obstination et d'ardeur en même temps qu'avec une excessive hypocrisie, favorisent les progrès et les triomphes de la Maçonnerie et du Communisme ou défendent les juifs avec un fanatisme et une efficacité qu'ils n'emploient jamais à la défense de la Sainte Église.

On peut très difficilement concevoir que des hommes qui ont consacré toute leur vie à la sainte profession du sacerdoce puissent de bonne foi favoriser des mouvements aussi stigmatisés, aussi notoirement criminels et aussi contraires à la Foi chrétienne et à toute forme de morale. Le plus naturel est donc bien qu'ils soient de ces conspirateurs juifs adeptes de ces mouvements, qui ont été introduits dès l'enfance dans le clergé en tant que membres de la cinquième colonne. Si un juif, Pierleoni, fut capable de devenir Cardinal et d'usurper le trône de Saint Pierre, il n'y a rien d'étrange que ceux qui sont montés dans les hauts rangs de la hiérarchie du clergé actuel utilisent leur investiture pour aider au triomphe des révolutions judaïques et pour détruire les défenses de la Sainte Église, tout comme le firent leurs prédécesseurs au Moyen-Âge, comme cela fut prouvé par l'Inquisition et par les Autorités civiles et ecclésiastiques de ces époques.

En réalité, bien davantage que l'action des hérétiques et de leur infanterie, les traîtres du clergé fut ce qui obligea le Saint-Siège à instituer de manière efficace l'Inquisition Pontificale, car le Pape comprit que le danger majeur pour l'Église et les peuples chrétiens venait des clercs hérétiques et surtout de ceux qui, tout en se maintenant orthodoxes en apparence, aidaient les mouvements subversifs.

Le célèbre historien de l'Inquisition Henri Charles Lea, dont l'œuvre est tirée de chroniques, d'archives et de documents d'époque, affirme ceci : « On a parfois dit que l'Inquisition fut fondée le 20 avril 1233, jour où Grégoire IX publia deux Bulles, faisant de la persécution des hérétiques la mission spéciale des Dominicains... De fait, l'objet immédiat paraît avoir été le châtiment des clercs et autres ecclésiastiques à propos desquels une enquête était ouverte parce qu'ils favorisaient l'hérésie en apprenant aux hérétiques les moyens d'échapper à l'interrogatoire, de masquer leurs croyances et de simuler l'orthodoxie... » L'autre Bulle était adressée « aux Prieurs et aux moines de l'Ordre des Prêcheurs Inquisiteurs », et après y avoir évoqué ces fils de perdition qui soutiennent l'hérésie, il poursuit en ces termes : « Par conséquent, vous (Inquisiteurs) ou quiconque des vôtres, où qu'il leur arrive de prêcher, à moins que ceux-ci ne se désistent de leur soutien (des hérétiques) en étant admonestés, vous avez le pouvoir de priver à titre définitif ces clercs de leurs bénéfices, et de procéder contre eux et contre leurs complices sans appel, et si nécessaire, de vous faire aider par le bras séculier, et si c'était nécessaire de vaincre les oppositions avec les censures de l'Église et sans appel ».[524]

---

[524] Ripoll I. 45.47 C. 8-8, 6°,V. 2 Pape Grégoire IX, Bulles « *Ille humani generris* »,et « *Licet ad capiendos.* » N° 9143, 9152, 9235. *Archives de l'Inquisition de Carcassonne* (Doat XX, XI-21 et 25), cité par Henri Charles Lea in « *A History of the Inquisition in the Middle Ages* », New-York, t. I, chap VII, pp. 328 et 329.

# Chapitre XXXVI

## Le Concile de Latran excommunie et destitue évêques et clercs qui aident les hérétiques

Le Pape avait mis le doigt sur la plaie. Un organisme spécial était indispensable pour combattre les activités traîtresses des clercs qui, tout en se maintenant en apparence orthodoxes, aidaient cependant de diverses manières les mouvements subversifs du Judaïsme, qui à cette époque prenaient la forme d'hérésies. Pour cela, il se servit d'un corps ayant un idéal de combattants, qui fut consacré uniquement à réprimer ces révolutions, portant d'abord son choix sur les moines Dominicains, auxquels s'ajoutèrent ensuite les Franciscains.

Les Prélats absorbés par les tâches de leurs diocèses ne disposaient pas du temps nécessaire pour ce genre d'activités, et l'on pouvait en dire autant des autres membres du clergé séculier. En revanche les Ordres de Saint Dominique et de Saint François, constitués d'hommes de caractère idéaliste, ayant fait le vœu de pauvreté et dotés d'un grand zèle pour la défense de la Sainte Église et de la Chrétienté, vertus digne d'imitation par le clergé alors généralement apathique et accommodant comme à notre époque, ces Ordres étaient tout indiqués pour mener à bout la lutte gigantesque qu'entreprenait la Sainte Église contre les juifs et leurs hérésies. Ces moines, qui avaient renoncé au monde et aux richesses, étaient en outre inaccessibles à la subornation, qui a été l'arme décisive des juifs pour neutraliser la défense que les autres peuples ont organisée contre eux au cours des siècles. Les juifs arrivèrent en effet à acheter à prix d'or des dispositions qui leur fussent favorables de la part des rois, des nobles et de hauts membres du clergé séculier, mais le Pape comprit que leurs tentatives échoueraient avec des moines qui, en plus d'avoir fait le vœu de pauvreté, vivaient en communautés, sans luxe et soumis à de très sévères disciplines d'austérité et de sacrifice. La résolution du Saint Siège ne pouvait être plus intelligente ni plus appropriée. De plus, Saint Dominique de Guzman et Saint François d'Assise avaient fondé leurs Ordres méritants précisément pour sauver l'Église de la catastrophe qui la menaçait, ce pourquoi ils les avaient dotés d'une organisation adaptée tendant à remplir ces finalités.

Certes, l'Inquisition Épiscopale avait fonctionné auparavant et même un début d'Inquisition Pontificale, mais Henri Charles Lea a raison de soutenir que l'Inquisition Pontificale naquit sous sa forme définitive par ces deux Bulles bien dignes d'honneur, qui chargeaient les Frères mendiants de la tâche d'en prendre la charge.

Un autre problème dont la solution devenait urgente était celui lié au fait que ces moines étaient occupés toute la journée aux oraisons et activités imposées par leur Règle, lesquelles les absorbaient à temps plein dans ces pieux ministères, sans qu'ils pussent disposer du temps voulu pour se consacrer à une lutte efficace contre les forces de l'Antéchrist. Les Papes comprirent ce grave problème et permirent aux frères inquisiteurs qui se spécialiseraient dans ce type d'activités de consacrer tout le temps nécessaire pour mener la guerre à mort qu'ils entreprirent contre les juifs et leurs satellites des autres hérésies, bien que cela dût réduire énormément le temps qu'ils consacraient à l'oraison et aux autres ministères imposés par la Règle. Cette mesure adroite mit au service direct de la défense de l'Église des légions de moines, dont l'action fut décisive dans le triomphe de celle-ci sur les forces de Satan.

En outre, le Pape donnait à ces moines les pleins pouvoirs pour leur permettre de vaincre les résistances qui furent toujours énormes, car la cinquième colonne juive infiltrée dans le clergé n'allait pas se laisser neutraliser sans une résistance acharnée. Il leur donnait aussi la possibilité de recevoir l'aide du bras séculier, c'est à dire des autorités civiles, pour que, ce qu'ils ne pouvaient pas obtenir de plein gré, ils l'obtinssent par la force.

Saint François d'Assise et Saint Dominique, en fondant leurs Ordres mendiants, fondations réalisées comme on le sait malgré l'opposition de certains Évêques, contribuèrent ainsi efficacement à compléter ce réseau formidable de défenses qui sauva la Sainte Église et les peuples d'Europe, en les empêchant de tomber dans les griffes du Judaïsme pendant les trois siècles au cours desquels les Papes donnèrent en général leur appui à cet état de choses. Mais il est juste de faire remarquer que, si certains Évêques à la conduite suspecte s'opposèrent à la fondation des Ordres de Saint François et de Saint Dominique comme ensuite à l'établissement de la Sainte Inquisition, l'immense majorité des Prélats, remplis de vertu et de saint zèle pour la défense de l'ordre chrétien, donnèrent leur appui et applaudirent à la naissance de ces saintes institutions. Il est naturel que la cinquième colonne juive infiltrée dans le clergé ait essayé d'empêcher la création de telles défenses dans la Sainte Église destinées à détruire précisément cette cinquième colonne et à l'empêcher de continuer à causer tant de dommages. Cependant tous les mensonges, ruses et calomnies des infiltrés, leurs manèges et intrigues organisés devant les Papes et les Conciles échouèrent devant l'attitude ferme et bien orientée des Papes de la dimension d'Innocent III, de Grégoire IX, ou de Jean XXII, qui permirent que cette lutte féroce se termine une fois encore par la victoire de la Sainte Église et la déroute de la Synagogue de Satan.

Pour nous rendre compte de l'immense portée de ce triomphe, il suffit de comparer l'obscur douzième siècle et les premières années du treizième, qui s'écoulèrent au milieu de l'anarchie, de sanglantes luttes intestines, de la terrible croisade contre les Albigeois, de complots sinistres et de crimes constants des crypto-juifs et de leurs instruments les hérétiques, avec le XIIIème siècle, qui après la retentissante victoire du Catholicisme passa à l'Histoire sous le juste nom de « Siècle d'or de l'Église ». Ceci fut rendu possible par les mesures efficaces de défense qu'adoptèrent les peuples européens sous la direction du Saint Siège dans la lutte contre la Synagogue de Satan. S'ils n'avaient pas adopté de telles mesures, le XIIIème siècle aurait pris le caractère sinistre qu'a le sombre XXème siècle, dans lequel les griffes du Judaïsme et de ses hérésies, la Maçonnerie et le Communisme principalement, sont sur le point d'étrangler l'humanité.

Devenait toujours plus dangereuse l'action des séculiers qui, tout en feignant d'être des catholiques d'impeccable orthodoxie et même quelquefois ennemis de l'hérésie, étaient cependant en secrète complicité avec elle, aidant les sectataires et leurs entreprises révolutionnaires de l'intérieur même des rangs de l'orthodoxie, ce qui lui causait de sérieux préjudices.

De tels fauteurs d'hérésies étaient sans doute les précurseurs de ces dirigeants séculiers d'apparence très catholiques, et qui présentement simulent une grande loyauté à la Sainte Église, tout en utilisant les partis politiques démocrates-chrétiens ou de types catholiques et droitiers baptisés de noms divers pour faire le jeu de la Maçonnerie et du Communisme, facilitant les entreprises que ces derniers patronnent. C'est en cela qu'alors ce type de traîtres, qui commettaient le délit « d'aider les hérétiques », même si apparemment ils feignaient d'être catholiques, furent aussi énergiquement combattus par la Sainte Église que comme « fauteurs d'hérésies », tout comme les clercs qui procédaient de même.

Le grand et célèbre IIIème Concile œcuménique de Latran commencé en l'année 1179 dans la basilique qui porte ce nom, en plus d'avoir approuvé dans son Canon XXVI une série de mesures tendant à éviter l'étroite coexistence entre chrétiens et juifs, en affirmant catégoriquement qu'il convient de séparer les chrétiens des juifs dont on admet qu'ils vivent au milieu des peuples chrétiens seulement « par humanité », procéda à la condamnation, non seulement des hérétiques, mais de ceux qui, tout en étant orthodoxes du moins en apparence, les aidaient et les protégeaient.

Dans son Canon XXVII, il déclare en effet à propos des hérétiques : « ils n'exercent pas comme d'autres leur méchanceté de façon occulte, mais ils manifestent leur erreur publiquement et attirent à elle les simples et les faibles. À eux et à leurs défenseurs, comme à ceux qui les protègent, nous décrétons qu'ils sont excommuniés, et nous interdisons à quiconque de les abriter dans sa maison ou sur ses terres ou de prétendre exercer un négoce avec eux, cela sous peine d'excommunication. Mais ceux qui seraient tombés dans ce péché, qu'on ne puisse faire offrande pour eux, ni sous le prétexte de nos privilèges, ni par les indults, ni pour toute autre cause, et qu'ils ne puissent recevoir de sépulture avec les chrétiens ».[525]

On voit donc que c'est non seulement les hérétiques qui étaient frappés par la peine d'excommunication, mais aussi tous ceux qui les aidaient ou qui les protégeaient, y compris les séculiers et les clercs, car ce Canon établit les sanctions contre les délinquants sans faire de distinction quant à leur état ou condition.

Les dirigeants qui luttent dans leurs pays pour empêcher que la Maçonnerie ou le Communisme les subjugue se voient constamment attaqués traîtreusement par derrière, tandis que les prétendus dirigeants catholiques, clercs ou laïques, qui disent servir l'Église, aident en réalité hypocritement mais efficacement à la victoire des révolutions maçonniques ou communistes, ou agissent en faveur des dictatures qu'en beaucoup de pays lesdites sectes hérétiques ont réussi à établir sur les peuples chrétiens. Si les dirigeants anti-maçons, anti-communistes et anti-juifs n'attaquent pas l'ennemi interne caché avec la même énergie et efficacité que l'ennemi extérieur, ils finiront par succomber sous les coups des traîtres infiltrés de la cinquième colonne.

C'est pour cela qu'en plus de démasquer publiquement au moyen de la presse ou par des tracts ces faux-chrétiens qui aident l'ennemi, ils doivent créer un organisme spécial chargé de rassembler les preuves démontrant ces complicités avec la Maçonnerie ou le Communisme athée selon le cas, pour pouvoir entreprendre contre ces traîtres un procès canonique devant les tribunaux ecclésiastiques, soit sous l'accusation d'hérétiques, soit, si leur orthodoxie feinte ne le permet pas, sous celle du moins de fauteurs de l'hérésie, c'est à dire de complices du Communisme ou de la Maçonnerie. En donnant à ces procès une publicité appropriée dans la presse, et en envoyant à Rome une commission chargée de démontrer la vérité, on pourra paralyser l'action destructrice que les infiltrés mènent dans les rangs des catholiques, et l'on évitera ainsi que les bons ne succombent pris entre deux feux, celui de la gauche judaïque et celui de la droite crypto-juive complice en secret de la gauche. Tous les partis politiques constitués de

---

[525] IIIème Concile Œcuménique de Latran Canon XXVII. Compilation des « *Acta Conciliorum et Epistole Decretales, ac Constitutiones Summorum Pontificum* ». Studio P. Joahannis Harduini S.J., Vol.VI, Partie II.

patriotes défenseurs de leurs nations doivent se consacrer à cette tâche avec une particulière détermination, s'ils ne veulent pas finir par succomber, écrasés par la technique traditionnelle de la tenaille utilisée depuis longtemps par le crypto-judaïsme, qui lui a permis de dominer un peuple après l'autre et de vaincre les patriotes et les authentiques défenseurs de la Chrétienté. Il leur faut avoir des experts en droit Canon, car il existe d'innombrables Canons de différents Conciles et Bulles des Papes sur lesquels ils pourront baser des accusations de ce type contre les successeurs de Judas.

Et s'ils ne veulent pas recourir à un procès ecclésiastique, qu'au moins ils les fassent démasquer publiquement par tous les moyens, jusqu'à ce que la population finisse par s'occuper d'eux.

À la fin du Canon XXVII en question apparait une sanction additionnelle terrible contre les clercs, et non seulement contre ceux qui aident les hérétiques, mais même contre ceux qui simplement « ne s'opposent pas à ceux-ci fortement », le dit châtiment consistant en la destitution fulminante de leur poste, y compris des sièges épiscopaux lorsqu'il s'agit d'Évêques. Ce Saint Canon dit en effet ceci à propos des hérétiques : « Mais les Évêques ou les prêtres qui ne s'opposent pas à ceux-ci fortement, qu'ils soient châtiés par la privation de leur office, jusqu'à ce qu'ils obtiennent miséricorde du Saint Siège Apostolique ».[526]

Or ceci est la résolution prise par l'un des Conciles œcuméniques les plus célèbres et les plus autorisés de la Sainte Église, le IIIème Concile de Latran. Par suite, si l'on châtie par la destitution de leur poste les Évêques et les clercs qui ne s'opposent pas fortement aux hérétiques, que ne méritent donc pas alors ces Cardinaux, ces Évêques et ces clercs qui, non seulement ne s'opposent pas aux hérésies maçonnique et communiste, mais, qui plus est, les aident de diverses manières en étant les principaux responsables des triomphes de la Maçonnerie et du Communisme judaïque dans les dernières décennies, et qui constituent par eux-mêmes la principale arme secrète et fulminante dont disposent ces sectes pour assurer leurs victoires ? Pour sauver la Chrétienté de notre époque, il faut mettre en pratique les défenses qui la libérèrent à d'autres époques, car faute de le faire nous allons ainsi à une catastrophe certaine.

Il faut aussi rappeler le rôle que les Ordres monastiques pourraient recommencer aujourd'hui à remplir pour le salut de la Sainte Église et de l'humanité. Ces légions d'hommes, qui ont tout sacrifié pour servir Dieu, peuvent encore aujourd'hui comme au Moyen-Âge être une fois de plus le facteur décisif dans la victoire des forces du bien. Mais la difficulté est toujours la même : les Règles rigoureuses et l'oraison les absorbent la

---

[526] IIIème Concile Œcuménique de Latran Canon XXVII. Compilation des « *Acta Conciliorum et Epistole Decretales, ac Constitutiones Summorum Pontificum* ». Ed. cit. Vol. VI, Partie II.

majeure partie du temps ou pour mieux dire la quasi-totalité du temps, ne leur laissant pas la possibilité d'intervenir dans le combat contre la Synagogue de Satan et ses nouvelles hérésies, la Maçonnerie et le Communisme.

Nous apprécions toute la valeur des Règles et des oraisons des Ordres religieux ; mais ce n'est pas seulement la Sainte Église qui est en danger, c'est elle et le monde entier qui sombrent actuellement, et nous croyons donc qu'aujourd'hui, comme à l'époque du Concile de Latran, est venu le moment de prendre une résolution héroïque. Il est urgent qu'aujourd'hui comme alors soient modifiées les Règles des Ordres de façon à permettre aux religieux de consacrer une partie de leur temps, et si possible la majeure partie de celui-ci, à la lutte active contre la Maçonnerie, le Communisme et la Synagogue de Satan, comme le firent les religieux Inquisiteurs, les Dominicains et Franciscains du Moyen Age, et comme le réalisèrent ensuite les Jésuites. Il est inconcevable qu'alors que le monde s'enfonce, que l'Église se voit menacée de mort, et que les Ordres monastiques eux-mêmes sont face au danger d'extermination, ces nombreuses légions d'hommes supérieurs, disposés à tout donner pour Dieu, soient paralysées sans pouvoir prendre une part active dans un combat dont le résultat sera vital pour elles-mêmes. Leur intervention directe dans cette nouvelle croisade pourra être décisive, d'autant plus que chaque Ordre Religieux est par lui-même une organisation de caractère international, et que les ennemis du Christ, de Son Église et de l'humanité sont aussi organisés internationalement, et que c'est seulement par des associations du même type que l'on peut les combattre efficacement.

Que Dieu notre Créateur inspire les Pères Généraux et autres dignitaires de ces Ordres, pour qu'ils aient le courage de prendre la résolution suprême, en se mettant à la hauteur des circonstances, d'adapter leurs Règles aux nécessités impérieuses actuelles.

Il est clair qu'ils se heurteront ainsi à l'opposition énergique et insidieuse de la cinquième colonne juive infiltrée dans le clergé et surtout à celle des crypto-juifs infiltrés au sein des Ordres en question, dont les activités caractéristiques se font sentir à un degré beaucoup plus accentué dans ceux que la Synagogue craint particulièrement, comme la Compagnie de Jésus, et de manière infime dans d'autres; mais aujourd'hui, comme aux XIIème et XIIIème siècles, il faut que les bons fassent un effort suprême pour vaincre tous les obstacles, car il est indubitable que, même s'ils sont combattus comme Saint Dominique de Guzman et Saint François d'Assise le furent eux-mêmes, les religieux qui avec courage et résolution se lanceront dans une si noble tâche pourront compter sur l'aide de Dieu pour triompher.

# CHAPITRE XXXVII

## LE GRAND PAPE INNOCENT III ET LE CÉLÈBRE IV$_{ÈME}$ CONCILE DE LATRAN IMPOSENT COMME BON ET OBLIGATOIRE CE QUE LES JUIFS NOMMENT LE RACISME ET L'ANTISÉMITISME

Sa Sainteté le Pape Innocent III, reconnu à juste titre comme l'un des plus grands pontifes de la Sainte Église, joua sans aucun doute le tout premier rôle dans la lutte entreprise pour sauver l'Église de la démoniaque révolution crypto-juive qui se développa au XII ème siècle, en même temps qu'il rendit possible l'épanouissement de la Chrétienté qui eut lieu au XIIIème siècle. Mais pour arriver à ces résultats, il était nécessaire, d'abord de combattre efficacement et de dominer l'ennemi capital du Christianisme et de toute l'humanité, la Synagogue de Satan, et sur ce terrain comme dans toutes ses entreprises, l'illustre Pape se distingua. Il ne faut donc pas s'étonner que la rancœur hébraïque lance contre ce Pontife émérite les plus venimeuses invectives.

Dans son ouvrage « Rome et Jérusalem » le grand dirigeant juif Moïse Hess le précurseur du Sionisme et collaborateur de Karl Marx dont il se distança ensuite, mais qui à l'égal de celui-ci eut une influence décisive sur le monde israélite du XIXème siècle et dans le développement de l'idéologie socialiste écrivit en ces termes du Pape Innocent III : « Depuis qu'Innocent III conçut le plan diabolique de détruire les juifs qui en ce temps-là apportèrent la lumière de la culture espagnole à la Chrétienté en les obligeant à coudre un insigne d'opprobre sur leurs vêtements, procédé qui mena au récent plagiat sous le régime du Cardinal Antonelli, la Rome papale se transforma en une invincible source de venin pour les juifs ».[527]

---

[527] Moses Hess « *Rome and Jerusalem* » traduction et édition anglaise par Rabbi Maurice J. Bloom, New-York 1958, début de la Préface de l'auteur, p. 7.

On doit cependant commencer par faire remarquer qu'il se passa pour Sa Sainteté le Pape Innocent III ce qui a lieu pour beaucoup d'hommes pieux, qui en principe méconnaissent toute la magnitude de la méchanceté judaïque. Bombardés par l'habile intrigue des hébreux qui se plaignent d'injustice, d'atrocités, et qui clament que les israélites ne sont pas mauvais comme on les dépeint, les âmes pures finissent par croire qu'il est injuste de les attaquer, alors qu'en réalité ces attaques n'ont rien été d'autre qu'une défense naturelle des peuples agressés par eux. Ainsi au début de son Pontificat, Innocent III accéda au trône de Saint Pierre ému de compassion envers les juifs, dictant en 1199 une série de mesures tendant à leur assurer sa protection en ce qui concerne la célébration de leur culte et quant à la sécurité de leur vie, de leurs personnes et de leurs propriétés. Influa aussi sans doute sur cette politique l'idée que caressèrent d'abord Saint Bernard et plus tard le célèbre ministre espagnol Alvaro de Luna, qu'il fallait éviter de rendre aux juifs la vie impossible pour ne pas ainsi les pousser à se convertir faussement au Christianisme, conversions par lesquelles le Judaïsme acquerrait une forme plus dangereuse et plus à craindre. Il était préférable qu'ils demeurent des juifs déclarés, plutôt que de faux-chrétiens qui détruiraient l'Église de l'intérieur. Cette idée inspira la politique de certains Papes, qui offrirent tolérance et une certaine protection aux juifs publics, tout en combattant par le fer et par le feu les chrétiens judaïsants crypto-juifs qui minaient la Chrétienté, menaçant de la détruire. Mais comme dans le cas de Pie IX et d'autres illustres Pontifes, les coups en traîtres des juifs et les preuves apportées que ceux-ci étaient le moteur des hérésies obligèrent Innocent III à revenir sur sa politique initiale de bienveillance et à les combattre.

Que de choses la douloureuse expérience n'aura-t-elle pas enseignées à ce grand Pape pour lui faire en peu d'années changer sa politique initiale de protection aux israélites en ce « plan diabolique pour détruire les juifs » que le distingué et très autorisé dignitaire juif Moïse Hess attribuait à Sa Sainteté, un Pontife qui en outre démontra lors du IV<sup>ème</sup> Concile de Latran qu'il était disposé à les combattre avec l'énergie nécessaire pour sauver l'Église.

C'est dans le but d'arriver à structurer comme il fallait les défenses de la Sainte Église face à ses ennemis mortels moyennant une réforme adaptée, et pour résoudre la question de la liberté de la Terre sainte et d'autres questions capitales, qu'il convoqua un nouveau Concile œcuménique, peut-être le plus célèbre de tous ceux réunis par l'Église, le IV<sup>ème</sup> Concile de Latran, qui demeure jusqu'à ce jour la lumière qui éclaire les consciences des catholiques. En plus des Prélats, Abbés mitrés et Prieurs, y assistèrent aussi l'Empereur de Constantinople, les rois de France, d'Angleterre, d'Aragon, de Hongrie, de Sicile, de Jérusalem, et de Chypre, d'autres princes distingués et des empereurs d'autres États. Ce Synode universel s'ouvrit le 11 novembre 1215.

Quelle différences entre les innovations et réformes qui furent approuvées à Latran, et celles que prétendent imposer lors du prochain Concile (Vatican II) ceux qui servent actuellement les intérêts du Judaïsme et du Communisme ! Pendant que les premières tendaient à fortifier l'Église dans sa lutte contre la Synagogue et ses hérésies, celles qu'aujourd'hui forgent le Judaïsme et le Communisme au moyen de leurs agents dans le haut clergé ont pour objet de détruire les traditions fondamentales de la Sainte Église, d'interdire aux catholiques toute défense contre l'impérialisme judaïque et d'ouvrir les portes au Communisme, le tout naturellement masqué comme toujours sous des postulats aussi beaux d'apparence que trompeurs, qui ne servent qu'à couvrir les finalités occultes tendant aux objectifs susmentionnés.

En prétextant lutter pour l'unité des peuples ou pour l'unité chrétienne, postulats sublimes avec lesquels nous ne pouvons qu'être tous d'accord, les agents de la cinquième colonne souhaitent placer la Sainte Église sur des bases fausses qui facilitent ultérieurement le triomphe de ses ennemis ancestraux. Ce qui intéresse ceux-ci, ce n'est pas de moderniser l'Église et de l'adapter aux temps modernes en rejetant des traditions caduques et qui n'ont plus lieu d'être, mais précisément de détruire celles des traditions qui constituent pour l'Église sa principale forteresse et qui la défendent le mieux contre les pièges de ses ennemis. Nous ne nous opposons pas aux réformes à même de faciliter à l'Église l'accomplissement de sa mission et de lui donner plus de force contre ses pires ennemis que sont le Communisme athée et le Judaïsme; mais ce que nous considérons être un péril mortel, ce sont ces réformes qui tendent précisément à aboutir à l'inverse, c'est-à-dire à faciliter la défaite de l'Église face à ses ennemis, qui sont aussi les ennemis de l'humanité libre.

Le IV$_{ème}$ Concile de Latran donna valeur universelle à la disposition déjà approuvée par des Synodes provinciaux que les juifs soient signalés comme tels et que l'on puisse les distinguer des chrétiens.

Aussi le Canon LXVII ordonne-t-il : « Pour qu'ils ne puissent avoir d'échappatoire ou d'excuse à l'abus d'un si dommageable mélange : Nous décrétons que ces mêmes des deux sexes, dans toute la Chrétienté et en tous temps, se distinguent publiquement des autres peuples par la qualité du vêtement, la même chose leur ayant aussi été commandée par Moïse ».[528]

Ce IV$_{ème}$ Concile de Latran est celui qui a toujours suscité le plus de protestations et de fureur contre le Saint Siège parmi les juifs, sans que

---

[528] IVème Concile Œcuménique de Latran, Canon LXVIII. Compilation des « *Acta Conciliorum et Epistole Decretales, ac Constitutiones Summorum Pontificum.* » P Joannis Harduini S.J., Paris, MDCCXIV, t. VII, folio 70.

ceux-ci tiennent du tout compte que c'est cette Loi de Moïse qu'ils prétendent observer avec tant de zèle qui leur ordonne de se distinguer par le vêtement, comme le dit le Saint Synode. Mais la réalité est que les juifs observent le Loi de Moïse en ce qui leur convient, et lui désobéissent aussi quant à ce qui leur déplait. S'ils s'emportent tellement contre la Sainte Église pour avoir approuvé ce Canon, ils devraient s'ils étaient logiques s'emporter aussi contre Moïse qui le leur ordonna; mais ce mandat d'inspiration divine dut avoir des raisons bien fondées. En effet, ceux qui appartiennent à une organisation vertueuse et bonne peuvent se glorifier de porter un uniforme qui devant tout le monde les honore comme membres de cette institution; en revanche, si un individu appartient à une organisation perverse, l'uniforme sera indiscutablement un signe d'opprobre devant tout le monde.

On voit que l'ordre de Dieu par la bouche de Moïse fut bien fondé dans son infinie prévision et sagesse, car si la nation juive observait ses commandements et œuvrait dans la vertu, le signe sur ses vêtements lui serait un motif d'honneur et de fierté, mais si au contraire elle œuvrait avec méchanceté et perfidie, ledit signe le serait de honte et de déshonneur et servirait à ce que les autres peuples se gardent des pièges de ce peuple-secte pervers, qui, du statut d'élu de Dieu, a fini par se transformer par ses méchancetés en Synagogue de Satan.

De son côté le Canon LXIX, confirmant les lois canoniques antérieures, ordonna que les juifs fussent éliminés des postes de gouvernement, ceux-ci leur permettant d'exercer un pouvoir funeste sur les nations chrétiennes. Le Saint Canon en question mande à cet effet :

LXIX. Pour que les juifs n'interfèrent pas dans les charges publiques. Du fait qu'il est assez absurde que le blasphème du Christ exerce la puissance du pouvoir sur les chrétiens, sujet sur lequel le Concile Tolédan a antérieurement décrété providentiellement, Nous-mêmes, à cause de l'audace des transgresseurs, le renouvelons en ce chapitre, en prohibant que les juifs interviennent dans les offices publics, étant donné que par ce fait de nombreux chrétiens sont lésés. De plus, si quelqu'un les admettait à une telle fonction, nous mandons que celui-ci, après qu'il lui soit donné un avertissement, soit châtié avec la rigueur convenable par le Concile Provincial (dont nous prescrivons qu'il soit tenu chaque année). Et de la même manière qu'il lui soit déniée la société des chrétiens dans les commerces et ailleurs... Et qu'il se démette avec pudeur de l'office qu'il assuma irrévérencieusement.[529]

---

[529] IVème Concile Œcuménique de Latran, Canon LXIX. Compilation des « *Acta Conciliorum et Epistole Decretales, ac Constitutiones Summorum Pontificum.* » P Joannis Harduini S.J., Paris, MDCCXIV, t. VII, folio 70.

Le Canon LXII traite de réprimer la tendance juive que nous avons étudiée de dépouiller les chrétiens de leurs biens, ce qu'au Moyen-Âge ils faisaient en général au moyen d'une cruelle usure.

À cet effet ledit Canon décrète : LXVII. Des usures des juifs. La religion chrétienne est d'autant plus lésée par l'exaction des usures qu'avec celles-ci s'accroît la perfidie des juifs, de telle sorte qu'en peu de temps ils ruinent les biens des chrétiens. Et pour que ces derniers ne soient pas grevés à l'excès par les juifs : nous ordonnons par décret synodal que, si sous un prétexte quelconque les juifs extorquaient de fortes et excessives usures aux chrétiens, il leur en soit fait quitte au profit des chrétiens affectés, comme s'ils eussent satisfait pleinement à ce qui les grevaient immodérément. Qu'aussi les chrétiens, si nécessaire et par appel de la censure ecclésiastique, soient obligés de s'abstenir de tout commerce avec eux.

Et nous ajoutons à ces principes qu'à cause de cela les chrétiens ne soient pas lésés, mais plus encore qu'ils s'efforcent d'empêcher les juifs d'un tel abus.[530]

Comme on le constate, cet indiscutable document des Actes de Latran qui accuse la perfidie des juifs de ruiner à bref délai la fortune des chrétiens nous confirme une fois de plus la tendance hébraïque, fondée sur les enseignements de leurs livres sacrés du Talmud et de la Cabbale, de ravir leurs biens aux chrétiens et aux gentils. Depuis pratiquement deux mille ans, les Synagogues ont été bien moins des temples où rendre un culte à Dieu que des quartiers généraux de la bande de voleurs la plus dangereuse et la plus puissante de tous les temps, et il est donc certain que les autres peuples ont vis à vis d'eux un droit naturel de légitime défense, tout comme ils l'ont pour protéger leurs biens contre n'importe quelle autre bande de voleurs. Et personne ne peut priver les nations de ce droit, pas même les clercs de la cinquième colonne qui, plutôt que de servir Dieu, servent les intérêts du Judaïsme.

Quelle différence que ce Concile de Latran par rapport à certains supposés Conciles qui, pour avoir contredit la doctrine et les normes traditionnelles de l'Église, n'ont été en réalité que de purs conciliabules, comme ceux qui, ayant été convoqués par le Pape, tombèrent aux mains des hérétiques ariens, ou comme celui réuni par Witiza que nous avons mentionné plus haut !. Dans le Concile de Latran on sent clairement l'inspiration divine, car là, les traditions vitales de l'Église furent réaffirmées, en même temps que l'on y fit certaines innovations, mais toutes tendant à défendre les brebis des pièges du loup et à combattre celui-ci, personnifié principalement par le Judaïsme et ses mouvements hérétiques.

---

[530] Ditto.

Le Canon LXX fut dirigé contre les chrétiens qui sont juifs en secret, ce document disant que ceux-là, bien qu'ils prirent volontairement les eaux du baptême, n'ont pas abandonné leur ancien nom (c'est à dire leur personnalité antérieure) pour revêtir le nouveau, « retenant les reliques du rite antérieur, ils joignent en ce mélange le décor de la Religion Chrétienne ». « Maudit soit l'homme qui entre dans la terre par deux chemins, et l'on ne doit pas se vêtir de vêtements tissés à la fois de lin et de laine » (Deutér. 22). Nous décrétons que soient réprimés par les Prélats des Églises ceux qui observent en quoi que ce soit le rite antique, pour que, ceux qui volontairement trahissent la religion chrétienne, la nécessité d'une salutaire coaction leur en fasse garder l'observance ».[531]

Il est intéressant de noter l'analogie de ce Saint Canon avec la citation que nous avons faite d'un auteur israélite autorisé, s'accordant dans le sentiment que les marranes ou juifs secrets avaient deux personnalités, la chrétienne ostentatoire et publique, et la juive clandestine. Il est donc évident que ce diagnostic est exact, puisqu'il est accepté par des autorités respectables des deux parties en lutte.

D'autre part, on voit clairement qu'à cette date, la coaction contre ces délinquants était du ressort des Évêques c'est-à-dire de l'Inquisition Épiscopale, ce que confirme l'opinion d'Henri Charles Lea d'après lequel l'Inquisition Pontificale naquit l'année d'après. En outre, on voit bien qu'est inexacte l'affirmation de nombreux historiens juifs que les conversions simulées des israélites au Christianisme furent faites sous la contrainte, car ici l'on parle de conversions volontaires, et l'on insiste sur ce point, ce qui démontre bien qu'à cette époque les conversions volontaires n'étaient pas forcées, mais dues au fait que cela convenait aux intérêts des juifs, ce qui s'explique facilement par les vastes possibilités que ces conversions feintes leur avaient ouvertes pour s'introduire dans la société chrétienne et dans le clergé, en miner les structures et faciliter sa destruction.

Pour beaucoup moins que ce qu'approuvèrent le célèbre Pape Innocent III et le très autorisé IVème Concile œcuménique de Latran en définissant la doctrine de l'Église et les normes à suivre, bien des patriotes aujourd'hui sont accusés de racisme et d'anti-sémitisme pour le fait de défendre leurs nations ou l'Église de l'impérialisme judaïque et de ses révolutions maçonniques ou communistes. Il est certain que si ce célèbre Pape et le non moins célèbre Concile de Latran s'étaient réunis de nos jours, ils auraient été accusés d'être des Nazis et condamnés pour racisme et antisémitisme par ces Cardinaux et ces prélats qui, à l'égal de ceux qui aidaient les adorateurs de Lucifer et d'autres hérésies judaïques, sont davantage au service des ennemis du Christ que de son Église.

---

[531] Ditto.

C'est pour cela que sont si dangereux les projets mis au point dans les obscures conventicules de la Synagogue et du Communisme proposant la condamnation de l'antisémitisme par le Concile Vatican II en préparation ; car si l'on obéit à la consigne juive, il apparaîtra que l'Église se contredit elle-même, et que ce qu'elle disait anciennement comme étant bien, est mal aujourd'hui, d'où le danger gravissime qu'on ébranle ainsi la foi que les fidèles ont dans l'Église. Mais ceci importe peu aux agents du Judaïsme dans le Haut Clergé, puisque ce qu'ils désirent précisément est d'ébranler la Foi religieuse des catholiques et de parvenir à faire déserter les églises. Nous sommes sûrs que les Pères du Concile œuvreront en tout cela avec la plus grande prudence, en étudiant résolument les Bulles papales, les Conciles œcuméniques, la doctrine des Pères et des saints qui ont jugé bonne et nécessaire la lutte contre les juifs, afin qu'ils ne tombent pas dans des contradictions qui seraient fatales à la Sainte Église. Cela demandera évidemment de vaincre la résistance acharnée de la cinquième colonne juive dans le clergé, qui a désormais étendu ses puissants tentacules à l'Épiscopat et au corps des Cardinaux, mais nous avons Foi que là encore, tout comme dans des occasions passées similaires, les bons avec l'aide de Dieu pourront triompher des mauvais.

# Chapitre XXXVIII

## Religieux, religieuses et prélats crypto-juifs

L'historien anglais du XIX<sup>ème</sup> siècle James Finn, dans son ouvrage déjà cité « Sephardim, or the History of the Jews in Spain and Portugal », parlant des juifs qui vivaient dans ces deux pays sous le masque du Catholicisme, assure ceci : « Ils assumèrent des noms héraldiques, acquirent les croix de la chevalerie, furent les ascendants d'Épiscopats, et mieux encore, ils arrivèrent à être juges de l'Inquisition, tout en restant toujours juifs. Orobio déclara qu'à Amsterdam il connut des juifs qui faisaient pénitence vicariale dans les synagogues pour leurs frères qui étaient Franciscains, Dominicains ou Jésuites en Espagne ».[532]

Une chose que des auteurs juifs ont relevée, cette œuvre, qui fut éditée par l'imprimerie située dans la cour de la Cathédrale anglicane Saint Paul, nous confirme dans l'opinion que les juifs clandestins s'infiltrèrent dans l'Ordre de Saint Dominique pour ensuite s'introduire dans le Saint Office de l'Inquisition dans le but d'espionner de l'intérieur l'organisation secrète destinée à les détruire et les paralyser ou du moins à restreindre efficacement leurs activités, ceci étant d'ailleurs une autre des tactiques traditionnelles de la Synagogue de s'infiltrer dans les polices secrètes destinées à la combattre pour éviter ainsi les risques d'une lutte efficace contre le Judaïsme.

Ils le firent ainsi dans l'Ochrana tsariste, et l'on a dit qu'ils le firent aussi avec la Gestapo, malgré toutes les précautions prises pour l'éviter, car ces deux polices à l'égal de l'Inquisition connaissaient bien le problème de l'infiltration juive et essayaient de s'en protéger.

L'infiltration crypto-juive dans les postes de juges inquisiteurs dont parle l'ouvrage anglais mentionné donna aux hébreux la possibilité de rendre inefficace la lutte du Saint Office contre le crypto-judaïsme.

L'auteur juif autorisé qu'est Cecil Roth, dans sa célèbre « Histoire des Marranes » nous raconte la curieuse histoire d'un juif secret qui entra dans

---

[532] James Finn' « *Sephardim or the History of the Jews in Spain and Portugal* », Londres, J.G.F. 1 J Rivington éditeurs, Saint Paul's Church Yard, 1841.

les ordres sacrés et dans le clergé, et aussi celui du culte que la Synagogue rendait au Frère Diego de la Asunción, un crypto-juif portugais, culte qui était particulièrement intense dans la ville de Coimbra.

À ce sujet Cecil Roth écrit : « Il y avait là un groupe considérable de nouveaux chrétiens liés à la célèbre université, dont tous ou quasiment tous étaient de dévots adeptes de la foi ancestrale. À leur tête était Antonio Homem, l'un des hommes les plus doués de la société cultivée de son époque... petit neveu de Moises Boino (Bueno), négociant et médecin juif de Porto... Il fut élevé par sa mère Isabel Nunez de Almeida qui appartenait à une vieille famille chrétienne. Il alla faire ses études chez les Jésuites puis à l'Université de sa ville natale, où il reçut en 1584 son diplôme en Droit Canonique. En 1592 il obtint un poste à la Faculté. Durant la grande peste de 1599, il rendit de grands services qui lui valurent un bénéfice ecclésiastique, pour l'obtention duquel il entra dans les ordres... En 1614, l'Université le nomma Professeur de Droit Canonique. Comme tel, il eut une réputation sans équivalent. Certains de ses traités sont conservés en manuscrits. Au motif du projet de canonisation de la Reine Isabelle du Portugal, on lui demanda en 1612 d'exprimer son opinion sur le sujet. A la même époque, il acquit un prestige considérable comme prédicateur et comme confesseur... Et néanmoins, durant toute la période où il atteint au zénith de sa renommée comme théologien, Antonio Homem devint la tête pensante et dirigeante du groupe marrane qui s'épanouissait à Coimbra et qui comptait quelques-unes des personnalités les plus distinguées de l'Université. Figuraient parmi eux Andrès d'Avelar, lecteur de mathématiques, auteur de deux œuvres scientifiques et lui aussi un religieux comme Homem ».[533]

L'éminent historien juif, après avoir mentionné les distingués titulaires de chaires de l'Université qui firent partie du groupe des faux-chrétiens, poursuit en narrant la vie d'un autre membre du cercle marrane :

« Francisco de Gouvea était né à Lisbonne en 1580. Après avoir fait de brillantes études, il fut nommé lecteur de Droit Canonique de l'Université de Coimbra ainsi qu'archidiacre de Villa Nueva de Cerveira, outre diverses autres charges de moindre importance qu'il conserva. Il avait déjà écrit un livre important et était sur le point d'en publier plusieurs autres. L'Inquisiteur Général le tenait en haute estime et le recommanda spécialement au Pape ».[534]

Dans un régime inquisitorial antisémite comme était à cette époque l'État catholique portugais, les faits rapportés par l'auteur juif Cecil Roth nous montrent de quelle manière le chef des juifs secrets de Coimbra masquait ses activités crypto-juives en s'introduisant dans le clergé de la

---

[533] Cecil Roth « *Historia de los Marranos* » Edit. Israël, Buenos-Ayres, 1946-5706, pp. 117-118.
[534] Cecil Roth, Op. cit. pp. 117-118.

Sainte Église, c'est-à-dire à une position influente de l'organisation ennemie, accédant par ce moyen jusqu'à un poste de professeur de Droit Canonique et à acquérir une grande réputation de prédicateur et de confesseur. Imaginons un instant ce crypto-juif sacrilège utilisant ainsi en sa qualité de religieux le confessionnal comme moyen d'espionnage ! Bien que ce soit effrayant, d'innombrables documents, aussi bien de sources juives que de sources ecclésiastiques, nous révèlent l'abondance de cas semblables, ceci constituant l'une des causes qui obligèrent beaucoup d'Ordres religieux à approuver ce que l'on a appelé les Statuts de Pureté de Sang, par lesquels l'accès à ces Ordres était interdit aux catholiques descendant de juifs, car on avait de multiples preuves que presque tous étaient juifs en secret.

Comme de naturel, l'Ordre des Frères Prêcheurs fut celui qui appliqua le plus rigoureusement les Statuts de Pureté de Sang, car étant le spécialiste de la lutte contre le Judaïsme, il en voyait la nécessité encore plus clairement que les autres. Malgré cela cependant, nous voyons d'après l'aveu des écrivains juifs que les marranes arrivèrent à s'infiltrer dans cet Ordre jusqu'à parvenir à être juges de l'Inquisition. Ceci est sans doute dû au fait que, bien que dans l'Empire espagnol comme dans l'Empire portugais on ait obligé tout le monde à établir son arbre généalogique sur plusieurs générations, il y eut un grand nombre de crypto-juifs dont l'identité ne put être découverte pour l'évidente raison que beaucoup de ces conversions feintes, comme nous l'avons vu, s'étaient produites au moins mille ans avant l'établissement de ces arbres généalogiques, d'où la quasi impossibilité de remonter à des âges aussi éloignés.

Si donc au Portugal, en Espagne et dans leurs Empires respectifs il demeura des juifs non identifiés faute que les arbres généalogiques pussent être reconstitués sur plus de six générations, on peut facilement en déduire ce qui se sera passé dans l'Allemagne nazie où l'on se limita à faire une recherche sur trois générations seulement. Il est clair qu'une infinité de juifs durent rester infiltrés dans le régime nazi en qualité d'aryens.

Les faits démontrèrent que, dans les vastes possessions d'outre-mer des Empires espagnol et portugais, des juifs clandestins furent découverts par l'Inquisition aussi bien dans le haut clergé que dans des postes de gouvernement et d'autres secteurs de la vie sociale, des juifs qui paraissaient être de vieux chrétiens c'est à dire des catholiques purs de tout sang juif, ayant droit d'accès à tout, et aussi le droit d'occuper des postes dirigeants de toute nature.

Pour revenir à ce que relate l'historien israélite Cecil Roth sur l'organisation des juifs secrets de Coimbra au Portugal, il affirme textuellement : « Certaines autres personnes associées à l'Université étaient également membres du petit groupe, qui comprenait environ une douzaine de chanoines, plusieurs médecins éminents et de nombreux prêtres ».

« Ils célébraient des services réguliers (de la Synagogue) dans une maison du Largo das Olarias à Coimbra, auxquels se rendaient des douzaines de personnes parmi lesquels des étudiants de l'Université. Ils étaient conduits par un certain Diego Lopez de Rosa. Antonio Homem semble avoir eu la fonction de rabbin ».

« Le secret fut finalement trahi. Le 24 novembre 1619, l'Inquisition arrêta Homem et l'envoya à Lisbonne pour être jugé. Après quatre ans et demi de prison, il fut condamné à mort en tant qu'hérétique « contumax et négateur ». Il mourut dans l'autodafé qui eut lieu à Lisbonne le 5 mai 1624 sans avoir jamais voulu confesser sa faute, et son corps fut livré aux flammes ; en même temps, huit autres membres du cercle (dont l'un mourra en prison) furent livrés au bras séculier. Figuraient dans ce groupe deux prêtres »...[535]

L'historien juif continue sa narration en rapportant quelques faits intéressants, et à propos d'un autre marrane du groupe, Antonio D'Avelar, il écrit : « Ses deux fils et ses quatre filles, dont trois étaient religieuses, eurent un procès comme judaïsants »... « Le scandale eut d'importantes répercussions. Le 30 avril 1629, les tribunaux portugais s'adressèrent à Philippe II l'informant que dans de récents autodafés auxquels ils avaient procédé avaient figuré, outre trois religieux et quelques Jésuites, trois chanoines de Coimbra ; six autres qui avaient tous été nommés par le Pape se trouvaient en état d'arrestation.

Il était alors demandé au roi qu'il ne permette plus à l'avenir à aucun nouveau chrétien (c'est à dire à aucun catholique d'ascendance juive) d'obtenir des bénéfices ecclésiastiques ni d'entrer dans les Saints Ordres ».[536]

Ce récit du célèbre historien juif nous fait voir qu'un religieux en apparence fervent, titulaire d'une chaire de droit canonique, ayant une grande réputation comme prédicateur et confesseur, non seulement était le chef des juifs de Coimbra, mais était en plus le rabbin de leur Synagogue secrète installée dans une maison particulière. Il nous montre aussi qu'à ce groupe clandestin appartenaient des religieux, des religieuses, des Jésuites et jusqu'à des Chanoines du digne Chapitre ecclésiastique.

Au cours des siècles, l'Inquisition grâce à ses méthodes efficaces d'investigation, parvint à localiser et à découvrir ce type d'organisations juives clandestines et leurs infiltrations dans le clergé de la Sainte Église, à les détruire ou les mettre hors de combat ; mais la suppression de l'Inquisition Pontificale au XVIème siècle, suivie plus tard de celle des Inquisitions espagnole et portugaise à la fin du XVIIIème siècle et au début du XIXème fit que les nations chrétiennes se virent ainsi privées de ces

---

[535] Cecil Roth, Op. cit., chap VI, p. 110.
[536] Cecil Roth « *Historia de los Marranos* » Edit. Israël, Buenos-Ayres, 1946-5706, chap. VI, pp. 119-120.

institutions qui les défendaient contre les sinistres infiltrations et les agissements de la cinquième colonne judaïque, ce qui explique qu'à partir de ce moment les révolutions crypto-juives aient alors réussi en peu de temps à faire des progrès gigantesques et à compter sur la complicité d'un véritable essaim de clercs, qui facilitèrent les triomphes maçonniques, puis aujourd'hui les triomphes du Communisme athée.

La Chrétienté et le monde entier requièrent de nouvelles institutions qui, tout en étant adaptées aux temps modernes, soient aussi efficaces sinon plus encore que l'Inquisition, pour défendre l'humanité contre les entreprises de conquête de l'impérialisme judaïque.

Le fanatisme des femmes israélites qui nous est rapporté chez ces religieuses crypto-juives qui entrèrent dans des monastères chrétiens avec la mission fanatique d'aider au triomphe de leurs frères juifs, nous le voyons se manifester semblablement aujourd'hui avec les passionaria rouges anticléricales.

Le livre cité des éditions Editorial Israël avoue clairement l'existence de cette infiltration de crypto-juives dans les couvents de religieuses, et rapporte à ce sujet que : « On pourrait faire une longue liste de religieuses et de moines, dont certains eurent à souffrir de l'Inquisition ou qui finirent leur vie comme juifs », et dans la note 1 de cette même page, on peut lire : « Il faut mentionner la famille de Manuel Pereira Coutinho, dont les cinq filles étaient religieuses dans le Couvent de la Esperanza à Lisbonne, pendant que leurs fils résidaient à Hambourg comme juifs sous le nom de Abendana. Entre autres notables personnalités ecclésiastiques, il y eut le célèbre dramaturge et romancier espagnol Juan Perez de Montalvan, ami intime de Lope de Vega, et qui était prêtre et notaire du Saint Office ».[537]

Parmi les clercs de la cinquième colonne que l'Inquisition envoya au bûcher, il y en eut certains que le Judaïsme international honore comme ses martyrs, parmi lesquels on peut citer le célèbre frère Diego de l'Asunción, dont l'historien juif Ceci Roth parle en ces termes : « L'un des plus illustres martyrs de l'Inquisition portugaise fut le frère Diego de l'Asunción, un jeune moine franciscain né à Viana en 1579. Il n'avait dans les veines qu'une petite part de sang juif... Il lui fut impossible de garder ses opinions pour lui. Comme sa situation devenait périlleuse, il essaya de fuir en Angleterre ou en France, mais il fut pris en chemin. Mis en présence du tribunal de l'Inquisition, il confessa spontanément les charges qui lui étaient imputées et commença par exprimer son repentir. Puis il changea d'attitude et se présenta ensuite fièrement comme un adepte de la Loi de Moïse... Le 3 aout 1603, à l'âge de vingt-cinq ans, il fut brûlé vif à Lisbonne... » « Un certain nombre de marranes du Portugal constituèrent une association religieuse en sa mémoire, dénommée « Fraternité de San

---

[537] Cecil Roth, Op. cit., pp. 74-74.

Diego » afin d'éloigner tout soupçon, association qui entretenait une lampe allumée devant l'Arche de la Loi d'une Synagogue dans un pays de plus grande liberté religieuse. Ainsi le sang de la victime fertilisa et donna vigueur à la foi des crypto-juifs ».[538]

Aux temps de l'Inquisition, l'organisation du Saint Office spécialiste des problèmes du Judaïsme clandestin découvrit fréquemment les infiltrés, qui aujourd'hui font et défont la Sainte Église sans que rien ne vienne les en empêcher, car les défenses de la Chrétienté ont été détruites ou sont restées paralysées, et l'ennemi interne cause toutes sortes de ravages nous amenant rapidement à l'esclavage communiste. En outre, on voit qu'une petite proportion de sang juif suffit pour qu'un religieux chrétien puisse être en secret un israélite fanatique et soit capable de mourir pour sa sombre cause.

Pour revenir aux religieuses catholiques crypto-juives, l'historien israélite cité poursuit en disant : « Les deux cent trente et une personnes condamnées à figurer dans les autodafés publics au Portugal au cours des huit années s'étendant de 1619 à 1627 incluaient quinze docteurs de l'Université, dont deux étaient chanoines ; il y avait en outre onze diplômés, vingt avocats et un nombre égal de notaires et de médecins, et par-dessus tout quarante-quatre religieuses et quinze clercs, dont sept bénéficiaires de canonicats ».[539]

En d'autres occasions, la carrière sacerdotale sert aussi à éviter aux juifs secrets de se confesser à des clercs sincèrement catholiques. Ce recours leur est indispensable, surtout pour la confession des enfants que leur âge rend incapables de tenir des secrets et qui à cause de cela sont au cours de leurs premières années des chrétiens sincères, dans l'ignorance complète où ils sont que leurs parents sont des juifs clandestins. Lorsqu'à l'âge de treize ans ou plus tard les jeunes sont préparés pour leur initiation secrète au Judaïsme, il pourrait arriver que l'un d'eux aie la foi chrétienne si bien enracinée que, comme de naturel, il consulte alors son confesseur. Il serait alors très dangereux que le confesseur de ces adolescents soit un prêtre sincère qui, en apprenant le grand secret des juifs clandestins, puisse s'en scandaliser et veiller étroitement sur le pénitent, en lui réfutant les erreurs des juifs et en le raffermissant dans sa Foi catholique; mais si en revanche le confesseur du jeune en question est également un marrane, il pourra être le facteur décisif pour que l'enfant hésitant prenne la résolution définitive. À l'époque de l'Inquisition, c'était une question de vie ou de mort pour les familles des nouveaux chrétiens, car tout enfant était dans l'obligation, sous menace d'excommunication, de dénoncer au Saint-Office toute tentative de ses parents de l'initier au Judaïsme, et une indiscrétion de

---

[538] Cecil Roth, Op. cit., p. 116.
[539] Cecil Roth « *Historia de los Marranos* » Edit. Israel, Buenos-Ayres, 1946-5706, chap. IV, p. 74.

l'enfant auprès de son confesseur aurait pu avoir pour conséquence que celui-ci convainque le jeune en question de dénoncer les faits à l'Inquisition, d'où un danger grave pour toute sa famille.

À cet égard, Cecil Roth, l'écrivain juif cité, dans l'édition nord-américaine de son ouvrage publiée par la Jewish Publication Society of America, assure qu'un juif anglais « qui mourut aux États Unis en 1890 » déclara au sujet des juifs clandestins portugais du siècle passé : « Beaucoup de maisons étaient juives, serviteurs compris, et dans beaucoup de districts, les familles juives étaient très nombreuses, et il arrivait fréquemment qu'un jeune se fasse prêtre, de façon à pouvoir figurer comme confesseur des familles alentour... ».[540] Nous exposerons ailleurs en détails comment des écrivains juifs de grande autorité nous décrivent la procédure de l'initiation secrète au Judaïsme des jeunes de familles crypto-juives, qui, ayant été baptisés et ayant vécu comme chrétiens durant leur enfance, arrivés au moment opportun, sont initiés à la secte ténébreuse du Judaïsme au cours d'une imposante et macabre cérémonie.

A propos de la vigilance extrêmement étroite qu'exerçait l'Inquisition sur les chrétiens de race juive et en général sur toute la population afin de découvrir où pouvait éventuellement subsister le Judaïsme clandestin, le distingué historien israélite Fredérik David Mocatta, qui fut au siècle passé (XIXème siècle) président de la Jewish Historical Society d'Angleterre, dans son ouvrage « Les Juifs d'Espagne et du Portugal et l'Inquisition » écrit en 1877, assure que : « Les malheureux marranes, aux dehors des plus dévots parmi toute la population catholique, continuèrent à suivre dans le plus profond secret les observances de leur antique foi, malgré l'immense danger que cela impliquait. Les délateurs étaient grandement récompensés de leurs délations, et les soupçons étaient si aisément acquis que personne ne ressortait sauf des médisances des serviteurs de sa maison, de secrets ennemis ou des frères négligents. Les plus grandes précautions avaient du mal à assurer les nouveaux chrétiens contre le soupçon de montrer des signes d'une tendance au Judaïsme. Leurs vêtements, la manière dont ils s'habillaient et tout particulièrement leurs aliments étaient soigneusement surveillés ». L'historien juif cité poursuit en assurant que l'on surveillait la manière dont ils observaient le rite catholique, leur conduite lors des sabbats et des fêtes juives, que leurs regards et leurs gestes étaient épiés, et que fréquemment quelque action involontaire était dénoncée, avec pour conséquence que celui qui était convoqué par les familiers du Saint-Office était appelé à la porte pour s'entendre nommé sur les rôles qui amenaient leur victime en prison pour des mois, des années, ou éventuellement pour toujours... »

---

[540] Cecil Roth « *A History of the Marranos* » Jewish Publication Society of America, Philadelphie, USA, 1932, p.359.

« Ainsi passèrent des générations et des générations de juifs secrets, confondus avec toutes les classes de la société et occupant toutes les fonctions de l'État et spécialement de l'Église ».[541] Et cette rigoureuse vigilance entraînait pour finir qu'à regret les clercs crypto-juifs, pour ne pas inspirer de soupçons, se montraient en général anti-juifs, car toute tentative de défendre les juifs aurait suffi à les faire soupçonner par l'Inquisition de pratiquer le Judaïsme en secret et à leur intenter un procès pour tirer la vérité au clair.

À notre époque, les clercs crypto-juifs défendent impudemment les juifs, car il n'existe plus d'Inquisition ni d'autre institution moderne appropriée pour enquêter et dévoiler leurs pratiques occultes du Judaïsme.

Ailleurs, dans le même ouvrage, le célèbre président de la Société juive des Études Historiques d'Angleterre affirme : « Il est certain que les convertis se moulaient ostensiblement sur le credo de la foi catholique, en prenant de nouveaux noms, en remplissant leurs maisons de crucifix et d'images de saints et d'autres symboles du Christianisme, et en se rendant régulièrement à l'église... » et il conclut son exposé en disant que, malgré tout, beaucoup étaient découverts par l'Inquisition.[542]

Dans ces conditions on peut facilement imaginer qu'il était difficile aux crypto-juifs de développer efficacement leurs mouvements révolutionnaires, c'est pourquoi il leur fallut d'abord en finir avec l'Inquisition ou la réduire à l'impuissance, avant que leur premier coup de force obtînt des résultats décisifs et durables.

L'un des ouvrages anti-juifs parmi les plus importants du XVIIème siècle fut le célèbre Sentinelle contre les juifs postée en la tour de l'Église de Dieu écrit par le vertueux moine franciscain Francisco de Torrejoncillo, qui fut supérieur (Prieur) de plusieurs couvents de l'ordre de Saint François dont celui de San Bartolomé de Valence d'Alcantara, celui de Notre Dame de Rocamador et celui de Notre Dame de Monticelli de Hoyo, tout en étant aussi le secrétaire de trois distingués Pères Provinciaux.

À propos des clercs crypto-juifs, voici textuellement ce qu'il conte dans cet ouvrage : « Dans le couvent de San Jeronimo, Velasquez rapporte que l'un d'eux trompant les religieux se fit élire supérieur et prélat, et de manière dissimulée pratiquait ses rites et cérémonies, jusqu'à ce que, découvert et pris par l'Inquisition, il fut brûlé publiquement, et depuis lors se firent ainsi dans ce monastère comme dans tout l'Ordre de grandes lois et statuts que personne de cette race ne soit admis sous son habit... » « Au royaume de Murcie, un Supérieur appelé Préfet d'un Ordre religieux prêchait le jour avec une grande ferveur la Loi du Christ, et de nuit, avec

---

[541] Frederik David Mocatta : « *The Jews in Spain and Portugal and the Inquisition* », Londres, 1877, p. 96.
[542] Frederik David Mocatta, Op. cit., p. 29.

un autre juif qu'il avait fait portier de son collège, il sortait enseigner la loi de Moïse aux juifs dans une maison privée ; et nombre de ceux-ci avec leur docteur furent brûlés et d'autres moururent dans les prisons ».[543]

Nous avons donc ici un autre docteur de la Loi, c'est à dire un rabbin secret, qui pour mieux cacher sa personnalité, se protéger des soupçons et se donner une plus grande liberté de mouvements se fit religieux, devenant Supérieur de son Ordre, grâce à quoi il pouvait développer clandestinement ses activités de rabbin. Mais l'Inquisition savait bien que le danger majeur était dans le haut clergé et en surveillait tous les membres, finissant ainsi par découvrir que le pieu supérieur de l'Ordre religieux en question était un dirigeant juif clandestin, et par localiser ses paroissiens, qui furent brûlés ou moururent en prison.

Et le Père Torrejoncillo poursuit en disant : « L'un d'eux désirait être Prélat et hyopocritement déclarait aux autres qu'il ne le souhaiterait pas, et les autres voyant que dans cette éventualité il le refuserait, lui donnèrent la charge. Il confessa ensuite son Judaïsme ».[544]

Ce que nous rapporte cet illustre Père gardien de l'Ordre Franciscain nous oblige à commenter un fait, confirmé par d'autres écrits et documents de l'époque de l'Inquisition, au sujet des Règles approuvées par les Ordres monastiques dans l'intention d'interdire les responsabilités hiérarchiques à ceux qui les ambitionneraient, normes qui furent établies en grande part pour éviter l'infiltration de crypto-juifs dans ces hiérarchies précisément, mais qui furent habilement tournées par ceux-ci et qui continuent de l'être de nos jours.

En effet les hommes réellement saints, les meilleurs, n'aspirent pas à ces dignités hiérarchiques, alors que les religieux qui sont juifs secrets, tout en feignant de ne pas être intéressés, travaillent habilement en équipes à les obtenir, pour s'emparer des postes dirigeants de ces Ordres religieux dont ils ont le plus d'intérêt à prendre le contrôle. Il en est de même pour les Évêchés, car les meilleurs prêtres, les plus vertueux, les plus pieux, ne se livrent pas à des manœuvres pour obtenir les Sièges épiscopaux, refusant même souvent de les accepter lorsqu'on les leur propose, à la différence des juifs secrets qui, en s'aidant les uns les autres et grâce aux influences des leurs à Rome, arrivent facilement à escalader les hautes hiérarchies de l'Église.

Lorsqu'existait l'Inquisition, elle se chargeait de réprimer autant que possible ces infiltrations, jusqu'à intenter des procès à de célèbres Archevêques et Évêques convaincus de pratiquer le Judaïsme ; mais lorsque cette défense de la Chrétienté fut supprimée, plus rien ne retint l'infiltration organisée par la cinquième colonne dans les hautes hiérarchies

---

[543] P. Francisco de Torrejoncillo : « *Centinela contra Judios, puesta en la torre de la Iglesia de Dios* », Madrid 1674, pp. 195-196.
[544] P. Francisco de Torrejoncillo : ditto, pp. 196-197.

de l'Église. C'est pour cela que nous voyons tant de Cardinaux, d'Archevêques, d'Évêques, de chanoines, de Pères Provinciaux d'Ordres religieux, de Prieurs de couvents, etc., qui de manière inexplicable aident les ennemis de l'Église, car il s'agit en fait de juifs de la Maçonnerie et du Communisme. Si nous voulons éviter que cette situation se termine par une catastrophe, il est urgent que les autorités compétentes organisent à temps une nouvelle défense contre les infiltrations et contre toutes les activités de trahison de la cinquième colonne.[545]

Dans l'ouvrage cité, l'éminent membre de l'Ordre de Saint François rapporte encore ce qui suit : « Un Trésorier de l'Église (cathédrale) de Cordoue donna à entendre qu'il avait eu une extase lors d'une procession très solennelle qui se faisait là, et très peu de temps après ce fait, il fut brûlé, et l'on peut voir aujourd'hui son portrait et ses insignes dans cette sainte église, et depuis lors, on prend le plus grand soin de ne pas confier cet office à quiconque serait un nouveau chrétien... »

« Un autre à Cordoue, étant Vicaire du Seigneur Évêque, bouleversa toute cette Sainte Église par de grands procès et dissensions parmi les Vieux-Chrétiens, et, lorsque des causes lui étaient déférées en tant que juge, il rendait toujours un jugement en faveur des nouveaux chrétiens ; mais ceci est exigé de par leur loi de se favoriser les uns les autres contre les chrétiens de n'importe quelle façon, et tout ce qu'ils font contre eux, ils le tiennent pour juste, même de nous tuer.. »..

Le Père Torrejoncillo assure encore ce qui suit à propos de ces pharisiens : « Les juifs dans les banquets et repas désirent la meilleure place, et dans les églises ils recherchent les meilleurs sièges... »

« Dans le même Valladolid il y eut un autre « nouveau chrétien » qui dans un collège sema de grandes dissensions entre quinze collégiens nobles qui fréquentaient l'établissement, d'où que certains ont pensé que c'est de cet incident que provient la coutume antique qui existe toujours dans ce Collège de Sainte Croix de faire mémoire de ceux-ci (les cryptojuifs) le Vendredi Saint lors de la cérémonie dont il est fait mention au quinzième chapitre de ce livre ».[546]

Le très grave danger qu'affrontaient les nouveaux chrétiens qui par excès de précipitation initiaient secrètement leurs fils au Judaïsme alors qu'ils étaient encore jeunes enfants, la relation suivante du P. Torrejoncilio nous le fait voir ici : « Un religieux qui confessait un enfant par obligation de carême lui demanda comment il s'appelait, et l'enfant répondit : Père,

---

[545] NDT : Une telle organisation est évidemment impossible lorsque en opposition avec les pouvoirs civils qui régissent l'Europe et le monde ! Toute cette question fait voir que le rétablissement de la santé de l'Église nécessite l'harmonie entre les pouvoirs civil et religieux, c'est à dire une communauté d'États non soumis au pouvoir juif, des États chrétiens !

[546] P. Francisco de Torrejoncillo : Op.cit., pp. 192 à 198.

est-ce le nom que je porte à la maison que vous demandez, ou celui que je porte dehors ? Celui de la maison répondit le Père, et l'enfant lui dit qu'à la maison il s'appelait Abraham et dehors Francisquito ».[547]

Il est donc bien explicable que les familles de faux chrétiens qui adhèrent secrètement au Judaïsme retardent l'initiation à la Synagogue secrète de leurs fils baptisés et éduqués en chrétiens jusqu'à un âge où ils ne risquent plus de commettre d'indiscrétions, et qu'elles s'efforcent toujours de les mettre aux mains d'un confesseur et directeur spirituel crypto-juif, leur faisant subir avant leur réception dans le Judaïsme une série d'épreuves à même de démontrer qu'ils sont capables de garder les secrets les plus cachés. Dans toute cette matière, l'expérience des siècles a perfectionné les systèmes qu'emploient les crypto-juifs dans le monde entier, et comme il n'existe plus d'Inquisition ni aucune autre organisation de défense du peuple pour veiller à cette secte diabolique, les dangers pour les marranes à notre époque sont minimes.

L'ignorance du peuple sur ces questions fait que les imprudences naturelles, inévitables, passent inaperçues. Par exemple, il nous est arrivé en Espagne un fait curieux : un membre de l'Action Catholique, très ennemi du régime du Général Franco et partisan de Gil Roblès nous déclara en une certaine occasion : « Je suis un fervent catholique, apostolique, marrane. » Comme, nous lui répondions ne pas comprendre pas le terme marrane qu'il utilisait, il répondit très inquiet : « Je me suis trompé, c'est un lapsus linguae, je voulais dire romain, et voyez-vous, l'on dit parfois une chose pour une autre ». Et c'est naturel, les juifs sont des hommes comme tout le monde, pas des dieux, et ils commettent de constantes imprudences, mais comme le peuple ne connaît rien de tout cela et qu'il n'existe plus d'autre part d'organisation destinée à découvrir et à détruire cette secte perverse, ces indiscrétions passent inaperçues. Au temps de l'Inquisition, ce membre de l'Action Catholique aurait été dénoncé par son interlocuteur et immédiatement arrêté sur l'indice fondé de se traiter lui-même de marrane, c'est à dire de juif secret.

En Espagne et en Amérique hispano-latine les crypto-juifs du XXème siècle s'appellent entre eux par plaisanterie « catholiques, apostoliques, et marranes » au lieu de « catholiques, apostoliques, et romains » comme de coutume, et il est logique que parfois, la force de l'habitude leur fasse commettre des lapsus de ce type, dénuées d'importance actuellement pour les raisons indiquées.

L'œuvre monumentale du Judaïsme moderne qu'est l'Encyclopédie Judaïque Castillane que nous avons déjà mentionnée cite Limborgh, qui, dans son Amica Collatio, déclare : « Les monastères et les couvents étaient pleins de juifs ; beaucoup des chanoines, des inquisiteurs et des Évêques

---

[547] P. Francisco de Torrejoncillo : Op.cit., p. 111.

descendaient également d'ancêtres juifs. Un grand nombre d'entre eux sont dans le fond de leur cœur des juifs convaicus, bien que pour ne pas renoncer aux biens de ce monde ils prétendent croire au Christianisme ».[548]

Comme on le voit, cette citation tirée d'un ouvrage officiel du Judaïsme coïncide tout à fait avec ce qu'affirment d'autres sources non moins sérieuses.

Bien que nous traiterons plus tard, dans le second tome de cet ouvrage[549] et sur la base de documents et de sources indiscutables, de la tragédie de l'infiltration judaïque dans les Églises protestantes, nous voulons dès maintenant relater ici un fait dont nous avons eu par hasard connaissance et qui montre que le problème de la cinquième colonne juive dans le clergé est un phénomène universel, qui atteint toutes les confessions religieuses. En effet l'œuvre monumentale juive que nous venons de citer, au terme Hollande, dit textuellement :

« Beaucoup de nouveaux chrétiens inclinèrent depuis 1550 au Calvinisme et à d'autres observances réformées. On sait par exemple qu'un certain Marco Perez d'origine juive était président du Consistoire Calviniste d'Anvers ».[550]

Ceci démontre qu'il ne s'agissait pas d'une simple inclination, mais d'un clair effort de domination, car le Consistoire en question n'était ni plus ni moins que le Conseil ecclésiastique suprême du Calvinisme à Anvers, dont le président, donc la plus haute autorité, était précisément un marrane.

Ces infiltrations juives dans le Christianisme ont eu parfois des conséquences extrêmement dangereuses pour les gouvernants chrétiens. La même encyclopédie judaïque que nous citons, rapporte encore un autre fait important. Au terme « Gaden Stefan », alias Daniel ou Danila Yevlevitch, elle dit : « Médecin de la Cour du Tsar au XVII$^{ème}$ siècle... Il combattit la religion plusieurs fois et entra finalement dans la Congrégation Orthodoxe Grecque...il fut assassiné horriblement, à cause de son amitié avec les boyards qui esayèrent de détrôner le Tsar ».[551]

Un autre fait encore que nous rapporte cet ouvrage officiel du Judaïsme est le suivant : « Aleksei Protopop, prêtre russe, l'un des chefs de la secte judaïsante de Kiev, Novgorod, Pakov et Moscou (1425-1448). Fut probablement disciple de Caraita Zejarya...Il convertit Yvan III, Grand-Duc de l'Assomption à Moscou, d'où il réussit à convertir de nombreux grands personnages de la Cour et de l'Église ».[552]

La même encyclopédie toujours, à propos du juif Bar Hebraeus, dont le nom chrétien fut Grégoire Abdul Faradash, signale : « Historien et

---

[548] *Enciclopedia Judaica Castillana*, Ed. cit. t. IX terme Séfardies ; p. 512, col. 2.
[549] NDT : Ce tome II n'est jamais paru...
[550] *Enciclopedia Judaica Castillana*, Ed. cit. t. V, terme Hollanda, p. 284.
[551] *Enciclopedia Judaica Castillana*, Ed. cit. t. V, terme Gaden, p. 25.
[552] Ditto, Ed. cit. t. I, p. 157.

membre de la hiérarchie de l'Église Syriaque, d'ascendance juive Ver Bar Hebraeus ».553

Et sous le terme « Bar Hebraeus », on trouve ce qui suit : « Bar Hebraeus (Grégoire Abul Rafadch ou Abul-al Faradach) chef de l'Église Jacobite de Syrie, historien, philosophe, théologien et médecin, naquit à Meliterne en 1226, mourut à Maraga en Perse, en 1286. Fils de Aaron, médecin juif converti, devint Évêque de Guba (1246), d'Alep (1253) et chef de l'Église Jacobite de Perse en 1264 ; écrivit un grand nombre d'ouvrages en arabe et en syriaque, sur l'histoire, la philosophie, la médecine, la grammaire, des commentaires bibliques et un livre d'histoires et de chroniques qui contient des anecdotes et des faits curieux, dont certains se rapportent aux sages juifs. E.A. W. Bugde la traduisit en anglais en 1899 ».554

Cet ouvrage monumental du Judaïsme assure ailleurs que :

« Abraham Rabi, prieur des moines déchaussés, prosélyte, fut brûlé en 1270 ».555

« Alexander Michael Salomon, juif converti, premier Évêque anglican de Jérusalem... éduqué religieusement en Allemagne, étudia les sciences rabbiniques, et en 1820, après son arrivée en Angleterre, il obtint la charge de cantor à la Synagogue de Plymouth. En 1825, il fut baptisé... fut nommé superintendant du clergé anglais et de ses congrégations en Syrie, Mésopotamie, Égypte et Abyssinie ».556

Nous ne voulons pas fatiguer le lecteur avec une infinité de faits similaires en notre possession sur ce sujet, mais comme nous l'avons dit, on peut ainsi juger de l'universelle extension de la cinquième colonne juive dans le clergé et le danger qu'il signifie, non seulement pour l'Église Catholique, mais pour toutes les Églises Chrétiennes.557

---

553 Ditto, Ed. cit. t. V, terme Grecia, p. 152.
554 *Enciclopedia Judaica Castillana*, Ed. cit. t. II, p. 76 col. 2, terme Bar Hebraeus.
555 *Enciclopedia Judaica Castillana*, Ed. cit. t. I, terme Abraham Rabi, p. 43.
556 *Enciclopedia Judaica Castillana*, Ed. cit. t. I, terme Alexander Michael Salomon, p. 211.
557 NDT : Un exemple semblable est fourni par Nesta Webster dans « *World Revolution* » (7eme édition, mise à jour par Anthony Gittens, Veritas Publishing Co, Western Australia, 1994), au chap.XV Chinese Revolution, p. 331 : le cas de Thimothy Trebisch, juif d'origine hongroise, « converti » à l'anglicanisme et devenu curé anglican dans le Kent tout en étant missionnaire Qaker à York ( !),qui devint député aux Communes, puis fut promu par le gouvernement anglais pendant la guerre de 1914 directeur de la Censure postale des GPO secteur des relations avec la Hongrie, et qui, en même temps, fournissait au « *New-York Herald* » ou au « *New-York World* » des romans... qui derrière leur façade anodine dévoilaient aux Allemands des secrets de guerre anglais . Arrêté et jugé par la Justice britannique, celle-ci lui fut très clémente ( !) lui permettant de poursuivre sa carrière louche, et on le vit en 1919-20 mêlé à des mouvements de restauration monarchistes en Allemagne, en Autriche et en Hongrie qui tous sys thématiquement échouaient ! On le retrouva à New-York en 1920 puis en Italie en 1924, chaque fois sous un nom différent, comme espion à la fois pour les Communistes et les « Fascistes ». Puis à la demande de Trotsky ( !), le même alla en Chine organiser un front anti-anglais et anti-impérialiste. Il poursuivit sa carrière à Ceylan, en

Avant de terminer ce chapitre, nous voulons mentionner un fait lamentable. Dans certains pays où les patriotes protestants et orthodoxes luttent héroïquement contre l'infiltration communiste dans leurs Églises, ceux-ci s'apercevant que certains hauts responsables de l'Église catholique aident au triomphe du Communisme, ils commettent l'erreur fatale d'imputer au Catholicisme tout entier ce que font les membres de la cinquième colonne infiltrés dans son clergé. Une telle attitude est aussi injuste que celle qu'à l'inverse nous assumerions, nous catholiques, si nous accusions les chrétiens orthodoxes, anticommunistes dans leur grande majorité, des trahisons que commettent journellement contre leurs patries respectives et contre le monde libre les membres de la cinquième colonne juive infiltrés dans le clergé et la direction des Églises Orthodoxes et Protestantes.

C'est pourquoi il est nécessaire que tous les chrétiens authentiques, qui pour cette même raison sont anticommunistes, nous nous rendions compte qu'aussi bien l'Église Catholique que les Églises Protestantes et Orthodoxes sont toutes également les victimes de l'action destructrice d'un même ennemi : la Synagogue de Satan, qui, au moyen de ses infiltrations dans le clergé des différentes Églises, favorise les victoires de la révolution communiste et athée, dirigée de façon occulte par la même Synagogue.

Le fait d'être sous la menace d'un même danger et d'un même ennemi devrait nous faire comprendre la nécessité impérieuse d'unir nos forces contre l'ennemi commun. Pendant que nous restons divisés par des haines religieuses, raciales ou nationales, les juifs appelés par Saint Paul « ennemis de tous les hommes » nous vaincront les uns après les autres, pour finir par nous mettre tous en esclavage, comme ils l'ont fait déjà pour les malheureux peuples tombés sous le joug communiste.

C'est alors par un esprit élémentaire de conservation qu'il nous faut unir nos forces dans un effort mondial, le seul capable d'affronter avec des chances de succès un ennemi qui, non seulement a actuellement un pouvoir mondial, mais qui a la suprématie sur toute la planète, suprématie uniquement due à la désunion qui prévaut entre nous tous, les vrais

---

Afghanistan et en Inde. Après une mystérieuse disparition temporaire entre 1926 et 1930, on le retrouva « Abbé » Chao Kung à la tête du monastère bouddhiste de Paoshuashan en Chine, faisant plusieurs aller et retours rapides en Europe, et le même, venir participer à Madrid en 1936 au moment le plus intense du putstch bolchevique. Ce judéo-anglican-« Abbé » bouddhiste et communiste a donné quelques articles dans le journal juif de Shanghai *Israel's Messenger*, à l'époque du procès de Berne au sujet des *Protocoles des Sages de Sion*, articles où bien évidemment il soutenait la thèse du « Faux assuré », comme en France à l'époque l'avocat sioniste Corcos dans le journal *Le Temps* (et aujourd »hui le président du mouvement Chrétienté-Solidarité et du Cercle d'amitié juive et chrétienne (!) Romain Marie, co-fondateur du journal prétendu catholique *Présent*, et l'écrivain juif Pierre André Taghieff dans son livre « *Protocoles, faux et usage de faux* », Berg édit., 1990).

chrétiens et les gentils. Le jour où nous nous unirons, nous serons immensément plus forts qu'eux, et nous pourrons les vaincre facilement, nous libérant ainsi de la menace communiste et athée, et assurant le salut du Christianisme, l'indépendance et le bien-être de nos peuples.

De notre union ou désunion peut dépendre le triomphe ou la défaite. Notre alliance sur le terrain politique est relativement facile, car à moins d'être aveugles, si nous voulons nous sauver, il nous faut la considérer comme d'urgente nécessité.

Quant à l'union de tous les chrétiens dans l'ordre théologique, bien que ce soit l'idéal apostolique qui tous nous anime, pour certains elle s'avère très difficile, et pour d'autres néanmoins faisable ; mais il est en tout cas évident que si nous chrétiens, Catholiques, Protestants et Orthodoxes, nous réussissons à nous allier sur le plan politique contre l'impérialisme judaïque, contre sa révolution communiste et contre sa cinquième colonne introduite dans nos Églises, cette lutte contre l'athéisme matérialiste du Communisme sera le meilleur préparatif pour un rapprochement majeur dans le domaine théologique, au moyen d'une amicale discussion qui permettra à tous de voir où est la vérité.

Combien différente est cette manière d'atteindre l'unité chrétienne de celle que projettent les agents du Judaïsme et du Communisme dans le clergé catholique, pour la proposer à l'examen du prochain Concile Vatican II !

Sous le prétexte d'obtenir l'union des chrétiens, ils essayent de détruire les traditions fondamentales de l'Église, qui sont le fondement essentiel de sa défense contre la révolution judéo-communiste qui prétend la détruire, car une fois ces traditions fondamentales balayées, le Communisme pourra dominer plus facilement le monde catholique.

Ce sont les mêmes fins que poursuivent les mouvements analogues dénommés d'unité chrétienne que dirigent des infiltrés crypto-juifs et aussi crypto-communistes, qui contrôlent beaucoup d'Églises Protestantes. On essaie là d'utiliser simplement l'idéal sublime de l'unité chrétienne dans le but sinistre de favoriser d'une manière ou d'une autre le succès de la révolution judéo-communiste. Dans d'autres cas, ce qu'ils essaient, c'est, au moyen de ces Conseils nationaux ou du Conseil Mondial des Églises, de s'assurer le contrôle des Églises qu'ils ne dominent pas encore, cela afin de favoriser le triomphe du Communisme, et d'attaquer, en minant leur réputation, les patriotes qui défendent leurs compatriotes des agressions de la bête.

Des tendances à l'union des chrétiens contre le Communisme apparaissent aussi entre Protestants et Orthodoxes. Le grand patriote presbytérien, le Révérend et Dr. Carl Mc Intire a conçu la manière de combattre avec efficacité la manœuvre que nous venons de décrire en fondant aux États-Unis un Conseil Américain des Églises Chrétiennes et un Conseil International des Églises Chrétiennes (protestantes anticommunistes) destinés à combattre efficacement le Conseil National des Églises (des USA) et le Conseil Mondial des Églises, tous deux au service du Kremlin.

Nombreux sont heureusement les pasteurs et les responsables des Églises protestantes qui avec leur clergé chrétien luttent désespérément pour libérer leurs Églises des griffes de la cinquième colonne communiste infiltrée chez elles.

Il en est de même dans le camp des Églises Orthodoxes. Pour mettre en évidence la gigantesque lutte qui se livre dans ce secteur, nous citerons ce qu'écrit l'illustre Évêque orthodoxe Alejo Pelypenko dans son ouvrage « Infiltration communiste dans les Églises chrétiennes d'Amérique » :

« Et lorsque le Patriarche de Moscou collabore avec toutes sortes de sectaires, lesquels en réalité combattent les prêtres du Christ, qu'il finance les spirites qui ne sont pas même chrétiens, puisqu'ils ne reconnaissent pas la divinité du Christ ni ne croient en sa Résurrection, pourquoi donc, nous les Orthodoxes, ne pourrions-nous pas alors collaborer avec nos frères Catholiques et nous unir avec eux en un front commun dans la lutte contre les forces de l'enfer ? Nous devons nous rappeler que si, sous les persistantes attaques du Kremlin et du Patriarche de Moscou, venait à se briser l'unité de l'Église Catholique ou si sa force venait à se débiliter, plus aucune des Églises Orthodoxes ne sauraient rester libre, mais elles se transformeraient en esclaves de Moscou ».

Ensuite, parlant de l'I.C.A.B. (l'Église Catholique Apostolique Brésilienne) qui est sous le contrôle de l'Église Orthodoxe du Kremlin, il dit : « Je réfléchis à tout cela en publiant le présent livre. Je possède des éléments terrifiants sur le travail pernicieux de l'ICAB, qui ne concerne pas seulement l'Église Catholique mais aussi le peuple brésilien tout entier, et non seulement j'ai le droit d'écrire et de parler ouvertement, mais c'est pour moi un devoir sacré. Puisse mon exemple être suivi par beaucoup d'autres, pour qu'ils s'unissent en un front anticommuniste. Car la force réside seulement en l'unité ».[558]

# ATTENTAT CONTRE L'INDÉPENDANCE ET LA LIBERTÉ DES PEUPLES

Comme nous l'étudierons plus spécialement dans le deuxième tome de cet ouvrage, la Société des Nations et l'Organisation des Nations Unies,

---

[558] Évêque Orthodoxe Alejo Pelypenko « *Infiltracion Comunista en las Iglesias Cristianas de America* », Buenos-Ayres, 1961, p. 232.

malgré les nobles idées qu'elles ont dit soutenir, ont été sur des points essentiels sous le contrôle de juifs et de maçons placés dans des postes clefs de caractère administratif, de même que dans beaucoup des représentations nationales des États, sous le couvert des tendances idéologiques les plus diverses dans la première, et de tendances communiste, anti-communiste et neutraliste dans la seconde. Sous ces trois bannières, les juifs et les maçons ont des positions importantes, car ils s'infiltrent secrètement partout autant qu'ils le peuvent, utilisant tous ces postes clefs pour favoriser le triomphe de l'impérialisme judaïque et de sa révolution communiste, ou pour combattre les gouvernements patriotes de quelque importance que le Judaïsme ne domine pas encore totalement. Ainsi la Société des Nations et l'Organisation des Nations Unies, qui auraient pu faire beaucoup de bien pour sauvegarder la paix du monde et pour favoriser le progrès de l'humanité, ont été en fait fréquemment utilisées par le Judaïsme, la Maçonnerie et le Communisme à des fins très différentes de celles qui ont justifié leur existence.

Mais l'idéal de l'impérialisme hébreux a toujours été de créer un super État mondial qui lui permettrait d'exercer sa domination sur les États qu'il n'a pas encore réussi à conquérir ; et l'un des moyens que le Judaïsme considère indispensable pour préparer un projet aussi ambitieux est de créer une police mondiale sous le contrôle de l'Organisation des Nations Unies, qui, ayant juridiction pour intervenir à l'intérieur de tous les États, serve comme ils le disent à préserver et maintenir la paix mondiale et l'harmonie entre les peuples, des finalités de façade qui ne serviraient qu'à couvrir leurs véritables objectifs qui sont :

Disposer d'une nouvelle cinquième colonne du Judaïsme introduite dans les nations chrétiennes et des non-juifs, jouissant du plein appui de l'Organisation des Nations Unies, dont elle sera un organe officiel ;

Utiliser cette police universelle comme un moyen d'espionnage contre les États que l'impérialisme judaïque ne domine pas encore, car une telle police sera sous le contrôle d'agents juifs, maçons et communistes, comme c'est le cas pour pratiquement tous les corps administratifs de l'Organisation des Nations Unies, même si ces agents militent en apparence sous les tendances politiques les plus diverses, de la droite à l'extrême gauche, selon la tactique séculaire de la Synagogue;

Utiliser ladite police mondiale comme foyer d'infection dans les États, pour favoriser les conspirations et les tentatives révolutionnaires que la cinquième colonne juive ou crypto-juive organise dans ces nations.

Employer cette police universelle à combattre et écraser les mouvements patriotiques qui dans un État quelconque lutteraient contre le Communisme ou pour libérer leur peuple de la domination et des griffes de l'impérialisme judaïque.

Comme on le voit, cette police mondiale aux mains de l'Organisation de Nations Unies, satellite de la Synagogue, serait l'une des plus importantes mesures prises par les hébreux pour détruire les restes d'indépendance des nations et de liberté des peuples.

Nous pensions laisser ce point comme beaucoup d'autres pour être développé dans un second tome lorsqu'une désagréable information nous est parvenue que nous donnerons avant de terminer ce chapitre et qui nous a obligé à l'inclure ici.

La Société des Nations tout comme l'Organisation des Nations Unies, le Judaïsme chercha à en faire un super-État, avec des pouvoirs suffisants pour supprimer l'indépendance des peuples ; mais les résistances provoquées par l'ardeur de nombreuses nations à sauvegarder leur souveraineté obligea l'impérialisme hébreux à reconnaître celle-ci, dans le but de parvenir à englober dans ces Associations d'États la grande majorité ou la totalité d'entre elles, la plupart desquelles se seraient refusées à faire partie de telles Associations si l'on eût attenté à leur indépendance. C'est pourquoi l'impérialisme hébreu se vit obligé d'établir deux organisations super-étatiques avec des pouvoirs limités. Tout cela fut accepté à titre transitoire, en attendant que lentement ils puissent accroître les pouvoirs de ces organisations pour finir par supprimer complètement la souveraineté des États. Et l'un des pas essentiels prévus à cette fin est la police mondiale en projet, dotée du droit d'opérer et d'exercer sa juridiction au sein de tous les États du monde.[559]

Mais ce qui nous paraîtrait inusité et incroyable si ce n'était que la source d'où l'information nous est parvenue a fait la preuve que ses informations précédentes ont toutes été confirmées par les faits, c'est qu'aujourd'hui ils projettent d'utiliser ni plus ni moins que Sa Sainteté Jean XXIII le Pape régnant, pour proposer au monde la formation de cette police mondiale. Ils projettent d'utiliser les fortes influences dont ils affirment disposer au Vatican pour obtenir qu'une semblable proposition soit incluse dans quelque document définissant la doctrine de la Sainte Église. Ainsi ils projettent de réussir à transformer la Sainte Église en une sorte de satellite de la Synagogue de Satan, qui lui serve même de porte-voix, chaque fois qu'il leur conviendra de l'utiliser, pour qu'au nom de la

---

[559] Sur la subversion avancée des États nationaux et des organismes internationaux par les hautes sectes satanistes en vue de la fusion des États du monde en un seul État mondial sous la direction d'un chef unique de leur bord, lire notamment le livre d'Epiphanius déjà mentionné « *Maçonnerie et sectes secrètes, le côté caché de l'Histoire* », édition du Courrier de Rome, diffusé par DPF, BP1, 86 Chiré en Montreuil. Voir aussi les ouvrages de Georges Virebeau, Jean Lombard, Yann Moncomble, et ceux de Pascal Bernardin (« *Machiavel Pédagogue* » et « *L'Empire écologique* », auto-édition, diffusion DPF). L'Union Européenne avec les traités de Maastricht et d'Amsterdam, ses directives conformes à celles de l'Unesco et des hautes sectes et le Droit européen qui met en pièces les législations nationales, et enfin le nouveau rôle de l'OTAN, en sont des preuves patentes.

Sainte Église il se fasse des propositions ou des définitions de doctrine favorisant directement ou indirectement les plans politiques du Judaïsme international, plans qui naturellement incluent ceux concernant la condamnation des patriotes qui luttent contre l'impérialisme hébreu, ou des mesures qui d'une manière ou d'une autre facilitent le triomphe du socialisme marxiste et de la politique du Kremlin. Ces projets juifs nous paraissent tout autant sataniques que monstrueux, et démontrent une fois de plus que, comme les scribes et les pharisiens s'efforçaient constamment de tenter le Christ Notre-Seigneur pour essayer de le faire tomber dans un piège et ensuite avoir des arguments pour le supprimer, les successeurs des mêmes scribes et pharisiens, héritiers des systèmes de leurs prédécesseurs, essaient constamment de piéger les plus hauts membres de la hiérarchie écclésiastique pour que, s'ils tombent dans ces pièges, ils puissent en tirer argument pour ruiner le prestige de la Sainte Église et préparer sa désintégration.

Dans l'actuel Pontificat, la Synagogue se comporte comme au temps de certains Antipapes crypto-juifs ou satellites du Judaïsme, et croit l'avoir quasiment entièrement en mains. Mais ce sur quoi elle ne compte pas, c'est sur l'assistance que le Christ Notre-Seigneur a toujours donné à Sa Sainte Église, et qui a toujours fait échouer les conjurations infernales de la Synagogue.

Du temps de Sa Sainteté Pie IX par exemple, les forces judéo-maçonniques chantaient déjà aussi victoire. Elles en vinrent à se vanter que ledit Pape était maçon. Mais Dieu Notre-Seigneur éclaira à temps le Vicaire du Christ qui finit par ouvrir les yeux, découvrant les intrigues infâmes du Judaïsme. Parmi les mesures qui manifestèrent clairement son changement de politique, se distingue celle d'avoir fait de nouveau renfermer les juifs dans le ghetto. En d'autres occasions, le Pontificat fut capturé par des cardinaux crypto-juifs ou satellites de la Synagogue qui déraisonnèrent sur tous les plans, mais dans de telles circonstances l'assistance de Dieu à sa Sainte Église se manifesta en éclairant d'autres hauts membres de la hiérarchie et en leur donnant la force d'organiser de Saints conciles et de convaincre les Pères de la nécessité qu'il y avait de renier leur caractère de Pape aux successeurs de Judas l'Iscariote, en les déclarant Antipapes et, comme dans le cas de Pierleoni, en déclarant nuls tous leurs actes, leurs déclarations doctrinales, et leurs ordinations et nominations de clercs, cela même qu'ils aient été de nombreuses années ou même toute leur vie à Rome assis sur le trône de Saint Pierre, et qu'ils aient été élus par une majorité des deux tiers des Cardinaux.

Le cas d'un autre Pape connu, le premier Jean XXIII, qui convoqua d'abord le Saint Concile de Rome le 1er avril 1412, puis le Concile œcuménique de Constance en 1413, est aussi révélateur. Il fut accusé par le Saint Synode universel dans sa septième session du 2 mai d'être hérétique, simoniaque, scandaleux et incorrigible, et dans la session du 29 du même mois qui fut la douzième, furent ajoutées aux charges antérieures celles d'être notoirement simoniaque, dilapidateur des biens et des droits de nombreuses Églises, scandaleux par ses mœurs détestables et déshonnêtes, pertinace et coupable de nombreux autres crimes ; le Saint Concile finissant par destituer ledit Jean XXIII de sa charge de Pape et le privant de tout gouvernement. Tout cela fut obtenu comme dans le cas de Pierleoni avec l'aide militaire que prêtèrent au Saint Concile quelques puissants chefs d'États chrétiens qui comprirent que c'était un devoir de sauver la Sainte Église et leurs nations de la menace qui pendait sur elles.

L'histoire de la Sainte Église nous montre que l'assistance divine lui a été manifestée de bien des manières, mais l'a toujours finalement libérée des pièges les plus pervers de ses ennemis. Et d'autre part Notre-Seigneur nous a promis que « les forces de l'enfer ne prévaudront pas contre elle ».

# Chapitre XXXIX

## Infiltrations judéo-maçonniques dans la Société des Jésuites

L'Encyclopédie Judaïque Castillane, citant Limborch, dit textuellement : « À Amsterdam et ailleurs, on peut rencontrer des Augustins, des Franciscains, des Jésuites et des Dominicains qui sont juifs ».[560]

Comme nous avons pu l'apprécier, les juifs clandestins envahissent d'une manière générale toutes les hiérarchies du clergé séculier et tous les Ordres religieux. En ce qui concerne ces derniers cependant, on note la préférence dont ils ont toujours témoigné pour s'infiltrer et prendre le contrôle de ceux qu'ils considèrent comme les plus dangereux pour eux, car cela leur permet de les neutraliser. Ainsi au XIIIème siècle, lorsque l'Ordre du Temple constitua pour eux un danger majeur, ils se mirent à l'envahir et à conquérir silencieusement son haut commandement, dévoyant l'Ordre de ses objectifs et l'utilisant contre l'Église et les Monarchies chrétiennes ; ce véritable désastre motiva l'intervention rapide de la Papauté et de la Monarchie chrétienne pour dissoudre l'Ordre et faire exécuter son Grand Maître, afin de sauver la Chrétienté d'une catastrophe.

Au Moyen-Âge, ils préférèrent s'infiltrer dans les Ordres où étaient formés les cadres dirigeants de l'Inquisition Pontificale pour pouvoir en neutraliser la capacité de lutte, mais comme les Franciscains et les Dominicains étaient des experts dans la connaissance du problème juif, bien qu'envahis, ils purent mieux se défendre.

Dans les temps modernes, l'Ordre religieux qui a le plus lutté contre les entreprises subversives juives, la Maçonnerie, le Spiritisme, la Théosophie, le Communisme, etc. a été la très méritante Compagnie de Jésus ; ceci a été aussi dû au fait que beaucoup de ses membres ne sont pas absorbés tout le temps par des Règles rigoureuses et des oraisons, mais disposent du temps libre nécessaire pour se consacrer aux combats politico-sociaux. Il est donc naturel que depuis sa fondation, les juifs aient essayé de s'y infiltrer

---

[560] *Encyclopédie Judaïque Castillane*, éd. cit., t. IX, p 512 col 1, terme Sefardies.

massivement et de s'emparer de la très sainte œuvre de Saint Ignace. A ses débuts, comme on sait, la Compagnie de Jésus joua un rôle décisif dans la Contre-Réforme. C'est grâce à elle que furent reconnus au Catholicisme la Pologne et d'autres États, et quoique bien vite les nouveaux chrétiens qui l'inondèrent s'emparèrent de postes clefs en son sein, les Jésuites authentiques luttèrent héroïquement contre la bête judaïque et réussirent à faire approuver un statut qui, comme ceux des autres Ordres, prohibait l'accès à la Compagnie aux catholiques descendants de juifs. Il existe toujours actuellement une disposition interdisant l'entrée dans l'Ordre aux descendant de juifs jusqu'à la troisième génération, mais cette disposition est devenue lettre morte, car si l'on recherchait les arbres généalogiques des faux-chrétiens crypto-juifs actuels, une grande partie d'entre eux pourraient démontrer qu'ils descendent de chrétiens depuis dix générations ou même davantage, grâce aux fausses conversions de leurs ancêtres lointains.

Nous avons vu jusqu'ici, à partir de sources juives ou catholiques d'un sérieux reconnu, que l'existence de Jésuites traîtres pratiquant en secret le Judaïsme a été un phénomène fréquent à diverses époques. Nous allons développer un peu ce point, bien que nous ne puissions le faire que brièvement et de manière résumée, compte tenu des limites de cet ouvrage.

Parmi les activités que les Jésuites crypto-juifs ont pratiquées, figure notamment celle d'essayer par des intrigues que l'émérite Compagnie de Jésus fondée pour défendre l'Église fasse précisément le contraire, c'est à dire qu'au lieu de combattre les ennemis de l'Église elle lutte contre ses meilleurs défenseurs, cela pour les ébranler et ouvrir la voie à leurs adversaires. Naturellement, ce que firent en tout premier lieu ces crypto-juifs déguisés en Jésuites fut d'essayer de lancer la Compagnie contre ce qui à l'époque était le principal rempart de la Chrétienté, à savoir l'Inquisition. Nous allons prouver ce fait à partir de citations tirées des meilleures sources juives, qui jouissent de la plus grande autorité dans la Synagogue moderne.

L'Encyclopédie Judaïque Castillane au terme « Bahia », parlant des faux-chrétiens crypto-juifs du Brésil dit ceci :

« La présence de crypto-juifs à Bahia depuis le premier jour de sa fondation est hautement probable, car pour leurs besoins en colons pour leur possessions de l'hémisphère occidental les Portugais utilisaient les nouveaux chrétiens suspects. Beaucoup d'autres marranes émigrèrent aussi au Brésil pour échapper à l'Inquisition... »

« Leur rôle fut important dans le trafic des esclaves africains, né du besoin d'importer des travailleurs plus résistants que les indigènes pour le dur travail des plantations.

« En plus des planteurs, des fabricants et des marchands, il y eut quelques médecins juifs. Durant les premières décennies de la colonisation portugaise, les marranes de Bahia jouirent d'une relative liberté, faute d'action des agents du Saint-Office de Lisbonne. Les autorités, soucieuses des intérêts économiques et fiscaux de la métropole, observèrent une attitude tolérante, avec la complicité des Jésuites opposés alors à l'Inquisition. Les marranes célébraient des services religieux secrets et entretenaient des rabbins ».[561]

Nous avons donc ici un cas où l'héroïque organisation de Saint Ignace, fondée pour défendre l'Église contre ses ennemis, se voyait déviée de sa mission et conduite à faire précisément le contraire, en s'opposant à l'Inquisition, la principale défense de l'Église, et en tolérant les ennemis de celle-ci.

On note ici aussi, une fois de plus, la participation des juifs à l'odieux trafic des esclaves noirs, qui fut l'une de leurs activités les plus lucratives des siècles passés.

Quel véritable cynisme ne faut-il pas aux faux chrétiens crypto-juifs du Brésil actuel, dont les ancêtres capturèrent les malheureux noirs en Afrique comme des bêtes et les vendirent de même, pour se mettre aujourd'hui à la tête des mouvements socialistes et communistes du Brésil et se présenter comme les sauveurs des masses noires et mulâtres de la population, que leurs propres ancêtres transportèrent enchaînées et promises à l'esclavage !

Il faudrait que les noirs et les mulâtres brésiliens ouvrent les yeux et sachent que ceux qui aujourd'hui cherchent à les conduire vers le pire des esclavages, le Communisme, en les trompant par la trompeuse promesse de leur apporter le salut et le paradis sur terre, sont les mêmes que ceux qui réduisirent leurs aïeux à l'odieux servage ! Et que c'est la même chose qui advint à leurs ancêtres, lorsque trompés par les marchands d'esclaves crypto-juifs, croyant à leurs promesses menteuses et espérant être conduits vers une vie meilleure, ils se retrouvèrent un beau jour avec les chaînes aux pieds, alors trop tard pour se libérer.

Nous allons citer un autre cas du même type dans le même Brésil, car nous avons jusqu'ici consacré peu de lignes à ce pays dans cet ouvrage: la terrible bataille que nous allons évoquer eut lieu environ cent ans après le cas que nous venons d'analyser. C'est d'une autre source juive autorisée que nous tirons ces nouveaux faits, de Cecil Roth, l'historien juif le plus célèbre de l'époque actuelle, qui dans son *Histoire des Marranes*, après avoir narré la répression exercée au Brésil par le Saint-Office contre les juifs secrets, poursuit en ces termes :

« À cette époque, un rayon d'espérance perça les nuages. Un interrègne survenu dans la charge de Grand Inquisiteur de 1653 à 1672, bien que sans

---

[561] *Encyclopédie Judaïque Castillane*, éd. cit., t. II, p. 42-43, terme Bahia.

influence sur les activités du tribunal, diminua beaucoup son autorité. À ce moment, avait pris les armes pour défendre les nouveaux chrétiens, ni plus ni moins qu'Antonio Vieira, le distingué Jésuite qui avait mérité le surnom d'Apôtre du Brésil. Il adressa à Jean IV une supplique lui demandant de supprimer les confiscations et d'effacer toutes les différences qui subsistaient encore entre les nouveaux chrétiens et les anciens. Sa liberté d'opinion souleva contre lui la colère du Saint-Office. Cela lui valut, outre un emprisonnement de trois ans (1665-1667), que ses écrits furent condamnés et qu'il fut formellement pénitencié ».

« Son expérience des horreurs du Saint-Office augmenta sa compassion pour les opprimés. Il se rendit à Rome où, dans la citadelle même du Christianisme, il attaqua l'Inquisition portugaise comme étant un tribunal impie, davantage inspiré par la cupidité que par la piété, qui condamnait les innocents aussi souvent que les coupables et était l'ennemie des intérêts majeurs des chrétiens.

« La Société de Jésus, indignée du traitement dont l'un de ses membres les plus distingués avait été la victime, appuya sa cause. Alertés par le tour que prenaient les évènements, les nouveaux-chrétiens en appelèrent à la Couronne pour qu'elle fît certaines réformes définitives, y compris le libre pardon des personnes sujettes à un procès et la modification des procédures de l'Inquisition par l'adoption de méthodes plus humaines qui étaient en usage à Rome. En récompense de concessions aussi modérées, ils s'offraient à payer annuellement vingt mille cruzeiros, à envoyer quatre mille soldats en Inde avec, chaque année, un renfort de douze cents autres et de trois cents de plus en cas de guerre. L'Inquisition protesta énergiquement, mais la cause était appuyée par beaucoup des Grands du Royaume, y compris par la Faculté de l'Université de Coimbra (qui comme nous l'avons vu précédemment était infestée de crypto-juifs !), et par l'Archevêque de Lisbonne en personne. La cause fut en conséquence agréée et envoyée à Rome pour décision finale. Là, le représentant des nouveaux chrétiens, Francisco de Azvedo, prépara conjointement avec Vieira une violente dénonciation, selon laquelle il était clair que l'Inquisition portugaise n'était qu'un instrument d'oppression qui s'enrichissait par le chantage et était en permanence aux aguets contre toute personne d'origine néo-chrétienne ».

« Ces derniers, soutenaient-ils, étaient tous de fervents catholiques, condamnés pour des raisons négatives, c'est à dire parce qu'ils reniaient le Judaïsme ou qu'ils avaient été réconciliés après une fausse confession. Après une longue bataille, les nouveaux chrétiens gagnèrent la partie. Le 3 octobre 1674, le Pape Clément X suspendit les activités des tribunaux portugais et ordonna le transfert à Rome des cas importants. Comme les Inquisiteurs se refusèrent à coopérer aux enquêtes réalisées ensuite sous le prétexte du risque de voir révélés les secrets de procédure, un interdit fut prononcé contre eux, et pour finir ils furent relevés de leurs charges le 27 mai 1769.

« Le soulagement ne fut que momentané. Le 22 août 1681 la suspension fut levée, après qu'aient été publiées quelques réformes de peu d'importance. La réactivation de leurs activités au Portugal fut célébrée par des processions triomphales et des illuminations de gala. En janvier de l'année suivante, il fut procédé à Coimbra au premier autodafé depuis l'interdit. Il fut suivi d'un autre peu de mois après à Lisbonne, où, le 10 mai, quatre personnes moururent sur le bûcher, dont trois furent brûlées vives pour impénitence. Parmi ces derniers, on comptait un avocat d'Aviz, Miguel Henriquez (alias Isaac) da Fonseca, qui insista pour être appelé Misael Hisneque de Fungeca ; Antonio de Aguiar (alias Aaron Cohen Faya) de Lamunilla aux environs de Madrid, et Gaspar (alias Abraham) Lopez Pereira, tous proclamés martyrs par les docteurs d'Amsterdam ».

Le célèbre historien juif poursuit en rapportant les autodafés au cours desquels furent brûlés divers juifs secrets, cette terrible bataille trouvant son apogée de la manière que décrit en ces termes le chercheur hébreu :

« La réactivation fut annoncée par une ordonnance de septembre 1683, qui exilait du Royaume toutes les personnes réconciliées comme judaïsantes, cela dans l'impossible échéance de deux mois. En outre, ils devaient laisser sur place leurs enfants mineurs de moins de sept ans, jusqu'à ce qu'ils aient apporté la preuve de vivre en vrais chrétiens à leurs nouvelles domiciliations. Le rapide accroissement des communautés de la diaspora observé à cette époque correspond en partie à cette mesure, qui ne fut suspendue que lorsqu'éclata la guerre avec la France en 1704 ».[562]

Cet auteur aussi bien que d'autres illustres historiens juifs affirment ensuite que, malgré tout, le Judaïsme clandestin put subsister au Portugal et au Brésil, ce qui signifie qu'ils purent tromper la répression de l'Inquisition.

Le cas que nous venons d'étudier est un exemple typique de la manière dont la Synagogue de Satan a pu utiliser la Compagnie de Jésus pour détruire les défenses de la Sainte Église, en contredisant aux intentions de Saint Ignace et des autres fondateurs émérites de l'Ordre. En nous signalant le fait grave d'un mauvais Jésuite ou d'un groupe de mauvais Jésuites, il met aussi en évidence le fait que ceux-ci peuvent se consacrer à lutter injustement contre les vrais défenseurs de l'Église et entraîner à leur suite tout l'Ordre, utilisant l'esprit de solidarité qui marque la méritante Compagnie pour tous les siens.

Que l'on nous permette ici, avec tout le respect et l'admiration que mérite l'Ordre des Jésuites, de lancer un cri d'alarme contre ce type de

---

[562] Cecil Roth : « *Historia de la Marranos* » Editorial Israël, Buenos-Ayres, 1946-5706, chap. XIII, pp 257-259.

manœuvres, fréquent à notre funeste époque. Mais il y a plus : l'intérêt spécial que la Synagogue a eu d'infiltrer et de prendre le contrôle de la Compagnie de Jésus est démontré dans un ouvrage officiel de la Franc-Maçonnerie que nous venons de recevoir, communiqué par de pieux clercs latino-américains, qui, animés du noble désir de sauver la Sainte Église, nous ont fourni la copieuse bibliographie américaine que nous avons citée, si appréciable et utile pour la rapide élaboration de ce livre, en nous évitant les voyages couteux et les recherches bibliographiques qui en auraient retardé considérablement la publication.

Nous voulons mentionner ici le Dictionnaire Encyclopédique abrégé de la Maçonnerie, élaboré par le maçon 33° Laurenzo Frau Abrines, qui, au terme « Pascalis ou Pascualis », dit textuellement :

« Pascalis ou Pascualis (Martinez). Théosophe juif et célèbre Illuminé, chef de la secte des Martinistes... forma une école de cabbalistes, se faisant connaître pour la première fois en 1754 comme créateur d'un rite philosophique clérical et jésuite auquel il donna le nom de rite des Élus Cohens... De ses écrits, on déduit que la doctrine de Martinez Pascalis repose sur la tradition cabbaliste des juifs ».[563]

Le même dictionnaire maçonnique, au terme « Élus Cohens » signale encore ceci à propos de ce rite :

« Élus Cohens : nom d'un rite philosophique clérical et ultra-jésuitique, fondé en 1754 par un juif portugais appelé Martinez Pascalis. Cohens en hébreu veut dire prêtres ».[564]

Sur les intentions répétées de la judéo-maçonnerie d'infiltrer et de prendre le contrôle de la Compagnie de Jésus, un autre rite maçonnique créé à cette fin nous en donne un second témoignage. En effet le même dictionnaire encyclopédique officiel de la Maçonnerie, sous le terme « Stricte Observance », nous apprend ceci :

« Stricte Observance » : nom d'un rite qui s'est divisé en de très nombreux autres et qui constitue la plus complète expression du système templier dans la Maçonnerie. Ce rite fut la troisième innovation maçonnique des Jésuites, lesquels encouragèrent parmi leurs adeptes l'espérance d'entrer en possession des richesses des anciens Templiers. L'histoire chronologique de ses Grands Maîtres correspond à l'histoire des Généraux de la Compagnie de Jésus. Le rite de la Stricte Observance fut établi de manière définitive en Allemagne, entre les années 1760 et 1763, par le frère de Carlos Gathel, le baron de Hund, qui ajouta à l'ordre un grade supplémentaire aux six qui avaient été établis au départ : le rite resta organisé suivant les sept grades suivants : Apprenti, Compagnon, Maître

---

[563] Laurenzo Frau Abrines, M M, 33° du Rite Ecossais Antique et Accepté : *« Diccionnario Enciclopedico Abreviado de la Masoneria »*, 2ème édition, Compania General de Ediciones, Mexico, 1960, p. 349, col 1 et 2.
[564] Laurenzo Frau Abrines, Opus cit ed. cit., p 156, col 1.

écossais, Novice, Templiers des trois classes suivantes : Eques (Chevalier), Socios y Armiger (Associés) et Eques professus (Chevalier profès).[565] [566]

Le fait indiqué ici que dans ce rite apparemment destiné à prendre le contrôle de Jésuites, depuis sa fondation ils aient nommé un nouveau Grand Maître chaque fois qu'était élu un nouveau Père Général de l'Ordre, indique la persistance du fait que le Judaïsme et son satellite la Maçonnerie ont bien cherché à infiltrer et dominer l'œuvre de Saint Ignace.

D'autre part, l'intention très spéciale de lier ce rite maçonnique à l'Ordre du Temple est aussi très significative. Il ne faut pas oublier que l'Ordre du Temple, fondé pour défendre la Sainte Église, fut infiltré par la Synagogue de Satan, et que des crypto-juifs parvinrent à en escalader les postes dirigeants, le dévoyant alors de ses finalités originelles et le transformant en un grave danger pour la Sainte Église et pour les peuples chrétiens. Il faut aussi tenir compte que dans les procès intentés contre les Templiers furent mis en évidence leurs efforts pour se masquer avec habileté, car alors même que cet Ordre chrétien était tombé sous le contrôle de l'ennemi, dans ses cercles officiels et apparents il demeurait toujours en apparence fidèle à la Sainte Église, nonobstant le fait qu'étaient enrôlés comme Templiers dans ses cercles très secrets des chrétiens plus facile à manœuvrer, pour les dépouiller peu à peu de leurs croyances religieuses et pour finir par les convertir en satellites secrets du Judaïsme.

Les infiltrations de la Synagogue et de la Maçonnerie à l'intérieur de la Compagnie de Jésus poursuivent visiblement des fins identiques, car il apparaît donc que ce que prétend ce rite maçonnico-templier de Jésuites (de la Stricte Observance) est de convertir la Compagnie de Jésus en un nouvel Ordre du Temple qui, tout en conservant dans sa structure visible et officielle son caractère d'Ordre Religieux catholique, finisse par être dominé secrètement par les ennemis de l'Église et utilisé ensuite par eux

---

[565] Laurenzo Frau Abrines, Opus cit ed. cit., pp. 182-183 col 1 et 2.
[566] NDT : Dans ces grades d'une structure en plusieurs sociétés secrètes emboîtées « en poupées russes », où seuls les derniers du plus haut cercle, le noyau dirigeant, ont accès aux secrets objectifs et aux moyens de l'Ordre, on note aussi que le grade le plus élevé est désigné comme Profès, ou chez Martinez de Pasquallis par Cohen (prêtre en hébreux). On remarque encore que l'Ordre des Illuminés de Bavière fondé par l'ancien élève des Jésuites Weishaupt, juif selon B. Lazare, fasciné à la fois par l'organisation de la Compagnie et par la haine de son rôle avait pris pour son grade suprême le terme Epopte (ou prêtre) selon Nesta Webster dans *Secret Societies and Subversive Movements* (Réed. Omni Publications USA, au chap. 9, p. 201). Bien que cette secte athée et communiste n'ait pas eu de caractère théosophique contrairement à d'autres comme celle de Martinez de Pasquallis, elle avait pourtant à son programme la s ubversion du Catholicisme par transformation du Christ en un prophète du Communisme et réinterprétation des Évangiles, ce que les clercs crypto-juifs du XXeme infiltrés au sein de l'Église sont parvenus à faire (Leonardo Boff, Dom Helder Camara et autres apôtres de la « Théologie de la libération » approuvée par Wojtyla in *Osservatore Romano* ed. portugaise du 13/4/1986-D.C. 1919) !

pour détruire les défenses de celle-ci, facilitant ainsi le triomphe du Judaïsme et de ses satellites, la Maçonnerie et le Communisme.

Le précieux document maçonnique que nous analysons nous informe aussi que d'autres rites schismatiques de la Maçonnerie, appelés par le même auteur « rites bâtards », mais contrôlés eux aussi par des juifs cabbalistes, ont été organisés pour infiltrer et dominer l'œuvre si méritante de Saint Ignace.

En effet au terme « Clercs de la Stricte Observance » nous pouvons lire ce qui suit :

« Clercs de la Stricte Observance. Nom d'un rite jésuitique et bâtard, composé par des cabbalistes, des alchimistes, des nécromanciens et des membres de la Compagnie de Jésus ».[567] C'est donc, semble-t-il, un rite maçonnique issu d'un schisme opéré dans le « Rite de la Stricte Observance », qui selon ce qu'indique le dictionnaire en question fut déchiré par des schismes.

En réalité, les deux rites étant d'origine juive, il est utile de rappeler que dans le Judaïsme des divisions internes surviennent fréquemment, qui se reflètent en des schismes que chaque faction juive provoque dans l'organisation maçonnique dominée initialement par la cellule secrète juive, qui se divise par ses propres dissensions.[568]

Le fait que dans ce rite maçonnique destiné à contrôler les Jésuites il y ait des nécromants n'a rien d'étrange, car nous avons montré que les juifs ont été les principaux propagandistes du culte de Lucifer et de la Magie noire. D'autre part, dans les procès de nombreux Templiers on réussit à découvrir que dans certains cercles très secrets de cet Ordre était rendu un culte au démon, alors même que la structure publique et visible de l'Ordre du Temple apparaissait toujours aussi chrétienne et aussi orthodoxe qu'au temps où cet Ordre était sain. Les faits épouvantables que nous décrivons, tirés d'ouvrages officiels du Judaïsme et de la Maçonnerie, nous font clairement voir l'insistance diabolique de la Synagogue de Satan pour infiltrer et dominer la Compagnie de Jésus, qui dans les temps modernes a été l'Ordre catholique le plus combatif et le plus dangereux pour eux, cela afin de le retourner ensuite contre la Sainte Église, comme ils le firent avec l'Ordre Templier il y a plus ou moins sept siècles.

Mais ce qui intéresserait le plus le monde catholique de savoir, c'est jusqu'à quel point le Judaïsme a réussi dans ses projets de convertir en satellite la Compagnie de Jésus. Malheureusement la carence actuelle d'un Tribunal de la Sainte Inquisition, ou d'une institution similaire qui serait dotée de moyens efficaces pour le vérifier, empêche de réaliser une enquête appropriée. Certains faits néanmoins montrent qu'il existe

---

[567] Laurenzo Frau Abrines, Opus cit ed. cit., p. 113 col. 2.
[568] NDT... ou par tactique, car « un Royaume divisé contre lui même ne tient pas » et la Synagogue de Satan tient !

actuellement (dans la décennie 1960 NDT) un processus perceptible de judaïsation, dans certains secteurs de l'Ordre de Saint Ignace : il y a des Jésuites qui inexplicablement se consacrent à défendre les juifs et la Synagogue de Satan au préjudice de la Chrétienté ; il y a des Jésuites qui, au lieu de combattre les ennemis de l'Église, les favorisent de toutes les manières possibles, alors que par ailleurs ils attaquent de façon cruelle et antichrétienne les défenseurs efficaces de l'Église, surtout ceux qui luttent avec ténacité et efficacité contre le Judaïsme, la Maçonnerie et le Communisme ; il y a des Jésuites qui favorisent le triomphe des révolutions maçonniques et communistes en opérant un travail subversif obstiné contre les rares gouvernants catholiques qui existent encore dans le monde ; et ce qui est le plus extraordinaire de tout, c'est que lorsque les bons et pugnaces Jésuites, heureusement encore nombreux, défendent l'Église de ses ennemis et surtout du Judaïsme, de la Maçonnerie et du Communisme, ils se voient en butte à une hostilité inexplicable au sein même de l'Ordre, de la part d'autres Jésuites qui organisent des intrigues contre eux, jusqu'à parvenir à les neutraliser ou à obtenir que leurs supérieurs les empêchent de poursuivre la lutte contre les ennemis de l'Église.

Dans d'autres cas, d'illustres Jésuites de grande intelligence, et qui par leurs grandes capacités pourraient faire beaucoup de bien à la Compagnie et à la Chrétienté, se voient mis à l'écart et quasiment paralysés, faisant perdre à l'Ordre et à la Sainte Église le bénéfice de l'efficacité d'hommes aussi éminents. Tout cela donne l'impression que l'ennemi a déjà mis et bien serré le harnais sur l'œuvre émérite de Saint Ignace. Mais nous gardons l'espoir que l'Ordre des Jésuites pourra se sortir des pièges de ses ennemis, car la majorité de ses éléments sont des hommes vertueux et de sincères catholiques qui y entrèrent pour servir Dieu, et que, si la cinquième colonne des crypto-juifs et de leurs complices maçons a réussi parfois à faire quelques progrès dans ses projets de conquête de cette forteresse, ce fut parce qu'ils ont opéré dans le plus profond secret et qu'ils ont toujours utilisé les tromperies les plus habiles. En jetant ce cri d'alarme et en démasquant l'ennemi, nous avons sincèrement cru apporter notre modeste aide aux valeureux Jésuites, pour qu'ils puissent néanmoins sauver la Compagnie d'une catastrophe possible.

Comme le lecteur s'en doute, nous utilisons dans ces derniers chapitres des éléments tirés de sources officielles du Judaïsme et de la Maçonnerie qui ne peuvent donc être réfutés comme entachés d'anti-sémitisme ou de cléricalisme fanatique, mais ceux qui veulent approfondir l'étude de ces matières et surtout les moyens qu'ont utilisés aux différentes époques les religieux et les religieuses crypto-juifs pour parvenir à exercer leurs pratiques dans le cadre de la vie rigoureuse des couvents pourront satisfaire pleinement leur désir en étudiant les Archives de la Sainte

Inquisition, auxquelles nous faisons référence en d'autres chapitres du présent ouvrage. Aussi bien dans les Archives de la Tour de Tombo au Portugal, que dans celles de Simancas en Espagne et dans celles précédemment mentionnées d'Italie, de France et d'autres nations du monde, on trouve les dossiers manuscrits originaux d'innombrables procès menés par le Saint-Office contre des Jésuites, des Dominicains, des Franciscains, et des religieux et religieuses de divers Ordres, parmi lesquels figurent jusqu'à des Prieurs de Couvents et des dignitaires d'Ordres convaincus de pratiquer en secret le Judaïsme dans la vie paisible des couvents les plus rigoureux et l'ayant avoué. Tout cela nous paraîtrait incroyable, si l'on ne faisait figurer, à côté des confessions de la partie juive et maçonnique, l'existence de ces milliers de procès d'Inquisition qui confirment avec un grand luxe de détails cette horrible réalité, des procès qui permettent de se rendre compte du travail subversif que réalisaient ces religieux et ces religieuses qui, en apparence, suivaient avec une sainte résignation la Règle de leurs Ordres, et des horribles blasphèmes qu'ils proféraient en secret contre le Christ Notre-Seigneur et contre la Très Sainte Vierge.

Avant de terminer ce chapitre, nous croyons urgent d'attirer l'attention des organisateurs d'associations et de partis politiques patriotes sur le danger d'infiltration de la part du Judaïsme et de la Maçonnerie dans ces organisations, et sur le risque que ceux-ci arrivent à en prendre le contrôle ou du moins à les faire échouer.

Beaucoup d'ingénus croient que l'infiltration de tels ennemis est sans importance; d'autres, non moins innocents s'imaginent qu'il est très facile d'éviter une telle invasion. Il est souhaitable que ceux qui trop candidement pensent ainsi réfléchissent que le clergé catholique et les Ordres religieux sont pour divers motifs des institutions beaucoup plus solides et plus difficiles à infiltrer que les simples partis et associations politiques de notre époque, et que, si le Judaïsme a réussi à s'introduire dans les premiers même au temps où l'Inquisition mettait tous ses efforts à les en empêcher, avec bien plus de raison encore la Synagogue pourra infiltrer des institutions politiques et sociales dans lesquelles n'existe ni vœu de chasteté, ni vœu de pauvreté, ni vœu d'obéissance, ni vie cloîtrée rigoureuse, ni discipline absolue, ni tout ce qui dans les Ordres religieux a freiné, sans cependant réussir à empêcher, l'infiltration mortelle des ennemis de l'humanité.

Les chefs des mouvements politiques doivent donc consacrer tous les moyens possibles à empêcher les juifs d'entrer dans les rangs de leurs organisations, et non seulement les juifs, mais les descendants de juifs, de même que les maçons et les communistes. Car s'ils n'y arrivent pas, l'ennemi introduit au sein de ces mouvements pourra les mener à l'échec. Nous pouvons assurer que la capacité de réussite d'une association politique chrétienne ou non-juive dépend en grande partie de sa capacité d'arriver à la victoire avant que l'infiltration juive, maçonnique ou communiste ait pu l'en frustrer. La nécessité d'écarter les chrétiens descendants de juifs tient au fait, largement démontré par les siècles, que dans leur immense majorité ceux-ci ne sont chrétiens qu'en apparence mais sont juifs en secret, comme nous l'avons démontré avec des documents et des sources d'une véracité indiscutable dans le cours de cet ouvrage.

Il s'agit ici d'une triste réalité politique démontrée à satiété, et non de préjugés raciaux que comme chrétiens nous sommes loin de soutenir, car comme disciples du Divin Jésus, nous considérons tous les hommes comme égaux devant Dieu et devant la Loi divine ; mais une chose est d'avoir des préjugés raciaux, et une autre très différente est de se laisser envahir sciemment par la cinquième colonne d'un ennemi qui cherche à nous rendre esclaves et à nous détruire. En se défendant contre une telle invasion, nous ne faisons qu'exercer un droit naturel à la légitime défense.

# Chapitre XL

## La subversion de l'Histoire et des Rites

Les juifs ont fait de la falsification de l'Histoire l'un des grands secrets de leurs triomphes, peut-être bien le plus important de tous. Sans elle, l'impérialisme judaïque, au lieu de tenir sous sa domination déjà pratiquement le monde entier (en 1962) aurait été à coup sûr mis en déroute par les institutions et les peuples menacés, comme cela arriva maintes fois au cours du Moyen-Âge, alors que la Sainte Église comme les nations chrétiennes connaissaient l'ennemi qui leur dressait des pièges et pouvaient donc s'en défendre. Cette connaissance provenait essentiellement des chroniques et des études historiques ecclésiastiques et civiles qui rapportaient de manière authentique les tentatives antérieures du Judaïsme pour dominer les chrétiens, les exploiter, s'emparer de leurs gouvernements, détruire la Sainte Église, provoquer des schismes, organiser des hérésies destructrices ou conspirer contre les peuples chrétiens.

Par la connaissance de la vérité historique, les générations de chrétiens et de non-juifs pouvaient en permanence identifier leurs ennemis capitaux, se défier d'eux et faire échouer leurs nouveaux plans subversifs et dominateurs. Par la connaissance de la vérité historique, les prêtres et les dignitaires de la Sainte Église se rendaient de même pleinement compte que l'ennemi le plus acharné du Christ et de la Chrétienté était le Judaïsme satanique, et ils étaient ainsi rendus capables de défendre l'Église de tous les pièges, car pour vaincre un ennemi, la première chose est de connaître son existence. Rien n'est plus dangereux qu'un adversaire qui réussit à cacher son inimitié et son identité, car il pourra alors anéantir sa victime par des coups décisifs effectués par surprise. Lorsque la victime ne connaît pas les projets d'agression de son ennemi, elle est dans l'incapacité, non seulement de préparer sa défense, mais même d'en concevoir la nécessité.

L'impérialisme judaïque le comprit il y a longtemps, et pour cela dépensa une énergie énorme dans une série de mouvements hérético-révolutionnaires à but de conquête politique, quoiqu'ils étaient réprimés de façon sanglante et entraînaient des pertes énormes pour la Synagogue de Satan. Ces résultats malheureux lui enseignèrent à consacrer beaucoup d'attention et une partie de ses efforts à un travail organisé de vastes dimensions pour falsifier l'Histoire civile et religieuse des chrétiens, l'amputant de tout ce qui pouvait être en rapport avec les conspirations, les agressions ou les mouvements révolutionnaires des juifs, jusqu'à parvenir à éliminer des textes historiques toute allusion à la participation des israélites dans de telles actions, une opération que depuis des siècles ils ont préparée et réalisée avec une persévérance digne d'une meilleure cause.

Pour prouver le fait, il suffit de procéder à une étude comparative entre les versions que donnent des mêmes faits, d'une part les chroniques et histoires médiévales, et d'autre part celles que fournissent les histoires publiées à notre époque. Cette étude comparative effectuée, on aura facilement l'évidence que de ces dernières ont été éliminées absolument toutes les allusions faites dans les chroniques médiévales à la participation des juifs à des complots, révoltes, crimes, trahisons du roi et de la nation, etc., alors que les textes modernes d'histoire devraient reproduire la vérité telle qu'elle est consignée dans ses sources.

La même chose a eu lieu pour les textes historiques de la Sainte Église Catholique. Que les clercs qui s'intéressent à ce type d'études fassent donc une comparaison minutieuse entre les histoires et chroniques de l'Église, les écrits des Pères, les Bulles, les Actes des Conciles élaborés entre le premier et le XV$^{ème}$ siècle, à propos des faits survenus à ces époques, et les récits historiques sur les mêmes faits dans les écrits de notre époque; nous pouvons leur prédire qu'ils seront dans le plus grand étonnement devant les mystérieuses omissions des histoires modernes de l'Église, qui éliminent soigneusement toute allusion faite dans les chroniques et documents anciens qui leur servirent de source, à chaque fois qu'il s'agit d'intervention des juifs dans les hérésies ou les mouvements de tous ordres contre l'Église et les Papes, ou dans les crimes et conjurations contre les peuples chrétiens.

Il est évident que dans les textes d'histoire des différents pays il existe diverses erreurs sur certains faits, mais ce qui est extrêmement étrange et révélateur, c'est que de tous ou quasi tous les textes modernes ont été éliminés précisément et par une très curieuse coïncidence toutes les références qui figuraient dans les histoires, chroniques et documents médiévaux quant aux agissements subversifs et antisociaux des juifs de cette époque. Il serait ridicule de penser qu'un tel fait, aussi général et permanent, soit dû au hasard, à une sorte de magie qui aurait fait disparaître des textes de l'Histoire ce seul secteur des évènements sociaux, et précisément celui qui pourrait servir aux nouvelles générations pour les tenir en alerte et animées d'un esprit défensif contre le Judaïsme.

On constate aussi qu'il y a eu un travail organisé à travers les siècles pour éliminer systématiquement des nouvelles sources historiques tout ce qui peut porter préjudice aux juifs dans leurs plans de domination mondiale. N'importe quel chercheur sérieux se doutera que cette mutilation des chroniques et des textes historiques fut de plus en plus fréquente et générale à mesure que les juifs, principalement les faux-convertis au Christianisme, s'infiltrèrent dans la société chrétienne et y acquirent une influence croissante. Et pour ce qui concerne l'histoire de l'Église, les mutilations devinrent d'autant majeures qu'affluèrent les chrétiens crypto-juifs qui s'introduisirent au sein de l'Église en vue de s'emparer d'elle de l'intérieur, ou de la déchirer de schismes et d'hérésies.

Nous pouvons ainsi observer par exemple que jusqu'au XI<sup>ème</sup> siècle, les chroniques et documents font mention du rôle néfaste et destructeur des juifs dans les événements sociaux, comme ils font allusion aux événements historiques les plus intéressants, mais qu'à partir du XV<sup>ème</sup> siècle commencèrent à paraître sous la signature de chrétiens et même de prêtres catholiques des textes historiques dont les auteurs étaient en général des juifs convertis ou descendants de convertis, et dans lesquels ces auteurs entreprirent d'éliminer soigneusement les allusions aux méfaits des israélites que mentionnaient les autres chroniques écrites par de vrais chrétiens. Dans ces textes, on en vint à omettre tout fait lié à la participation des juifs dans des évènements quelconques, et même à falsifier certains faits. Le plus grave est qu'à mesure que les chroniqueurs et historiens crypto-juifs descendants de faux convertis au Christianisme mutilaient les textes d'histoire et les chroniques des évènements de leur époque, des historiens chrétiens par facilité se documentaient à ces sources déjà tronquées, sans avoir le souci de la précision qui leur eût fait recourir aux documents plus anciens et plus dignes de foi qui rapportaient des récits exempts de mutilations malintentionnées.

On comprend ainsi pourquoi dès le XIX<sup>ème</sup> siècle, pratiquement plus aucun texte d'Histoire, tant ecclésiastique que civile, pas même ceux écrits par des personnes de bonne foi, ne firent plus référence aux agissements néfastes des juifs dans les siècles passés. Et c'est ainsi que nous en sommes arrivés à la triste situation de devoir recourir à des textes d'histoire juive destinés à l'usage interne de la Synagogue, pour reconstruire en partie la vérité historique de la Sainte Église.

Devant ce fait indiscutable qu'actuellement, aussi bien l'histoire de l'Église étudiée dans les séminaires, que l'histoire civile que l'on enseigne dans les écoles et les universités sont incomplètes et déformées,[569] par

---

[569] NDT : À titre d'exemples pour l'Histoire de France, on se reportera à « *Histoire Partiale et Histoire vraie* » de Jean Guiraud (Ed.Beauchêne 1914, réimp. Editions Pamphiliennes, rue Saint Louis 84 Saignon). Cf le rôle funeste de la politique du chancelier Michel de l'Hospital qui favorisa jusqu'à rendre incontrôlable le développement du Calvinisme dans le Royaume, avec pour conséquences les guerres de Religion et la Saint Barhélémy. Or Michel de l'Hospital, dont l'indifférence vis à vis du Catholicisme était patente, était d'origine juive ; on peut se poser la question pour la reine Catherine de Médicis qui le protégea, issue elle même de la famille des Médicis dont la cour fut un foyer de subversion panthéiste et juive

défaut de tout ce qui puisse donner une idée sur ceux qui sont les pires et les plus constants ennemis de la Sainte Église et de l'humanité, il est vraiment urgent qu'un effort tout spécial soit entrepris par ceux qui ont les moyens financiers de le faire pour financer les travaux de chercheurs exempts de tout soupçon de complicités avec le Judaïsme, pour qu'ils se consacrent au rétablissement de la vérité historique de la Sainte Église et aussi de l'histoire de l'Europe.

C'est seulement ainsi que l'on arrivera à ce que les nouvelles générations de civils et d'ecclésiastiques se libèrent du bandeau qu'elles ont aujourd'hui sur les yeux, et soient désormais constamment sur leurs gardes, prêtes à se défendre contre les nouveaux assauts et conspirations entrepris par l'ennemi.

Il sera essentiel de prendre grand soin que dans les séminaires destinés à former les futurs clercs de l'Église, l'on instruise ceux-ci à fond sur le péril juif, comme on le faisait dans les siècles passés, car un clerc qui ne connaît même pas la conspiration mortelle ourdie contre l'Église par ses plus puissants ennemis sera incapable de défendre l'Église et ses fidèles contre les griffes du loup. A cette fin, nous donnons l'autorisation aux Évêques et directeurs de Séminaires qui voudraient imposer cet ouvrage comme livre de textes pour les séminaristes qu'ils le fassent et en fassent des traductions et des éditions, pour lesquelles nous abandonnons nos droits d'auteur.

D'autre part, la Sainte Église dans sa Liturgie et dans ses Rites fait constamment référence à la dangerosité des juifs, à leur perfidie et à leur haine perverse contre le Christ et Son Église. Cette prévention heurte beaucoup les juifs, parce qu'elle implique une mise en alerte constante sur ce que les juifs veulent effacer de la mémoire des chrétiens : précisément leur perversité et leur dangerosité, dont il faut se méfier beaucoup. C'est

---

cabbaliste. (Cf également « *La Saint Barthélémy* » de l'abbé Lefortier, Ed. Victor Palmé, Paris 1879).

L'auteur du présent ouvrage a indiqué par ailleurs l'influence destructrice des juifs à plusieurs moments de l'Histoire de l'Europe et aujourd'hui sur la désinformation concernant l'Histoire elle même, notamment les 1400 ans de Royauté française. Cette histoire de France et d'Europe est à réécrire en montrant les fautes graves de certains nos rois contre l'Europe Chrétienne, de François Ier s'alliant à la Sublime Porte, à Henri III favorisant les calvinistes, au tandem Richelieu-Louis XIII faisant tout pour affaiblir le royaume d'Espagne et l'empire chrétien centre-européen et à Louis XIV favorisant le luthéranisme et l'anarchie religieuse et politique en Allemagne, dévastant le Palatinat et officialisant au traité de Westphalie l'absurde système du cujus regio ejus religio, politique qui vaudra à la France et à l'Europe cent ans plus tard la Révolution fomentée par les maisons princières protestantes et illuministes d'Allemagne, la Hollande et l'Angleterre, que Louis XIV avait favorisées, pays qu'une action conjointe du roi très chrétien avec le roi d'Espagne et l'Empereur eut pu neutraliser. Mais l'Espagne et l'Empereur de leur côté n'hésitèrent pas à s'allier avec le Prince d'Orange et l'Angleterre protestante contre le Roi tès chrétien !

pourquoi ils veulent faire un coup incroyable par son audace, en utilisant l'actuel Concile œcuménique (Vatican II), dans le but de mener, au moyen de leur cinquième colonne infiltrée dans le sein de la Sainte Église, une profonde réforme de celle-ci, consistant à changer la Liturgie et les Rites, en éliminant toutes les allusions à la perversité et à la dangerosité des juifs. Les juifs et leurs complices dans le clergé prétendent de cette manière renforcer le bandeau qu'ils ont posé depuis quelques temps sur les yeux des chrétiens et de leurs responsables religieux, qui, ignorant quel est l'ennemi capital de l'Église et de la Chrétienté, n'ont même plus la possibilité de se défendre. Le Judaïsme pourra ainsi facilement poursuivre ses avancées à la manière d'un rouleau compresseur, dans son œuvre d'asservissement et de destruction de la Sainte Église du Christ et de l'humanité.

Il faut prendre en compte que tous les zélés clercs qui élaborèrent avec grand soin la Liturgie et les Rites et que la Sainte Église qui pendant des siècles les a faits siens eurent des raisons très fondées d'y faire certaine allusions des plus claires contre les juifs. La Sainte Église, en les ayant acceptés, loin de s'être trompée comme le prétendent ceux qui font le jeu du Judaïsme, fut inspirée avec une totale certitude, en tant qu'institution divine qu'elle est.

On connaît l'autre partie du même plan juif, consistant à éliminer la Tradition comme source de Révélation, ce que nous avons étudié dans des chapitres précédents où nous nous sommes efforcés de montrer que l'objet principal de cette infâme manœuvre n'est autre que d'éliminer comme doctrine de l'Église celle établie dans les Bulles, les Canons conciliaires et la Doctrine des Pères, de tendance profondément anti-juive, bien que les raisons apparentes avancées soient très différentes.[570]

---

[570] NDT : Outre la falsification de l'Histoire, l'autre grand secret de la domination du Judaïsme sur les peuples est la falsification du vocabulaire, comme l'auteur l'a mentionné dans le chapitre sur le luciférianisme ! Il faut rappeler la phrase de Blanc de St-Bonnet : « *Ce qu'il y a de plus menaçant pour les peuples après la Révolution, c'est la langue qu'elle a créée. Ce qu'il y a de plus redoutable après les révolutionnaires, ce sont les hommes qui emploient cette langue dont les mots sont autant de semences pour la Révolution* ». C'est ainsi que le terme bolchevistes, utilisé généralement au début pour désigner les acteurs de la révolution juive de Russie, a été changé sous l'influence de la presse pour le terme communistes, plus anodin. Mais les catholiques contaminés s'y sont mis aussi : le terme libéral qui désigne dans les milieux catholiques depuis le XIXeme siècle ceux qui prétendent servir à la fois le Christ et Son Église et leurs ennemis, étant donc en fait des agents doubles, c'est à dire en français... des traîtres, mais les dénommer des « libéraux » leur donne le masque de l'aménité, de la « largeur d'esprit », de l'urbanité sociale !

# Chapitre XLI

## Les erreurs nazies et impérialistes

À la fin de la première guerre mondiale, la chute de la Russie aux mains du Communisme, les assassinats de millions de chrétiens par les juifs soviétiques, et les coups d'État marxistes en Hongrie et en Bavière créèrent en Europe un état de juste alarme devant la menace imminente pour elle de se voir soumise et asservie par la marée rouge, qui semblait impossible à contenir, surtout par suite des complicités du gouvernement crypto-juif de Londres et du triomphe des tendances isolationnistes aux États-Unis.

La participation visible et prédominante des juifs, non seulement à la révolution bolchevique communiste de Russie, mais aussi à celles de Hongrie et d'Allemagne, fit ouvrir les yeux à de nombreux patriotes dans les États européens qui se rendirent compte que la conspiration rouge était un simple instrument de l'impérialisme juif. Des écrivains monarchistes russes avaient lancé au monde le cri d'alarme, et furent relayés ensuite par des patriotes français, roumains, espagnols, nord-américains, allemands et d'autres encore de différentes parties du monde et de différentes races et religions, tous convergeant à signaler le même danger. Alors que l'Europe semblait devoir être conquise par l'impérialisme judaïque et sa révolution communiste, apparurent dans le vieux continent des organisations patriotiques cherchant à sauver leurs pays du danger imminent, ce qu'elles auraient sans doute finalement réussi, si la principale d'entre elles, le Parti National Socialiste allemand, n'avait pas dévié et ne s'était pas égaré sur des sentiers équivoques, qui, avec le temps, allaient devenir une cause décisive de l'échec lamentable de ce redressement européen.

Tous les peuples ont droit d'exercer leur légitime défense contre les agressions de l'impérialisme hébreu. Si les Nazis s'étaient limités à chercher à sauver leur peuple et l'Europe de cette menace fatale, il n'y aurait rien eu à leur reprocher et peut-être auraient-ils réussi dans une si louable entreprise. Malheureusement, il y eut dans le mouvement National

Socialiste des tendances agressives contre d'autres peuples et d'autres races, qui lui donnèrent un caractère franchement impérialiste.[571]

Le racisme hébreu lui-même ne serait pas dangereux s'il se limitait à des mesures internes pour l'amélioration de sa propre race ou contre le mélange racial, y compris l'interdiction des mariages mixtes dans le peuple juif : cela ne nous concernerait en rien. Ce qui le rend dangereux et inacceptable est son caractère agressif et impérialiste, cultivé en vue de conquérir et d'asservir les autres peuples et s'exerçant au préjudice des droits légitimes des autres races. On peut dire exactement la même chose du racisme nazi.

Personne ne peut méconnaitre les grandes qualités de la race nordique ni le droit que pouvait avoir le peuple allemand d'améliorer les vertus de sa race, ou plus exactement du mélange racial qui le caractérise. Personne non plus ne peut lui refuser le droit de se défendre de l'impérialisme juif, et moins que quiconque la Sainte Église, qui durant dix-neuf siècles a lutté avec ténacité et héroïsme contre les pièges de la Synagogue de Satan. Ce qui est inadmissible, c'est qu'au nom d'un nationalisme ou d'une prétendue hygiène sociale on entreprenne par des voies impérialistes de léser et même de violer les droits légitimes d'autres peuples. L'injuste invasion de la Pologne, le monstrueux pacte avec la Russie soviétique pour se répartir le territoire polonais, la conquête armée de la Bohème et de la Moravie, les agressions contre les peuples neutres, la surestimation de la supériorité allemande et la sous-estimation des qualités des autres peuples tellement fomentés par les Nazis et qui furent si préjudiciables à leurs relations avec les autres, y compris avec leurs propres alliés, ne furent que la conséquence logique du racisme de type impérialiste qui s'empara du mouvement

---

[571] NDT : En réalité, ce furent bien davantage les provocations et les intrigues internationales juives des « démocraties »que la doctrine pangermaniste du IIIeme Reich de protéger les minorités allemandes des Sudètes qui poussèrent le régime nazi à l'agression de la Tchécoslovaquie. Par ailleurs, on sait l'influence juive sur la pensée allemande et prussienne via la Réforme, Hégel et Nietzsche, lui dont la pensée philosophique et sa morale sont revendiqués par les juifs comme « une contribution égale à la pensée de Marx pour réformer la pensée chrétienne » dans le sens païen souhaité par la juiverie ! (cf. Joshua Jehouda in « *L'Antisémitisme, histoire du Monde* » p172). Avec le racisme aryen corrélatif d'un orgueil et d'une volonté de puissance nietzschéens, le germe d'échec dans le régime Nazi était le néo-paganisme de certains doctrinaires. Hitler cependant, doté d'un éminent sens politique et de l'État, avait su respecter les fondements religieux de son pays et conclure avec le Vatican un concordat, preuve que l'État National Socialis te n'était pas anti-chrétien : on n'aurait pu en dire autant des gouverenements de la France depuis les débuts de la IIIeme République. Il semble bien que tout un clan sillonniste et judaïsant, déjà puissant au Vatican sous Benoit XV et Pie XI, ait oeuvré avec Pie XII et son adjoint Montini pour la défaite du IIIe Reich, clef de voute de la résistance au Judaïsme ! (cf de Pierre Maximin « *Une singulière encyclique* » ed. VHO, BP 60, B-2600 Berchem 2, et de Mary Ball Martinez « *The undermining of the Catholic Church* »).

national-socialiste et qui sous certains aspects ressembla tant au racisme impérialiste des juifs..

Une autre grave conséquence de ce qui précède fut ce qui advint en Ukraine, pays où les Allemands furent reçus en libérateurs et qui aurait pu devenir pour eux l'un de leurs meilleurs et plus vaillants alliés contre le Kremlin, mais qui redevint rapidement ennemi par suite de la politique de conquête et d'asservissement menée par les Nazis dans ce pays, car au lieu de se comporter en libérateurs, ils y vinrent en cruels conquérants.[572]

Il faut donc faire une nécessaire distinction dans le racisme nazi entre son côté purement défensif d'une part, et son côté agressif et impérialiste de l'autre. En ce qui concerne le premier, consistant en l'élimination des juifs des postes de gouvernement et en général de toutes les positions importantes que le Judaïsme tenait dans la société allemande, les Nazis ne firent rien de plus que ce que la Sainte Église Catholique avait ordonné en diverses occasions au cours des quatorze derniers siècles à titre de mesures défensives de la Chrétienté contre l'action subversive et de conquête de l'infiltration israélite. Les écrits des Pères de l'Église, diverses Bulles papales et des Canons conciliaires nous apportent les preuves évidentes de la lutte menée par la Sainte Église pour éliminer les juifs des emplois publics et de toute position dirigeante dans les États Chrétiens, positions qui ont toujours été utilisées par les juifs pour détruire le Christianisme et subjuguer les peuples chrétiens. Nous avons vu en effet que l'Église y employa tous les moyens possibles, y compris de séparer les hébreux de la vie sociale et familiale des chrétiens; d'où alors l'impossibilité de critiquer les Nazis pour l'avoir fait, car nous censurerions alors la Sainte Église, une position que l'on ne peut adopter comme catholique.

En revanche, le côté agressif et impérialiste du racisme nazi est, lui, tout à fait critiquable et condamnable, car si la race dite nordique, avec son grand génie scientifique, artistique, politique et autre doit conserver, cultiver et utiliser ses dons remarquables pour le bien et au service de toute l'humanité, elle ne devra jamais les appliquer à subjuguer et asservir les hommes des autres races comme le prétendirent les Nazis.

---

[572] NDT : Certaines troupes allemandes ont pu s'être livrées à des exactions comme dans toute guerre, malgré la discipline très stricte qui était la leur, mais s'il y eut des sévices contre la population et des éxécutions d'otages ce fut aussi suite à des attentats terroristes contre ces troupes ; or l'on sait aujourd'hui que des commandos soviétiques furent infiltrés derrière les lignes allemandes habillés d'uniformes allemands pour se livrer à des actes criminels de terreur contre la population ukrainienne, la tromper et la retourner en faveur des soviéto-communistes ! Cette ignoble application de la tactique marxiste de provocation-répression réussit hélas pleinement. Les Ukrainiens donnèrent dans le panneau et aidèrent de nouveau leurs bourreaux judéo-soviétiques. Et les Allemands furent à la fois les victimes et les boucs-émissaires de cette abominable et cynique entreprise violant toutes les lois de la guerre. Reste que l'orgueil raciste aryen à l'égard des Ukrainiens comme des Polonais, et même d'éventuels provocateurs du côté allemand, ont pu aussi jouer.

De même, il est impossible de penser que l'alliance conclue entre l'Allemagne Nazie et l'Empire du Japon ait été sincère et efficace, car les nationalistes nippons basèrent également leur mouvement patriotique sur un impérialisme raciste, aussi extrémiste et dangereux que celui des Nazis, en affichant la prétention que la race jaune dominerait le monde dirigée fermement par les Japonais. Au nom de ce malheureux idéal, ils déclenchèrent cette brutale guerre d'agression contre la Chine et envahirent d'autres peuples. Dans ces conditions, comment deux impérialismes racistes de ce type pouvaient-ils collaborer loyalement et efficacement ?[573]

C'est aussi à ce manque de collaboration appropriée entre les deux alliés qu'est due en partie leur défaite lors de la dernière guerre mondiale. Il est cependant certain, comme l'ont démontré d'illustres patriotes nord-américains que le juif Roosevelt fit tout pour déclencher l'agression japonaise contre Pearl Harbour, mais le fait reste que, si le régime nippon n'avait pas été imbu d'ambitions impérialistes excentriques, il ne serait peut-être pas tombé dans le piège habile que lui tendit le Judaïsme international.

Comme nous l'avons dit ailleurs, tous les grands peuples du monde ont tendu malheureusement à l'impérialisme et ont voulu soumettre les autres peuples pour leur propre avantage. Ce fut le cas des Assyriens, des Chaldéens, des Perses, des Grecs, des Carthaginois, des Romains, des Arabes, des Mongols, des Espagnols, des Portugais, des Turcs, des Hollandais, des Français, des Anglais, des Russes et des Nord-Américains. À propos de l'impérialisme, nous pourrions répéter la divine remarque de Notre-Seigneur « Que celui qui est sans péché, jette la première pierre ».

Tous les hommes sans distinction de race ni de religion doivent comprendre qu'en plus d'être injuste, toute nouvelle entreprise impérialiste est suicidaire, parce que devant la menace mortelle suspendue sur toutes les religions et peuples du monde par l'impérialisme judaïque et sa

---

[573] NDT : Le racisme impérialiste des deux protagonistes sus-mentionnés a été exagéré par la propagande juive et la presse : cf les chapitres XIV et XV de « *World Revolution* » de Nesta Webster (édition de 1994) : on y trouve le texte de l'accord Germano-Nippon qui ne contenait aucun terme raciste, était en principe ouvert à toute nation, et n'était que défensif contre le judéo-communisme. Cet ouvrage très documenté et confirmé par d'autres précise comment la prétendue agression du Japon fut provoquée par le gouvernement judéo-US de Roosevelt, en accord avec Staline et le gouvernement anglais de W. Churchill, cela malgré tous les efforts du gouvernement japonais pour éviter la guerre, mais celle-ci était voulue par la Juiverie pour implanter la révolution bolchevique sur la Chine et l'Asie, Communisme que le Japon impérial avait contrarié depuis les années vingt et son intervention en Mandchourie. Car la fameuse théorie de la domination mondiale des jaunes, c'est la Juiverie qui se l'était appropriée depuis longtemps pour son plan de domination sur l'Europe et le monde. Il faut bien enfin admettre que les Japonais, avec leur idéal d'honneur, leur État impérial, et leur patriotisme se croyaient avoir quelques raisons d'estimer leur nation supérieure à celle des Chinois matérialistes et individualistes.

révolution communiste, il ne reste d'autre recours que de nous unir en un front commun au moins sur le terrain politique, comme le dicte le plus élémentaire instinct de conservation, car c'est seulement l'alliance de tous les peuples et de toutes les religions qui pourra former une coalition suffisamment forte pour nous sauver et sauver toute l'humanité de l'esclavage judéo-communiste qui nous menace tous sans distinction. Mais cette grande alliance ne pourra se former que s'il existe un véritable esprit de fraternité entre les peuples et un plein respect des droits naturels de chacun d'eux.

Il serait fatal et désastreux que les mouvements libérateurs contre l'impérialisme judaïque et sa révolution communiste qui surgissent en diverses nations dans le monde viennent à prendre le caractère de nationalismes impérialistes, parce que cela rendrait impossible l'unité des peuples si nécessaire à notre époque pour vaincre l'impérialisme hébreu, nous conduisant une fois de plus à l'échec, dans cette opportunité qui est peut-être la dernière dont nous disposons pour nous en sauver, et parce que les juifs et leurs satellites maçons et communistes utiliseraient à coup sûr habilement toute tendance impérialiste d'un mouvement libérateur anti-juif pour lancer contre lui les autres peuples qu'il menacerait, comme il advint précisément lors de la dernière guerre mondiale.

Nous sommes arrivés à un moment décisif de l'Histoire et il nous reste peu d'années pour pouvoir éviter de tomber dans l'esclavage judéo-communiste. Les mouvements libérateurs qui dans différents pays luttent contre l'impérialisme juif doivent faire abstraction de toute ambition impérialiste et comprendre que de nos jours une telle position serait suicidaire ; et ils doivent non seulement lutter avec ferveur pour libérer leurs propres peuples des griffes judaïques mais aussi pour s'unir fraternellement avec les autres mouvements libérateurs du même type afin de parvenir à la libération de l'humanité entière, y compris comme il est naturel à celle des peuples actuellement sous le joug du totalitarisme rouge. Devant un monde uni le plus étroitement possible, les juifs impérialistes ne pourront que perdre ; mais ils pourraient assurément triompher de l'humanité divisée sur le plan politique par les rivalités nationales, raciales ou religieuses.

Les rivalités nationales et raciales doivent être résolues au moyen de négociations pacifiques et de manière juste. À leur tour, les différences de critère dans l'ordre religieux doivent se traiter dans le cadre d'une loyale et pacifique discussion théologique, qui à la longue donnera raison à qui possède la raison et la vérité, mais l'on doit éviter que ces antagonismes dégénèrent en guerres de religions et en conflits violents, toujours destructeurs d'une possible unité politique de tous les peuples, si nécessaire pour extirper, en premier lieu la menace de l'impérialisme israélite, et ensuite pour consolider la paix mondiale, indispensable au progrès et à la conservation du genre humain.

Nous avons fait référence plus haut à l'erreur tragique des Nazis, qui en entreprenant la lutte contre l'impérialisme hébreu ne firent pas la distinction entre l'antique peuple élu qui nous donna Dieu Notre-Seigneur, la Sainte Vierge Marie et les Apôtres, et le peuple des fils du Diable, comme Jésus appela les sectateurs de la Synagogue de Satan, ceux qui Le renièrent et Le crucifièrent, et qui persécutèrent avec acharnement Sa Sainte Église à travers les siècles. Par cette erreur et cette thèse équivoque, les théoriciens du Nazisme assumèrent une position anti-chrétienne[574] qui devait rendre impossible l'unification de l'Europe traditionnelle et profondément chrétienne autour de la lutte que les nationaux-socialistes entreprenaient contre l'impérialisme juif, rendant ainsi leur victoire impossible.

Ceux qui continuent encore de couver l'idée naïve de pouvoir facilement détruire le Christianisme, s'ils ne veulent pas lui reconnaître l'assistance divine, devraient au moins tenir compte des faits, car si le puissant Empire Romain n'y réussit pas en trois longs siècles de persécutions sans merci, si les juifs criminels en Union Soviétique n'ont pu y parvenir en quarante-cinq ans de terreur sanglante, un quelconque impérialisme moderne qui tenterait en plus d'affronter en même temps le pouvoir occulte et gigantesque du Judaïsme international le pourra moins encore.

Nous sommes présentement au bord même de l'abîme, et les incrédules, y compris les hommes de tendances antichrétiennes, s'ils ne s'aveuglent pas devant l'imminence du péril, doivent comprendre que tous, nous devons mettre de côté nos phobies et nos ressentiments, qu'ils soient d'ordre national ou religieux, pour nous unir et organiser une défense collective contre l'ennemi mortel qui nous menace tous, car en poursuivant les haines nationales, les vengeances de griefs passés et les rivalités religieuses, nous finirons par succomber tous devant les assauts toujours plus violents de l'impérialisme judaïque et de sa révolution communiste. Il faut donc que tous, y compris ceux qui ont perdu toute foi religieuse, nous fassions l'effort de parvenir à cette unité politique si nécessaire au salut collectif.[575]

---

[574] NDT : Mais comme déjà indiqué, certains théoriciens du Nazisme comme Rosenberg, Rudolf Hess, Karl Haushofer et d'autres s'étaient inspirés de l'antichristianisme chez Nietzsche, puis dans des sectes maçonniques, païennes et cabbalistes.

[575] NDT : Hélas, qu'est-ce qui peut éloigner des juifs (charnels et jouisseurs) ceux qui, sans être juifs, sont cependant eux-mêmes charnels et jouisseurs comme les juifs, et donc attirés par les attraits trompeurs que leur offre le Judaïsme et Lucifer au travers de la Franc-Maçonnerie et de la civilisation païenne que celle ci réédifie ? Telle est bien la raison fondamentale des succès moderne des juifs, comme l'a dit Bernard Lazare : c'est que de plus en plus d'hommes depuis trois ou quatre siècles partagent leur culte idolâtrique des

Dans le présent chapitre nous nous abstenons de commenter les massacres de juifs par les Nazis, déjà traité aux chapitres 3 et 4 de la partie intitulée « La Synagogue de Satan »[576]

Il faut enfin proscrire à jamais la guerre entre États ou groupes d'États, à la fois parce que c'est catastrophique pour tous et parce que c'est le chemin le plus assuré du triomphe final de l'impérialisme totalitaire juif. Nos seuls combats doivent être ceux en défense contre l'impérialisme hébreu et, d'autre part, de libération de nos propres peuples et de tous ceux qui sont pris dans les griffes judaïques pour qu'une fois supprimée la peur des impérialismes qui a réellement existé dans le monde, ces impérialismes prêchant hypocritement la paix mais fomentant constamment des guerres, tous les pays de la terre puissent alors structurer une organisation mondiale qui, tout en respectant les droits de chacun consolide la paix universelle, fomente la vérité, le progrès de l'humanité et élève le niveau de vie de tous les hommes surtout des classes les plus

---

biens terrestres et sont donc prêts à accepter leur empire... Si les peuples du monde et leurs dirigeants sont devenus esclaves de l'impérialisme judaïque, ce n'a pu être que par une juste permission de Dieu, qui punit par où l'on pêche, en sanctionnant le matérialisme et le refus de suivre les enseignements de l'Église. Le monde a dépassé le stade où il aurait pu se sauver lui même des griffes du Judaïsme. Le salut de l'humanité exige désormais qu'elle reprenne à rebours la voie empruntée dans le mauvais sens par les élites et les peuples, cette fois dans celui de la prière et de la conversion, comme l'a demandé instamment Notre Dame à La Salette, à Lourdes et à Fatima ! Le monde pourra alors supplier Dieu de faire un miracle en notre faveur, et nul doute que nous l'obtiendrons. L'utopie d'une union des peuples est désormais réalisée sous le joug juif, et cette union pave la voie à l'Antéchrist ! Les fausses religions étant des religions de Satan, comment Satan les laisserait-il s'allier à la Vraie Religion contre ceux qui sont ses fils de prédilection, les juifs de sa Synagogue ! Toute cette théorie d'union mondiale semble donc marquée par un certain irréalisme qui dénote nettement par rapport à l'ouvrage.

Et tout comme cette union mondiale est une utopie, est bien étrange la condamnation ci-dessus de tout impérialisme. Car des impérialismes comme de tout, il y en a eu de bons, de civilisateurs,, les catholiques, et de mauvais, les anti-catholiques ! Peut-on confondre dans la même réprobation l'impérialisme chrétien et civilisateur d'un Charlemagne, d'un Saint Henri, celui du siècle d'or espagnol ou celui du roi Saint Louis, malgré leurs imperfections tous soucieux du bien spirituel, moral et matériel des peuples, avec l'impérialisme cruel et pilleur de la Rome antique, celui orgueilleux et destructeur d'un Attila ou d'un Gengis Khan, celui révolutionnaire maçon d'un Napoléon, l'impérialisme judéo-mercantile Victorien, et avec le pire : l'impérialisme esclavagiste luciférien du judéo-communisme ? Suggérer cette confusion de tous les impérialismes sous l'effet de l'angoisse, c'est finalement faire une malheureuse concession à l'utopie maçonnique du Droit des peuples à disposer d'eux mêmes. Le seul vrai droit des peuples... est d'être gouverné selon le Bien, par des lois catholiques et selon la doctrine sociale chrétienne, qui seule fait toute sa part au droit naturel et au droit des gens. La nature du pouvoir et la nationalité de qui l'exerce dans de telles conditions n'ont guère d'importance.

[576] NDT : Se reporter à ce sujet au livre de Léon de Poncins « *Le Judaïsme et le Vatican* » qui, en annexe, résume l'étude très poussée, et tirée notamment de sources juives, de l'écrivain ex-déporté Paul Rassinier sur la question.

faibles économiquement, et lutte en même temps pour que les hommes se rapprochent de Dieu, Principe et Fin suprême de tout l'univers.

L'échec de la Société des Nations et de l'Organisation des Nations Unies a été dû, comme nous l'étudierons dans le second tome de cet ouvrage, à ce que ces deux institutions, bien qu'elles proclamèrent des objectifs très nobles et humanitaires, furent et demeurent sous le contrôle du pouvoir occulte du Judaïsme et de la Maçonnerie, et furent utilisées à favoriser la réussite des plans impérialistes de la Synagogue.

Nous lançons ici un appel angoissé aux patriotes des États-Unis et de l'Angleterre, pour que s'ils réussissaient à libérer leurs nations du joug judaïque, ils n'aillent pas suivre la voie suicidaire de l'impérialisme. Nous lançons le même appel à l'héroïque Président Nasser d'Égypte et aux patriotes qui dans les autres pays du monde luttent pour les mêmes fins.

Il est évident que la lutte pour l'unité arabe est une juste cause, mais si cette unité parvient à être obtenue, il ne faudra pas pour autant passer du nationalisme à l'impérialisme, car ce serait alors fournir à la Juiverie mondiale l'opportunité magnifique d'écraser le nationalisme arabe comme elle le fit avec l'impérialisme nazi, ce qui donna du même coup à la Synagogue l'opportunité de détruire l'Allemagne nationaliste que les mêmes Nationaux-socialistes avaient réussi à libérer des griffes de l'impérialisme juif, élevant le niveau de vie des classes laborieuses d'une manière surprenante. C'est ainsi que la renaissance de l'Allemagne, réussie en peu d'années (après 1933), avorta finalement par suite des ambitions impérialistes des artisans de cette renaissance.

Il est de fait que les grands peuples et les grands leaders, lorsque des succès répétés couronnent leurs entreprises importantes, sont souvent la proie d'un égocentrisme qui les pousse parfois aux entreprises impérialistes les plus suicidaires.

Il suffit d'évoquer ici le cas de Napoléon, qui ôta aux forces obscures du Judaïsme leur domination sur la Révolution française pour en faire une entreprise réellement nationale, réalisant le miracle de transformer la France en ruines et en pleine anarchie qu'il reçut en la première puissance militaire de la terre. Si Napoléon ne s'était pas laissé porter à des ambitions impérialistes désordonnées, son œuvre aurait duré bien davantage.[577]

---

[577] NDT : A propos de l'histoire napoléonienne, cette version doit être rectifiée : l'historienne Nesta Webster cite des témoignages de visiteurs anglais qui constatèrent à l'époque de Napoléon les ruines que la Révolution avait laissées en France, toujours non relevées vingt ans après. Quant à l'Armée de Napoléon, elle était un héritage de la Monarchie française !.
De fait, Napoléon, haut maçon selon Serge Hutin et d'autres auteurs historiens de la secte car les documents officiels l'appelaient « Très puissant frère et Protecteur de l'Ordre », le qualificatif Très puissant indiquant un 33°(« *La Massoneria* », Florence 1945, cité dans « *Maçonnerie et Sectes secrètes, le côté caché de l'Histoire* »d'Epiphanius, p. 102), servit de bout en bout la Révolution tout en s'en servant, et il servit donc nolens volens la stratégie du

Les succès entraînent chez les dirigeants comme chez les peuples un sentiment de supériorité qui conduit les uns et les autres à une sorte de délire de grandeur, les amenant parfois à concevoir des entreprises impérialistes qui seront ensuite leur ruine, surtout à une époque où l'impérialisme judaïque utilise toujours de semblables circonstances pour lancer les autres peuples dans le combat et la guerre contre ces puissances

---

Judaïsme, même s'il lui arriva de brimer temporairement ou localement les juifs lorsqu'il mit un frein à leurs exactions en Alsace contre la paysannerie. S'il fit cesser à l'intérieur l'anarchie révolutionnaire, c'est que la Révolution ayant atteint ses objectifs, l'anarchie devenait nuisible à la Révolution elle-même ! Les conquêtes napoléoniennes furent effectuées, non par impérialisme national, mais d'abord au service des objectifs politiques et idéologiques de la F-M pour étendre la Révolution judéo-maçonnique à toute l'Europe en coopération avec les loges locales des pays conquis, conquêtes ensuite poursuivies sous la pression des évènements fomentés par la juiverie financière anglaise ! C'est en effet lorsqu'il commença par le blocus continental à gêner en matière économique et financière les grands intérêts internationaux juifs et anglais que ceux-ci suscitèrent alors contre lui coalitions sur coalitions, poussant l'empereur à des guerres sans fin où sombra son régime, dans un gaspillage insensé de sang français et de ressources, ce qui à la suite de la Révolution fit de la France, qui sous la monarchie avait été le premier pays européen en tous domaines par l'importance de sa population comme par son influence, un pays désormais profondément affaibli, anémié et hum ilié, dorénavant satellite de la politique anglaise, juive et prussienne... Mais la Maçonnerie et ses infiltrés ne sombrèrent pas, et une fois la monarchie restaurée, une monarchie Voltairienne, la FM resta au coeur du Pouvoir (Decaze succédant à Foucher !) poursuivant son oeuvre de termite politique, de destruction de la France au profit des juifs et de la Juiverie si bien amorcée vingt-cinq ans auparavant.

Au travers de Napoléon, la Juiverie et son alliée l'Angleterre gagnèrent sur tous les plans : en France, en faisant entériner les désordres politico-sociaux, législatifs et spirituels de la Révolution, et en Europe, en ayant fait leur profit aussi bien des victoires que des défaites de l'empereur maçon, et en ayant affaibli et déstabilisé toutes les puissances chrétiennes continentales, détruit les principautés catholiques d'Allemagne et la Pologne, et rendu financièrement esclave l'Autriche catholique pour le financement de ses guerres ! Rotschild était devenu baron d'Empire, et la bataille de Waterloo avait multiplié sa fortune internationale par son célèbre coup à la Bourse de Londres, qui, s'il ruina des capitalistes anglais, ne nuisit en rien à son avenir financier dans ce pays. Les juifs avaient la pleine citoyenneté française et affluaient en masse d'Europe centrale. Comme l'a montré J. Bordiot dans « *Le pouvoir occulte fourrier du Communime* » (Ed. de Chiré), p. 63 et suivantes, le Congrès de Vienne manipulé par le ministre de l'Angleterre ne fut pas du tout un retour à l'Europe d'avant la Révolution.

Le Concordat de 1802, œuvre semble t-il d'un cardinal maçon à qui Pie VII donna trop naïvement carte blanche et qui trahit l'Église en acceptant pour la France l'officialisation de la Constitution civile du clergé contre laquelle tant de prêtres et de catholiques avaient souffert le martyre, entraîna la dissolution de dizaines d'Evêchés et la reconfirmation d'Évêques jureurs. Ce Concordat, accepté sans aucune clause de garantie par le cardinal légat et interprété de façon léonine par le gouvernement impérial maçon (Articles organiques), fut ainsi violé immédiatement par l'État, qui trente ans durant mit l'Église de France aux liens, s'appropriant le clergé, les Oeuvres, et l'Enseignement, et suscitant alors chez les Évêques français le mouvement libéral de l'Église libre dans l'État libre, c'est à dire la reconnaissance de l'État laïque et de l'indépendance des lois civiles par rapport à la Religion, ce « délire » d'où devait sortir le libéralisme catholique, le Sillon et la forfaiture de Vatican II, appui décisif au mondialisme luciférien !

et ces chefs qui mettent en péril ou annihilent les plans de la Synagogue de Satan.

# CHAPITRE XLII

## PAPES, PÈRES DE L'ÉGLISE ET SAINTS COMBATTENT LES JUIFS ET LES CONDAMNENT

### LA VÉRITABLE DOCTRINE DE L'ÉGLISE SUR LES JUIFS

Le grand Pape Grégoire VII, le célèbre Hildebrand, le grand réformateur et organisateur de la Sainte Église, dans une lettre adressée au roi Alphonse VI de Castille en 1081, lui écrivit en ces termes :

« Nous admonestons votre Altesse pour qu'il cesse de tolérer que les juifs gouvernent les chrétiens et exercent une autorité sur eux. Car permettre que les chrétiens soient subordonnés aux juifs et soient sujets à leur volonté, c'est comme opprimer l'Église de Dieu. Chercher à plaire aux ennemis du Christ signifie outrager le Christ Lui-même ».[578]

Cependant ce grand Pape s'opposa formellement à ce que l'on fasse pression sur les israélites pour qu'ils se fassent baptiser, connaissant le danger des fausses conversions, et il prit des mesures pour éviter ce genre d'erreurs en protégeant les juifs contre le zèle intempestif de certains fanatiques. Le grand pape Grégoire VII luttait donc sans relâche pour empêcher que les juifs exercent une domination sur les chrétiens, car selon lui cela équivalait alors à opprimer la Sainte Église et à exalter la Synagogue de Satan. Mais, qui plus est, il affirmait qu'être agréable aux ennemis du Christ, c'était outrager le Christ en personne.

Quel commentaire pourraient faire de cette affirmation les infiltrés de la cinquième colonne qui actuellement font tout le contraire de ce qu'ordonna le Pape Grégoire VII ?

Ce que soutint fermement ce célèbre Pontife, l'un des plus célèbres qu'ait eu l'Église dans tout le cours de son histoire, est exactement ce

---

[578] Pape Grégoire VII. IX-2.

pourquoi combattent aujourd'hui ceux qui luttent contre l'impérialisme judaïque et qui pour cette raison sont traités « d'antisémites », à savoir d'empêcher que les juifs exercent leur domination sur les chrétiens, outrageant en cela le Christ et Son Église et portant préjudice aux nations chrétiennes.

Saint Ambroise, Évêque de Milan et célèbre Père de l'Église, déclara à son peuple que la Synagogue « était une maison d'impiété et un réceptacle de malades, que Dieu même avait condamnés ».[579] Et lorsque les foules chrétiennes, à la suite des perfides agissements des israélites, ne purent réprimer leur colère et incendièrent une synagogue, Saint Ambroise, non seulement leur donna tout son soutien, mais le fit même en ces termes : « J'ai déclaré que la synagogue prît feu ou du moins j'ai ordonné à ces personnes qu'elles le mettent ». « Et si l'on m'objecte que je n'ai pas personnellement mis le feu à la synagogue, je proteste qu'elle commença d'être incendiée par le jugement de Dieu ».[580] Or n'oublions pas que Saint Ambroise de Milan est reconnu dans la Sainte Église comme un modèle digne d'imitation pour les Évêques, et comme l'un des exemples les plus illustres de charité chrétienne. Cela montre qu'on ne doit pas se servir de la charité pour protéger les forces du mal.

Saint Thomas d'Aquin, connaissant aussi le danger que représentaient les juifs dans la société chrétienne, acceptait que les juifs fussent soumis à un perpétuel esclavage.[581] Un écrivain philosémite déplorant cette position l'affirme textuellement : « Aquin accepta le point de vue dominant à cette époque qu'on devait les obliger à vivre en perpétuelle servitude ».[582]

A cet égard l'opinion de Saint Thomas d'Aquin était pleinement justifiée. Si les juifs, dans tous les pays où ils résident, sont constamment occupés à conspirer de par l'exigence de leur religion et pour conquérir les peuples qui leur ont offert généreusement l'hospitalité, si en plus ils les combattent pour les dépouiller de leurs biens et pour détruire leurs croyances religieuses, il n'existe aucune autre alternative que, soit les expulser du pays, soit de les laisser y vivre mais alors soumis à une dure servitude qui leur lie les mains et les empêche de causer tant de mal.

Une autre grande lumière de l'Église universelle, Duns Scot, le docteur subtil, alla encore plus loin que Saint Thomas, en proposant une solution du problème juif sur la base de la complète destruction de la secte diabolique. Un célèbre rabbin s'est plaint à ce sujet que Duns Scot « suggéra que les enfants juifs fussent baptisés de force et que les parents qui refuseraient à se convertir fussent transportés dans une île où on les

---

[579] Saint Ambroise Évêque de MIlan, *Lettre XI à l'Empereur Théodose*.
[580] Saint Ambroise, idem ci-dessus.
[581] Malcom Hay « *Europe and the Jews* », Boston 1960, chap. IV, p. 91.
[582] Malcom Hay « *Europe and the Jews* », Boston 1960, chap. IV, p. 91.

autoriserait à persévérer dans leur religion jusqu'à l'accomplissement de la prophétie d'Isaïe à propos du petit reste qui se convertirait (4. 22) ».[583]

Comme on le voit, l'idée de confiner les juifs du monde entier dans une île où ils vivraient isolés sans plus pouvoir nuire aux autres peuples n'est pas originellement une idée d'Hitler, mais de l'un des plus célèbres et des plus autorisés docteurs de la Sainte Église.

Mais également le roi Saint Louis de France, ce modèle de Sainteté et de charité chrétienne, lui qui eut la générosité de restituer à un roi vaincu les territoires qu'il lui avait conquis, chose que personne ne faisait spontanément en ce temps-là, affirma à propos des juifs que : « lorsqu'ils outrageaient la religion chrétienne, le mieux que l'on pouvait faire était de leur enfoncer une épée dans le corps, le plus profond possible ».[584]

Pour comprendre le point de vue de Saint Louis, il faut se souvenir qu'à cette époque toute action subversive et toute conspiration des juifs contre les nations chrétiennes prenait principalement l'aspect d'hérésie ou d'attaque à la religion chrétienne, ce qui s'explique à une époque où la question religieuse était fondamentale pour tous, chrétiens et juifs, et où toutes les questions politiques lui étaient subordonnées. Même à notre époque d'ailleurs, l'impérialisme juif continue de conserver une base profondément religieuse comme nous l'avons démontré.

Saint Athanase, l'illustre Père de l'Église, soutint que « Les juifs n'étaient pas le peuple de Dieu, mais les chefs de Sodome et Gomorrhe ».[585]

Saint Jean Chrysostome, autre illustre Père de l'Église, à propos de toutes les calamités survenues aux juifs aux diverses époques affirma :

« Mais les juifs prétendent que ce sont les hommes qui leur ont causé tous ces malheurs et non pas Dieu. Alors que cela a été tout le contraire, car il est de fait que c'est Dieu qui les a provoqués. Si vous autres juifs vous les attribuez aux hommes, vous devriez réfléchir que, même en supposant que les hommes eussent l'audace de les commettre, ils n'auraient pas eu la force d'exécuter de telles actions si Dieu ne le leur avait permis ».[586]

Saint Jean Chrysostome, donna il y a environ mille cinq cents ans une claire définition de ce qu'étaient les juifs, les dénonçant comme : « une nation d'assassins », « luxurieux, rapaces, voraces et perfides voleurs ».

L'illustre Père de l'Église, évoquant ensuite la tactique judaïque traditionnelle de se plaindre de ce que les hommes les combattent et les

---

[583] Rabbin Jacob Salomon Raisin « *Gentile Reactions to Jewish Ideals* » Ed. cit., chap. XIX, p. 525.
[584] Rabbin Louis Israel Newman « *Jewish Influence on Christian Reform Movements* » New-York 1925, pp 61-62, et Jacob Salomon Raisin, Op. cit., chap. XVIII pp. 482-3.
[585] Saint Athanase : « *Traité de l'Incarnation* » 40. 7.
[586] Saint Jean Chrysostome : « Sixième homélie contre les juifs ».

détruisent, les juifs cherchant perpétuellement à se présenter comme des victimes des autres hommes, affirme ceci : « Le juif vous dit sans arrêt : ce furent les hommes qui nous firent la guerre, ce furent les hommes qui conspirèrent contre nous ; contestez-les et répondez leur : Les hommes ne vous auraient pas fait la guerre si Dieu ne leur avait permis ».

Un autre point de doctrine catholique soutenu par Saint Jean Chrysostome est que « Dieu hait les juifs »,[587] parce que Dieu hait le mal, et que les juifs, après avoir crucifié le Christ Notre-Seigneur, devinrent le mal suprême.

L'illustre Saint soutient la thèse doctrinale qu' « un homme crucifié de vos propres mains a été plus fort que vous et vous a détruits et dispersés », affirmant que les juifs continueront d'être châtiés pour leurs crimes jusqu'à la fin du monde.

Les choses terribles que nous avons vues au cours de ce siècle-ci, où les juifs ont imposé leur dictature communiste, ont amplement prouvé ce qu'affirma Saint Jean Chrysostome il y a mille cinq cents ans en désignant les juifs comme une bande criminelle de voleurs et d'assassins, d'où il est donc compréhensible que le juste châtiment de Dieu sanctionne fréquemment leurs crimes sanglants. S'est aussi vérifié de nos jours ce que dit ce célèbre Père de l'Église en énonçant l'idée que chaque fois que Dieu les châtie en les détruisant ou en faisant tomber sur eux les calamités prophétisées dans la Sainte Bible, ils accusent les autres hommes des terribles évènements qu'eux-mêmes ont provoqués par leurs propres crimes.

Le célèbre Évêque de Meaux, Bossuet, écrivain et orateur sacré dont la position dans l'histoire de l'Église est bien connue, lutta lui aussi énergiquement contre les juifs, qu'il maudissait du haut de la chaire en s'écriant : « Oh race maudite » « Votre demande s'accomplira avec une terrible efficace, le sang vous poursuivra jusqu'à vos plus lointains descendants, jusqu'à ce que le Seigneur, enfin fatigué de vous châtier, prenne soin de vos misérables restes à la fin des temps ».[588] Comme on le constate, l'illustre théologien et apologiste du Catholicisme considéra que ne seraient sauvés dans les derniers temps que de misérables petits restes du Judaïsme, rejoignant par là Saint Jean Chrysostome et d'autres Pères de l'Église, pour qui les désastres que subissent les juifs sont le fruit du déicide et de leurs méchancetés.

Dans son « Discours sur l'Histoire universelle » et dans différents sermons, Bossuet désigne de manière répétée les juifs comme la race maudite sur qui est tombée et continuera de frapper la vengeance divine, et

---

[587] Saint Jean Chrysostome, « *Homélies contre les juifs* » cité par Malcom Hay in « *Europe and the Jews* » ed. cit., pp. 30-31.
[588] Bossuet : « Sermon pour le Vendredi Saint », *Oeuvres complètes*, t. II, p. 628.

qui sera toujours « objet de mépris de la part des autres peuples ».[589] Bossuet soutint également que « les juifs étaient l'objet de la haine de Dieu ».[590] Bossuet ne faisait là que répéter la doctrine traditionnelle de l'Église sur les juifs, cette doctrine qu'aujourd'hui les agents de la Synagogue dans le haut clergé cherchent à réformer en lui substituant une doctrine philo-judaïque complètement hérétique.

Si le pieux et sage Évêque Bossuet, lumière de l'Église Catholique, avait vécu de nos jours, il aurait lui aussi été accusé par les clercs crypto-juifs d'être un raciste et un antisémite. Bossuet connaissait à fond la perfidie judaïque, comme la connaissaient bien tous les Pères de l'Église.

Si, depuis la Crucifixion de Notre-Seigneur, les hébreux n'avaient pas eu tout au long des siècles une conduite aussi criminelle, personne ne s'occuperait de les accuser et de leur reprocher leurs méfaits. C'est eux qui, par leur manière d'agir, sont les uniques responsables des réactions qui surgissent partout contre eux. Lorsqu'on ne veut pas être accusé d'être un assassin et un voleur, on s'abstient de commettre ce type de délits, mais si au contraire on vole, on tue et l'on conspire, il n'y a rien d'étrange à ce que les peuples victimes de ces crimes les leur reprochent. Les juifs ont cependant le cynisme de protester et de pousser des cris au ciel simplement de ce qu'on leur impute leurs conspirations, leurs crimes et leurs forfaits contre les autres hommes et les autres nations. Il faut qu'ils aient l'hypocrisie pharisaïque bien enracinée pour se déchirer les vêtements lorsqu'on leur dit leurs vérités.

Un autre grand Saint de l'Église, célèbre par sa piété et sa charité chrétienne, qui fut en même temps l'un des Papes les plus illustres, Saint Pie V, alarmé au cours de la première année de son pontificat par l'action subversive des israélites, manifesta énergiquement sa conviction qu'»il fallait obliger les juifs à porter un signe visible qui les ferait distinguer des chrétiens, pour que ces derniers puissent se garder contre leurs discours empoisonnés ».

À cet effet dans sa Bulle Romanus Pontifex du 19 avril 1566, il confirmait l'ordonnance faite par des Bulles des Papes précédents et par les Saints conciles faisant obligation à tous les juifs de porter un signe distinctif, les hommes un béret et les femmes un simple signe, précisant : 3. Et pour clore toute équivoque concernant la couleur du béret que les hommes doivent porter et celle du signe pour les femmes, nous précisons que cette couleur doit être ce que l'on appelle communément le jaune », et après avoir ordonné aux prélats de faire publier et observer la Bulle, il dit : 5 A tous les Princes séculiers et aux autres Seigneurs et Magistrats civils, nous les prions, leur demandons instamment et les conjurons par les

---

[589] Bossuet : « *Discours sur l'Histoire universelle* » Partie II, chap. XXI, cité par Jules Isaac in « *Jésus et Israel* », p. 372.
[590] Bossuet, cité par Malcom Hay in « *Europe and the Jews* » Ed. cit.p. 174.

entrailles de miséricorde de Notre-Seigneur Jésus-Christ, leur imposant comme un ordre pour la rémission de leur péchés que dans tout ce qui vient d'être dit ils appuient et apportent leur aide à leurs Patriarches, Archevêque s et Évêques, et qu'ils châtient les violateurs par des peines temporelles ».[591]

Mais en outre, comme les juifs des États Pontificaux étaient en train de s'emparer de la propriété foncière au moyen de fraudes et d'usures, ce Saint Pape canonisé, se vit obligé de promulguer la Bulle « Cum nos super » du 19 janvier 1567, la deuxième de son Pontificat, confirmant celles de Papes antérieurs et prohibant aux israélites d'acquérir des biens fonciers, les obligeant à les vendre en un lieu assigné, sous peine de ce que, s'ils désobéissaient une fois de plus aux Bulles papales à ce sujet, lesdits biens fonciers leur seraient confisqués.

Nous voulons citer ici les parties les plus éloquentes d'un si intéressant document :

« Comme Nous renouvelions, il y a peu, la Constitution de notre prédécesseur le Pape Paul IV d'heureuse mémoire publiée contre les juifs, nous avions entre autres choses établi et mandé aux hébreux, à ceux habitant en notre ville de Rome, comme à ceux demeurant en diverses autres cités, territoires et lieux sujets à la tutelle temporelle de la Sainte Église Romaine, qu'ils étaient obligés à vendre aux chrétiens les biens fonciers qui étaient en leur possession au lieu que leur fixerait le Magistrat... Et que si lesdits hébreux manquaient en quoi que ce soit à ce sujet et à toute disposition antérieure, nous décrétons... qu'ils puissent être châtiés en fonction de la nature du délit, en ladite Cité, par Nous ou Notre Vicaire ou par d'autres magistrats que Nous déléguerons, et en les cités, territoires et autres lieux sus-mentionnés par les magistrats, comme rebelles et inculpés du crime de lèse-majesté, et que le peuple chrétien se méfie d'eux, selon Notre volonté et celle de Notre Vicaire, de Nos délégués et de Nos magistrats ».

Dans une autre partie de la même Bulle, Sa Sainteté, faisant référence à diverses fraudes commises par les juifs, ordonne : « Ainsi donc, Nous, voulant comme il convient remédier à ces fraudes et assurer que ce que nous avons ordonné soit suivi d'effet en cette matière, spontanément, en toute connaissance et en plein exercice de la puissance apostolique, nous enlevons totalement aux hébreux et de leur domination tous les biens fonciers (et leur dénions tout droit et action), quoi qu'il en soit de leur appartenance apparente aux hébreux qui vivent tant en cette cité de Rome

---

[591] Pape Saint Pie V : Bulle « *Romanus Pontifex* » du 19 avril 1566. Compilée dans le « *Bullarium Diplomatum et Privilegiorum Sanctorum Romanorum Pontificum* » Editio Taurensis, Turin 1862, t. VII, p. 439.

que dans tous les lieux sujets à notre pouvoir et à celui du Siège apostolique ».[592]

On peut ainsi constater à quel point en étaient arrivées les usures et les fraudes des juifs et l'accaparement par eux des biens fonciers, pour que ce pieux et vertueux Pape se soit vu obligé pour défendre les chrétiens de prendre des mesures aussi énergiques. Il ne faut pas oublier que le Pape Pie V est l'un des Pontifes qui se distinguèrent par une Sainteté reconnue, ce pour quoi il fut à juste titre canonisé par la Sainte Église. S'il avait vécu à notre triste époque, les dirigeants ecclésiastiques qui sont au service de la Synagogue de Satan l'auraient condamné lui aussi comme raciste et antisémite, et si possible l'auraient même inclus au nombre des criminels de guerre de Nuremberg, puisqu'aujourd'hui ces Cardinaux, Archevêque s et Évêques de la cinquième colonne fulminent des condamnations contre tous ceux qui prétendent défendre leurs peuples ou la Sainte Église de l'impérialisme politique ou économique des juifs.

Mais les saintes Bulles mentionnées et leur exécution ne suffirent pas à empêcher les méfaits des juifs qui, comme dans tous les territoires qui leur offrent l'hospitalité, finissent par constituer un péril mortel pour les peuples chrétiens ou non-juifs. C'est pourquoi, ce Pape, modèle de Sainteté et de piété, eut l'énergie d'adopter une solution radicale au problème en taillant dans le vif, et le 26 février 1569, il promulgua la fulminante Bulle « Hebraeorum gens » expulsant les juifs des États pontificaux. Étant donné la brièveté de cet ouvrage nous ne publierons de ce précieux document que quelques extraits qui nous semblent les plus importants.

Ce très Saint Pape y déclare :

« Le peuple juif, en d'autres temps dépositaire des paroles divines, participant des mystères célestes et alors d'autant plus avantagé en grâce et en dignité, en cette même proportion par suite de son incrédulité ultérieure mérita d'être précipité de haut, de sorte qu'arrivant au temps de la plénitude, ingrat et perfide, il condamna indignement son Rédempteur à mourir d'une mort ignominieuse... Mais la piété chrétienne se faisant compatissante depuis le début de cette inévitable réalité, supporta qu'il se loge en son sein, avec une commodité plus que suffisante... Nonobstant ceci, son impiété imbue de tous genres d'arts exécrables est parvenue à un point tel qu'il est devenu nécessaire, pour le salut des Nôtres, de restreindre par la force une infirmité de telle nature par un remède rapide. C'est pourquoi, omettant les nombreuses modalités d'usures avec lesquelles de toutes parts les hébreux dévorèrent les avoirs des chrétiens nécessiteux, nous jugeons avec les plus grandes évidences qu'ils sont les

---

[592] Pape Saint Pie V : Bulle « *Cum Nos super* » du 19 janvier 1567. Compilée dans le « *Bullarium Diplomatum et Privilegiorum Sanctorum Romanorum Pontificum* » Editio Taurensis, Turin 1862, t. VII, p. 514 et seq.

protecteurs et même les complices de voleurs et de bandits qui s'efforcent de faire passer à autrui les choses dérobées et détournées et à les recéler..., non seulement les choses profanes mais aussi celles du culte divin. Et beaucoup, sous le prétexte de questions de leur office visant les maisons des femmes honnêtes, les perdent par les plus honteuses flatteries, et, ce qui est le plus pernicieux de tout, par les dés, les sortilèges et les enchantements magiques, les superstitions et les maléfices, ils induisent nombre d'imprudents et de malades aux pièges de Satan, en se vantant de prédire l'avenir, de faire découvrir des trésors et des choses cachées... Pour finir, nous est bien connue la manière dont cette exécrable race utilise le nom du Christ et à quel point il leur sera funeste, car ils auront à être jugés par ce nom... »

« Mus en effet par ces choses et par d'autres encore gravissimes, et en sus émus par la magnitude des crimes qui augmentent de jour en jour pour le malheur de nos cités, pensant en outre que la race mentionnée, à l'exception d'insignifiants groupés d'Orient, n'est d'aucune utilité pour notre République...

1. Avec autorité et par les présentes lettres, nous ordonnons qu'au terme de trois mois à partir de leur publication, tous les hébreux des deux sexes établis dans toute notre juridiction temporelle et en celle des cités et des autres territoires et lieux qui la forment, de même que dans celle des domiciles de Barons et autres Seigneurs temporels, y compris celle des Seigneurs qui ont pleine puissance ou puissance mixte et pouvoir de vie et de mort, ou toute autre juridiction et extension de juridiction, qu'ils sortent des mêmes limites, sans appel ».

Mais le Saint Père Pie V, connaisseur de ce qu'a été l'habitude des hébreux dans le monde entier de tourner de diverses manières les édits d'expulsion comme celui-ci, et dans le but d'éviter qu'en cette occasion ils réussissent encore à éluder les mandats de cette Sainte Bulle, décrète des peines extrêmement sévères pour ceux qui ne sortiraient pas du pays dans le délai fixé en établissant dans la même bulle que :

2. Passés ces termes, où qu'on les trouve, fixés ou en déplacement, de nos jours ou dans l'avenir, en quelque cité de la juridiction indiquée, en quelque territoire ou lieu, que ce soit celui des Domicelli, des Barons, des Seigneurs ou d'autres déjà mentionnés, qu'ils soient dépouillés de toutes leurs affaires et celles-ci transférées au fisc, et qu'ils soient faits esclaves de l'Église romaine et soumis à servitude perpétuelle, ladite Église devant s'adjuger sur eux le même droit que les autres Seigneurs s'adjugent pour leurs esclaves et possessions. Que soient exceptées cependant les cités de Rome et d'Ancône, où nous permettons que soient tolérés les juifs qui y résident actuellement, afin d'exciter davantage le souvenir mentionné plus haut et de poursuivre les négociations avec ceux d'Orient et les échanges réciproques avec les mêmes, à la condition qu'ils s'obligent à observer nos

constitutions canoniques et celles de nos prédécesseurs; dans le cas contraire, ils tomberaient sous le coup de toutes les peines que contiennent lesdites constitutions et que nous renouvelons dans ce document ».[593]

Cette Sainte Bulle apporte une innovation importante à propos des expulsions de juifs réalisées dans les États chrétiens au cours des siècles précédents. Comme nous l'avons rappelé, on mettait alors les israélites devant le dilemme d'être expulsés ou de se convertir, avec pour résultat que la majorité pour tourner l'expulsion se convertissaient fictivement au Christianisme, constituant un danger majeur pour l'Église et les États chrétiens. Saint Pie V, sans doute connaisseur du fait, décréta l'expulsion pure et simple des États Pontificaux, sans leur laisser le recours de la conversion grâce auquel ils tournèrent toujours ce genre de mesure. On constate donc que ce très Saint Pape connaissait beaucoup mieux le problème juif que bien des chefs civils et religieux qui le précédèrent. Mais on voit aussi qu'il y eut cependant des pressions pour convaincre Sa Sainteté qu'il excepte de l'expulsion les hébreux de Rome et d'Ancône, afin que le commerce avec l'Orient ne soit pas perturbé. Ils se prévalurent alors encore une fois de ce recours pour tourner en partie l'expulsion.

Un autre illustre et Saint personnage de tout premier plan de l'Église des premiers siècles, Saint Grégoire de Nysse, qui eut un rôle si important dans la défense philosophique de la Foi chrétienne avec sa célèbre « Oraison de la Résurrection du Christ », accuse les juifs d'être : « des assassins du Seigneur, des assassins des prophètes, des ennemis de Dieu, des hommes qui haïssent Dieu, des hommes qui méprisent les lois, des adversaires de la Grâce, des ennemis de la Foi de leurs ancêtres, des avocats du diable, une race de vipères, des calomniateurs, la levure des pharisiens, une assemblée de démons, des pécheurs, des hommes pervers, des lapidateurs, des ennemis de l'honnêteté ».[594]

Il est indubitable qu'Hitler lui-même ne lança jamais autant d'accusations en si peu de mots contre les israélites que le fit ainsi, mille six cents ans avant lui, ce Saint Évêque de Nysse, frère de l'illustre Père de l'Église Saint Basile, canonisé comme lui pour ses vertus. Et s'il les inclut dans l'Oraison citée, c'est que, comme beaucoup d'autres saints, il voulut lancer un cri d'alarme à l'adresse des chrétiens, pour qu'ils se gardent de cette bande de voleurs et d'assassins, dont le succès tient seulement à l'ignorance par les chrétiens de leur terrible dangerosité, ignorance que cherchent à fomenter les membres de la cinquième colonne, clercs et laïcs qui au lieu d'être au service du Christ sont sous les ordres de la Synagogue de Satan, pour rendre possible, grâce à cette ignorance, les victoires du

---

[593] Pape Saint Pie V : Bulle « *Hebraeorum gens* » du 26 février 1569. Compilée dans le « *Bullarium Diplomatum et Privilegiorum Sanctorum Romanorum Pontificum* » Editio Taurensis. Turin 1862, t. VII, p.740-41 et 42.
[594] Saint Grégoire de Nysse « *Oratio in Christi Resurrectionem* », p.685.

Judaïsme. Mais c'est aussi par ce moyen qu'il est si facile de localiser et de reconnaître les juifs secrets infiltrés dans l'Action catholique ou dans le clergé, car dès qu'on leur parle du péril juif, ils affirment avec une insistance suspecte qu'il n'existe pas, que c'est un mythe, une invention des Nazis, ou disent quelqu'autre fable qui en minimise l'importance, cela sans autre finalité que de masquer et de défendre la bande en question, à laquelle ces faux catholiques appartiennent secrètement, lesquels bien souvent, comme descendants des pharisiens font étalage d'une grande piété et d'un grand attachement pour notre Sainte Religion, pendant que par ailleurs ils s'efforcent d'empêcher celle-ci de se défendre contre son ennemi capital.

Sa Sainteté le Pape Grégoire IX, au XIIIème siècle, dans la lutte qu'il entreprit contre le Judaïsme pour défendre la Chrétienté, promulgua le 5 mars 1233 sa célèbre Bulle « Sufficere dibuerat » d'où nous transcrivons ce qui suit :

« Aurait dû suffire à la perfidie des juifs le fait que la piété chrétienne les accepte de nouveau, en raison uniquement de sa bienveillance. Eux qui persécutent la Foi catholique et qui ont ignoré le Nom du Seigneur... Eux, ingrats des dons et oublieux des bienfaits, montrent leur mépris de cette bénignité par une rétribution impie, et en échange des dons, ils nous outragent... Ainsi donc, ayant été établi lors du Concile Tolédan et confirmé lors du Concile général qu'il ne faut pas donner préférence à qui blasphème le Christ, il est donc plus qu'absurde qu'un tel soit chargé d'avoir pouvoir sur les chrétiens. Nonobstant cela, on leur confie des charges publiques, au moyen desquelles ils s'acharnent contre les chrétiens... Ils ont en outre des nourrices et des servantes dans leurs propres maisons, où se passent des choses inouïes qui sont motif d'abomination et d'horreur pour ceux qui en sont informés. Et, bien que dans le Concile général cité on veilla à ce que les juifs des deux sexes se distinguassent en tous temps et en tous lieux des autres par leur habillement, en Allemagne cependant se développe une grande confusion, parce qu'on ne les distingue par aucun vêtement. Comme il est abominable que celui qui renaquit par l'eau du Saint Baptême soit entaché par les pratiques des infidèles et leur traitement, et que la Religion chrétienne soit traitée avec hostilité par le pouvoir des perfides, (ce qui arriverait) si le blasphème du sang du Christ maintenait en servitude le racheté, nous mandons et faisons précepte à tous nos frères dans l'Épiscopat que vous fassiez réprimer absolument les excès cités et autres semblables des juifs de vos Diocèses, Églises et Paroisses, pour qu'ils n'osent pas lever leur tête soumise au joug de la servitude perpétuelle pour outrager le Rédempteur ; en évitant avec plus de rigueur encore qu'ils aient l'audace de disputer sur leurs pratiques d'aucune manière avec les chrétiens, pour que des discussions de cette nature ne soient l'occasion pour les ignorants de glisser dans les pièges de l'erreur, et que, plaise à Dieu, celle-ci demeure sans succès, en invoquant pour cela si nécessaire l'aide du Bras séculier ».[595]

On le constate, le Pape Grégoire IX se lamente ici amèrement de l'ingratitude des juifs qui répondent à la bonté par l'outrage et empoisonnent les consciences des chrétiens, persécutent la Foi catholique, lorsqu'ils exercent des charges publiques s'acharnent contre les chrétiens, et se livrent à des actes qui sont motifs à abomination et horreur; en un mot ils font ce qu'ils ont toujours fait depuis dix-neuf siècles. Par le même document, il insiste pour que l'on se conforme aux dispositions ordonnées par le Concile Tolédan et par le Concile œcuménique (de Latran), excluant les juifs des charges publiques, les obligeant à porter la marque distinctive dans le vêtement et les soumettant à l'esclavage perpétuel, c'est à dire que l'on enchaîne la bête féroce pour qu'elle ne puisse plus nuire. On voit aussi que cette fois ce fut en Allemagne que, faute d'avoir fait observer les Canons en question, l'on avait lâché la bête, et qu'elle avait alors causé des ravages à l'abri de la tolérance concédée.

On voit donc que les Papes étaient à la tête de la défense de la société chrétienne contre les juifs, et ceci est leur vrai rôle, consistant à défendre leurs brebis contre les attaques du loup et non pas à les livrer à ses griffes. Que les juifs ne nous disent pas que l'Église porte la faute de tout ce qui leur est arrivé dans le passé, car c'est eux, par leur ingratitude et leur action impérialiste, qui provoquèrent ces faits, car il est évident que la Sainte Église et les peuples agressés ont eu et ont toujours le droit de faire usage de la légitime défense. Si les hébreux ne veulent pas subir les conséquences de leurs actes d'agression, la première chose qu'ils doivent faire est de ne pas les commettre.

Le Pape Martin V, qui monta sur le trône pontifical influencé par les intrigues des juifs consistant à se faire apparaître comme les victimes des chrétiens, commença par suivre à leur égard une politique de tolérance désastreuse pour la Chrétienté, que rapidement ce Souverain Pontife se vit obligé à rectifier, semble-t-il aussi sous la pression du clergé mécontent de sa politique. Mais quelle qu'ait été la cause du changement d'attitude de ce Souverain Pontife, sa célèbre Bulle « Sedes Apostolica » nous donne une idée de la manière dont ils répondirent à la protection que pendant un certain temps leur avait accordée ce Pape.

La Bulle en question, après avoir mentionné sa politique de bienveillance envers les israélites, dit ceci :

« Cependant il est venu il y a peu à notre connaissance par des rapports dignes de foi, et non sans un grave trouble de notre âme, que certains juifs

---

[595] Pape Grégoire IX, Bulle « *Sufficere dibuerat* » du 5 mars 1233 Compilée dans le « *Bullarium Diplomatum et Privilegiorum Sanctorum Romanorum Pontificum* » Editio Taurensis, Turin 1862, t. III, an 1233, p.479.

des deux sexes qui résident à Cafas et Canas et en d'autres villes de régions d'outre-mer et dans des terres et lieux sujets à la juridiction des chrétiens, rebelles dans leur obstination et pour masquer leur fraude et leur méchanceté, ne portent aucun signe spécial sur leurs vêtements par lequel on puisse les reconnaître comme juifs. Et ils ne craignent pas de feindre d'être chrétiens devant un très grand nombre de chrétiens des deux sexes des cités, territoires et lieux mentionnés, qui pour cette raison même ne peuvent les identifier, et ils commettent en conséquence divers crimes et choses abominables : entre autres crimes dont la seule énumération est horrible, ceux des Zachi, des Rossi, des Alani, Migrelli et Anogusi, qui, baptisés selon le rite grec et faisant profession du nom de chrétien, achètent les personnes des deux sexes qu'ils peuvent, et après les avoir achetées, les vendent à leur tour de manière impie à des Sarrasins et autres infidèles, ennemis les plus féroces et éternels de tout chrétien, pour un prix jusqu'à dix fois le prix d'achat, faisant en toute exactitude de ces personnes des marchandises, et ils livrent les dites personnes aux territoires des Sarrasins et autres infidèles ».[596]

Or l'ingratitude des juifs pour ceux qui les protègent sautera encore davantage aux yeux en lisant ce qu'écrit très officiellement le Judaïsme à propos du Pape Martin V dans l'encyclopédie que nous avons déjà citée :

« L'attitude amicale de Martin fut probablement due en majeure partie à aux riches présents que les délégués (de la communauté juive) lui firent. Sans paiement comptant, on ne pouvait rien obtenir de lui. Mais en réglant le montant on obtenait tout facilement. À la Cour papale l'amitié cesse lorsque l'on est à court d'argent, écrivit l'envoyé allemand auprès du Vatican ».

« Quel que fût le motif de la bienveillance papale, celle-ci continua sous Eugène IV (1431-1447), malgré quelques Bulles hostiles qui confirmèrent jusqu'à un certain point la législation anti-juive ancienne. En particulier sa Bulle « Dudum ad Nostram » était hostile, et contribua à créer une atmosphère de ghetto pour la communauté juive. Il se vit obligé de céder sous la pression du clergé espagnol et du Concile de Bâle ».[597]

Or même en supposant exact que les juifs aient acheté à prix d'argent la protection du Pape Martin V, il est évident que par un sentiment d'élémentaire gratitude ils auraient dû le cacher, et s'abstenir de souiller son honneur comme ils le font en mentionnant dans une telle encyclopédie ce genre d'insinuations.

De toutes manières, ici comme dans d'autres cas, la politique pro-juive d'un Pape qui contrevint aux Canons des Conciles œcuméniques, aux Bulles et à la doctrine des Papes antérieurs et des Pères de l'Église amena

---

[596] Pape Martin V, Bulle « *Sedes Apostolica* » An 1425. Compilation du Bullarium citée; t. IV, an 1425.
[597] *Encyclopédie Judaïque Castillane*, Ed. cit. t.VIII, terme « Papes », p.347.

une fois de plus des résultats catastrophiques qui furent sur le point de démolir l'Église et l'Europe entière dans la première moitié du XV<sub>ème</sub> siècle. En effet, alors que la bête avait été enchaînée par l'énergique politique des Papes et des Conciles antérieurs, Martin V la désenchaîna à moitié par ses condescendances, et du même coup la Judaïsme réacquit rapidement une puissance gigantesque en Europe, et la révolution crypto-judaïque des Hussites, qui s'était cru anéantie à Constance, prit des proportions gigantesques, menaçant de déborder l'Église et de s'étendre à toute l'Europe.

L'indignation de l'Épiscopat mondial contre le Pape augmentait de manière alarmante, faisant croître en même temps l'audience de la thèse de la supériorité du Concile œcuménique sur le Pontife, car on disait qu'un homme pouvait plus facilement se tromper que tout l'ensemble de l'Épiscopat et qu'en plus, l'assistance de Dieu à la Sainte Église s'opérait à travers le Concile, et non par le Pape. C'est dans ces conditions qu'une pression s'exerça sur Sa Sainteté pour que, accomplissant ce qui avait été accordé au Concile de Sienne, fût convoqué à Bâle un nouveau Concile œcuménique. Il est explicable que dans ces conditions, comme le rapporte Jean de Raguse, le seul mot de Concile horrifiait immensément le Pape (« In immensum nomen concilii abhorrebat »)[598]

Le Concile ayant été convoqué par le Pontife et déjà prêt à se réunir, une mort subite vint interrompre la vie de Martin V, laissant la nef de la Sainte Église démâtée dans une mer tempétueuse aux mains d'Eugène IV, qui dut souffrir les conséquences de la politique de son prédécesseur.

Le Synode réuni à Bâle se prononça pour les thèses approuvées au Concile de Constance, selon lesquelles le Concile recevait son autorité directement de Dieu comme représentant de l'Église militante, ce pourquoi tout fidèle y compris le Pontife avait l'obligation d'obéir au Concile œcuménique en tout ce qui était relatif à la Foi, à l'extirpation des schismes et à la réforme de l'Église, et approuvant également que tout fidèle y compris le Pape lui-même qui désobéirait aux accords du Synode universel devrait être châtié de manière appropriée, et que le Concile ne pouvait être dissous par le Pape.[599]

En plus de confirmer la doctrine approuvée à Constance, le Concile de Bâle interdit au Pape de nommer de nouveaux Cardinaux tant que durerait le Synode. Les choses s'aggravèrent lorsque le Souverain Pontife, après avoir dissous le Concile, révoqua postérieurement le décret de dissolution pour de nouveau redissoudre ensuite le Concile, et qu'à son tour, le Concile condamna le Pape et le destitua.

---

[598] Juan de Raguse « *Monumenta Conciliorum generalium saeculi XV* », t. I, p. 66.
[599] Juan de Segovie « *Historia gestorum generalis synodi Basiliensis* ».

Au milieu de cette tempête, la révolution hussite organisée et financée par les crypto-juifs faisait des progrès terrifiants en Europe. Tout semblait déjà perdu pour la Sainte Église, lorsque le divine Providence comme toujours lui donna son assistance, en conduisant l'action d'hommes extraordinaires qui la sauvèrent du désastre et qui réussirent non seulement à sauver son unité, mais à mettre en déroute complète la Synagogue de Satan et son grand mouvement révolutionnaire du XVème siècle. Parmi ces clercs qui servirent d'instruments à la divine Providence pour sauver son Église, se détache entre tous l'humble Franciscain, le religieux Jean de Capistran, qui prit la tête de la gigantesque lutte qui s'acheva par la victoire complète de l'Église sur le Judaïsme.

Ce pieux Franciscain combattit la bête judaïque par ses prédications et aussi par l'épée, qu'il enfonça dans la gorge du dragon jusqu'à l'abattre. C'est pourquoi les israélites l'appellent « le fléau des Juifs ». En réalité nous pouvons affirmer, et ceci n'est pas peu dire, que Saint Jean de Capistran fut le dirigeant chrétien anti-juif le plus énergique et le plus efficace qui ait surgi depuis le Christ Notre-Seigneur et les Apôtres. La destruction qu'il causa dans la Synagogue de Satan est considérée par certains israélites comme la plus catastrophique. Cependant l'Église proclama son jugement final sur ledit combattant en le canonisant comme saint.

Saint Jean de Capistran, sauveur de l'Église et de l'Europe au XVème siècle, mérite d'être considéré par les organisations patriotes, qui actuellement combattent le Judaïsme, comme leur Saint Patron. Dans le Ciel, lui qui gagna un semblable combat, il sera le plus précieux intercesseur auprès de Dieu en faveur de ceux qui suivent ses saintes traces et qui combattent aujourd'hui pour défendre la Sainte Église et leurs nations contre l'impérialisme révolutionnaire de la Synagogue de Satan.

Saint Augustin, l'illustre Père de l'Église, dans son « Traité sur les Psaumes », soutient et démontre clairement que ce furent les juifs et non les Romains qui donnèrent la mort au Christ.[600]

Meliton, Évêque de Sades en Libye et l'un des personnages de l'Église les plus vénérés au IIème siècle, affirma :

« Mais les juifs, comme l'annonçaient les prophéties, rejetèrent le Seigneur et le tuèrent, et bien que sa mort était prédite, leur responsabilité fut volontairement acceptée. Eux étaient perdus, mais les fidèles à qui le Christ prêcha dans les enfers, à l'égal de ceux qui étaient sur la terre, participèrent au triomphe de la Résurrection ».[601]

Saint Hippolyte de Rome, contemporain d'Origène, rend les juifs responsables de ses propres misères et disgrâces. Il fut martyr de la Sainte Église et fut canonisé par elle.[602]

---

[600] Saint Augustin : « *Traité sur les Psaumes* », Psaume 63 v. 2.
[601] Pr. Johannes Quasten : *Patrologie*, Madrid 1961, t. I, p.232.
[602] Pr. Johannes Quasten, Op. cit., t. I, p. 470.

Saint Thomas d'Aquin, comprenant la nécessité d'enchaîner la bête judaïque pour qu'elle ne continue pas à nuire, soutint doctrinalement que : « Les juifs doivent porter le signe distinctif, selon ce qu'a statué le Concile général... »

« Les juifs ne peuvent licitement retenir ce qu'ils ont acquis par usure, étant obligés de restituer à ceux qu'ils ont exterminés... Les juifs en raison de leurs fautes sont en perpétuelle servitude, et les Seigneurs peuvent par conséquent leur prendre leurs biens, en leur laissant seulement ce qui est indispensable à la vie, à l'exception de ce qu'interdisent les saintes lois de l'Église ».[603]

Les membres de la cinquième colonne, qui prétendent que les antisémites sont condamnables, enverraient sûrement aussi Saint Thomas d'Aquin au banc des accusés.

Tertullien, dans son traité *Adversus Judaeos*, lance contre les israélites les plus dures accusations : dans Escopiase, il affirme que « Les Synagogues sont les points d'où sortent les persécutions contre les chrétiens », et dans *Ad Nationem*, toujours à propos de leurs agissements il y a mille huit cents ans mais qui de manière sinistre coïncident avec ceux d'aujourd'hui, il affirme « C'est des juifs que sortent les calomnies contre les chrétiens ».[604]

Toutes les campagnes de diffamations et de calomnies qui ont pour objet de paralyser les dirigeants anti-communistes et anti-juifs, continuent d'être lancées actuellement comme il y a dix-huit cents ans par les israélites, surtout par ceux qui vivent couverts du masque d'un faux Christianisme et qui usurpent des positions importantes dans les hiérarchies du clergé, dans les associations de laïques catholiques et dans les partis de droite.

C'est des obscurs conventicules de la Synagogue que sortent, aujourd'hui comme il y a dix-huit siècles, les persécutions contre les chrétiens, surtout contre ceux qui combattent efficacement le Communisme et l'impérialisme judaïque.

Le distingué philosophe catholique du XIX$^{ème}$ siècle Jaime Balmes, accusa les marchands hébreux d'introduire de

France en Espagne, malgré le zèle de l'Inquisition, les Bibles calvinistes cachées dans des bouteilles de vin français.[605] Saint Augustin lui-même, illustre Père de l'Église, considéra certains massacres de juifs comme un châtiment de Dieu, affirmant que, pour avoir crucifié le Christ, beaucoup d'hébreux ont depuis été crucifiés. Ainsi Titus, lors du siège de Jérusalem,

---

[603] Saint Thomas d'Aquin : « *Opera omnia* » Ed Pasisillis, MDCCCLXXX, table 1ao, t. XXXIII, p. 543.
[604] Tertullien : « *Adversus Judaeos* » ; « *Escopiase* » ; « *Ad nationes* ».
[605] Jaime Balmes S.J. : « *Le Protestantisme comparé au Catholicisme* » t.I, p. 466.

ordonnait de crucifier quinze-cents juifs chaque jour.[606] Origène également accusa les juifs d'avoir cloué le Christ sur la croix.[607]

Sa Sainteté le Pape Paul III se réfère clairement à la perfidie hébraïque dans sa Bulle « Illius Vices « du 12 octobre 1535, où il condamne les chrétiens qui pratiquent en secret le Judaïsme. De cette Bulle si importante nous extrayons le paragraphe suivant :

« Une information nous est parvenue que dans la majeure partie du Royaume de Portugal, certains convertis de la perfidie hébraïque dénommés nouveaux chrétiens, reviennent aux rites des juifs... »[608]

Sa Sainteté le Pape Paul IV, dans sa célèbre Bulle « Cum nimis absurdum » du 12 juillet 1555, dit :

« Comme il est par trop absurde et inconvenient que les juifs, que leur propre faute rend sujets à perpétuel esclavage, sous prétexte de ce que la piété des chrétiens supporte et tolère leur cœxistence, payent les chrétiens d'une énorme ingratitude et aux grâces reçues répliquent par des affronts, et prétendent changer en domination la servitude qui leur revient... »

Et la Bulle en vient ensuite à ordonner que les juifs portent obligatoirement la marque distinctive et doivent habiter dans les aljamas (c'est à dire les ghettos).[609]

Cet illustre Pape, en plus d'évoquer une fois de plus l'ingratitude des juifs et la nécessité de les tenir soumis au servage, mentionne donc que depuis plus de quatre cents ans les juifs essaient de dominer les chrétiens en profitant de la généreuse hospitalité que ceux-ci leur offrent en les admettant sur leurs territoires, et il dicte en conséquence l'ordre de les reléguer dans des ghettos et de les obliger à porter la fameuse marque distinctive permettant de les identifier. Il est donc sûr que si cet illustre Pape avait vécu de nos jours, les membres de la cinquième colonne juive l'auraient accusé et condamné pour racisme et antisémitisme.

Voici plus de sept cents ans, Sa Sainteté le Pape Innocent IV, dans sa Bulle si importante « Impia judaeorum perfidia » dit textuellement :

« L'impie perfidie des juifs dont par suite de l'immensité des crimes Notre-Seigneur ne put réussir à arracher le voile de leur cœur, mais les laissa demeurer toujours dans l'aveuglement comme il convient, n'empêchant cependant pas que par pure miséricorde la compassion chrétienne les reçoive et tolère patiemment leur cœxistence leur fait

---

[606] Saint Augustin cité par le P. Francisco de Torrejoncillo dans « *Centinella contra judios puesta en la torre de la Iglesia di Dios* », Ed. cit., pp. 175-176.

[607] Origène : « *De Principis* » IV, 8.

[608] Pape Paul III : Bulle « *Illius Vices* » du 12 octobre 1535., in Caroli Coquelines « *Bullarium Priviligeriorum ac Diplomatum Romanorum Pontificum* ». Amplissima Collectio Rome, 1739-1753, t. IV, partie I p.132.

[609] Pape Paul IV, Bulle « *Cum nimis absurdum* » du 12 juiillet 1555, in Caroli Coquelines Opus cit., ed. cit., t. IV, partie I p.321.

commettre de telles énormités qu'elles causent la stupeur de ceux qui les entendent et l'horreur de ceux à qui elles sont relatées ».

Ce même Pape, considérant que le Talmud et les autres livres clandestins des hébreux les incitaient à commettre toutes sortes de méfaits, ordonna dans la même Bulle que ces ouvrages soient brûlés publiquement « pour la confusion de la perfidie des juifs ».[610]

L'un des Papes qui lutta avec la plus grande énergie contre le crypto-judaïsme fut Nicolas IV, qui fulmina contre eux sa célèbre Bulle « Turbato corde », dans laquelle il chargeait les Inquisiteurs, les clercs et les autorités séculières de procéder contre eux avec acharnement et de procéder aussi contre ceux qui les défendaient, les favorisaient ou les protégeaient. Cette Bulle fut l'un des fondements les plus fermes du combat de l'Église médiévale contre la cinquième colonne juive infiltrée dans la Chrétienté, tant contre les clercs que les laïcs de cette cinquième colonne, et autant contre ceux identifiés comme crypto-juifs que contre les fauteurs avérés d'hérésies ou les protecteurs des premiers. C'est dire qu'il suffisait que quelqu'un défende un crypto-juif ou un hérétique quand bien même ledit défenseur demeurait orthodoxe, ou bien que quelqu'un les favorise ou les protège, pour qu'il tombe du même coup dans le champ d'action de l'Inquisition Pontificale.

On comprendra alors qu'aussi longtemps que les Papes appuyèrent fermement les dispositions de cette Sainte Bulle comme d'autres du même style et les Canons précédemment étudiés des Conciles de Latran, il fut très difficile à la bête judaïque de pénétrer dans la citadelle chrétienne. Ce ne fut que lorsque Martin V et Léon X méprisèrent ce qui était ordonné par ces Bulles et ces Conciles que la Synagogue de Satan put enfin réussir à déchirer la Chrétienté, d'abord temporairement, puis aujourd'hui de manière presque définitive. `

Du texte de l'intéressante Bulle du Pape Nicolas IV nous extrayons ce qui suit :

« C'est le cœur troublé que nous apprenons et rapportons que, non seulement certains convertis de l'erreur et de l'aveuglement judaïque à la lumière de la Foi chrétienne sont retournés à la perfidie d'antan, mais qu'aussi de très nombreux chrétiens, reniant la Foi catholique, l'échangèrent pour le rite judaïque, chose digne de condamnation...

Contre tous ceux qui ont commis pareille chose, comme contre les hérétiques et aussi contre ceux qui les favorisent, les protègent ou les défendent, procédez avec acharnement. Quant aux juifs qui auraient induit

---

[610] Pape Innocent IV PP., Bulle « *Impia judaeorum perfidia* » du 9 mai 1244. Caroli Coquelines Ed. cit., t. III, partie I, p.298.

des chrétiens des deux sexes à leur exécrable rite ou les auraient enjôlés, châtiez-les d'une peine bien méritée ».[611]

Les auteurs juifs expliquent que ces chrétiens convertis au Judaïsme étaient en général des descendants des convertis qui, baptisés dans l'enfance, étaient ensuite réintroduits secrètement dans le Judaïsme.

Pour nous en tenir aux limites de ce premier tome, nous devons interrompre ici l'insertion de citations d'innombrables autres Bulles des Papes les plus illustres, condamnant d'une manière ou d'une autre le Judaïsme, et qui constituent un important épisode de la lutte gigantesque que la Sainte Église a dû livrer au cours des siècles contre les juifs. Dans la partie suivante de cet ouvrage nous reviendrons sur ces importants documents.

Pour l'heure, et sautant par-dessus les siècles jusqu'à une époque presque contemporaine, nous transcrirons ce que le Judaïsme déclare officiellement, par l'encyclopédie (judaïque castillane) déjà citée, sur le Pape Léon XIII, lumière des temps modernes :

« Léon XIII (1878-1903) fut l'un des Pontifes les plus illustres, mais il ne pardonna jamais aux juifs l'appui qu'ils donnèrent au libéralisme italien et européen d'une manière générale. Il les identifiait à la Maçonnerie et aux courants révolutionnaires, et il appuya les réactionnaires anti-juifs d'Autriche et de France ».[612]

Telle est une fois de plus la position de ferme défense de la Sainte Église et du monde chrétien, soutenue par l'un des plus grands Papes de tous les temps, qui comme on l'a vu connaissait le problème juif à fond et tenait les juifs pour responsables de l'action maçonnique, laquelle joua un rôle remarqué dans les révolutions libérales.

Ce que nous avons exposé dans le présent chapitre et dans les autres de ce premier tome suffit à démontrer que ce que prétendent les membres de la cinquième colonne dans le clergé, en combattant pour la condamnation de l'antisémitisme et du racisme, équivaut à envoyer au banc des accusés, aussi bien le Christ Notre-Seigneur et les Apôtres, que les Pères de l'Église, les plus célèbres Conciles œcuméniques et Provinciaux et ses plus illustres Papes, en un mot l'Église elle-même. Leurs perverses intentions se voient encouragées par l'ignorance hélas dominante dans le clergé respectable, mais qui méconnaît l'histoire ecclésiastique véritable. Les Judas Iscariotes du XXème siècle croient, à l'abri de cette ignorance, pouvoir piéger par d'habiles tromperies les dirigeants les plus pieux et les mieux intentionnés de l'Église; mais nous savons que la Divine Providence empêchera un crime aussi atroce, et qu'elle ne permettra jamais que Sa Sainte Église se voie condamnée tacitement par ses propres dirigeants.

---

[611] Pape Nicolas IV, Bulle « *Turbato corde* » du 5 septembre 1288. Caroli Coquelines Bullaire et edit. cités, t. III, partie II, p. 52.
[612] *Encyclopédie Judaïque Castillane*, ed. cit. t. VIII, terme Papes, p. 351 col. 2.

Pour notre part, suivant l'exemple de Saint Bernard, nous avons cru convenable de contribuer de notre petit grain de sable à empêcher la victoire de la conspiration, en accord avec l'apophtegme que l'histoire vérifie : »Faire tout ce que l'on peut, et tout attendre de Dieu ».

Le seul fait que le Saint Siège, contredisant la doctrine établie par la Sainte Église sous la forme que nous avons démontrée, déclarerait que les juifs réprouvés sont très aimés aux yeux de Dieu, comme la Synagogue de Satan l'a planifié dans l'ombre, et accepterait de transiger et de signer un accord avec ceux avec qui, ni le Christ, ni les Apôtres, ni l'Église en vingt siècles n'acceptèrent jamais de conclure aucun accord, outre que cela constituerait un désaveu manifeste et une condamnation implicite de la doctrine et de la politique observées par Notre Divin Sauveur, les Apôtres, les Papes, les Saints et les Conciles qui luttèrent tant contre la Synagogue de Satan, conduirait l'Église à une fausse situation, dans laquelle ses ennemis pourraient démontrer qu'elle se contredit ainsi elle-même et que, ce que pendant tout un temps elle déclara être mal, elle dit aujourd'hui que c'est bien, que ce qu'elle disait noir tout un temps, elle le dit blanc dorénavant, avec les conséquences catastrophiques qu'il est facile d'imaginer. Mais il est impossible que ceci réussisse.

Les juifs perfides, qui croient avoir déjà soumis le Saint Siège en comptant sur un bloc de Cardinaux et de Prélats suffisamment puissant pour détruire les traditions essentielles de l'Église, ouvrir les portes au Communisme et réaliser des réformes qui préparent la ruine de la Catholicité en accélérant la chute du monde libre, ne comptent pas sur l'assistance de Dieu à Sa Sainte Église, assistance qui fera surgir parmi ses dignitaires les nouveaux Irénées, les Athanases, les Chrysostomes, les Saints Bernards ou les Jean de Capistran qui, avec l'aide de la Divine Providence, la sauveront une fois de plus de la tempête.

# Chapitre XLIII

## Fraternités judéo-chrétiennes : loges maçonniques d'un nouveau genre ?

Les juifs dans les États communistes ont assassiné et continuent d'assassiner des millions de chrétiens ; ils en ont emprisonné davantage encore et les ont tous soumis à l'esclavage. Les mêmes organisent constamment partout des mouvements subversifs et des guerres civiles qui très cruellement font couler en permanence des torrents de sang, mais, comme tous les criminels, ils ont une peur panique de recevoir le châtiment qu'ils ont mérité ; c'est pourquoi ils répandent des millions de dollars dans le monde libre pour essayer d'éviter que la naturelle réaction anti-juive prenne force et tende à empêcher le triomphe du Communisme en s'en prenant efficacement à la tête, et ils s'efforcent d'éviter aussi qu'en cas de victoire des patriotes, ceux-ci puissent châtier les juifs coupables et les empêcher de continuer à causer autant de maux à l'humanité.

Parmi les moyens utilisés pour empêcher l'humanité de pouvoir se défendre efficacement de ses mortels ennemis, ils fondent actuellement en tous pays, fût-ce à coup d'énormes dépenses, des confraternités ou associations de rapprochement judéo-chrétien. Dans le monde communiste, il leur est inutile de gaspiller l'argent dans ce genre de futilités puisque toute tentative des chrétiens de se défendre des juifs est déclarée anti-sémitisme et considérée comme un délit contre-révolutionnaire, aussi bien par les lois soviétiques que par celles des États satellites, donc puni de mort dans les cas graves et par de longues peines de prison dans les cas légers.

Aux États-Unis, ils sont même parvenus à fonder même des Églises mixtes avec réunions conjointes de juifs et de protestants, les mêmes qu'actuellement ils transplantent dans le monde catholique avec certaines modalités particulières, en s'appuyant sur leurs infiltrations secrètes dans le clergé qui leur permettent d'y avoir des agents inconditionnels.

Généralement, ces Confraternités ou Associations judéo-chrétiennes sont fondées sous le double patronage d'un rabbin juif et d'un clerc catholique. Il est sûr cependant que beaucoup de prêtres et de dignitaires du clergé attirés dans ces associations le sont parce que les juifs les adulent, les trompent ou se les gagnent par des attentions et des cadeaux, ou les font céder sous les pressions les plus variées, sans que beaucoup de ces clercs imaginent les véritables intentions poursuivies avec ces Confraternités judéo-chrétiennes. Mais il est également certain que, comme le présumait la Sainte Inquisition et avec elle tous les responsables de l'Église qui au cours des siècles connurent le problème, on doit considérer comme suspects de crypto-judaïsme les prêtres et les dignitaires qui font de manière insistante le jeu de la Synagogue de Satan, parce que celui qui aide les pires ennemis du Christ, même en obscurcissant seulement la vérité et en trompant les chrétiens, doit être l'un de ces juifs ennemis du Christ, même s'il a couvert sa méchanceté de la soutane ou pire du chapeau cardinalice, cela tout comme le fait d'un individu qui aide de manière répétée une bande de voleurs et d'assassins laisse supposer qu'il est de la bande ou qu'il en est au moins complice,[613] et qu'ainsi donc à propos de ceux qui dans le clergé jouent de leur carrière ecclésiastique pour appuyer la pire bande de criminels et de voleurs qui soient au monde et qui en plus sont les pires ennemis de l'Église, il est logique de supposer qu'ils sont eux aussi membres de la sinistre bande.

Avec l'aide de leurs complices dans le clergé qui surprennent la bonne foi de beaucoup, les juifs ont donc réussi à faire former ces Confraternités judéo-chrétiennes dont les fins en apparences inoffensives sont entre autres, comme ils l'indiquent :

1. D'apprendre aux juifs et aux chrétiens à établir entre eux des relations fraternelles pénétrées de respect mutuel et de sincère amitié ;

---

[613] NDT : Selon Léon de Poncins in « *Judaism and the Vatican* », le RP J. Daniélou, S.J., fils d'un ministre de gauche de la IIIème République de la famille politique et ami du frère maçon Aristide Briand, très problablement d'origine juive et qui deviendra « Cardinal » à la faveur du néo-pape Paul VI, fut l'un des fondateurs de ces Fraternités judéo-chrétiennes lancées en France par Jules Isaac ! Il avait été « le seul prêtre jugé acceptable » pour célébrer la Messe officielle « d'action de grâce » pour l'arrivée en France de De Gaulle, rétablissement du règne des juifs, des communistes et de leurs comparses ! Le RP, puis « cardinal » Jésuite Daniélou, qui décéda à Paris dans des circonstances aussi étranges que scandaleuses, avait été l'ami de l'abbé Maxime Charles, le fondateur et directeur du Centre Richelieu sous le Cardinal Feltin (sous des dehors catholiques pieux et ultramontains... œuvre de dévoiement moderniste des étudiants catholiques de l'Université de Sorbonne, et de formation moderniste de prêtres via le séminaire des Carmes). Cet abbé, qui se disait publiquement fils d'un franc-maçon (mais était problablement aussi d'origine juive), était dans les années 50, discrètement à l'œuvre avec le RP. Daniélou sur des projets de « nouveaux Canons et de nouvelle Messe », tout en posant au prêtre pieux, anti-progressiste et ultramontain ! Il fut le protecteur du jeune J-M. Lustiger, juif « converti », qu'il poussa dans les ordres et dont il fit son successeur à la tête de l'Aumonerie des étudiants de l'Université de Paris, d'où il devint plus tard « cardinal et Archevêque » conciliaire de Paris, affirmant aussitôt publiquement sa judaïté.

2. De susciter une meilleure compréhension et mutuelle estime entre juifs et chrétiens ;
3. D'intensifier le rapprochement spirituel entre juifs et chrétiens ;
4. De fomenter la connaissance mutuelle de leurs croyances, traditions culturelles et modes de vie réciproques ; de faire tout ce qui est possible pour que dans les deux groupes règne l'affection fraternelle qui nait de la connaissance mutuelle et de relations permanentes ; et enfin ceci qui est d'une sombre effronterie :
5. Parallèlement aux objectifs indiqués plus haut, de s'efforcer que le Judaïsme et le Christianisme, en ce qu'ils ont des idéaux spirituels, unissent leurs forces et forment un front commun pour s'opposer à l'offensive permanente du matérialisme actuel, avec sa négation des valeurs spirituelles ou des idéaux que tant juifs que chrétiens nous avons soutenus au cours des siècles, etc.

Comme on le constate, les fins apparentes sont magnifiques et très aptes à attraper les gens de bonne foi, les ignorants du problème judaïque, mais elles contiennent cependant bien cachées la tromperie et le mensonge, armes favorites des fils d'Israël. Car il faut une bonne dose de cynisme pour affirmer que les juifs s'unissent aux chrétiens dans le but de lutter contre le matérialisme actuel, alors que, comme on l'a démontré dans cet ouvrage, les juifs sont les principaux propagateurs dudit matérialisme. Il ne faut pas moins de cynisme pour déclarer que les juifs désirent établir des relations fraternelles avec les chrétiens, ce qu'ils devraient être les premiers à prouver en délivrant de leurs chaînes les malheureux chrétiens qu'ils emprisonnent et maintiennent durement asservis en Union Soviétique comme dans les autres États communistes, et en cessant de les assassiner.

Ce que prétendent en fait les juifs et leurs complices dans le clergé catholique, c'est d'attraper les naïfs et de les convertir en satellites du Judaïsme, pour les utiliser ensuite comme instruments d'attaque et détruire par eux les organisations anti-communistes ou de nationalistes catholiques qui s'efforcent de défendre leurs pays et leur religion des griffes du Communisme, de la Maçonnerie, et en général du pouvoir occulte judaïque qui dirige les précédents.

Contre les faits, il n'existe pas d'arguments : du même bulletin n° 5, daté de l'année 1960 de notre ère et de l'année 5720 de l'ère juive, publié par la Confraternité Judéo-chrétienne de Costa Rica, d'où nous venons de tirer quelques-uns des objectifs si fraternels et si inoffensifs, nous tirons maintenant les informations suivantes que nous transcrivons, concernant les activités accomplies par elle et par d'autres confraternités alliées. Voici le texte :

Costa Rica : « Le Père Idoate nous informe de poussées d'antisémitisme et d'actions vindicatives au Costa Rica.

Février-mars 1960 :
1. « Les poussées antisémites qui avec une régularité calculée et synchronisée apparurent au cours des mois passés dans diverses parties du monde firent aussi acte de leur présence bégayante et artificielle en notre cher Costa Rica...
2. Le Comité Judéo-Chrétien a pris la résolution de manifester publiquement devant l'opinion publique en vue du rejet le plus complet de ces dernières. Notre Président (le prêtre Francisco Herrera) envoya à la presse une déclaration de principes, suivant lesquels une attitude antisémite apparaît non seulement injuste, mais également contraire aux principes chrétiens et aux desseins de Dieu sur le Salut du monde.
3. Cette protestation de notre Confraternité faite au nom de notre Président eut un grand impact sur la société costaricienne... et provoqua une série de protestations magnifiques en faveur de la cause juive injustement attaquée... » Uruguay : « La Confraternité Judéo-chrétienne d'Uruguay a envoyé diverses coupures intéressantes extraites de quotidiens de Montevideo, coupures qui illustrent abondamment les brillantes journées de solidarité qui eurent lieu localement dans les grands théâtres pour s'opposer aux manifestations antisémites... »

On voit donc là très clairement quel est le véritable objectif de ces associations de rapprochement judéo-chrétien: il s'agit d'attraper le plus grand nombre possible de catholiques pour servir d'instruments aveugles aux juifs, dans l'effort que font ceux-ci pour combattre et détruire les mouvements politiques que d'autres catholiques organisent pour défendre leur patrie, l'Église et l'humanité contre la Synagogue de Satan.

Ces associations ressemblent aux loges maçonnique primitives, car au début aussi dans ces dernières, on parlait de fraternité des peuples, de cœxistence pacifique des diverses croyances religieuses, d'un rapprochement amical judéo-chrétien, alors qu'en réalité ce qu'elles accomplirent fut la domination de juifs sur les chrétiens. Dans les loges maçonniques également, les juifs se servirent de catholiques, de prêtres, de Chanoines, d'Archevêque s et même de Cardinaux, qui, étant membres de la Maçonnerie, servirent d'appât pour faire tomber dans le piège les catholiques sincères. Les années passent, mais les mensonges classiques du Judaïsme sont toujours les mêmes.

De la même manière encore, ils attrapaient les naïfs avec le leurre des banquets maçonniques, de ces convivialités pleines de discours éclatants d'amitié et de confraternité, pendant que les juifs cachés qui dirigent la Maçonnerie utilisaient cette foule à des fins perverses, comptant sur la complicité des clercs catholiques maçons au service du Judaïsme, à l'égal de ceux qui dirigent actuellement ces prétendus mouvements de rapprochement judéo-chrétien.

Finalement, dans ces sociétés de rapprochement et d'amitié judéo-chrétienne, il s'avère que les juifs enseignent aux chrétiens ce qu'est leur religion et leur pensée, leur montrant des bulletins et de petits ouvrages y compris des falsifications du Talmud pour que les catholiques ingénus voient que la religion juive, loin d'être mauvaise, est quelque chose d'aussi bon et même meilleur que la religion chrétienne, les embauchant ainsi comme les premiers maçons juifs l'ont fait avec les néophytes des premiers grades maçonniques auxquels ils enseignaient une doctrine inoffensive, sans rapport avec ce qu'ils inculquent aux plus hauts grades et moins encore avec le but véritable poursuivi par les dirigeants juifs de la secte maçonnique, but qui n'est jamais révélé aux chrétiens qui leur servent de satellites et d'instruments.

Le juif a toujours été le père du mensonge. Mais ce qui est incroyable, c'est qu'il y ait tant d'ingénus qui continuent de tomber dans leurs rets.

# CHAPITRE XLIV

## L'AMICAL RAPPROCHEMENT JUDÉO-CHRÉTIEN

Si la Sainte Église en venait à conclure un accord avec le Judaïsme, elle se contredirait elle-même et elle perdrait son autorité devant les fidèles en faisant ainsi le contraire de ce qui fut décidé par tous les autres Conciles de l'Église et les Bulles des Papes comme on l'a vu précédemment. Cependant nous allons encore examiner s'il est possible d'arriver à tout le moins à un rapprochement avec le Judaïsme, de conclure avec lui peut-être une trêve dans cette bataille millénaire.

En parlant de la conversion des juifs, nous avons vu déjà comment ceux-ci utilisent la si sublime aspiration de l'Église à leur égard uniquement comme un article de propagande à destination des milieux catholiques, cela pour se créer une ambiance de sympathie à l'abri de laquelle ils s'efforcent ensuite par des intrigues d'obtenir des concessions qui, bien qu'apparaissant inoffensives sur le moment, entraînent des conséquences désastreuses pour la Sainte Église et pour le monde chrétien.

On a appris qu'ils essaient actuellement que soit approuvé une sorte de statut fixant les relations entre juifs et catholiques, sur base duquel les juifs n'attaqueraient pas la Sainte Église, ni les chrétiens le Judaïsme. Mais, bien que semblable proposition pourrait apparaître prudente pour ceux qui ne connaissent pas le problème juif et surtout pour ceux qui, non seulement l'ignorent dans toute son ampleur, mais sont de tempérament timoré, inclinés à se figurer une perspective d'accord suivant leurs désirs sur la base d'une belle paix, dans laquelle le si puissant Judaïsme laisserait vivre pacifiquement et s'abstiendrait de combattre la Sainte Église, il faut cependant au moins aujourd'hui tirer les leçons de l'Histoire et se souvenir que le Judaïsme n'a jamais observé ses accords, qu'il subsiste en trompant tout le monde, en promettant ce qu'il n'a nulle intention de remplir, en signant des conventions qu'il viole tout en en tirant profit, dans l'unique fin d'affaiblir l'adversaire.

En réalité la politique classique du Communisme consistant à ne jamais remplir ses contrats ou ses pactes n'est rien d'autre qu'une manifestation de la politique judaïque de mensonges et de tromperies, ce qui n'a rien d'étrange puisque le Communisme marxiste fut conçu par des juifs, organisé par des juifs, dirigé par des juifs, étant l'œuvre majeure du Judaïsme moderne.

S'il ne viendrait à l'idée de personne de sensé de donner crédit à la parole d'un communiste ou de faire confiance à des accords et à des trêves conclues par les communistes car on en connaît les désastreux résultats, c'est au même titre, si ce n'est avec plus de raison encore, que l'on doit considérer comme inutile toute trêve, paix ou accord que l'on conclurait avec le Judaïsme, celui-ci étant le père du Communisme et l'inspirateur de sa politique de mensonge, caractérisée par le viol des conventions internationales.

On sait de bonne source judaïque que l'objet de ce statut, qui servirait de norme aux relations entre les chrétiens et les juifs, statut projeté dans les sinistres Synagogues et les hauts cercles maçonniques pour être adopté au cours de l'actuel Concile œcuménique (Vatican II) par l'entremise des agents du Judaïsme au sein du haut clergé, ne consiste qu'à obtenir qu'en obligeant les juifs et les chrétiens à ne plus s'attaquer mutuellement, les catholiques aient désormais les pieds et les mains liés pour défendre l'Église, le monde libre, leurs nations et leurs familles chrétiennes contre l'action destructrice du Judaïsme, lequel en échange, bien qu'apparemment sans attaquer l'Église ni les catholiques directement, continuera de le faire avec son système classique de jeter la pierre en cachant la main, en utilisant pour cela la Maçonnerie, le Communisme et les autres sectes subversives qu'il emploie à cet objet. En un mot, pendant que la Synagogue de Satan continuera d'attaquer la Chrétienté et le monde libre au moyen de ses sectes maçonniques, communistes, etc. tout en prétendant hypocritement qu'elle n'a rien à voir avec ces actions et qu'elle en est innocente, elle obtiendra de lier les pieds et les poings des catholiques pour qu'ils ne puissent plus défendre leurs droits naturels en tant qu'individus contre la conspiration judaïque, qui, dès lors que sera paralysée la défense chrétienne, finira par tout détruire.

Ainsi, pendant que la trêve conclue, le rapprochement amical et la paix convenue seraient respectés fidèlement par les chrétiens, ils se verraient violés par les juifs (au moyen de leurs satellites), qui profiteraient de l'auto-paralysie des catholiques pour les dominer plus facilement et atteindre la fin qu'ils poursuivent obstinément : la destruction de la Sainte Église, l'anéantissement de son clergé et la mise en esclavage de l'humanité.

Toutes ces ruses juives sont dues aux inquiétudes ressenties par les israélites de ce qu'aux États-Unis, en Amérique latine et dans tous les pays d'Europe, du Monde Islamique et dans le reste du globe sont apparus des mouvements anti-communistes, surtout en Amérique du Nord, mouvements qui, s'ils s'unissaient, pourraient sauver l'humanité du péril communiste et de la domination juive, d'autant que beaucoup d'entre eux ont conscience que derrière le Communisme, derrière la Maçonnerie et derrière toute action tendant à détruire la civilisation chrétienne, il y a le Judaïsme, comme la tête du poulpe qu'il est indispensable de détruire si l'on veut vaincre efficacement ses tentacules que sont le Communisme, la Maçonnerie, le Socialisme et les autres sectes; car faute de l'atteindre à la la tête, le poulpe pourra toujours régénérer ses tentacules.

La connaissance de l'existence de ces mouvements politiques de défense qui prennent en beaucoup d'endroits des dimensions importantes, surtout aux États-Unis, malgré les constantes calomnies que leur lancent la presse et la propagande judaïques en les qualifiant de fascistes, de nazis ou de cléricaux selon le cas, est ce qui a le plus alarmé le Judaïsme, qui s'est lancé dans une vaste campagne mondiale, non seulement au sein de l'Église catholique, mais également auprès des confessions protestantes ou dissidentes et d'autres secteurs sociaux. Cette campagne tend à conclure de prétendus pactes entre juifs et chrétiens, de prétendus rapprochements mutuels, qui n'ont d'autre objet que de tromper les croyants au Christ et les hommes en général sur la nature de la véritable tête de la conspiration, pour qu'ils s'abstiennent de l'attaquer, et que celle-ci puisse tenir ferme jusqu'à la victoire finale, c'est à dire le triomphe définitif de l'esclavage judéo-communiste.

L'Histoire a montré que lorsque fut lancée une attaque efficace et destructrice contre la tête du dragon, c'est à dire contre le Judaïsme, celui-ci, acculé à la défensive, n'eut plus le temps ni la possibilité d'organiser des révolutions ni de mener efficacement ses activités destructrices. Ainsi aux moments critiques de la répression wisigothe, les juifs occupés à subsister ne trouvèrent ni le calme ni le temps de fomenter des hérésies. Il en fut de même aux époques où la répression par l»Inquisition fut la plus efficace et mit le Judaïsme en posture de disparaître.

Pour pouvoir mener commodément leurs activités subversives, les juifs ont besoin de n'être attaqués par personne, pour ne pas devoir perdre à leur propre défense les énergies et les moyens économiques qui leur sont nécessaires pour leur action révolutionnaire tendant à la domination du monde. C'est pourquoi ils se sont ingéniés à rechercher les moyens leur permettant d'empêcher que les chrétiens ne les contre-attaquent en se défendant, et qu'ils ont ourdi toute cette machination de rapprochement et d'amitié entre juifs et chrétiens, de société mixtes, de pactes de non-agression, etc.

Si l'on voyait la plus minime possibilité de sincérité de la part du Judaïsme dans ses prétendues intentions d'obtenir une réconciliation entre juifs et chrétiens en se connaissant mieux et de s'asseoir à la table de la négociation en vue de parvenir à limer les aspérités, en vue d'abord d'un rapprochement, puis ensuite d'une paix durable, nous serions les premiers à accepter une telle offre d'entente et de paix, mais toujours à la condition qu'elle n'implique pas de contredire en aucune manière ce qui fut approuvé par les Papes, les Pères de l'Église et les Saints conciles. Mais malheureusement, l'on sait bien et on l'a démontré dans ce livre que le Judaïsme a toujours utilisé ces semblants de bonne volonté et ces offres d'amitié et de rapprochement uniquement pour affaiblir et paralyser les défenses de ceux qui, trompés, se fient à ses promesses et tombent dans le piège traditionnel et séculaire.

Si quelqu'un reste dubitatif et estime que ce jugement est exagéré, nous nous offrons de le lui prouver personnellement, et si les responsables ecclésiastiques qui servent d'instruments à la cinquième colonne judaïque introduite dans l'Église insistent pour que l'on parvienne à un rapprochement, à ce pacte de non-agression qui stipule des relations pacifiques entre juifs et catholiques, il serait indispensable d'abord, pour apporter la preuve de la sincérité du Judaïsme en ce qui concerne ces éventuelles négociations, d'exiger des preuves évidentes que la Synagogue est réellement résolue à ne plus attaquer la Sainte Église ni les nations chrétiennes ni à violer les droits naturels des peuples ou essayer de détruire la civilisation chrétienne.

Si le Judaïsme donnait des preuves claires de sa sincérité à cet égard, on pourrait alors se mettre à négocier avec quelques probabilités de succès. Mais il n'y a qu'une manière pour le Judaïsme de démontrer par des preuves évidentes qu'il est réellement inspiré par un désir de conciliation, de rapprochement et de paix : ce serait qu'il accepte de prendre immédiatement les mesures suivantes :
1. la dissolution réelle et effective de la Maçonnerie dans le monde entier et la suppression de son action anti-chrétienne ;
2. la dissolution réelle et effective des Partis communistes, socialistes marxistes et sous contrôle maçonnique, partis qui font tout pour miner les institutions chrétiennes et, ouvertement ou hypocritement, pour amener les États chrétiens à la dictature socialiste du Communisme judaïque ;
3. l'organisation immédiate d'élections libres en Russie, Pologne, Tchécoslovaquie, à Cuba et dans les autres États chrétiens tyrannisés férocement par le Communisme judaïque, de même qu'en Chine où habitent des millions de chrétiens opprimés. La réforme immédiate des Constitutions de ces États, avec rétablissement des libertés, en particulier de celle de religion; la suppression de la propagande athée et matérialiste par laquelle les juifs empoisonnent les consciences des jeunes des familles chrétiennes ;
4. le retrait immédiat des troupes judaïco-soviétiques des pays d'Europe Orientale qu'elles ont occupés.

Si les juifs, par l'exécution sincère et réelle des mesures précédentes, faisaient la démonstration qu'ils désirent sincèrement un rapprochement amical avec la Sainte Église et la Chrétienté en général, nous serions alors les premiers à désirer négocier un rapprochement, et nous nous féliciterions qu'un si grand pas soit effectué au bénéfice de la paix mondiale, qui démontrerait qu'enfin le cœur des juifs a commencé de s'amollir, présage de leur future conversion à la religion de Notre Divin Sauveur.

Mais si tout au contraire ils commencent à assurer trompeusement que le Communisme n'est pas une chose juive, qu'il y a des juifs communistes comme il y en a d'anticommunistes, qu'ils ne dirigent ni ne contrôlent la Maçonnerie, et qu'ils ne peuvent rien faire pour empêcher ces sectes de poursuivre leurs attaques contre la Sainte Église, s'ils disent qu'ils ne peuvent rien faire pour libérer du joug judéo-communiste les peuples chrétiens et les Églises chrétiennes torturés et persécutés à cause de leur Christianisme précisément, on verra alors clairement ce que la Synagogue vise en réalité, avec le prétendu rapprochement, la prétendue trêve et le traité correspondant qui devrait normaliser les relations entre les chrétiens et les juifs, et ils apparaîtrait au grand jour que la seule chose qu'ils visent avec cette proposition mensongère c'est de menotter les chrétiens pour qu'ils s'abstiennent d'attaquer le dragon à la tête (le Judaïsme), alors que ses griffes (Communisme, Maçonnerie, Partis socialistes, sectes, etc.) poursuivent leur travail prédateur et destructeur contre la Sainte Église, la Chrétienté et le monde libre.

(NDR : Trente ans après la rédaction de ce livre, le mur de Berlin est tombé, les juifs ont effectivement retiré les troupes soviétiques et même la dictature du parti unique d'Europe de l'Est et permis des élections « libres » même en Russie... mais cela, une fois qu'ils ont complètement asservi l'Europe ex-libre, empêchant toute vérité d'être proclamée désormais où que ce soit en Europe, dont ils contrôlent totalement d'Ouest en Est les médias (journaux, édition et radio-télévisions), les instituts de sondage, les syndicats et les gouvernements, tout ce qui « fait l'opinion » donc les votes, outre le fait qu'ils contrôlent l'économie, l'appareil d'État, les lois, la Justice... les directions des divers partis... et les bureaux de vote. En outre pour plus de sureté, ils n'ont aucunement introduit les libertés, pas même les pseudo-libertés en Chine, ni à Cuba, ni dans les autres pays restés judéo-communistes d'Europe, d'Afrique, d'Asie et d'Amérique). Quant aux sectes, en Occident comme dans le monde entier elles prolifèrent depuis Vatican II comme jamais, même les plus criminelles, avec malgré leurs scandales, une tolérance policière et de hautes protections officielles manifestes).

# APPENDICE

## LA TENAILLE SOVIÉTICO-ISRAÉLITE ÉTRANGLE LES PAYS ARABES. AUTRES SECRETS DU JUDAÏSME

Nous avons tenu à compléter la présente réédition de cet ouvrage en y annexant quelques chapitres du livre du médecin patriote polonais réfugié dans le monde libre Louis Bielski intitulé : « Secrets d'Israël et de sa révolution communiste », les chapitres XV, XVI et XVII.

Parmi les nouveaux éléments qu'apporte ce livre sur le Judaïsme et sa révolution communiste figure de manière impressionnante tout le secret de la stratégie juive dans le monde arabe, stratégie menée de manière bien calculée par l'État d'Israël d'un côté, et par l'Union soviétique et les États communistes du côté apparemment opposé, agissant comme une pince qui étrangle les Arabes, selon un plan secret intelligent et audacieux approuvé dans les organismes occultes du Judaïsme international, qui, contrôlant les deux bras de la pince, respectivement Israël et les gouvernements judaïques d'Union Soviétique et des autres pays communistes, sous les apparences d'une lutte plus fictive que réelle entre le premier et les seconds, a mis les pauvres Arabes devant l'épouvantable dilemme, soit de se livrer à Israël, soit pour l'éviter d'accepter l'aide des communistes, tombant alors lentement dans l'orbite soviétique, pour se convertir d'abord en ses satellites, puis passer ensuite progressivement sous la domination communiste. Il est clair que dans ces circonstances quelle que soit l'issue, elle sera favorable au Judaïsme international, et hautement préjudiciable aux Arabes et au reste de l'humanité déjà en partie conquis par l'impérialisme judaïque et menacé d'une conquête complète.

Nous avons donné pour titre à cet appendice « La tenaille soviético-israélite étrangle les pays arabes » qui correspond au chapitre XVII du livre cité de Louis Bielski, sans pour cela vouloir laisser entendre que les autres chapitres de ce livre si intéressant, en particulier ceux que nous allons citer ci-après, aient moins d'importance.

L'ouvrage mentionné fournit en effet aussi des données très importantes, sans lesquelles il est impossible de comprendre le fondement caché de la lutte entre l'URSS et la Chine communiste, leurs relations avec le Judaïsme international, et les répercussions de ces évènements dans le conflit israélo-arabe.

Lorsque nous furent envoyés de Rome ces trois chapitres du livre de Bielski, avec la suggestion que nous les ajoutions à l'édition que nous projetions de publier au Mexique du « Complot contre l'Église » de Maurice Pinay, nous avions opposé plusieurs objections, en premier lieu qu'il paraissait peu approprié d'ajouter à l'édition d'un ouvrage reposant sur une documentation aussi solide et irréfutable comme l'est « Le Complot contre l'Église » trois chapitres d'un autre ouvrage qui manquent d'un fondement aussi solide, bien que l'ouvrage cité selon ce qu'on nous en a affirmé contienne aussi d'autres chapitres étayés par une très solide documentation, et aussi en second lieu parce que ceci augmentait le volume déjà excessif de la présente édition.

Mais les évènements politiques en relation avec le conflit israélo-arabe survenus depuis que nous avons reçu les chapitres du livre en question ont coïncidé si exactement avec le plan dénoncé par le Docteur Bielski que nous avons dû convenir de la complète authenticité de ce plan et de la nécessité de le faire connaître aux lecteurs de l'édition projetée, ce que nous avons donc fait.

Mexico DF. Le 1$_{er}$ septembre de l'an du Seigneur 1968. La Commission de prêtres qui ordonna la présente édition.

Note du Traducteur : Trente ans après 1968, date de la 2$_{ème}$ édition de l'ouvrage en espagnol qui reçut cette annexe, la stratégie juive, non seulement en ce qui concerne les Arabes mais le monde entier, est apparue différente et encore plus machiavélique que celle exposée dans les chapitres qui suivent, avec la montée provoquée de l'intégrisme islamique et la « disparition » du Communisme en Russie et en Europe (mais pas en Chine, ni en Corée du Nord, ni au Vietnam) !.

Le directoire du Judaïsme international avec son agent d'exécution n°1 le gouvernement de Washington a utilisé dorénavant l'Islamisme intégriste pour les besoins de sa haute politique de subversion et d'asservissement mondial, islamisme virulent, financé essentiellement par les monarques de l'Arabie Séoudite et des États pétroliers, totalement dépendants de l'oligopole judéo-Anglo-US des compagnies pétrolières, tout comme ils le sont des financiers de la City et de Wall Street comme gérants de leur fortune, pendant que ces États et mouvements révolutionnaires islamistes intégristes (Iran, Afghanistan, Soudan, Bosnie, Kossovo, Kurdistan et Turquie, Tchétchénie et autres Républiques turkmènes de Russie, Algérie, Philippines... et islamistes d'Europe Occidentale) sont poussés politiquement et armés par les USA et leur C.I.A. (dirigée par un juif), et par Israël. Cet intégrisme islamique fut, on le sait, lancé au départ par des mollahs formés dans les universités communistes d'URSS, selon des témoignages venus d'Iran.

Cette nouvelle stratégie juive dans le même temps a suscité trois guerres contre l'Irak, visant à l'éclatement de ce pays le plus modéré et le plus tolérant des pays islamiques, et dont les autorités semblent désormais les seules dans le monde à avoir résisté au chantage juif. Cette politique juive de développement de l'Intégrisme islamique et de soutien aux gouvernements qui le mettent en œuvre a pour le Judaïsme le grand avantage de pourrir et conquérir bien plus efficacement et beaucoup plus vite les pays arabo-musulmans que le marxisme classique, et de miner à terme l'Islam, par les sévices et exactions des islamistes contre les femmes. Il gagne non seulement les pays Arabes et toute la zone afro-asiatique, mais en même temps les pays d'Europe occidentale dont la judéo-maçonnerie a fait ouvrir les frontières en grand à l'immigration musulmane (Allemagne, Belgique, France, Italie, Suisse, Espagne). Là, propagé librement par la complicité des gouvernements « libéraux ou socialistes », il y forme des fanatiques prêts à toute action violente, un vivier de révolutionnaires, qui s'entraînent déjà quotidiennement au terrorisme dans la population, au pillage, à l'incendie et au meurtre, en même temps qu'ils servent le trafic des drogues à profits partagés avec les gros trafiquants juifs.

De sorte que l'on peut donc légitimement se demander si Bielski, et avec lui dans cet appendice les auteurs de l'ouvrage n'ont pas été ici du moins en ce qui concerne la stratégie de la tenaille soviéto-israélienne contre les Arabes objets et victimes d'une opération juive d'intoxication, leur faisant prendre pour « révélation »... une fausse stratégie servant à cacher la vraie, qui en était à ses débuts de développement ! (Voir aussi la note en fin d'annexe).

# Chapitre XLV

## Sionisme et Communisme

Le peuple d'Israël est à l'évidence un peuple nomade. Car dès avant la destruction de l'État juif par les Romains voici dix-neuf siècles (en l'an 70 après Jésus-Christ), il était déjà comme ses frères de race les Phéniciens un peuple qui établissait des colonies d'immigrants dans les autres nations, en même temps qu'il avait son propre État territorial. Lorsque les Romains détruisirent l'État juif et démolirent le second Temple, le Judaïsme, alors déjà dispersé parmi différents peuples de la terre, maintint son existence grâce aux colonies israélites installées sur les territoires des peuples en question et qui se virent alors ainsi renforcées et augmentèrent en nombre, de par les juifs qui fuyaient la destruction de leur État.

Toutes ces colonies israélites ont été dotées d'institutions qui, comme je l'ai dit précédemment, leur ont assuré une grande stabilité organique et politique, en constituant les cellules de base dont est formée la nation juive dispersée de par le monde entier, et elles ont été coordonnées et dirigées par les Synodes rabbiniques qui au cours des siècles ont été convoqués en général en secret.

Au Roi de l'antique État Juif et au Grand Sanhédrin succéda le Nasi (Prince ou patriarche) avec son autorité suprême sur l'Israël de la diaspora. Le Nasi était dans l'Antiquité le chef du Grand Sanhédrin. Le schisme babylonien lui opposa l'Exilarque ou Prince de l'Exil, qui avait une autorité égale à celle du Nasi sur les communautés israélites qui relevaient de son obédience.

À l'époque de Napoléon Bonaparte et à son initiative, le Grand Sanhédrin se réunit de nouveau publiquement sous la présidence du Nasi.

Au XX$^{\text{ème}}$ siècle, les institutions du gouvernement mondial israélite sortirent en pleine lumière de nouveau. Après la première guerre mondiale, nous vîmes apparaître avec ce caractère le « Comité des Délégations juives » qui avait participé avec succès à la Conférence de la Paix, y faisant prévaloir les points de vue israélites. En août 1932, en septembre 1933 et en août 1934, se réunirent à Genève des Synodes Israélites mondiaux de manière publique et officielle, bien que la majeure partie de leurs accords demeurèrent secrets. Ils adoptèrent le nom officiel de « Conférence

Mondiale Juive », et dans la dernière de ces réunions, il fut approuvé d'organiser de manière permanente le « Congrès Juif Mondial » comme organe officiel et public permanent du gouvernement universel de la nation israélite disséminée dans le monde entier. Ledit Congrès Juif Mondial (C.J.M.) fut installé définitivement dans la même ville de Genève en 1936 par le rabbin Stephen Wise, le président du Comité des Délégations Juives déjà mentionné, et il fit au nom de l'Israël mondial une déclaration digne d'être retenue, à savoir que : les juifs « ne sont pas un credo ni une religion, mais un peuple, UN TOUT JUIF qui inclut tous les nôtres ».

En fait, comme on l'a déjà dit, sont inclus dans le cadre de l'Israël mondial, non seulement les différentes factions religieuses qui dans le passé s'étaient fortement affrontées entre elles pour leurs interprétations divergentes de la religion d'Israël, mais également les juifs incrédules, déistes, matérialistes et athées, qui, bien qu'ils ne soient pas de religion juive, font partie du peuple d'Israël avec les mêmes droits que les juifs croyants.

Mais l'un des plus grands idéaux de l'Israël mondial de la diaspora (de la dispersion) fut de reconstituer, quand cela leur serait possible, l'État d'Israël, non pas pour que tous les hébreux dispersés dans tous les pays de la terre y retournent comme ils l'ont dit faussement, car il ne leur convient pas d'abandonner les positions qui leur ont permis de réaliser plus ou moins la conquête politique et économique des peuples gentils, mais simplement pour des raisons patriotiques et religieuses, et à cause de la forte tendance revendicative dont souffrent les israélites à des degrés divers. La reconstruction de l'État d'Israël et du Temple de Salomon a toujours constitué pour eux une obsession séculaire.

Depuis le deuxième siècle de notre ère, il y eut cependant des divergences entre israélites à ce sujet. Ceux chez qui le sentiment nationaliste prédominait sur l'orthodoxie religieuse songeaient à reconquérir la Palestine par des moyens politiques et militaires. En revanche, l'orthodoxie considérait comme un grave péché de réaliser de tels projets avant la venue du messie promis dans les Saintes Écritures et qui serait celui qui réaliserait ces idéaux chéris. Le triomphe du Rabbinisme, après la défaite de Bar Kochba (en 135 après Jésus-Christ) dans sa tentative de libérer la Palestine de la domination romaine, fit triompher pour de nombreux siècles le point de vue théologique et fit considérer comme illicite et même comme un péché grave de tenter de reconquérir la Palestine avant la venue du messie, de sorte que les principaux projets en ce sens furent caressés par la série de faux messies qui apparurent dans les colonies israélites du monde, depuis Sereno (en 720 de notre ère) jusqu'à Sabbatai-Zevi (1626-1676) et Jacob Franck (1757), ce qui n'empêcha pas qu'en certaines occasions des dirigeants israélites, plus nationalistes qu'imbus de scrupules religieux, projetaient d'une manière ou de l'autre ce qu'ils appelaient le retour à Sion et la reconquête de la Palestine, sans espérer l'arrivée du messie et en défiant donc l'opposition et la colère de l'orthodoxie rabbinique, dont les scrupules religieux reçurent à cet égard un coup décisif au XIXème siècle, pour deux raisons principales.

Au milieu du schisme qui brisait temporairement l'unité organique et institutionnelle de l'Israël mondial provoqué par la réforme religieuse instaurée au XVIIIème siècle par Moïse Mendelsohn (Moses Ben Mendel) qui donna origine au mouvement Hascala et au Néo-Messianisme dont nous parlerons plus tard, dans cette partie du Judaïsme qui demeura fidèle à la vieille orthodoxie rabbinique apparut un grand théologien, le rabbin Tzvi-Hirsh-Kalisher (1795-1874), qui avec une dialectique géniale réussit en majeure partie à détruire les scrupules théologiques dont on a fait mention, en soutenant que la reconquête de la Palestine était licite et désirable sans devoir l'espérer de la venue du messie. Les prédications de ce rabbin, secondé ensuite par d'autres rabbins des communautés restées orthodoxes prépara la voie de manière décisive au mouvement Sioniste qui devait apparaître des années plus tard.

L'autre facteur qui, de manière aussi décisive, ouvrit les portes au Sionisme dans l'Israël mondial fut le Néo-Messianisme mentionné plus haut. Ses principaux partisans furent les adeptes des réformes de Moïse Mendelsohn, parmi lesquels les membres du « Mouvement Hascala » et de « l'Union des juifs pour la science et la civilisation », qui comptaient notamment le rabbin Moïse Hess, et le rabbin Baruch Levy, qui fut l'un des mentors juifs du fondateur du Communisme moderne Karl Marx, dont le propre père, bien que s'étant converti officiellement au protestantisme alors que le jeune Karl n'avait que six ans, âge où il fut donc baptisé, envoya plus tard son fils recevoir à l'âge requis l'éducation rabbinique qui correspondait à la tradition de sa famille. Marx fut donc un marrane (crypto-juif) dans toute l'acception du terme, et l'un des porte-parole au sein du Judaïsme de la nouvelle tendance néo-messianique, de même que Henri Heine, autre marrane, et l'historien israélite Graetz, qui avec son ouvrage monumental *L'Histoire des Juifs* contribua à diffuser le Néo-Messianisme du Judaïsme réformé.

L'éminent analyste français Salluste, dans son ouvrage intitulé « Les Origines secrètes du Bolchevisme », donne de précieuses informations sur tout cela, et fait figurer dans ce livre l'important document qui suscita tant de remous en Europe et qui dévoile dans toute son ampleur ce qu'est la nouvelle tendance néo-messianique dans l'Israël mondial. Il s'agit de la lettre célèbre du rabbin Baruch Levy à son disciple Karl Marx, où il expose ce qu'est le Néo-Messianisme. Dans cette lettre, le rabbin en question écrit en effet :

« Le peuple Juif dans sa totalité sera lui-même son propre Messie. Son règne sur l'univers se réalisera par l'unification des autres races humaines, la suppression des monarchies et des frontières qui sont le rempart du particularisme, et par l'établissement d'une république universelle qui reconnaitra partout les droits de citoyenneté des juifs. Dans cette nouvelle organisation de l'humanité, les enfants d'Israël disséminés actuellement sur toute la surface de la terre, tous de même race et d'égale formation traditionnelle, parviendront sans grande opposition à être l'élément dirigeant partout et sur toute chose s'ils peuvent imposer aux masses ouvrières la direction des juifs. Ainsi, à la faveur de la victoire du prolétariat, les gouvernements de toutes les nations passeront aux mains des israélites par la réalisation de la République universelle. La propriété individuelle pourra alors être supprimée par les gouvernants de race juive, qui pourront donc alors administrer partout les richesses des peuples. Et ainsi se réalisera la promesse du Talmud que lorsqu'arriveront les temps messianiques, les juifs tiendront sous clefs les biens de tous les peuples de la terre ».

Par ces quelques phrases, le rabbin Baruch Levy résumait pour son disciple le jeune Karl Marx ce qu'était le Néo-Messianisme et sa réalisation au moyen de la révolution communiste universelle, utilisant la classe ouvrière comme un instrument aveugle. Au génie personnel de Marx devait revenir de donner ensuite à ces principes de base le grand développement qu'il sut leur imprimer. Mais le Néo-Messianisme qui renonçait en définitive à l'idée d'un messie personnel pour lui substituer la nation juive comme messie d'elle-même, en même temps qu'il donna origine au Socialisme marxiste ou Communisme moderne, rendit possible le Sionisme en renversant d'un seul coup tous les scrupules rabbiniques, selon lesquels la reconquête de la Palestine et la création de l'État d'Israël ne pourraient se réaliser que par le messie promis.

Puisque le peuple d'Israël dispersé de par le monde était dorénavant son propre messie, c'était ledit peuple qui était chargé de la mission de restaurer en Palestine le royaume d'Israël. C'est pourquoi, bien que quelques membres du mouvement Hascala, dont Joseph Perl, aient récusé pour des motifs politiques et momentanément la restauration d'une Palestine israélite, cette terre qui était peuplée d'Arabes et alors province de l'Empire turc, le Néo-Messianisme en supprimant les objections théologiques sus-mentionnées ouvrait la porte au Sionisme parmi les israélites qui avaient été de plus en plus nombreux à abandonner l'idée d'un messie personnel pour adopter celle d'Israël messie de lui-même, à qui reviendrait ainsi la restauration du royaume juif de Palestine. Et il s'avéra que même les rabbins orthodoxes pensèrent alors que le messie était une simple allégorie, indépendamment de l'opinion officielle qu'ils soutenaient à cet égard.

L'article de foi du Judaïsme orthodoxe qui déclare « Je crois fermement en la venue du messie et même s'il arrive tard, j'espère chaque jour en sa venue »,[614] beaucoup l'interprétaient dans le sens néo-messianique pensant que le terme « venue du messie » signifiait l'arrivée des temps messianiques.

De plus, parmi les sionistes de l'époque, les éléments néo-messianiques étaient nombreux qui se faisaient du Sionisme l'idée d'un mouvement néo-messianique, indépendamment de la venue d'un messie personnel. L'idée du Sionisme comme mouvement messianique acceptée de manière générale dans le Judaïsme est une idée notoirement néo-messianique, comme l'est aussi le Socialisme communiste de Karl Marx, les deux formant deux tentacules du même poulpe israélite, qui tente de dominer le monde pour réaliser ainsi son idéal messianique.

Il subsiste certes encore dans l'Israël mondial des secteurs ultra-orthodoxes qui continuent de penser illicite et peccamineuse la création de l'État d'Israël avant la venue d'un messie personnel, mais cette secte ne représente qu'une petite minorité dans l'ensemble de l'Israël universel. Ces ultra-orthodoxes ont même prédit que la colère de Dieu allait détruire dans des circonstances horribles l'État d'Israël, parce que créé en contravention des commandements divins. En réalité, ceux qui soutiennent cette thèse se rattachent à l'orthodoxie rabbinique originelle, soutenue durant plusieurs siècles et modifiée seulement au siècle dernier, comme nous l'avons exposé. Pour eux, si l'État d'Israël est détruit un jour de manière catastrophique par les gentils, ceux-ci agiront dans ces circonstances comme de simples instruments de la colère de Dieu. Mais comme nous l'avons dit, ce résidu de l'orthodoxie juive authentique est si petit qu'il ne peut gêner sérieusement le développement et le progrès du Sionisme.

Pour revenir à la naissance de ce mouvement, il est important de noter que la thèse du rabbin orthodoxe Kalisher, qui ouvrit les portes de l'orthodoxie au Sionisme comme on l'a dit plus haut, eut aussi une influence décisive sur le rabbin communiste et néo-messianiste Moïse Hess, occupé alors à fomenter la révolution communiste du prolétariat. Hess adopta l'exigence de l'orthodoxe Kalisher que la Palestine devait revenir au peuple juif, et dans son livre « Rome et Jérusalem » il attaqua à la fois les rabbins orthodoxes et réformistes qui avaient sacrifié l'idée nationale juive, et il lança l'idée d'un Congrès Juif qui se chargerait de coloniser la Palestine. Hess admet que dans sa position en faveur d'une Palestine israélite il fut aussi influencé par le néo-messianisme de Graetz. Ainsi nous voyons clairement unis autour du berceau du Sionisme, à la fois

---

[614] Cet article de foi du Judaïsme orthodoxe est le douzième des treize commandements établis par le rabbin Moïse Maimonides, l'un des inventeurs de la religion israélite actuelle, et qui glorifia le marranisme en s'étant lui même converti à l'Islam.

les dirigeants de l'orthodoxie juive, ceux du Néo-Messianisme et ceux du Communisme, tous marchant coude à coude.

Le communiste Moise Hess mourut en 1875, année où furent détruits, de la manière que nous avons indiquée, les scrupules théologiques qui avaient empêché jusque-là la naissance et le développement d'un mouvement sioniste important, et il ne lui manquait plus alors qu'un leader pour lui donner l'impulsion nécessaire; ce chef fut Theodor Herzl, dont le fanatisme israélite, similaire à celui de fondateurs juifs du Communisme moderne Marx et Engels, le conduisit comme eux à porter la barbe traditionnelle ordonnée par la Thora, dont il obéit ainsi aux préceptes, tout comme aujourd'hui lui obéit le marrane (crypto-juif) Fidel Castro, que le même fanatisme juif a conduit à imposer la barbe aux membres de sa meute, bien qu'il ait cherché à justifier cette mesure sous divers prétextes. Le patronyme de Castro est, on le sait bien, l'un des plus typiques parmi les marranes espagnols.

Theodor Herzl naquit à Budapest en 1860. C'est en 1896 qu'il publia son ouvrage intitulé « L'État Juif », grâce auquel il réussit à vaincre beaucoup d'objections parmi les communautés israélites du monde et à obtenir un grand appui pour l'idéal sioniste, nom qui correspond à l'idée du retour à Sion. Herzl entreprit de fonder « l'Organisation Sioniste Mondiale » et de lui donner une extension universelle, et il obtint des dirigeants de l'Israël Mondial qu'ils entreprennent la réalisation de ce qui est connu au dehors comme le premier Congrès Sioniste de Bâle, mais qui, en réalité, fut en plus un véritable Synode Israélite Universel, qui comme tel constitua une authentique représentation de la Nation Juive disséminée dans le monde. Là, non seulement le Judaïsme international donna son accord au mouvement Sioniste, mais se conclurent encore divers accords relatifs à la stratégie politique des juifs dans le monde, furent résolues certaines luttes surgies entre sionistes et fut prise la décision de maîtriser l'opposition de nombreux secteurs israélites contre le Sionisme, cela bien qu'on n'y ait pas réussi à supprimer d'autres rivalités qui, sans rompre l'unité organique institutionnelle de l'Israël Mondial, lui causaient comme toujours de grands dommages.

Parmi ces dernières rivalités il faut mentionner à cette époque celle survenue dans le mouvement communiste, alors à ses débuts, entre la bande juive qui reconnaissait Lénine comme chef et le parti juif qui s'appelait « le Bund Socialiste Juif », ce qui conduisit à la fracture entre les factions bolchéviques et menchéviques du Parti Social Démocrate Russe des Travailleurs (communiste). Cette querelle, bien qu'ayant pour base une divergence réelle à propos de la stratégie à suivre quant à la manière dont les juifs devaient diriger la révolution et la meilleure manière de la réaliser, recouvrait en réalité de folles rivalités de commandement, aussi bien de la part de Lénine que de ses concurrents. Cette querelle de juifs à la naissance du mouvement communiste était le prélude aux luttes qui allaient ultérieurement déchirer le Communisme mondial et pour finir le Judaïsme lui-même.

Pour revenir au Sionisme, Theodor Herzl organisa encore en 1898 à Bâle un second Congrès, celui-là uniquement sioniste semble-t-il, et de nouveau un autre en l'année 1899, assurant ainsi l'avenir du mouvement sioniste mondial.

Le plan était tout d'abord de faire envahir d'immigrants juifs la Palestine, alors peuplée d'Arabes, pour arriver à y installer une population juive suffisamment importante, pour ensuite, avec l'appui des grandes puissances contrôlées par le Judaïsme, parvenir à expulser la population arabe du territoire qu'elle avait occupé pendant plus de douze siècles en lui confisquant en plus ses propriétés, et si nécessaire en tuant cette population (... en opérant ainsi un gigantesque génocide). On comprend aisément que ce gigantesque projet d'attaque pouvait avoir de graves conséquences politiques pour de nombreux secteurs de l'Israël mondial, ce qui au cours des années suivantes fortifia l'opposition au Sionisme de certaines fractions du Judaïsme, surtout du Judaïsme réformiste et libéral.

La ville de Bâle continua de servir de siège à une grande partie des Congrès Sionistes, dont le dernier, le vingt-deuxième, eut lieu aussi en cette vllle en 1946.

Theodor Herzl sacrifia à cet idéal non seulement le reste de sa vie, mais toute sa fortune personnelle, donnée au bénéfice de ce qui fut l'idéal de son existence.

Que n'est-il imité en cela, ne serait-ce que partiellement, par tant de bourgeois non-juifs, riches et égoïstes, qui ne sont même pas capables de sacrifier une partie de leur temps et de leur richesse pour lutter et défendre leurs concitoyens et même leur fortune personnelle contre la menace judéo-communiste. Cet égoïsme suicidaire de la grande majorité de la bourgeoisie non-juive est en grande partie responsable du désastre horrible qui s'annonce sur tous les peuples « gentils », car les mouvements patriotiques de défense nationale, privés du pouvoir économique nécessaire et de l'indispensable collaboration des talents de la grande bourgeoisie, languissent de faiblesse et vont à l'échec, essentiellement faute du soutien financier adéquat, car tout mouvement politique pour se soutenir et triompher a besoin de fonds importants de manière permanente et stable, et en les refusant la bourgeoisie les condamne à un échec suicidaire pour elle-même.

En mai 1901, l'infatigable Theodor Herzl obtint une audience du Sultan de Turquie Abdul Hamid et de son Grand Vizir, qui acceptèrent de recevoir dans diverses parties de l'Empire Ottoman des émigrants juifs venus à titre individuel, mais ils se refusèrent à autoriser une émigration massive en Palestine, comme Herzl leur demandait, prétention dont le

Calife de l'Islam avec sa grande vision politique comprit qu'elle était un péril pour l'Islam en Palestine.

Ce refus valut à ce Calife religieux et patriote que l'Israël mondial et sa marionnette la Maçonnerie lancèrent contre lui une campagne de calomnies qui a perduré jusqu'à nos jours, le désignant comme un fou, et l'un des tyrans les plus sanguinaires de tous les temps. Ce refus également fit naître l'idée dans les antres occultes du Judaïsme mondial que la désintégration de l'Empire Ottoman était devenue nécessaire, afin de pouvoir placer la Palestine sous la domination d'une puissance manipulée par le Judaïsme qui y permette l'immigration de cent mille juifs et rende possible la future création de l'État d'Israël.

Mais pour désintégrer l'Empire Ottoman et en détacher la Palestine, il fallait une guerre, et pas seulement balkanique, une guerre qui impliquerait les grandes puissances navales pour avoir la puissance suffisante pour faire exploser l'Empire Ottoman, autre objectif donc de l'Israël Mondial pour préparer et provoquer l'éclatement du premier conflit mondial. C'est alors pourquoi quelques jeunes israélites serbes assassinèrent l'héritier du trône d'Autriche-Hongrie, provoquant l'étincelle qui déchaîna l'incendie dévastateur qui devait faciliter la chute des plus puissantes monarchies de l'Europe Continentale et rendre possible le triomphe de la révolution communiste en Russie.

Tout ceci fit partie de la récolte juive lors de la première guerre mondiale. Devant des faits aussi manifestes et irréfutables, il est parfaitement explicable que le Judaïsme international ait été le principal promoteur de cette guerre.

Le gouvernement britannique, marionnette du Judaïsme, n'eut pas le moindre scrupule à utiliser le noble et justifié nationalisme arabe pour détruire la Turquie, et à trahir ensuite ce nationalisme arabe de la manière que chacun sait. Le machiavélisme hébreux réussit même à utiliser un grand patriote aryen, un authentique chevalier anglais, Lawrence d'Arabie, comme l'agent essentiel de cette manœuvre, en le trompant scandaleusement pour que, étant trompé lui-même, il pût à son tour tromper ses amis arabes. Il est juste de faire savoir que Lawrence fut autant la victime des puissances israélites de Londres que le furent les chefs arabes.

Quant aux juifs, la Turquie étant alors devenue une gêne pour l'Israël mondial dans ses plans de conquête de la Palestine, les juifs qui longtemps avaient utilisé l'Empire Ottoman contre l'Espagne anti-juive et contre la Chrétienté européenne et s'étaient servi de la Turquie comme d'un refuge et d'un abri, recevant de ses sultans toutes sortes de bénéfices n'eurent aucun scrupule non plus à détruire leur ancien et généreux protecteur, l'Empire Ottoman, en utilisant les armées chrétiennes comme instruments pour détruire les forces que conservait l'unité islamique, tout comme antérieurement ils avaient utilisé les armées musulmanes pour abattre les puissances chrétiennes qui luttaient contre le Judaïsme.

Comme le dit à si juste titre Maurice Pinay, jusques à quand allons-nous permettre, nous les gentils, que les israélites nous utilisent comme chair à canon pour nous faire mettre en pièces les uns par les autres, chrétiens contre musulmans, occidentaux contre orientaux, races contre races, nations contre nations, ouvriers contre patrons, partis politiques contre partis politiques etc ? N'est-il pas temps de penser sérieusement à cesser d'être les jouets de nos mortels et communs ennemis, de nous unir tous contre eux et de nous délivrer ainsi de la fin cruelle qu'ils nous réservent ?

L'effrontée participation des israélites à l'action révolutionnaire d'abord nihiliste puis ensuite marxiste contre la Russie impériale entraîna naturellement les représailles du gouvernement et du peuple russe à l'encontre des agitateurs israélites, augmentant du même fait la nécessité pressante de la création de l'État juif où puissent aller s'établir les israélites qui fuyaient et n'avaient pas place dans le contingent accepté par les autres pays. C'est ainsi et pour d'autres motifs encore que se développa le mouvement sioniste, ainsi que l'émigration juive vers la Palestine musulmane, et il est significatif que ce furent précisément les dirigeants néo-messianiques du mouvement Hascala de Russie qui donnèrent dans ce pays l'impulsion initiale au Sionisme.

La première guerre mondiale de 1914-18 donna au Judaïsme l'opportunité de faire un pas gigantesque vers la création en Palestine de l'État d'Israël. La désintégration de l'Empire Ottoman projetée par le Judaïsme devait lui donner l'opportunité de conquérir la Palestine. L'Angleterre se trouvait alors gouvernée par un gouvernement maçonnique et crypto-judaïque.

En 1916, en pleine guerre mondiale, le Cabinet de guerre britannique composé de franc-maçons promit d'aider à l'établissement d'un « Foyer National Juif en Palestine ». En 1917, Lord Balfour, également franc-maçon, prononça sa fameuse déclaration historique dans le même sens. En 1919 la naissante Société des Nations se trouva confiée aux mains de la Franc-Maçonnerie et du pouvoir secret du Judaïsme. C'est ainsi que par la Société des Nations les israélites réussirent à faire placer la Palestine arrachée à la Turquie sous le mandat de l'Angleterre, alors régie par un gouvernement satellite du Judaïsme et de sa marionnette la Maçonnerie, institution à laquelle ses chefs occultes crypto-juifs avaient imposé la mission de reconstruire le Temple de Salomon sans que les Maçons non-juifs aient compris tout le sens qu'avait cette allégorie en apparence inoffensive, qui, en plus de se rapporter à la reconstruction réelle du Temple de Salomon et de l'État d'Israël, signifie aussi dans l'ésotérisme juif la reconstruction du pouvoir d'Israël dispersé sur toute la terre, détruit par les Papes, les Rois et les classes possédantes et dirigeantes des peuples gentils, vrais assassins de cet Hiram qui dans l'ésotérisme hébreux signifiait le peuple d'Israël, que doit donc venger l'Ordre maçonnique, bien qu'il y soit donné à la légende d'Hiram des sens divers suivant les grades de l'initiation maçonnique, cela afin de conduire les frères maçons non-juifs, leurrés, en instruments aveugles, et dociles à une entreprise ayant pour objectif la domination du monde par les israélites.

Bien que les juifs britanniques aient initialement patronné le Sionisme avec ferveur et que le mouvement tendant à la formation de l'État d'Israël et le mandat britannique sur la Palestine servirent à faciliter l'émigration de masse de plus d'un demi-million de juifs dans ce pays multipliant par douze le nombre des résidents israélites en Palestine, apparurent ensuite, parmi les magnats pétroliers et financier juifs d'Angleterre et d'autres puissances occidentales, de fortes oppositions à l'instauration immédiate d'un État juif, car ils considéraient que ceci risquait de provoquer des réactions violentes dans le monde arabe qui pourraient mettre en péril les intérêts financiers israélites au Moyen Orient, principalement les intérêts pétroliers.

En outre l'opposition au Sionisme s'était également renforcée depuis quelques années parmi les communautés réformistes du Judaïsme libéral, dans la crainte que la création de l'État d'Israël mît en lumière que les juifs du monde entier étaient les agents d'une nation étrangère, et, bien qu'en 1935 le Judaïsme libéral des États-Unis déclara sa neutralité sur la question sioniste, l'opposition au Sionisme dans de nombreuses communautés du Judaïsme réformiste se maintint. Tout ceci eut pour conséquence un gel des plans du gouvernement britannique alors contrôlé par le pouvoir secret juif, à propos de la création immédiate de l'État d'Israël.

De plus, la guerre contre Hitler, qu'en mai 1939 le Judaïsme avait déjà planifiée, incitait à ne pas pousser les Arabes à s'aligner sur l'Axe Rome-Berlin-Tokyo, par la création d'un État israélite en Palestine au préjudice de la population arabe locale. C'est ce qui motiva en mai 1939 la déclaration du gouvernement britannique promettant son indépendance à la Palestine à terme de dix années à compter de cette date, avec sauvegarde des intérêts de la majorité arabe et de la minorité juive.

Cette déclaration du gouvernement britannique, bien qu'ayant été inspirée par les hauts cercles dirigeants de l'Israël mondial, suscita l'extrême indignation des sionistes les plus fanatiques, provoquant un choc violent avec les organisations les plus impatientes et extrémistes du Sionisme, choc qui sans rompre alors l'unité institutionnelle mondiale juive se traduisit en attentats terroristes de la part de factions sionistes fanatiques (les organisations Irgoun, Zwai, Leumi, Stern, Hagana) en vue de forcer le gouvernement anglais à remplir rapidement les anciennes promesses de Lord Balfour. Certains hauts magnats juifs qui s'opposaient vivement à ce plan furent accusés par les sionistes d'être des adorateurs du veau d'or et furent même l'objet d'attentats de la part des organisations sionistes les plus fanatiques.

Mais les persécutions des juifs au cours de la deuxième guerre mondiale[615] renforcèrent à l'intérieur du Judaïsme les arguments des sionistes en faveur de la création immédiate de l'État d'Israël et réussirent finalement à réunifier l'opinion juive précédemment divisée à ce sujet. La création immédiate dudit État fut alors résolue.

Obéissant aux ordres de ses chefs occultes, le gouvernement britannique marionnette du Judaïsme, se faisant le parrain du Sionisme en même temps que l'Union Soviétique, appuya en avril 1947 la demande d'inscrire la question de la Palestine à l'agenda des Nations Unies et approuva le projet de diviser la Palestine entre Juifs et Arabes. Le 29 novembre 1947, l'Assemblée générale des Nations Unies approuva la création d'un État juif indépendant en Palestine, avec l'appui des délégations de l'Union Soviétique et des États Satellites communistes, et pour finir, le gouvernement britannique manifesta sa décision d'abandonner la Palestine le 15 mai 1948, date à laquelle finissait le mandat que lui avait confié la Société des Nations, et prit les mesures nécessaires pour l'évacuer.

Mais les juifs n'acceptèrent pas la date du 15 mai qui tombait un jour de sabbat, et ils proclamèrent l'indépendance de l'État d'Israël le soir du 14 mai 1948. Fait très significatif, l'Union Soviétique fut la première puissance à reconnaître l'État d'Israël et celle qui proposa son admission à l'Organisation des Nations Unies, comme tous les experts politologues

---

[615] NDT : Il semble même que des persécutions anti-juives aient été machiavéliquement prévues et manigancées par les dirigeants juifs et sionistes et leurs agents des gouvernements des démocraties dans ce but précis,comme le montrent des documents et témoignages juifs cités par R. Garaudy dans « *Les Mythes fondateurs de la politique Israélienne* » (Librairie Roumaine de Paris, 1996) : biographie de Ben Gourion par Bar Zohar, parue chez Fayard en 1966 sous le titre « *Ben Gourion, le prophète armé* »'p. 99), et divers ouvrages d'autres historiens et chercheurs juifs et israéliens comme Yvon Gelbner « ZioniSaint Policy and the fate of European Jewry » in *Yad Vashen Studies*, Jerusalem, Vol XII, p. 199 ; également de Tom Seguev « *Le septième million* », Paris, 1993 p. 539;de Lucy Davidowicz « *The War againSaint Jews1939-45* » Penguin Books 1977 ; et du même auteur « *A HolocauSaint Reader* », p 155: de Ben Yeruham « *Le livre du Betar* » t. II; de Nahum Goldmann, son « *Autobiograhie* »pp. 157-158 et 260 ; d'Alfred Lilienthal « *What Price Israel* », Chicago, 1953, pp. 194-195 et la lettre périodique « *Jewish Newsletter* » de novembre 1958 du directeur du *Yediot Aharonoth* de New York, le Dr Herzl Rosenblum. Ces divers témoignages montrent aussi que les dirigeants sionistes les plus durs: MM. Beghin, Itzak Shamir, Ben Gourion, Moshe Sharett négocièrent et organisèrent avec les Nazis, avant et pendant la guerre jusqu'en 1941, l'immigration transfert en Palestine de techniciens juifs et de leurs biens personnels (pp. 65-87), avec mécanisme de compensation financière entre la société Haavara Company de Tel-Aviv et la Harburg Bank à Hambourg ou la Wasserman Bank de Berlin.Les dirigeants sionistes des organisations terroristes, ces négociateurs des accords d'émigration avec les Nazis seront les dirigeants après guerre de l'État d'Israël.

peuvent s'en souvenir. L'appui communiste au Sionisme ne pouvait être plus clair ni plus décisif.

La lutte entre Staline et l'État d'Israël qu'il avait patronné avec tant d'enthousiasme allait se déclencher de la manière suivante.

Après que les juifs Roosevelt et Harry Salomon Truman eurent abandonné à leur frère israélite Staline l'Europe orientale et la Chine, conformément au plan hébreux d'implanter dans le monde entier la dictature communiste, les ambitions de commandement paranoïaques de Staline le firent se croire déjà le maître du monde et chercher à se faire le chef suprême du Judaïsme universel, comme nous l'avons déjà indiqué. Ceci entraîna une rupture entre Staline et les communautés juives staliniennes d'une part, et le reste du Judaïsme mondial de l'autre.

À cette occasion, les divergences de Staline et du Judaïsme stalinien avec le reste du Judaïsme, qui pendant tout un temps s'étaient bornées à des discussions et avaient été résolues sous une forme parlementaire comme nous l'avons décrit au chapitre XI, en vinrent à une rupture totale de l'unité institutionnelle de l'Israël mondial. Staline et sa secte secrète dénièrent toute autorité au Congrès Juif Mondial et à Bernard Baruch sur les communautés israélites d'Union Soviétique et de États satellites d'Europe Orientale, en même temps qu'il étendait son schisme au monde entier en essayant d'attirer à son côté le plus grand nombre de juifs. En Russie et dans les États satellites, ils réussirent à implanter ce schisme par la force brutale, en tuant ou en emprisonnant tous les juifs qui s'y opposaient. En revanche dans le monde libre, ils ne réussirent à attirer au stalinisme schismatique qu'une faible minorité de juifs fanatiques et activistes.

Les résultats de ce schisme temporaire au sein du peuple d'Israël dispersé sur toute la terre fut dommageable pour son entreprise révolutionnaire. Au sein de l'État d'Israël naissant, les israélites staliniens tentèrent de prendre le contrôle du gouvernement, mais ils échouèrent, celui-ci restant aux mains de juifs fidèles au Congrès Juif Mondial de New-York et son chef occulte Bernard Baruch.

Ceci rendit Staline furieux et lui fit déclencher une persécution féroce, aussi bien en Union Soviétique que dans les dictatures socialistes d'Europe Orientale, non seulement contre les sionistes, mais contre les rabbins et les chefs des communautés juives supposés restés fidèles au dirigeant juif new-yorkais, en remplaçant les directions de ces communautés par des rabbins et des chefs d'origine stalinienne. Goulags et prisons à l'Est se remplirent de juifs anti-staliniens et nombre de dirigeants et gouvernants israélites du monde communiste périrent assassinés dans ces circonstances.

# Chapitre XLVI

## Autres conséquences du schisme judaïque stalinien

La direction du Judaïsme de New-York réagit à son tour de manière virulente contre Staline, imposant à son laquais hébreux le président des États-Unis Harry Salomon Truman et aux autres crypto-juifs qui contrôlaient ou influençaient les gouvernements d'Angleterre et des autres puissances occidentales ce virage dans leur politique internationale que beaucoup ne comprennent pas et qui sauva le monde libre de tomber rapidement aux mains du Communisme, ce à quoi avaient conduit jusque-là les complicités des gouvernements de Washington et de Londres, dirigés secrètement par la Maçonnerie et le Judaïsme.

Truman et sa bande juive qui avaient abandonné l'Europe Orientale et la Chine à Staline prirent alors la tête de la lutte qui allait l'empêcher de dominer le monde, et au début de 1949 fut créé l'OTAN, l'Alliance de l'Atlantique Nord, puis les alliances de la Méditerranée, de Bagdad et du Sud-Est asiatique. Se forma aussi l'OEA, l'Organisation des États Américains, en fait une alliance anti-communiste, tout ceci constituant ainsi le plus gigantesque réseau d'alliances de toute l'Histoire de l'humanité, car les dirigeants juifs mondiaux se souvenant des assassinats des juifs trotskystes, des partisans de Sinoviev, des boukhariniens, etc., par Staline, se voyaient exposés à recevoir la balle fatale dans la nuque s'ils n'entreprenaient pas désormais de contenir le rouleau compresseur stalinien qu'ils avaient initialement patronné.

Truman avait auparavant projeté de livrer l'Inde et le nord du Japon à Staline, mais ces évènements empêchèrent de tels crimes. Et du fait de cette soudaine rupture de l'axe New-York-Londres-Moscou, les juifs Truman et Marshall, qui jusque-là avaient subrepticement armé jusqu'aux dents et en grand secret Mao Tsé Toung le fidèle collaborateur de Staline et fait tout leur possible pour couler Tchang Kai Tchek, s'ils ne purent empêcher que Staline ne s'assure la domination de la Chine, envoyèrent la sixième flotte pour empêcher que Formose ne tombe entre ses mains, protégeant ainsi le dernier réduit du régime nationaliste chinois, tout en l'empêchant cependant de réaliser des actions offensives contre le régime communiste. C'est qu'en effet, tout le temps que dura ce schisme judaïque provisoire, le Judaïsme dirigé depuis New-York tout en étant désireux d'empêcher Staline de dominer le monde ne voulait en aucune manière détruire le Communisme, car cela eût été détruire sa propre œuvre et perdre tout ce qui avait été gagné en trente-deux ans par la révolution judaïque mondiale. C'est pourquoi la politique du Judaïsme dirigée depuis New-York fut purement défensive au plan politique et militaire, cherchant à récupérer la Russie, la Chine et les États satellites au moyen de l'élimination de Staline et du stalinisme en général, en leur substituant des juifs communistes fidèles aux puissances israélites new-yorkaises.

En ce qui concerne Mao Tsé Toung, leur politique fut d'en faire un nouveau Tito ou un élément qui trahisse Staline et qui soumette sa dictature communiste aux pouvoirs israélites new-yorkais. De là vient l'origine de nombre de contradictions de la politique du gouvernement de Washington, qui, tout en envoyant des troupes en Corée et en prenant d'autre mesures défensives efficaces et bruyantes pour contenir Staline et son collaborateur Mao Tsé Toung, s'opposait à toute mesure qui eût signifié la défaite complète des communistes et donné aux peuples asservis par les rouges la possibilité de se libérer et de détruire les régimes communistes existants.

# CHAPITRE XLVII

## LA TENAILLE SOVIÉTO-ISRAÉLITE ET L'ÉTRANGLEMENT DES ARABES

Staline, dans la bataille qu'il entreprit contre le Sionisme et l'État d'Israël, donna tout genre d'appui aux Arabes, aussi bien pour nuire à la bande juive sa rivale que pour attirer progressivement les Arabes dans l'orbite soviétique et socialiste. Le dictateur juif projetait en outre d'utiliser l'influence que les Arabes exercent sur l'Islam et que ce dernier a sur le monde Afro-Asiatique pour amener celui-ci dans l'orbite soviétique, au moyen de l'appui d'un pseudo tiers-monde qui en fait serait devenu satellite des communistes.

La mort étrange de Staline ne changea rien sur le moment, et la situation demeura identique durant les luttes internes qui survinrent entre les adjoints hébreux du dictateur défunt, pour s'emparer de la dictature soviétique, adjoints qui comme des loups affamés se battirent, se tuant les uns les autres, s'envoyant en prison ou en déportation en Sibérie, pour finir par laisser maître de la situation le juif Nikita Salomon Kroutschev.

Ce schisme qui pendant des années déchira le Judaïsme lui coûta très cher, car alors, du côté communiste, Staline détruisant tous les plans juifs antérieurs concernant l'Allemagne avait réarmé l'Allemagne de l'Est, en même temps qu'il avait armé les Arabes contre l'État d'Israël. Et son successeur Kroutschev appuya le président égyptien Nasser dans sa reconquête du canal de Suez, sous la menace de déclencher une guerre nucléaire au cas où les puissances occidentales interviendraient pour l'en empêcher. De son côté et à l'opposé, pour contenir les progrès de Staline et l'empêcher de conquérir le monde, la direction judaïque mondiale siégeant à New-York fit appliquer toute une série de mesures pour rendre réellement effectif le relèvement économique de l'Europe Occidentale et du Japon du chaos économique dans lequel la guerre mondiale les avait mis, et réarma l'Europe, en encerclant l'Union Soviétique et la Chine rouge du plus grand réseau d'alliances jamais réalisé, en établissant des bases militaires dans toutes les parties du monde, toutes leurs armes pointées vers le cœur des puissances communistes, et en allant même jusqu'à cesser la guerre à mort contre le régime anti-communiste du général Franco en Espagne pour négocier avec lui l'installation de bases aériennes dans ce pays, renforçant ainsi le gigantesque réseau de bases militaires destinées à neutraliser la dictature stalinienne, au cas où celle-ci déclencherait la guerre de conquête mondiale tant redoutée.

Mais ne désirant pas du tout paralyser l'expansion du Communisme, la juiverie appuya la conquête victorieuse de l'Indochine par Ho Chi Minh, que reconnut le gouvernement français du juif Mendès France sur les promesses du dictateur rouge du Viet-Nam du Nord de se détacher du Stalinisme. Mais devant la crainte qu'Ho Chi Minh ne remplisse pas ses promesses, on ne lui permit qu'un succès limité au moyen des accords de Genève, en attendant de voir si Ho Chi Minh remplirait ou non ses engagements. L'habileté du dictateur rouge d'Indochine fut de faire croire aux deux bandes rivales qu'en secret il leur était fidèle, obtenant ainsi que l'Union Soviétique et les Puissances occidentales souscrivent aux accords de Genève. Bien que ces accords ne représentaient qu'un succès partiel pour le dictateur rouge vietnamien, celui-ci se vit contraint de les accepter, dans l'idée de les violer à la première occasion qui se présenterait, pour se lancer à la conquête du Viet-Nam du Sud, du Laos et du Cambodge.

Qui fut en fin de compte la victime de la tromperie d'Ho Chi Minh ? Le stalinisme du Kremlin et de Pékin ? Ou bien les pouvoirs judaïques anti-staliniens ? Nous l'ignorons.

Le renforcement du monde libre du fait de la lutte entre les deux clans juifs rivaux causait évidemment jour après jour une désolation et une consternation croissante dans les organisations juives des deux factions, qui comprenaient qu'elles étaient en train de perdre dans ces disputes internes tout ce qu'elles avaient gagné par la deuxième guerre mondiale, et les désirs et efforts de réconciliation se mirent à se développer.

Devenu le chef absolu de l'URSS, Kroutschev commença à prendre des mesures en vue d'une telle réconciliation et de mettre un terme à ce schisme interne judaïque. Il fit relâcher les médecins juifs qui avaient été accusés d'avoir cherché à empoisonner Staline; il réhabilita tous les juifs communistes que Staline avait emprisonnés, et il finit par renier Staline lui-même et par déstaliniser l'Union Soviétique et ses satellites d'Europe orientale. Cependant les autorités judaïques new-yorkaises continuèrent de se méfier de lui comme étant une créature de Staline. Kroutschev, dépité du fait, dans un de ses célèbres mouvements de fureur appuya le coup de force du président d'Égypte Nasser pour s'emparer du canal de Suez, abattant ainsi l'œuvre de Disraéli, mais sûr toutefois que le Judaïsme pourrait récupérer le canal au moment voulu par Moscou, que ce soit par l'envoi de troupes parachutistes et l'avance de blindés et des armées soviétiques ou par la conversion de l'Égypte en État satellite tombant progressivement sous le contrôle de l'URSS.

De toute manière, cet incident causa cependant une très grande consternation dans les communautés juives du monde entier, chez les israélites des deux bandes rivales, et il accéléra efficacement les projets de réconciliation qui finalement arrivèrent à leur conclusion et liquidèrent le fameux schisme qui avait paralysé le développement du Communisme. Après ce voyage que fit Kroutschev à New-York, où il fut l'hôte ni plus ni moins que de Bernard Baruch le chef secret de la faction juive antistalinienne dans la demeure duquel il eut une entrevue avec le président crypto-juif républicain des États Unis D. David Eisenhower, Nikita Salomon Kroustchev fit, de retour en Russie, sa célèbre déclaration que « le citoyen nord-américain le plus estimé en Union Soviétique était Bernard Baruch ».

La réconciliation des deux factions juives avait donc bien été scellée.

Il faut se souvenir qu'avant cette réconciliation avaient été jugés en Union Soviétique, et pour certains assassinés, les dirigeants juifs qui s'étaient ligués contre Bernard Baruch.

À partir de ce moment, les choses ayant dès lors complètement changé, très vite le monde libre devait ressentir les terribles effets de la réunification du Judaïsme universel. Peu de temps après en effet, le gouvernement d'Eisenhower devait empêcher toute action efficace tendant à le renverser. Pour consommer cette trahison, le crypto-communiste John Kennedy ourdit en secret un accord avec Nikita Salomon Kroutschev sur la manière de justifier devant l'opinion populaire nord-américaine un funeste traité, qui allait obliger le gouvernement des États-Unis à soutenir le gouvernement communiste de Fidel Castro contre toute invasion, assurant ainsi la consolidation du régime communiste et l'asservissement de Cuba. Mais il leur fallait agir de manière que Kennedy ne perde pas son prestige devant le monde libre et le peuple américain. C'est pourquoi Kroutchev et Kennedy, sous la tutelle et avec la bénédiction de leur maître commun Bernard Baruch et avec l'aide de spécialistes hébreux, ourdirent la comédie des fusées soviétiques.

L'URSS envoya des fusées à Cuba, menaçant gravement les États-Unis. Kennedy envoya la flotte faire le blocus de Cuba et exigea de l'URSS le retrait des dangereux missiles. La presse sous contrôle du Judaïsme participa à la comédie et fit grand tapage, parlant de risque d'éclatement d'une guerre atomique. Le peuple yankee et le monde libre crurent à cette farce et s'alarmèrent. Vint ensuite la transaction salvatrice : l'URSS retirait les fusées atomiques de Cuba, et les États-Unis s'engageaient à garantir le gouvernement du marrane communiste Fidel Castro contre toute invasion.. Cette farce fut si habilement ourdie que seuls de très rares hommes politiques doués d'une vision perçante purent se rendre compte que tout cela n'avait été qu'une manœuvre traîtresse de Kennedy pour assurer la survie du régime castriste, sans s'exposer à perdre sa popularité mais bien au contraire avec l'objectif de l'augmenter lors des élections partielles qui devaient prochainement avoir lieu aux États-Unis. C'est ainsi que le malheureux peuple cubain fut crucifié par le Judaïsme des États-Unis.

Ce type de comédie est très fréquemment utilisée dans la stratégie révolutionnaire du Judaïsme, c'est pourquoi les patriotes du monde entier doivent s'en méfier pour ne pas se laisser leurrer.

Ultérieurement, s'intensifièrent les intrigues judaïques tendant à affaiblir et à détruire à la fois l'Alliance de l'Atlantique Nord et l'Alliance du Sud-Est asiatique, et empêchant aussi toute action efficace de l'Organisation des États Américains contre le tyran communiste assassin Fidel Castro.

Les mêmes, par une campagne mondiale des forces sous contrôle du Judaïsme, complétèrent cette œuvre de trahison par l'abandon du Viet-Nam du Sud à l'esclavage communiste par le gouvernement US, ouvrant au Communisme toute l'Asie du Sud.

Pour revenir au sujet de la réconciliation des pouvoirs israélites de New-York et de Moscou, il faut ajouter qu'après que celle-ci ait été obtenue, un nouveau problème devait surgir pour le Judaïsme et sa révolution communiste, avec le conflit de prééminence entre l'Union Soviétique et la Chine rouge.

Comme nous l'avons exposé plus haut, les juifs sont arrivés en Chine il y a plus ou moins deux mille ans. Par suite des mariages mixtes avec les Chinois, des conditions de climat et d'alimentation, une communauté de juifs chinois s'est constituée au cours des siècles, qui, d'après les auteurs spécialisés, ont acquis un type racial chinois, de sorte qu'ils se confondent actuellement avec les Chinois authentiques. Ils adoptèrent des patronymes chinois, et beaucoup se convertirent fictivement au bouddhisme et parvinrent à des fonctions importantes comme celles de mandarin, masquant leur religion juive tout en l'ayant conservée en secret de génération en génération. Ces juifs marranes chinois furent les organisateurs, d'abord de la Maçonnerie chinoise, puis du parti communiste et de l'armée communiste chinoise. La même chose se produisit en Corée et au Viet-Nam. Ces juifs asiatiques sont connus dans le Judaïsme sous le nom de juifs Tiao-Kiu-Kiaou. Les principaux chefs communistes de Chine sont des juifs Tiao-Kiu-Kiaou.

Lorsque le juif Nikita Salomon Kroutschev renia Staline, les juifs marranes du rite Tiao-Kiu-Kiaou qui étaient en grande majorité des staliniens fanatiques s'indignèrent du virage de leur frère Kroutschev le dictateur soviétique, de sa déstalinisation de l'URSS et de son reniement de Staline, l'homme qui avait réussi à donner au Judaïsme et au Communisme un pouvoir jamais atteint auparavant, et ils considérèrent comme traîtresses et révisionnistes les réformes politiques anti-staliniennes approuvées par Kroutschev. En bref, le gouvernement communiste Tiao-Kiu-Kiaou de Chine se refusa à dégrader Staline et lui conserva sa place de grande figure du marxisme aux côtés de Marx, Engels et Lénine. Le fossé entre les Tiao-Kiu-Kiaou de Chine et leurs frères juifs de Moscou continua de s'élargir, bien que masqué au début par le besoin qu'avait le régime communiste chinois de l'aide soviétique, et par la nécessité de laver le linge sale en famille et d'éviter le scandale mondial de la division du Communisme international. Mais lorsque les Soviétiques décidèrent de priver les Tiao-Kiu-Kiaou de l'aide qu'ils leur accordaient, le schisme devint malheureusement public.

En marge de cette querelle idéologique, il y avait de plus en plus importante l'ambition logique de Mao Tsé Tung d'hériter de la position de chef suprême du Communisme et de la révolution judaïque mondiale. Pour comprendre cette ambition, il faut tenir compte du fait que Mao était déjà après Staline le chef le plus puissant du Communisme mondial lorsque Nikita Salomon Kroutschev n'était encore qu'un simple fonctionnaire de second rang dans la hiérarchie soviétique, et il était donc naturel et justifié pour Mao et ses partisans de penser que c'était à eux que revenait d'hériter de la place de Staline, et non pas à cet employé de second ordre du Kremlin.

Le Judaïsme est peut-être l'institution qui a pris les mesures les plus efficaces pour conserver l'union et la fraternité dans ses rangs, mais malgré ces mesures, les juifs étant des hommes comme tout le monde et non des dieux sont donc finalement exposés aussi à des divisions et des schismes internes qui se sont produits de temps à autre dans l'Histoire. Ce qui est arrivé le plus souvent c'est que des ambitions de commandement, masquées parfois derrière l'alibi de différents idéologiques, aient provoqué parmi le peuple hébreu dispersé sur toute la terre des schismes plus ou moins durables, comme cela est arrivé aussi à d'autres peuples, et, d'après certaines informations qui nous sont parvenues, c'est le conflit des ambitions de commandement de Mao et de ses partisans d'une part, et des chefs juifs actuels de New-York et de Moscou de l'autre, plus que les divergences idéologiques, qui ont alimenté le développement de cette querelle.[616]

---

[616] NDT : L'anayse ci dessus semble avoir été démentie aujourd'hui par les faits. S'il ya bien eu rivalité entre l'URSS et la Chine de Mao, on ne peut cependant admettre qu'avec réserves l'existence d'une « querelle » entre les deux frères communistes, car celle ci n'a jamais encore réellement dégénéré en guerre chaude, et le jeu de rôles a toujours fait partie de l'arsenal juif. Cette « querelle » a en revanche servi au Judaïsme dans sa stratégie de fomenter des guerres entre goim, comme celle entre l'Inde et le Pakistan, en faisant appuyer l'une et l'autre puissance par l'une des deux puissances communistes, conflit qui se poursuit depuis trente ans dans le Cachemire. C'est exactement de la même manière que la Juiverie des USA a excité et favorisé la guerre Iran-Irak en faisant appuyer et armer d'un côté l'Iran par Israël et la CIA, et de l'autre l'Irak par les gouvernement judéo-maçons français et

Comme dans le cas déjà évoqué du différend avec Staline, dans leur conflit avec Mao Tsé Tung les pouvoirs judaïques évoqués ne voulaient absolument pas détruire le Communisme en Chine, car cela eût été une marche arrière catastrophique pour les plans juifs de communisation du monde, mais ce qu'ils voulaient était de fomenter en Chine une rébellion contre Mao et sa bande pour le renverser, et les remplacer par d'autres juifs Tiao-Kiu-Kiaou mécontents de l'intransigeance de Mao et fidèles à New-York et Moscou.

On comprend donc que le patriote maréchal Tchang Kai Tchek et ses successeurs ne pourront jamais recevoir l'aide des États Unis pour libérer la Chine des griffes du Communisme, tant que le gouvernement de Washington restera sous le contrôle et l'influence décisive des pouvoirs occultes du Judaïsme, et que ceci a signifié pour les États Unis et le monde libre un criminel mépris de la lumineuse opportunité que donna le conflit Moscou-Pékin pour libérer le Viet-Nam du Nord et éventuellement même le malheureux peuple chinois, et pour terminer heureusement cette absurde guerre purement défensive du Viet-Nam du Sud (NDT : criminellement conclue par le retrait américain et l'abandon de ce peuple au Communisme).

Tant qu'ils seront les valets du Judaïsme, tout ce que feront les gouvernements américains sera dans la meilleure des hypothèses de continuer à empêcher Mao de conquérir Formose, afin qu'il ne devienne pas une force prédominante, cela en attendant qu'apparaisse éventuellement un jour un Président américain patriote et énergique qui puisse profiter du différent Pékin-Moscou pour liquider la Chine communiste, en aidant Tchang Kai Tchek à libérer son peuple. Si ceci devait arriver, puisse-t-il en être alors encore temps, car il reste possible que Moscou et Pékin se réconcilient un jour, comme se réconcilièrent les deux pouvoirs judaïques siégeant respectivement à New-York et Moscou.

Il est criminel de n'avoir pas soutenu à temps Tchang Kai Tchek pour qu'il libère la Chine, et même de lui avoir interdit de tenter de le faire, d'autant que le Judaïsme, celui de New York comme celui de Moscou, ayant livré à Pékin les secrets atomiques, les Tiao-Kiu-Kiaou réussirent à fabriquer leurs propres bombes atomiques et à hydrogène, malgré le retrait de l'assistance nucléaire soviéto-nord-américaine lorsque la rébellion de Mao prit des proportions dangereuses. Ce retrait tardif fut effectué très

---

anglais, le tout pour faire tuer le maximum de goim et affaiblir économiquement les pays concernés pour les rendre plus dépendants du Judaïsme (via le FMI et autres) ! On observe la même tactique avec la Turquie dans la guerre avec les Kurdes, où Israël et le gouvernement des USA via le Mossad et la CIA jouent un double jeu subtil et assassin pour miner la Turquie, aidés en cela par d'autres de leurs satellites européens. De même Taiwan semble bien abandonnée par les USA à l'impérialisme de la Chine Rouge. Mais une rivalité Chine-URSS devenant explosive n'est pas impossible à terme, le pillage et l'anarchie de la Russie actuelle pouvant tenter les gouvernants juifs de la Chine rouge.

rapidement. Mais la logique aurait voulu que la dictature rouge de la Chine fût écrasée avant qu'elle ait pu achever la fabrication de ses armes atomiques.

Aujourd'hui la menace d'une guerre nucléaire prend une imminence effrayante, et les responsables de cette éventuelle agression nucléaire de Pékin seront les gouvernants franc-maçons de Washington et les juifs du Kremlin, qui permirent l'armement nucléaire de Pékin. Mais le Judaïsme international préféra courir le risque que le monde s'effondre dans une guerre atomique, plutôt que de permettre que les patriotes de Formose récupèrent la Chine, car alors c'eût été pour le Judaïsme perdre le contrôle de ce quart de l'humanité et faire un pas en arrière désastreux dans la marche de la révolution communiste.

Cela, Mao Tsé Tung et sa bande de Tiao-Kiu-Kiaou le savaient bien, et c'est pourquoi ils se sentaient si sûrs d'eux et si agressifs, conscients que le seul danger auquel ils devaient faire face était celui de voir provoquer contre eux des révoltes à l'intérieur de la Chine, ou de les empêcher d'obtenir le leadership qu'ils visent dans le Communisme mondial en lançant contre eux les forces communiste du monde entier, ce que les Tiao-Kiu-Kiaou dirigés par Mao essaieront d'empêcher en ayant des partisans, même si actuellement minoritaires, parmi les juifs du monde entier, et pour finir parmi les communistes du globe, étant résolus à mener la bataille interne et externe contre leurs rivaux jusqu'à former de nouveaux partis communistes pro-Pékin, là où Moscou a le contrôle des partis communistes traditionnels. En Union Soviétique même, les juifs pro-Pékin disent avoir des partisans, parmi les anciens staliniens récalcitrants, comme parmi les jeunes de nature rebelle qui jamais ne manquent dans les rangs du Judaïsme et qui sont mécontents de la politique des dirigeants juifs actuels de l'Union Soviétique.

Si la rivalité Moscou-Pékin devait s'exacerber et dégénérer un jour en une guerre, la juiverie américaine essaierait en tout cas d'empêcher que les nationalistes chinois puissent profiter de l'occasion pour libérer leur patrie de l'esclavage communiste, cela pour les raisons déjà mentionnées.

Pour revenir au sujet du conflit israélo-arabe, les Arabes ne se sont pas rendus compte du changement survenu dans la situation mondiale à partir du moment où les deux bandes juives rivales, dirigées de Moscou et de New-York, se réconcilièrent.

Les Arabes avaient constaté que Staline et ses héritiers pendant quelques années les avaient aidés efficacement contre Israël et ses alliés les gouvernements des États-Unis, d'Angleterre et de France, et devant ces faits palpables ils acquirent confiance dans les dirigeants de Moscou. Ce qu'ignoraient les Arabes c'est que tout avait changé depuis la réconciliation indiquée entre Moscou et New-York.

Selon des informations confidentielles et dignes de foi[617] qui nous sont parvenues, la situation serait actuellement la suivante (NDT à la mi-décennie 1960) : d'un commun accord les chefs du Judaïsme mondial, aussi bien ceux du siège de New-York que ceux de Moscou ont approuvé au sujet des Arabes et de l'État d'Israël la politique suivante :

1° L'aide apportée par l'Union Soviétique aux Arabes à l'époque du schisme stalinien avait eu pour conséquence de pousser de nombreux dirigeants arabes dans l'orbite socialiste soviétique, ce qui de toute manière était favorable aux plans du Judaïsme universel visant à amener le monde arabe au Socialisme et au Communisme ; c'est pourquoi cette aide ne devra se démentir sous aucun prétexte, mais bien au contraire être poursuivie, d'autant plus que les Arabes de par leur position de peuple sacré dans l'Islam ont une grande influence sur celui-ci et peuvent donc avoir une grande influence sur les autres nations musulmanes, aussi bien d'Afrique noire que d'Asie, et que ces nations islamiques ont à leur tour une grande influence sur ce que l'on désigne comme le monde neutraliste. L'aide soviétique aux Arabes devrait donc continuer d'être fournie comme le prix nécessaire à payer pour les lancer, eux et avec eux l'Islam et les nations afro-asiatiques, dans l'orbite communiste et socialiste, chose qu'il serait très difficile d'obtenir par d'autres moyens, car la religion musulmane est réfractaire au communisme athée, et la religiosité dans l'Islam est bien plus intense actuellement que dans les pays chrétiens, étant comparable

---

[617] NDT : Comme déjà indiqué au début de l'Annexe, avec le recul de trente ans, lesdites « révélations » sur la « stratégie juive » à partir de la mi-décennie 60 vis à vis des pays arabo-musulmans apparaissent avoir été un leurre juif pour détourner l'attention de leur vraie stratégie, alors en plein développement depuis peu : celle de l'intégrisme islamique via l'Iran des mollah ! Avec l'abandon de l'Algérie par le gouvernement français de De Gaulle, toutes les puissances arabes et islamiques pétrolières étaient alors déjà sous contrôle de la Juiverie depuis le début des des années 60 sinon même depuis la guerre, soit directement (Maffia FLN d'Algérie), soit de facto pour des raisons de technologie de production, d'écoulement et de commercialisation du pétrole, de ressources financières de ces États et de gestion de fortune des potentats musulmans et autres gouvernants. L'Iran avait été le seul et dernier grand pays du Moyen-Orient à tomber dans le filet de la juiverie, et il ne reste plus désormais que l'Irak encore quelque peu indépendant au plan politique, d'où la guerre qui est faite à ce malheureux pays par l'Occident judaïsé ! C'est l'Arabie Saoudite (qui tire ses revenus de l'Aramco) qui fut et demeure le bailleur de fond n°1 des islamistes avec le roi du Maroc, la dynastie de Hassan II (d'origine juive ?) étant entourée de juifs, et c'est Israël et la CIA américaine (directeur actuel : le juif John Deutsch) qui ont puissamment armé l'Iran des mollah, tout comme ils l'ont fait ensuite avec les Talibans intégristes islamiques d'Afghanistan pour les rendre victorieux des clans Afghans modérés. Ce sont les mêmes qui ont créé et qui arment la République islamique de Bosnie ( !) pour donner partout la prééminence politique aux fous d'Allah sur les musulmans modérés. Ce sont eux encore qui financent les révoltes islamistes intégristes du Daghestan en Russie du Sud. La prétendue guerre larvée entre les USA et la Libye de Khadafi (Occidental Petroleum) et les USA semble bien avoir été un autre leurre, peut-être destiné devant l'opinion publique occidentale à faire endosser par Khadafi des attentats commandés discrètement par la CIA et le Mossad.

dans beaucoup de pays musulmans à ce qu'était la religiosité dans les pays catholiques il y a trois siècles.

2° Mais cette aide aux Arabes ne devrait pas mettre en péril la survie ni l'expansion projetée de l'État d'Israël, ce pourquoi, pendant que les juifs occidentaux manœuvreraient pour que les gouvernements des grandes puissances occidentales arment Israël jusqu'aux dents et de manière très performante, les juifs soviétiques armeraient les Arabes, mais de façon moins efficace, de manière que ceux-ci perdent irrémissiblement une nouvelle guerre israélo-arabe, lorsque celle-ci éclatera. Une guerre qu'en dernier ressort les Hébreux pourront gagner avec l'appui résolu et efficace à Israël de certaines puissances occidentales et avec l'habile sabotage de la part de l'Union Soviétique de l'appui qu'en ces moments décisifs elle devrait prêter aux Arabes pour ne pas perdre son influence sur eux. Les Soviétiques sabotant leur aide aux Arabes aux moments décisifs de cette guerre, ceux-ci la perdraient à coup sûr, comme il le faut pour permettre une expansion territoriale majeure de l'État Juif, qui lui donne la superficie nécessaire pour une immigration importante d'Israélites qui permette de doubler en peu de temps le nombre d'habitants juifs dudit État.

3° La défaite arabe dans cette guerre pourrait conduire à l'une des deux solutions suivantes, toutes deux favorables au Judaïsme mondial. La première serait par sa victoire de lui permettre de s'approprier totalement du Canal de Suez, des territoires situés entre le Nil et l'Euphrate et des richesses pétrolières des différents États Arabes. Mais s'il ne convenait pas de franchir un tel pas pour le moment, à cause d'implications internationales fâcheuses, le Judaïsme parviendra à obliger les Arabes, qui ont le plus grand besoin d'une aide extérieure, à tomber toujours plus aux mains de l'Union Soviétique, en faisant en sorte que les puissances occidentales continuent de soutenir Israël et de refuser leur aide économique et militaire aux Arabes, et en ordonnant au gouvernement soviétique de fournir toute aide militaire et économique aux mêmes Arabes, ce qui forcera ceux-ci, nolens volens, à se livrer de plus en plus aux mains de l'Union Soviétique et à entrer toujours plus complètement dans l'orbite socialiste soviétique, jusqu'à ce que sous la menace d'un nouvelle expansion de l'État d'Israël, ces États Arabes du moins certains d'entre eux finissent par accepter l'établissement de bases militaires soviétiques sur leur sol ou de laisser superviser les armées arabes par des soviétiques sous le prétexte de les rendre plus performantes... et ce qui permettra d'atteindre l'objectif de faire contrôler ces pays et leur richesse pétrolière par les Soviétiques, ce qui à la longue assurerait à l'URSS la conquête définitive de ces territoires, en privant en plus le monde libre de la majeure partie de ses approvisionnements pétroliers.

Ce plan de conquête par les juifs de territoires arabes, et, dans la mesure du possible dans l'avenir, de points vitaux du monde arabe (canal de Suez, Mer Rouge, qui doit devenir une nouvelle Mare Nostrum juive, régions pétrolifères, etc.), les juifs n'envisagent pas de le réaliser d'un seul coup, mais par étapes entrecoupées de périodes de paix ou de trêves qui devront seulement servir à digérer les terres conquises aux Arabes, à augmenter la population juive immigrée et la puissance économique et militaire d'Israël, et à préparer et réaliser une autre offensive au moment opportun. Cette offensive pourra provenir de l'un ou de l'autre bras de la tenaille, soit par le moyen d'une nouvelle expansion de l'État juif, soit lors de gains acquis par l'Union Soviétique et ses satellites communistes pour prix de leur aide aux Arabes, qu'il s'agisse de l'obtention de concessions pétrolières, de bases militaires vitales et jusqu'à la prise de contrôle des armées arabes par le Judaïsme du Kremlin, sous le prétexte de les préparer à la guerre contre Israël, ceci pour parvenir à la main-mise par le Kremlin sur les gouvernements arabes et le renversement de ceux qui s'y opposeraient.

Il serait prévu à terme l'occupation par l'armée soviétique des territoires arabes non conquis par l'expansion de l'État d'Israël. Le prétexte à l'envoi des armées soviétiques dans les territoires arabes serait de les défendre d'une agression israélienne. Mais les armées soviétiques qui entreraient dans ces pays arabes ne le feraient pas pour les défendre mais pour les dominer, comme lorsqu'elles pénétrèrent dans mon pays (NDT la Pologne, pays de l'auteur) et dans les autres nations d'Europe orientale en prétendant les libérer des Nazis et y restèrent ensuite pour les asservir. Ce plan sera facilité si les gouvernants arabes, sous la menace d'une nouvelle agression israélienne, font l'erreur suicidaire de demander l'aide de troupes communistes pour les défendre contre cette agression.

Un avantage que le Judaïsme cherche à obtenir à tout prix par cette tenaille soviético-israélite sur le monde arabe est la reconnaissance officielle de l'État d'Israël par les Arabes et celle de la perte de leurs territoires conquis par l'État Juif. Ces plans très ambitieux sont actuellement déjà en partie réalisés (NDT à la mi-décennie 60) et seront poursuivis petit à petit pour ne pas entraîner de réactions dangereuses. Il a été également prévu la possibilité de devoir faire en partie marche arrière sur tel ou tel point, mais seulement à titre temporaire et dans le seul cas où une réaction mondiale dangereuse l'exigerait, pour revenir ensuite à la charge au moment opportun. A été également envisagée la possibilité d'accélérer ces plans et de faire avancer rapidement leur mise en œuvre s'il se présente des occasions de le faire sans risques d'échecs. Ainsi la tenaille judéo-communiste pourra faciliter, soit la conquête du monde arabe par l'État d'Israël, éventualité la moins probable actuellement, soit leur conquête par l'Union Soviétique et le socialisme, éventualité plus probable, soit une conquête partagée entre l'État d'Israël et l'Union soviétique et le monde socialiste, éventualité quasi-assurée.

Après avoir conçu ce plan machiavélique, ses concepteurs, selon ce qui m'en a été assuré par ma source d'information, envisagèrent de graves difficultés qu'ils auraient à vaincre notamment :

1° Le risque que le Judaïsme perde le contrôle qu'il a sur le gouvernement d'une ou de plusieurs grandes puissances occidentales, et que quelque gouvernement gentil réactionnaire ou dictatorial (lire un gouvernement patriote) puisse faire échouer ce plan en offrant aux États Arabes une aide militaire et financière suffisante pour leur permettre de rejeter l'aide soviétique, ce qui mettrait fin au chantage soviético-israélite précédemment décrit, enlevant du moins momentanément des mains du Judaïsme l'occasion de pousser les Arabes toujours davantage dans l'orbite soviétique. Ce risque sera conjuré en écrasant en temps utile le gouvernement ou les gouvernements gentils qui oseraient s'aventurer à une telle action, car si la tenaille du chantage décrit venait à échouer, tout le plan pour la prise en mains judéo-communiste du monde arabe pourrait échouer, et du même coup celui pour la maîtrise du monde islamique;

2° L'Union Soviétique et les gouvernants occidentaux sous contrôle juif devront faire tout leur possible pour que les Arabes ne perdent pas confiance en l'Union Soviétique, même si celle-ci vient à défaillir par instants, ce pourquoi on devra utiliser un soutien soviétique par des paroles plus pompeuses qu'efficaces pour suppléer et masquer le manque de soutien de fait, une manœuvre qui pourra avoir un plein succès à la condition que les puissances occidentales continuent de refuser leur aide aux Arabes et d'aider efficacement Israël, car alors comme déjà dit, il ne restera aux Arabes d'autre ressource que de tomber de plus en plus aux mains de l'Union soviétique, qu'ils le souhaitent ou pas, ou de reconnaître l'État d'Israël, son existence et les territoires conquis aux Arabes en Palestine, et éventuellement en dehors de Palestine.

3° Lorsque la rébellion des crypto-juifs chinois Tiao-Kiu-Kiaou dirigés par Mao Tsé Tung eut pris les dimensions d'un schisme consommé, les concepteurs et les exécutants de ce sinistre plan envisagèrent aussi une autre possibilité qui pourrait le faire échouer, à savoir que la Chine communiste apporte son aide aux Arabes dans l'intention de se substituer à l'URSS et à ses satellites (y compris au pseudo-neutraliste maréchal Tito), pour faire pièce à l'influence croissante que ces derniers ont acquis sur le monde arabe. Cette éventualité fut cependant considérée comme peu probable, étant données les faibles possibilités qu'avait la Chine communiste d'égaler l'aide financière et en armement que l'URSS pouvait fournir aux Arabes, aide qu'il faudrait donc augmenter de manière à ce qu'elle ne puisse être égalée par Pékin, ce qui obligerait aussi le Judaïsme à obtenir des gouvernements des puissances occidentales qu'ils accroissent leur aide à Israël, de manière encore plus efficace que celle fournie par l'URSS et ses satellites aux Arabes, afin d'éviter en tout état de cause que les Arabes ne puissent gagner une guerre contre Israël. Par ailleurs, le mouvement organisé en Chine parmi les juifs Tiao-Kiu-Kiaou fidèles en secret aux pouvoirs juifs de New-York pourrait réussir à renverser Mao et sa bande et résoudre ce problème, ou du moins créer en Chine une anarchie qui lui interdise de prêter une aide quelconque aux Arabes, du moins une aide capable de se substituer à l'aide soviétique indispensable.

Comme on le constate, l'Israël mondial opère l'étranglement du monde arabe au moyen de cette terrible tenaille soviético-israélite qui a placé les Arabes le dos au mur. L'Islam, difficile à conquérir par le communisme athée, a été investi de cette manière habile, et peut arriver ainsi à être conquis doucement si les puissances du monde libre laissent faire. S'y opposer restera impossible aussi longtemps que le gouvernement des États-Unis et des autres grandes puissances occidentales continueront d'apporter leur aide économique et militaire à l'État d'Israël, causant ainsi non seulement grand préjudice aux Arabes mais aussi à leurs propres nations, qui perdront dans tous les cas de figure si l'Israël mondial parvient à conquérir le monde arabe, que ce soit par expansion de l'État d'Israël, ou par l'impérialisme judaïque communiste.

Il faudrait qu'apparaisse parmi les grandes puissances occidentales un chef d'État gentil, ou plusieurs, libre de la tutelle judaïco-maçonnique,[618] et qui, comprenant cette terrible menace pour toute l'humanité, s'apprête à détruire courageusement cette criminelle tenaille israélo-soviétique qui opprime les Arabes, et leur offre l'aide économique et militaire nécessaire à leur légitime défense contre l'agression d'Israël : il pourrait ainsi détruire les plans judéo-communistes au Moyen Orient, car les Arabes n'ayant plus besoin de l'aide soviétique se libéreraient des griffes de cette dernière, ce qui briserait la fameuse tenaille.

Le gouvernant ou les gouvernants patriotes des puissances occidentales qui seraient dotés de l'esprit de justice, de la grande clairvoyance politique et du courage de prendre cette détermination importante et décisive pour le destin du monde, s'acquerraient la reconnaissance, non seulement des Arabes et de l'Islam, mais encore de tous les hommes libres dans le monde. Mais il est évident qu'un tel coup, s'il se manifestait avec une efficacité suffisante pour mettre par terre les plans sus-décrits de l'impérialisme judaïque et de la révolution communiste pour la conquête des États Arabes, susciterait une réaction passionnée dans l'Israël mondial

---

[618] NDT : L'apparition d'un chef d'État occidental patriote et résistant à l'impérialisme juif est politiquement et matériellement impossible actuellement, tant que la juiverie et le monde ne seront pas affectés par une crise majeure qui empêcherait le Judaïsme d'agir contre l'apparition d'un tel chef d'État. Cette éventualité pourrait s'ouvrir à la faveur d'une faute de la Juiverie elle-même : conflit mondial déclenché par le Judaïsme contre l'Europe, ou guerre chaude explosive entre la Chine et l'URSS, conflit qui impliquerait inévitablement l'Occident gouverné par la Juiverie, ou encore le cas d'une crise économique et financière mondiale devenue incontrôlable par les financiers juifs...

contre un patriote auteur d'un tel exploit, en cherchant à le couler politiquement et à étrangler économiquement son gouvernement, et selon toute probabilité en recourant à leur pratique usuelle d'attenter à sa vie.

# ANNEXE

Données statistiques sur les organismes du Gouvernement de l'Union Soviétique, du Parti, de l'Armée, de la Police et des Syndicats en 1918

## II. Commissariat à l'Intérieur Hauts Fonctionnaires dépendant de ce Commissariat :

1. Ederer, le Président du Soviet de Petrograd, juif ;
2. Rosenthal, Commissaire à la Sécurité de Moscou, juif ;
3. Goldenrudin, Directeur de la Propagande du Commissariat aux affaires étrangères, juif ;
4. Krasikov, Commissaire à la Presse de Moscou, juif ;
5. Rudnik, Vice-Président du Commissariat à l'Hygiène, juif
6. Abraham Krochmal, Premier Secrétaire du Commissariat pour l'Accueil des Réfugiés, juif, alias Saguersky ;
7. Martheson, Directeur du Bureau de Presse du Commissariat des Affaires intérieures, juif ;
8. Pfeierman, Commissaire chef de la Police communiste de Petrograd, juif ;
9. Schneider, Commissaire politique de Pétrograd, juif ;
10. Minnor, Commissaire politique de Moscou, juif américain.

## III. Commissariat aux Affaires Étrangères

1. Margolin, Directeur du Service des passeports, juif ;
2. Fritz, Directeur du Commissariat aux Affaires Etrangères, juif ;
3. Lafet (Joffe) Ambassadeur soviétique à Berlin, juif ;
4. Lewin, Premier Secrétaire de l'Ambassade soviétique à Berlin, juif ;
5. Askerloth Directeur du Bureau de presse et d'information de l'Ambasade soviétique à Berlin, juif ;
6. Beck, Envoyé spécial du Gouvernement soviétique à Londres et à Paris, juif ;
7. Benitler(Beintler), Ambassadeur soviétique à Oslo, juif ;
8. Martius, Ambassadeur soviétique, Washington, (allemand ?) ;

9. Lew Rosenfeld (Kamenev), Ambassadeur soviétique à Vienne, juif ;
10. Vaslaw Vorovski, Ministre Soviétique à Rome jusqu'en 1922, juif, assassiné le 10 mai 1923 à Lausanne par l'ex-fonctionnaire tsariste Kontrady ;
11. Peter Lazarovitch Voicoff, Ministre soviétique à Varsovie, juif, mort le 7 juin 1927 assassiné par une jeune russe ;
12. Malkin, Consul soviétique à Glasgow en 1919, juif ;
13. Kain Rako (Rakovski) Président du Comité pour la Paix, de Kiev, juif ;
14. Manuilski, Premier adjoint de Rako, devenu ensuite grand potentat communiste de l'Ukraine, juif ;
15. Astzumb-Ilssen, Premier Conseiller juridique du Commissariat aux Affaires Etrangères Soviétique'(1918), juif ;
16. Brundbaum (Cevinssky), Consul général à Kiev, juif.

## IV. COMMISSARIAT AUX AFFAIRES ÉCONOMIQUES (1918)

1. Merzvin (Merzwinsky) Premier Commissaire à l'Economie, juif ;
2. Solvein, Secrétaire de Merzwin, juif ;
3. Haskyn, Secrétaire général du Commissariat à l'Economie, juif ;
4. Bertha Hinewitz, assistante de Haskyn, juive ;
5. Isidor Gurko (HGurkowsky) Second Commissaire à l'Economie, juif ;
6. Jaks (Gladneff) Secrétaire de Gurko, juif ;
7. Latz (Latsis) Président du Conseil Economique, juif de Lithuanie ;
8. Weisman, Secrétaire du Conseil Economique, juif ;
9. Satnikov, Conseiller de la Banque populaire de Moscou, russe ;
10. Jaks (frère du précédent), Conseiller de la Banque populaire, juif ;
11. Axelrod (Orthodox), Conseiller de la Banque populaire, juif ;
12. Michelson, Conseiller de la Banque populaire, juif américain ;
13. Furstenberg (Ganetsky) Commissaire pour la Réglementation des Affaires économiques soviéto-allemandes en réalité agent de liaison entre les révolutionnaires juifs de Russie et les groupes bancaires juifs : Kuhn, Lœb and Co de New York ; Warburg de Stockholm, Speyer and Co de Londres, Lazard Frères de Paris etc ; qui subventionnèrent la révolution bolchevique de Russie à travers le syndicat bancaire de Rhénanie-Westphalie d'Allemagne.
14. Kogan (l'un des frères Kaganovitch), premier secrétaire de Furstenberg, juif.

## V. Commissariat à la Justice (1918-19) Hauts
### FONCTIONNAIRES :

1. Ioseph Steimberg, frère du Seimberg titulaire du Commissariat, juif. Occupe la fonction de Premier Commissaire « populaire » ;
2. Iacob Berman, Président du Tribunal Révolutionnaire de Moscou, juif. Probablement le même Berman qui fut Chef du Parti communiste Polonais après 1945 ;
3. Lutzk(Lutzky), Commissaire Judiciaire des Forces Militaires « populaires », juif ;
4. Berg, Commissaire Judiciaire à Petrograd, juif ;
5. Goinbark, Directeur des Bureaux de Codification, juif ;
6. Schwevin, Premier Secrétaire de la « Commune populaire » de Moscou, juif ;
7. Glausman, Président de la Commission de Contrôle auprès du Commissariat à la Justice, juif ;
8. Schraeder (Schrader), Contrôleur en Chef du Tribunal Révolutionnaire de Moscou, juif ;
9. Legendorf, Contrôleur en chef du Tribunal révolutionnaire de Moscou ;
10. Schultz (Glaznov) Contrôleur en Second du Tribunal Révolutionnaire de Moscou.

## VI. Commissariat à l'Enseignement Public Hauts
### FONCTIONNAIRES

1. Groinim, Commissaire pour les Régions du Sud de la Russie ;
2. Lurie, frère du Président du Soviet Economique supérieur, Directeur de la Section des Ecoles Primaires au Commissariat de l'Enseignement Public, juif ;
3. Liuba Rosenfeld, Directrice de la Section théatrale du Ministère de l'Enseignement Public, juive ;
4. Rebecca Jatz, secrétaire de la précédente, juive ;
5. Sternberg, Directeur de la Section des Arts Plastiques du Commissariat à l'Enseignement Public, juif ;
6. Iacob Zolotin, Président du Conseil de Direction de l'Institut d'Education Communiste, juif ;
7. Grünberg, Commissaire à l'Enseignement pour les Régions nordiques, juif ;

8. Max Eikengold, Premier Secrétaire du Commissariat à l'Enseignement Public, juif.

## VII. Commissariat à l'Armée principales
### Personnalités :

1. Schorodak, Conseiller particulier de Trotsky, juif ;
2. Slansk, Conseiller particulier de Trotsky, juif ;
3. Petz, Conseiller particulier de Trotsky, juif ;
4. Gershfeld, Conseiller particulier de Trotsky, juif ;
5. Fruntze, Commandant suprême de Armées Communistes du Sud, juif ;
6. Fichman, Chef d'État-Major des Armées Communistes du Nord, juif ;
7. Potzern, Président du Soviet (Conseil de Direction) du Front de l'Ouest, juif ;
8. Schutzman (Schusmanovitch) Conseiller Militaire de la Région de Moscou, juif ;
9. Gübelman, Commissaire Politique de la Région de Moscou, juif américain ;
10. Levensohn, Conseiller Juridique de l'Armée Rouge, juif ;
11. Deitz, Conseiller Politique de la Région Militaire de Vitebsk, juif ;
12. Glusman, Conseiller Militaire de la Brigade Communiste de Samara, juif ;
13. Beckman, Commissaire Politique de la Région de Samara, juif ;
14. Kalman, Conseiller Militaire des Forces Comunistes de Slusk, juif.

## VIII. Commissariat à l'Hygiène Hauts fonctionnaires :

1. Dauge, Vice Commissaire du Commissariat à l'Hygiène, juif ;
2. Wempertz, Président de la Commission pour la Lutte contre les Maladies Vénériennes, juif ;
3. Rappoport, Directeur de la Section Pharmaceutique du Commissariat (plus tard sera Commissaire Politique de Petrograd), juif ;
4. Fuchs, Secrétaire de Rappoport, juif ;
5. Bloschon, Président de la Commission pour la Lutte contre les Maladies Contagieuses, juif.

## IX. Membres du Soviet Supérieur de l'Économie populaire (Moscou 1919)

1. Rosenfeld (Kamenev), Président du Soviet Economique de Moscou, juif ;
2. Krasikov, Vice-Président du Soviet Economique de Moscou, juif ;
3. Abraham Schotman, Directeur du Soviet Economique de Moscou, juif ;
4. Heikina, Secrétaire de Schotman, juif ;
5. Eismondt, Président du Soviet Economique de Petersbourg, ,juif ;
6. Landeman, Vice-Président du Soviet Economique de Petersbourg, ,juif ;
7. Kreinitz, Directeur du Soviet Economique de Petersbourg, ,juif ;
8. Abel Alperovitz, Commissaire de la Commission Métallurgique du Soviet Economique Supérieur, juif ;
9. Hertz (Herzan), Commissaire de la Section des Transports du Soviet Economique Supérieur, juif ;
10. Schlimon, Secrétaire de Herz, juif ;
11. Tavrid, Président du Commissariat pour la Récolte de l'Huile de Tournesol ;
12. Rotenberg, Président du Commissariat de l'Industrie Charbonnière, dépendant du Soviet Economique supérieur, juif ;
13. Klammer, Président du Commissariat pour la Pêche, juif ;
14. Kisswalter, Président du Commissariat de la Reconstruction économique, juif américain.

## X. Membres du Premier Soviet des Soldats et des Ouvriers de Moscou

1. Moded, Président du Soviet, juif ;
2. Smitdowitz, Président de la Délégation des Ouvriers, juif ;
3. Leibu Kuwitz, Président de la Délégation des Soldats, juif ;
4. Klautzner, Membre du Soviet, juif ;
5. Andersohn, Membre du Soviet, juif ;
6. Michelson, Membre du Soviet, juif ;
7. Scharach, Membre du Soviet, juif ;
8. Grünberg, Membre du Soviet, juif ;
9. Riphkin, Membre du Soviet, juif ;
10. Vimpa, Membre du Soviet, lithuanien ;
11. Klammer, Membre du Soviet, juif ;

12. Scheischman, Membre du Soviet, juif ;
13. Lewinsohn, Membre du Soviet, juif ;
14. Termizan, Membre du Soviet, juif ;
15. Rosenkolz, Membre du Soviet, juif ;
16. Katzstein, Membre du Soviet, juif ;
17. Zenderbaum, Membre du Soviet, juif ;
18. Sola, Membre du Soviet, lithuanien ;
19. Pfalin, Membre du Soviet, juif ;
20. Krasnopolsky, Membre du Soviet, juif ;
21. Simpson, Membre du Soviet, juif américain ;
22. Schick, Membre du Soviet, juif ;
23. Tapkin, Membre du Soviet, juif.

## XI. MEMBRES DU COMITÉ CENTRAL DU PARTI COMMUNISTE SOVIÉTIQUE (1918-1923)

1. Gimmel (Souvanov), juif ;
2. Kauner, juif ;
3. Rappoport, ,juif ;
4. Wilken, juif ;
5. Siatroff, juif ;
6. Graebner, juif ;
7. Diamandt, juif.

## XII. MEMBRES DU COMITÉ CENTRAL DU IVème CONGRÈS DES SYNDICATS OUVRIERS ET PAYSANS SOVIÉTIQUES

1. Yankel Swerdin (Swerdlov) Président du Comité, juif ;
2. Gremmer, Membre du Comité, juif ;
3. Bronstein (différent de Trotsky), Membre du Comité, juif ;
4. Katz (Kamkov), Membre du Comité, juif ;
5. Goldstein, Membre du Comité, juif ;
6. Abelman, Membre du Comité, juif ;
7. Zunderbaum, Membre du Comité, juif ;
8. Urisky, Membre du Comité, juif ;
9. Rein (Abramovich), Membre du Comité, juif ;
10. Benjamùin Schmidowitz, Membre du Comité, juif ;
11. Tzeimbus, Membre du Comité, juif ;
12. Rupfkin, Membre du Comité, juif ;
13. Schirota, Membre du Comité, juif ;

14. Tzernin Chernilovsky, Membre du Comité, juif ;
15. Lewin (Lewinsky), Membre du Comité, juif ;
16. Weltman, Membre du Comité, juif ;
17. Axelrod (Orthodox), Membre du Comité, juif ;
18. Lunberg, Membre du Comité, juif ;
19. Apfelbaum (Zinoviev), Membre du Comité, juif ; 20 Fuschman, Membre du Comité, juif ;
20. Krasicov, Membre du Comité, juif ;
21. Knitzunk, Membre du Comité, juif ;
22. Radner, Membre du Comité, juif ;
23. Haskyn, Membre du Comité, juif ;
24. Goldenrubin, Membre du Comité, juif ;
25. Frich, Membre du Comité, juif ;
26. Bleichman(Soltntzev) Membre du Comité, juif ;
27. Lantzner, Membre du Comité, juif ;
28. Lishatz, Membre du Comité, juif ;
29. Lénine, Membre du Comité, juif par sa mère.

## XIII. MEMBRES DU Vème CONGRÈS DES SYNDICATS SOVIÉTIQUES

1. Radek, Président, juif ;
2. Ganitzberg, Membre, juif ;
3. Knigknison, Membre, juif ;
4. Amanessoff, Membre, juif ;
5. Tzesulin, Membre, juif ;
6. Rosenthal, Membre, juif ;
7. Pfrumkin, Membre, juif ;
8. Kopning, Membre, juif américain ;
9. Jacks, Membre, juif ;
10. Feldman, Membre, juif ;
11. Bruno, Membre, juif ;
12. Rozin, Membre, juif ;
13. Theodorovitch, Membre, juif ;
14. Siansk (Siansky), Membre, juif ;
15. Schmilka, Membre, juif ;
16. Rosenfeld (Kamenev), Membre, juif ;
17. Samuel Kripnik, Membre, juif ;
18. Breslau, Membre, juif ;
19. Steman, Membre, juif ;
20. Scheikman, Membre, juif ;
21. Askenatz, Membre, juif ;

22. Sverdin, Membre, juif ;
23. Stuszka, Membre, juif ;
24. Dimenstein, Membre, juif ;
25. Rapzuptas, Membre, juif ;
26. Schmidowitz, Membre, juif ;
27. Nachamkes (Stecklov), Membre, juif ;
28. Schlichter, Membre, juif ;
29. Peterson, Membre, juif :
30. Sasnovsky, Membre, juif ;
31. Baptzinsk, Membre, juif ;
32. Valach (Litvinov), Membre, juif ;
33. Tegel (Tegelsky), Membre, juif ;
34. Weiberg, Membre, juif ;
35. Peter, Membre, lithuanien ;
36. Terian, Membre, arménien ;
37. Bronstein, Membre, juif ;
38. Ganletz, Membre, juif ;
39. Starck, Membre, juif ;
40. Erdling, Membre, juif ;
41. Karachan, Membre, arménien ;
42. Boukharin, Membre, juif ;
43. Langewer, Membre, juif ;
44. Harklin, Membre, juif ;
45. Lunatarsky, Membre, russe ;
46. Woloch, Membre, juif ;
47. Laksis, Membre, juif ;
48. Kaul, Membre, juif ;
49. Ehrman, Membre, juif ;
50. Tzirtzivatze, Membre, géorgien ;
51. Longer, Membre, juif ;
52. Lewin, Membre, juif ;
53. Tzurupa, Membre, lithuanien ;
54. Iafet (Joffe), Membre, juif ;
55. Knitsuk, Membre, juif ;
56. Apfelbaum, Membre, juif ;
57. Natansohn (Babrof), Membre, juif ;
58. Daniel (Danielevsky), Membre, juif.

## XIV. CHEFS DE LA POLICE C.E.K.A. (1919)

1. Derzhin (Derzinsky), Chef suprême de la C.E.K.A., juif ;
2. Peters, Sous-Chef de la C.E.K.A., lithuanien ;

3. Limbert, juif, Directeur de la célèbre prison Tzagansky de Moscou où furent assassinés une grande partie de l'aristocratie tzariste et de nombreux ex-ministres, généraux, diplomates, artistes, écrivains, etc. de l'ancien régime ;
4. Vogel, Commissaire exécutif de la C.E.K.A., juif ;
5. Deipkin, Commissaire exécutif de la C.E.K.A., juif ;
6. Bizensk, Commissaire exécutif de la C.E.K.A., juif ;
7. Razmirovich, Commissaire exécutif de la C.E.K.A., juif ;
8. Iankel Swerdin (Sverdlov), Commissaire exécutif de la C.E.K.A., juif ;
9. Janson, Commissaire exécutif de la C.E.K.A., juif ;
10. Kneiwitz, Commissaire exécutif de la C.E.K.A., juif ;
11. Finesh, Commissaire exécutif de la C.E.K.A., juif ;
12. Delavanoff, Commissaire exécutif de la C.E.K.A., juif ;
13. Ziskyn, Commissaire exécutif de la C.E.K.A., juif ;
14. Jacob Golden, Commissaire exécutif de la C.E.K.A., juif ;
15. Scholovsky, Commissaire exécutif de la C.E.K.A., juif ;
16. Reinterverg, Commissaire exécutif de la C.E.K.A., juif ;
17. Gal Pernstein, Commissaire exécutif de la C.E.K.A., juif ;
18. Zakis, Commissaire exécutif de la C.E.K.A., lithuanien ;
19. Knigkisen, Commissaire exécutif de la C.E.K.A., juif ;
20. Skelzizan, Commissaire exécutif de la C.E.K.A., arménien ;
21. Blum (Blumkin), Commissaire exécutif de la C.E.K.A., juif ;
22. Grunberg, Commissaire exécutif de la C.E.K.A., juif ;
23. Latz, Commissaire exécutif de la C.E.K.A., juif ;
24. Heikina, Commissaire exécutive de la C.E.K.A., juive ;
25. Ripfkin, Commissaire exécutif de la C.E.K.A., juif ;
26. Katz (Kamkov), Commissaire exécutif de la C.E.K.A., juif ;
27. Alexandrovich, Commissaire exécutif de la C.E.K.A., russe ;
28. Jacks, Commissaire exécutif de la C.E.K.A., juif ;
29. Woinstein, Commissaire exécutif de la C.E.K.A., juif ;
30. Lendovich Commissaire exécutif de la C.E.K.A., juif ;
31. Gleistein, Commissaire exécutif de la C.E.K.A., juif ;
32. Helphand (Parvis), Commissaire exécutif de la C.E.K.A., juif ;
33. Silencus, Commissaire exécutive de la C.E.K.A., juive ;
34. Iacob Model, Chef de la Garde communiste « Pierre et Paul », chargée des répressions de masse, juif.

## XV. COMMISSAIRES POPULAIRES DE PETROGRAD

1. Rodomill, juif ;
2. Djorka (Zorba), juif.

## XVI. Commissaires executifs de la C.E.K.A. de Petrograd (1919-1924)

1. Isilovich, juif ;
2. Anwelt, juif ;
3. Meichman, juif américain ;
4. Iudith Razmirovich, juive ;
5. Giller, juif ;
6. Buhan, juif ;
7. Dispper (Disperoff), juif ;
8. Heim Model, juif ;
9. Krasnik, juif ;
10. Koslowsky, polonais ;
11. Mehrbey, juif américain ;
12. Paykis, lithuanien.

## XVII. Membres du commissariat supérieur du travail de Moscou

1. Benjamin Schmitd, Commissaire Populaire, juif ;
2. Zencovich, Secrétaire de Schmitd, juif ;
3. Raskyn, Secrétaire général du Commissariat, juif ;
4. Zarach, Directeur de la Section de l'Approvisionnement des Travailleurs, juif ;
5. Weltman, Second Commissaire des Travailleurs Publics, juif ;
6. Kaufman, Assistant de Weltman, juif ;
7. Goldbarh, Président de la Commission des Travaux Publics, juif ;
8. Kuchner, Premier Conseiller du Commissariat des Travaux Publics, juif.

## XVIII. Commissaires et hautes personnalités communistes dans les provinces

1. Isaac Latsk, Commissaire suprême de la République du Don, juif ;
2. Reichenstein, Commissaire Populaire de la République du Don, juif ;
3. Schmulker, Secrétaire du précédent, juif ;
4. Levinson, Président du Soviet du Don, juif ;
5. Haytis, Commissaire pour la Sibérie, juif ;

6. Dretling, Président du Soviet de Kiev, juif ;
7. Ziumperger, Adjoint du précédent, juif ;
8. Zackheim, Président du Soviet de Jaroslaw, juif ;
9. Sheikman, Président du Soviet civil de Kazan, juif ;
10. Willing, Président du Soviet d'Ornembourg (désormais Chicalov),juif ;
11. Berlin (Berlinsky) Président du Soviet de Sizrn, juif ;
12. Limbersohn, Président du Soviet de Penza, juif ;
13. Somur, Commissaire Economique en Transcaucasie, juif ;
14. Schlutz (Sluzky), Président du Soviet de Tavrida, juif ;
15. Herman, Président du Soviet de Tsarinsk, juif ;
16. Rotganzen,Président du Soviet de Bielatzerkowsk, juif ;
17. Lemberg, Secrétaire de Rotganzen, juif ;
18. Daumann, Président du Soviet de Narwsky, juif.

## XIX. RÉDACTEURS DES JOURNAUX COMMUNISTES : *PRAVDA, ECONOMICHENSKAYA ZIZIN* ET *IZVESTIA*

1. Najamkes (dénommé Stecklov), juif ;
2. Iacob Golin, juif ;
3. Kohn, juif ;
4. Samuel Dauman, juif ;
5. Ilin Tziger, juif ;
6. Maxime Gorki, juif ;
7. Dean, juif ;
8. Bitner, juif ;
9. Kleisner, juif ;
10. Bergman, juif ;
11. Alperowich, juif ;
12. Laurie (dénommé Rumiantzeff), juif ;
13. Brahmson, juif ;
14. Grossman (appelé Rozin), juif ;
15. Abraham Tobert, juif.

## XX. RÉDACTEURS DU JOURNAL COMMUNISTE *TORGVOPROMISLEVNOY GAZZETY*

1. Abel Pretz, juif ;
2. Rafalowitz, juif ;
3. Gogan, juif ;

4. Bastell, juif ;
5. Bernstein, juif ;
6. Moch, juif ;
7. Abraham Salomon Emanson, juif ;
8. Goldenberg, juif ;
9. Slavensohn, juif ;
10. Benjamin Rosenberg, juif ;
11. Schuman, juif ;
12. Kulliser, juif ;
13. Goldman, juif ;
14. Iacob Giler (appelé Gilev), juif.

## XXI. RÉDACTEURS DU JOURNAL COMMUNISTE *LE DRAPEAU DU TRAVAIL* (1920)

1. Schumacher, juif ;
2. David (Daviodv), juif ;
3. Jerin (Jaroslavsky), juif ;
4. Lander, juif ;
5. Samson Lewin, juif ;
6. Steinbeck, juif ;
7. Bilin, juif ;
8. Evron, juif.

## XXII. RÉDACTEURS DU PÉRIODIQUE COMMUNISTE *VOLA TRUVA*

1. Katz (Kamkov), juif ;
2. Jacks, juif ;
3. Ensenberg (Poliansky), juif.

## XXIII. MEMBRES DE LA COMMISSION POUR LA DÉTENTION DES SYMPATHISANTS AU REGIME TSARISTE

1. Muriaviov, Président, russe ;
2. Salomon, Membre, juif ;
3. Edelsohnn, Membre, juif ;
4. Goldstein, Membre, juif ;

5. Gruzenberg, Membre, juif ;
6. Tanker, Membre, juif.

## XXIV. Membres de l'Office central du Soviet économique supérieur

1. Rabinovich, juif ;
2. Weinberg, juif ;
3. Larin, juif ;
4. Galat, juif ;
5. Kreitman, juif ;
6. Zupper, juif ;
7. Krasin, juif ;
8. Alperovitz, juif.

## XXV. Membres du Bureau central des Coopératives de l'État

1. Sidelgenim, juif ;
2. Heikinn, juif ;
3. Lubomirsky, russe ;
4. Kritzer (Krizev), juif ;
5. Tanger, juif ;
6. Kinstung, juif.

## XXVI. Membres du Comité central des Syndicats des artisans

1. Ravetz, juif ;
2. Smirnov, russe ;
3. Gitsemberg, juif ;
4. Davidsohn, juif ;
5. Brillante, juif.

## XXVII. Représentants de l'Armée rouge à l'étranger

1. Robelsohn (Radek), représentant militaire soviétique à Berlin, juif ;
2. Neisenbaum, représentant militaire à Bucarest, juif ;

3. Bergman, représentant militaire à Vienne, juif ;
4. Abraham Baum, représentant militaire à Copenhague ;
5. Moisievitch, adjoint de Baum, juif ;
6. Alter Klotzman, représentant militaire à Varsovie, juif ;
7. Abraham Klotzman, adjoint du précédent, juif.

## XXVIII. Membres du corps judiciaire supérieur

1. Katsell, juif ;
2. Goldman, juif ;
3. Walkperr, juif ;
4. Kasior, juif ;
5. Schnell, juif ;
6. Schorteil, russe ;
7. Zercov, russe ;
8. Blum, juif ;
9. Rudzistarck, juif.

## XXIX. Professeurs de l'Académie socialiste de Moscou

1. Sketenberg, juif ;
2. Naodezda Krupp (Krupskaya) épouse juive de Lénine, et non pas russe comme on l'a dit ;
3. Kraskowsko, juif ;
4. Gleitzer, juif, l'amant de la deuxième femme de Staline, fusillé en 1932 pour cette raison derrière l'accusation officielle de trotskysme
5. Keltsman, juif ;
6. Schutzka, juif ;
7. Schirolla, juif finlandais ;
8. Rotstein, juif ;
9. Reisner, juif ;
10. Iosif Rakovsky, juif ;
11. Iacob Lurie, juif ;
12. Rozin, juif ;
13. Pokrovsky, russe ;
14. Karl Levin, juif ;
15. Gimel (Sujanov) juif ;
16. Budin, juif ;
17. Ehrperg, juif ;
18. Nemirovich, juif ;

19. Goikburg, juif ;
20. Rappoport, juif ;
21. Grossmann, juif ;
22. Fritz, juif ;
23. Najamkes, juif ;
24. Ludberg, juif ;
25. Dand (Dauzewsky), juif ;
26. Goldenbach (Riazanov), juif ;
27. Kusinen, finlandais ;
28. Weltman, juif ;
29. Salomon Olansky, juif ;
30. Ursiner (Ursinov) juif ;
31. Gurovich, juif ;
32. Rosa Luxembourg, juive allemande ;
33. Eichenkoltz, juif ;
34. Tserkina, juive ;
35. Gatze, juif ;
36. Moises Ulans k, juif ;
37. Broito (Broitman), juif.

## XXX. Membres du Soviet supérieur du Comité du Don

1. Polonsky, juif ;
2. Rosenthal, juif ;
3. Krutze,,juif ;
4. Bernstein (Koganov) juif ;
5. Zimanovich, juif ;
6. Klasin, letton ;
7. Otzkins, juif ;
8. Wichter, juif ;
9. Kirtz, juif ;
10. Laphsitz, juif ;
11. Bitzk, juif.

## XXXI. Membres de la Commission d'assistance aux communistes

1. Ethel Knigkisen, Commissaire populaire, juive ;
2. Geldman, Secrétaire de la précédente, juif ;
3. Rosa Kaufman, Assistante de la précédente, juive ;
4. Pautzner, Directeur de la Commission d'Aide, juif ;

5. K. Rosenthall, Chef du Bureau directorial de la Commission d'Aide, juif.

## XXXII. Agents économiques soviétiques à l'étranger

1. Abraham Shekman, Agent à Stockhom, auprès des banques Warburg et Nye, juif ;
2. Landau, Agent économique à Berlin, juif ;
3. Worowsky, Agent économique à Copenhague, juif.

## XXXIII. Juges populaires de Moscou

1. Iakob Davodov, juif ;
2. Raul Bitzk, juif ;
3. Iakob Adokolsk, juif ;
4. Iosif Beyer, juif ;
5. Abraham Gundram, juif ;
6. Kastariaz, arménien ;
7. Veniamin Aronovitz, juif.

## XXXIV. Commissaires permanents à la disposition du Soviet Supreme de Moscou

1. Tziwin (Piatinsky), juif ;
2. Gurevich (Dan), juif ;
3. Silberstein (Bogdanov), juif ;
4. Gargeld (Garin), juif ;
5. Rosenblum (Maklakowsky), juif ;
6. Kernomordik, juif ;
7. Lœwenshein, juif ;
8. Goldenberg (Meshkowski), juif ;
9. Tzibar (Martinov), juif.

## XXXV. Conseillers militaires du gouvernement communiste de Moscou

1. Lechtiner, Conseiller du Soviet militaire de l'Armée du Causase, juif ;

2. Watsertish, Commandant du front de l'ouest contre les Tchécoslovaques, juif ;
3. Bruno, Conseiller spécial pour le front de l'Est, juif ;
4. Schulman, Conseiller en second du Gouvernement de Moscou pour le front de l'Est (Conseiller des Commissaires du Peuple), juif ;
5. Schmidowitz, Commandant des Forces Communistes de Crimée, juif ;
6. Jack, Commandant en second des Forces Communistes de Crimée, juif ;
7. Schnesur, troisième Commandant de la même Armée, juif lithuanien ;
8. Meigor, Chef du Soviet militaire de Kazan, juif ;
9. Nazurkoltz, Commissaire du Soviet militaire de Kazan, juif ;
10. Rosenkoltz, Commissaire du Soviet militaire de Kazan, juif ;
11. Samuel Gleitzer, Commissaire Commandant de l'Ecole Soviétique des Troupes de Frontière (gardes-frontière), juif ;
12. Kolmann, Commandant de la Colonne militaire de Moscou, juif ;
13. Latzmer (Lazimov), Adjoint du précédent, juif ;
14. Dulis, Conseiller Militaire du Gouvernement Soviétique, juif ;
15. Steingar, Conseiller Militaire du Gouvernement, juif ;
16. Gititz, Commissaire Politique de la Région Militaire de Petrograd, juif ;
17. Dzenitz, Commissaire Politique de la XV$^{ème}$ Brigade Communiste, juif ;
18. Bitziss, Commandant de la Région Militaire de Moscou, juif ;
19. Gecker, Commandant de l'Armée Communiste de Jaroslaw, juif ;
20. Mitkatz, Conseiller Militaire du Gouvernement pour la Région Militaire de Moscou, juif ;
21. Tzeiger, Commandant du Soviet Militaire de Petrograd, juif.

## XXXVI. MEMBRES DU COMMISSARIAT POUR LA LIQUIDATION DES BANQUES PRIVÉES

1. Henrik, Commissaire Spécial du Gouvernement, juif ;
2. Moisekovsk, Adjoint du précédent, juif ;
3. Kahn, Comptable Général des Dépôts bancaires particuliers, juif américain ;
4. Iacov Giftling, Conseiller Technique du Commissariat, juif ;
5. Nathan Elliasevich, Second Conseiller Technique, juif ;
6. Sarrach Elliasevich, adjointe du précédent, juive ;
7. Abraham Ranker, Conseiller du Commissariat, juif ;

8. Plat, Conseiller, juif letton ;
9. Abraham Rosenstein, Conseiller, juif ;
10. Lemmerich, Conseiller du Commissariat, juif.

## XXXVII. Membres de la section philologique du prolétariat

1. Veniamin Zeitner, juif ;
2. Pozner, juif ;
3. Maxime Gorki, juif ;
4. Alter, juif ;
5. Eichenkoltz, juif ;
6. Schwartz, juif ;
7. Berender, juif ;
8. Kalinin, juif ;
9. Hadasevich, juif ;
10. Leben (Lebedeeff) juif ;
11. Kersonskaya, juive.

## XXXVIII. Statistiques des fonctions du nouvel état judéo-soviétique occupées par des communistes, répartis selon que juifs ou d'origine chrétienne

O. C. O. J.
1. Membres du premier Gouvernement communiste de Moscou 3/16 (Conseil des commissaires du peuple)
2. Hauts Fonctionnaires dépendant du Commissariat à l'Intérieur 0/10
3. Fonctionnaires supérieurs du Commissariat aux Affaires Etrangères 2/16
4. Fonctionnaires supérieurs du Commissariat à l'Economie 1/ 13
5. Fonctionnaires supérieurs du Commissariat à la Justice 0/10
6. Fonctionnaires supérieurs du Commissariat à l'Enseignement Public 0/8
7. Fonctionnaires supérieurs du Commissariat aux Forces Armées 0/14
8. Fonctionnaires supérieurs du Commissariat à l'Hygiène 0/5
9. Membres du Soviet Supérieur de l'Economie Populaire 0/14
10. Membres du Premier Soviet des Soldats et des Ouvriers de Moscou 4/19

11. Membres du Comité Central du Parti Communiste Soviétique 1/6
12. Membres du Comité Central du IVe Congrès des Syndicats des Ouvriers et des Paysans Soviétiques 0/30
13. Membres du Comité Central du Ve Congrès des Syndicats Soviétiques 9/50
14. Dirigeants de la Police C. E.K.A. de Moscou 5/29
15. Commissaires Populaires de Petrograd 0/2
16. Commissaires Exécutifs de la Police C.E.K.A. de Petrograd 3/9
17. Membres du Commissariat Supérieur du Travail 0/8
18. Commissaires et hauts personnages Communistes de Province 1/17
19. Rédacteurs des journaux « Pravda », « Isvestia » et « Ekonomischenskaia Zizin » 1/14
20. Rédacteurs du Périodique Communiste « Torgo-Promislevnoy-Gazetty » 0/15
21. Rédacteurs du Périodique « Le Drapeau du Travail » 0/8
22. Rédacteurs du Périodique « Vola Truva » 0/3
23. Membres de la Commission pour la Détention des Sympathisants du Régime tsariste 1/6
24. Membres du Bureau Central du Soviet Économique Supérieur 1/7
25. Membres du Bureau Central des Coopératives d'État 1/5
26. Membres du Comité Central des Syndicats d'Artisans ¼
27. Représentants de l'Armée Rouge à l'Étranger 0/7
28. Membres du Corps Judiciaire Supérieur 1/9
29. Professeurs de l'Académie Socialiste de Moscou 2/34
30. Membres du Soviet Supérieur du Commissariat du Don 2/9
31. Membres de la Commission d'Assistance aux Communistes 0/5
32. Agents Économiques Soviétiques à l'Étranger 0/3
33. Juges populaires de Moscou 1/6
34. Commissaires Permanents à la disposition du Soviet Suprême 0/9
35. Conseillers Militaires du Gouvernement de Moscou 2/19
36. Membres du Commissariat pour la Liquidation des Banques privées 0/10
37. Membres de la Section Philologique du Prolétariat[619] 1/10

---

[619] D'après Traian Romanescu, Op. et ed. cit., pp. 143 à 161.

# BIBLIOGRAPHIE
# DES OUVRAGES CITÉS

Actes des Apôtres, Bible de Scio, Madrid, 1852
Apocalypse de Saint Jean, Bible de Scio, éd. cit.
Évangiles, Bible de Scio, ed. cit.
Prophéties d'Amos, Daniel, Ezéchiel, Isaïe, Osée : Ancien Testament, Bible de Scio, ed. cit.
Saint Pierre, Apôtre et Pape : II7ME épitre, Bible de Scio, ed. cit.
Saint Jean, Apôtre : Évangile, Bible de Scio, ed. cit
Saint Jean, Apôtre : Apocalypse, Bible de Scio, ed. cit.
Saint Luc, Apôtre : Évangile, Bible de Scio, ed. cit.
Saint Marc, Apôtre : Évangile, Bible de Scio, ed. cit.
Saint Matthieu, Apôtre : Évangile, Bible de Scio, ed. cit.
Saint Paul, Apôtre : Épitres, Bible de Scio, ed. cit.
Saint Ambroise, Évêque de Milan, Père de l'Église : « Lettre IX à l'Empereur Théodose ».
Saint Athanase, Père de l'Église : « Traité de l'Incarnation ».
Saint Athanase, Père de l'Église : « Historia Arianorum ad Monachos ».
Saint Athanase, Père de l'Église : « Contra Arrianos ».
Saint Athanase, Père de l'Église : « Epistola De Morte Arrii ».
Saint Augustin, Père de l'Église : « Traité sur les Psaumes » (psaume LXIII, verset 2).
Saint Augustin, Père de l'Église, cité par le P Francisco de Trorrejoncillo, dans son livre « Centinela contra Judios puesta en la Torre de la Iglesia di Dios », Madrid, 1674.
Saint Thomas d'Aquin : Docteur de l'Église « Opera Omnia » Edit. Pasisills MDCCLXXX.
Saint Basile, « Lettre » publiée par Saint Jean Chrysostome, in « Biblioteca de Autores cristianos », La Editorial Catolica, Madrid, MCMLVIII.
Saint Bernard, Père de l'Église, « Lettre n° 241 ».
Saint Grégoire le Grand (Pape) : cité par Graetz dans son « Histoire des Juifs ».
Saint Grégoire de Naziance, Père de l'Église : « Oratio I in Julianum ».
Saint Grégoire de Nysse : « Oratio in Christi Resurrectionem ». Saint Grégoire de Tours, Évêque : « Historia Francorum ».
Saint Hilaire : « Histoire » 2, 20 fragments.

Saint Irénée : « Adversus Hereses «
Saint Jean Chrysostome, Père de l'Église : « Homélies contre les juifs ».
Saint Jean Chrysostome, Père de l'Église : « Œuvres » in Sources Chrétiennes.
Saint Jérôme : Catalogue, cité par Adrocomio.
Saint Pie V, Pape : Bulle « Romanus Pontifex » du 19 avril 1566. Compilation Bullarium Diplomatum et Privilegiorum Sanctorum Rom anorum Pontificum Taurinensis », Edition de 1739-1753.
Saint Pie V, Pape : Bulle « Cum nos super » du 19 janvier 1567. Compilation du Bullarium cit.
Saint Pie V, Pape : Bulle « Hebraeorum gens » du 26 février 1569. Compilation du Bullarium cit.

Abel P. : Die Neue Freie Press, Vienne, 1898.
Abjar-Machmua, traduction en espagnol de Don Emilio Lafuente y Alcantara. Collections des œuvres arabes d'Histoire et de Géographie, tome I, de la Royal Academia de la Historia, Madrid.
« Aboda Zara », 26b Tosephot, Talmud de Babylone.
Abou-Zeid Abd-er-Rahman Ibn Kahldoun : « Histoire des berbères », traduction française du Baron Salanne, Argel Editeurs, 1852.
Academia de la Historia, Madrid : « Privilegios de dicha Iglesia », G 18 ; et « Cortès de los antiguos Reinos de Leon y Castilla », Madrid 1863.
Albanés, Ricardo C. : « Los Judios a travès de los Siglos », Mexico, 1939.
Al-Makkari, cité par Ricardo C. Albanés, in « Los Judios a traves de los Siglos » edit. cit.
Al-Makkari, cité par Vincent Risco, in « Historia de los Judios », Barcelona, 1960.
« Almanach des Franc-Maçons », Leipzig, 1884.
P. Alvarez de la Fuente, Joseph : « Succesion Real de Espana ».
Amador de los Rios, Jose : « Historia de los judios de Espana y Portugal » Madrid 1875.
Amolon (Archevêque ) : « Traité contre les juifs ».
Archives de l'Inquisition de Carcassonne, citées par J. Vaissette in « Histoire générale du Languedoc ».
Archives de l'Inquisition de Carcassonne, citées par Henry Charles Lea in « A History of the Inquisition in the Middle Ages », New-York, (Dont XX-XI, 21 et 25).
Archives Israélites, année 1864.
Arius : « Thalia ».
Balmes, Jaime, S. J. : « Le Protestantisme comparé au Catholicisme ».
Baluzius : « Vitae Paparum Avenionesium » Paris, 1693.
Barruel, Augustin, S. J. : « Mémoires pour servir à l'histoire du Jacobinisme ».

Batifol, L. : « Les sources de l'histoire du Concile de Nicée » Echos d'Or, 28, 1925.
Bedarride : « Les Juifs en France, en Italie et en Espagne » XII, Paris, 1861.
Benamozegh, rabbin : « Israël et l'Humanité ».
Bo, Carlo : article « E ancora difficile dire Ebreo », in magazine « L'Europeo » de Milan du 26 août 1962. Bossuet : Sermon pour le Vendredi Saint In « Œuvres complètes », t. II, p. 628.
Bossuet : « Discours sur l'Histoire Universelle », IIème partie, chap XXI.
Bossuet, cité par Malcolm Hay in « Europe and the Jews », Boston, 1960.
Browne, Lewis, rabbin : « Stronger than Fiction » New-York, 1925, et « The Story of the Jews », Londres 1926.
« Bullarium Diplomatum et Privilegiorum Sanctorum Romanorum Pontificum Taurinensis », Edition de 1739-1753
« Cahiers de l'Ordre » (Les), numéros 3 et 4 de 1926.
Capefigue : « Les grandes opérations financières ».
Caro, Cardinal Jose Maria, R., Archevêque de Santago, Primat du Chili : « El Misterio de la Masoneria » Editorial Difusion, Buenos Ayres 1954, 2ème édition.
Castro, Alfonso : « Il Problema Judio » Editorial Actualidad, Mexico, 1939.
Cavallera : « Le Schisme d'Antioche », Cambridge, 1938.
Chaniga, fol. 3a, 3 b, Talmud.
« Chronique de Juan II » de l'année 1420, citée par Jose Amador de los Rios in « Historia de los Judios de Espana y Portugal » edit. cit.
« Chronicon Moissiaciense » et « Chronicon Sebastian », in « Espana Sagrada », tome XIII.
« Continuacio Chronici Guillemi de Nangis », publiée dans le « Specilegium sive Aliquot Scriptorum qui in Galliae Bibliothecis delituerant », tome III, Paris, MDCC XXIII.
« Codex Udalrci » : Numéros 240-261.
Concile Illibiterain : cité par Jose Amador de los Rios in « Historia de los Judios de Espana y Portugal » Edit. citée.
IIIème Concile Tolédan Canon XIV. Compilation de Juan Tejada y Ramiro. Collection de Canons de tous les Conciles de l'Église d'Espagne et d'Amérique, Madrid 1859.
IVème Concile Tolédan. Canons LVIII, LIX, LX, LXII, LXIV, LXV et LXVI, Collection citée.
VIème Concile Tolédan, Canons III et IV, Collection citée.
VIIIème Concile Tolédan, Canon III, Collection citée.
IXème Concile Tolédan Canon XVII, Collection citée.
XIIème Concile Tolédan, Actes, Pli du Roi et Canon IX, Collection citée.
XIIIème Concile Tolédan, Canon IX, Collection citée.
XVIème Concile Tolédan, Canon I, Collection citée.

XVIIème Concile Tolédan, Actes Pli du Roi et Canon VIII, Collection citée.
Concile d'Agde, Canon LXIV, Collection citée.
Concile Trulan, Canon I, Collection citée.
IIème Concile de Nicée, Canons VIII et IX.
Compilation de « Acta Conciliorum et epistolae decretales ac constitutione Summorum Pontificum ». Etude de P. Joannis Harduini S.J., Paris, 1714.
Conciles d'Epone, IIème et IVème d'Orléans, de Macon, de Paris et de Meaux, cités par Graetz in « History of the Jews », Jewish Publication Society of America, Philadelphie, 5717-1956.
IVème Concile d'Orléans, cité par le rabbin Jacob Raisin in « Gentile Reactions to Jewish Ideals » Philosophical Library, New-York, 1953.
IIème Concile de Latran, Canon XXX, Compilation de « Acta Conciliorum et epistolae decretales ac constitutione Summorum Pontificum »
Etude de P. Joannis Harduini S.J., Paris 1714.
IVème Concile de Latran, Canons LXVII, LXVIII, LXIX et LXX, Compilation citée. Congrès International de Bruxelles de 1910, Compte Rendu.
Cuvelier : « Histoire de Messire Bertrand Du Guesclin » manuscrit en vers du Chroniqueur réécrit en prose par d'Estonville en l'an 1387. Traduction espagnole de Berenguer, Madrid, 1882.
P. Deschamps, Cardinal Mathieu, Mgr Besson et alii : « Les Sociétés secrètes et la Société ».
de Felice, Renzo : « Storia degli Ebrei italiani sotto il fascismo » Edit. Torino, 1961.
de Faye, E., « Gnostiques et Gnosticisme », édition de 1913.
De Frisinga, Otto : « Chronica », tome VII.
De Lucca, Humberto, Évêque, « Cronica en Codex udaldrici ». de Luchet : « Essai sur la secte des Illuminés ».
de Mariana, Juan, S.J. : « Historia genéral de Espana », Madrid, 1650.
de Poncins, L. : « Les forces secrètes de la Révolution : F-M et Judaisme » édition espagnole, Fax, Madrid, 1957.
de Ragusa, Juan : « Monumenta Conciliorum Genralium Saeculioli ».
de Segovia, Juan : « Historia Gestorum Generalis Synodi Basiliensis ».
De Tormay, C. : « Le Livre Proscrit ».
De Tuy, Lucas, Évêque : « Cronicon », an 733.
De Torrejoncillo, Frère Francisco : « Centinela contra Judios en la torre de la Iglesia de Dios » Madrid, 1674.
« Diccionnario Enciclopedico Abbreviado de la Masoneria », de Laurenzo Frau Abrines, IIème édition, Compania General de Ediciones, Mexico, 1960.

Diez di Gamez, Guttiere : « Cronica de Piedro Nino Conde di Buelna », chronique écrite en l'année 1495, d'après l'édition de Madrid de 1782.
Dozy, Rheinart : « Histoire des Musulmans d'Espagne », Leiden, 1932.
Drive en « Dav », Folio 37 Talmud de Babylone.
Drumont, Edouard : « La France juive », Paris, 1888.
Duchesne, L. « Compendium de l'Histoire d'Espagne » traduction espagnole du P. Francisco de la Isla, Madrid, 1827.
Duchesne, L. : « Liber Pontificalis », Paris, 1955, tome II.
Dunner, Joseph : « The Republic of Israël », Editions Octubre, 1950.
Duque de la Victoria : « Israël Manda », Editorial Latino-Americana S.A., Mexico. « Eben-Ha-Esser » 6 et 8, Talmud de Babylone.
Eberlin, E : « Les Juifs d'aujourd'hui ».
Eckert : « La Franc-Maçonnerie dans sa véritable signification ».
Éliphas Levi : « Histoire de la Magie » et « Dogme et Rituel de la Haute Magie ». Enciclopédia Universal Illustrada, Espasa Calpe S.A. Editeurs, Madrid-Barcelone, 1930. Enciclopedia Judaica Castellana, Mexico, 1948.
Etienne III, Pape, cité par le rabbin Josef Kastein in « History and Destiny of the Jews », Garden City, New-York, 1936. Eusèbe : « Vita Constantinus ».
Fara, Maurice : « La Maçonnerie à découvert » édition espagnole, Hoja de Roble édit., Buenos-Ayres.
Frank, rabbin Adolphe Jacob : « La Kabbale et la Philosophie religieuse des Hébreux ».
Ferrer del Rio : « Examen Historico critico del Renado de don Pedro de Castilla » Œuvre primée par le vote unanime de l'Académie Royale espagnole.
« Forum Judicum », Livre XII, titre II, Loi XIV, édition de l'Académie Royale espagnole, 1815.
Froissard, Jean de : « Histoire et Chonique mémorable », Paris, 1574.
« Fuero Juzgo » (Droit coutumier) en latin et en Castillan, édition de l'Académie Royale espagnole, 1815.
Frau Abries, Lorenzo, M M 33° du Rite Ecossais antique et accepté : »Diccionario Enciclopedico Abreviado de la Masoneria », IIème édition, Cia General de Ediciones, Mexico, 1960.
Finn, James : « Sephardim or the History of the Jews in Spain and Portugal », Londres 1941.
Gaxotte, Pierre : « La Révolution Française ».
Gevatkin : « Studies of Arrianism ».
Gougenot des Mousseaux : « Le juif, le Judaïsme et la judaïsation des peuples chrétiens ».
Graetz : « History of the Jews », Jewish publication Society of America, Philadelphie, 5717-1956.
Grégoire VII, Pape : Regesta IX-2.

Grégoire IX, Pape, Bulle « Sufficere dibuerat » du 5 mars 1233 :
« Bullarium Diplomatum et Privilegiorum Sanctorum Romanorum Pontificum Taurinensis », Edition de 1739-1753, tome III, année 1233.
Bulles « Ille humani generis »et « Licet ad capiendos » Nos 9143, 9152, 9235, cités par Henri Charles Lea in « A History of Inquisition in the Middle Ages » ed. cit.
Halevy, Léon : « Résumé de l'Histoire des Juifs ».
Harduini, Joannis, S.J. Compilation de « Acta Conciliorum et epistolae decretales ac constitutione Summorum Pontificum », Paris, 1714.
Hay, Malcolm : « Europe and the Jews », Boston, 1960.
Hay, Paul, Seigneur de Chartelet : « Histoire de Messire Bertrand Du Guesclin », Paris, 1666.
Hess, Moise : « Rome et Jerusalem » version anglaise traduite et éditée par le rabbin Maurice J. Bloom, New-York, 1958.
Heffele, Jean Charles : « Histoire générale des Conciles », tome I.
Hutton, Bernard : article in revue « Constellation » N° 167 de mars 1962.
Innocent IV, Pape, Bulle « Impia judeorum perfidia » du 9 mai 1244. Compilation du Bullarium Privilegiorum ac Diplomatum Romanorum Pontificum, Amplissima collectio de Caroli ; Coquelines, Rome 1739-1753.
« Jebamoth », Talmud de Babylone.
Jewish Encyclopoedia, Funck & Wagnalls editeurs, New-York et Londres.
Jona, Salvatore ; « Gli Ebrei in Italia durante il Fascismo » Milan, 1962.
Jouin, Mgr : « Le péril judéo-maçonnique », 5 volumes, Paris, 1919-1927.
Kadmi-Cohen : « Nomades, essai sur l'âme juive », 1929.
Kahn, Léon : « Les juifs de Paris durant la Révolution », Paris, 1888.
Kastein, Joseph : « History and Destiny of the Jews », traduit de l'allemand, Edit. Huntley Patterson, New-York 1933.
Koch, W. : « Comment l'Empereur Julien tâcha de fonder une Église païenne » in « Revue de philosophie de l'Histoire » n° 6 de 1927, p 1355 et N° 7 de 1928, p 485.
« Kabbala ad Pentateucum ».
Labriolle : « La Réaction paienne », 1934.
Lambelin, Roger : « Les Victoires d'Israël », B.Grasset, Paris,1928.
Latsis : « Terreur rouge » périodique, numéro du 1er novembre 1918.
Lea, Henri Charles : « Histoire de l'Inquisition au Moyen Age », traduction française de Salomon Reinach, Paris, 1901, et « A History of the Inquisition in the Middle Ages », New-York, 1958.
Learsi, Rufus : « Historia del Pueblo judio », écrit en collaboration avec la Jewish History Foundation édition espagnole, Editorial Israel, Buenos Ayres.
Léon XIII, Pape, Lettre Encyclique « Humanum genus » du 20 avril 1884.
Leroy-Beaulieu : « Israël parmi les nations ».

Leven, N : « Cinquante ans d'Histoire : L'Alliance Israélite Universelle », Paris 1911.
Livre des Actes de la Faculté de Théologie de l'Université de Vienne, MSS, Acte du 10 janvier 1419.
Llora, B., S. J., Garcia-Villoslada, R., S. J., et Montalban F. J., S. J. : « Historia de la Iglesia Catolica », Madrid, 1960. « Los Judios » Oeuvre publiée par la Sociedad Hebraica Argentina, 1956.
Lucas Tudensis , Évêque : « Chronicon in Hispania Illustrata » et « De Altera Vita adversus Albigenses errores ».
Malanni, Esteban J. : « Communismo y Judaismo » Edit. La Mazorca, Buenos Ayres, 1944.
Martin V, Pape : Bulle « Sedes Apostolica » de l'an 1425. Compilation du Bullarium Diplomatum et Privilegiorum Sanctorum Romanorum Pontificum Taurinensis, Edition de 1739-1753, tome IV, année 1425.
Matter : « Histoire du Gnosticisme ».
Melgunov, S. P. : « La Terreur Rouge en Russie ».
Menendez y Prelayo, Marcellino : « Historia de los Heterodoxos Espanoles » Eit. du Consejo Superior de Investigaciones Cientificas, Madrid, 1946.
Mérimée, Prosper : « Histoire de don Pedre », Paris 1948.
Mgr Meurin, Léon, S. J. Archevêque Évêque de Port Louis : « Philosophie de la Maçonnerie », éd. espagnole, Madrid, 1957.
Michelet : « Histoire de France », Paris,1879.
Milman, Dean : « History of the Jews » Everymans's Library, 2ème édition.
Mocatta, Frederick David : « The Jews in Spain and Portugal, and the Inquisition », Londres, 1877.
Newman, rabbin Louis Israel : « Jewish Influence on Christian Reform Movements », New-York 1925.
Nicolas IV, Pape, Bulle « Turbato Corde » du 5 septembre 1288, Caroli Coquelines Bullarium, ed.cit.
Nossig Alfred : « Integrales Judentum ».
Origène : « De Principis » IV-8.
Pacense, Isidore : « Chronicon ».
Paul III, Pape : Bulle « Illius Vices » du 12 octobre 1535. Caroli Coquelines Bullarium, ed.cit.
Paul IV, Pape : Bulle « Cum nimis absurdum » du 12 juillet 1555. Caroli Coquelines Bullarium, ed. cit.
Pessin, Deborah: « The Jewish people », livre II, Edit. United Synagogue Commission on Jewish Education, New-York, 5712-1952.
Pike : « La Morale et le Dogme dans le Rite Ecossais ».
« Prima Vita de Urbani V », publiée par Baluzius in « Vitae Paparum Avenionesium » Paris, 1693.

« Procès de Luis de Carvajal » « El Mozo » édition de Archivo General de la Nacion, Mexico 1935.
Prophéties d'Amos, Bible de Scio ed. cit.
Prophéties de Daniel, Bible de Scio ed. cit.
Prophéties d'Ezéchiel, Bible de Scio ed. cit.
Prophéties d'Isaïe, Bible de Scio ed. cit.
Prophéties d'Osée, Bible de Scio, ed. cit.
Quasten, Pr Johannes : « Patrologie », Biblioteca de Autores Cristianos, Edit. La Editorial Catolica, Madrid, MCM LXI
Ragon : « Maçonnerie occulte ».
Raisin, Rabbin Jacob S. : « Gentile Reactions to Jewish Ideals », Philosophical Library, New-York, 1953.
Revue Internationale des Sociétés Secrètes, Paris, N°2 de 1913 et N° 8 de 1926.
Ricoux, Adolphe « L'Existence de Loges de femmes » Paris, 1891.
Ripoll, I 45, 47, C 8-8 Sixième V 2.
Risco, Vincente : « Historia de los Judios », Barcelone, 1960.
Rohling, Dr, prêtre catholique : « Die Polemik der Rabbinismus », cté par Ricardo C. Albanés dans : « Los Judios a través de los siglos », ed. cit.
Romanescu, Traian : « La gran Conspiracion judia » 3ème édition, Mexico, 1961.
Rosen, Pablo : « Satan y Cia ».
Rossi, Ernesto : « Il Manganello e l'Aspersorio , Florence.
Roth, Cecil : « A History of the Marranos » Philadelphie, 1932 ; « Historia de los Marranos » Edit. Israel, Buenos-Ayres 1946 ; et « Storia del Popolo Ebraico » Milan, 1962.
Sachar, Abraham Léon : « Historia de los Judios ». edit. Ercilla, Santiago du Chili, 1945.
Salluste : « Les Origines secrètes du Bolchevisme : Henri Heine et Karl Marx ».
Schwartz, Samuel : « Os Cristiaos Nuevos em Portugal no Seculo XX », Lisbonne,1925.
Scio, Bible de, Madrid, 1852.
Sellers , R. V. : « Eustacius of Antioch and his place in the early Christ Doctrine », Cambridge; 1928.
Sepher-Ha-Zohar, Talmud, Kabbale juive, traduction de Jean de Pauly, Paris.
Shabbat, Talmud de Babylone.
Sitges : « Las Mujeres del Rey don Pedro », Madrid, 1910.
Sociedad Hebraica Argentina : « Los Judios » Oeuvre collective, 1956.
Sombart, Werner : « Les Juifs et la vie économique ».
Sorromeno : « Historia ecclesiastica ».

Summario de los Reyes de Espana : Compendium inséré dans la Cronica de Don Pedro Nino, édition de Llaguno et Amirola, Madrid, 1782.

Tertullien : « Adversus Judaeos » ; « Escopiase » ; « Ad Nationes ».

Talmud de Babylone, traités Sanhédrin folios 88, col. 2; 89, col. 1 ; 104, col. 1 ; traité Schabb, folio 20, col 1.

Taxil, Léo : « Les Frères trois points ».

Tejada y Ramiro, Juan : « Collection des Canons de tous les Conciles de l'Église d'Espagne et d'Amérique », Madrid, 1859

Teyssier, Dr Ezechiel : « Mexico, Europa y los Judios » Edit Claridades, Mexico, MCM XXXVIII.

Tharaud, Jérôme et Jean : « Causerie sur Israël », Marcel Lesage, Paris ; 1926; et « Quand Israel est roi ». Toledanus, Rodericus : « De rebus Hispaniae » et « Rerum in Hispania gestarum ».

Vacandard : « La Vie de Saint Bernard ». Vaissette : « Histoire Générale du Languedoc ». Villani, Matteo : « Historia », Florence, 1581.

Voltaire : « La Henriade ».

Von Haugwitz : « Mémoires ».

Vogelstein und Rieder : « Geschichte der Juden in Rom », 1896.

Waite, Arthur E. : « The Mysteries of Magie ».

Walsh, William Thomas : « Felipe II », edit. Espasa Calpe, Barcelone.

Watterich, J. M. : « Vitae Romanorum ab exeunte saeculo IX usque ad finem saeculo XII », Leipzig, 1865.

Webster, Nesta H. : « Secret Societies and Subversive Movements », Londres; 1924.

Wolf, Gerson : « Studien zur Jubelfeier der Wiener Universität » Vienne 1865.

Wiener, rabbin : « Die Juwischen Speisegesetz » cité par Ricardo C. Albanés in op. cit. Yarker, John ; « The Arcane Schools ».

Note : Certains titres cités dans les notes de bas de page n'ont pas été repris dans cette liste.

# POSTFACE

## L'APRÈS 1945 : LES SUITES POLITIQUES ET RELIGIEUSES DE YALTA !

L'opinion publique aujourd'hui se lamente sur « la crise des valeurs » mais n'a pas réellement cherché à savoir d'où provenait cette crise générale. Or les matériaux historiques sont révélateurs !

La crise est générale, elle est politique, sociale, économique ET RELIGIEUSE. Elle est surtout religieuse. Cette crise, c'est la quasi-disparition (temporaire !) de l'Église Catholique, réduite non seulement au silence depuis la mort de Pie XII, mais conduite par ceux qui ont occupé les postes de sa haute hiérarchie à se renier publiquement, suite à la lâcheté des hommes, au chantage de ses ennemis, et avec la complicité active de hauts prélats avec les pouvoirs temporels politiques victorieux de la 2$^{ème}$ guerre mondiale (Judaïsme, Maçonnerie et Communisme, sillonnisme !), sous l'influence maligne des puissances temporelles et lucifériennes précitées, d'où l'hérésie libérale-moderniste judaïsante qui n'a cessé de se développer depuis cent cinquante ans et fut victorieuse dans l'Église après 1950, sinon déjà avant.

La détermination et le plan des ennemis de l'Église, les États judéo-communistes et judéo-maçons vainqueurs en 1945 a été inscrite dans le traité de Yalta sous forme d'une clause secrète, qui fut dévoilée à l'ambassadeur d'Espagne à Washington par une secrétaire de Roosevelt (au témoignage de l'ambassadeur Douffaigue dans son livre « Espana tena razon » cité par Léon de Poncins dans « Christianisme et Franc-Maçonnerie »), savoir : soumission de TOUTE l'Europe occidentale(donc Vatican compris !) à l'influence conjointe au directoire de la judéo-maçonnerie anglo-US et du judéo-Communisme soviétique, tous deux dirigés par les hauts responsables juifs et lucifériens mondialistes : la haute finance juive et américaine !

La haute hiérarchie de l'Église aurait certes pu et dû refuser d'obéir à cette clause, mais elle comptait un si grand nombre de philo-juifs et même de juifs infiltrés (marranes), de sillonnistes et de modernistes qu'elle ne résista pas après la mort de Pie XII, lequel, très philo-sémite, avait d'ailleurs promu à de très hauts postes les traîtres comme Béa et laissé s'étendre dans l'Église le cancer de l'anarchie dogmatique et liturgique. Et ce fut l'élection du « bon pape Jean » applaudi si fort par la presse mondiale maçonnique, car ce prélat maçon d'esprit (et même selon plusieurs témoignages sérieux frère maçon actif) avait donné des gages, promettant aux dirigeants du complot d'assurer l'élection du juif Montini comme successeur en nommant cardinaux les traîtres qui seront ses électeurs, comme la suite le prouva.

Avec l'élection du traître Roncalli à la Papauté, la victoire de l'hérésie dans les hautes sphères de l'Église et de là sur le monde était assurée, et ainsi le renversement de la Vérité immuable au profit de « l'ouverture au monde », aux diktats des vainqueurs : l'évolutionnisme religieux et les concessions aux juifs, obtenue par Jules Isaac et Label Katz lors de leur rencontre avec Roncalli-Jean XXIII. Les ennemis de l'Église pouvaient alors proclamer que l'Église n'est pas divine... puisqu'elle CHANGE, et si elle change, comment les catholiques pourront-ils continuer à réciter l'Acte de Foi : ils la perdront ! ! !`

Le livre présenté ici,[620] avertissant les pères conciliaires du complot bimillénaire et toujours plus violent des ennemis de l'Église qui avaient désormais de nombreux complices au Vatican et dans les évêchés fut distribué aux Pères en 1962 sous le titre d'alors « Complot contre l »Église ». Mais sans doute trop volumineux, ne fut-il pas lu par les Pères. Plusieurs autres écrits beaucoup plus courts, dont un Léon de Poncins intitulé « Le Vatican et les juifs », avaient averti les Pères de la manœuvre amorcée par les B'nai Brith avec Jules Isaac et diverses hautes personnalités pour faire revenir l'Église sur l'enseignement des Évangiles et des Pères de l'Église ! Mais le changement impie fut néanmoins décidé par Roncalli et entériné par le « Concile Vatican II », par le vote d'une majorité de plus de 1600 évêques et ses Pontifes, le maçon Jean XXIII et le judéo-moderniste œcuméniste Montini-Paul VI, fils d'une juive et du « Marc Sangnier » italien, qui avait longtemps trahi la Papauté avant que Pie XII ne s'en aperçoive( ?), le sanctionnant par une promotion-éloignement au Siège archiépiscopal de Milan !.

Si l'immense majorité des évêques suivit la minorité agissante sous la conduite du juif Béa et de ses séides Baum et Osterreicher, ainsi que Mendez-Arceo, Walther Kempe et des leaders du groupe des évêques et cardinaux sillonnistes et modernistes passés à la Franc-Maçonnerie, les

---

[620] Ce dont Maurice Pinay et d'autres, parmi lesquels Léon de Poncins dans sa brochure « Les Juifs au Concile », avertirent les Pères artisans de Vatican II début 1965, les Juifs B'nai Brith le confirmèrent point par point... dans un article du magazine américain Look paru le 26 janvier 1966 ( !). L'Église de Paul VI ne démentit pas !

Tisserant, Montini, Liénart, Alfrink, Kœnig, Lercaro, Spellman, Suenens, aidés des néo-théologiens » les Congar, de Lubac, Rahner et Ratzinger, c'est que cette minorité agissante avait tous les pouvoirs sur le Concile pour le manœuvrer à la faveur d'un complot et du « pape » Roncalli puis de son successeur Montini-Alghizi, mais aussi que l'ensemble des esprits étaient déjà acquis au reniement de la vraie Foi, imbus des idées modernes, car le peuple a le haut clergé qu'il mérite, tout comme le clergé a le peuple qu'il mérite également ! Ce haut clergé d'après-guerre, nommé par Pie XII conseillé par le juif Béa et les nonces comme Roncalli, était formé de prélats sillonnistes dont la nomination en remplacement des prélats catholiques avait été « exigée » par les puissances victorieuses en 1945.

Hélas depuis longtemps déjà, la Secrétairie d'État du Vatican, celle de Rampolla et ensuite de Gasparri était aux mains de maçons, et Saint Pie X ne put que constater que « le Modernisme avait pénétré dans les veines même de l'Église », c'est à dire dans la prélature. Rien d'étonnant à cela dans un monde où les catholiques aspiraient à vivre comme des païens.

Devant les bouleversements introduits par Montini qui, selon Mgr Lefebvre « détruisit l'Église plus vite et plus profondément que Luther », il y eut une réaction de catholiques fidèles et de trop rares Prélats et clercs (Cardinaux Bacci et Ottaviani, Mgr de Proenca-Sigaud), et précisément Mgr Marcel Lefebvre, Mgr de Castro Mayer, Mgr Ngo Din Thuc, et quelques Évêques fidèles d'Amérique du Sud dont celui qui donna son Imprimatur au présent livre) martyrs de leur fidélité qui moururent de désolation... Mais dans une Église en pleine décomposition, ces prélats isolés luttant contre le pape d'apparence « ne purent ou n'osèrent pas grand-chose...

Mgr Lefebvre, s'il créa une œuvre sacerdotale et un séminaire, le fit avec des aides dont certaines furent très suspectes, avec un corps professoral recruté de bric et de broc comptant des libéraux semi-modernistes, qui réussirent à influencer le vieil évêque, et à amener une évolution étrange et ambiguë de son œuvre : pour qui l'ignore, sur environ 500 prêtres ordonnés par « Ecône » depuis sa fondation, il y aurait eu quelque deux cents défections, proportion tout à fait exorbitante, de défroqués ou de prêtres passés à l'Église moderniste conciliaire, soit directement, soit indirectement par la scission de la Fraternité Saint Pierre et les abbayes bénédictines de Flavigny et du Barroux (celles-ci clairement ralliées au pontife Nouvel Age), mis à part quelques dizaines de prêtres fidèles qui ont quitté pour la bonne cause et ont rejoint ceux qui furent ordonnés en Amérique latine et aux USA par d'autres évêques résistants, dont l'ancien Archevêque de Hué Mgr Ngo Din Thuc, la cause de la résistance ferme au libéralisme oscillatoire, aux contradictions et au double langage !

Hélas, une grande partie du clergé de la résistance catholique, les hésitants, s'est dorénavant plus ou moins ralliée à l'ÉGLISE CONCILIAIRE, après s'en être rapproché depuis 1976-78, et plus encore depuis 1988, malgré le scandale épouvantable d'Assise, PROCLAMANT CONSTAMMENT JEAN-PAUL II (Wojtyla-le théosophe et ex-acteur juif spirite et luciférien !) « NOTRE PAPE », et la société fondée par Mgr Lefebvre, elle aussi, accueille désormais des prêtres ordonnés dans le pseudo-ordinal de Paul VI et ou par des évêques sacrés selon son pontifical moderniste et protestantisant !

L'Église fidèle, continue cependant, dispersée, peu visible mais indestructible selon la promesse de N.S Jésus, et l'apostolicité demeure visible dans quelques évêques intégralement catholiques et avec les prêtres qui restent attachés à la vraie Foi et à la vraie Messe, même s'ils sont rares. Avons-nous aujourd'hui un Pape ? Certainement pas celui qui siège au Vatican entouré de ses complices, ce J-P II pape du Nouvel Age, sosie d'Anaclet II en pire.

Mais cet effondrement général de la Foi n'était-il pas annoncé ! « Retrouvera-t-il (Notre-Seigneur à sa parousie) la Foi sur la terre ? »

D'aucuns s'étonnent des divisions actuelles des vingt dernières années entre catholiques, et de la résistance catholique elle-même... sans comprendre que ceci est inhérent à l'absence de pape légitime et en est même la preuve, selon la prédiction qui figure dans l'Évangile de Saint Jean, chap. X ! Car c'est le pape qui fait l'unité de l'Église, étant par la promesse du Christ et la grâce du Saint-Esprit la règle de la Foi par son inerrance ! Plus aujourd'hui d'inerrance, par l'abandon des dogmes bimillénaires par celui qui se prétend chef de l'Église, devenu depuis Vatican II l'interprète d'une nouvelle foi (maçonnique !), donc plus de pape, plus de règle, plus d'unité de foi, puisque chacun alors la comprend et l'interprète à sa guise... Et c'est l'apostasie des clercs qui, à son tour, a entraîné la crise morale générale de par l'absence désormais de sacrements valables et d'enseignement de la Vérité dans la néo-Église post-Vatican II, les sacrements, ces aliments indispensables de la Grâce et de la Foi.

www.ingramcontent.com/pod-product-compliance
Lightning Source LLC
Chambersburg PA
CBHW060747230426
43667CB00010B/1469